全章分学習したら巻末の「まとめの問題」で実践問題に触れ，総仕上げとして「**大学入学共通テスト特別演習**」にチャレンジしましょう。

さらに応用的な実力を身に付けるために，p.110～123 に「**Level Up**」を掲載しました。

STEP 3 例題

各単元で欠かせない事項を例題形式で展開しています。
詳しい「解説」と「ベストフィット」で知識を身に付け，無理なく類題へつなげられます。

STEP 4 類題

例題と同じプロセスで解けるので，無理なく進められます。類題と練習問題の側注には，問題を解くためのヒントを掲載しています。

STEP 5 練習問題

類題より少し難易度の高い問題から共通テストを見据えた思考力を問う問題までをバランスよく配置しています。応用力が身に付きます。

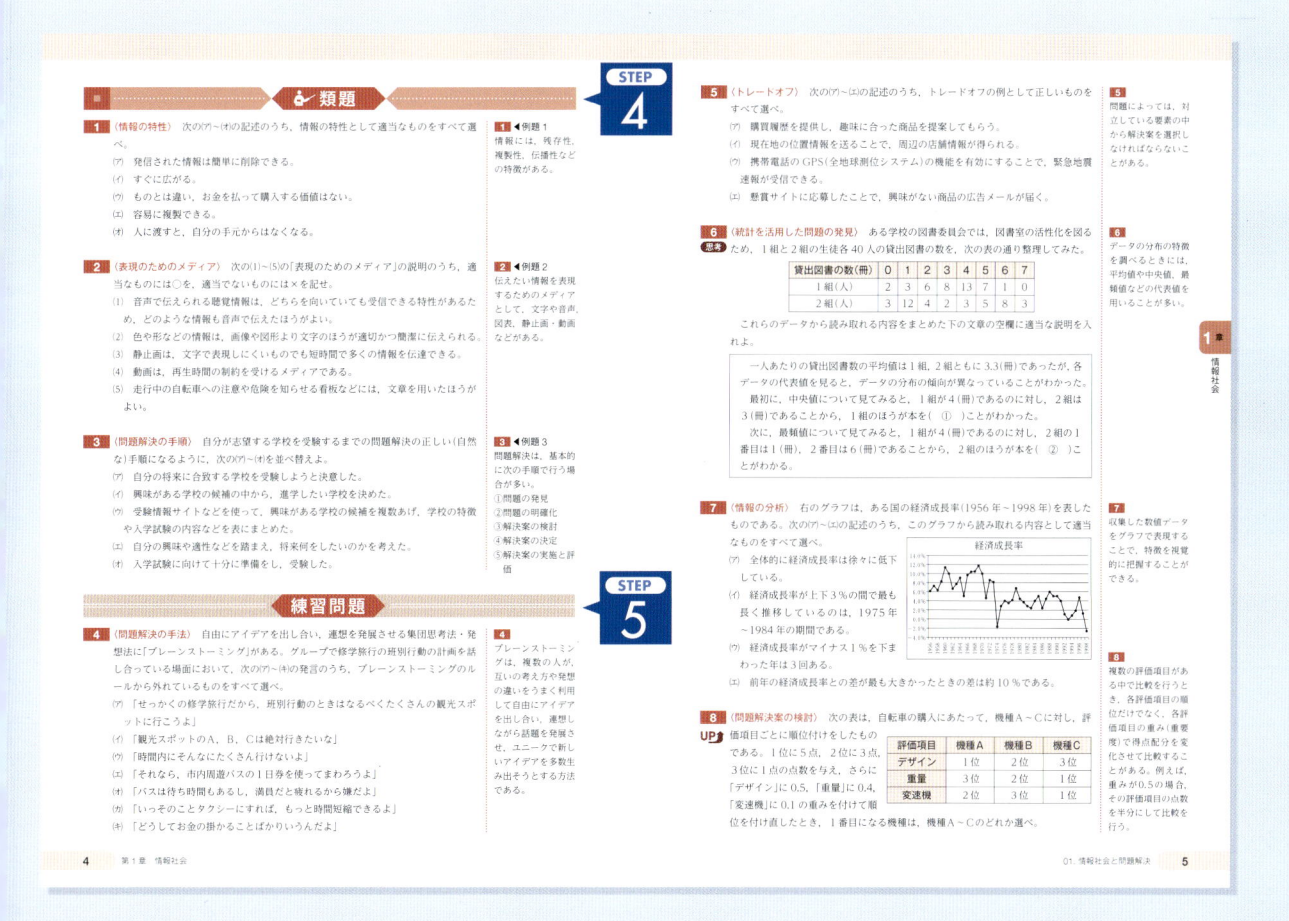

類題

1 〔情報の特性〕 次の(ア)～(オ)の記述のうち，情報の特性として適当なものをすべて選べ。
(ア) 発信された情報は簡単に削除できる。
(イ) すぐに広がる。
(ウ) ものとは違い，お金を払って購入する価値はない。
(エ) 容易に複製できる。
(オ) 人に渡すと，自分の手元からはなくなる。

▶例題1
情報には，残存性，複製性，伝達性などの特徴がある。

2 〔表現のためのメディア〕 次の(1)～(5)の「表現のためのメディア」の説明のうち，適当なものには○を，適当でないものには×を記せ。
(1) 音声で伝えられる聴覚情報は，どちらを向いていても受信できる特性があるため，どのような情報も音声で伝えたほうがよい。
(2) 色や形などの情報は，画像や図形より文字のほうが適切かつ簡潔に伝えられる。
(3) 静止画は，文字で表現しにくいものでも短時間で多くの情報を伝達できる。
(4) 動画は，再生時間の制約を受けるメディアである。
(5) 走行中の自転車への注意や危険を知らせる看板などには，文章を用いたほうがよい。

▶例題2
伝えたい情報を表現するためのメディアとして，文字や音声，図形，静止画・動画などがある。

3 〔問題解決の手順〕 自分が志望する学校を受験するまでの問題解決の正しい（自然な）手順になるように，次の(ア)～(オ)を並べ替えよ。
(ア) 自分の将来に合致する学校を受験しようと決意した。
(イ) 興味がある学校の候補の中から，進学したい学校を決めた。
(ウ) 受験情報サイトなどを使って，興味がある学校の候補を複数あげ，学校の特徴や入学試験の内容を表にまとめた。
(エ) 自分の興味や適性などを踏まえ，将来何をしたいのかを考えた。
(オ) 入学試験に向けて十分に準備をして，受験した。

▶例題3
問題解決は，基本的に次の手順で行う場合が多い。
①問題の発見
②問題の明確化
③解決案の検討
④解決案の決定
⑤解決案の実施と評価

練習問題

4 〔問題解決の手法〕 自由にアイデアを出し合い，連想を発展させる集団思考法・発想法に「ブレーンストーミング」がある。グループで修学旅行の班別行動の計画を話し合っている場面において，次の(ア)～(キ)の発言のうち，ブレーンストーミングのルールから外れているものをすべて選べ。
(ア) 「せっかくの修学旅行だから，班別行動のときはなるべくたくさんの観光スポットに行こうよ」
(イ) 「観光スポットのA，B，Cは絶対行きたいな」
(ウ) 「時間内にそんなにたくさん行けないよ」
(エ) 「それなら，市内周遊バスの1日券を使ってまわろうよ」
(オ) 「バスは待ち時間もあるし，満員だと疲れるから嫌だよ」
(カ) 「いっそのことタクシーにすれば，もっと時間短縮できるよ」
(キ) 「どうしてお金の掛かることばかりいうんだよ」

ブレーンストーミングは，複数の人が，互いの考え方や発想の違いをうまく利用して自由にアイデアを出し合い，連想しながら話題を発展させ，ユニークで新しいアイデアを多数生み出そうとする方法である。

---

5 〔トレードオフ〕 次の(ア)～(エ)の記述のうち，トレードオフの例として正しいものをすべて選べ。
(ア) 購買履歴を提供し，趣味に合った商品を提案してもらう。
(イ) 現在地の位置情報を送ることで，周辺の店舗情報が得られる。
(ウ) 携帯電話のGPS（全地球測位システム）の機能を有効にすることで，緊急地震速報が受信できる。
(エ) 懸賞サイトに応募したことで，興味がない商品の広告メールが届く。

5 問題によっては，対立している要素の中から解決案を選択しなければならないことがある。

6 〔統計を活用した問題の発見〕 ある学校の図書委員会では，図書室の活性化を図るため，1組と2組の生徒各40人の貸出図書の数を，次の表の通り整理してみた。

貸出図書の数(冊)	0	1	2	3	4	5	6	7
1組(人)	2	3	5	8	13	7	1	0
2組(人)	3	12	4	2	5	8	3	3

これらのデータから読み取れる内容をまとめた下の文章の空欄に適当な説明を入れよ。

　一人あたりの貸出図書数の平均値は1組，2組ともに3.3(冊)であったが，各データの代表値を見ると，データの分布の傾向が異なっていることがわかった。
　最初に，中央値について見てみると，1組が4(冊)であるのに対し，2組は3(冊)であることから，1組のほうが本を（　①　）ことがわかった。
　次に，最頻値について見てみると，1組が4(冊)であるのに対し，2組の1番目(1冊)，2番目は6(冊)であることから，2組のほうが本を（　②　）ことがわかる。

6 データの分布の特徴を調べるときには，平均値や中央値，最頻値などの代表値を用いることが多い。

7 〔情報の分析〕 右のグラフは，ある国の経済成長率(1956年～1998年)を表したものである。次の(ア)～(エ)の記述のうち，このグラフから読み取れる内容として適当なものをすべて選べ。
(ア) 全体的に経済成長率は徐々に低下している。
(イ) 経済成長率が上下3％の間で最も長く推移しているのは，1975年～1984年の期間である。
(ウ) 経済成長率がマイナス1％を下まわった年は3回ある。
(エ) 前年の経済成長率との差が最も大きかったときの差は約10％である。

7 収集した数値データをグラフで表現することで，特徴を視覚的に把握することができる。

8 〔問題解決の検討〕 右の表は，自転車の購入にあたって，機種A～Cに対し，評価項目ごとに順位付けをしたものである。1位に5点，2位に3点，3位に1点の点数を与え，さらに「デザイン」に0.5，「重量」に0.4，「変速機」に0.1の重みを付けて順位を付け直したとき，1番目になる機種はA～Cのどれか選べ。

評価項目	機種A	機種B	機種C
デザイン	1位	2位	3位
重量	3位	2位	1位
変速機	2位	3位	1位

8 複数の評価項目がある中で比較を行うとき，各評価項目の順位だけでなく，各評価項目の重み（重要度）で得点配分を変化させて比較することがある。例えば，重みが0.5の場合，その評価項目の点数を半分にして比較を行う。

QRコンテンツについて

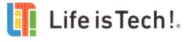

別冊解答の各問題解説の横に適宜QRコードを掲載しています。スマートフォンやタブレット端末などでかざすと，ライフイズテック社が作成した解説スライドにジャンプします。紙面上の解説に加えて閲覧することで，より確実な知識の定着がはかれます。
左のQRコードまたはURLにアクセスすると，解説スライド等のコンテンツ一覧(目次)が表示されますので，本冊・別冊のどちらからでもアクセスしてご利用ください。

https://jikkyo.lifeistech-lesson.jp/

※コンテンツ使用料は発生しませんが，通信料は自己負担となります。

はじめに

　本書を手に取っていただきありがとうございます。「情報Ⅰ」には，問題の発見・解決，情報デザイン，プログラミング，データの活用など，これからの社会を生きる日本人に必要な要素がバランスよく盛り込まれています。これらは，大学での学びにおいても必要不可欠なもので，大学入試センターは，大学入学共通テストで「情報Ⅰ」の出題を決定しています。

　本書は，「情報Ⅰ」の内容を深め受験につなげるための問題集です。大学入学共通テストは，「高等学校段階における基礎的な学習の達成の程度を判定し，大学教育を受けるために必要な力について把握すること」を目的としています。そのために本書では，

(1) 中学校までに習ったこと，授業で習ったことを**わかりやすくまとめ**ています。
(2) 例題，類題，練習問題の順に，それが**無理なく身に付くように構成**しています。
(3) まとめの問題，大学入学共通テスト特別演習などで**入試対応力を養い**ます。

　問題集を解いていく上で難しい問題に出会って，解答を見てもわからないという経験をしたことがあるかもしれません。本書は，できるだけそのようなことを減らすために，

(1) 問題文の縮小コピーを掲載し，**問題文を読むための知識から解説**
(2) 必要に応じて図解も入れて，**わかりやすく解説**
(3) 問題文によっては，関連した知識や，**発展した内容も解説**

しています。

　また，ネットワークの仕組みなど，(1)紙による解説ではわかりにくい問題，(2)大学入学共通テスト特別演習では，

(1) IT・プログラミング教育サービスで定評あるライフイズテック社が行う**問題解説**
(2) 問題や解答を作成した先生が行う，個人授業を受けているような**動画による解説**

など，従来の問題集にはなかったアプローチを行っています。

　さまざまな工夫と，新しいアプローチが行われた本書で「情報Ⅰ」の内容を身に付け，大学入試と，その先にある大学での学びに役立ててください。

京都精華大学教授
監修　鹿野 利春

本書で扱うプログラミング言語について

　本書の6章「プログラミング」では，Pythonと共通テスト用プログラム表記の2種類を扱っています。二つの表記を囲む枠と行番号で区別を付けています。Pythonの問題は**細枠と1, 2, …の行番号**，共通テスト用プログラム表記の問題は**太枠と(1), (2), …の行番号**で表現しています。

　例題はPythonで構成していますが，類題と練習問題では二つの言語をバランスよく配置しています。巻末の「まとめの問題」と「大学入学共通テスト特別演習」のプログラミングの問題は，大学入学共通テストを意識すべく，共通テスト用プログラム表記で構成しています。

　また，巻末付録「Pythonと共通テスト用プログラム表記の比較」(→ p.160) では，Pythonと共通テスト用プログラム表記の違いについて，プログラム例を用いて比較できるよう表形式でまとめました。

```
1  x = [①]
2  for i in range(1, x + 1):
3      print('@' * [②] )
```

Pythonのプログラム例

```
(1) num50 = x ÷ [①]
(2) num10 = (x - num50 * [②] ) ÷ [③]
(3) num1 = x - num50 * [④] - num10 * [⑤]
(4) 表示する("最小限の枚数は", num50 + num10 + num1, "枚")
```

共通テスト用プログラム表記のプログラム例

ベストフィット情報I

目次

第1章 情報社会
- 01 情報社会と問題解決 …………………… 2
- 02 情報セキュリティと法規 …………… 6
- 03 知的財産権の扱い ………………… 10

第2章 情報デザイン
- 04 情報デザインの基礎 ……………… 14
- 05 情報デザインの活用 ……………… 22

第3章 デジタル
- 06 デジタル化された情報とその表し方 … 28
- 07 論理演算 …………………………… 34
- 08 メディアのデジタル化 …………… 38
- 09 コンピュータの構成と動作 ……… 44
- 10 コンピュータの性能 ……………… 48

第4章 ネットワーク
- 11 インターネットの仕組み ………… 52
- 12 さまざまな情報システム ………… 58
- 13 情報システムを支えるデータベース … 63
- 14 安全のための対策と技術 ………… 67

第5章 問題解決
- 15 データの収集と整理 ……………… 72
- 16 データの扱いと処理 ……………… 76
- 17 モデル化とシミュレーション …… 80
- 18 さまざまなシミュレーション …… 84

第6章 プログラミング
- 19 アルゴリズムの表し方とプログラムの設計 …………………………… 88
- 20 基本的なプログラミング ………… 92
- 21 配列と関数 ………………………… 96
- 22 探索と整列のプログラム ……… 101
- 23 プログラムによる動的シミュレーション …………………………… 106

Level UP ▶
- 情報Ⅱにつながるデータサイエンス ……… 110
- データを活用するためのプログラミング … 114
- 計測・制御とプログラミング …………… 119

■付録■
- まとめの問題 …………………………… 124
- 大学入学共通テスト特別演習 ………… 148
- Pythonと共通テスト用プログラム表記の比較 ………………………………… 160
- ドリル …………………………………… 162
- 略解 ……………………………………… 165

第1章 情報社会

01 情報社会と問題解決

■中学までの復習 次の空欄に適当な語句を入れよ。

■コンテンツに利用されているメディアの特徴

メディア	プラス面	マイナス面
①(　)	容易に作成し，修正できる。	多くの情報を伝えにくい。
②(　)	視覚に障がいがある人にも内容が伝えられる。	聴覚に障がいがある人には，内容が伝わらない。
③(　)	デジタルカメラなどで撮影すれば，簡単に作成できる。	前後の動きを示しにくい。
④(　)	状況の変化を，時間を追って伝えることができる。	データ量が多い。

解答
①文字
②音声
③静止画
④動画

■データの分布 〔数学〕

⑤(　)	各階級(データを整理するための区間)に入るデータの個数。
⑥(　)	ある階級の度数の全体に対する割合。
⑦(　)	個々のデータの値の合計をデータの総数で割った値。
⑧(　)	データの値を大きさの順に並べたときの中央の値。
⑨(　)	データの中で，最も多く出てくる値。

解答
⑤度数
⑥相対度数
⑦平均値
⑧中央値 または メジアン
⑨最頻値 または モード

■確認事項 次の空欄に適当な語句を入れよ。

■情報

①(　)	→	②(　)	→	③(　)
事実や事柄などを数字や文字，記号を用いて表現したもの。		(①)を目的に応じて整理し，意味や価値を付加したもの。		(②)を分析し，問題解決に役立つように蓄積したもの。

解答
①データ
②情報
③知識

■情報の特性

特性	④(　)性	⑤(　)性	⑥(　)性
説明	与えてもなくならない。	簡単に複製できる。	短時間に広く伝わる。

④残存
⑤複製
⑥伝播

■メディアとその特性

	⑦(　)のためのメディア	⑧(　)のためのメディア	⑨(　)のためのメディア
例	文字，記号，音声，図，表，静止画，動画 など	空気，光，電線，電波 など	紙，光学ディスク，フラッシュメモリ など

⑦表現
⑧伝達
⑨記録

■情報社会と超スマート社会

⑩(　) (AI)	人間の知的な活動の一部をコンピュータにさせることを目的とする技術や研究分野。
⑪(　)	身のまわりのあらゆるものがインターネットにつながる仕組み。

⑩人工知能
⑪IoT

■問題解決の考え方

⑫(　)	一方を達成するために，他方を犠牲にしなければならない関係のこと。

⑫トレードオフ

■問題解決の手順

```
1 ⑬(     )の発見         →  2 (⑬)の明確化           →  3 ⑭(     )の検討
身のまわりのどこに(⑬)が      (⑬)解決の目標とゴー          情報を収集，整理・分析し，
あるのかを明らかにする。      ルを設定する。              複数の(⑭)を作成する。

5 (⑭)の実施と評価        ←  4 (⑭)の決定             ←
(⑭)を実施し，評価する。      (⑭)を決定する。
```

解答
⑬問題
⑭解決案

例題 1　情報の特性　　　類題：1

次の(ア)～(ウ)は，情報の(1)残存性，(2)複製性，(3)伝播性のいずれかに関係した記述である。(1)～(3)に関係するものを一つずつ選べ。

(ア) 短期間でコンピュータウイルスの被害が世界に広がる。
(イ) 映画や音楽など，市販のコンテンツの違法コピーが後を絶たない。
(ウ) 人の噂(うわさ)や誤った情報がいつまでも消えずに残っている。

解答　(1) (ウ)　(2) (イ)　(3) (ア)

ベストフィット　形がない抽象的な「こと」の世界を表現する情報は，「もの」とは異なり，形がない，消えない，容易に複製・伝播する性質をもつ。

解説▶
情報が消えずに残る性質を情報の「残存性」という。容易に複製(コピー)できる性質を情報の「複製性」という。伝わりやすく，広まりやすい性質を情報の「伝播性」という。

例題 2　メディア　　　類題：2

次の(1)～(4)のメディアが利用する，表現のためのメディアを下の(ア)～(エ)からそれぞれすべて選べ。
(1) 新聞　　(2) ラジオ　　(3) テレビ　　(4) 雑誌　　※同じ記号を複数回使用してもよい。
(ア) 文字　　(イ) 音声　　(ウ) 静止画　　(エ) 動画

解答　(1) (ア), (ウ)　(2) (イ)　(3) (ア), (イ), (ウ), (エ)　(4) (ア), (ウ)

ベストフィット　メディアは，情報の流通範囲を拡大する役割をもつ。

解説▶
(1)(4)は紙面上で伝達できるメディア，(2)は音で伝達できるメディア，(3)は音と視覚で伝達できるメディアが用いられている。なお，これらのメディアは「情報メディア」や「伝播メディア」などと呼ばれることがある。

例題 3　問題解決　　　類題：3

次の(1)～(5)が問題解決を行うための手順を表すように，右の(ア)～(オ)から一つずつ選べ。

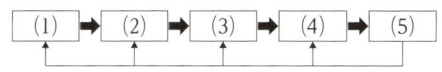

```
(1) → (2) → (3) → (4) → (5)
```

(ア) 解決案の決定　　(イ) 解決案の検討　　(ウ) 問題の明確化
(エ) 解決案の実施と評価　　(オ) 問題の発見

解答　(1) (オ)　(2) (ウ)　(3) (イ)　(4) (ア)　(5) (エ)

ベストフィット　問題解決とは，現実を理想に近付け，両者のギャップ(問題)を埋める行為などを指す。

解説▶
(1)～(5)の手順は，問題解決の手順を繰り返し，問題を継続的に改善していく手法の一つである「PDCAサイクル」を参考にしている。なお，前段階に戻って修正することを「フィードバック」という。

01. 情報社会と問題解決

類題

1 〈情報の特性〉 次の(ア)〜(オ)の記述のうち，情報の特性として適当なものをすべて選べ。
(ア) 発信された情報は簡単に削除できる。
(イ) すぐに広がる。
(ウ) ものとは違い，お金を払って購入する価値はない。
(エ) 容易に複製できる。
(オ) 人に渡すと，自分の手元からはなくなる。

> **1** ◀例題1
> 情報には，残存性，複製性，伝播性などの特徴がある。

2 〈表現のためのメディア〉 次の(1)〜(5)の「表現のためのメディア」の説明のうち，適当なものには○を，適当でないものには×を記せ。
(1) 音声で伝えられる聴覚情報は，どちらを向いていても受信できる特性があるため，どのような情報も音声で伝えたほうがよい。
(2) 色や形などの情報は，画像や図形より文字のほうが適切かつ簡潔に伝えられる。
(3) 静止画は，文字で表現しにくいものでも短時間で多くの情報を伝達できる。
(4) 動画は，再生時間の制約を受けるメディアである。
(5) 走行中の自転車への注意や危険を知らせる看板などには，文章を用いたほうがよい。

> **2** ◀例題2
> 伝えたい情報を表現するためのメディアとして，文字や音声，図表，静止画・動画などがある。

3 〈問題解決の手順〉 自分が志望する学校を受験するまでの問題解決の正しい(自然な)手順になるように，次の(ア)〜(オ)を並べ替えよ。
(ア) 自分の将来に合致する学校を受験しようと決意した。
(イ) 興味がある学校の候補の中から，進学したい学校を決めた。
(ウ) 受験情報サイトなどを使って，興味がある学校の候補を複数あげ，学校の特徴や入学試験の内容などを表にまとめた。
(エ) 自分の興味や適性などを踏まえ，将来何をしたいのかを考えた。
(オ) 入学試験に向けて十分に準備をし，受験した。

> **3** ◀例題3
> 問題解決は，基本的に次の手順で行う場合が多い。
> ①問題の発見
> ②問題の明確化
> ③解決案の検討
> ④解決案の決定
> ⑤解決案の実施と評価

練習問題

4 〈問題解決の手法〉 自由にアイデアを出し合い，連想を発展させる集団思考法・発想法に「ブレーンストーミング」がある。グループで修学旅行の班別行動の計画を話し合っている場面において，次の(ア)〜(キ)の発言のうち，ブレーンストーミングのルールから外れているものをすべて選べ。
(ア) 「せっかくの修学旅行だから，班別行動のときはなるべくたくさんの観光スポットに行こうよ」
(イ) 「観光スポットのA，B，Cは絶対行きたいな」
(ウ) 「時間内にそんなにたくさん行けないよ」
(エ) 「それなら，市内周遊バスの1日券を使ってまわろうよ」
(オ) 「バスは待ち時間もあるし，満員だと疲れるから嫌だよ」
(カ) 「いっそのことタクシーにすれば，もっと時間短縮できるよ」
(キ) 「どうしてお金の掛かることばかりいうんだよ」

> **4**
> ブレーンストーミングは，複数の人が，互いの考え方や発想の違いをうまく利用して自由にアイデアを出し合い，連想しながら話題を発展させ，ユニークで新しいアイデアを多数生み出そうとする方法である。

5 〈トレードオフ〉 次の(ア)～(エ)の記述のうち、トレードオフの例として正しいものをすべて選べ。

- (ア) 購買履歴を提供し、趣味に合った商品を提案してもらう。
- (イ) 現在地の位置情報を送ることで、周辺の店舗情報が得られる。
- (ウ) 携帯電話のGPS(全地球測位システム)の機能を有効にすることで、緊急地震速報が受信できる。
- (エ) 懸賞サイトに応募したことで、興味がない商品の広告メールが届く。

5 問題によっては、対立している要素の中から解決案を選択しなければならないことがある。

6 〈統計を活用した問題の発見〉 ある学校の図書委員会では、図書室の活性化を図るため、1組と2組の生徒各40人の貸出図書の数を、次の表の通り整理してみた。

貸出図書の数(冊)	0	1	2	3	4	5	6	7
1組(人)	2	3	6	8	13	7	1	0
2組(人)	3	12	4	2	3	5	8	3

これらのデータから読み取れる内容をまとめた下の文章の空欄に適当な説明を入れよ。

> 一人あたりの貸出図書数の平均値は1組、2組ともに3.3(冊)であったが、各データの代表値を見ると、データの分布の傾向が異なっていることがわかった。
> 最初に、中央値について見てみると、1組が4(冊)であるのに対し、2組は3(冊)であることから、1組のほうが本を(①)ことがわかった。
> 次に、最頻値について見てみると、1組が4(冊)であるのに対し、2組の1番目は1(冊)、2番目は6(冊)であることから、2組のほうが本を(②)ことがわかる。

6 データの分布の特徴を調べるときには、平均値や中央値、最頻値などの代表値を用いることが多い。

7 〈情報の分析〉 右のグラフは、ある国の経済成長率(1956年～1998年)を表したものである。次の(ア)～(エ)の記述のうち、このグラフから読み取れる内容として適当なものをすべて選べ。

- (ア) 全体的に経済成長率は徐々に低下している。
- (イ) 経済成長率が上下3%の間で最も長く推移しているのは、1975年～1984年の期間である。
- (ウ) 経済成長率がマイナス1%を下まわった年は3回ある。
- (エ) 前年の経済成長率との差が最も大きかったときの差は約10%である。

7 収集した数値データをグラフで表現することで、特徴を視覚的に把握することができる。

8 〈問題解決案の検討〉 次の表は、自転車の購入にあたって、機種A～Cに対し、評価項目ごとに順位付けをしたものである。1位に5点、2位に3点、3位に1点の点数を与え、さらに「デザイン」に0.5、「重量」に0.4、「変速機」に0.1の重みを付けて順位を付け直したとき、1番目になる機種は、機種A～Cのどれか選べ。

評価項目	機種A	機種B	機種C
デザイン	1位	2位	3位
重量	3位	2位	1位
変速機	2位	3位	1位

8 複数の評価項目がある中で比較を行うとき、各評価項目の順位だけでなく、各評価項目の重み(重要度)で得点配分を変化させて比較することがある。例えば、重みが0.5の場合、その評価項目の点数を半分にして比較を行う。

関連 ▶ **14 安全のための対策と技術（→p.67）**

02 情報セキュリティと法規

● 中学までの復習 ● 次の空欄に適当な語句を入れよ。

■ 情報セキュリティ（→14 安全のための対策と技術）

情報の盗聴（盗み見）や，改竄，破壊などの不正行為や不慮の事故に対して，①（　　　）的，②（　　　）的，③（　　　）的な安全対策を講じること。

解答
① 個人
② 組織　（①～③
③ 技術　順不同）

● 確認事項 ● 次の空欄に適当な語句を入れよ。

■ 法規による安全対策

①（　　　　　）	アクセス権限のないコンピュータへのアクセスを行うことを禁止する法律。
②（　　　　　）	個人情報の流出や無断転売を防ぎ，個人情報保護に積極的に取り組むことを促進するための法律。

解答
① 不正アクセス禁止法
② 個人情報保護法

■ 情報漏洩

③（　　　　　）	コンピュータ上にあるデータなどを外部に流出させてしまうソフトウェアの総称。
④（　　　　　）	正規のWebページを装って暗証番号などを入力させ，それらを盗み取る詐欺。
⑤（　　　　　）	コンピュータに感染し，保存されたデータを改竄したり外部に流出させたりする悪質なプログラム。
⑥（　　　　　）	日常生活の中から情報通信技術を使用せずに機密情報を入手し，コンピュータを不正に利用する行為。
⑦（　　　　　）	人為的な過失。

③ スパイウェア
④ フィッシング
⑤ コンピュータウイルス
⑥ ソーシャルエンジニアリング
⑦ ヒューマンエラー

■ 個人情報

⑧（　　　　　）…⑨（　　　　　）する個人に関する情報で，次のいずれかに該当するもの。

● 単独またはいくつかの情報を組み合わせると，個人を特定できるもの。 「個人に関する情報」 ・住所 ・氏名 ・電話番号 ・血液型	● ⑩（　　　　　） ・DNAの塩基配列や指紋などの⑪（　　　）的特徴 ・旅券番号や個人番号（マイナンバー）などの個人に割り当てられる番号

⑫（　　　　　）…人種，信条，病歴，犯罪歴など，その取り扱いに特に配慮を要する個人情報。

⑧ 個人情報
⑨ 生存
⑩ 個人識別符号
⑪ 身体
⑫ 要配慮個人情報

■ プライバシー

⑬（　　　　　）権…むやみに他人に知られたくない私生活上の個人的な情報を公開することを制限，管理する権利。

● ⑭（　　　　　） 自らの肖像を許可なく撮影・利用されないように主張できる権利。	● ⑮（　　　　　） 有名人が名前や肖像を商品化したり，宣伝に使用したりする権利。

⑬ プライバシー
⑭ 肖像権
⑮ パブリシティ権

■ 個人情報の活用

⑯（　　　　　）方式	関連する商品やサービスの広告などを，あらかじめ「受け取りたい」と承諾した人にのみ提供する方式。
⑰（　　　　　）	特定の個人を識別できないように個人情報を加工したもの。

⑯ オプトイン
⑰ 匿名加工情報

例題 4　個人情報

類題：9

次の(ア)〜(オ)のうち，個人情報保護法で定められた個人情報といえるものをすべて選べ。
- (ア) 顔写真など，生存する個人の身体的な特徴を表す情報
- (イ) 人種，信条，社会的身分，病歴などの要配慮個人情報
- (ウ) 故人(亡くなった人)の住所，生年月日などの情報
- (エ) ほかの情報と組み合わせることで個人を識別できる情報
- (オ) パスポートの旅券番号などの個人識別符号

解答　(ア)，(イ)，(エ)，(オ)

ベストフィット　個人情報の中でも，行政などで個人を特定する場合に必要な情報(氏名，住所，生年月日，性別)を「基本四情報」という。

解説
(ウ) 誤り。個人情報保護法が定める個人情報は，生存する個人に関する情報であり，故人の情報は，個人情報ではない。なお，個人情報保護法の正式名称は「個人情報の保護に関する法律」という。

例題 5　情報漏洩の事例

類題：10

次の(1)〜(4)は何に関する説明か，下の(ア)〜(カ)から一つずつ選べ。
- (1) コンピュータ上にあるデータなどを外部に流出してしまうソフトウェア
- (2) 正規のWebページを装って暗証番号などを入力させ，それらを盗み取る詐欺
- (3) ネットワークの利用者の会話を盗み聞きするなど，日常生活の中から情報通信技術を使用せずに他人のユーザIDやパスワードなどの機密情報を入手し，コンピュータを不正に利用する行為
- (4) 利用する権限のないコンピュータやネットワークに入り込む行為

　(ア) スパイウェア　　(イ) フィッシング　　(ウ) コンピュータウイルス
　(エ) ソーシャルエンジニアリング　　(オ) 不正アクセス　　(カ) ヒューマンエラー

解答　(1) (ア)　(2) (イ)　(3) (エ)　(4) (オ)

ベストフィット　情報漏洩とは，企業などの組織の内部のみに留めておくべき情報が，何らかの理由によって外部に流出してしまうことである。

解説
(ウ) ほかのファイルやシステムに寄生・感染する機能があるプログラムのことである。
(カ) 誤操作などの管理上の誤りや紛失，盗難などの人為的な過失のことである。

例題 6　個人情報とプライバシー

類題：11

次の(1)〜(4)のうち，個人情報と思われるものにはAを，プライバシーと思われるものにはBを記せ。
(1) 本日の夕食の内容　　(2) 氏名　　(3) 自宅でくつろいでいる姿　　(4) 電話番号

解答　(1) B　(2) A　(3) B　(4) A

ベストフィット　プライバシー権は，個人情報保護法のような法律で規定されておらず，裁判の判例で確認されているものである。

解説
プライバシーとは，趣味や嗜好など，他人が知らない個人の私生活上の事柄で，公開を望まない情報である。
個人情報は，指紋やマイナンバーなど，特定の個人を識別できるかが要件となる。

例題 7　個人情報の流出

類題：12

次の(1)～(4)の行為は，個人情報の保護などの観点から好ましくない事例である。予想されるトラブルの例を，下の(ア)～(エ)から一つずつ選べ。

(1) SNS に自分の顔写真を投稿した。
(2) 街頭で行われているアンケートに，自分の住所や名前を書いた。
(3) 自分のホームページのプロフィールに，自分の携帯電話のメールアドレスを掲載した。
(4) 外出先で画面ロック未設定の自分の携帯電話を紛失した。

(ア) 郵便で知らないところからダイレクトメール(DM)が届くようになった。
(イ) 自分の携帯電話に迷惑メールが送られてくるようになった。
(ウ) 他人の SNS のプロフィール画像に自分の顔写真が使われていた。
(エ) 友人の電話にいたずら電話が掛かるようになった。

解答　(1) (ウ)　(2) (ア)　(3) (イ)　(4) (エ)

ベストフィット　自分の個人情報が他人に渡ってしまうと，知らないところで使われるおそれがある。

解説
(1) SNS に投稿した情報は基本的に誰でも閲覧できるため，その情報がコピーされ，悪用されてしまう可能性もある。
(2) アンケートに記入した個人情報が当初の目的以外に使用されてしまうこともあるため，個人情報を記入するときは，使用用途についても十分確認する。
(3) Web ページにあるメールアドレスの文字列を機械的に収集して広告メールなどの送信に使われることがあるため，メールアドレスを掲載する場合は，メールアドレスを画像にするなどの工夫が必要である。
(4) 携帯電話には，アドレス帳や通信履歴などの情報が数多く保存されているため，他人の手に渡って不正に使用できないように，画面ロックなどを設定することが大切である。

類題

9　〈個人情報〉　次のうち，個人情報保護法で定められた個人情報とはいえないものをすべて選べ。
住所，故人の氏名，マイナンバー，指紋，メールアドレス，グループ名

10　〈ソーシャルエンジニアリング〉　次の(ア)～(エ)の記述のうち，ソーシャルエンジニアリングの例として誤っているものを一つ選べ。
(ア) ごみ箱の紙くずからパスワードなどの情報を探し出す。
(イ) 他人のユーザ ID などを使い，その人のふりをして活動する。
(ウ) 電話で管理者のふりをしてパスワードを聞き出す。
(エ) 背後から肩越しにパスワードなどのキー入力をのぞき見る。

11　〈プライバシー〉　次の(ア)～(エ)の記述のうち，肖像権またはパブリシティ権を侵害していると思われる行為をすべて選べ。
(ア) 自撮りした個人写真を SNS に投稿した。
(イ) 卒業アルバム用に撮影したクラス全員の集合写真を卒業アルバムに載せた。
(ウ) 部活動の勧誘ポスターに掲載する目的で撮影した友人の写真を，別の部活動の勧誘ポスターにも掲載した。
(エ) 好きなアイドルのスタンプ画像を個人的に作成し，販売した。

---

9 ◀例題 4
個人情報保護法における個人情報とは，生存する個人に関する情報で，個人を識別できる情報をいう。

10 ◀例題 5
ソーシャルエンジニアリングは，ソーシャルクラッキングやソーシャルハッキングとも呼ばれる。

11 ◀例題 6
肖像権は個人のプライバシーを保護する権利で，パブリシティ権は著名人がその活動により得るべき経済的利益を保護する権利である。

12 〈個人情報の取り扱い〉 次の(1)～(4)の記述のうち，個人情報を取り扱う上で，適当なものには○を，適当でないものには×を記せ。
(1) クラスの名簿があれば友人に連絡するときなどに便利なので，自分のクラスの名簿をコピーし，他校の生徒に配った。
(2) 知らないところから広告メールがきたので，これからは送らないでほしいという趣旨のメールを送り返した。
(3) 友人からの手紙が入っていた宛名の書かれた封筒を捨てる際，シュレッダで処理をしてから，燃えるごみとしてごみ集積場に出した。
(4) 同窓会の名簿で友人の住所が連絡先不明となっていたので，友人に了解を得た上で，同窓会の幹事に連絡先を伝えた。

12 ◀例題7
個人情報を他者に提供することで，情報流出が生じる場合もあるため，注意が必要である。

練習問題

13 〈不正アクセス禁止法〉 次の(ア)～(エ)の記述のうち，不正アクセス禁止法の違反行為に該当するものをすべて選べ。
(ア) 安全対策上の不備（セキュリティホール）を攻撃し，コンピュータを利用する。
(イ) 個人情報を本人の同意なしに第三者へ受け渡す。
(ウ) 他人のユーザIDやパスワードなどを無断で第三者に提供する。
(エ) 他人のユーザIDやパスワードなどを無断で使用する。

13
不正アクセス禁止法は，不正アクセス行為を定義して罰則を規定することで，ネットワーク社会を正しく発展させることを目指している。

14 〈個人情報保護法〉 次の(1)～(5)の個人情報保護法に関する記述のうち，適当なものには○を，適当でないものには×を記せ。
(1) 事業者間におけるデータの利用を促進することを目的に，匿名加工情報の利用が認められている。
(2) 有名人のプロフィールなどのように，一般に公開されている内容は個人情報とはいえない。
(3) 本人の同意なしに第三者へ個人情報を受け渡すことは禁じられている。
(4) 個人情報取扱事業者が規制の対象なので，年賀状を出すために，個人的に住所や氏名などを保管しても問題はない。
(5) 同姓同名の人がたくさんいる場合は，氏名だけのデータは個人情報とはいえない。

14
事業者による個人情報の流出や無断転売を防ぎ，個人情報保護に積極的に取り組むことを促進するために，個人情報保護法が制定された。

15 〈個人情報の提供〉 ある学校内で携帯電話に関するアンケート調査を行うことになり，次の回答用紙を作成した。10個の質問項目のうち，個人情報保護の観点で回答の取り扱いを特に注意する必要がある情報をすべて選べ。
思考

```
          携帯電話に関するアンケート
○回答者について           ○携帯電話について
・学年：(    )年          ・一日の利用時間：(    )分程
・家族構成：(    )人家族    ・一日の通話時間：(    )分程
・家庭学習時間：(    )時間程 ・よく使うアプリ：(    )
・睡眠時間：(    )時間程    ・一日のSNS投稿回数：(    )回
・一か月の小遣い：(    )円   ・SNSのアカウント名：(    )
```

15
アンケートなどで個人に関する情報を提供する場合，その情報の利用目的をよく確認した上で，提供するかどうかを適切に判断しなければならない。

02. 情報セキュリティと法規

03 知的財産権の扱い

確認事項 （中学までの復習を含む） 次の空欄に適当な語句を入れよ。

■知的財産権と産業財産権

①(）
知的な創作活動から生産されたものを他人が無断で使用して利益を得られないように，創作した人に②（　　）期間与えられる権利。

- ③(）
  産業に関する新しい技術やデザインなどについて開発した人に与えられる独占的権利。
  ※④（　　）に出願し認められた時点で権利が得られる。
  - ⑤(） 発明を保護。
  - ⑥(） 物品の形状，構造などの考案を保護。
  - ⑦(） 斬新なデザインを保護。
  - ⑧(） 商品やサービスのマークを保護。
- 著作権(広義)
- その他

■著作権法と著作物

⑨(）	思想または感情を創作的に表現したものであって，文芸，学術，美術または音楽の範囲に属するもの。
⑩(）	（⑨）の公正な利用に留意しつつ，著作者などの権利の保護をはかることで，文化の発展に寄与することを目的とする法律。

■著作者の権利と伝達者の権利

著作権(広義)
※(⑨)が創作された時点で自動的に権利が与えられる。

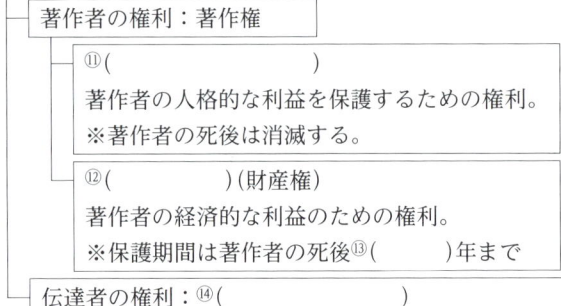

- 著作者の権利：著作権
  - ⑪(）
    著作者の人格的な利益を保護するための権利。
    ※著作者の死後は消滅する。
  - ⑫(）（財産権）
    著作者の経済的な利益のための権利。
    ※保護期間は著作者の死後⑬（　　）年まで
- 伝達者の権利：⑭(）
  （⑨）の公衆への伝達に重要な役割を果たしている者に与えられる権利。
  ※演奏や放送を行った時点で権利が発生する。

■著作権の例外規定の例

⑮(）のための複製	家庭内で仕事以外の目的で使用するために，（⑨）を複製できる。
⑯(）	公正な慣行に合致し，正当な範囲内であることを条件として，自分の（⑨）に他人の（⑨）を掲載できる。

■著作物の利用

⑰(）・ライセンス ※ライセンスマークの例：	（⑨）を自由に利用するために守るべき条件を著作権者が意思表示するもの。

解答

① 知的財産権
② 一定
③ 産業財産権
④ 特許庁
⑤ 特許権
⑥ 実用新案権
⑦ 意匠権
⑧ 商標権

⑨ 著作物
⑩ 著作権法

⑪ 著作者人格権
⑫ 著作権
⑬ 70
⑭ 著作隣接権

⑮ 私的使用
⑯ 引用

⑰ クリエイティブ・コモンズ

第1章 情報社会

例題 8　産業財産権の保護期間

類題：16

次の(ア)～(エ)の産業財産権のうち，保護期間が更新可能な権利を一つ選べ。
(ア)　商品やサービスに使用するマークを保護する権利
(イ)　発明を保護する権利
(ウ)　物品の構造，形状にかかわる考案を保護する権利
(エ)　物品のデザインを保護する権利

解答　(ア)

> **ベストフィット**　産業財産権は，新しい発明や考案，デザインおよびロゴマークなどに対し，一定期間保護する権利である。

解説▶

(ア)は商標権（登録から10年），(イ)は特許権（出願から20年），(ウ)は実用新案権（出願から10年），(エ)は意匠権（出願から25年）である。産業財産権は，特許庁に出願し登録されることで，保護期間内は独占的に使用することができるが，保護期間が終了すると，誰でも自由に活用することができる。ただし，商標は事業者の営業活動によって蓄積された信用を保護することを目的としているので，必要な場合には，更新登録申請によって保護期間を何度でも更新することができる。

例題 9　著作権の譲渡・相続

類題：17

次の著作者の権利のうち，譲渡あるいは相続することができる権利をすべて選べ。
公表権，複製権，頒布権，氏名表示権，同一性保持権，貸与権，翻案権，公衆送信権

解答　複製権，頒布権，貸与権，翻案権，公衆送信権

> **ベストフィット**　著作者人格権は著作者の人格的な利益を保護し，著作権（財産権）は財産的な利益を保護するための権利である。

解説▶

著作者人格権（公表権，氏名表示権，同一性保持権）は譲渡や相続することはできないが，著作権（財産権）は譲渡や相続をすることができる。

例題 10　著作権の例外規定

類題：18

著作権者の許諾を得なくても例外的に著作物を利用できる場合がある。それに該当するものを，次の(ア)～(エ)から一つ選べ。
(ア)　友人が好きなテレビ番組をブルーレイディスクに録画し，プレゼントした。
(イ)　学校の授業の課題レポートに，あるWebサイト上の統計データの一部を引用した。
(ウ)　学校の文化祭で有名な脚本家が書いた演劇を上演することになったが，予算がオーバーしそうだったので，入場料として100円を徴収した。
(エ)　学校の自由研究で使うために，公共図書館にある単行本を全部コピーするよう求めた。

解答　(イ)

> **ベストフィット**　著作権の例外規定は，著作権者の利益を不当に害さないように，利用の条件は厳密に定められている。なお，著作権（財産権）が制限される場合でも，著作者人格権は制限されない。

解説▶

(ア)　「友人」のための録画は，「限られた範囲内での私的使用のための複製」に該当しない。
(イ)　引用は，著作権の例外規定として認められている。
(ウ)　入場料を取っているので，「営利を目的としない上演等」に該当しない。
(エ)　図書館の複写サービスでは，原則として「著作物の一部分」しか複写できない。

類題

16 〈産業財産権〉 次の(1)～(4)の行為は，産業財産権のどの権利を侵害しているか。該当するものを，下の(ア)～(エ)から一つずつ選べ。
(1) 有名な商品のネーミングを無断で自社の製品に使用した。
(2) 発明した会社に無断で，何度でも書き直せる筆記具を製造・販売した。
(3) 考案した会社に無断で，フローリング用の掃除道具を製造・販売した。
(4) ある会社が開発した自動車を別の会社が形状をそっくりまねて製造・販売した。
　(ア) 特許権　　(イ) 実用新案権　　(ウ) 意匠権　　(エ) 商標権

16 ◀例題8
産業財産権は，産業に関する新しい技術やデザイン，商標について開発した人に与えられる独占的権利である。

17 〈著作者の権利〉 次の(1)～(7)の行為に最も関係が深い著作者の権利を，下の(ア)～(シ)から一つずつ選べ。
(1) 自分の絵を美術館に展示する。
(2) 詩を文集に掲載するにあたり，著者の名前を明らかにする。
(3) 自分の日記をブログに掲載する。
(4) 外国人作家の文章を日本語に置き換える。
(5) 図面に描いたものをコピーする。
(6) 自分の楽曲を演奏する。
(7) 自分で作った劇の台本を使い，芝居を行う。
　(ア) 氏名表示権　　(イ) 同一性保持権　　(ウ) 複製権　　(エ) 上演権
　(オ) 演奏権　　(カ) 公衆送信権　　(キ) 口述権　　(ク) 展示権
　(ケ) 頒布権　　(コ) 貸与権　　(サ) 翻訳権　　(シ) 翻案権

17 ◀例題9
著作者の権利は，著作者人格権と著作権（財産権）に分類される。

18 〈著作物の利用〉 次の(1)～(5)の行為を著作権者に無断で行ったとき，著作権を侵害していない場合には○を，侵害している場合には×を記せ。
(1) 江戸時代に描かれた絵画を写したうちわを作成し，文化祭の来客へ配布した。
(2) 町内会の祭り用にアニメキャラクターがプリントされたTシャツを作った。
(3) レンタルCDの音楽データを，自分で聴くためにパソコンへコピーした。
(4) 自分のWebページのマスコットとして，ゲームキャラクターの似顔絵を作成して掲載した。
(5) 自分のSNSに，裁判所の判決を掲載した。

18 ◀例題10
次のような著作物の利用時には，著作権者への許諾が原則不要となる。
・保護の対象とならない著作物の場合
・保護期間が満了した著作物の場合
・著作権法の権利制限規定にある例外的な利用の場合

練習問題

19 〈知的財産権〉 次の(1)～(5)の記述は，知的財産権について説明したものである。適当なものには○を，適当でないものには×を記せ。
(1) 知的財産権は，申請しないと権利を得ることができない。
(2) 著作者人格権以外の著作権は，一定期間を過ぎれば権利は消滅する。
(3) 未成年者の作品に対して著作権は発生しない。
(4) 人間の考え出した知的な生産物が経済的な利益を生む場合，その利益に対する支配権の一つを産業財産権という。
(5) 知的財産権制度の意義の一つに，創作者の権利を一定期間保護した後は，その知的創造物を自由に活用できることがある。

19
知的な創作活動からものを作り出した人に与えられる権利が知的財産権である。

20 〈著作権の侵害〉 次の(1)～(4)の行為は，著作権のどの権利を侵害しているか。該当するものを，下の(ア)～(ク)から一つずつ選べ。
(1) 学校の文化祭において，著作権者の了解を得ないで演劇を上演した。
(2) テレビ放映された映画を家でビデオに録画し，著作権者の了解を得ないで家族にプレゼントした。
(3) 講習会において，市販の問題集を著作権者の了解を得ないで一冊すべてコピーして製本し，受講者全員に配布した。
(4) 市販のCDに入っているバッハの音楽を無断でWebページのBGMにした。
　(ア) 複製権　　(イ) 著作隣接権　　(ウ) 公衆送信権　　(エ) 同一性保持権
　(オ) 翻案権　　(カ) 上演権　　(キ) 頒布権　　(ク) どの権利も侵害していない

> 20 著作権侵害の訴えには，著作権者自身による告訴が必要である（一部例外あり）。

21 〈伝達者の権利〉 伝達者の権利に関する次の(ア)～(オ)の記述のうち，誤っているものをすべて選べ。
(ア) 著作物などの伝達者には，歌手や俳優などの実演家，CDなどの製作者，放送事業者などが考えられる。
(イ) 著作物などを公衆に伝達する人や事業者を著作伝達権者という。
(ウ) 伝達者の権利は，実演などの計画が立案された時点で発生する。
(エ) 鳥や虫の鳴き声などは著作物ではないため，録音し，公表しても伝達者の権利は付与されない。
(オ) 著作物などの伝達者は，実演家に限り人格権が与えられている。

> 21 伝達者の権利は，創作者ではないが，著作物などの伝達に重要な役割を果たしている者に認められた権利である。

22 〈引用〉 引用の要件について述べた，次の箇条書きの空欄に入る適当な語句を，下の語群からそれぞれ選んで記入せよ。
・引用する資料はすでに（ ① ）されていること
・引用を行う（ ② ）があり，引用部分が（ ③ ）になっていること
・本文が（ ④ ）で引用文が（ ⑤ ）であり，引用される分量が（ ⑥ ）最小限度の範囲内であること
・出所の（ ⑦ ）がなされていること
【語群】 主，必要，必然性，明確，公表，明示，従

> 22 自分の著作物に，公表された他人の著作物を掲載する行為を引用という。

23 〈クリエイティブ・コモンズ・ライセンス〉 クリエイティブ・コモンズ・ライセンス（CCライセンス）では，著作物の利用条件を示すマークとして，次の表にあるものを組み合わせてライセンス表示を行っている。

マーク	条件	内容
(ア)	BY：表示	著作者や著作物の情報を表記すること（必須）
(イ)	NC：非営利	営利目的で利用しないこと
(ウ)	ND：改変禁止	著作物を改変しないこと
(エ)	SA：継承	改変は自由だが，元と同じCCライセンスを付けること

次の(1)～(3)の場合，どのマークを組み合わせたらよいか。該当するものを上の表の(ア)～(エ)からそれぞれすべて選べ。
(1) 営利目的での利用は許可しない。ただし，改変は許可する。
(2) 営利目的での利用は許可するが，改変は許可しない。
(3) 非営利目的の利用とする。改変は許可するが，同じCCライセンスを付ける。

> 23 著作権者が，自分の著作物を自由に利用するために守るべき条件を意思表示するものとして，クリエイティブ・コモンズ・ライセンスが利用されている。
> ※(ウ)と(エ)のマークを同時に組み合わせることはできない。

第2章 情報デザイン

関連 ▶ 情報デザインの関連知識（→見返し4～6）

▶04 情報デザインの基礎

● 確認事項 ● 次の空欄に適当な語句を入れよ。

■コミュニケーションの形態

①（　　）コミュニケーション	相手と対面して行われる。
②（　　）コミュニケーション	離れた相手と行われる。
③（　　）型コミュニケーション	双方向のやり取りが同時に行われる。
④（　　）型コミュニケーション	双方向のやり取りが異なる時間で行われる。

■形態によるコミュニケーションの分類

	（①）コミュニケーション	（②）コミュニケーション
（③）型	会話，プレゼンテーション　など	電話，テレビ会議　など
（④）型		手紙，電子メール，SNS，メッセージツール　など

■メディアリテラシー

マスメディアで報じられた情報をさまざまな視点で⑤（　　）・⑥（　　）し，情報の⑦（　　）を正しく判断する能力，また文字や画像などさまざまな⑧（　　）を活用して効果的な形態で表現する能力のこと。

■情報デザイン

効果的なコミュニケーションや⑨（　　）のために行われるデザインの基礎知識や表現方法，およびその技術のこと。

■情報へのアクセスを確保するためのデザイン

⑩（　　）	文化，年齢，性別，能力などの違いにかかわらず，すべての人が使いやすくなるように考えられたデザイン。
⑪（　　）	製品やサービスを利用して目的を達成する際の使いやすさのこと。
⑫（　　）	さまざまな能力の人々や条件において，幅広く情報へのアクセスを確保する（⑪）。

■使いやすさのデザイン

⑬（　　）	機器やサービスを利用する際に，ユーザの操作に応じて必要な情報をやり取りする部分，およびそのための仕組み。
⑭（　　）	ものが存在することによって，人が何らかの行為を可能とする関係。
⑮（　　）	（⑭）によって可能とされた行為の中から，特定の行為へ誘導するためにデザインされたもの。

解答
①直接
②間接
③同期
④非同期

⑤⑥
分析/評価
（順不同）
⑦真偽
⑧メディア

⑨問題解決

⑩ユニバーサルデザイン
⑪ユーザビリティ
⑫アクセシビリティ

⑬ユーザインタフェース
⑭アフォーダンス
⑮シグニファイア

■ 情報の構造化

情報を読み手が理解しやすくなるように，意味のまとまりごとに分けて整理すること。情報の整理には次の五つの基準が用いられる。

情報の整理の基準	説明
⑯（　　　）	物理的な位置を基準に情報を整理する。 例：国別，都道府県別，地域別の分類　など
⑰（　　　）	言語的な順番を基準に情報を整理する。 例：辞書，電話帳　など
⑱（　　　）	時間の前後関係を基準に情報を整理する。 例：スケジュール帳，年表　など
⑲（　　　）	物事の類似性や関連性を基準に情報を整理する。 例：図書館の本棚，教科書　など
⑳（　　　）	数量的な大小を基準に情報を整理する。 例：身長別や体重別の分類，ランキング　など

■ 数値データの可視化

数値データを可視化するときには，㉑（　　　）を用いる場合と㉒（　　　）を用いる場合がある。

データの正確な値を表したい場合には，(㉑)を用いることが多い。一方，データの全体的な傾向を見せたい場合には，(㉒)を用いることが多い。また，情報の受け手が読み取るために与えられた時間によっても使い分けられる。

■ 図形による情報の可視化

何らかの流れや関係を表現するには，㉓（　　　）を利用するとわかりやすくなる。(㉓)の例としては，次のようなものがある。

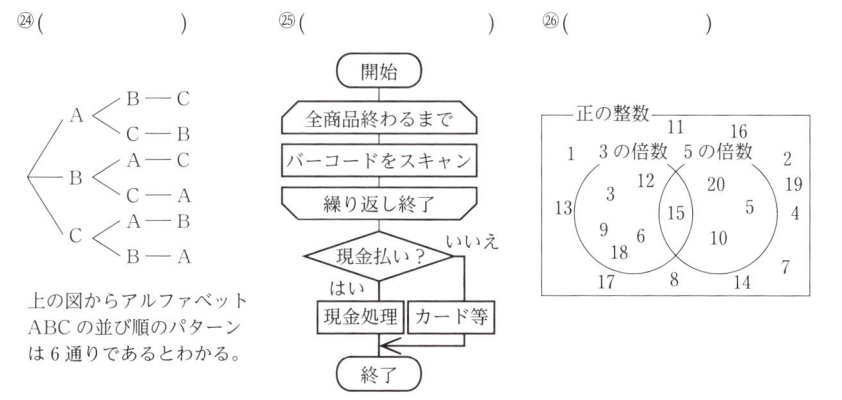

㉔（　　　）　㉕（　　　）　㉖（　　　）

上の図からアルファベットABCの並び順のパターンは6通りであるとわかる。

■ 色の三要素

色の三要素	㉗（　　　）(色の違い)，㉘（　　　）(明るさ)，㉙（　　　）(鮮やかさ)からなる。
㉚（　　　）	(㉗)を環状に配置した図。
㉛（　　　）	(㉚)において隣り合う色。
㉜（　　　）	(㉚)において向かい合う位置にある色。
㉝（　　　）	同じ(㉗)で(㉘)・(㉙)が異なる色。

解答

⑯位置
⑰アルファベット　または　五十音
⑱時間
⑲分野　または　カテゴリー
⑳階層　または　連続量

㉑表
㉒グラフ

㉓ダイアグラム
㉔樹形図
㉕フローチャート
㉖ベン図

※ベン図とは，物事を性質ごとに分け，図形で囲んだダイアグラムのことである。

㉗色相
㉘明度
㉙彩度
㉚色相環
㉛類似色
㉜補色
㉝同系色

2章　情報デザイン

04. 情報デザインの基礎　15

例題 1　コミュニケーションの形態　　　類題：1

次の文章中の空欄に適当な語句を入れよ。

古くから身近にあるコミュニケーションの手段として，相手と対面しての会話があり，これは（　①　）コミュニケーションである。さらに，この形態のコミュニケーションは，双方向のやり取りが同時に行われる（　②　）型コミュニケーションでもある。また，同じく古くからのコミュニケーションの手段である手紙は，離れた相手と行われる（　③　）コミュニケーションであり，双方向のやり取りが異なる時間で行われる（　④　）型コミュニケーションでもある。

解答　①　直接　　②　同期　　③　間接　　④　非同期

ベストフィット　コミュニケーションの分類は「直接か間接」か「同期型か非同期型」かの組み合わせである。

解説
古くから身近にあるコミュニケーションの手段は，会話のような「直接かつ同期型のコミュニケーション」か，手紙のような「間接かつ非同期型のコミュニケーション」がおもなものであった。現代では，電話の普及によって「間接かつ同期型のコミュニケーション」が身近なものとなり，さらに情報技術が発達することで，さまざまなコミュニケーションの手段が使われるようになった。

例題 2　メディアリテラシー　　　類題：2

次の(ア)～(オ)の記述のうち，メディアリテラシーの説明として適当なものをすべて選べ。
(ア)　情報の受信側に必要な能力であり，発信側には関係がない。
(イ)　情報をさまざまな視点で分析・評価し，情報の真偽を正しく判断できる能力のことである。
(ウ)　現代では誰もが情報の発信者となりうるため，すべての人に必要な能力である。
(エ)　インターネット上のサービスを利用しない人には必要のない能力である。
(オ)　情報の発信には，発信者の意図があるということが前提になっている。

解答　(イ)，(ウ)，(オ)

ベストフィット　メディアリテラシーには受け取った情報の分析・評価のほかに，メディアを使って適切に情報を発信する能力も含まれる。

解説
メディアリテラシーには，メディアを使って適切に情報を発信する能力も含まれるため，情報の発信側にも必要な能力である。また，インターネット上のサービスを使わなくても，マスメディアなどを通じて情報を受け取るため，メディアリテラシーが必要になってくる。

例題 3　ユニバーサルデザイン　　　類題：3

次の(ア)～(オ)の記述のうち，ユニバーサルデザインの説明として適当なものをすべて選べ。
(ア)　ユニバーサルデザインを採用するかどうかは，恩恵を受ける人がどの程度いるのかで判断する。
(イ)　文化，年齢，性別，能力などの違いにかかわらず，すべての人が恩恵を受けられる。
(ウ)　障がい者や高齢者などが社会生活をしていく上での障壁を取り除くことがおもな目的である。
(エ)　何かのデザインを考える際には，はじめからユニバーサルデザインの考え方を取り入れておく。
(オ)　困っている人たちの訴えが出てから解決策を考えるのがユニバーサルデザインの手法である。

解答　(イ)，(エ)

ベストフィット　はじめからすべての人が使いやすくしてあるデザインがユニバーサルデザインである。

解説▶
ユニバーサルデザインの恩恵はすべての人が受けられるものなので、何かをデザインする際には、ユニバーサルデザインの採用が前提となる。障がい者や高齢者の障壁を取り除くのは、バリアフリーの考え方である。

例題 4　アクセシビリティ　　　類題：4

次の(ア)～(オ)のうち、Webページのアクセシビリティの向上に関係する内容をすべて選べ。
(ア) 画像の代替テキストの提供　　(イ) 最新のブラウザでの閲覧を指定
(ウ) マウスでの操作を指定　　(エ) 文字サイズの変更機能の提供　　(オ) 配色の変更機能の提供

解答　(ア), (エ), (オ)

▶ベストフィット　アクセシビリティで大切なことは、幅広く情報へのアクセスを確保することで、そのためには複数のアクセスの手段を用意することが必要となる。

解説▶
(ア)(エ)(オ)　おもに視覚や色覚に障がいをもつ人向けに、通常用いられるもの以外の情報伝達の手段を提供している。
(イ)(ウ)　特定のソフトウェアや入力装置を指定することで、むしろアクセシビリティを低下させている。

例題 5　使いやすさのデザイン　　　類題：5

次の文章の下線部①、②に関連する語句を答えよ。
　ドアがあったとき、①人はドアを「押す」、「引く」、「スライドする」など、さまざまな行為をする可能性がある。そこで、②ドアに金属のプレートを取り付けると、「押す」という行為が選択されるようになる。

解答　① アフォーダンス　② シグニファイア

▶ベストフィット　シグニファイアによって、特定の行為に誘導されるようになる。

解説▶
アフォーダンスとは、ものが存在することで人が何らかの働きかけができる可能性のことであるが、必ずしも人がその可能性を認識できるわけではない。シグニファイアは、その可能性の中から特定のものを認識させるもので、適切なシグニファイアがあることで使いやすいデザインとなる。

例題 6　情報の構造化　　　類題：6

次の(1)～(5)の情報の整理の仕方は、どのような基準に基づいているか答えよ。
(1) 口コミサイトで評価が高い順に商品を表示する。　　(2) 写真データを撮影日順に整理する。
(3) ショッピングサイトで商品の分類別にページを作成する。
(4) クラスで名前のあいうえお順に出席番号を付ける。　　(5) 観光ガイドで地域ごとに情報をまとめる。

解答　(1) 階層　または　連続量　　(2) 時間　　(3) 分野　または　カテゴリー
　　　　(4) アルファベット　または　五十音　　(5) 位置

▶ベストフィット　情報を整理する基準は、「位置」、「アルファベット(五十音)」、「時間」、「分野(カテゴリー)」、「階層(連続量)」の五つしかないといわれている。

解説▶
情報の整理に用いられる五つの基準はその頭文字(Location(位置), Alphabet(アルファベット), Time(時間), Category(分野), Hierarchy(階層))を取って「LATCH(ラッチ)」または「五つの帽子掛け」と呼ばれる。同じ情報を整理するのに違う基準を用いる場合もある。例えば、お店などを紹介するWebサイトが、口コミの評価順に並べて表示すれば「階層(連続量)」で整理していることになるが、地域ごとに分けて表示すれば「位置」で整理していることになる。

例題 7 　図形による情報の可視化　　　類題：7

次の(1)～(3)の情報を可視化するダイアグラムの種類として，最も適当なものを答えよ。
(1) 複数のものの組み合わせの数　　(2) あるものの性質ごとのグループとグループ間の関係
(3) プログラムにおける処理の流れ

解答　(1) 樹形図　(2) ベン図　(3) フローチャート

ベストフィット　物事の流れや関係を視覚的に表現するのがダイアグラムである。ここに出てくるもの以外にも，多様なダイアグラムが存在する。

解説▶
物事の流れや関係を文字だけで説明することが難しいときにダイアグラムが使われる。特にプレゼンテーションのように細かい文字を見せられないときに，ダイアグラムは有効である。

例題 8 　配色の工夫　　　類題：8

右の色相環について，①～⑫は色を表している。(1)③と⑨，(2)⑤と⑥のそれぞれの2色の組み合わせの名称を答えよ。

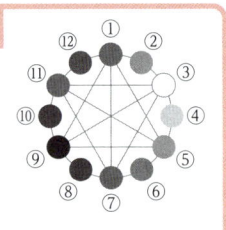

解答　(1) 補色　(2) 類似色

ベストフィット　類似色や補色は色相環における互いの位置関係から判断する。

解説▶
色相環において隣り合う色を類似色，向かい合う位置にある色を補色という。色相環を用いることで色の組み合わせの手掛かりを得ることができる。類似色や補色といった組み合わせ以外にも，色相環において正三角形となる（上の色相環の①⑤⑨のような）位置にある色を組み合わせるトライアド配色，正方形となる（上の色相環の①④⑦⑩のような）位置にある色を組み合わせるテトラード配色などがある。なお，後見返し5で各配色についてカラーで紹介している。

類題

1 〈コミュニケーションの形態〉　次の(1)～(3)のコミュニケーションの形態に該当する手段を下の(ア)～(カ)からそれぞれすべて選べ。
(1) 直接かつ同期型　　(2) 間接かつ同期型　　(3) 間接かつ非同期型
　(ア) 手紙　(イ) 会話　(ウ) 音声チャット　(エ) プレゼンテーション
　(オ) オンライン会議　(カ) 電子メール

1 ◀例題1
それぞれのコミュニケーションの手段について「相手と対面しているのか」，「やり取りが同時に行われるのか」を考える。

2 〈メディアリテラシー〉　次の(ア)～(オ)の記述のうち，現代においてメディアリテラシーが必要とされる背景の説明として適当なものをすべて選べ。
　(ア) SNSなどにおいて，真偽不明の情報の投稿が多くされるようになった。
　(イ) スマートフォンの普及により，写真や映像を使った情報発信が誰でも手軽にできるようになった。
　(ウ) インターネット上の動画サービスの普及により，テレビを視聴する人が減った。
　(エ) インターネットの普及により，多様なメディアとの接点が増えた。
　(オ) 電子書籍の普及により，時間や場所を選ばずに好きな本が読めるようになった。

2 ◀例題2
情報の受信や発信のために必要な能力とのかかわりで考える。

18　第2章　情報デザイン

3 〈ユニバーサルデザイン〉 次の(ア)～(オ)の工夫のうち，デザインの段階からユニバーサルデザインについて考えられているものをすべて選べ。
- (ア) 硬貨のまわりに刻まれた溝や穴
- (イ) Webページの配色を変更できる機能
- (ウ) 通常より幅の広い改札
- (エ) レバー式の蛇口
- (オ) 段差に追加して設置されたスロープ

3 ◀例題3
すべての人が使いやすくなることをはじめから想定したデザインかを考える。
(オ)スロープとは，階段などの段差を解消するために設置された，傾斜した通路。

4 〈アクセシビリティ〉 次の(ア)～(オ)の記述のうち，Webページのアクセシビリティを向上させるための手段として最も適当なものを一つ選べ。
- (ア) キーボードによる操作が苦手な人のために，操作はマウスでしかできないようにする。
- (イ) 動画の再生に対応していないブラウザを使っている人のために，ページ内の動画の内容を文字でも説明する。
- (ウ) 多くの情報を載せられるように，余白をできるだけ小さくする。
- (エ) 文字を大きくするために，<h1>タグを多用する。
- (オ) 日常的に使用する言語が異なる人でも操作できるように，操作に関する情報は色のみで表現する。

4 ◀例題4
Webページにアクセスするために，多様な手段が用意されているか考える。

5 〈使いやすさのデザイン〉 次の(ア)～(オ)の記述のうち，ユーザビリティを向上させるための，ユーザインタフェースのデザインの考え方として適当なものをすべて選べ。
- (ア) 情報を伝える文字や画像，操作を行うボタンなど，表示するすべてのものを等間隔に並べることで，整然とした印象を与える。
- (イ) 全体としての統一感をもたせるため，通常の文字とリンクが設定されている文字に，表示上の差を付けない。
- (ウ) メニューやボタンは操作時に機能しているかどうかで，表示する色の明度や彩度に差を付ける。
- (エ) 操作場面ごとによく選択されている機能を調べ，その機能を呼び出すボタンを大きくする。
- (オ) ユーザを戸惑わせることがないように，マウスポインタやボタンなどの表示が変わるような反応をさせない。

5 ◀例題5
ユーザビリティを向上させるためには，ユーザの行動を正しい操作に誘導するようなデザインをする。

6 〈情報の構造化〉 次の(ア)～(オ)の記述のうち，情報の構造化の説明として適当なものをすべて選べ。
- (ア) 情報の構造化のための整理の基準は，何を目的にするかによって変わってくる。
- (イ) ある種類の情報を整理するとき，それに適合する基準は一つしかない。
- (ウ) 情報を構造化することにより，受け手が理解しやすいような情報を構成することができる。
- (エ) 情報の構造化を行うことで，図形による情報の可視化は難しくなる。
- (オ) 情報の構造化を行うと，情報を切り捨てることで整理が行われるため，元の情報より詳しさが減る。

6 ◀例題6
構造化された情報は，その目的に応じてまとめ方が異なる。また，構造化しておくことで，ほかの表現に移行しやすくなる。

2章 情報デザイン

04. 情報デザインの基礎　19

7 〈図形による情報の可視化〉 次の(1)～(4)の用途に適したダイアグラムを下の(ア)～(エ)から一つずつ選べ。

(1) 各所からの情報が1か所に集められる関係を描く。
(2) 物事を順序立てて進めていく様子を描く。
(3) 問題解決のために,「計画」,「実行」,「評価」,「解決」を繰り返していく様子を描く。
(4) 物事を進めていくうちに選択する場面が現れ,その選択により結果が異なることを描く。

(ア)　　　　　　(イ)　　　　　　(ウ)　　　　　　(エ)

7 ◀例題7
情報の流れが矢印の向きと一致しているものを選ぶようにする。

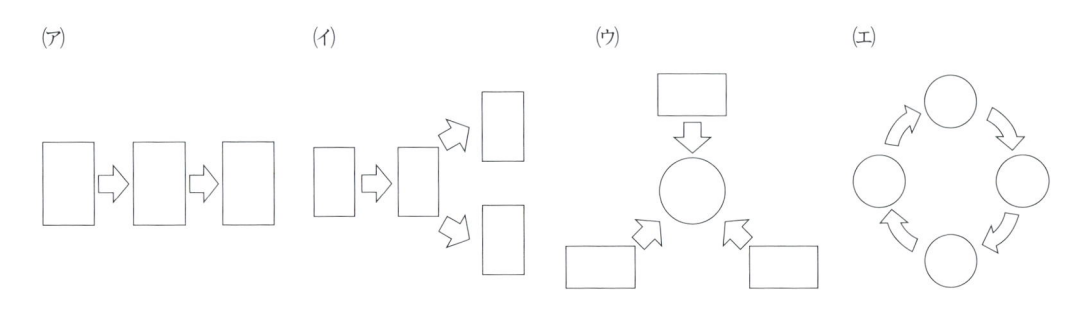

8 〈配色の工夫〉 デザインにおいて2色の配色を考える際,色の一つを右の色相環の①の色としたとき,次の問いに答えよ。

(1) 派手な印象の配色にしたいとき,組み合わされる色は②～⑫のどれか答えよ。
(2) まとまりのある印象にしたいとき,組み合わされる色は②～⑫のどれか答えよ。
(3) 赤と緑を組み合わせることは,判別しにくい人がいるためできるだけ避けたほうがよいが,やむを得なく使う場合の対処の仕方を答えよ。

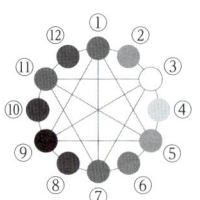

8 ◀例題8
色の組み合わせと印象は,色相環での位置関係で決まる。また,色には色相以外に,明度,彩度といった要素がある。

練習問題

9 〈使いやすさのデザイン〉 三つのごみ箱があり,一つは「缶やペットボトル」,もう一つは「新聞や雑誌」,残りの一つは「その他のごみ」という具合に,分別してごみを捨ててもらおうと考え,ごみ箱の投入口を下の(1)～(3)の三種類とした。このとき,どのごみ箱に何のごみが捨てられることを意図しているか,それぞれの投入口の形がシグニファイアとして作用しているとして,理由も含めて説明せよ。

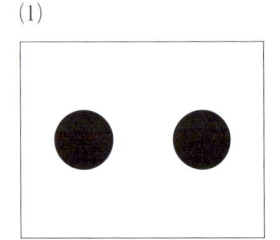

(1)　　　　　　(2)　　　　　　(3)

9
投入口の形をシグニファイアとして作用させるためには,人がその形を見て特定の行動を連想できるようにする必要がある。

10 〈情報の構造化〉 Aさんは修学旅行の自由行動で名所を効率よく見学する計画を立てるために，京都の歴史的建造物について調べ，レポートにまとめた。次の(ア)～(エ)のうち，このレポートの目的に沿った章立てとして最も適当なものを一つ選べ。
(ア) あ行，か行，…といった建造物の名称の五十音順で整理した章立て
(イ) 平安時代，鎌倉時代，…といった建造物が作られた年代ごとに整理した章立て
(ウ) 洛中，洛東，…といった建造物がある地域ごとに整理した章立て
(エ) 寺，神社，武家屋敷，…といった建造物の種類ごとに整理した章立て

10 章立ては情報の構造化の典型である。レポートの使用目的に合った，情報の整理の基準を考える。

11 〈図形による情報の可視化〉 次の(1)～(4)の内容を表すダイアグラムを描け。なお，ダイアグラムを描く際には，下の四つの例からそれぞれ適当なものを選び，必要に応じて枠を追加または削除して描くこと。
(1) J高校の1年には普通科と情報科があり，普通科が1～6組，情報科が7，8組である。
(2) マズローの欲求5段階説では，人間の欲求には「①生理的欲求」，「②安全の欲求」，「③所属と愛の欲求」，「④承認の欲求」，「⑤自己実現の欲求」があり，①が満たされると②が現れるというように，番号の順に高次の欲求となる。
(3) このカップラーメンは，フタを開けてお湯を注ぎ，3分待てばでき上がる。
(4) ある商品のキャンペーンのWebページには年齢確認の手順があり，18歳以上であれば応募できるが，18歳未満だと応募できない。

11 それぞれ，表記する項目間の関係性を考える。

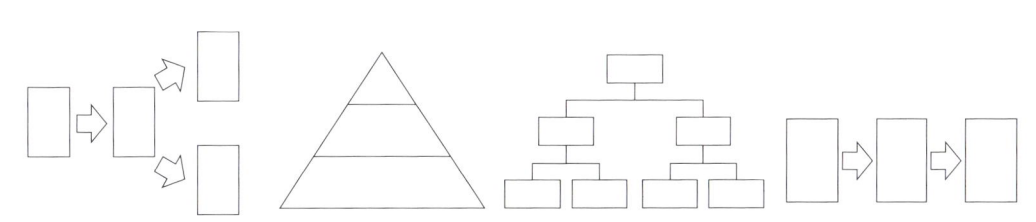

12 〈図形による情報の可視化〉 ダイアグラムをはじめとした，情報を可視化したものをインフォグラフィックスという。その例として，用途ごとの地図のデザインがある。「道路や建物の形を正確に表した地図」と「学校案内などに載せる道案内の地図」の違いから，「道案内の地図」のデザインの要点を説明せよ。

12 地図は用途によって，強調や省略されている部分がある。

13 〈配色の工夫〉 JIS(日本産業規格)で規定されている案内用図記号(ピクトグラム)において，注意を表す図記号の配色が黄色と黒であることについて，次の(ア)～(エ)の記述のうち，最も適当なものを一つ選べ。
(ア) 黄色と黒で彩度の差があることを利用して視認性をよくしている。
(イ) 黄色と黒で明度の差があることを利用して視認性をよくしている。
(ウ) 黄色と黒は補色であるため，黒を浮かび上がらせることができる。
(エ) 黄色と黒は類似色であるため，まとまりのある印象になる。

13 黒の色としての性質を考える。

14 〈配色の工夫〉 ピクトグラムやロゴマークなどのデザインを作成する際に，視認性をよくし，色覚の多様性に配慮した配色にすることが要件の一つとなる場合がある。この要件を満たす配色とはどのようなものか，「色相」，「明度」，「彩度」の三つの語句を使って説明せよ。

14 色覚の多様性に配慮するためには，色の三要素をどのように調整するかを考える。

05　情報デザインの活用

確認事項　次の空欄に適当な語句を入れよ。

■プレゼンテーションの流れ

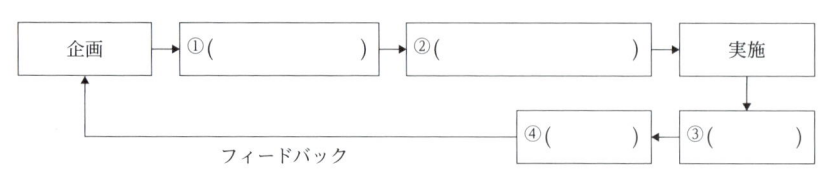

企画 → ①(　　　) → ②(　　　) → 実施 → ③(　　　) → ④(　　　) → フィードバック → 企画

■プレゼンテーションの構成

基本用語	論文の構成	説明
⑤(　　)	序論	プレゼンテーションを行うテーマの概要や現在の課題などについて述べる。
⑥(　　)	本論	プレゼンテーションの具体的な内容について，客観的な事実を基に順序立てて示す。
⑦(　　)	結論	プレゼンテーションの内容をまとめ，重要な点を改めて示す。

■Webページ

Webページ	⑧(　　　)を使って表示されるデータのまとまりで，文字，音声，動画などさまざまな要素で構成される。
⑨(　　　)	Webページのデータを保存し，ブラウザからの要求に応じてWebページのデータを送信するためのコンピュータ。

■Webサイトの設計

共通したドメイン名(→p.53)のURLをもつ複数のWebページの集まりをWebサイトという。Webサイト内の各Webページは⑩(　　　)でつながれ，このつながりをどのように構成するかでWebサイト全体の構造が決まる。

Webサイトの構造には次のようなものがある。

⑪(　　　)　⑫(　　　)　⑬(　　　)

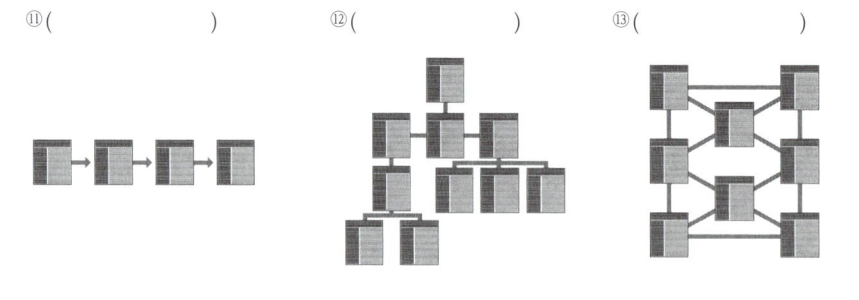

■Webページの構成

ヘッダ領域	⑭(　　　)や⑮(　　　)などを載せる。
⑯(　　　)	Webサイト内で移動するためのメニューボタンを載せる。
メイン領域	⑰(　　　)，⑱(　　　)，⑲(　　　)などを載せる。
⑳(　　　)	Webページの主となる情報を載せる。
フッタ領域	㉑(　　　)や㉒(　　　)などを載せる。

解答
①資料作成
②リハーサル
③評価
④改善

⑤導入
⑥展開
⑦まとめ

⑧ブラウザ
⑨Webサーバ

⑩ハイパーリンク
⑪直線的構造
⑫階層構造
⑬網状構造

⑭ロゴ
⑮サイト名
⑯ナビゲーション領域
⑰⑱⑲
　イメージ画像/
　キャッチコピー/
　リード文
　(順不同)
⑳コンテンツ領域
㉑㉒
　Copyright/
　問い合わせ先
　(順不同)

■HTML(HyperText Markup Language)

Webページの見出しや本文などの構造を記述するための言語。

タグ	説明
`<html> ～ </html>`	㉓(　　　　)であることを宣言する。
`<head> ～ </head>`	㉔(　　　　)を示す。
`<body> ～ </body>`	文書の㉕(　　)を示す。
`<title> ～ </title>`	㉖(　　　)を示す。
`<hn> ～ </hn>`(n=1～6)	㉗(　　　)(nが小さいほど文字が大きくなる)
` `	㉘(　　)
`<p> ～ </p>`	㉙(　　)
`<a href="リンク先ファイル名"> ～ </a>`	㉚(　　　　)などを指定する。
`<span> ～ </span>` `<div> ～ </div>`	書式などを設定する際の㉛(　　　)を指定する。

解答
㉓HTML文書
㉔ヘッダ情報
㉕本体
㉖タイトル
㉗見出し
㉘改行
㉙段落
㉚ハイパーリンク
㉛要素範囲

■HTML文書の構造

```
<㉜(      )>
   <㉝(      )>
      タイトルや文字コードの指定など，Webページに関する情報を記述する。
   </(㉝)>
   <㉞(      )>
      文字や画像など，ブラウザに表示される情報を記述する。
   </(㉞)>
</(㉜)>
```

㉜html
㉝head
㉞body

■CSS(Cascading Style Sheets)の記述方法

HTML文書のフォントや配色などの装飾を指定するための仕組み。

記述方法	記述例(文字色を赤)	記述例の適用範囲
タグ{ }	`p{color: red;}`	㉟(　　)
#ID{ }	`#msg{color: red;}`	㊱(　　)がmsgの要素
タグ#ID{ }	`p#msg{color: red;}`	(㊱)がmsgの(㉟)
.クラス名{ }	`.sample{color: red;}`	㊲(　　)がsampleの要素
タグ.クラス名{ }	`p.sample{color: red;}`	(㊲)がsampleの(㉟)

㉟pタグ
㊱ID名
㊲クラス名

■CSSのプロパティ(属性)

プロパティ(属性)	記述例	記述例の意味
`background-color`	`background-color: #fffcdb;`	㊳(　　)を指定の色にする。
`color`	`color: #000080;`	㊴(　　)を指定の色にする。
`border`	`border: solid 1px;`	要素の㊵(　　)を1ピクセルの実線にする。
`margin`	`margin: 10px;`	要素の境界の㊶(　　)に10ピクセルの余白を作る。
`padding`	`padding: 1em;`	要素の境界の㊷(　　)にフォントサイズと同じ幅の余白を作る。

㊳背景色
㊴文字色
㊵境界線　または　枠線
㊶外側
㊷内側

例題 9 プレゼンテーションの流れ

類題：15

次の文章中の空欄に適当な語句を入れよ。

　プレゼンテーションを行うには，まずプレゼンテーションで伝える内容，参加者の年齢層，性別，関心の度合いなどの属性を考慮し，（ ① ）を立てることから始める。次にプレゼンテーションソフトウェアなどを用いてスライドなどの（ ② ）を行うが，このとき，スライドのレイアウトや発表内容をまとめたストーリーボードを作成しておくと，グループで作業を分担しても統一感のあるスライドが作成できる。（②）が終わったら必ず（ ③ ）を行い，準備の状況，話し方，内容などをチェックし，不備があればすぐに対処する。プレゼンテーションの実施後は必ず（ ④ ）を行って課題を見つけ，次回に向けて（ ⑤ ）していく。（④）を行う際には，人によって差が生じないように，（④）の観点や基準をまとめたルーブリックを作成しておくとよい。

解答　① 企画　② 資料作成　③ リハーサル　④ 評価　⑤ 改善

ベストフィット　プレゼンテーションは，「企画→資料作成→リハーサル→実施→評価→改善」を繰り返すことで完成度を高めることができる。

解説
プレゼンテーションで大切なことは，伝える内容を聞き手に強く印象付けることである。そのためには，聞き手のことを想定し，その特性に合ったプレゼンテーションの方法を考えなくてはならない。

例題 10 プレゼンテーションの構成

類題：15

次の(ア)～(エ)の記述のうち，プレゼンテーションの構成の説明として適当なものをすべて選べ。
(ア) 内容の重要な点は，参加者に集中してもらうために，展開のところだけで示すようにする。
(イ) 展開で述べることは，客観的な事実を基に順序立てて述べるようにする。
(ウ) 導入では，テーマとするものの課題についても述べるとよい。
(エ) プレゼンテーションの内容の重要な点は，まとめのところだけで述べる。

解答　(イ), (ウ)

ベストフィット　プレゼンテーションでは，「導入」，「展開」，「まとめ」の各パートでどのようなことを述べるのかをきちんと理解しておく。

解説
プレゼンテーションの構成の「導入→展開→まとめ」の流れは，論文の構成の「序論→本論→結論」の流れによく似ている。導入では，テーマを選んだ理由を述べる。展開では，具体的な内容と根拠となる情報を示す。まとめでは，重要な点を改めて示し，結論を述べる。

例題 11 Webページの構成

類題：17・18

次の(1)～(3)の内容を載せるのに適したWebページの領域を答えよ。
(1) Webサイトの所有者や連絡先　(2) Webサイトのイメージ画像
(3) Webサイト内のほかのページへ移動するためのメニューボタン

解答　(1) フッタ領域　(2) メイン領域　(3) ナビゲーション領域

ベストフィット　Webページでは，載せる情報を整理して領域ごとにまとめて配置する。

解説
このほかにWebページを構成する領域には，ロゴやサイト名などを載せる「ヘッダ領域」，主となる情報を載せる「コンテンツ領域」がある。

例題 12 Web サイトの設計　　　類題：16

次の(1)〜(5)の記述に適した Web サイトの構造を答えよ。
(1) サイトの設計によっては，クリック数が増えることがある。
(2) ユーザに順を追ってページを進んでほしい場合に有効である。
(3) ページ間の移動が自由なので，リンクが設置しやすい。
(4) サイトの全体像がとらえにくい。
(5) サイト内で現在地を把握しやすい。

解答 (1) 階層構造　(2) 直線的構造　(3) 網状構造　(4) 網状構造　(5) 階層構造

ベストフィット ページ間にどのようなリンクを配置するかで Web サイト全体の構造が決まる。

解説
Web サイトの構造は，ユーザにどのように情報を提供するかで決まる。直線的構造は，(2)のように，情報を提供する順序をサイトの設計者が決めている。階層構造は，ユーザが選択しながら目的の情報にたどり着くようになっているので，(1)のように，クリック数が増える傾向がある。また，ユーザが自ら選択しているので，(5)のように，サイト内での現在地を把握しやすい。網状構造は，(3)のように，ユーザはサイト内のページを自由に移動できる。しかし，(4)のように，サイトの全体像をとらえにくいため，必要に応じて検索機能などを付ける必要がある。

例題 13 HTML　　　類題：17

右の図のような「情報高校の学校紹介」の Web ページを作りたい。次の HTML のコードの空欄を埋めよ。

```
<!DOCTYPE html>
<html>
    <( ① )>
        <meta charset="UTF-8">
        <( ② )>情報高校の学校紹介</( ② )>
    </( ① )>
    <( ③ )>
        <( ④ )>情報高校の学校紹介</( ④ )>
        <( ⑤ )>創立</( ⑤ )>
        <( ⑥ )>2010年4月1日</( ⑥ )>
        <(⑤)>学科</( ⑤ )>
        <(⑥)>普通科:6クラス<( ⑦ )>情報科:2クラス</( ⑥ )>
    </( ③ )>
</html>
```

Web ページのタイトル
「情報高校の学校紹介」

情報高校の学校紹介

創立
2010年4月1日

学科
普通科:6クラス
情報科:2クラス

解答 ① head　② title　③ body　④ h1　⑤ h2　⑥ p　⑦ br

ベストフィット HTML のコードは全体を <html> 〜 </html> で囲み，その中でさらにヘッダ情報の部分を <head> 〜 </head>，ブラウザに表示する部分を <body> 〜 </body> で囲む。

解説
HTML のタグは，基本的に <○○> という開始タグと，</○○> という終了タグをセットで使う。ただし，
 タグのように単独で使うものもある。<html> タグ，<head> タグ，<body> タグは HTML 文書全体の構造を定義するタグで，<head> タグにはブラウザに表示しない情報，<body> にはブラウザに表示する情報を記述する。<h1>，<h2> タグは見出しとして使用するもので，単に文字を大きくしたいときは，CSS の font-size プロパティを使用する。

05. 情報デザインの活用

例題 14　CSS

類題：18

次の(ア)〜(エ)の記述のうち，CSS による装飾の指定の説明として適当なものをすべて選べ。

(ア)　CSS による装飾の指定ができるのは，タグに対してだけである。
(イ)　margin プロパティは，要素の境界の外側の余白を指定する。
(ウ)　color プロパティは，文字色を指定する。
(エ)　CSS での色についての指定は，すべて 16 進数のカラーコードで指定する。

解答　(イ)，(ウ)

ベストフィット　CSS による装飾の指定は，「タグ」，「ID」，「クラス」に対して行われる。

解説▶
CSS による装飾の指定の書式は，「セレクタ{プロパティ(属性): 値;}」である。セレクタには「タグ」，「ID」，「クラス」が指定できるので，(ア)は誤りである。
(イ)の margin プロパティは，要素の境界の外側の余白を指定している。要素の境界の内側の余白を指定しているのは，padding プロパティである。
(ウ)の color プロパティは文字色を指定しており，色についての指定は，16 進数のカラーコード以外にも，「red」，「blue」といった色名での指定も可能であるため，(エ)は誤りである。

類題

15　〈プレゼンテーションの流れ〉　次の(ア)〜(エ)の記述を，プレゼンテーションの最も適当な流れになるよう順に並べ替えよ。
(ア)　リハーサルを行い，準備の状況，話し方，内容などをチェックし，不備があればすぐに対処する。
(イ)　参加者の年齢層，性別，関心の度合いなどの属性を考慮して企画を立てる。
(ウ)　評価の結果から課題を見つける。
(エ)　スライドのレイアウトや発表内容をまとめたストーリーボードを作成する。

> **15** ◀例題 9・10
> プレゼンテーションの流れは，企画→資料作成→リハーサル→実施→評価→改善を繰り返す。

16　〈Web サイトの設計〉　次の(1)〜(3)の Web ページの表示に適した Web サイトの構造をそれぞれ答えよ。

(1)　(2)　(3)

> **16** ◀例題 12
> Web ページ間のつながりをどのように表現したらよいかを考える。

17　〈HTML〉　次の(ア)〜(エ)の記述のうち，HTML のタグの説明として適当なものをすべて選べ。
(ア)　行の途中で書式を設定する場合，<span> タグを用いる。
(イ)　<head> タグに記述された情報は，ブラウザに表示されない。
(ウ)　<h1> タグは，文字を大きくするために使われる。
(エ)　HTML のコードは，必ず <html> で始まり，</html> で終わる。

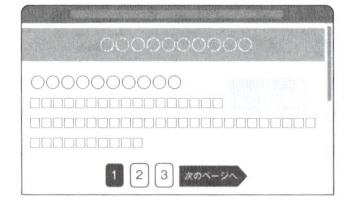

> **17** ◀例題 11・13
> HTML タグの意味と役割を理解しておく。

18 〈CSS〉 次の(1)～(4)の装飾を指定する CSS のコードを記述せよ。
(1) Web ページ全体の背景色を beige にする。
(2) attention というクラス名を付けた p タグの文字色を red にする。
(3) h1 タグの境界の内側にフォントサイズの半分の幅の余白を取る。
(4) subtitle という ID 名を付けた領域のフォントサイズを 20px にする。

18 ◀例題 11・14
CSS のセレクタや プロパティの指定の 仕方を理解しておく。

練習問題

19 〈Web サイトの設計〉 次の(1)～(3)の記述に適した Web サイトの構造を答えよ。
(1) 情報がきちんと分類されており，ユーザが分類項目を選択することで目的の情報を得るサイト。
(2) 情報をいくつかのページに分けて，順番に提供するサイト。
(3) サイト内の検索機能を利用することで，ユーザがサイト内を自由に移動でき，目的の情報を得るサイト。

19 それぞれの Web サイトが，ユーザにどのように情報を提供しようとしているのかを考える。

20 〈CSS〉 次の HTML 文書に対し，「akamoji」というクラスの文字色を赤（色名：red）に，「aomoji」というクラスの文字色を青（色名：blue）にする CSS のコードを記述せよ。

```
<!DOCTYPE html>
<html>
    <head>
        <meta charset="UTF-8">
        <title>文字色の指定</title>
    </head>
    <body>
        <p class="akamoji">ここは赤文字で表示</p>
        <p class="aomoji">ここは青文字で表示</p>
    </body>
</html>
```

20 このときの CSS のセレクタはクラスである。

21 〈HTML と CSS〉 ブラウザで右の表示となる Web ページについて，次の(ア)～(カ)を(1)HTML によって指定するもの，(2)CSS によって指定するものに分類せよ。
(ア) 「情報の整理のための五つの基準」の下側に二重線を引く。
(イ) 「情報の構造化」の語句を見出しとして指定する。
(ウ) 「情報の整理のための五つの基準」の内容を表として表示する。
(エ) 「情報の整理のための五つの基準」の表の見出しのセルの背景色を赤にする。
(オ) 「情報の整理のための五つの基準」の説明で，赤字にする部分を指定する。
(カ) 「情報の構造化」の語句の左側に赤い太線を引く。

21 HTML は，文書の構造に関することを指定する。
CSS は，表示上の装飾に関することを指定する。

情報の構造化

情報を読み手が理解しやすくなるように，意味のまとまりごとに分けて整理すること。情報の整理には以下の五つの基準が用いられる。

情報の整理のための五つの基準

基準	説明
位置	物理的な位置を基準に情報を整理する。
アルファベット（五十音）	言語的な順番を基準に情報を整理する。
時間	時間の前後関係を基準に情報を整理する。
分野（カテゴリー）	物事の類似性や関連性を基準に情報を整理する。
階層（連続量）	数量的な大小を基準に情報を整理する。

第3章 デジタル

関連 ▶ ドリル(→p.162)

06 デジタル化された情報とその表し方

■ 中学までの復習 ■ 次の空欄に適当な語句を入れよ。

■ デジタル化とその基本単位

デジタル化	文字，静止画，音声，動画など，すべての情報を①(　　　)の2種類の数字の組み合わせであるデジタル情報に置き換える。
基本単位	データ量の基本単位を②(　　　)(bit)という。

解答
① 0と1
② ビット

■ デジタル情報の特徴

デジタル情報の特徴	・情報を③(　　　)的に処理できるようになった ・情報をさまざまな形式で表すことができるようになった

③ 統合

■ 2進数と10進数

2進数	0と1の2種類の数字の組み合わせで数を表す。
10進数	0～9の10種類の数字の組み合わせで数を表す。

■ ビットと表現できる状態の数

ビット(bit)	1ビット	2ビット	3ビット	8ビット
状態の数(通り)	2通り	4通り	④(　　)通り	256通り

④ 8

■ 確認事項 ■ 次の空欄に適当な語句を入れよ。

■ nビットで表現できる状態

nビットで表現できる状態	①(　　　)通り　例：4ビット→2^4＝16通り

解答
① 2^n

■ 情報量の単位

単位	bit	B	KB	MB	GB	TB
関係	―	②(　　)bit	③(　　)B	1024 KB	1024 MB	1024 GB

② 8
③ 1024

■ 16進数

16進数	0～9の数字とA～④(　　)の英字の組み合わせで数を表す。

④ F

■ 2進数・10進数・16進数の変換

10進数→n進数	商が0になるまで⑤(　　)で割り続けた余りの部分。 ただし，16進数のときは余りの10～15をA～Fで表す。
n進数→10進数	各桁の数字にその桁の重みを掛け，その結果の総和を求める。
16進数→2進数	各桁を⑥(　　)桁の2進数へ変換し，その数値を並べる。
2進数→16進数	下位から4桁ずつ16進数へ変換し，その数値を並べる。

⑤ n
⑥ 4

■ 2進数の加算と減算

2進数の加算と減算	10進数と同じように桁ごとに計算を行う。 例：　　1001(2)　　　　1101(2) 　　　＋0101(2)　　　－1010(2) 　　　　1110(2)　　　　0011(2)

■ 補数

補数	ある自然数に対し，加えると1桁増える最も小さな数。 2進数では各桁の0と1を⑦(　　)し，1を加えて求められる。 例：0101(2)の補数　→1011(2)

⑦ 反転

■補数による負の数の表現

2進数	0000	0001	0010	0011	0100	0101	0110	0111	1000	1001	1010	1011	1100	1101	1110	1111
符号なし	0	1	2	3	4	5	6	7	8	9	10	11	12	13	14	15
符号あり	0	1	2	3	4	5	6	7	−8	−7	−6	−5	−4	−3	−2	−1

※符号なし2進数では，$0000_{(2)}$〜$1111_{(2)}$ は10進数の0〜15を表す。一方，符号あり2進数では，$0000_{(2)}$〜$0111_{(2)}$ は0〜7を表すが，$1000_{(2)}$〜$1111_{(2)}$ は−8〜−1を表す。これは最上位ビットが正(0)，負(1)を示すからで，負の数では一番大きな−1が $1111_{(2)}$ となり，一番小さな数は，−1である $1111_{(2)}$ から7($0111_{(2)}$)少ない $1000_{(2)}$ である−8になる。

■補数を使った減算

補数を使った減算	例：$0111_{(2)} - 0100_{(2)}$　　　　　※$0100_{(2)}$ の補数は $1100_{(2)}$
	<減算>　　$0111_{(2)}$　　　　<補数で計算>　　$0111_{(2)}$
	$-0100_{(2)}$　　　　　　　　　　　　$+1100_{(2)}$
	$0011_{(2)}$　　　　　　　　　　　　$10011_{(2)}$
	※4 bitの減算なので，4 bitを超える桁上がりは無視する。

■実数の表現

⑧浮動小数点
⑨仮数
⑩1
⑪0

実数の表現	実数を表す場合には，⑧(　　　　　　　)数を使う。自然科学などの分野で，数値を指数表記で「4.235×10^8」と表すように符号部，指数部，⑨(　　　)部で表される。

	10進数	2進数
符号部	＋または−	正は0，負は1
指数部	10の何乗の形	一番小さな指数が⑪(　　)となるように数値を加え，調整する。
仮数部	最上位の桁が⑩(　　)の位となる小数	常に1となる最上位は省略し，2番目の桁から仮数部とする。
例	−423 → -4.23×10^2 ※10進数では，符号部(−)，仮数部(4.23)，指数部(10^2)の順	$10.101_{(2)}$ → 0 10000 $0101000000_{(2)}$ ※2進数では，符号部(0)，指数部(10000)，仮数部(0101000000)の順

※上記の2進数の例は，符号部1 bit，指数部5 bit，仮数部10 bitの浮動小数点数で考えている。また，見やすいように便宜的に各部の間にスペースを入れてある。
※ＩＥＥＥ 754（アイトリプルイー）で規定されている浮動小数点数には，上記の半精度浮動小数点数のほかに，単精度(符号部1 bit，指数部8 bit，仮数部23 bit)，倍精度(符号部1 bit，指数部11 bit，仮数部52 bit)などがある。

■文字のデジタル化

⑫256
⑬65536
⑭シフト

文字コード	文字や記号を，2進数でどのように表すか取り決めたもの。 ・1バイトでは，$2^8 =$ ⑫(　　　　)種類の文字や記号を表すことができるため，英数字など種類の少ない文字種を表す ・2バイトでは，$2^8 \times 2^8 = 256 \times 256 =$ ⑬(　　　　　)種類の文字や記号を表すことができる ・JISコード，⑭(　　　　　)JISコード，EUC，Unicodeなどの種類がある

06. デジタル化された情報とその表し方　29

例題 1 情報量

次の問いに答えよ。

(1) 2バイトで表現できる情報は何通りか答えよ。
(2) 120通りの情報を表すには、少なくとも何ビット必要か答えよ。
(3) 2 KBで表現できる情報は、1 KBで表現できる情報の何倍か答えよ。
(4) 4 GBをMBに直す計算式を答えよ。
(5) 1024×1024 Bは何MBか答えよ。

解答 (1) 65536 通り (2) 7 ビット (3) 2^{8192} 倍 (4) 4×1024 (5) 1 MB

ベストフィット n ビットで表現できる状態は、2^n 通りである。

解説
(1) 2バイト=16ビット より $2^{16}=65536$ 通り (2) $2^6=64$, $2^7=128$ より 7 ビット
(3) 2 KB で表現できる情報は、$2 \text{ KB} = 2 \times 1024 \times 8$ ビットなので $2^{2 \times 1024 \times 8}$ 通り、1 KB で表現できる情報は、$1 \text{ KB} = 1 \times 1024 \times 8$ ビットで $2^{1 \times 1024 \times 8}$ 通り よって、$2^{2 \times 1024 \times 8} \div 2^{1 \times 1024 \times 8} = 2^{1 \times 1024 \times 8}$ より 2^{8192} 倍
(4) 1 GB=1024 MB より 4×1024 (5) 1 MB=1024 KB, 1 KB=1024 B より 1 MB

例題 2 2進数・10進数の変換

次の10進数は2進数に、2進数は10進数に変換せよ。
(1) $39_{(10)}$ (2) $137_{(10)}$ (3) $10011101_{(2)}$ (4) $11001010_{(2)}$ (5) $01111011_{(2)}$

解答 (1) $100111_{(2)}$ (2) $10001001_{(2)}$ (3) $157_{(10)}$ (4) $202_{(10)}$ (5) $123_{(10)}$

ベストフィット 10進数から n 進数へは、商が0になるまで n で割り続けた余りの部分である。
n 進数から10進数へは、各桁の数字にその桁の重みを掛け、その結果の総和を求める。
ちなみに2進数の桁の重みは、最下位から 1 2 4 8 16 32 64 128 となる。

解説
(1) 2) 39
  2) 19 …1
  2) 9 …1
  2) 4 …1
  2) 2 …0
    1 …0

(2) 2) 137
  2) 68 …1
  2) 34 …0
  2) 17 …0
  2) 8 …1
  2) 4 …0
  2) 2 …0
    1 …0

(3) $1 \times 128 + 0 \times 64 + 0 \times 32 + 1 \times 16 + 1 \times 8 + 1 \times 4 + 0 \times 2 + 1 \times 1$
 $= 157$
(4) $1 \times 128 + 1 \times 64 + 8 \times 1 + 2 \times 1 = 202$
 ※(3)では「0×64」などのように0の場合も書いているが、(4)のように省略してもよい。
(5) $1 \times 64 + 1 \times 32 + 1 \times 16 + 1 \times 8 + 1 \times 2 + 1 \times 1 = 123$

例題 3 16進数・2進数の変換

次の16進数は2進数に、2進数は16進数に変換せよ。
(1) $C5_{(16)}$ (2) $5F_{(16)}$ (3) $D7_{(16)}$ (4) $10110110_{(2)}$ (5) $01001001_{(2)}$

解答 (1) $11000101_{(2)}$ (2) $01011111_{(2)}$ (3) $11010111_{(2)}$ (4) $B6_{(16)}$ (5) $49_{(16)}$

ベストフィット 16進数→2進数は、各桁を4桁の2進数へ変換し、その数値を並べる。
2進数→16進数は、下位から4桁ずつ16進数へ変換し、その数値を並べる。

解説
(1) $C_{(16)}=1100_{(2)}$, $5_{(16)}=0101_{(2)}$ より $11000101_{(2)}$ (2) $5_{(16)}=0101_{(2)}$, $F_{(16)}=1111_{(2)}$ より $01011111_{(2)}$
(3) $D_{(16)}=1101_{(2)}$, $7_{(16)}=0111_{(2)}$ より $11010111_{(2)}$ (4) $1011_{(2)}=B_{(16)}$, $0110_{(2)}=6_{(16)}$ より $B6_{(16)}$
(5) $0100_{(2)}=4_{(16)}$, $1001_{(2)}=9_{(16)}$ より $49_{(16)}$

例題 4 2進数の加算と減算

類題：4

次の2進数の計算をせよ。

(1) $1001_{(2)} + 0011_{(2)}$　(2) $0110_{(2)} + 0101_{(2)}$　(3) $1011_{(2)} - 0110_{(2)}$　(4) $1110_{(2)} - 1001_{(2)}$

解答 (1) $1100_{(2)}$　(2) $1011_{(2)}$　(3) $0101_{(2)}$　(4) $0101_{(2)}$

ベストフィット　10進数と同じように桁ごとに計算を行う。

解説

(1) 繰り上げ

$$\begin{array}{r}1001_{(2)}\\+0011_{(2)}\\\hline 0_{(2)}\end{array} \to \begin{array}{r}\overset{1}{1}001_{(2)}\\+0011_{(2)}\\\hline 00_{(2)}\end{array} \to \begin{array}{r}\overset{11}{1}001_{(2)}\\+0011_{(2)}\\\hline 100_{(2)}\end{array} \to \begin{array}{r}\overset{11}{1}001_{(2)}\\+0011_{(2)}\\\hline 1100_{(2)}\end{array}$$

(2) 繰り上げ

$$\begin{array}{r}0110_{(2)}\\+0101_{(2)}\\\hline 1_{(2)}\end{array} \to \begin{array}{r}0110_{(2)}\\+0101_{(2)}\\\hline 11_{(2)}\end{array} \to \begin{array}{r}\overset{1}{0}110_{(2)}\\+0101_{(2)}\\\hline 011_{(2)}\end{array} \to \begin{array}{r}0110_{(2)}\\+0101_{(2)}\\\hline 1011_{(2)}\end{array}$$

(3) 繰り下げ

$$\begin{array}{r}1011_{(2)}\\-0110_{(2)}\\\hline 1_{(2)}\end{array} \to \begin{array}{r}1011_{(2)}\\-0110_{(2)}\\\hline 01_{(2)}\end{array} \to \begin{array}{r}\overset{1}{1}011_{(2)}\\-0110_{(2)}\\\hline 101_{(2)}\end{array} \to \begin{array}{r}1011_{(2)}\\-0110_{(2)}\\\hline 0101_{(2)}\end{array}$$

(4) 繰り下げ

$$\begin{array}{r}\overset{1}{1}110_{(2)}\\-1001_{(2)}\\\hline 1_{(2)}\end{array} \to \begin{array}{r}1110_{(2)}\\-1001_{(2)}\\\hline 01_{(2)}\end{array} \to \begin{array}{r}1110_{(2)}\\-1001_{(2)}\\\hline 101_{(2)}\end{array} \to \begin{array}{r}1110_{(2)}\\-1001_{(2)}\\\hline 0101_{(2)}\end{array}$$

> **繰り上げ**
> 一つ上の桁に1を書き，その桁で加算（1+0+0）をする。
> $$\begin{array}{r}1001\\+0101\\\hline 0\end{array} \to \begin{array}{r}\overset{1}{1}001\\+0101\\\hline 10\end{array}$$
>
> **繰り下げ**
> 一つ下の桁に1を二つ書き，その桁で減算（1+1+0-1）をする。
> $$\begin{array}{r}1110\\-1001\\\hline 1\end{array} \to \begin{array}{r}1110\\-1001\\\hline 1\end{array}$$

例題 5 補数

類題：5

次の2進数の補数を求めよ。

(1) $1001_{(2)}$　(2) $0111_{(2)}$　(3) $01101010_{(2)}$　(4) $10011100_{(2)}$

解答 (1) $0111_{(2)}$　(2) $1001_{(2)}$　(3) $10010110_{(2)}$　(4) $01100100_{(2)}$

ベストフィット　補数は，ある自然数に対し，加えると1桁増える最も小さな数である。
2進数の補数は，各桁の0と1を反転し，1を加えて求められる。

解説

(1) $1001_{(2)}$
　↓各桁の0と1を反転
　$0110_{(2)}$
　↓1を加算
　$0111_{(2)}$

(2) $0111_{(2)}$
　↓各桁の0と1を反転
　$1000_{(2)}$
　↓1を加算
　$1001_{(2)}$

(3) $01101010_{(2)}$
　↓各桁の0と1を反転
　$10010101_{(2)}$
　↓1を加算
　$10010110_{(2)}$

(4) $10011100_{(2)}$
　↓各桁の0と1を反転
　$01100011_{(2)}$
　↓1を加算
　$01100100_{(2)}$

> 符号あり2進数では，$0000_{(2)} \sim 0111_{(2)}$ は10進数の0～7を表し，負の数のときは最上位ビットを1とし，$1000_{(2)} \sim 1111_{(2)}$ で -8～-1 を表す。
> 例えば10進数の6は $0110_{(2)}$ で，この補数は $1010_{(2)}$ である。さらにこの補数 $1010_{(2)}$ は10進数の -6 を表す。
> これにより減算も補数を利用して加算で表現でき，減算回路を用意しなくて済むため，回路を簡単にすることができる。
>
> 補数を求めること＝符号を反転すること

3章 デジタル

06. デジタル化された情報とその表し方

例題 6　実数の表現

10進数の 6.75 を，16ビットの2進数の浮動小数点数（符号部1ビット，指数部5ビット，仮数部10ビット）で表すことを考える。次の文章の空欄に適当な数字を入れよ。

2進数の桁の重みは以下のようになる。

…	整数部				小数点	小数部				…
…	8	4	2	1	.	1/2	1/4	1/8	1/16	…

よって 6.75 は，6.75＝4＋2＋0.5＋（　①　）のように桁の重みに分解できるので，$6.75_{(10)}＝110.11_{(2)}$ と2進数へ変換できる。次に，$110.11_{(2)}＝＋1.1011×2^2$ となるので，符号部は（　②　），仮数部は（　③　）となる。指数部は 2＋15＝17 から（　④　）となる。以上より，求める浮動小数点数は，（　⑤　）である。

解答　①　0.25　②　0　③　1011000000　④　10001　⑤　0 10001 1011000000$_{(2)}$

ベストフィット　n 進数の桁の重みは，次のように求められる。

…	整数部				小数点	小数部				…
…	n^3	n^2	n^1	n^0	.	n^{-1}	n^{-2}	n^{-3}	n^{-4}	…

解説　指数部は一番小さな指数が0となるように数値を加えて調整する。この例題の場合，指数部は5ビットなので15を加える。

例題 7　文字のデジタル化

右の文字コード表（一部）において，次の問いに答えよ。
(1) 「E」に対応する文字コードを16進数で表せ。
(2) 「S」に対応する文字コードを2進数で表せ。
(3) $01010010_{(2)}$ に対応する文字を答えよ。

2進数	0000	0001	0010	0011	0100	0101	0110	0111
2進数／16進数	0	1	2	3	4	5	6	7
0000 0	NUL	DLE	（空白）	0	ⓒ	P	`	
0001 1	SCH	DC1	!	1	A	Q	a	q
0010 2	STX	DC2	"	2	B	R	b	r
0011 3	ETX	DC3	#	3	C	S	c	s
0100 4	EOT	DC4	$	4	D	T	d	t
0101 5	ENQ	NAK	%	5	E	U	e	u
0110 6	ACK	SYN	&	6	F	V	f	v
0111 7	BEL	ETB	'	7	G	W	g	w
1000 8	BS	CAN	(	8	H	X	h	x
1001 9	HT	EM	)	9	I	Y	i	y
1010 A	LF	SUB	*	:	J	Z	j	z

解答　(1) $45_{(16)}$　(2) $01010011_{(2)}$　(3) R

ベストフィット　上位 $0000_{(2)}$，$0001_{(2)}$ の列の部分は，文字以外の制御コードが割り当てられている。

解説　この文字コード表は，JISコードの一部である。横方向に上位，縦方向に下位の桁が並んでいるので，上位桁の2進数または16進数に下位桁をつなげたものが該当の文字コードになる。

類題

1 〈情報量〉次の問いに答えよ。
(1) コインを3回投げるとき，裏表をすべて記録するには何ビットの情報量が必要か答えよ。
(2) 大小2個のサイコロを投げるとき，出た目の組み合わせをすべて表すには何ビットの情報量が必要か答えよ。
(3) ジョーカーを除いた52枚のトランプを表すには，4種類のマークに何ビット，1～13の数字に何ビットの情報量が必要かそれぞれ答えよ。
(4) 1 MB は2の何乗バイトになるか，2^n の形で答えよ。
(5) 4 GB をバイトに直す計算式を答えよ。

1 ◀例題1
n ビットで表現できる状態は 2^n 通りである。

2 〈2進数・10進数の変換〉 次の10進数は2進数に，2進数は10進数に変換せよ。
(1) $299_{(10)}$ (2) $197_{(10)}$ (3) $01100110_{(2)}$ (4) $10100111_{(2)}$

3 〈16進数・2進数の変換〉 次の16進数は2進数に，2進数は16進数に変換せよ。
(1) $A4_{(16)}$ (2) $6E_{(16)}$ (3) $10001100_{(2)}$ (4) $11011011_{(2)}$

4 〈2進数の加算と減算〉 次の2進数の計算をせよ。
(1) $1010_{(2)}+0101_{(2)}$ (2) $0100_{(2)}+0111_{(2)}$ (3) $1011_{(2)}+0011_{(2)}$
(4) $1001_{(2)}-0110_{(2)}$ (5) $1010_{(2)}-0101_{(2)}$ (6) $1101_{(2)}-1010_{(2)}$

5 〈補数〉 次の2進数の補数を求めよ。
(1) $1100_{(2)}$ (2) $1010_{(2)}$ (3) $01001000_{(2)}$ (4) $10111000_{(2)}$

6 〈実数の表現〉 10進数の3.125を16ビットの2進数の浮動小数点数で表せ。ただし，浮動小数点数は，符号部1ビット，指数部5ビット，仮数部10ビットとする。

7 〈文字のデジタル化〉 例題7の文字コード表（一部）において，次の問いに答えよ。
(1) 「Q」に対応する文字コードを16進数で表せ。
(2) 「G」に対応する文字コードを2進数で表せ。
(3) $01100001_{(2)}$ に対応する文字を答えよ。

練習問題

8 〈情報量〉 ある文字コードは，2バイトで文字や記号を表している。この文字コードに関する次の問いに答えよ。
(1) この文字コードだけで構成された文書（テキストデータ）の3584文字分のデータ量は何KBか答えよ。
(2) 2021年現在，学習指導要領で定められている小学校で習う漢字の数は，1026文字である。これをテキストデータとして保存するには，少なくとも何KBのデータ量が必要か，最も適当なものを下の(ア)～(オ)から一つ選べ。
(ア) 1 KB (イ) 2 KB (ウ) 3 KB (エ) 4 KB (オ) 5 KB
(3) 都道府県に用いられている漢字は，76種類である（都道府県の4文字を含む）。これらの漢字だけの文字コードを作るとすると，少なくとも何ビットで1文字を表せばよいか，最も適当なものを下の(ア)～(オ)から一つ選べ。
(ア) 2ビット (イ) 4ビット (ウ) 6ビット (エ) 8ビット
(オ) 10ビット

9 〈実数の表現〉 16ビット（符号部1ビット，指数部5ビット，仮数部10ビット）の2進数の浮動小数点数である，次の(1), (2)の計算をせよ。
(1) $0\ 10001\ 0101110000_{(2)}+0\ 10000\ 0010110000_{(2)}$
(2) $0\ 10010\ 1101100000_{(2)}+1\ 10001\ 1001010000_{(2)}$

---

2 ◀例題2
2進数の桁の重みは，最下位桁から1, 2, 4, 8, 16, 32, 64, 128である。

3 ◀例題3
16進数は各桁を2進数へ，2進数は4桁ずつ16進数へ変換する。

4 ◀例題4
繰り上げと繰り下げに注意する。

5 ◀例題5
各桁の0と1を反転し，1を加える。

6 ◀例題6
$3.125_{(10)}$ を2進数の小数に変換してから考える。

7 ◀例題7
横方向に上位，縦方向に下位の桁が並んでいる。

8
2バイトで表現できる文字は，$2^{16}=65536$ 文字である。

9
浮動小数点数の加算は，指数部の大きいほうへ揃えてから行う。

07 論理演算

確認事項 次の空欄に適当な語句を入れよ。

■論理回路

| ①(　　　)回路 | コンピュータで演算や制御を行う回路。 |

■基本的な論理回路

②(　　　)(AND)回路	二つの入力と一つの出力をもつ回路で，二つの入力がともに③(　　)のときだけ，出力が1になる回路。
④(　　　)(OR)回路	二つの入力と一つの出力をもつ回路で，入力のいずれか一方が⑤(　　)であれば，出力が1になる回路。
⑥(　　　)(NOT)回路	一つの入力と一つの出力をもつ回路で，入力した信号を⑦(　　)した値を出力信号とする回路。

■真理値表

| ⑧(　　　)表 | すべての入力の組み合わせと，対応する出力の関係を示す表。 |

論理積(AND)回路

入力		出力
A	B	X
0	0	0
0	1	0
1	0	0
1	1	1

論理和(OR)回路

入力		出力
A	B	X
0	0	0
0	1	1
1	0	1
1	1	1

否定(NOT)回路

入力	出力
A	X
0	1
1	0

■真理値表の作成方法

(1) 論理回路の入力と出力の数に応じて，真理値表の一番上に見出しを作る。
　例：入力がA，Bの二つ，出力がXの一つのとき

(2) 論理回路の入力の数に応じて，行数を設定した表の枠を作る。
　入力の0と1のすべての組み合わせを考えるのだから，入力の数をnとすると，表の行数は⑨(　　)となる。
　例：入力の数がA，Bの二つなので4行

(3) 入力の枠に0と⑩(　　)のすべての組み合わせを書く。
　※書き方については，次の「■真理値表の入力の組み合わせ」を参照。

(4) 入力に応じた出力を一つずつ考えて記入する。
　例：論理積(AND)回路のとき

解答
① 論理
② 論理積
③ 1
④ 論理和
⑤ 1
⑥ 否定
⑦ 反転
⑧ 真理値
⑨ 2^n
⑩ 1

■ 真理値表の入力の組み合わせ

次のようにすると，0と1のすべての組み合わせを重複や⑪(　　)がなく，入力の枠へ簡単に書くことができる。

(1) 一つ目の入力について，行の上半分に⑫(　　)を，下半分に⑬(　　)を書く。

例：4行なので，Aの上半分の2行に0を，下半分の2行に1を書く。

(2) 次の入力について，(1)で0を書いた行の上半分に0を，下半分に1を書く。

例：0を書いたAの上半分の行に対応するBの上半分に0を，下半分に1を書く。また，1を書いたAの下半分の行に対応するBについても同様に上半分に0を，下半分に1を書く。

(3) さらに入力がある場合は，最後の入力までこれを繰り返す。

解答
⑪漏れ
⑫0
⑬1

(1)

入力		出力
A	B	X
0		
0		
1		
1		

上半分：0, 0
下半分：1, 1

(2)

入力		出力
A	B	X
0	0	←上半分
0	1	←下半分
1	0	
1	1	

(3)

入力			出力
A	B	C	X
0	0	0	
0	0	1	
0	1	0	
0	1	1	
1	0	0	
1	0	1	
1	1	0	
1	1	1	

▶ ベストフィット　上半分には0，下半分には1を書け。

例題 8　論理回路

類題：10・11・12

次の(1)～(3)の論理回路にあたる図記号を下の(ア)～(カ)から一つずつ選べ。

(1) 論理積(AND)回路　(2) 論理和(OR)回路　(3) 否定(NOT)回路

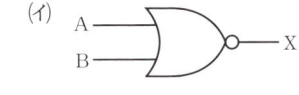

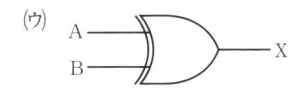

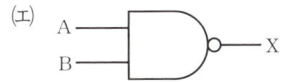

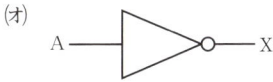

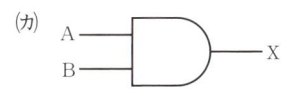

(ア) OR図記号　(イ) NOR図記号　(ウ) XOR図記号
(エ) NAND図記号　(オ) NOT図記号　(カ) AND図記号

解答 (1) (カ)　(2) (ア)　(3) (オ)

▶ ベストフィット　図記号は「ANDはD，ORはR（丸み『)』）がある」と覚えよ。

解説▶
(イ)は論理和(OR)回路の図記号に「○」(否定)が付いているので否定論理和(NOR)，(エ)は論理積(AND)回路の図記号に「○」(否定)が付いているので否定論理積(NAND)と呼ばれる。また，(ウ)は排他的論理和(XOR)と呼ばれ，二つの入力のうち一つが「1」のとき出力が「1」となる。

例題 9　真理値表

類題：10・11

次に示した(1)～(3)の論理回路の図記号について，それぞれ真理値表を作成せよ。

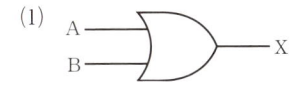

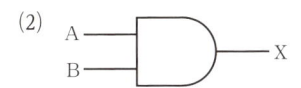

(1) OR図記号　(2) AND図記号　(3) NOT図記号

解答 ● 確認事項 ● の「■真理値表」を参照。

▶ ベストフィット　● 確認事項 ● の「■真理値表の作成方法」と「■真理値表の入力の組み合わせ」による。

解説▶
(1)は論理和(OR)回路，(2)は論理積(AND)回路，(3)は否定(NOT)回路の図記号である。

07. 論理演算

類題

10 〈真理値表〉 次の図のように，論理回路を組み合わせた回路を作った。このとき，入力A，Bと出力Xの真理値表を作成せよ。

10 ◀例題8・9
入力は二つなので，真理値表の行数は4行である。

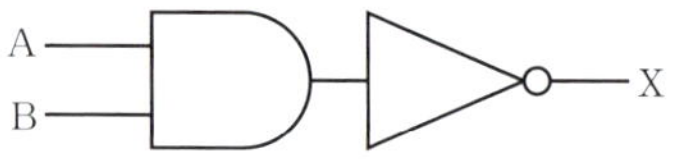

11 〈真理値表〉 次の図のように，論理回路を組み合わせた回路を作った。このとき，入力A，B，Cと出力Xの真理値表を作成せよ。

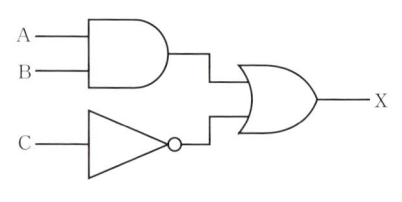

11 ◀例題8・9
入力は三つなので，真理値表の行数は8行である。

12 〈論理回路〉 集合についてなり立つ「ド・モルガンの法則」がある。それを以下に示す（①，②）。なお，集合をAとB，記号を和集合∪，共通部分（積集合）∩，補集合 ̄とする。

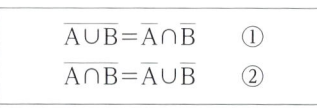

$$\overline{A \cup B} = \overline{A} \cap \overline{B} \quad ①$$
$$\overline{A \cap B} = \overline{A} \cup \overline{B} \quad ②$$

この関係は，集合A，Bを「入力」，共通部分（積集合）を「論理積」，和集合を「論理和」，補集合を「否定」とすると，論理回路にもなり立つ法則である。そこで，次の問いに答えよ。ただし，解答には次の論理回路を用いること。

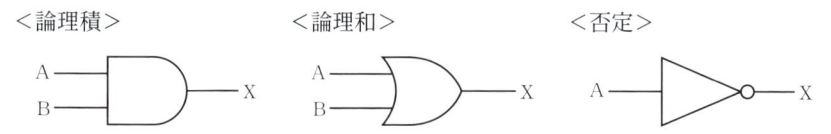

＜論理積＞　　＜論理和＞　　＜否定＞

(1) 次に示した論理回路は，①の右辺を論理回路で示したものである。①の左辺の回路を答えよ。

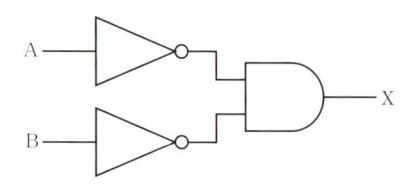

(2) 次に示した論理回路は，②の左辺を論理回路で示したものである。②の右辺の回路を答えよ。

12 ◀例題8
A∩Bは論理積を，A∪Bは論理和をそれぞれ示している。

集合のベン図での表現
共通部分(A∩B)

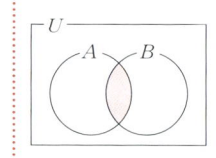

和集合(A∪B)

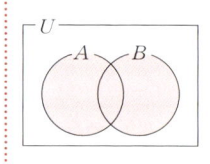

補集合($\overline{A}$)

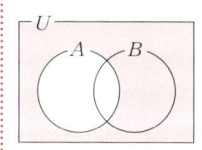

練習問題

13 〈真理値表〉 次に示す論理回路の真理値表として最も適当なものを下の(ア)〜(エ)から一つ選べ。

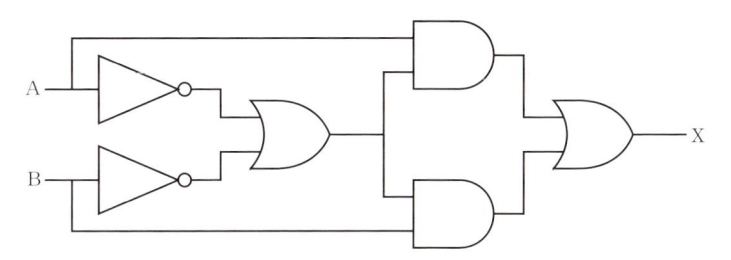

(ア)

入力		出力
A	B	X
0	0	0
0	1	1
1	0	0
1	1	1

(イ)

入力		出力
A	B	X
0	0	1
0	1	0
1	0	0
1	1	1

(ウ)

入力		出力
A	B	X
0	0	0
0	1	1
1	0	1
1	1	0

(エ)

入力		出力
A	B	X
0	0	1
0	1	1
1	0	0
1	1	0

14 〈論理回路〉 次に示す論理回路と同じ出力が得られる論理回路を下の(ア)〜(オ)から一つ選べ。

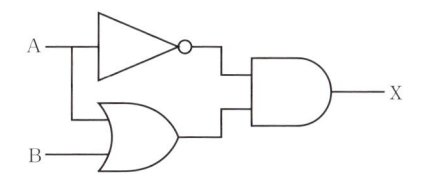

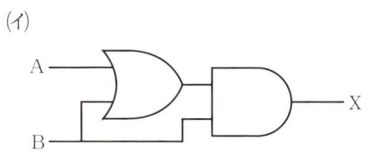

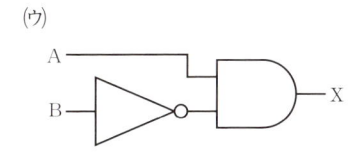

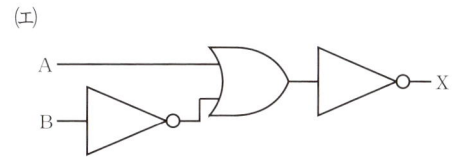

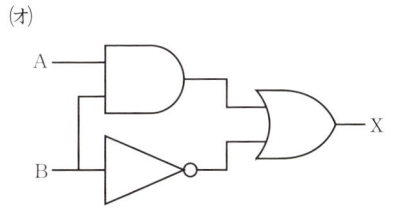

13
AとBの組み合わせは4通りあるので，一つひとつ確かめていく。

14
問題の論理回路について，真理値表を作成する。次に(ア)〜(オ)のそれぞれについて，A，Bの入力の4通りの組み合わせを一つひとつ確かめていき，該当しないものを除いていく。

関連 ▶ ドリル(→p.163), 加法混色と減法混色(→見返し[6])

08 メディアのデジタル化

● 中学までの復習 ● 次の空欄に適当な語句を入れよ。

■ 音 (理科)

音	音は物体の振動によって生じ,その振動が空気中などを伝わる①(　　　)の現象。
音の大小	振動の振幅が大きいと音は②(　　　)くなる。
音の高低	振動数が大きいと音は③(　　　)くなる。

解答
①波
②大き
③高

● 確認事項 ● 次の空欄に適当な語句を入れよ。

■ 周波数と周期

周波数	1秒間に含まれる波の数。単位を①(　　　)[Hz]で表す。
周期	1個の波が伝わる時間。単位を②(　　　)[s]で表す。
周波数と周期の関係	例:1秒間に200個の波が伝わる場合,周波数は③(　　　)[Hz],周期は $\frac{1}{200}=0.005$[s]である。→周波数は周期の逆数

解答
①ヘルツ
②秒
③200

■ 音のデジタル化

標本化(サンプリング)	波を一定の時間間隔に分割し,量として取り出す。 ・取り出した点を④(　　　)という ・分割する時間間隔を⑤(　　　)という ・1秒間に標本化する回数を⑥(　　　)という
量子化	電圧に対しても一定の間隔に分割し,標本点の値に最も近い⑦(　　　)で表す。 ・量子化する段階の数を⑧(　　　)という
⑨(　　　)化	量子化した数値を2進数の0と1の組み合わせに置き換える。
PCM方式	この一連の流れ(標本化→量子化→符号化)で音をデジタル化する方式を⑩(　　　)(パルス符号変調)方式と呼ぶ。
標本化定理	元のアナログ波形の最大周波数の⑪(　　　)倍より大きい標本化周波数で標本化すればよい。

④標本点
⑤標本化周期
⑥標本化周波数
⑦段階値
⑧量子化ビット数
⑨符号
⑩PCM
⑪2

■ 音の標本化周期と量子化ビット数

標本化周期と量子化ビット数	標本化周期が⑫(　　　)いほど,また量子化ビット数が⑬(　　　)いほど,元のアナログ波形に近くなる一方,⑭(　　　)は増える。

⑫小さ
⑬多
⑭データ量

■ カラー画像

光の三原色	ディスプレイなどは,赤(R),緑(G),青(B)の光の組み合わせで,あらゆる色を表現している。 ・⑮(　　　)混色…混ぜると明るさが増し,白に近付く
色の三原色	プリンタなどは,シアン(C),マゼンタ(M),イエロー(Y)の色の組み合わせで,あらゆる色を表現している。 ・⑯(　　　)混色…混ぜると明るさが減り,黒に近付く

⑮加法
⑯減法

■ 画素

画素	画像を構成する最小の単位を⑰(　　　)(ピクセル)という。 ・ディスプレイは,赤(R),緑(G),青(B)の三つの点で1画素になる

⑰画素

第3章 デジタル

■ 画像のデジタル化

標本化	画像を一定の⑱(　　　)間隔で読み取り，明るさの値を取り出す。 ※音は⑲(　　　)的な標本化，画像は⑳(　　　)的な標本化である。
量子化	各画素の明るさを，最も近い㉑(　　　)の明るさで数値化する。 ※各画素の明るさを，構成するRGB各8ビット(2^8＝256段階)で表現した画像を㉒(　　　)と呼ぶ。
符号化	量子化した数値を2進数の0と㉓(　　　)の組み合わせに置き換える。

■ 解像度と階調

解像度	画像の細かさを表す。 ・ディスプレイでは，㉔(　　　)×㉕(　　　)の総画素数で表現 ・プリンタでは，㉖(　　　)(dots per inch)の単位で表現
㉗(　　　)	色や明るさの濃淡変化の段階数。 ※1ビットで2階調，2ビットで4階調，… →nビットで2^n階調

■ 図形の表現

ラスタ形式	画素の濃淡で画像を扱う形式。 ・㉘(　　　)系ソフトウェアで作成する ・拡大すると㉙(　　　)(ギザギザ)ができる
㉚(　　　)形式	㉛(　　　)や数式を使用し，直線や曲線などの図形の組み合わせで表現する。 ・ドロー系ソフトウェアで作成する ・拡大しても(㉙)は発生しない

■ 動画の表現

動画	静止画を㉜(　　　)的に表示したもの。 ・動画を構成する1枚1枚の画像を㉝(　　　)という ・1秒あたりに再生するフレーム数を㉞(　　　)といい，単位はfps(frames per second)である ・テレビの画像は基本的に約30 fps あるいは約60 fpsであり，フィルム映画は24 fpsのものが多い

■ 情報のデータ量

音	量子化ビット数[bit]×㉟(　　　)[Hz]×時間[s]×チャンネル数(モノラルは1，ステレオは2)
静止画	1画素のデータ量[bit]×㊱(　　　)
動画	静止画のデータ量[bit]×㊲(　　　)[fps]×時間[s]

■ データの圧縮

圧縮	データのもつ情報を保ったまま，データ量を小さくする処理。 ・㊳(　　　)圧縮…圧縮前後のデータが完全に同じになる方式 ・㊴(　　　)圧縮…多少のデータの変更を認め，圧縮効率を高めた方式で，音，画像，動画などの圧縮に用いる
展開	元のデータに戻す処理。解凍，伸張，復元などともいう。

■ 圧縮形式

ZIP形式	どのような種類のファイルでも圧縮できるが，圧縮したファイルは展開しないと利用できない。

解答
⑱距離
⑲時間
⑳空間
㉑段階値
㉒24ビットフルカラー
㉓1
㉔㉕横／縦(順不同)
㉖dpi
㉗階調
㉘ペイント
㉙ジャギー
㉚ベクタ
㉛座標
㉜連続
㉝フレーム
㉞フレームレート
㉟標本化周波数
㊱画素数
㊲フレームレート
㊳可逆
㊴非可逆(不可逆)

圧縮された データ形式	展開用のプログラムを使う必要がない，圧縮を伴うデータ形式。 ・⑩(　　　　)：MP3 形式　など ・⑪(　　　　　　)：JPEG 形式，GIF 形式，PNG 形式　など ・⑫(　　　　)：MPEG-4 形式　など

解答
⑩音声
⑪静止画
⑫動画

例題 10　音のデジタル化　　類題：15

右の図の音のアナログ波形をデジタル化する過程について，空欄に適当な語句または数字を入れよ。

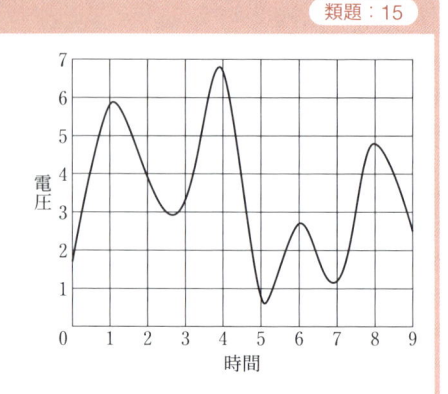

(1) 波を一定の時間間隔に分割し，量として取り出す。その結果は次の表のようになった。

時間	0	1	2	3	4	5	6	7	8	9
電圧	1.7	5.8	3.9	3.3	6.7	0.8	2.7	1.2	4.8	2.5

表によると，時間5での電圧は0.8であり，時間6での電圧は2.7である。この取り出した点のことを(　①　)といい，その時間間隔を(　②　)という。

(2) 電圧についても一定間隔に分割し，(①)に最も近い段階値で表す。よって，電圧は0～7の8段階で(　③　)するので，時間5での段階値は(　④　)，時間6での段階値は(　⑤　)となる。

(3) (③)した数値を2進数に置き換える。この操作を(　⑥　)という。(　⑦　)は3ビットなので，(⑥)後は，時間5の段階値は(　⑧　)へ，また時間6での段階値は(　⑨　)へと置き換えられる。

解答　① 標本点　② 標本化周期　③ 量子化　④ 1　⑤ 3　⑥ 符号化
　　　　⑦ 量子化ビット数　⑧ 001₍₂₎　⑨ 011₍₂₎

ベストフィット　量子化ビット数においても「n ビットで表現できる状態は，2^n 通り」である。

解説
④ 時間5における電圧は0.8であり，最も近い段階値は1となる。
⑤ 時間6における電圧は2.7であり，最も近い段階値は3となる。

例題 11　カラー画像と画素　　類題：16

カラー画像と画素に関する次の(1)～(5)の記述のうち，適当なものには○を，適当でないものには×を記せ。
(1) ディスプレイでは，画素は赤，緑，青の三つの点で構成される。
(2) 色の三原色は，混ぜれば混ぜるほど黒に近付くので加法混色と呼ばれる。
(3) 光の三原色の各色の明るさを256段階で表現できる画像は，24ビットフルカラーと呼ばれる。
(4) 色の三原色を混ぜて緑を表現するには，イエローとシアンを使用する。
(5) 光の三原色を混ぜてマゼンタを表現するには，赤と緑を使用する。

解答　(1) ○　(2) ×　(3) ○　(4) ○　(5) ×

ベストフィット　色相環で混色を考えよ。

色相環で混色を考えよ

・△の位置に光の三原色，▽に色の三原色がある
・「MaRY は BCG を受けた」と色の位置を覚えよ
・混色は中間の色になる
　例：RとGならY
　　　CとYならG

解説
(2) 誤り。混ぜると明るさが増して白に近付くのが加法混色，明るさが減って黒に近付くのが減法混色である。
(5) 誤り。マゼンタは，赤(R)と青(B)の光を混ぜて表現できる。

40　第3章　デジタル

例題 12 画像のデジタル化

類題：16

次の(1)～(5)の記述は何を説明したものか，該当するものを下の(ア)～(オ)からそれぞれ選べ。
(1) 画像を一定の距離間隔で読み取り，明るさの値を取り出す。　(2) 明るさを表す段階数のこと。
(3) 最も近い段階値の明るさで数値化されたものを，2進数の組み合わせに置き換える。
(4) 画像を構成する総画素数のこと。　(5) 各画素の明るさを，最も近い段階値の明るさで数値化する。
　(ア) 解像度　(イ) 量子化　(ウ) 標本化　(エ) 階調　(オ) 符号化

解答 (1) (ウ)　(2) (エ)　(3) (オ)　(4) (ア)　(5) (イ)

ベストフィット 画像のデジタル化も音と同じく，標本化→量子化→符号化の手順でデジタル化する。

解説
画像のデジタル化は，(1)→(5)→(3)の順で行われる。

例題 13 図形の表現

次の文章は，図形の表現に関する記述である。文章中の空欄に適当な語句を入れよ。
　ディスプレイでは，画像の細かさを（ ① ）×（ ② ）の総画素数で表現し，これを（ ③ ）という。また，それぞれの画素は，明るさの濃淡変化の段階数である（ ④ ）で表現される。よって，この二つが大きければ大きいほど，画像のデータ量は大きくなる。このように，画素の濃淡で画像を扱う形式を（ ⑤ ）形式といい，（ ⑥ ）系ソフトウェアで作成する。
　一方，図形などの場合は，（ ⑦ ）や数式を使用し，直線や曲線などの図形の組み合わせで表現する（ ⑧ ）形式で作成する。(5)形式と比較して，この形式で作成するとデータ量が（ ⑨ ）く，また，拡大しても（ ⑩ ）が生じないという特徴がある。

解答 ① 横　② 縦　③ 解像度　④ 階調　⑤ ラスタ　⑥ ペイント　⑦ 座標
　　　⑧ ベクタ　⑨ 少な　⑩ ジャギー

ベストフィット ラスタ形式はペイント系，ベクタ形式はドロー系のソフトウェアで編集する。

解説
例えば，ベクタ形式では「line x1="0" y1="0" x2="300" y2="300"」のように表現している。

例題 14 動画

次の文章は，動画に関する記述である。文章中の空欄に適当な語句を入れよ。
　動画は，静止画を（ ① ）的に表示したものである。少しずつ変化する画像を次々と表示することによる（ ② ）現象により，動いているように見えるのである。動画を構成する1枚1枚の画像を（ ③ ）という。一定時間内における動画を構成する(③)の数が（ ④ ）いほど，動画の動きは滑らかに感じられる。一方，動画のデータ量は大きくなってしまう。そこで，圧縮されたデータ形式で扱われる。1秒あたりに再生するフレーム数を（ ⑤ ）といい，単位は fps である。テレビの画像は基本的に約 30 fps あるいは約 60 fps であり，フィルム映画は 24 fps のものが多い。

解答 ① 連続　② 残像　③ フレーム　④ 多　⑤ フレームレート

ベストフィット 動画のデータ量は，1フレーム(静止画)のデータ量×フレームレート×時間である。

解説
フレームレートの単位 fps は，frames per second の略で，秒(second)あたり(per)のフレームの意味である。

08. メディアのデジタル化

例題 15 情報のデータ量

類題：17

次の(1)~(3)のデータ量を[ ]内で示した単位で求めよ。
(1) 量子化ビット数 16 bit，標本化周波数 20480 Hz の 2 秒間のモノラル音声　[KB]
(2) 解像度 1024×768 の 24 ビットフルカラー画像　[MB]
(3) 解像度 512×256 の 24 ビットフルカラー画像を 1 フレームとした 24 fps の 10 秒間の動画　[MB]

解答　(1) 80 KB　(2) 2.25 MB　(3) 90 MB

ベストフィット　[bit]→[B]は 8 で割る，[B]→[KB]や[KB]→[MB]は 1024 で割る。

解説
(1) 音のデータ量は，量子化ビット数[bit]×標本化周波数[Hz]×時間[s]×チャンネル数なので，
   $16×20480×2×1$ [bit] $= 2×20480×2$ [B] $= 2×20×2$ [KB] $= 80$ [KB]
(2) 静止画のデータ量は，1 画素のデータ量[bit]×画素数なので，
   $24×1024×768$ [bit] $= 3×1024×768$ [B] $= 3×768$ [KB] $= 2.25$ [MB]
(3) 動画のデータ量は，静止画のデータ量[bit]×フレームレート[fps]×時間[s]なので，
   $24×512×256×24×10$ [bit] $= 3×512×256×24×10$ [B] $= 3×256×24×5$ [KB] $= 3×6×5$ [MB] $= 90$ [MB]

例題 16 データの圧縮

類題：17

圧縮に関する次の(1)~(5)の記述のうち，適当なものには○を，適当でないものには×を記せ。
(1) 圧縮したデータを元に戻す処理を展開という。
(2) 多少のデータの変更を認め，圧縮効率を高めた方式を可逆圧縮という。
(3) 静止画の圧縮形式である JPEG 形式は，展開用のプログラムを使う必要がない。
(4) 静止画を ZIP 形式へ圧縮できるが，動画を ZIP 形式へは圧縮することはできない。
(5) 音声を圧縮する際，ZIP 形式と MP3 形式では，ZIP 形式のほうがより小さく圧縮できる。

解答　(1) ○　(2) ×　(3) ○　(4) ×　(5) ×

ベストフィット　ZIP 形式は，どのような種類のファイルでも圧縮できるが，圧縮したファイルは展開しないと利用できない。また，その圧縮は可逆圧縮である。

解説
(5) 誤り。MP3 形式は非可逆圧縮である。非可逆圧縮は，多少のデータの変更を認め，圧縮効率を高めている。

類題

15 〈音のデジタル化〉　音のデジタル化に関する次の(ア)~(オ)の記述のうち，適当なものをすべて選べ。
　(ア) 標本化周期が小さいほど，元のアナログ波形に近くなる。
　(イ) 標本化周期が小さいほど，データ量は小さくなる。
　(ウ) 標本化周波数は，標本化周期の逆数になっている。
　(エ) 量子化ビット数が多いほど，元のアナログ波形に近くなる。
　(オ) 元のアナログ波形の最大周波数が 50 Hz の場合，100 Hz より大きい標本化周波数でデジタル化すればよい。

15 ◀例題 10
標本化定理
元のアナログ波形の最大周波数の 2 倍よりも大きい標本化周波数で標本化すればよい。

16 〈画像のデジタル化〉　カラー画像を構成する画素の赤，緑，青それぞれの明るさを表現するために，2 ビットずつ割り当てたとき，次の問いに答えよ。
　(1) 画素の明るさの段階は何階調になるか。　(2) 全部で何色の色を表現できるか。

16 ◀例題 11・12
n ビットで 2^n 階調

17 〈情報のデータ量・圧縮〉 次の問いに答えよ。
(1) 解像度 512×256 の 24 ビットフルカラー画像を 1 フレームとした 28 fps の 20 秒間の動画のデータ量は何 MB か求めよ。
(2) (1)の動画を，ある圧縮方法で 42 MB の圧縮動画ファイルへ変換した。この変換での圧縮率は何％か。ただし圧縮率は，圧縮後のデータ量の元のデータ量に対する割合で求めよ。

17 ◀例題 15・16
圧縮率
$= \dfrac{圧縮後のデータ量}{圧縮前のデータ量} \times 100$

練習問題

18 〈画像のデジタル化〉 消灯したことも含め，明るさを 3 段階（消灯・半灯・全灯）に調整することができる懐中電灯が 3 本ある。いまそれぞれの懐中電灯に，赤，緑，青のフィルムを取り付け，3 色の光を発するようにした。次の問いに答えよ。
（思考）
(1) これらの光を組み合わせて混合すると，さまざまな色を作ることができる。作ることができる最大の色数はいくつか答えよ。
(2) 実験をしていると，3 本のうち 1 本の懐中電灯が故障してしまい，半灯の明るさで光ることができなくなった。このとき，混合して作ることができる最大の色数はいくつか答えよ。
(3) さらに実験を重ねていると，故障した 1 本の懐中電灯がまったく光ることができなくなってしまった。残りの 2 本で実験をしていると，混合して作れた色の一つにマゼンタがあった。このことから，故障した懐中電灯は，何色の懐中電灯であることがわかるか答えよ。

18
最大の色数
3 本の懐中電灯それぞれの明るさの段階値を掛けたものである。
混色
色相環で混色を考えよ（例題 11）。

19 〈音の情報量〉 標本化周波数 96 kHz，量子化ビット数 24 ビット，ステレオで記録されている 60 分間の音声データが複数あり，これらをメモリーカードへコピーする。このとき，32 GB のメモリーカードにコピーできる音声データの最大数は何個か答えよ。ただし，これらの音声データは非圧縮とする。

19
音の情報量
量子化ビット数×標本化周波数×時間×チャンネル数

20 〈画素・階調〉 ディスプレイの画素を構成する赤（R），緑（G），青（B）の明るさの段階値（最大値または最小値を除く）をすべて同じにすると，画素で表現される色はさまざまな明るさの灰色（グレー）になる。このことに関して，次の問いに答えよ。
(1) 明るさの段階値がすべて最大値またはすべて最小値のときは，灰色にはならない。それぞれ何色になるか答えよ。
(2) 明るさの段階値が 4 ビットで表現されているとすると，灰色は何通りになるか答えよ。
(3) 134 通りの灰色を表現するためには，明るさの段階値は最低でも何ビットで表現すればよいか答えよ。

20
RGB 各色の明るさの段階値を同一にするので，最大の色数は，この段階値から求められる。

21 〈情報量〉 次の(ア)～(エ)を情報量の大きい順に並べ替えよ。
UP↑
(ア) 24 ビットフルカラー画像で解像度が 4096×2160 の画像
(イ) 量子化ビット数 24 bit，標本化周波数 192 kHz の 30 秒間のステレオ音声
(ウ) 階調が 8 ビットのモノクロ画像を 1 フレームとした解像度 320×240，フレームレート 16 fps の 30 秒間の動画
(エ) 量子化ビット数 16 bit，標本化周波数 44.1 kHz の 8 分間のモノラル音声

21
情報量の計算は，各要素の単位に注目するとよい。
例：動画
静止画のデータ量 [bit]×フレームレート [fps]×時間 [s]

09 コンピュータの構成と動作

■中学までの復習■ 次の空欄に適当な語句を入れよ。

■コンピュータの構成

装置	働き	例
①(　　)装置	データなどを入力する。	キーボード，マウス
出力装置	処理結果などを表示する。	ディスプレイ，プリンタ
②(　　)装置	データや処理結果を記憶する。	メモリ，ハードディスク，SSD
演算装置	データを処理する。	演算装置と(③)装置を合わせ，④(　　)(中央演算処理装置)という。
③(　　)装置	各装置を制御する。	

解答
①入力
②記憶
③制御
④CPU

※記憶装置は，主記憶装置(メインメモリ)と補助記憶装置に分かれる。

■ハードウェアとソフトウェア

⑤(　　)ウェア	コンピュータを構成する装置の機能を実現する装置。
⑥(　　)ウェア	コンピュータを動作させるためのプログラムなどのこと。

⑤ハード
⑥ソフト

●確認事項● 次の空欄に適当な語句を入れよ。

■ソフトウェアの種類

①(　　)システム	コンピュータの基本的な管理・制御を行うソフトのこと。②(　　)ソフトウェアともいう。
③(　　)ソフトウェア	特定の作業を行うために使用されるソフトウェアのこと。④(　　)ソフトウェアともいう。

解答
①オペレーティング
②基本
③アプリケーション
④応用

※オペレーティングシステムは，略してOSという。

■インタフェース

コンピュータなどの情報機器を相互に接続する⑤(　　)をインタフェースという。

インタフェース	接続する機器
USB	プリンタ，キーボード，ハードディスクなどの周辺機器
HDMI	デジタルテレビ，オーディオ機器　など
イーサネット	ハブ，ルータなどの⑥(　　)接続の通信機器
IEEE 802.11	⑦(　　)接続のできる通信機器

⑤規格
⑥有線
⑦無線

■コンピュータの動作

主記憶装置にはプログラムが記憶されており，CPU内部ではプログラムの構成単位である命令の⑧(　　)・⑨(　　)・⑩(　　)の一連の動作が順番に行われる。

装置	内容
プログラム⑪(　　)	主記憶装置のどの⑫(　　)の命令を取り出すかを指定する。
⑬(　　)レジスタ	主記憶装置から取り出した命令を一時的に保存する。
命令解読器	命令を解読して各部を制御する。
⑭(　　)レジスタ	データを一時的に保存する。
演算装置	加算などの算術演算やそのほかの演算を行う。

⑧取り出し
⑨解読
⑩実行
⑪カウンタ
⑫番地
⑬命令
⑭データ

例題 17　コンピュータの構成

類題：22

コンピュータの構成は右の図のようになる。図の①～⑥に適当な装置名を(ア)～(カ)からそれぞれ選べ。

(ア) 演算装置　　(イ) 出力装置
(ウ) 主記憶装置　(エ) 入力装置
(オ) 補助記憶装置　(カ) 制御装置

⟶ ：制御の流れ
┈⟶ ：データの流れ

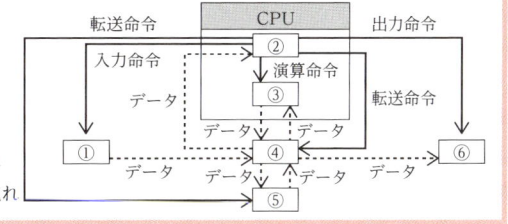

解答　① (エ)　② (カ)　③ (ア)　④ (ウ)　⑤ (オ)　⑥ (イ)

ベストフィット　制御装置と演算装置を合わせ，CPU（中央処理装置）という。

解説
② ほかの五つの装置へ命令を送り，制御するのが制御装置である。
④ データはすべて主記憶装置を経由して流れている。

例題 18　ソフトウェア

類題：23

次の(ア)～(オ)の記述のうち，(1)オペレーティングシステム，(2)アプリケーションソフトウェアのそれぞれに関する説明に該当するものをすべて選べ。

(ア) 特定の作業を行うために使用されるソフトウェアである。
(イ) コンピュータを構成する装置の機能を実現する装置である。
(ウ) コンピュータの基本的な管理・制御を行うソフトウェアである。
(エ) 表計算ソフトウェアやプレゼンテーションソフトウェアなどが含まれる。
(オ) 基本ソフトウェアともいう。

解答　(1) (ウ)，(オ)　(2) (ア)，(エ)

ベストフィット　オペレーティングシステム（OS）は，コンピュータの基本的な管理・制御（オペレーション）を行っている。アプリケーションソフトウェアは，OS が提供する機能を利用して動作する。

解説
(イ)は，ハードウェアの説明である。

例題 19　インタフェース

類題：24

次の(1)～(5)の記述のうち，適当なものには○を，適当でないものには×を記せ。
(1) コンピュータなどの情報機器を相互に接続する規格をインタフェースという。
(2) プリンタ，キーボードなどを接続するインタフェースは，HDMI である。
(3) 無線接続のできる通信機器を接続するインタフェースは，IEEE 802.11 である。
(4) USB インタフェースは，キーボードやハードディスクなど多くの機器を接続できる。
(5) ハブ，ルータなどの有線接続の通信機器を接続する規格は，USB インタフェースである。

解答　(1) ○　(2) ×　(3) ○　(4) ○　(5) ×

ベストフィット　IEEE 802.11 に準拠する通信機器について，その相互接続性を業界団体「Wi-Fi Alliance」が保証するブランドを「Wi-Fi」（ワイファイ）という。

解説
(2) 誤り。HDMI は，デジタルテレビなどを接続し，映像や音声を1本のケーブルにまとめて送る通信規格である。
(5) 誤り。ハブ，ルータなどの有線接続の通信機器を接続する規格は，イーサネットである。

例題 20 コンピュータの動作   類題：25

次の(ア)～(オ)の動作を，コンピュータ内部で行われる正しい順に並べ替えよ。
(ア) 命令レジスタが，主記憶装置から取り出した命令を一時的に保存する。
(イ) データレジスタが，データを一時的に保存する。
(ウ) 命令解読器が，命令を解読して各部を制御する。
(エ) カウンタが，主記憶装置のどの番地の命令を取り出すかを指定する。
(オ) 演算装置が，加算などの算術演算やそのほかの演算を行う。

解答 (エ)→(ア)→(ウ)→(イ)→(オ)

ベストフィット CPU 内部では，プログラムの構成単位である命令の取り出し・解読・実行の一連の動作が順番に行われる。

解説
(エ)→(ア)が「取り出し」，(ウ)が「解読」，(イ)→(オ)が「実行」である。

類題

22 〈コンピュータの構成〉 コンピュータの構成を表す左下の図の①～③に入れるべき適当な語句の組み合わせを右下の表の(ア)～(エ)のうちから一つ選べ。

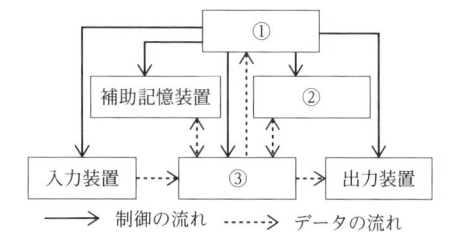

	①	②	③
(ア)	制御装置	主記憶装置	演算装置
(イ)	主記憶装置	演算装置	制御装置
(ウ)	制御装置	演算装置	主記憶装置
(エ)	演算装置	制御装置	主記憶装置

→ 制御の流れ ┈┈→ データの流れ

22 ◀例題 17
ほかの五つの装置へ命令を送り，制御するのが制御装置である。
データは，すべて主記憶装置を経由して流れている。

23 〈ソフトウェア〉 次の(1)～(5)の記述のうち，アプリケーションソフトウェアの説明として適当なものには○を，適当でないものには×を記せ。
(1) コンピュータの基本的な管理・制御を行うソフトウェアである。
(2) 特定の作業を行うために使用されるソフトウェアである。
(3) 基本ソフトウェアとも呼ばれる。
(4) オペレーティングシステムとも呼ばれる。
(5) 表計算やプレゼンテーションソフトウェアなどが含まれる。

23 ◀例題 18
特定の作業を行うために使用されるソフトウェアのことをアプリケーションソフトウェアという。

24 〈インタフェース〉 次の(1)～(4)が説明するインタフェースは何か答えよ。
(1) IEEE で最初に規格統一された無線 LAN 規格である。
(2) 映像や音声などを 1 本のケーブルにまとめてデジタル信号で送れる通信規格である。
(3) パソコンの周辺機器で，最も普及した汎用インタフェース規格である。
(4) 家庭や企業などで使われる有線ネットワークの主流な規格である。

24 ◀例題 19
USB は「Universal Serial Bus」の略称であり，Universal は「汎用」を意味する。

25 〈コンピュータの動作〉 コンピュータを構成する(1)〜(5)の装置の動作内容として最も適当なものを下の(ア)〜(オ)から一つずつ選べ。
(1) プログラムカウンタ　(2) 命令レジスタ　(3) 命令解読器
(4) データレジスタ　(5) 演算装置
　(ア) データを一時的に保存する。
　(イ) 命令を解読して各部を制御する。
　(ウ) 主記憶装置のどの番地の命令を取り出すかを指定する。
　(エ) 加算などの算術演算やそのほかの演算を行う。
　(オ) 主記憶装置から取り出した命令を一時的に保存する。

25 ◀例題20
レジスタとは，CPU（中央処理装置）そのものに内蔵されている記憶装置のことである。

練習問題

26 〈コンピュータの構成〉 次の(1)〜(4)の記述は，コンピュータの構成とそれらによってコンピュータの基本機能が実現される過程を説明したものである。空欄に入る適当な語句を下の(ア)〜(カ)からそれぞれ選べ。ただし，用語は複数回選択することがある。
(1) データおよび処理命令が主記憶装置に記憶されている。
(2) （ ① ）の指示で，主記憶装置に記憶されたデータおよび処理命令は，（ ② ）に転送される。
(3) （ ③ ）では，処理命令に従ってデータを処理し，（ ④ ）の指示でその演算結果を転送させて（ ⑤ ）に記憶させる。
(4) （ ⑥ ）に記憶された演算結果は，（ ⑦ ）の指示で（ ⑧ ）に転送されて出力される。
　(ア) 演算装置　(イ) 制御装置　(ウ) 主記憶装置　(エ) 入力装置
　(オ) 補助記憶装置　(カ) 出力装置

26 制御の流れとデータの流れに注目する。

27 〈コンピュータの動作〉 ある仮想コンピュータについて，次の問いに答えよ。なお，主記憶装置には右の図のような命令が1〜5番地に，データが10〜11番地にそれぞれ保存されているものとする。

仮想コンピュータの命令	
READ	メモリからレジスタに読み出し
WRITE	レジスタからメモリに書き込み
ADD	レジスタ間の和
STOP	プログラムの停止

番地	
READ A,(10)	1
READ B,(11)	2
ADD A,B	3
WRITE (12),A	4
STOP	5
⋮	
3	10
5	11
	12

(1) プログラムカウンタが「2」のとき，命令レジスタに取り出される命令は何か答えよ。
(2) プログラムカウンタが「3」のとき，命令が実行されるとデータレジスタAの内容は実行前と実行後ではどのように変化するか答えよ。
(3) プログラムが実行された結果，12番地に保存されるデータは何か答えよ。
(4) このプログラムは，何を計算したものか答えよ。
(5) 3番地に保存されている命令を「ADD B,A」と書き換えると，プログラムを実行した結果は変わってしまう。書き換え前と同じ結果を得るためには，何番地の命令をどのように書き換えればよいか答えよ。ただし，3番地の命令は元に戻してはいけない。

27
ADD A,Bは，A＋Bの結果をAに書き込む。

09. コンピュータの構成と動作　47

10 コンピュータの性能

確認事項 次の空欄に適当な語句を入れよ。

■コンピュータの処理速度

CPUと主記憶装置間の情報の①(　　　　)の速さやCPUの②(　　　)の速さなどがコンピュータの性能に大きく関係する。

解答
① やり取り
② 処理

■CPUの処理能力

クロック信号	コンピュータ各回路での処理動作を行う③(　　　　)を合わせるために用いられる信号のこと。
クロック④(　　)	⑤(　　)秒間に何回のクロック信号が発振されるかを表す数値である。CPUの性能指標として使われる。単位はHz(ヘルツ)。
クロック周期	クロック信号1回分にかかる時間の長さ。単位は秒。

※クロック周波数とクロック周期は、逆数の関係にある。

③ タイミング
④ 周波数
⑤ 1

■接頭辞

大きな量の接頭辞

記号	読み方	倍数
k	⑥(　　)	10^3
M	メガ	10^6
G	ギガ	⑦(　　)
T	テラ	10^{12}

小さな量の接頭辞

記号	読み方	倍数
m	⑧(　　)	10^{-3}
μ	マイクロ	⑨(　　)
n	ナノ	10^{-9}
p	ピコ	10^{-12}

※これらは国際単位系(SI)の接頭辞であり、10^3 ごとに変化する。なお、情報量は慣例的に $2^{10}(=1024)$ ごとにこの接頭辞の一部(kは除く)を流用している(p.28参照)。

⑥ キロ
⑦ 10^9
⑧ ミリ
⑨ 10^{-6}

■コンピュータによる演算誤差

数値をコンピュータで扱う場合、コンピュータの内部表現(ビット列)に変換されて取り扱われるため、その表現に収まらない場合に⑩(　　　)が生じる。

⑩ 誤差

■コンピュータによる演算誤差の種類

桁あふれ誤差	計算した結果の桁数が扱えるビット数を超えてしまうことにより発生する。 ・⑪(　　　　)フロー：ビット数の最大値を上回るとき ・⑫(　　　　)フロー：ビット数の最小値を下回るとき
⑬(　　)誤差	限られた桁数の範囲で数値を表現するとき、切り上げや切り捨て、四捨五入などを行って桁を削ったことで発生する。
打ち切り誤差	計算を途中で打ち切ってしまうことで発生する。
⑭(　　)落ち	⑮(　　　　)のほぼ等しい二つの数の引き算を行ったとき、有効桁数が減少するために発生する。
⑯(　　)落ち	絶対値の大きな値と絶対値の小さな値の足し算や引き算を行ったとき、小さな値の桁情報が無視されてしまい、計算結果に反映されないことで発生する。

⑪ オーバー
⑫ アンダー
⑬ 丸め
⑭ 桁
⑮ 絶対値
⑯ 情報

例題 21　コンピュータの処理速度

類題：28

次の(1)～(5)の記述のうち，適当なものには○を，適当でないものには×を記せ。
(1) クロック信号の間隔が短いほど命令実行に時間がかかる。
(2) クロック信号は，次に実行すべき命令の格納位置を指定する。
(3) クロック信号は，命令実行のタイミングを調整する。
(4) 同一種類のCPUならば，クロック周波数が大きいほど処理能力が速い。
(5) コンピュータの処理速度は，CPUの処理の速さだけに依存する。

解答　(1) ×　(2) ×　(3) ○　(4) ○　(5) ×

ベストフィット　クロック信号の周期の逆数がクロック周波数である。

解説
(1) 誤り。「クロック信号の間隔が短い」ということは，クロック周波数が大きいということである。
(2) 誤り。次に実行すべき命令の格納位置を指定するのは，プログラムカウンタである。
(5) 誤り。コンピュータの処理速度はCPUと主記憶装置間の情報のやり取りの速さやCPUの処理の速さなどが関係する。

例題 22　CPUの処理能力

類題：29

次の問いに答えよ。
(1) クロック周波数が1.6 GHzのCPUは，4クロックで処理される命令を1秒間に何回実行できるか。
(2) クロック周波数が2 GHzのCPUのクロック周期は何ns(ナノ秒)か。
(3) クロック周波数2 GHzのCPUにおいて，ある命令が5クロックで実行できるとき，この命令の実行に必要な時間は何ns(ナノ秒)か。
(4) クロック周期が2.5 ns(ナノ秒)のCPUのクロック周波数は何GHzか。

解答　(1) 4億回　(2) 0.5 ns　(3) 2.5 ns　(4) 0.4 GHz

ベストフィット　クロック周波数とクロック周期は，逆数の関係にある。

解説
(1) クロック周波数1.6 GHz＝$1.6×10^9$ Hzより，1秒間に16億回のクロック信号が発生している。
よって，4クロックで処理される命令は，16÷4＝4億回実行できる。
(2) クロック周期は，クロック周波数の逆数である。クロック周波数2 GHz＝$2×10^9$ Hzより，クロック周期は，$1÷2×10^9$ Hz＝$0.5×10^{-9}$ s＝0.5 nsである。
(3) クロック周期は，0.5 nsであるから，0.5×5＝2.5 nsである。
(4) クロック周波数は，クロック周期の逆数である。クロック周期2.5 ns＝$2.5×10^{-9}$ sより，クロック周波数は，$1÷2.5×10^{-9}$ s＝$0.4×10^9$ Hz＝0.4 GHzである。

例題 23　コンピュータによる演算誤差

類題：30

次の(1)～(5)の記述は，コンピュータによる演算誤差についての説明である。それぞれの誤差の名称を答えよ。
(1) 絶対値のほぼ等しい二つの数の引き算を行ったとき，有効桁数が減少するために発生する。
(2) 限られた桁数の範囲で数値を表現するとき，切り上げや切り捨て，四捨五入などを行って桁を削ったことで発生する。
(3) 計算を途中で打ち切ってしまうことで発生する。
(4) 計算した結果の桁数が，扱えるビット数の最大値を超えてしまうことにより発生する。
(5) 絶対値の大きな値と絶対値の小さな値の足し算や引き算を行ったとき，小さな値の桁情報が無視されてしまい，計算結果に反映されないことで発生する。

10. コンピュータの性能

解答 (1) 桁落ち (2) 丸め誤差 (3) 打ち切り誤差 (4) 桁あふれ誤差 (5) 情報落ち

ベストフィット 数値をコンピュータで扱う際，内部表現(ビット列)に収まらない場合に誤差が生じる。

解説

(1) 簡単にするために，絶対値のほぼ等しい二つの数「1.1111」と「1.1110」の引き算を行い，4ビットの仮数部がある浮動小数点数で表現するとする。

　二つの数を引き算すると，「0.0001」という数になり，二つの数がともにもっていた有効な桁の5桁が，引き算によって最後の1桁の「1」のみになってしまう。

　「0.0001」を4ビットの仮数部がある浮動小数点数で表現すると，「0.1000×2^{-3}」となる。ここで，引き算直後の数「0.0001」と「0.1000×2^{-3}」を比較すると，引き算直後の数は最後の1桁の「1」のみが有効な数だが，その後に「0」が三つ加えられた仮数「0.1000」になっている。この三つの「0」は，この表現のために加えられた数であり，正しい数であるという保証がない。よって，この数を用いて計算を行うと誤差が生じてしまい，期待していた結果にならない場合がある。

(2) 例えば，円周率や循環小数などを限られた桁数の範囲で表現すると，差が生じることで理解できる。

(4) 例えば，「0.11×2^{100}」という極めて大きな数を扱おうとした場合，値「100」は指数部に入る最大値を超えてしまい，収まらない。

(5) 簡単にするために，絶対値の大きな数「1101」と小さな数「0.00001101」を用意し，4ビットの仮数部がある浮動小数点数で表現するとする。

　絶対値の大きな数「1101」を指数表現にすると，「0.1101×2^4」となる。次に，絶対値の小さな数「0.00001101」を指数表現にすると，「0.1101×2^{-4}」となる。

　この二つの数の指数を2^4に揃えて足し算をすると，

絶対値の大きな数	0.1101	$\times 2^4$
絶対値の小さな数	+ 0.000000001101	$\times 2^4$
計算結果	0.110100001101	$\times 2^4$

となり，計算結果は「$0.110100001101 \times 2^4$」という数になる。そして，この数を仮数部が4ビットの形式の浮動小数点数にすると，小数点以下の4桁を仮数部に格納するので「0.1101×2^4」となる。つまり，足し算したにもかかわらず，数が反映されていないという問題が発生する。

類題

28 〈コンピュータの処理速度〉 次の(1)～(5)の記述のうち，適当なものには○を，適当でないものには×を記せ。

(1) CPUと主記憶装置間の情報のやり取りの速さは，コンピュータの性能に大きく関係している。
(2) CPUの速さは，コンピュータの性能にある程度関係している。
(3) 同一種類のCPUならば，クロック周波数が大きいほど処理能力が速い。
(4) 古いCPUでもクロック周波数が大きければ，処理能力が速い。
(5) クロック周期は，コンピュータの性能には関係していない。

28 ◀例題21
クロック周期の逆数はクロック周波数である。

29 〈CPUの処理能力〉 次の問いに答えよ。なお，解答は有効数字2桁で表せ。

(1) クロック周波数が2.8 GHzのCPUは，4クロックで処理される命令を1秒間に何回実行できるか。
(2) クロック周波数が2.5 GHzのCPUのクロック周期は何ns(ナノ秒)か。
(3) クロック周波数4 GHzのCPUにおいて，ある命令が5クロックで実行できるとき，この命令の実行に必要な時間は何ns(ナノ秒)か。
(4) クロック周期が4 nsのCPUのクロック周波数は何GHzか。

29 ◀例題22
クロック周波数の1 GHzは1×10^9 Hzであり，そのクロック周期は逆数の1×10^{-9} s＝1 nsとなる。

30 〈コンピュータによる演算誤差〉 次の(ア)～(エ)の記述のうち，桁落ちの説明として最も適当なものを一つ選べ。

(ア) 値がほぼ等しい二つの浮動小数点数の引き算を行ったとき，有効桁数が大幅に減ってしまうことで発生する。

(イ) 計算した結果の桁数が，扱えるビット数の最大値を超えることによって生じる誤差のことである。

(ウ) 計算した結果，最小の桁より小さい部分の四捨五入，切り上げまたは切り捨てを行うことによって生じる誤差のことである。

(エ) 絶対値の大きな値と絶対値の小さな値の加算において，小さな値の桁情報が結果に反映されないことである。

30 ◀例題23
「桁落ち」とは，有効桁数が減る（落ちる）ことである。

練習問題

31 〈CPUの処理能力〉 あるプログラムは，命令A～Dを下に示す順に実行する。各命令の実行に必要なクロック数が下の表の通りであるとすると，クロック周波数1GHzのCPUで，この命令列を実行するのに必要な時間は何ns（ナノ秒）か答えよ。

命令の実行順　A→B→C→A→C→D

命令	クロック数
A	2
B	6
C	1
D	8

31
クロック周波数とクロック周期は，逆数の関係にある。

32 〈CPUの処理能力〉 クロック周波数が1.4 GHzのCPUがある。このCPUの命令種が，下の表に示す二つから構成されているとき，1秒間に実行可能な命令数は何回か答えよ。

命令種	クロック数	実行頻度(%)
命令A	5	60
命令B	10	40

32
実行頻度より，平均クロック数を計算する。

33 〈コンピュータによる演算誤差〉 次の(ア)～(エ)の計算式のうち，仮数部が10ビットである浮動小数点数によりコンピュータで計算した場合，情報落ちが発生するものを一つ選べ。

(ア) $10.101_{(2)} \times 2^{-11} - 1.001_{(2)} \times 2^{-10}$　　(イ) $10.101_{(2)} \times 2^{10} - 1.001_{(2)} \times 2^{10}$

(ウ) $1.01_{(2)} \times 2^{10} + 1.01_{(2)} \times 2^{-5}$　　(エ) $1.001_{(2)} \times 2^{10} - 1.1111_{(2)} \times 2^{11}$

33
情報落ちは，絶対値の大きな値と絶対値の小さな値の足し算や引き算を行ったとき，小さな値の桁情報が無視されてしまい，計算結果に反映されないことで発生する。

34 〈コンピュータによる演算誤差〉 次の(ア)～(エ)のうち，浮動小数点形式で表現される数値の演算において，桁落ちが発生するものを一つ選べ。

(ア) 絶対値の大きな数と絶対値の小さな数の加算

(イ) 絶対値の大きな数と絶対値の小さな数の減算

(ウ) 絶対値がほぼ等しく，同符号である数値の加算

(エ) 絶対値がほぼ等しく，同符号である数値の減算

34
桁落ちは，絶対値のほぼ等しい二つの数の引き算を行ったとき，有効桁数が減少するために発生する。

10. コンピュータの性能

第4章 ネットワーク

関連 ▶ ドリル(→p.164)

▶ 11 インターネットの仕組み

● 中学までの復習 ● 次の空欄に適当な語句を入れよ。

■ネットワークとプロトコル

①(　　　)	同一の建物や敷地内で構築されるネットワーク。
②(　　　)	ネットワークでの通信に関する取り決め(約束事)。
③(　　　)	インターネットで使われている統一されたプロトコル。
④(　　　)	伝送速度の単位。1秒間に伝送できるビット数を表す。ビットパーセカンド(bit per seconds)の頭文字。

■インターネットの仕組み

⑤(　　　)	TCP/IPで用いられる、コンピュータへ個別に割り当てる番号。
⑥(　　　)	インターネット上に置かれた情報の場所を指し示す記述方法。
⑦(　　　)	インターネットへの接続を行う事業者。

解答
①LAN
②通信プロトコル
③TCP/IP
④bps
⑤IPアドレス
⑥URL
⑦インターネットサービスプロバイダ(ISP)

● 確認事項 ● 次の空欄に適当な語句を入れよ。

■ネットワークとプロトコル

①(　　　)	離れたLANどうしを結合した、より広域のネットワーク。
②(　　　)	大型コンピュータなど1台の③(　　　)ですべての処理を行うシステム。
④(　　　)	それぞれの端末で処理を分担するシステム。
⑤(　　　)	動画のデータが、すべてダウンロードされていなくても一部を読み込んだ段階で再生が始められる技術。
⑥(　　　)	通信プロトコルをグルーピングして階層化したモデル。階層化することで、ある層のプロトコルを変更や修正しても、ほかの層には影響を与えないという利便性がある。

■小規模のLANの構成

⑦(　　　)	光通信回線の光信号とLAN内の電気信号を変換する。
⑧(　　　)	ネットワークどうしを接続する機器。経路情報をもち、IPアドレスを元に⑨(　　　)(経路選択)を行うことができる機器。
⑩(　　　)(集線装置)	LANにつながれた機器どうしを接続するための装置。現在のLANでは、データの宛先を検出して該当するポートにのみデータを送る⑪(　　　)が多く使われる。
⑫(　　　)	電波を用いてコンピュータをネットワークに接続する装置。

■インターネットの仕組み

⑬(　　　)	インターネットプロトコルバージョン4を表し、32ビットで構成されるIPアドレスを使用する。
⑭(　　　)	インターネットプロトコルバージョン6を表し、128ビットで構成されるIPアドレスを使用する。IPv4に比べてアドレスが飛躍的に増加し、機器への割り当てに不足するおそれがない。

解答
①WAN
②集中処理
③ホストコンピュータ
④分散処理
⑤ストリーミング
⑥プロトコル階層

⑦ONU
⑧ルータ
⑨ルーティング
⑩ハブ
⑪スイッチングハブ
⑫無線LANアクセスポイント

⑬IPv4
⑭IPv6

⑮( )	インターネットに直接接続する機器に割り当てる，世界中で重複することがない IP アドレス。	
⑯( )	LAN 内でのみ自由に割り当てることができる IP アドレス。	
⑰( )	端末に IP アドレスを自動的に割り当てるプロトコル。	
⑱( )	組織やその中で使われるホストの名前。	
⑲( )	(⑱)を IP アドレスに変換する仕組み。名前解決と呼ばれる。	
⑳( )方式	通信する二点間を直接接続して回線を確立して行う通信方式。	
㉑( )方式	データを小さな㉒( )と呼ばれる単位に分割して，同じ回線に異なる(㉒)を混在させて行う通信方式。	
㉓( )	無線 LAN の商標で，異なるメーカーどうしの機器が互いに接続できることを認証する枠組み。無線 LAN の大半で使用される。	

解答
⑮グローバル IP アドレス
⑯プライベート IP アドレス
⑰DHCP
⑱ドメイン名
⑲DNS
⑳回線交換
㉑パケット交換
㉒パケット
㉓Wi-Fi

例題 1　ドメイン名

類題：1

次の URL について，下線部①～⑧の各箇所の名称を下の(ア)～(ク)からそれぞれ選べ。

https:// www . jikkyo . co . jp / highschool / jouhou / index.html
　①　　　②　　　③　　④　⑤　　　⑥　　　　　⑦
　　　　　　　　⑧

(ア) ディレクトリ名　(イ) トップレベルドメイン(国名)　(ウ) ドメイン名　(エ) プロトコル
(オ) 第 2 レベルドメイン(組織区分)　(カ) ホスト名　(キ) 第 3 レベルドメイン(組織名)
(ク) ファイル名

解答　① (エ)　② (カ)　③ (キ)　④ (オ)　⑤ (イ)　⑥ (ア)　⑦ (ク)　⑧ (ウ)

ベストフィット　ドメインは右から「国名」，「組織区分」，「組織名」の順で階層構造になる。

解説
URL は使用するプロトコルから始まることが多い。区切りのスラッシュから次のスラッシュまでがドメイン名となり，右から，おもに国名が記述される「トップレベルドメイン(TLD)」，組織の種類(区分)が記載される「第 2 レベルドメイン」，組織名が記載される「第 3 レベルドメイン」，サーバなどに付けられた名前である「ホスト名」の順で記述される。ドメイン名の後は「ディレクトリ名」，「ファイル名」の順となる。

例題 2　伝送時間

類題：2

伝送速度が 100 Mbps の LAN で 1 GB のファイルを伝送するのに必要な時間は何秒か。ただし，$1 M = 10^6$，$1 G = 10^9$ とし，伝送効率は考慮しない。

解答　80 秒

ベストフィット　「伝送時間＝伝送量÷伝送速度」で求める。ビットとバイトの変換に注意する。

解説
データ量は，ギガバイト単位をビット単位に変換するため 10^9 と 8 を掛け，$1\,GB \times 10^9 \times 8$ となる。
速度は，メガビット単位をビット単位に変換するため，$100\,Mbps \times 10^6$ となる。
$(1\,GB \times 10^9 \times 8) \div (100\,Mbps \times 10^6) = 80$ 秒。
bps は 1 秒間に伝送できるビットの量であるため，データ量をビット単位に変換する必要がある。
なお伝送速度は，理論値と実際の速度(実効値)は違うことが一般的で，理論値に対する実効値の割合を伝送効率という。伝送効率を考慮する場合には，示された伝送効率を用いて理論値から実効値を求める。

例題 3　IPアドレスとルータ

類題：3・4

次の図は，学校内LANからインターネットへ接続する際の機材を模式的に示したものである。この図について述べた次の文章の空欄に適当な語句や数値を入れよ。

```
インターネット ── ルータ　学校内LAN
```

インターネットに直接接続する機器では世界中で一意に割り当てられる（　①　）IPアドレスを用いるが，LAN内では各組織が自由に使用できる（　②　）IPアドレスが用いられる。ルータは，(①)IPアドレスと(②)IPアドレスを（　③　）する機能をもつとともに，IPアドレスを使って経路を（　④　）し，パケットを転送する。また，LAN内の機器に自動的にIPアドレスを割り当てる（　⑤　）サーバの役割を行うこともできる。IPv4では，IPアドレスは（　⑥　）ビットで記述されるが，IoTなどネットワークに接続される機器の増大によってIPアドレスの枯渇が心配されるようになり，（　⑦　）ビットで記述されるIPv6が使われるようになってきた。

解答　① グローバル　② プライベート　③ 変換　④ 選択　⑤ DHCP　⑥ 32
　　　　⑦ 128

ベストフィット　IPv4は32ビットのIPアドレス，IPv6は128ビットのIPアドレス。

解説
世界中で一意に割り当てるグローバルIPアドレスと，LAN内でのみ使用できるプライベートIPアドレスが使い分けて用いられている。ルータは，グローバルIPアドレスとプライベートIPアドレスの変換，パケットの通る経路の選択，また機種によってはDHCPサーバの役割を果たすものもある。現在おもに使われているIPv4ではIPアドレスを32ビットで記述するのに対し，IPv6では128ビットで記述することで，インターネットにつながるあらゆる機器に一意のIPアドレスを割り当てられる。

例題 4　プロトコル階層

類題：4

次の図で表されるデータを通信する際のTCP/IPにおける各階層①～④の名称を下の(ア)～(エ)から一つずつ選べ。

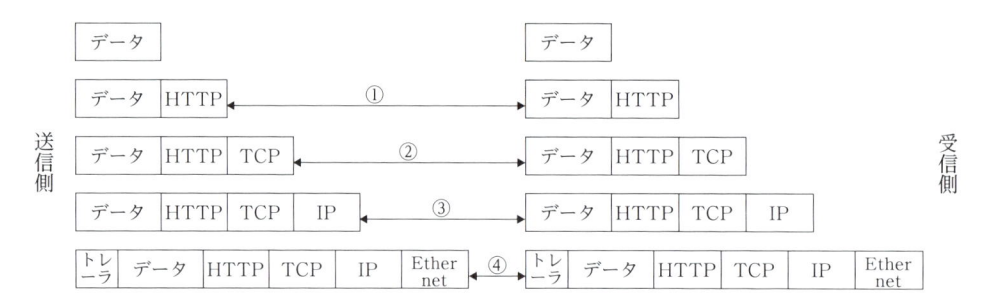

(ア) インターネット層　　(イ) アプリケーション層
(ウ) ネットワークインタフェース層　　(エ) トランスポート層

解答　① (イ)　② (エ)　③ (ア)　④ (ウ)

ベストフィット　プロトコルは階層化されることで技術の組み合わせを容易にする。

解説
通信プロトコルは伝送方法やデータの扱い方などの技術を階層化し，組み合わせて全体の通信を行う。プロトコルが階層化されることで，ほかの階層を意識することなく新しい技術の導入を進めることができる。

類題

1 〈名前解決〉 次の URL において，DNS サーバにより IP アドレスと 1 対 1 で変換されるのは，①〜③のいずれの部分か選べ。

　　https://www.example.co.jp/index.html
　　　①　　　　②　　　　　③

1 ◀例題 1
IP アドレスと 1 対 1 で変換されるのはドメイン名である。

2 〈伝送量〉 伝送速度が 1 Gbps の LAN において，1 分間に 500 MB のファイルを何個伝送できるか求めよ。ただし，$1\,\mathrm{M}=10^6$，$1\,\mathrm{G}=10^9$ とし，伝送効率やファイルの送受信処理にかかる時間は考慮しない。

2 ◀例題 2
時間×速度＝データ量
バイトとビットに注意する。

3 〈IP アドレス〉 IP アドレスに関する次の(ア)〜(オ)の記述のうち，最も適当なものを一つ選べ。
(ア) 32 ビットで表記される IPv4 で表せる IP アドレスの数は，地球上の人口（約 70 億）より多い。
(イ) IPv4 のグローバル IP アドレスは，国ごとに重複しないようにされている。
(ウ) 128 ビットで表記される IPv6 では，IP アドレスの枯渇問題は解消される。
(エ) プライベート IP アドレスは，自宅など個人での利用に限られ，企業の LAN などでは使用しない。
(オ) IPv4 では，0 から 256 までの数値を四つ組み合わせて表記する。

3 ◀例題 3
IPv4 は 8 ビット（256 通り）の 10 進数を四つ組み合わせて表記する。

4 〈ルータの役割〉 インターネットにおけるルータに関する次の(ア)〜(エ)の記述のうち，最も適当なものを一つ選べ。
(ア) ほかのコンピュータからの要求を受け，Web ページのデータを提供する。
(イ) IP アドレスを使って経路を選択し，パケットを転送する。
(ウ) ドメイン名を元に，IP アドレスを返す。
(エ) 端末に IP アドレスを自動的に割り当てる。

4 ◀例題 3
ルーティングを行うのがルータである。

5 〈プロトコル〉 インターネットのプロトコルについて，次の問いに答えよ。
(1) 次の①〜④の各プロトコル階層に適当な例を下の(ア)〜(エ)のうちから一つずつ選べ。
　① アプリケーション層　② トランスポート層
　③ インターネット層　　④ ネットワークインタフェース層
　　(ア) TCP　(イ) IP　(ウ) HTTP　(エ) 無線 LAN
(2) 次の(ア)〜(エ)の記述のうち，プロトコルを階層化する理由として最も適当なものを一つ選べ。
(ア) 階層ごとに新しい技術が生まれると，ほかの階層の技術もすべて変更が必要になることで技術革新が進むため。
(イ) 技術の積み重ねにより，インターネットの接続が可能となるため。
(ウ) ある階層のプロトコルを変更してもほかの階層に影響を与えないことで，新しい技術の導入を進めやすくなるため。
(エ) 各階層のプロトコルを違う標準化団体が決定することで，競争が生まれて技術革新につながるため。

5 ◀例題 4
プロトコルが階層化されることで，それぞれの階層で最適な技術を採用できる。

11．インターネットの仕組み　55

練習問題

6 〈URLの表記〉 次のURLについて，下の(1)～(3)の説明に最も適当な箇所を①～⑦からそれぞれ選べ。

https://www.example.co.jp/test/index.html
　①　　②　　③　　④⑤　⑥　　⑦

(1) 組織の種類を表している部分。
(2) 使われているプロトコルを知ることができる部分。
(3) ファイル名を表している部分。

> **6** URLの構造を理解しておく。

7 〈IPアドレスの設定〉 自宅の中でのみ使用するパソコンA，パソコンBにそれぞれ，「192.168.1.10」，「192.168.1.11」というIPアドレスが設定されている。次の問いに答えよ。（思考）

(1) これらの設定されたIPアドレスは，グローバルIPアドレスとプライベートIPアドレスのどちらであるか答えよ。
(2) 自宅のWi-Fiルータの通信記録を確認したところ，「C0 A8 01 0A」のIPアドレスの機器と通信を行ったとの記録があった。この表記が表しているのは，パソコンAとパソコンBのどちらであるか答えよ。

> **7** 自宅の中でのみ使用する機器どうしは，LAN内で使用されていることになる。16進数表記を10進数表記にしてみる。

8 〈パケット交換〉 かつての電話のように，通信を行う2点間を直接接続する「回線交換方式」に対し，現代のインターネットではデータを小さなパケットに分割し，同じ回線にパケットを混在させて転送する「パケット交換方式」が用いられている。次の(ア)～(エ)の記述のうち，パケット交換方式の利点として**誤っているもの**を一つ選べ。

(ア) 回線が少なくても，パケットを混在させて伝送するため効率がよい。
(イ) 通信を行っている間は回線を占有できるため，ほかの通信の影響を受けない。
(ウ) 災害が発生したときなどに電話の利用が集中しても，パケット交換方式は回線効率がよいのでつながりやすい。
(エ) 実際にデータのやり取りが行われた分量での従量課金を行うことができる。

> **8** 同じ回線に混在させて転送できることの利点を考える。

9 〈集中処理と分散処理〉 次の(ア)～(エ)が示すシステムの要求のうち，(1)集中処理システムと(2)分散処理システム，それぞれに優位なものをすべて選べ。

(ア) 業務量の増大に合わせて処理能力を随時増強していく。
(イ) セキュリティ確保のため，処理を行うコンピュータ数を少なくする。
(ウ) 一部のコンピュータが故障した場合でも，全体として業務を継続する。
(エ) システム全体の処理効率を1か所で管理しやすくする。

> **9** 分散処理は，コンピュータが多数になる点に注目する。

10 〈無線LAN〉 次の(ア)～(エ)の記述のうち，無線LANの特徴として適当なものをすべて選べ。

(ア) 接続に使用するパスワードのことをSSIDという。
(イ) 使用する機器を設置する場所の自由度が高い。
(ウ) ほかの無線LANとの干渉によって，伝送速度が低下することがある。
(エ) 無線LANではIPアドレスは使用されない。

> **10** 無線LANもTCP/IPを使用している。

56　第4章　ネットワーク

11 〈LAN の構成機器〉 次の小規模 LAN を表す図を元に，下の問いに答えよ。

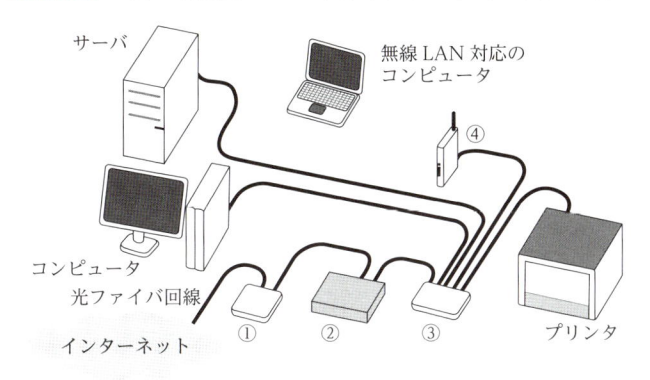

(1) 上の①〜④の各機器の名称として適当なものを下の(ア)〜(エ)から一つずつ選べ。
　(ア) ルータ　(イ) スイッチングハブ　(ウ) ONU
　(エ) 無線 LAN アクセスポイント

(2) 次の(ア)〜(エ)は，①〜④の各機器について説明したものである。それぞれに適当なものを一つずつ選べ。
　(ア) ネットワークどうしを接続する。IP アドレスを元にルーティングを行うことができる。
　(イ) 電波を用いてコンピュータをネットワークに接続する。
　(ウ) LAN につながれた機器どうしを接続するための装置のうち，データの宛先を検出して該当するポートにのみデータを送ることができる。
　(エ) 光通信回線の光信号と LAN 内の電気信号を変換する。

12 〈IP アドレスの設定〉 LAN 内の端末に IP アドレスを割り当てるには，各端末において個別に手動で設定する固定(静的)IP アドレス方式と，DHCP サーバによる動的 IP アドレス方式がある。フリー Wi-Fi のように，不特定多数の端末が無線 LAN を利用する場合，どちらの方式を採用するほうがよいかを理由も含めて述べよ。

13 〈必要な伝送速度〉 パソコン1で生成されるデータを分割して，通信の制御に用いるデータであるヘッダを付加してデータパケットにし，パソコン2まで送りたい。パソコン1はデータを分割して，次の図のように20バイトのヘッダを含めて1500バイトのデータパケットにして送信する。パソコン1では毎秒37000バイトのデータが生成される。この生成されるデータを遅滞なく伝送するために必要な伝送速度は何 kbps か。ただし，$1\,k=10^3$ とし，データの分割やデータパケットの生成にかかる時間や，伝送効率は考慮しない。

ヘッダ 20バイト	データ

パケット　1500バイト

11
(1)光ファイバ回線と直接接続するのはONUである。
ルータは，ONUとほかのネットワーク機器の間に設置される。
スイッチングハブは，LAN内の各機器どうしを接続する。

12
各端末に IP アドレスを設定する手間を考える。

13
一つのパケットで伝送できるデータ量は1500−20=1480バイト。37000バイトを伝送するのに必要なパケット数は37000÷1480バイトで求められる。

12 さまざまな情報システム

中学までの復習 次の空欄に適当な語句を入れよ。

■情報システム

①( )	LAN やインターネットにおいてサービスを提供するコンピュータのこと。
②( )	おもにインターネットにおいて文字を中心に画像などの情報を伝達する仕組みのこと。電子メールとも呼ばれる。
③( )	物品などを販売した時点で必要な情報を管理するシステム。

解答
①サーバ
②メール
③POS システム

確認事項 次の空欄に適当な語句を入れよ。

■クライアントサーバシステム

①( )	サービスを提供する側の②( )と要求する側の③( )に分かれて構築されるシステムのこと。
④( )	コンピュータ間が対等な関係で構築されるシステムのこと。

■サーバの利用

⑤( )	ファイルを保存し，共有するサーバ。
⑥( )	LAN 内にあるコンピュータの代わりにインターネット上の Web サーバへ接続を行うサーバ。代理サーバ。
⑦( )	業務処理などの要求を処理するサーバ。
⑧( )	データベースの管理を行い，情報を提供するサーバ。
⑨( )	Web ページの閲覧を提供するサーバ。

解答
①クライアントサーバシステム
②サーバ
③クライアント
④ピアツーピアシステム
⑤ファイルサーバ
⑥プロキシサーバ
⑦アプリケーションサーバ
⑧データベースサーバ
⑨Web サーバ
⑩SMTP
⑪POP
⑫IMAP
⑬Cc
⑭Bcc

■メールの送受信の仕組み

⑩( )	メールの送信と，メールサーバ間を転送する際に使われるプロトコル。
⑪( )	メールの受信に使うプロトコル。サーバからダウンロードしたメールは消去される。
⑫( )	メールの受信に使うプロトコル。サーバからメールを消去せずに管理することで，複数の端末でメールが閲覧できる。
⑬( )	宛先(To)と同様にメールの送り先を指定する。(⑬)欄に記載された宛先には「コピーを送る」という意味合いがある。
⑭( )	宛先と同様にメールの送り先を指定する。(⑭)欄に記載されたアドレスは，ほかの受信者には表示されないため，受信するメールアドレスをほかの受信者に対して秘匿したいときに利用する。

■情報システム

⑮( )	インターネット上で行われる商取引。取引の主体別に企業間取引を指す⑯( )，企業と消費者の取引を指す⑰( )，消費者間の取引を指す⑱( )に分類される。
⑲( )サイト	Web 上の店舗で商品を販売するサイト。
⑳( )	現金以外での決済を行う仕組み。主として，IC カードに金額をチャージして使用する。電子マネーなどでの決済を行うことが主となる社会を㉑( )と呼ぶ。

⑮電子商取引
⑯B to B
⑰B to C
⑱C to C
⑲EC
⑳電子マネー
㉑キャッシュレス社会

㉒（　　　　　　　）	自らが管理する特定のサーバではなく，インターネット上の無数のコンピュータ資源やサービスを利用するシステムの総称。
㉓（　　　　　　　） （個人番号）	社会保障，納税，災害対策の3分野に限って使用される，国民すべてに割り当てられた番号。この番号を記載したものが㉔（　　　　　　　）である。

解答
㉒クラウドコンピューティング
㉓マイナンバー
㉔マイナンバーカード

例題 5　Webシステム

類題：15

次の文章は，WebブラウザでWebページを閲覧する場合の手順である。空欄に適当な語句を入れよ。

Webブラウザのアドレス欄に指定された（　①　）より（　②　）を取り出し，そのWebサーバの（　③　）を（　④　）サーバに問い合わせる。(④)サーバからはWebサーバの(③)が回答される。宛先としてWebサーバの(③)，送信元として閲覧するコンピュータの(③)が付けられた閲覧の要求がインターネット上に送信され，いくつもの（　⑤　）を経由してWebサーバに到着する。WebサーバがWebページのデータを閲覧側コンピュータに向けて送り，受け取った閲覧側コンピュータにWebページが表示される。

解答　① URL　② ドメイン名　③ IPアドレス　④ DNS　⑤ ルータ

ベストフィット　インターネットの通信は，IPアドレスを利用して行われる。
URLは，DNSサーバでIPアドレスに変換される。

解説
インターネットの通信はIPアドレスを元に，ルータが転送経路を選択して行われるが，数字のみのIPアドレスはWebサイトを表記するには向かないため，通常はアドレスとしてURLが用いられる。URLのままでは通信できないため，IPアドレスに変換することを名前解決といい，DNSという仕組みが使われる。

例題 6　メールシステム

類題：14・16

メールシステムについて，次の問いに答えよ。

(1) 次の図は，メールが送信者から受信者への転送を表している。図中の①～④に入るプロトコルを右の(ア)～(ウ)からそれぞれ選べ。ただし，同一の選択肢を複数回使うことがある。

```
送信者 →①→ 送信側サーバ →②→ 受信側サーバ →③（ダウンロードしてサーバからメールを削除する）→ 受信者
                                       →④（サーバにあるメールを閲覧する）→ 受信者
```
(ア) IMAP
(イ) POP
(ウ) SMTP

(2) メールを送信する際にアドレスを記載する欄には，宛先(To)欄，Cc欄，Bcc欄がある。そのうち，互いにアドレスを知らない受信者宛に，メールの一斉配信を行う際に使用する欄はどれか答えよ。

解答　(1)① (ウ)　② (ウ)　③ (イ)　④ (ア)　(2) Bcc欄

ベストフィット　メールの送信とサーバ間転送はSMTPが用いられ，メールの受信にはPOPかIMAPが用いられる。Bcc欄に記載されたアドレスは，メールの受信者間で互いに知ることができない。

解説
(1) メールで使われるプロトコルは，送信側サーバへの送信とサーバ間の転送にはSMTPが，受信側サーバからのメール受信にはPOPやIMAPが用いられる。POPでは，サーバからダウンロードされたメールはサーバ上に残らない。IMAPではサーバ上でメールを管理することができ，複数の端末でメールを閲覧することができる。
(2) 宛先欄やCc欄に記載されたアドレスは受信者全員が互いに知ることができるが，Bcc欄に記載されたアドレスは互いに知ることができない。

12. さまざまな情報システム

例題 7　暮らしの中の情報システム

類題：17・18

次の問いに答えよ。
(1) 次の①～④の説明にそれぞれ適当なものを下の(ア)～(エ)から一つずつ選べ。
　① Web 上での店舗において商品を販売するサイト。
　② 電子マネーや，QR コードやバーコードによる決済サービスなどにより現金を用いない社会。
　③ 店舗において商品が販売された時点で売上数や金額，在庫数などを集計するシステム。
　④ 税，社会保障，災害対策において分野横断的に使用する，日本国民に割り当てられる番号。
　　(ア) POS システム　　(イ) キャッシュレス社会　　(ウ) マイナンバー　　(エ) EC サイト
(2) 電子商取引における主体の違いを表す(i)企業間の取引，(ii)企業と消費者間の取引，(iii)消費者間の取引のそれぞれの略称を答えよ。

解答　(1)① (エ)　② (イ)　③ (ア)　④ (ウ)　(2)(i) B to B　(ii) B to C　(iii) C to C

ベストフィット　インターネットでの業者の通販サイトを EC サイトと呼ぶ。

解説
(1) EC サイト以外にもフリーマーケット形式，オークション形式なども含めて電子商取引と呼ばれる。キャッシュレス社会の実現には，従来からのクレジットカードのほかに，IC カード形式の電子マネーやバーコードによる決済サービスがある。マイナンバーは税，社会保障，災害対策において分野横断的に使用される。
(2) 電子商取引において，その主体を B＝企業(Business)，C＝消費者(Consumer)として B to B，B to C，C to C と表す。C to C には，ネットオークションやフリーマーケットアプリなどがある。

例題 8　情報システムの形態

類題：19・20・21

情報システムの形態について説明した，次の(1)～(3)に適当なシステムの名称を答えよ。
(1) ネットワークでつながれたコンピュータが，それぞれ対等な関係で構築されたシステムの形態。
(2) ネットワークでつながれたコンピュータが，サービスを提供する側と，サービスを受ける側に役割を分担するように構築されたシステムの形態。
(3) インターネット上にある多数のコンピュータを資源として利用し，各種サービスを提供する形態。

解答　(1) ピアツーピアシステム　(2) クライアントサーバシステム　(3) クラウドコンピューティング

ベストフィット　サービスを提供するサーバと，サービスを受けるクライアントで役割を分担するのはクライアントサーバシステムである。

解説
サービスを提供する「サーバ」と，サービスの提供を受ける「クライアント」に役割を分担して構築されるのがクライアントサーバシステムである。それに対し，個々のコンピュータは互いに対等な役割の分担をするのがピアツーピアシステムである。近年は，インターネット上にある多数のサーバ群を一体として利用し，各種サービスの提供を行うクラウドコンピューティングも増えている。

類題

14 〈メールシステム〉　電子メールを受信するためのプロトコルとして POP と IMAP がある。次の(ア)～(エ)の記述のうち，POP に比べて IMAP が優位な点をすべて選べ。
　(ア) パソコンで受信する場合，受信要求をしなくてもメールが届く。
　(イ) 同じメールを複数の端末で内容確認することができる。
　(ウ) 一度受信したメールをサーバに残しておくことができる。
　(エ) 受信したことを送信側に伝えることができる。

14 ◀例題 6
IMAP は，メールサーバにメールを残して閲覧する仕組み。

15 〈Web システム〉 次の(ア)～(オ)の記述は，ブラウザで Web ページを閲覧するときの閲覧側のコンピュータと Web サーバ間で処理される手順である。(ア)～(オ)を正しい順に並べ替えよ。
- (ア) DNS サーバから Web サーバの IP アドレスを受け取る。
- (イ) 閲覧側コンピュータに Web ページが表示される。
- (ウ) ブラウザのアドレス欄に指定された URL からドメイン名を取り出し，DNS サーバに IP アドレスの問い合わせをする。
- (エ) Web サーバから閲覧側コンピュータの IP アドレスを宛先として Web ページのデータを送る。
- (オ) Web サーバの IP アドレスを宛先として閲覧の要求を送る。

15 ◀例題 5
IP アドレスがインターネットでの通信では必須である。

16 〈一斉メールの送信方法〉 A さんが，M さん，N さん，L さんにメールを送信した。メールの送信画面では，右の図のようにアドレスを指定した。メールを受け取った M さん，N さん，L さんのうち，同じ内容のメールが 3 人に送られていることを知ることができる人をすべてあげよ。ここで，M さん，N さん，L さんのアドレスは便宜上，それぞれ「M さん」，「N さん」，「L さん」としている。

To	M さん
Cc	N さん
Bcc	L さん
件名	来月の予定について
本文	予定を共有します。

16 ◀例題 6
To 欄，Cc 欄に記載されたアドレスの受信者は，Bcc 欄に記載されたアドレスにメールが送られていることがわからない。

17 〈情報システム〉 キャッシュレス社会を実現する次の(1)～(3)の各サービスについて，その特徴を記述したものを下の(ア)～(ウ)からそれぞれ選べ。
(1) クレジットカード (2) QR コード決済 (3) IC カード電子マネー
- (ア) 機能を有するモバイル端末が必要となる。
- (イ) 高額な物品を購入する際に支払回数を選択できる。
- (ウ) 交通機関の乗車券や定期券の機能を有するものもある。

17 ◀例題 7
それぞれの特徴を把握しておくこと。

18 〈POS システム〉 小売店において，商品を販売した時点でその情報を把握する POS システムの導入で受けられる利点として考えられるものを次の(ア)～(オ)からすべて選べ。
- (ア) 商品の在庫数から見た発注量の決定スピードが向上する。
- (イ) 店頭の実在庫とデータ上の在庫数を営業中に突き合わせできる。
- (ウ) 仕入れに必要な資金の調達ができる。
- (エ) 天候による個別商品の売り上げ傾向の把握ができる。
- (オ) 商品の価格を単一にすることで，価格を決定するプロセスを省略できる。

18 ◀例題 7
POS＝販売時点情報管理システム。

19 〈クライアントサーバシステム〉 次の(ア)～(エ)の記述のうち，クライアントサーバシステムの説明として最も適当なものを一つ選べ。
- (ア) パソコンとスマートフォンを LAN で接続したシステムの総称。
- (イ) コンピュータの一部の機能と処理対象のファイルを端末に分散することで，負荷の分散を図ることをおもな目的とした方式。
- (ウ) 一連の処理を，サービスを受ける側のコンピュータと，そのサービスを提供するコンピュータに分ける方式の総称。
- (エ) 複数のパソコンを接続し，同じ内容の処理を分散して行う方式。

19 ◀例題 8
サービスの提供を受ける側＝クライアント
サービスの提供を行う側＝サーバ

20 〈ピアツーピア〉 次の(ア)～(エ)の記述のうち，クライアントサーバシステムと比較したときの，ピアツーピアの特徴として最も適当なものを一つ選べ。
(ア) サービスの提供や管理を行うコンピュータと，サービスの提供を受けるコンピュータとで，役割分担を明確にしたシステムである。
(イ) サーバとクライアントの区別がない。
(ウ) ネットワークへ一度に接続できる台数に上限がある。
(エ) システム全体を集中して監視するための高性能なコンピュータが必要となる。

20 ◀例題8
1対1で対等の関係がピアツーピアである。

21 〈各種サーバ〉 次の(1)～(5)の説明に適当なサーバを，下の(ア)～(オ)から一つずつ選べ。
(1) Web などを通じて，クライアントにアプリケーションソフトを提供する。
(2) クライアントの代わりに Web サーバへの接続を行う。
(3) 各端末からファイルを保存し，共有する。
(4) データを格納し，ほかのシステムからの要求に応えて検索などを行う。
(5) ブラウザに対し，表示する Web データを転送する。
　(ア) データベースサーバ　　(イ) アプリケーションサーバ
　(ウ) プロキシサーバ　(エ) ファイルサーバ　(オ) Web サーバ

21 ◀例題8
各サーバの役割を理解しておくこと。

練習問題

22 〈プロキシサーバ〉 次の(ア)～(エ)の記述のうち，プロキシサーバの役割として最も適当なものを一つ選べ。
(ア) LAN 内のパソコンに代わってインターネットに接続する。
(イ) ドメイン名と IP アドレスの名前解決を行う。
(ウ) ネットワークに接続するために必要な IP アドレスをパソコンに割り当てる。
(エ) プライベート IP アドレスとグローバル IP アドレスを変換する。

22
プロキシ＝代理

23 〈クラウドコンピューティング〉 次の(ア)～(エ)の記述のうち，クラウドコンピューティングが従来のクライアントサーバシステムに比べて優位な点を記述したものをすべて選べ。
(ア) 記憶容量の上限を柔軟に変更できる。
(イ) 特定の機器の故障が原因となるサービスレベルの低下が発生しにくい。
(ウ) 提供されていないサービスのシステムを自ら構築しやすい。
(エ) 設備や機器を増減させることなく処理能力を調整できる。

23
クラウドコンピューティングは，特定のサーバを使用しない点に着目する。

24 〈マイナンバー〉 マイナンバー法に照らしたとき，個人番号（マイナンバー）の使用方法として適当なものを次の(ア)～(エ)からすべて選べ。
(ア) 従業員番号として，身分証明書に記載する。
(イ) 従業員から提供を受けたマイナンバーを，企業が税務署に提出する税に関する書類に記載する。
(ウ) 企業が従業員からマイナンバーの提供を受けるときに，その番号が本人のものであることを確認する。
(エ) 日本人の出入国管理に利用する。

24
マイナンバーは社会保障，税，災害対策の3分野にしか使用できない。

関連 ▶ Level UP（→p.114～118）

13 情報システムを支えるデータベース

● 確認事項　次の空欄に適当な語句を入れよ。

■ データベースとその役割

①（　　　　　　）	大量のデータを体系的に整理し，検索・抽出などの活用ができるようにしたもの。
②（　　　　　　）	データベースを管理・運用するためのシステム。

■ データベースの特徴

③（　　　　　　）	データを表形式で格納し，複数の表を共通する項目で関連付ける形式のデータベース。
④（　　　　）（表）	リレーショナルデータベースにおいて，データを内容ごとに分類して格納する場所。
⑤（　　　）（行，組）	1件分のデータの集まり。
⑥（　　　）（列・属性）	同じ意味をもつデータの項目。
⑦（　　　）	表の中で(⑤)を一意に特定することができる列。複数の列を組み合わせることもある。

蔵書表

書籍コード	書籍名	登録日
963-00○○○	草枕	2002/4/5
962-22○○○	阿房列車	2005/5/8
965-39○○○	鼻	2006/10/5

(⑤) { 　　　　 } (④)
　　　　(⑥)

■ リレーショナルデータベースのデータ操作

⑧（　　　）	複数の表を共通する項目で結び付けて一つの表とする。
⑨（　　　）	与えられた条件に合う⑩（　　　）を取り出して表とする。
⑪（　　　）	表の中から一部の⑫（　　　）を抽出して表とする。
⑬（　　　）	リレーショナルデータベースのデータを操作する際に用いられる言語。

番号	名前	住所コード	クラブ
1	伊藤	24203	弓道
2	鈴木	24201	テニス
3	佐藤	24210	野球
4	森	24202	テニス

住所コード	市町村
24203	伊勢市
24201	津市
24210	亀山市
24202	四日市市

⇩(⑪)　⇩(⑨)　⇨(⑧)⇩

番号	名前	クラブ
1	伊藤	弓道
2	鈴木	テニス
3	佐藤	野球
4	森	テニス

番号	名前	住所コード	クラブ
2	鈴木	24201	テニス
4	森	24202	テニス

番号	名前	住所コード	クラブ	市町村
1	伊藤	24203	弓道	伊勢市
2	鈴木	24201	テニス	津市
3	佐藤	24210	野球	亀山市
4	森	24202	テニス	四日市市

■ データの活用

⑭（　　　）	情報技術の進歩で生まれた，膨大かつ多様なデータ。
⑮（　　　）	おもに行政機関から提供される，機械での判読に適して原則無償で利用できる活用が自由な公開されたデータ。
⑯（　　　）	(⑭)のような膨大なデータを高速に処理に向くデータベースの新しい構造。単純な構造の⑰（　　　）などがある。
⑱（　　　）	(⑭)などを解析することで問題の解決を行う手法。

解答
① データベース
② データベース管理システム（DBMS）
③ リレーショナルデータベース
④ テーブル
⑤ レコード
⑥ フィールド　または　カラム
⑦ 主キー

⑧ 結合
⑨ 選択
⑩ 行
⑪ 射影
⑫ 列
⑬ SQL

⑭ ビッグデータ
⑮ オープンデータ
⑯ NoSQL
⑰ キー・バリュー型
⑱ データサイエンス

4章 ネットワーク

例題 9 データベース

類題：25

次の文章は，データベースに関する記述である。空欄に入る適当な語句を下の(ア)～(オ)から一つずつ選べ。

データベースでは，大量のデータを体系的に整理して利用することができる。データベースは複数の利用者が同時に利用しても，データの（ ① ）が保たれる必要がある。また，重要な情報資産なので，（ ② ）や（ ③ ）からデータを守る対策を施す必要がある。これらデータベースの機能を実現するのが（ ④ ）である。データベースは（ ⑤ ）と連携してインターネット上でのサービスを提供している。

(ア) Webサーバ　　(イ) システム障害　　(ウ) DBMS　　(エ) 不正アクセス　　(オ) 整合性

解答　① (オ)　②③ (イ)，(エ)(順不同)　④ (ウ)　⑤ (ア)

ベストフィット　データベースはDBMSによって管理され，ほかのサーバと連携して運用される。

解説
データベースはほかのアプリケーションソフトがファイルでデータを格納するのに対し，データを一括して管理することで，ほかのシステムと連携して情報システムを構築するのに適している。そのため，複数のシステムや利用者から同時に利用されてもデータの整合性が取れ，障害対策や安全対策が行われる必要があり，それらの機能を実現できるDBMSによって構築される。

例題 10 リレーショナルデータベースの特徴

類題：26・27

次の文章は，リレーショナルデータベースに関する記述である。文章中の空欄に入る適当な語句を下の(ア)～(エ)から一つずつ選べ。

リレーショナルデータベースは，データを内容ごとに分類して（ ① ）に格納している。(①)は行にあたる（ ② ）と，列にあたる（ ③ ）を組み合わせた二次元で構成される。行を特定するのに必要な(③)のことを（ ④ ）という。(④)は複数の(③)を組み合わせてもよい。

(ア) フィールド　　(イ) 主キー　　(ウ) レコード　　(エ) テーブル

解答　① (エ)　② (ウ)　③ (ア)　④ (イ)

ベストフィット　リレーショナルデータベースは，「レコード」と「フィールド」から構成される「テーブル」にデータを格納する。

解説
現在最も利用されているデータベースの形式であるリレーショナルデータベースは，行となる「レコード」と列となる「フィールド」を組み合わせ，表となる「テーブル」としてデータを格納する。データは，レコード単位で格納される。レコードを特定するために用いられるのが「主キー」である。主キーを構成するのは一つあるいは複数のフィールドであるが，レコードを特定できるようにするために一意である必要がある。

例題 11 データ操作

類題：28

右の表は，リレーショナルデータベースのデータ操作を表したものである。(1)～(3)に適当な語句を答えよ。

解答　(1) 選択　　(2) 射影　　(3) 結合

ベストフィット　複数の表を一つにする「結合」，行を取り出す「選択」，列を取り出す「射影」。

第4章　ネットワーク

解説▶
リレーショナルデータベースにおけるデータの操作は，複数の表を共通のフィールドで結び付けて一つの表にする「結合」，条件に合う行のみを取り出す「選択」，一部の列のみを取り出す「射影」の三つである。

類題

25 〈DBMSの役割〉 次の(ア)～(エ)のうち，データベース管理システム(DBMS)が果たす役割として適当なものをすべて選べ。
(ア) インターネットで送信するデータを暗号化する。
(イ) 情報システムで集められた膨大なデータを管理する。
(ウ) 記憶媒体に記録されたデータが失われないように管理する。
(エ) 格納されたデータを操作して必要な情報を提供する。

25 ◀例題9
DBMSは，データベース管理に関するあらゆる役割を担う。

26 〈リレーショナルデータベースの特徴〉 次の表で，(1)～(3)の各箇所を表す適当なものを，右の(ア)～(カ)から二つずつ選べ。

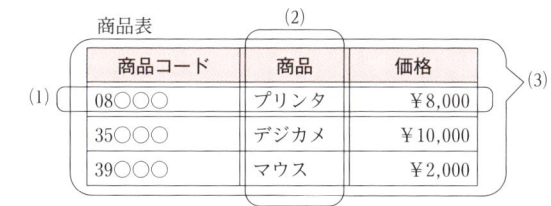

商品表

商品コード	商品	価格
08○○○	プリンタ	¥8,000
35○○○	デジカメ	¥10,000
39○○○	マウス	¥2,000

(1) 商品コードの列、(2) 商品の列、(3) 行全体

(ア) フィールド
(イ) テーブル
(ウ) レコード　　(エ) 表
(オ) 行　　　　　(カ) 列

26 ◀例題10
同一の部位を表す用語が複数あるので注意する。

27 〈主キー〉 リレーショナルデータベースにおいて，レコードを特定するために主キーを設定する必要がある。ある学校の「在籍生徒表」で，主キーとして最も適当なものを一つ選べ。なお，主キーとして設定するのは一つのフィールドのみとする。
(ア) 名前　(イ) 住所　(ウ) 生徒番号　(エ) 生年月日

27 ◀例題10
主キーは，ほかのレコードと一切重複しないことが必要である。

28 〈データ操作〉 次の問いに答えよ。
(1) 次の①～③は，データベースにおけるデータ操作である，射影，選択，結合のどれに該当するか答えよ。
　① 指定した行(レコード)を抽出する。
　② 複数の表を一つの表にする。
　③ 指定した列(フィールド)を抽出する。
(2) 下の表1と表2に，ある操作を行って表3が得られた。射影，選択，結合のうち，行った操作をすべて答えよ。

表1

品名コード	品名	価格
01	鉛筆	80
02	消しゴム	100

表2

品名コード	売り場
01	A1
02	A3

表3

品名コード	品名	売り場
01	鉛筆	A1
02	消しゴム	A3

28 ◀例題11
(1)選択と射影を混同しやすいので注意する。
(2)データベースにおけるデータ操作は，一般に複数を組み合わせて行う。

4章 ネットワーク

13. 情報システムを支えるデータベース　65

練習問題

29 〈データ操作〉 ある会員制の娯楽施設でデータベースによる利用状況の分析を行うとする。利用するデータベースは下の表のような構造である。次の問いに答えよ。

会員表

| 会員番号 | 会員名 | 年齢 |

入場表

| 会員番号 | 日付 | 入場時刻 |

(1) 次のような表を作成し，利用状況を分析することにした。次の(ア)〜(ウ)のうち，作成方法として最も適当なものを一つ選べ。

利用分析表

| 会員番号 | 会員名 | 年齢 | 日付 | 入場時刻 |

　(ア) 入場表の会員番号をキーとして，会員表を選択する。
　(イ) 会員表を会員番号で整列し，入場表から射影する。
　(ウ) 会員表と入場表を，会員番号をキーにして結合する。

(2) 次の(ア)〜(ウ)のうち，元の表を操作しても**分析できない内容**を一つ選べ。
　(ア) 年代別に利用時間の長さを調べる。
　(イ) 曜日によって入場者の多い年齢層の傾向を調べる。
　(ウ) 年代別に入場者の多い時間帯の傾向を調べる。

(3) 入場表について，ほかの行と一意に識別できる主キーを設定する。次の(ア)〜(ウ)のうち，設定する列として最も適当なものを一つ選べ。ただし，会員は同じ日に複数回入場することがある。
　(ア) 会員番号　　(イ) 会員番号，日付　　(ウ) 会員番号，日付，入場時刻

30 〈ビッグデータ〉 ビッグデータに関する次の(ア)〜(エ)の説明のうち，誤っているものをすべて選べ。
　(ア) ビッグデータは膨大かつ多様なデータのことで，情報技術の進歩により，その収集や活用が飛躍的に伸びてきている。
　(イ) ビッグデータを人工知能による機械学習で分析することにより，これまで発見されてこなかった有用な情報を得ることが期待できる。
　(ウ) ビッグデータとは，極端に大きいサイズの画像データのことである。
　(エ) ビッグデータは，必ずオープンデータを基にして作られる。

31 〈オープンデータ〉 次の(ア)〜(エ)の記述のうち，オープンデータの説明として最も適当なものを一つ選べ。
　(ア) 営利・非営利の目的を問わず二次利用が可能で，編集や加工がしやすく，原則無償で利用できる公開された官民のデータ。
　(イ) 国や地方自治体を相互に接続する行政専用のネットワークを通じて利用するアプリケーションシステム内に，安全に保管されたデータ。
　(ウ) チェーン店の売上データや運送業者の運送量データなど，事業の運営に役立つデータであり，提供元が提供先を限定して販売しているデータ。
　(エ) 有料の DBMS に代わり，オープンソースの DBMS を用いて蓄積されている企業内の業務データ。

---

29 (2)日付と入場時刻があれば，求めることができる事柄を基に分析することができる。

30 ビッグデータの特徴をとらえておく。

31 オープンデータは公開されていて，誰でも活用が可能なデータである。

14 安全のための対策と技術

中学までの復習 次の空欄に適当な語句を入れよ。

■情報セキュリティの3要素

①( )	許可されたものだけが情報にアクセスできること。
②( )	情報が破壊や改竄，消去されていないこと。
③( )	必要なときに情報にアクセスできる状態であること。

解答
①機密性
②完全性
③可用性

■本人の確認＝④( )

⑤( )	個人を識別するための文字列。
⑥( )	本人を確認するための秘密の文字列。
⑦( )	指紋や静脈，虹彩など人体の特徴を用いた認証。

④認証
⑤ユーザID
⑥パスワード
⑦生体認証

■情報の保護

⑧( )	通信中のデータや，保存されているデータが流出したときなどに情報が読み取られないようにすること。
⑨( )	コンピュータシステムに何らかの危害を加える悪意をもって作成されたプログラム。
⑩( )	ネットワークへの不正な侵入や攻撃を検出，遮断するシステム。
⑪( )	有害なWebページを閲覧できないようにする仕組み。

⑧暗号化
⑨マルウェア
⑩ファイアウォール
⑪フィルタリング

確認事項 次の空欄に適当な語句を入れよ。

■個人による安全対策

①( )	有害情報の遮断を行う。
②( )	コンピュータやサービスを利用する権利。
パスワード作成の注意点	・異なる③( )を組み合わせる ・誕生日やメールアドレス，ユーザIDなどを用いない ・複数のサービスで同一のパスワードを④( )しない
生体認証の例	・指先の模様である⑤( ) ・指先や手のひらの中にある血管である⑥( ) ・目，鼻，口，輪郭などの特徴を組み合わせた⑦( )認証 ・瞳の模様である⑧( )

解答
①コンテンツフィルタリング
②アカウント
③文字種
④使い回し
⑤指紋
⑥静脈パターン
⑦顔
⑧虹彩

■安全のための情報技術

⑨( )	誰もが利用できるインターネットを使い，データの暗号化などで仮想的な専用ネットワークとして利用する仕組み。
⑩( )	送受信するビット列に，あらかじめ確認用の符号としてビット列全体で「1」の数が偶数または奇数になるように付加するビット。偶数になるように設定したものを⑪( )，奇数になるように設定したものを⑫( )という。

⑨VPN
⑩パリティビット
⑪偶数パリティ
⑫奇数パリティ

■暗号化

⑬( )	暗号化されたデータを元のデータである⑭( )に戻す。
⑮( )方式	同一の鍵でデータの暗号化と復号を行う。この方式で用いる鍵を⑯( )と呼ぶ。
⑰( )方式	対になった二つの異なる鍵を⑱( ), ⑲( )とし, (⑱)で暗号化を, (⑲)で復号を行う方式。
⑳( )	共通鍵暗号方式と公開鍵暗号方式を組み合わせて使用する暗号化プロトコル。このプロトコルが使用されているWebページのURLは「https://」で始まる。
㉑( )	送信者の本人確認を行う手法。送信者は送信者の秘密鍵で暗号化し, 受信者は送信者の公開鍵で復号する。公開鍵のもち主を証明する㉒( )を認証局が発行する。

解答
⑬復号
⑭平文
⑮共通鍵暗号
⑯共通鍵
⑰公開鍵暗号
⑱公開鍵
⑲秘密鍵
⑳SSL/TLS
㉑デジタル署名
㉒電子証明書

例題 12 情報セキュリティの3要素　類題：32

次の(1)～(3)の事象で, 情報セキュリティの3要素のうちで損なわれた要素を答えよ。
(1) 取引先との電子取引システムがサイバー攻撃を受け, 処理ができなくなった。
(2) 顧客情報のコピーが保存されたUSBメモリが盗難にあった。
(3) 顧客情報管理システムに保存された顧客情報が誤った内容のまま運用されていた。

解答 (1) 可用性　(2) 機密性　(3) 完全性

ベストフィット 情報セキュリティは,「機密性」,「完全性」,「可用性」の三つの要素からなる。

解説▶
(1)は, 処理ができないのだから可用性が損なわれたことになる。(2)は, 顧客情報が盗難により流出したら機密性が損なわれたことになる。(3)は, 情報に誤りがあるのに修正されないのは, 完全性が損なわれたことになる。

例題 13 情報の保護　類題：33

パスワードを4桁で作成する場合,(1)数字[0-9]で作成する場合,(2)英小文字[a-z](26文字)で作成する場合, それぞれ何通りになるか, a^n の形で答えよ。

解答 (1) 10^4 通り　(2) 26^4 通り

ベストフィット 文字種の数を桁数のべき乗にしたら, 場合の数が求められる。

解説▶
パスワードが何通りあるかは, 文字の種類数を桁数のべき乗で求められる。
(1) 数字は0から9までの10通りなので, 4桁では 10^4(10000)で場合の数が求められる。
(2) 英小文字はaからzまでの26通りなので, 4桁では 26^4(456976)で場合の数が求められる。

例題 14 パリティビット　類題：34

パリティビットが設定されたビット列「□1010101」について, □に入る数値を(1)偶数パリティの場合,(2)奇数パリティの場合, それぞれ何になるか答えよ。

解答 (1) 0　(2) 1

ベストフィット パリティでは, ビット列の中にある1の個数が偶数か奇数になるように設定する。

> **解説**

パリティビットは，元のビット列に誤り検出符号として1ビットを付加することで誤りを検出する方法であり，データの伝送や記憶の際に幅広く用いられている。元のビット列の中にある1の数が偶数または奇数となるようにパリティビットを付加する。例えば，奇数パリティを用いる場合，元のビット列における1の数が偶数であれば1を，奇数であれば0をパリティビットとして付加することで，付加後の1の数を奇数で揃える。もし付加した後のビット列において，1の数が偶数または奇数でなくなっている場合には，そのビット列で誤りが発生したことが検知できる。

例題 15 公開鍵暗号方式

類題：35

次の図は，公開鍵暗号方式による通信を表したものである。図中の(1)～(9)に入る適当な語句を下の(ア)～(コ)から一つずつ選べ。ただし，同じ記号を複数回使ってもよい。

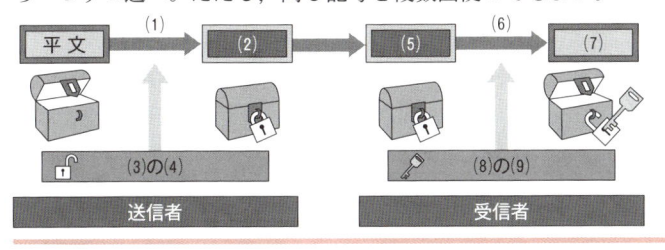

(ア) 平文	(イ) 暗号文
(ウ) 送信者	(エ) 受信者
(オ) 秘密鍵	(カ) 共有
(キ) 公開鍵	(ク) 暗号化
(ケ) 復号	(コ) 送信

> **解答** (1)(ク) (2)(イ) (3)(エ) (4)(キ) (5)(イ) (6)(ケ) (7)(ア) (8)(エ) (9)(オ)

> **ベストフィット** 公開鍵暗号方式では，受信者が公開した暗号化用の鍵を用いて暗号化する。

> **解説**

暗号化と復号に同じ鍵を用いる共通鍵暗号方式に対し，受信者が作成した，公開する暗号化用の鍵と秘密にする復号用の鍵を用いる公開鍵暗号方式は，不特定多数の通信を暗号化する必要があるインターネットに適している。公開鍵暗号方式では，受信者が対になった二つの鍵を作成して暗号化用の鍵を公開鍵としてインターネットを通じて公開し，送信者はその鍵を入手して暗号化した暗号文を送信する。受信者は復号用の鍵を秘密鍵として秘匿しておき，その鍵を用いて暗号文を平文に復号する。

例題 16 デジタル署名

類題：36

次の文章は，デジタル署名に関する記述である。文章中の空欄に入る適当な語句を下の(ア)～(キ)から一つずつ選べ。

送信者が送信しようとする平文を元に(①)を作成し，平文に添付して送ることで，受信者はデータが送信者本人によって作成されたこと，途中でデータを改竄されていないことが検証できる。(①)では，送信側は送信するデータを(②)で暗号化し，受信側は(③)で復号する。その際，公開鍵が送信者本人のものかどうかを確認するための電子データを(④)という。(④)は第三者機関である(⑤)が発行する。

(ア) 送信者の公開鍵　(イ) 送信者の秘密鍵　(ウ) 受信者の公開鍵　(エ) 受信者の秘密鍵
(オ) 電子証明書　(カ) 認証局　(キ) デジタル署名

> **解答** ①(キ) ②(イ) ③(ア) ④(オ) ⑤(カ)

> **ベストフィット** デジタル署名では，送信者が公開した復号用の鍵を用いて復号する。

> **解説**

公開鍵暗号方式の技術を元に，暗号化用の鍵を秘密にし，復号用の鍵を公開することで実現するのがデジタル署名である。デジタル署名で用いる公開鍵が送信者本人のものであることを確認するための電子データが，第三者の認証局が発行する電子証明書である。電子証明書による認証が確認できることで，公開鍵が送信者本人のものであることが確認でき，その公開鍵と対になった秘密鍵で作成されたデジタル署名が添付されていることで，送信者が本人であることも確認できる。

14. 安全のための対策と技術　69

類題

32 〈セキュリティの3要素〉 次の情報セキュリティに係る事象において，機密性，完全性および可用性のうち，損なわれたものをすべてあげよ。

　ある職場では，ファイルはすべて暗号化してサーバに保管していた。そのサーバにウイルスが感染し，一部のファイルが削除された。ウイルスの駆除とファイルをバックアップから復元するために数日必要となり，その間は業務が行えないため，利用者に迷惑を掛けた。

32 ◀例題12
ファイルが削除された，ということは情報が流出していない。業務が行えない状態に注目する。

33 〈パスワード作成〉 パスワードを数字[0-9]と英小文字[a-z]の組み合わせで作成した場合，次の問いに答えよ。
(1) 4桁の場合は何通りになるか，a^n の形で答えよ。
(2) 4桁から6桁に桁を増やした場合，組み合わせの数は何倍になるか答えよ。

33 ◀例題13
4桁では $(10+26)^4$ 通り，6桁では $(10+26)^6$ 通りとなる。

34 〈パリティビット〉 右の図のように16ビットを4×4の正方形状に並べ，行と列にそれぞれ偶数パリティとしてパリティビットを付加した。誤りがある行をあ～えで，列をa～dでそれぞれ答えよ。ここで，誤りは1ビットのみとし，図中の色が付いている部分はパリティビットを表す。

	a	b	c	d	
あ	0	1	1	0	0
い	1	0	0	0	1
う	0	1	0	1	1
え	1	1	1	0	1
	0	1	1	1	

34 ◀例題14
行，列それぞれで1の個数が偶数でないところを探し，その交差する位置が誤りである。

35 〈暗号化方式〉 次の文章の空欄に入る最も適当なものを，下の(ア)～(ケ)から一つずつ選べ。

　一般に，暗号化したデータを元のデータに戻すことを（　①　）という。情報通信における暗号の方式には，共通鍵暗号方式と公開鍵暗号方式の2種類がある。共通鍵暗号方式では暗号化と(①)に共通の鍵を使用する。通信で共通鍵を用いる場合，鍵は通信を行う前に，送信者と受信者だけが秘密で保持している必要がある。

　一方，公開鍵暗号方式では，2個の鍵をペアで使用し，暗号化と(①)に異なる鍵を用いる。送信者は（　②　）を使用して暗号化したデータを，受信者が（　③　）で(①)できる。

(ア) 量子化　(イ) 符号化　(ウ) 標本化　(エ) 反転　(オ) 復号
(カ) 送信者の秘密鍵　(キ) 送信者の公開鍵
(ク) 受信者の秘密鍵　(ケ) 受信者の公開鍵

35 ◀例題15
公開鍵暗号方式では，受信者の公開鍵で暗号化する。

36 〈デジタル署名〉 次の(ア)～(エ)の記述のうち，デジタル署名をした電子メールに関するものとして適当なものをすべて選べ。
(ア) 電子メールの内容を途中で盗み見られることを防ぐ。
(イ) 電子メールの送信者に他人がなりすましていないかを受信者が確認できる。
(ウ) 電子メールの内容が書き換えられていないことを受信者が確認できる。
(エ) 電子メールで行う契約を送信者が確実に実施することを確認できる。

36 ◀例題16
デジタル署名のみでは暗号化されない点に注意する。

練習問題

37　〈生体認証〉　次の(ア)～(エ)の記述のうち，パスワードなどの知識による認証に比べ，生体情報による認証が優位となるものをすべて選べ。
(ア)　アカウントを使用し始める際に，認証に用いる情報を利用者に伝えさえすれば使用が開始できる。
(イ)　けがなどにより，認証に用いる情報が使えなくなることがある。
(ウ)　認証に用いる情報を忘れてしまうことにより，使用できなくなることがない。
(エ)　ソーシャルエンジニアリングによる被害を受けることが少ない。

38　〈パスワード〉　数字[0-9] 4桁で作成されたパスワードを，すべての組み合わせを試す総当たり攻撃により，1秒で解読する不正アクセス攻撃を受けた。同じ攻撃を受けたときに総当たりが終了するまでに20分以上時間がかかるようにしたい。(1)引き続き数字[0-9]のみでパスワードを作成する場合，(2)数字[0-9]と英小文字[a-z]の組み合わせでパスワードを作成する場合，それぞれ何桁が必要となるか求めよ。ただし，攻撃に必要な時間は，パスワードの組み合わせ数のみに影響されるものとする。

39　〈セキュリティ技術〉　ネットワークへの不正な侵入や攻撃を検出，遮断する仕組みである(1)「ファイアウォール」と，インターネット上でやり取りされる情報を暗号化することで仮想的な専用ネットワークとする(2)「VPN」のそれぞれで実現できることの説明として，最も適当なものを次の(ア)～(エ)から一つずつ選べ。
(ア)　インターネット経由でデータの送受信を行う際の遅延時間を減らす。
(イ)　インターネット経由でパソコンを職場のネットワークにセキュリティを確保して接続する。
(ウ)　内部ネットワークに対して外部からの不正アクセスを防ぐ。
(エ)　内部ネットワークに保存されているデータを暗号化する。

40　〈フィルタリング〉　コンテンツフィルタリングについての次の(ア)～(エ)の記述を，(1)ブラックリスト方式と，(2)ホワイトリスト方式のいずれの特徴を述べたものか分類せよ。
(ア)　新しい有害Webサイトへの接続が確実に遮断できる。
(イ)　新しい有害Webサイトへの接続が遮断されにくい。
(ウ)　有害でないWebサイトへの接続が遮断されやすい。
(エ)　有害かどうかわからないWebサイトへの接続が遮断されやすい。

41　〈HTTPS〉　次の文章の空欄に適当な語句を入れよ。
　Webページをブラウザで表示する際，URL欄に表示されるアドレスの最初が「https://」から始まっている場合は，(　①　)を使用した暗号化が行われている。(①)では，(　②　)と(　③　)を組み合わせてWebページを暗号化する。また，(①)では(　④　)により署名が行われた(　⑤　)が添付されることで，なりすましのWebサイトを防ぐ効果もある。

---

37 知識による認証ではパスワードの管理が重要であるのに対し，生体情報による認証では情報の登録さえ済めばセキュリティの強度が高い。

38 20分=1200秒。元のパスワードから見て，組み合わせ数が1200倍以上になる桁数を考える。

39 VPNはインターネット経由で機密性が確保できる技術である。
ファイアウォールは不正アクセスを防ぐ仕組みとして最も多く使われる仕組みである。

40 ブラックリスト方式は，登録されていない有害サイトが遮断できない。
ホワイトリスト方式は，登録されていない有益サイトには接続できない。

41 SSL/TLSは，公開鍵暗号方式と共通鍵暗号方式を組み合わせて使用する。
署名の真正性を証明するのは，認証局が署名した電子証明書である。

第5章 問題解決

15 データの収集と整理

確認事項 次の空欄に適当な語句を入れよ。

■データの収集

①（　　　　）	広く多くの人が自由に利用できるようにインターネットなどで公開されたデータのこと。ユーザは，著作権や特許などの制限がなく使用することができる。
②（　　　　）	対象となるデータ全体から一部を取り出す手法のことで，③（　　）調査ともいう。逆に，データ全体を調査する手法を④（　　）調査という。

■数値データの整理

⑤（　　）	観測・実験・調査などによって得られた測定値と真の値との間にさまざまな理由によって生じるずれのこと。
⑥（　　）	ほかの測定値から大きく異なった特徴を示している測定値のこと。統計処理を行う場合は，これを除いて処理することが多い。
⑦（　　）	観測・実験・調査などの過程において，測定ミスや記録ミスなどが原因で発生したデータのこと。
⑧（　　）	一時的な停電や観測機器の故障などが要因で取得できなかったデータのこと。アンケートの記入漏れなどもこれに該当する。

■文字データ・画像データの整理

⑨（　　　　）	文章中の単語や文節などを解析し，書かれている有用な情報を読み解くテキストデータの分析方法のこと。
⑩（　　　　）	人工知能（AI）などを使用して画像データを分析し，画像に写っているものや，その状態などを読み取る技術のこと。

■データの尺度水準

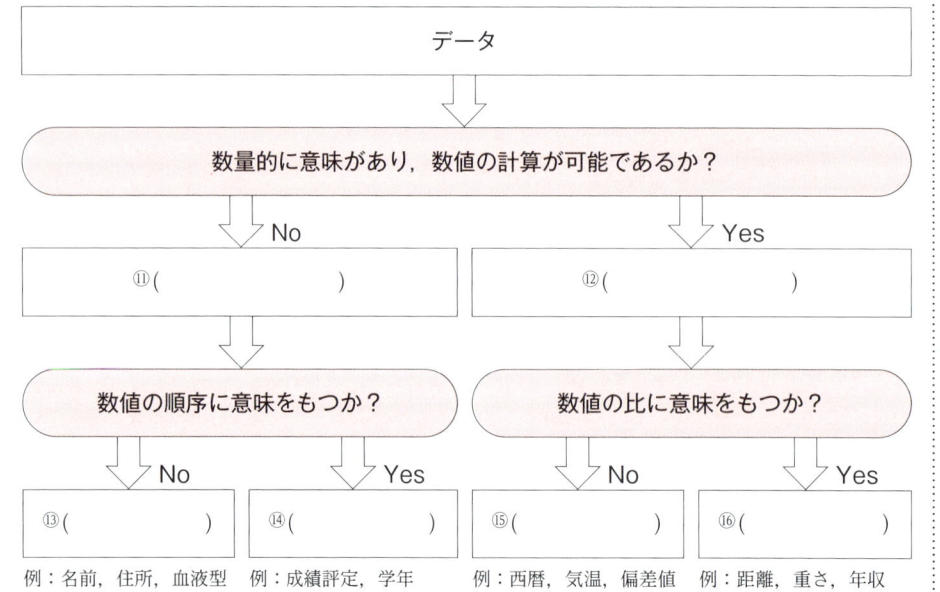

データ
↓
数量的に意味があり，数値の計算が可能であるか？
- No → ⑪（　　　　）
  - 数値の順序に意味をもつか？
    - No → ⑬（　　　　）　例：名前，住所，血液型
    - Yes → ⑭（　　　　）　例：成績評定，学年
- Yes → ⑫（　　　　）
  - 数値の比に意味をもつか？
    - No → ⑮（　　　　）　例：西暦，気温，偏差値
    - Yes → ⑯（　　　　）　例：距離，重さ，年収

解答
①オープンデータ
②サンプリング
③標本
④全数

⑤誤差
⑥外れ値
⑦異常値
⑧欠損値

⑨テキストマイニング
⑩画像認識

⑪質的データ
⑫量的データ
⑬名義尺度
⑭順序尺度
⑮間隔尺度
⑯比例尺度

例題 1 データの収集　　　類題：1

次の文章中の空欄に適当な語句を入れよ。

Webサイトで得られた情報と，ほかの方法から得られた別の情報と照らし合わせ，その信憑性を確認することが重要である。データを収集する際には，インターネット上の（　①　）を用いると便利である。すべてのデータを集める（　②　）調査が難しい場合には，対象となるデータ全体の一部を取り出し，データ全体を推測する（　③　）調査を行う。なお，(③)調査は（　④　）とも呼ばれる。

解答　①　オープンデータ　　②　全数　　③　標本　　④　サンプリング

ベストフィット　オープンデータは，誰もがインターネットを通じて容易に利用することができる。

解説
オープンデータには，「営利目的，非営利目的を問わず二次利用可能なルールが適用されたもの」，「機械判読に適したもの」，「無償で利用できるもの」という性質がある。一般に全数調査を行うことは難しいため，標本調査が行われる場合が多い。

例題 2 数値データ・文字データ・画像データの整理　　　類題：2

次の文章中の空欄に適当な語句を入れよ。

計測によって得られた値が必ずしも真の値とは限らない。計測値と真の値とのずれを（　①　）という。実際の測定では，何らかの理由によって値が取得できない（　②　）や，得られた値の一部が，ほかの値と大きく異なった特徴を示す（　③　）が生じることがある。

データには，数値だけでなく文字や画像などで表現されたデータもある。（　④　）は，文章を解析して単語や文節などの要素を取り出し，これらの出現頻度や関係性などから情報を読み解く技術である。（　⑤　）は，画像データから情報を読み取る技術であり，大量の色情報のパターンとその意味の組み合わせを学習させた人工知能などを用いて画像の意味を類推している。

解答　①　誤差　　②　欠損値　　③　外れ値　　④　テキストマイニング　　⑤　画像認識

ベストフィット　計測によって得られた値は，必ずしも真の値とは限らない。

解説
データを分析するときには，代表値を求める前に，データにおける外れ値の有無を確認する。ただし，外れ値の扱いについて定まった方法はないため，データの利用目的やその値が発生した状況などから判断し，適切に処理する。

例題 3 データの尺度水準　　　類題：3

次の(1)～(4)で説明しているデータの尺度水準は何か答えよ。
(1) 数値の差に意味のある尺度で，「0」は「何もない」を意味しているわけではない。
(2) 数値に大小関係はなく，足したり引いたり，平均値を求めたりすることに意味はない。
(3) 数値の差に加えて比にも意味がある尺度で，「0」は「何もない」という意味をもつ。
(4) 数値の大小関係の比較は可能であるが，それぞれの数値の間隔には意味はない。

解答　(1)　間隔尺度　　(2)　名義尺度　　(3)　比例尺度　　(4)　順序尺度

ベストフィット　数量的に意味がないものが質的データ，意味があるものが量的データである。

解説
質的データである(2)名義尺度と(4)順序尺度は，数値の順序に意味があるかどうかで判断する。一方，量的データである(1)間隔尺度と(3)比例尺度は，「0」がもつ意味で判断する。例えば，気温が0度というのは，「気温がない」という意味ではないため間隔尺度である。一方，距離が0mというのは，「距離がない」という意味であるため比例尺度である。

15. データの収集と整理

類題

1 〈データの収集〉 データを収集する場合，調査の目的に応じて対象集団の全体について調べる全数調査か，全体から一部を無作為に抽出する標本調査(サンプリング)のどちらかで行われる。ここで，次の(1)～(5)では，全数調査または標本調査のどちらで行うのが適当か答えよ。
(1) 学校で行われる健康診断　(2) テレビ番組の視聴率の調査　(3) 国勢調査
(4) 飛行機に搭乗する前に実施される手荷物検査　(5) 食品工場での品質調査

> 1 ◀例題 1
> 全数調査が難しい場合は，標本調査(サンプリング)を行う。

2 〈数値データの整理〉 ある路線バスの始点から終点まで掛かる時間を調べるために，実際にバスに乗車して掛かった時間を測定機器を用いて計測した。このとき，次の(1)～(4)の「外れ値」と「異常値」に関する記述のうち，適当なものには○を，適当でないものには×を記せ。
(思考)
(1) 道路が混雑する時間帯にバスに乗車して計測したため，いつもよりも時間が掛かってしまった。これは，乗車時間が通常とは異なる時間帯であったために発生した「外れ値」とみなし，除外することが妥当である。
(2) たまたま事故が発生して道路が混雑してしまい，そのためにいつもより時間が掛かってしまった。これは，事故という偶発的な事柄が起こったために発生した「外れ値」とみなし，除外することが妥当である。
(3) 測定した値を記録する際に，測定機器の数値を読み間違えてしまい，実際に測定されたものとは異なる時間が記録された。これは，記録時の不手際から発生した「外れ値」とみなし，除外することが妥当である。
(4) 測定機器が故障してしまい，実際に測定される値とは異なる時間が記録された。これは，測定機器の故障が原因で発生した「異常値」とみなし，除外することが妥当である。

> 2 ◀例題 2
> 外れ値の扱いについて，定まった方法はない。

3 〈データの尺度水準〉 データは，数量的な意味があり，計算が可能な量的データと，数量的な意味がなく，分類として意味をもつ質的データに分けられる。ここで，次のA～Eのデータについて，下の問いに答えよ。
　A．西暦(例：2000年，2020年　など)
　B．値段(例：100円，1500円　など)
　C．重さ(例：10 g，100 kg　など)
　D．住所(例：○○県○○市○○１丁目１番地　など)
　E．学年(例：１年，２年，３年　など)
(1) 上のA～Eのデータは，(ア)質的データと(イ)量的データのどちらに分類されるか，それぞれ適当なものを選べ。
(2) 上のA～Eのデータは，どのデータの尺度水準に分類されるか，次の(ア)～(エ)からそれぞれ適当なものを選べ。
　(ア) 名義尺度　(イ) 順序尺度　(ウ) 間隔尺度　(エ) 比例尺度

> 3 ◀例題 3
> 間隔尺度と比例尺度は，0の扱い方の違いで判断する。

練習問題

4 〈数値データの補完〉 次の表は，水を加熱した時間による温度の変化を測定した結果である。ただし，加熱して3分後はうっかり見損ねたため，測定ができなかった。このとき，下の問いに答えよ。

時間	1分後	2分後	3分後	4分後	5分後
温度[℃]	32.4	46.1		73.5	87.2

(1) このような，測定できなかった値を何というか答えよ。
(2) 表の「3分後」の温度を類推せよ。
(3) X分後の温度をT[℃]とすると，TはXを使って式で表せる。（　）内に適当な式を記せ。$T = ($　　$)$

5 〈データの尺度水準〉 次の文章を読み，下の問いに答えよ。

　データは，数量的な意味をもつ（　A　）と，分類としてのみ意味をもつ（　B　）に分けられる。これらの値を決める基準となるものを尺度という。尺度にはさまざまな性質をもつものがある。

(1) 文章中のA，Bに入る適当な語句を答えよ。
(2) A，Bに対する尺度を下の(ア)～(エ)から二つずつ選べ。
　(ア) 名義尺度　　(イ) 順序尺度　　(ウ) 間隔尺度　　(エ) 比例尺度
(3) 次の①～④の記述のうち，適当なものには○を，適当でないものには×を記せ。
　① 多くの全国統計調査は，国が定めた都道府県番号順に整理されている。そのため，都道府県番号は順序尺度である。
　② 高度10000 mは，100 mの100倍の高さがあるというように，「比」で考えることができる。そのため，高度は比例尺度である。
　③ 温度の尺度は，提唱した人の名を取ってセルシウス温度やファーレンハイト温度などと呼ばれている。そのため，温度は名義尺度である。
　④ 災害時の警戒レベルは，1から5まで1段階ずつ増える。そのため，災害時の警戒レベルは間隔尺度である。

6 〈尺度水準の特徴〉 次の表は，四つの尺度水準のデータに対し，最大値，最小値，最頻値，中央値，平均値を求めることに意味があるかどうかを示したものである。ここで，表中の①～⑧のうち，該当の値を求めることに意味があるものには○を，意味がないものには×を記せ。

	名義尺度	順序尺度	間隔尺度	比例尺度
最大値	×	○	○	○
最小値	×	○	○	○
最頻値	①	②	○	○
中央値	③	④	○	○
平均値	⑤	⑥	⑦	⑧

4
(1) 外れ値は「値」はあるが，この場合は「値」が欠損している。
(2) 1分ごとに温度がどれだけ上昇しているか考える。
(3) もともとの温度（0分の水温）を切片とし，(2)を傾きとして式を立てる。

5
(1) データは，質的データと量的データに分けることができる。
(2) 質的データと量的データには，二つずつ尺度水準がある。
(3) 四つの尺度水準の特徴を考えて解答する。

6
四つの尺度水準について，適当なデータを想定して解答する。例えば，次のようなデータを想定するとよい。
名義尺度：名前
順序尺度：順位
間隔尺度：気温
比例尺度：距離

16 データの扱いと処理

確認事項 次の空欄に適当な語句を入れよ。

■ヒストグラムと箱ひげ図

①( )	③( )
データの値または階級ごとにデータ数(度数)を整理した②( )を,棒グラフで表したもの。	データの分布の様子を「箱」と「ひげ」で表したグラフであり,データの散らばりを把握しやすい。

生徒の身長分布（ヒストグラム：150 cm未満〜175 cm以上）

箱ひげ図のラベル：④( ) ⑤( ) ⑥( ) ⑦( ) または ⑧( ) ⑨( ) ⑩( )

■散布図と相関係数

⑪( )	データから平均値を引いた値のことであり,(⑪)の合計は常に⑫( )となる。
⑬( )	(⑪)を2乗した値の平均であり,データの散らばり具合を表す。値が大きいほどデータのばらつきが大きい。
⑭( )	(⑬)の平方根であり,データの散らばり具合を表す。元のデータと同じ単位である点で(⑬)と異なる。
⑮( )	二つの変量の関係を座標平面上の点で表したグラフのことで,変数の関係性が強いほど点の分布は⑯( )に近付く。
⑰( )	二つの変量の直線的な関係性の強さを表す。一般的に(⑰)は,⑱( )以上⑲( )以下の値を取る。

■時系列分析と回帰分析

⑳( )	時間とともに変動する量を時間順に並べたもので,(⑳)を分析することを㉑( )という。
㉒( )	一定期間のデータの平均値をその期間の代表値とする平滑化の方法のこと。
㉓( )	一定期間のデータの中央値をその期間の代表値とする平滑化の方法のこと。
㉔( )	複数の系列のデータがあるとき,その間になり立つ関係を,関数を使って表現する手法のこと。
㉕( )	二つの系列間が直線関係にあると仮定し,モデル関数を求める方法のこと。
㉖( )	実測値のデータに最も近いモデル関数を,差の二乗和が最小になるように求める方法のこと。

解答
① ヒストグラム
② 度数分布表
③ 箱ひげ図
④ 最大値
⑤ 第3四分位数
⑥ 平均値
⑦ 第2四分位数
⑧ 中央値
⑨ 第1四分位数
⑩ 最小値

⑪ 偏差
⑫ 0
⑬ 分散
⑭ 標準偏差
⑮ 散布図
⑯ 直線
⑰ 相関係数
⑱ −1
⑲ 1

⑳ 時系列データ
㉑ 時系列分析
㉒ 移動平均法
㉓ 移動中央値法
㉔ 回帰分析
㉕ 直線回帰
㉖ 最小二乗法

例題 4　ヒストグラムと箱ひげ図

類題：7

次の文章中の空欄に適当な語句を入れよ。

（　①　）とは，ある値または範囲のデータ数(度数)を表で整理したもので，これを棒グラフで表したものを（　②　）という。データを小さい順に並べた場合，下位から 25 % の位置にある値を（　③　），50 % の位置にある値を（　④　）または中央値，75 % の位置にある値を（　⑤　）という。これらの値と，最大値，最小値，平均値を使い，データの分布の様子を「箱」と「ひげ」で表したグラフを（　⑥　）という。

解答　① 度数分布表　② ヒストグラム　③ 第1四分位数　④ 第2四分位数
　　　　⑤ 第3四分位数　⑥ 箱ひげ図

ベストフィット　データの分布の様子を「箱」と「ひげ」で表したグラフを箱ひげ図という。

解説
箱ひげ図では，データを小さい順に並べ，下側のひげ，下側の箱，上側の箱，上側のひげに，それぞれ 25 % ずつのデータが入る。つまり，ひげや箱が短いほどデータが集中し，長いほどデータが散らばっていることを表す。

例題 5　散布図と相関係数

類題：8

次の(ア)～(キ)の散布図のうち，正の相関を表しているものをすべて選んだ上で，相関関係が強いと考えられる順に並べ替えよ。

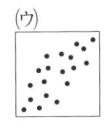

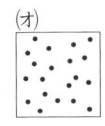

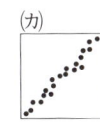

(ア)　(イ)　(ウ)　(エ)　(オ)　(カ)　(キ)

解答　(カ)→(ア)→(ウ)

ベストフィット　散布図では，二つの変量の関係性が強いほど，点は直線に近付く。

解説
散布図では，2種類のデータ間において，一方が増えると他方も増える関係を「正の相関」，一方が増えると他方は減る関係を「負の相関」，どちらの関係でもない場合を「相関なし」または「無相関」という。また，「正の相関」の場合，散布図の点の分布は右肩上がり，「負の相関」の場合，散布図の点の分布は右肩下がりとなる。

例題 6　時系列分析

類題：9

次の文章中の空欄に適当な語句を入れよ。

時間とともに変動する量を時間順に並べた（　①　）を分析することを（　②　）という。(②)をすることで，時間軸に対する傾向を調べたり，将来の動きを予測したりすることができる。時間軸に対するおもな動きを明らかにするために，(①)の細かな変動を取り除くことをデータの（　③　）という。(③)の方法として，一般に，一定時間範囲のデータの平均をその範囲の代表値とする（　④　）がある。また，外れ値が多いデータの場合は，データの中央値を代表値とする（　⑤　）なども使われる。

解答　① 時系列データ　② 時系列分析　③ 平滑化　④ 移動平均法　⑤ 移動中央値法

ベストフィット　時間とともに変動する時系列データに対して分析を行うことを時系列分析という。

解説
例えば，ある都市の過去 20 年分の平均気温をグラフ化するとき，そのままグラフ化すると，一般に大きな波が発生する。このような場合に，移動平均法を使用して 5 年分の平均気温の移動平均を求め，グラフ化することで細かな変動を取り除き(平滑化)，おもな動きを明らかにすることができる。なお，移動平均法の代わりに移動中央値法を用いると，大きく外れた値(外れ値)に影響されることがなくなる。

例題 7 　回帰分析

類題：10

次の文章中の空欄に適当な語句を入れよ。

　複数の系列のデータ間にある関係を，モデル関数を使って表すことを（　①　）という。特に，二つの系列間の関係を一次関数で近似することを（　②　），その一次関数を（　③　）という。系列間の関係を可視化するグラフとして，一般に（　④　）が使われる。最適なモデル関数を求める方法として，モデル関数の値と実測値との差の二乗和が最小になるように，モデル関数の係数を求める（　⑤　）がある。

解答　① 回帰分析　② 直線回帰　③ 回帰直線　④ 散布図　⑤ 最小二乗法

ベストフィット　複数の系列のデータ間にある関係について，モデル関数を使って表すことを回帰分析という。

解説
⑤の最小二乗法とは，実測値のデータに最も近いモデル関数を求める方法である。例えば，モデル関数として直線で近似する場合，各データと直線との差(残差)が最も小さくなるような直線を求める。残差には，正の値や負の値があるため，残差の二乗の合計(二乗和)を取り，それが最小になるような直線の関数を求める。

類題

7　〈箱ひげ図と四分位数〉　10人の生徒に土日の家庭学習時間を調査したところ，次の通りであった。このとき，下の問いに答えよ。

$$2 \quad 3 \quad 3 \quad 4 \quad 4 \quad 5 \quad 6 \quad 7 \quad 7 \quad 9 \quad [時間]$$

(1) 次の①〜⑦の値を求めよ。
　① 最小値　② 最大値　③ 平均値　④ 第1四分位数
　⑤ 第2四分位数(中央値)　⑥ 第3四分位数　⑦ 四分位範囲

(2) 上のデータを箱ひげ図にした場合，次の(ア)〜(エ)のどの形状になるか一つ選べ。

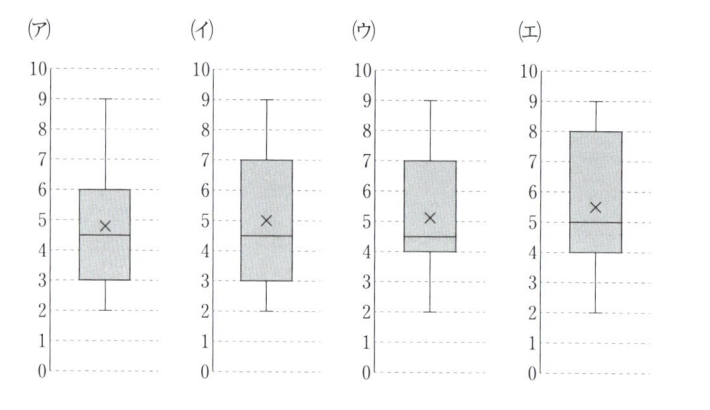

8　〈散布図によるグラフ化〉　次の(1)〜(5)の組み合わせを散布図で表現した場合，どのような形状になるか。右の(ア)〜(ウ)から散布図の形状をそれぞれ選べ。

(1) 身長と靴のサイズ
(2) 体重とテストの順位
(3) 1か月の収入額と支出額
(4) 年間積雪日数と年間平均気温
(5) 日本の都市の緯度と年間平均気温

---

7 ◀例題4
(1)四分位範囲は，第3四分位数から第1四分位数を引いた値のことである。
(2)(1)で求めた値を(ア)〜(エ)の箱の数の各値と比較し，合致する箱ひげ図を選ぶ。

8 ◀例題5
(ア)は正の相関，(イ)は無相関，(ウ)は負の相関を表す。

9 ◀例題6
平均気温が最もばらつきの多いグラフとなる。

10 ◀例題7
回帰直線の式にSNS発信件数の値を代入し，Webサイト訪問件数を求める。

9 〈平均気温の時系列分析〉 次の折れ線グラフは，ある都市における 1980 年～2018 年までの平均気温に対し，移動平均法と移動中央値法によって時系列分析を行った結果である。このうち，(1)平均気温，(2)移動平均値，(3)移動中央値のグラフを，(ア)～(ウ)からそれぞれ選べ。

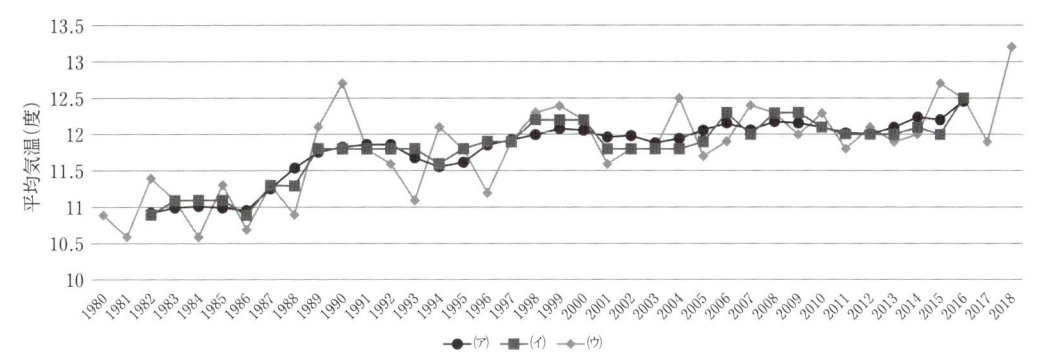

10 〈回帰直線による予測〉 SNS への情報発信件数と，Web サイトの訪問件数のデータを基に散布図を作成し，回帰直線を求めたところ，右の図のようになった。このとき，SNS 発信件数が 50 件のときの Web サイト訪問件数を予測せよ。ただし，Web サイト訪問件数は，小数第 1 位を四捨五入して整数で答えること。

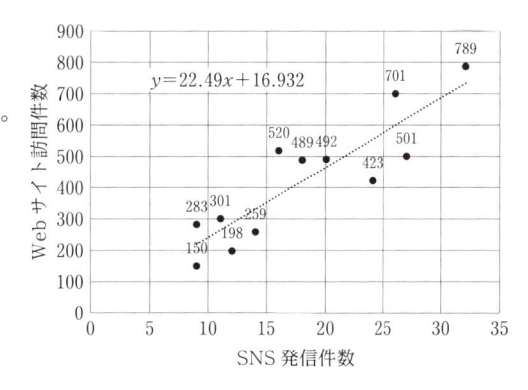

練習問題

11 〈箱ひげ図の比較〉 右の図は，課題考査，中間考査，期末考査を受けた生徒 100 人の点数（100 点満点）を表した箱ひげ図である。次の(1)～(5)のうち，箱ひげ図から読み取れるものには○を，読み取れないものには×を記せ。
(1) 課題考査と中間考査の最大値は，ほぼ同じ値である。
(2) 課題考査と期末考査の中央値の差は 20 程度である。
(3) 課題考査において，40 以上の値を取るデータ数は 50 程度である。
(4) 中間考査と期末考査の箱の中に含まれるデータ数は，ほぼ同じである。
(5) 40 以上の値を取るデータ数は，期末考査が課題考査の約 3 倍である。

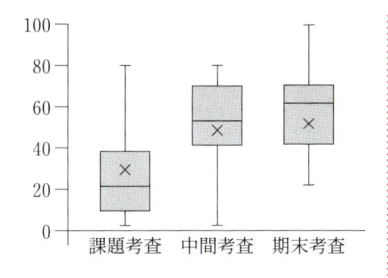

11 課題考査，中間考査，期末考査はともに 100 個のデータで構成されるため，ひげや箱に含まれるデータの数は同じである。

12 〈散布図と相関係数〉 次の(1)～(5)の記述のうち，正しいものには○を，誤っているものには×を記せ。
(1) 散布図では，相関が強ければ強いほど点が直線上に集まる。
(2) 散布図の X 軸と Y 軸の単位は，必ず揃えなければいけない。
(3) 相関係数が 0.1 の場合，二つの変量には正の相関があると考えられる。
(4) 相関係数が 0.3 と −0.5 では，−0.5 のほうが相関は強い。
(5) 散布図の X 軸と Y 軸を入れ替えると，相関係数の符号は逆になる。

12 相関係数の符号は相関の強さを表すものではない。

17 モデル化とシミュレーション

確認事項 次の空欄に適当な語句を入れよ。

■ モデル化とシミュレーション

①( )	問題の本質的な部分だけを残し，単純化・抽象化すること。
②( )	作成したモデルを用いて実際の現象や実物の動作を模倣すること。

■ さまざまなモデルによる表現

表現形式による分類	③( )モデル	実物を模したモデルのこと。 例：モデルルームの④( )モデル，分子模型の⑤( )モデル，ミニカーの⑥( )モデル など
	⑦( )モデル	現象や手続きなどを表現したモデルのこと。 例：現象や法則などを数学的に表した⑧( )モデル，列車の路線図や試合のトーナメント表の⑨( )モデル など
対象の特性による分類	⑩( )モデル	時間の経過がほかの要素に影響を与えないモデルのこと。 例：円の半径と面積の関係 など
	⑪( )モデル	時間の経過がほかの要素に影響を与えるモデルのこと。 例：落下する物体の運動 など
	⑫( )モデル	変動する要素がなく，結果が一つに定まるモデルのこと。 例：等速度で走る車の時間と移動距離の関係 など
	⑬( )モデル	変動する要素があり，結果が一つに定まらないモデルのこと。 (⑬)モデルによるシミュレーションには，⑭( )を使用する場合が多い。 例：2個のサイコロを投げて出る目の合計 など

■ シミュレーションの手順

手順1	⑮( )の明確化	問題を明確にし，シミュレーションの目的を決定する。
手順2	問題の⑯( )	シミュレーションで扱う問題のモデル化を行う。
手順3	⑰( )への書き込み	モデルをソフトウェアへ書き込む。
手順4	⑱( )の実行	シミュレーションを繰り返して実行し，結果を出力する。
手順5	モデルの⑲( )検証	必要があればモデルを修正し，再度シミュレーションを実行する。
手順6	⑳( )の分析	シミュレーションの結果を分析して結論を導く。

解答
① モデル化
② シミュレーション
③ 物理
④ 実物
⑤ 拡大
⑥ 縮尺
⑦ 論理
⑧ 数式
⑨ 図的
⑩ 静的
⑪ 動的
⑫ 確定的
⑬ 確率的
⑭ 乱数
⑮ 目的
⑯ モデル化
⑰ ソフトウェア
⑱ シミュレーション
⑲ 妥当性
⑳ 結果

例題 8　モデル化とシミュレーション

類題：13

次の文章中の空欄に適当な語句を入れよ。

問題の解決が容易でない場合に，問題の本質的な部分だけを残して単純化・抽象化することを（　①　）という。また，作成したモデルを用いて実際の現象や実物の動作を模倣することを（　②　）という。

表現形式によってモデルを分類すると，実物を模した（　③　）モデル，現象や手続きなどを表現した（　④　）モデルに分けられる。また，対象の特性によってモデルを分類すると，時間の経過がほかの要素に影響を与えない（　⑤　）モデルと影響を与える（　⑥　）モデル，変動する要素の有無によって，結果が一つに定まる（　⑦　）モデルと結果が一つに定まらない（　⑧　）モデルに分けられる。

解答　①　モデル化　　②　シミュレーション　　③　物理　　④　論理　　⑤　静的
　　　　⑥　動的　　⑦　確定的　　⑧　確率的

ベストフィット　モデル化する対象の表現形式や特性を考え，適切なモデルを選択する。

解説
物理モデルは，さらに実物モデル，拡大モデル，縮尺モデルに分類できる。一方，論理モデルは，さらに数式モデル，図的モデルに分類できる。また，同じ対象でも複数のモデルが該当することもある。モデル化する対象の表現形式や特性を考え，適切なモデルを判断しなければいけない。

例題 9　図的モデルによる表現

類題：14

動的モデルを図で表すために，右のような記号を用いることとする。このとき，一定の流入速度でバケツに水を入れたときの水量の変化について図的モデルで表したものを，次の(ア)～(ウ)から一つ選べ。

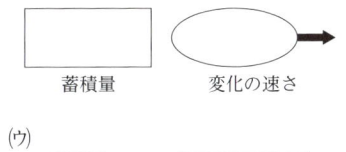

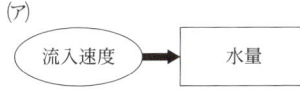

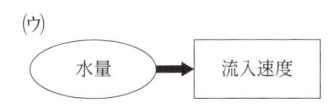

（蓄積量　　変化の速さ）

(ア) 流入速度 → 水量
(イ) 水量 ← 流入速度
(ウ) 水量 → 流入速度

解答　(ア)

ベストフィット　図的モデルで表す場合，影響を与えているもの／受けているものを適切に判断する。

解説
バケツの「水量」は水の「流入速度」の影響を受けることから，「流入速度」が「変化の速さ」，「水量」が「蓄積量」となる。よって，バケツの水量の変化を適切に表した図的モデルは(ア)となる。

例題 10　シミュレーションの手順

類題：15

次は，一般的なシミュレーションの六つの手順を表しているものである。空欄に適当な語句を入れよ。

手順1：（　①　）の明確化　→　手順2：（　②　）のモデル化　→
手順3：（　③　）への書き込み　→　手順4：（　④　）の実行　→
手順5：（　⑤　）の妥当性検証　→　手順6：（　⑥　）の分析

解答　①　目的　　②　問題　　③　ソフトウェア　　④　シミュレーション　　⑤　モデル　　⑥　結果

ベストフィット　シミュレーションを実行した後，結果を踏まえてモデルの妥当性を検証する。

解説
シミュレーションは，一般的に p.80 にある六つの手順に沿って行われる。シミュレーションは，目的によってモデルも変化するため，モデル化の前に目的を明確化しなければならない。また，もし手順5の「モデルの妥当性検証」においてモデルに妥当性がないと判断すれば，手順2の「問題のモデル化」に戻ってモデルの修正を行う。

5章　問題解決

17. モデル化とシミュレーション　81

類題

13 〈さまざまなモデルによる表現〉 次の(1)～(5)をモデル化する場合，確定的モデルと確率的モデルのどちらが適当か，下の(ア)，(イ)からそれぞれ選べ。
(1) 駐車場における駐車台数の予測
(2) ペダルをまわす速さと自転車の速度
(3) 出生率／死亡率から推測する人口の推移
(4) スマートフォンのバッテリー容量と稼働時間
(5) 貯水タンクの貯水量と放水可能時間
　(ア) 確定的モデル　　(イ) 確率的モデル

13 ◀例題 8
変動する要素の有無で判断する。

14 〈図的モデルによる表現〉 下の図は，銀行の「預金高」，「利息」，「利率」の関係について図的モデルで表したものである。この図の(1)～(3)に入る適当な語句を，右下の(ア)～(ウ)からそれぞれ選べ。なお，図的モデルに使用している記号の意味は右の通りである。

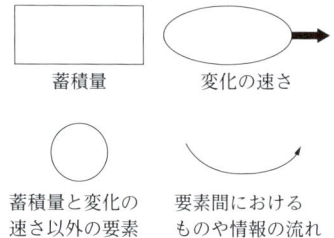

蓄積量　　変化の速さ

蓄積量と変化の速さ以外の要素　　要素間におけるものや情報の流れ

　(ア) 預金高
　(イ) 利息
　(ウ) 利率

14 ◀例題 9
利息は，預金高と利率の影響を受ける。

15 〈シミュレーションの手順〉 次の表は「サイコロの各目が出る確率が等しいこと」を検証するための，シミュレーションの手順と作業内容を表している。表中の(1)～(6)に適当な作業内容を，下の(ア)～(カ)からそれぞれ選べ。

手順	シミュレーションの手順	作業内容
1	目的の明確化	(1)
2	問題のモデル化	(2)
3	ソフトウェアへの書き込み	(3)
4	シミュレーションの実行	(4)
5	モデルの妥当性検証	(5)
6	結果の分析	(6)

(ア) サイコロの各目が出る確率を数式モデルで表現した。
(イ) サイコロの各目が出る確率が等しいことを検証したい。
(ウ) ソフトウェアでシミュレーションを実行した。
(エ) サイコロを表現した数式モデルをソフトウェアに書き込んだ。
(オ) シミュレーションの結果，修正後のモデルにおいてサイコロの各目が出る確率が等しくなると結論付けた。
(カ) シミュレーションの結果，サイコロの各目が出る確率に大きなばらつきが生じた。そのため，モデルのサイコロを投げる回数を修正し，再度シミュレーションを実行した。

15 ◀例題 10
モデルの妥当性検証がどれに該当するかを考えるとよい。

練習問題

16 〈サイコロのシミュレーション〉 シミュレーションを使用してサイコロを1000回投げ，それぞれの目が出た回数から確率を求めた。このとき，次の問いに答えよ。

(1) このサイコロの目をモデル化する場合，最も適当と考えられるモデルを，次の(ア)〜(オ)から一つ選べ。

　(ア) 物理モデル　　(イ) 動的モデル　　(ウ) 静的モデル
　(エ) 確定的モデル　(オ) 確率的モデル

(2) それぞれの目が出た確率をグラフで表す場合，最も適当と考えられるグラフを，次の(ア)〜(オ)から一つ選べ。

　(ア) 折れ線グラフ　(イ) 棒グラフ　(ウ) レーダーチャート
　(エ) 散布図　　　　(オ) 箱ひげ図

(3) 追加のシミュレーションで，サイコロを10000回投げ，それぞれの目が出た確率を求めた。この結果と，サイコロを1000回投げた結果と比較した場合，各目の確率の振れ幅(各目の確率における最大値と最小値の差)にどのような違いが出ると考えられるか。最も適当と考えられるものを，次の(ア)〜(ウ)から一つ選べ。

　(ア) 両者の結果において，各目の確率の振れ幅はほぼ変わらない。
　(イ) サイコロを10000回投げたほうが，各目の確率の振れ幅が小さい。
　(ウ) サイコロを10000回投げたほうが，各目の確率の振れ幅が大きい。

17 〈図的モデルと数式モデルによる表現〉 ヒーターを自動制御する温度調節装置を用い，水を設定温度まで加熱する場合を考える。このとき，次の問いに答えよ。

(思考)

(1) 次の図は，ヒーターによる温度調節を図的モデルで表したものである。図の(a)〜(c)に入る適当な語句を，下の(ア)〜(ウ)からそれぞれ選べ。

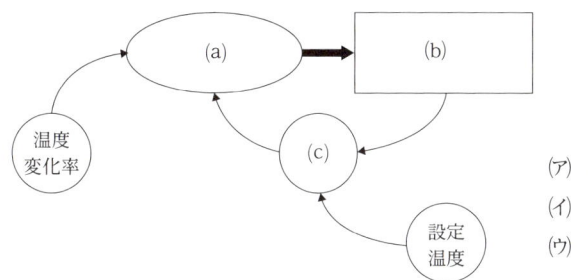

　(ア) 温度
　(イ) 温度差
　(ウ) 変化の速さ

(2) 上の図的モデルを参考に，次の数式モデルの①〜④に入る適当な語句を，下の(ア)〜(エ)からそれぞれ選べ。

```
変化の速さ＝(  ①  )×(  ②  )
温度差＝(  ③  )－(  ④  )
変化後の水温＝(④)＋変化の速さ×時間間隔
　↓
変化後の水温＝(④)＋((③)－(④))×(②)×時間間隔
```

　(ア) 現在の水温　(イ) 設定温度　(ウ) 温度差　(エ) 温度変化率

16
(1)サイコロの目は不確定な要素を含む。
(2)各グラフの特徴を考える。
(3)試行回数を増やすほど期待値に近付く。

17
(1)温度が蓄積すると考える。
(2)図的モデルの矢印(情報の流れ)を参考にする。

関連 ▶ 23 プログラムによる動的シミュレーション(→p.106)

18 さまざまなシミュレーション

● 確認事項 ● 次の空欄に適当な語句を入れよ。

■シミュレーション

①(　　　　　　　　)とは，②(　　　　　)を用いて実際の現象や実物の動作を再現することを意味する。特に，コンピュータを用いて数値計算を繰り返し実行させるものを③(　　　　　　　　　　)といい，次のようなものが使用される。

④(　　　　　　　)	セル上に数式や値を記述し，集計や分析を行うソフトウェアのこと。
⑤(　　　　　　　)	特定の(⑤)を用いてプログラムを記述し，シミュレーションを行う。
⑥(　　　　　　　)	特定の対象に限定してシミュレーションを行う，専用のソフトウェアのこと。

解答
①シミュレーション
②モデル
③コンピュータシミュレーション
④表計算ソフトウェア
⑤プログラミング言語
⑥シミュレーション専用ソフトウェア

■確定的モデルのシミュレーションの例

⑦(　　　　　　　)は，モデルを構成する要素に変動する値が⑧(　　　)ため，シミュレーションの結果は一つに定まる。

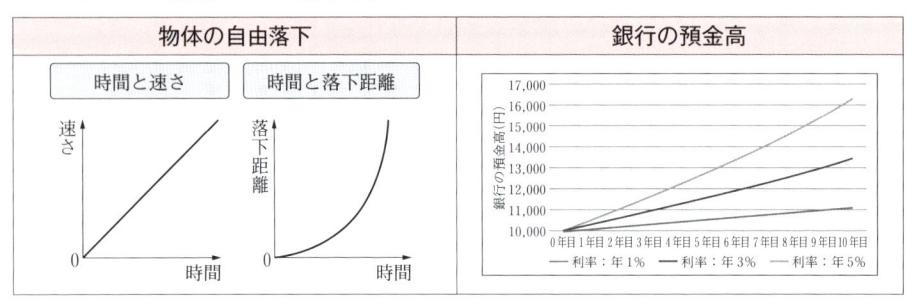

⑦確定的モデル
⑧ない

| 物体の自由落下 | 銀行の預金高 |

■確率的モデルのシミュレーションの例

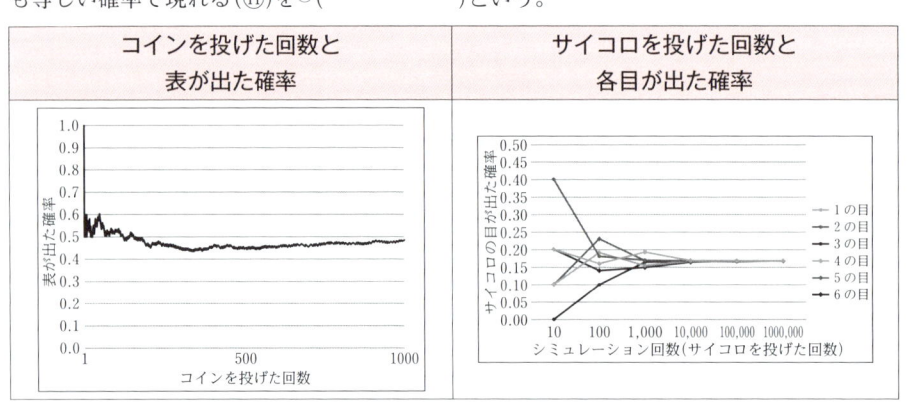

⑨(　　　　　　　)は，モデルを構成する要素に変動する値が⑩(　　　)ため，シミュレーションの結果は一つに定まらない。この(⑨)の中で，⑪(　　　)を用いて問題を解決する方法を⑫(　　　　　　)という。また，サイコロの目のように，どの数値も等しい確率で現れる(⑪)を⑬(　　　　　)という。

⑨確率的モデル
⑩ある
⑪乱数
⑫モンテカルロ法
⑬一様乱数

| コインを投げた回数と表が出た確率 | サイコロを投げた回数と各目が出た確率 |

第5章　問題解決

例題 11　容器にたまる水量

類題：18

空の容器に水を入れるとき，入れた時間と容器にたまる水量の関係を表すモデルを作りたい。次の問いに答えよ。

(1) このモデルは，確定的モデルと確率的モデルのどちらで表すことができるか答えよ。

(2) この問題を構成する要素のうち，「流入速度」，「経過時間」，「水量」の間になり立つ関係式を答えよ。

(3) 流入速度が1分間に6Lとしたときの，1分ごとの水量をシミュレーションした。右の図のセルB5には「=　①　*　②　」(セルB11までコピー)が入力されている。このとき，数式の①，②に入る適当なセルまたは数値を入れよ。

	A	B
1	流入速度[L/分]	
2	6	
3		
4	経過時間[分]	水量[L]
5	0	0
6	1	6
7	2	12
8	3	18
9	4	24
10	5	30
11	6	36

解答　(1) 確定的モデル　　(2) 流入速度×経過時間＝水量

(3)① $A$2　または　A$2（6でも正答）　② A5　または　$A$5（①・②は順不同）

ベストフィット　確定的モデルは，一般的に数式モデルで表すことができる。

解説
(1) 容器にたまる水量は，流入速度と経過時間によって一つの結果に定まるため，確定的モデルとなる。
(2) 流入速度は水が流れる速さのことで，これに経過時間を掛けることで，現在の水量を求めることができる。
(3) セルB5に入れる式は，(2)で求めた水量を求める関係式を参考にする。経過時間と流入速度を掛けることで水量が求められる。ただし，セルB5の数式をコピーするため，セルA2は絶対参照にする必要がある。

例題 12　円周率の近似計算

類題：19

右下の図のように，X座標とY座標に0～1の範囲の乱数を使って100個の点を打ち，半径1の円の$\frac{1}{4}$の大きさの範囲に入るかを調べ，この結果から円周率を算出した。次の問いに答えよ。

(1) このモデルは，確定的モデルか確率的モデルのどちらで表すことができるか答えよ。

(2) このように，シミュレーションに乱数を用いる方法を何というか答えよ。

(3) 図中のセルD2，セルE2，セルG2，セルH2には，次の数式が入力されている。

　セルD2　＝　①　(B2^2+C2^2)
　セルE2　＝IF(D2　②　1,1,0)
　セルG2　＝SUM(E2:E101)/　③
　セルH2　＝G2*　④

このとき，数式の①～④に適当なものを入れよ。

解答　(1) 確率的モデル　　(2) モンテカルロ法　　(3)① SQRT　② <=　③ 100　④ 4

ベストフィット　モンテカルロ法では，乱数を使用してシミュレーションを行う。

解説
(1) 100個の点のX座標とY座標には乱数(変動する要素)を使用しているため，確率的モデルとなる。
(2) シミュレーションや数値計算に乱数を用いる手法をモンテカルロ法という。
(3) セルD2では，X座標とY座標の値から「原点からの距離」を「三平方の定理」を利用して求める。セルE2では，セルD2で求めた「原点からの距離」が1以下であれば，円の内側であると判定できるため，IF関数を使用して求める。セルG2では，100個の点のうち，E列が1になっている値を合計し，点の合計数で割ればよい。セルH2では，円の面積である「半径×半径×π」の式が入るが，円の半径が1であること，πが「点が円の内側にいる確率」になっていることから，セルG2の値をそのまま4倍(円の$\frac{1}{4}$の面積であるため)した値が，セルH2の円の面積(円周率)となる。

18. さまざまなシミュレーション　85

類題

18 〈箱の積み方〉 右の図のように箱を積んでいくとき、必要な箱の数をシミュレーションしたい。次の問いに答えよ。

(1) 1段目(最下段)の数を n とするとき、2段目の箱の数を n で表せ。

(2) 1段目の箱の数を n とするとき、最上段は何段目になるか、n で表せ。

(3) 右下の図は、1段目の箱の数を5個として、表計算ソフトウェアでこのシミュレーションを行っている様子である(ただし、問題の関係上、セル B3:C6 の値は表示していない)。このうち、セル B3 とセル C4 には、次の数式が入力されている。

| セル B3 | = ① －1 |
| セル C4 | =B4+ ② |

このとき、数式の①、②に適当なものを入れよ。

	A	B	C
1	段	箱の数	合計
2	1	5	5
3	2		
4	3		
5	4		
6	5		

(4) 5段まで箱を積んだとき、箱の総数は何個か答えよ。

(5) 表の段数を必要数以上に用意しておく場合、箱の数が負の数にならないための場合分けが必要にある。そこで、セル B3 の数式を、IF 関数を使用して次のように修正し、セル B6 までコピーした。

| セル B3 | =IF(B2 ① 0,B2-1, ②) |

このとき、数式の①、②に適当なものを入れよ。

19 〈サイコロのシミュレーション〉 自作のサイコロを1000回投げ、目の出方の記録を取った。その記録から確率と累積確率を求め、サイコロの目に乱数を割り当ててサイコロモデルを作成した。次の問いに答えよ。

(1) 表のア～セに適当な数値を入れよ。

サイコロの目	度数(回)	確率	累積確率	乱数
1	130	0.13	0.13	0.00 以上 0.13 未満
2	190	0.19	0.32	0.13 以上 0.32 未満
3	160	ア	イ	ウ 以上 エ 未満
4	150	オ	カ	キ 以上 ク 未満
5	160	ケ	コ	サ 以上 シ 未満
6	210	ス	1.00	セ 以上 ソ 未満
計	1000	1.00		

(2) 理想的なサイコロの目は、すべて等しく $\frac{1}{6}$ の確率であり、自作サイコロにおける確率の誤差が1％以内の場合を理想通りとする。このとき、上の表の自作サイコロに関する次の①～④の記述のうち、適当なものには○を、適当でないものには×を記せ。

① 自作サイコロの目の確率は、理想的なサイコロと同じである。
② 自作サイコロでは、理想通りの確率になった目は3と5である。
③ 自作サイコロでは、理想的なサイコロより1と4の目が出やすい。
④ 自作サイコロでは、理想的なサイコロより2と6の目が出にくい。

---

18 ◀例題11
(1)(2)図を参考に考える。
(3)セル B3 は、(1)を参考にする。セル C4 は、上の段までの合計に、現在の段の箱の数を足すとよい。
(4)セル C5 の値に、5段目の箱の数を足すとよい。
(5)負の数にならないためには、「0より大きければ」という条件が付く。

19 ◀例題12
(1)「確率」は「度数(回)」、「累積確率」は「確率」、「乱数」は「累積確率」をそれぞれ参照する。
(2)サイコロの目の確率が $\frac{1}{6}$ のとき、1000回投げたときに各目が出る回数は、約167 $\left(\frac{1000}{6}\right)$ 回である。

練習問題

20 〈アローダイアグラム〉 左下の図(例)は，○が状態，→が作業を表し，状態①から③にする作業Xに作業時間が3時間掛かることを表している。また，作業XとYの両方が完了しないと，状態③には移行できず，作業Zを開始することができない。ここで，あるプロジェクトを完成するのに，右下の図のような作業が必要であった。次の問いに答えよ。

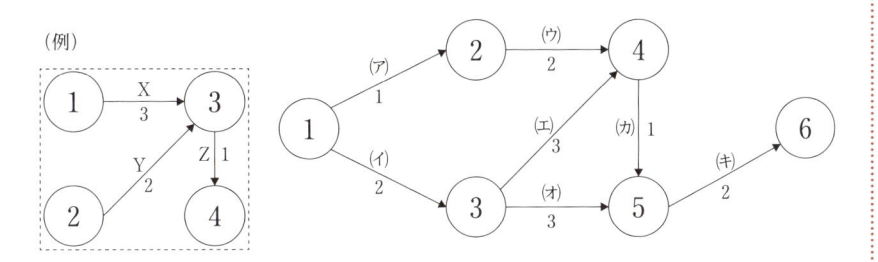

(1) このプロジェクトを完成するために掛かる作業時間は，最低何時間になるか答えよ。

(2) トラブルが発生し，作業(ア)が3時間遅れてしまった。このとき，全体の作業時間は，(1)から何時間遅れることになるか答えよ。

(3) 図中の(ア)～(キ)の作業のうち，2時間の遅れが発生すると，全体の作業時間に影響するものをすべて選べ。

21 〈コイン投げのシミュレーション〉 5枚のコインを投げたとき，3枚以上が表になる確率を求めたい。次の図は，表計算ソフトウェアを使ってシミュレーションを行った様子であり，B～F列の1は表，0は裏が出たことを表している。下の問いに答えよ。

	A	B	C	D	E	F	G	H	I	J
1	回数	コインA	コインB	コインC	コインD	コインE	合計		試行回数	50
2	1	1	1	1	1	1	5		3以上の回数	26
3	2	1	0	1	1	0	3		3以上の確率	0.52
4	3	1	1	1	1	1	5			
5	4	1	0	0	0	1	2			
6	5	0	0	0	0	0	0			
7	6	1	1	0	0	1	3			
8	7	1	0	0	0	1	2			
9	8	0	1	1	0	0	2			
10	9	0	1	1	0	1	3			
...	...	...	...	...	...	...	...			
50	49	0	1	0	0	0	1			
51	50	1	0	1	0	1	3			

(1) 図中のセルB2，セルG2，セルJ2，セルJ3には，次の数式が入力されている。

　　セルB2　=IF(RAND()< ① ,1,0)
　　セルG2　=SUM(B2: ②)
　　セルJ2　=COUNTIF(G2:G51," ③ ")
　　セルJ3　= ④ /J1

このとき，数式の①～④に適当なものを入れよ。

(2) 試行回数を増やすと，セルJ3の値はある値に近付く。この値のことを何というか答えよ。

20
(1)プロジェクトの全工程を線で結んだときに作業時間が最長となる経路を求める。この経路をクリティカルパスという。
(2)再度クリティカルパスを求め，(1)の時間と比較する。
(3)同様に，それぞれの場合でクリティカルパスを求め，(1)の時間と比較する。

21
(1)セルB2のRAND()は，0以上1未満の乱数を発生させる関数である。セルG2のSUM()は，セル範囲に含まれる数値をすべて合計する関数である。セルJ2のCOUNTIF()は，指定された範囲に含まれるセルのうち，検索条件に一致するセルの個数を返す関数である。セルJ3では，「試行回数」と「3以上の回数」を使って求める。
(2)試行回数を増やすと，シミュレーション結果は本来の確率に近付く。

18. さまざまなシミュレーション

第6章 プログラミング

▶19 アルゴリズムの表し方とプログラムの設計

■**中学までの復習**■ 次の空欄に適当な語句を入れよ。

■フローチャート

一連の処理の流れを表現した流れ図を①(　　　　　　)という。

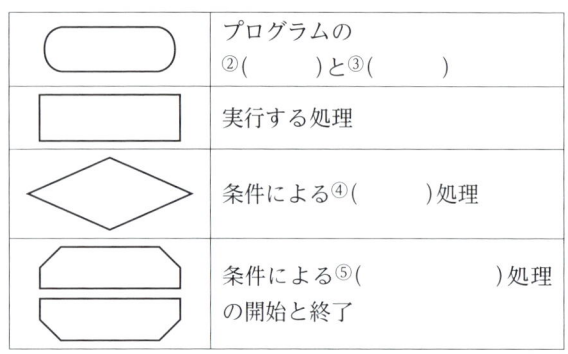

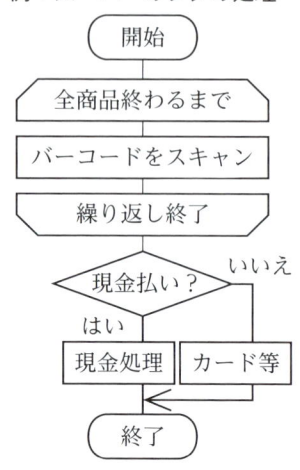

図形	意味
(角丸長方形)	プログラムの②(　　)と③(　　)
(長方形)	実行する処理
(ひし形)	条件による④(　　)処理
(六角形)	条件による⑤(　　)処理の開始と終了

例：スーパーのレジの処理

開始 → 全商品終わるまで → バーコードをスキャン → 繰り返し終了 → 現金払い？ →(はい)現金処理／(いいえ)カード等 → 終了

解答
①フローチャート
②開始
③終了
④分岐
⑤繰り返し

■アクティビティ図

処理全体の流れを確認できる図のうち、複数の手順が含まれる処理を表現しやすいものを⑥(　　　　　　)という。

図形	意味
●	プログラムの⑦(　　)
◉	プログラムの⑧(　　)
(長方形)	実行する処理
◇	⑨(　　)
━━	非同期の実行開始・終了

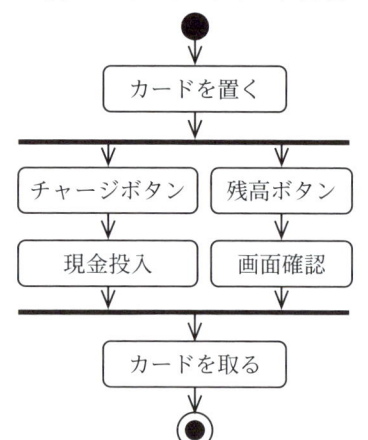

例：ICカードのチャージ処理

カードを置く → チャージボタン／残高ボタン → 現金投入／画面確認 → カードを取る

解答
⑥アクティビティ図
⑦開始
⑧終了
⑨分岐

● **確認事項** ● 次の空欄に適当な語句を入れよ。

■システムの振る舞いの表し方

システムの振る舞いを表すものにアクティビティ図や①(　　　　　　)などがある。(①)は、各状態の間を、遷移のきっかけとなる出来事や遷移時に発生する出来事を表すイベントや、遷移時に必要な動作を表すアクションを表す矢印でつないで表現する。また、(①)を表形式にしたものを②(　　　　　　)という。

例：チケット販売処理

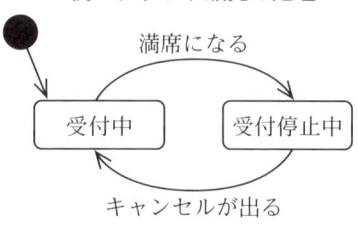

受付中 ⇄ 受付停止中（満席になる／キャンセルが出る）

解答
①状態遷移図
②状態遷移表

※状態遷移図は、ステートマシン図ともいう。

■ システムの構造の表し方

アルゴリズムやプログラムの構造を表すものに③(　　　　　)やオブジェクト図などがある。また，(①)，(②)，(③)などの，システムの振る舞いや構造の表記法をまとめたものを統一モデリング言語(④(　　　　))という。

システムの構成を役割ごとにまとめ，属性と実行する操作とに分けて表したものを⑤(　　　　)といい，(⑤)どうしの関係を線でつないで表したものを(③)という。(⑤)どうしをつないだ線上に，相手(⑤)の存在しうる数⑥(　　　　))を記入する。

解答
③クラス図
④UML
⑤クラス
⑥多重度

例：高速バスの予約システム

乗客		予約表		高速バス	
利用者ID 名前 電話番号	1 ─── 0..1	予約ID 利用者ID バスID	0..* ─── 1	バスID 発/着時刻 発/着駅 座席数	クラス名 属性（省略可）
利用者登録		登録 キャンセル		バス登録	操作（省略可）

※ 0..1 は，0以上1以下の数を意味する表記である(＊は複数を意味する)。

■ プログラミング言語

⑦(　　　　　　　　　　　　)とは，コンピュータに意図した動作を行わせるために使われる言語で，それぞれの言語で決められたルール・文法に従って作成する。

⑦プログラミング言語
⑧コンパイラ
⑨インタプリタ

低水準言語	機械語(マシン語)	数値だけで記述された，コンピュータが理解できるプログラム。	
	アセンブリ言語	機械語に命令語を対応させ，人間が扱えるようにしたもの。	

高水準言語	⑧(　　　　)方式	機械語に翻訳(コンパイル)するプログラム(コンパイラ)を用いて，翻訳した結果である実行ファイルで実行する。	例：C, FORTRAN, COBOL　など
	⑨(　　　　)方式	プログラムを1行ずつ解釈しながら実行する。	例：Python, Ruby, JavaScript　など
	中間言語(中間コード)方式	機械語に近い中間言語の段階を経て実行される。	例：Java, Python など

例題 1　状態遷移図と状態遷移表

類題：1・2

次の図は，歩行者用信号機(赤と青のみ)の状態遷移図と状態遷移表である。青の状態をA，点滅中の状態をB，赤の状態をCとするとき，下の問いに答えよ。

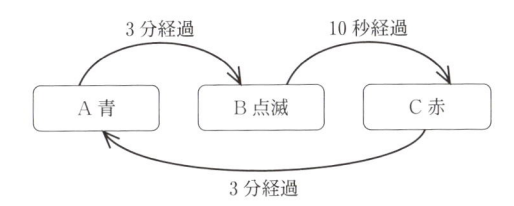

```
    3分経過        10秒経過
  ┌──────→┐   ┌──────→┐
[A 青]      [B 点滅]      [C 赤]
  ↑                         │
  └─────────────────────────┘
              3分経過
```

イベント＼状態	A．青	B．点滅	C．赤
10秒経過	なし	①	なし
3分経過	②		③

(1) 表中の空欄①〜③に，状態を表す記号A〜Cを入れよ。

(2) 「歩行者用押しボタンを押す」というイベントを追加したときの内容として，最も適当なものを次の(ア)〜(ウ)から一つ選べ。

　(ア) 状態が増える。　　(イ) 状態は増えず，AからCへのイベントが増える。
　(ウ) 状態は増えず，CからAへのイベントが増える。

解答 (1)① C ② B ③ A (2) (ウ)

ベストフィット 一つの状態に着目し，イベントが起きた場合の遷移を表す矢印を追っていく。

解説▶

(1) 状態Aから出る矢印には「3分経過」というイベントが書かれていることから，10秒経過では遷移は行われず，3分経過した時点でBへ遷移する。状態Bは，10秒経過でCへの遷移が起こるため，3分経過というイベントは起こり得ない。状態Cは状態Aと同様に，3分経過した時点でAへ遷移する。

(2) イベントを追加したが，状態は増えない。また，押しボタンは赤のときに押すと青になるものなので，CからAのイベントが増える。

類題

1〈状態遷移図・クラス図〉 次の(ア)～(エ)のシステムのうち，設計時に(1)状態遷移図を用いるのに最も適当なもの，(2)クラス図を用いるのに最も適当なものを，それぞれ一つずつ選べ。
(ア) 保温機能の付いた炊飯器を制御するシステム
(イ) 収入に応じて所得税を算出するシステム
(ウ) 日々の体重変化からグラフを作成するシステム
(エ) 旅館の予約管理システム

2〈状態遷移図〉 次の図は，ストップウオッチの動きを状態遷移図と状態遷移表で表したものである。状態Aは待機中，状態Bは計測中，状態Cは一時停止中を表す。ボタン1は，待機中に押せば計測を開始し，計測中に押せば一時停止するものである。ボタン2はストップウオッチを計測前の状態にリセットするものである。状態遷移表で，各状態と各イベントの交差する欄の上段は実行するアクション，下段は遷移先の状態とするとき，空欄①～⑤に適当なアクションを下の(ア)～(エ)から一つずつ選べ。また，空欄⑥～⑩に適当な状態を記号A～Cで答え，状態遷移がない場合は×で答えよ。
(ア) 何もしない　(イ) 計測リセット　(ウ) 一時停止　(エ) 計測再開

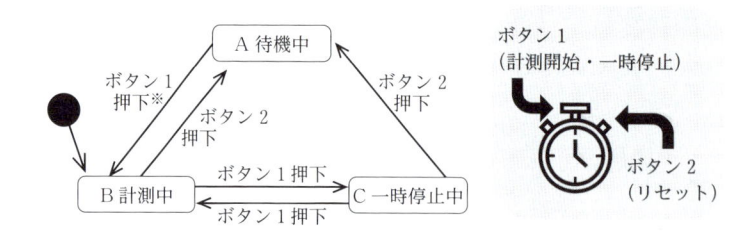

イベント＼状態	A	B	C
ボタン1押下	計測開始	①	②
	B	⑥	⑦
ボタン2押下	③	④	⑤
	⑧	⑨	⑩

1 ◀例題1
状態の変化を制御するシステムには状態遷移図，複数の機能の関係性に基づいて制御するシステムにはクラス図を用いるとよい。

2 ◀例題1
状態Aでボタン1を押下した場合の遷移について，表中に示されている。ほかの欄も同様に考えていく。

状態遷移表の状態欄は，矢印の先にある状態を書き込む。

アクションは，その状態から次の状態へ遷移するときに実行される動作を考える。

※押下とは，ボタンなどを押すこと。

練習問題

3 〈状態遷移図〉 次の図は，風呂の給湯システムの状態遷移図である。状態Aは待機中，状態Bはお湯張り中，状態Cは適量と適温を達成して一時停止中，状態Dは追い焚き中を表している。下の問いに答えよ。

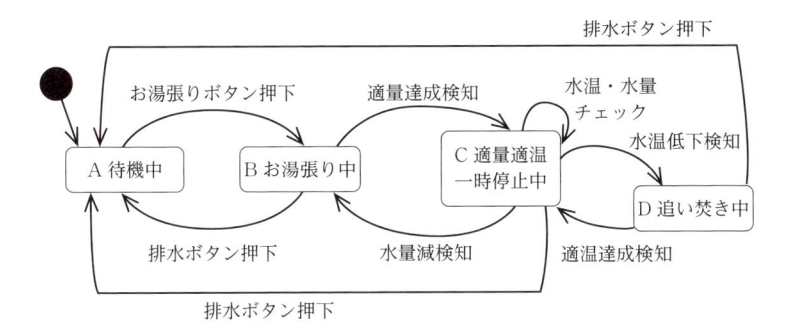

（状態遷移図：A 待機中 →(お湯張りボタン押下)→ B お湯張り中 →(適量達成検知)→ C 適量適温一時停止中 →(適温達成検知)→ D 追い焚き中。C→C（水温・水量チェック）。D→C（水温低下検知）。C→B（水量減検知）。B→A（排水ボタン押下）。C→A（排水ボタン押下）。D→A（排水ボタン押下））

(1) 追い焚き中に水量が減ったらどうなるか。状態遷移図から読み取れることとして，最も適当なものを次の(ア)〜(エ)から一つ選べ。
　(ア) 追い焚きを継続したままお湯張り中になる。
　(イ) 追い焚きを中止してお湯張り中になる。
　(ウ) 追い焚きを続け，適温達成を検知して状態Cになった後，水量減を検知してお湯張り中になる。
　(エ) 水量減を検知してお湯張り中になる。

(2) 状態遷移図から読み取れることとして，最も適当なものを次の(ア)〜(エ)から一つ選べ。
　(ア) お湯張り中に水温チェックし，適温であればお湯張りを停止する。
　(イ) 適量適温一時停止中に排水ボタンを押下しても何も起こらない。
　(ウ) 追い焚き中に水温低下検知すると，適量適温一時停止中になる。
　(エ) 適量適温一時停止中に水量減を検知すると，お湯張り中になる。

4 〈クラス図〉 次の図は，ある図書館の貸出システムのクラス図である。利用者は3冊まで借りることができ，1冊につき一つの貸出票が作られる。各クラスの関係を表す線上に記入する多重度の組み合わせとして最も適当なものを下の(ア)〜(エ)から一つ選べ。

（クラス図：利用者（利用者ID，名前，住所，電話番号，利用者登録） —a　b— 貸出票（貸出ID，利用者ID，書籍ID，貸出，返却） —c　d— 書籍（書籍ID，タイトル，著者，出版社，書籍登録））

　(ア)　a= 0..3　　b= 1　　c= 1　　d= 0..3
　(イ)　a= 1　　　b= 0..3　c= 1　　d= 1
　(ウ)　a= 1　　　b= 0..3　c= 0..1　d= 1
　(エ)　a= 0..3　b= 1　　c= 1　　d= 0..1

---

3 身近なシステムであっても，経験から答えるのではなく，矢印で示された遷移を確実に追っていく。イベントや状態が示されていないのであれば，状態遷移は起きない。

4 利用者側から見て，貸出票が存在しうる数を貸出票側に記述し，貸出票側から見て，利用者が存在しうる数を利用者側に記述する。

20 基本的なプログラミング

■中学までの復習■ 次の空欄に適当な語句を入れよ。

■プログラムの基本構造

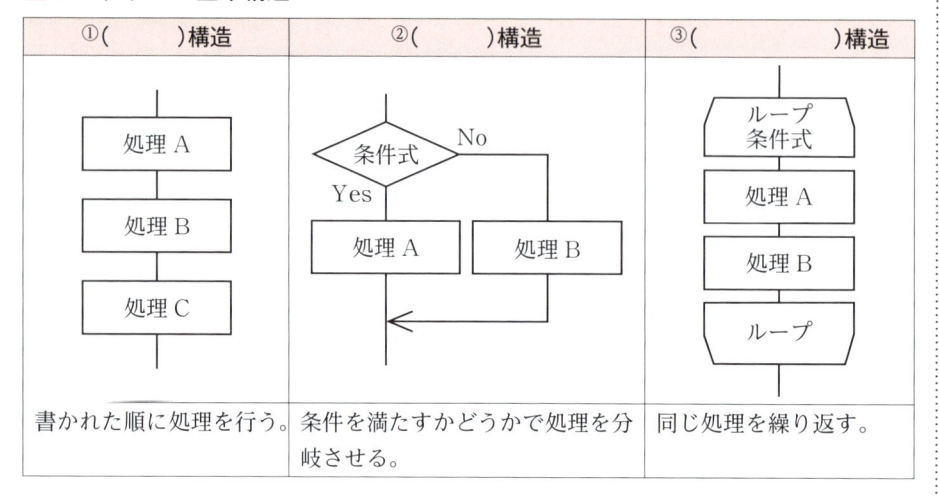

①(　　)構造	②(　　)構造	③(　　　)構造
処理A → 処理B → 処理C	条件式 Yes→処理A / No→処理B	ループ条件式 → 処理A → 処理B → ループ
書かれた順に処理を行う。	条件を満たすかどうかで処理を分岐させる。	同じ処理を繰り返す。

解答
①順次
②選択(分岐)
③繰り返し(反復)

■プログラムの変数

プログラム中で使用する値は、④(　　)に格納して使うことが多い。(④)は、値を入れておく箱のようなもので、⑤(　　)という名前を付けて利用する。(④)に値を格納することを⑥(　　)という。

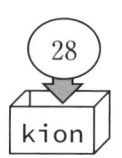

解答
④変数
⑤変数名
⑥代入

● **確認事項** ● 次の空欄に適当な語句を入れよ。

■選択構造【Python】

記述方法	内容
①(　　) 条件式X： 　　処理A1 　　処理A2 ②(　　) 条件式Y： 　　処理B ③(　　)： 　　処理C	・もし条件式Xが真の場合、処理A1、A2を実行する ・そうでなくもし条件式Yが真ならば、処理Bを実行する ・そうでなければ、処理Cを実行する (②と③で始まるブロックは分岐がなければ省略可) ※左端からスペース四つ分のインデント(字下げ)で、分岐や繰り返しの対象行をまとめる。

解答
①if
②elif
③else
※elseはifの条件に当てはまらないすべての場合が対象となるが、elifはifの条件に当てはまらない場合の中で、さらに条件を指定して分岐の対象を決めるものである。

④for
⑤while

■繰り返し構造【Python】

記述方法	内容
④(　　) 繰り返し回数(範囲)の指定： 　　処理A1 　　処理A2	指定された回数(範囲)分、処理A1、A2を実行する。
⑤(　　) 条件式： 　　処理A1 　　処理A2	条件式が真の間、処理A1、A2を実行する。

■繰り返し処理の中断と継続【Python】

記述方法	内容
⑥(　　　　)	繰り返し処理を中断してループを抜ける。
⑦(　　　　)	繰り返し処理の先頭に戻り，繰り返しを継続する。

■変数と誤差

変数は，値を入れる箱のようなもので，整数，小数，文字列など，格納する値の種類（⑧(　　　　)）によって，箱の大きさ(サイズ)が異なる。サイズを超える変数を代入すると，⑨(　　　　)が発生したり，エラーになったりする。

解答
⑥break
⑦continue

⑧データ型
⑨誤差

例題 2　選択構造

類題：5・7

次の(1)，(2)のプログラムを実行した結果，画面に表示されるものを記せ。なお，「a % b」は，割り算の余りを得るもので，算術演算子と呼ばれる演算子の一つである。

(1)
```
1  x = 10
2  if x % 3 == 0:
3      print('FIZZ')
4  else:
5      print(x)
```

(2)
```
1  x = 30
2  if x % 3 == 0:
3      print('FIZZ')
4      if x % 5 == 0:
5          print('BUZZ')
```

解答　(1) 10　(2) FIZZ，BUZZ(縦に表示)

▶ベストフィット　「割り切れる」，「倍数」の判断は割り算の余りで行う。分岐処理の対象範囲に注意する。

解説▶
(1) xが3で割り切れればFIZZ，そうでなければxの値を表示するプログラムである。
(2) 3〜5行目が2行目の分岐処理の対象，5行目が4行目の分岐処理の対象であることがインデントから読み取れる。
　2行目の分岐処理が4行目の分岐処理を内包する「入れ子構造」である。xが3で割り切れればFIZZ，3で割り切れてかつ5でも割り切れる，つまり15で割り切れればFIZZ BUZZと表示し，それ以外は何も表示しないプログラムである。

例題 3　繰り返し構造と数え上げ・加算

類題：6・8

次の(1)，(2)のプログラムを実行した結果，画面に表示されるものを記せ。なお，「range(5)」は，0から5未満の整数を返す組み込み関数である。

(1)
```
1  x = 0
2  for i in range(5):
3      x = x + 1
4  print(x)
```

(2)
```
1  x = 0
2  for i in range(5):
3      x = x + i
4      print(x)
```

解答　(1) 5　(2) 0, 1, 3, 6, 10(縦に表示)

▶ベストフィット　繰り返し処理を使い，数え上げや加算を行う。繰り返しの対象範囲に注意する。

解説▶
(1)(2)の2行目は，iを0から4まで1ずつ増やしながら5回繰り返しを行うfor文である。繰り返しの対象行は，(1)は3行目のみ，(2)は3・4行目であることがインデントからわかる。よって，print(x)は，(1)は1回，(2)は5回実行される。
(1)(2)の3行目の「x = x + ○」は，「xに○を加えた結果をxに代入する」処理である。(1)では「1」を，(2)では「i(1ずつ増えていく変数)」を繰り返し加算する。

20. 基本的なプログラミング　93

6章　プログラミング

類題

5 〈順次・選択〉 次の(1), (2)のプログラムは，それぞれ何をするプログラムか答えよ。
[思考] なお，1行目は，入力された文字列を整数としてxに代入する処理である。

(1)
```
1  x = int(input('整数を入力'))
2  if x % 2 == 0:
3      print('Yes')
4  else:
5      print('No')
```

(2)
```
1  x = int(input('3桁の整数'))
2  n100 = x // 100
3  n10 = (x % 100) // 10
4  n1 = x % 10
5  print(n1 * 100 + n10 * 10 + n100)
```

▶ **5** ◀例題2
(1) x % 2 はxを2で割った余りなので，余りが0の場合，2で割り切れたことを意味する。
(2) a // b はaをbで割った商の整数部分を表す。

6 〈繰り返し〉 左のプログラムを実行し，右のような表示にしたい。空欄に適当な数字と変数名を入れよ。なお，「range(a, b)」はaからb-1までの整数を返す処理，「print('@' * a)」は@をa個連続で表示する処理である。

```
1  x = [ ① ]
2  for i in range(1, x + 1):
3      print('@' * [ ② ] )
```

```
@
@@
@@@
@@@@
@@@@@
```

▶ **6** ◀例題3
1個表示，2個表示，3個表示，…と，個数を増やしながら繰り返し処理を行っている。

7 〈選択構造と不等号〉 次の(ア), (イ)の二つのフローチャートは，ある映画館のチケット代金を年齢に応じて決定する処理の一部を表したものである。チケット代金を18歳以下は1000円，19歳以上59歳以下は1800円，60歳以上は1200円とするとき，正しい処理を表すものはどちらか選べ。

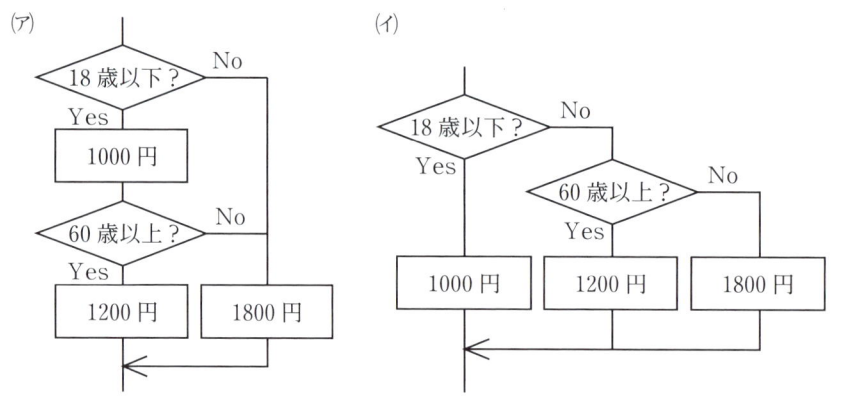

▶ **7** ◀例題2
10歳，20歳，70歳などを当てはめて，処理の流れを確認するとよい。

8 〈繰り返し構造〉 年1回1％の複利がつく預金に預けたyokin円の，10年間の預金額の推移を表示する次のプログラムについて，最も適当な記述を次の(ア)～(エ)から一つ選べ。

(ア) 利息は毎年100分の1ずつ増加する。
(イ) 最終的な預金額に年数は関係ない。
(ウ) 預金額は計算後に一度だけ表示される。
(エ) 預金額は年数分繰り返し表示される。

```
1  risoku = 1.0
2  for i in range(10):
3      yokin = yokin * (1 + risoku / 100)
4      print(int(yokin))
```

▶ **8** ◀例題3
繰り返し処理の対象となる範囲に注意する。
3行目と4行目は，同じインデントなので，2行とも繰り返しの対象となる。

練習問題

9 〈選択構造〉 入力された整数が変数 x に入っているとき，x の絶対値を表示する次のプログラムの空欄に適当なものを入れよ。

```
(1) もし  ①  ならば:
(2)     x =  ②
(3) 表示する("絶対値:", x)
```

9 x が負の場合に x の符号を反転する。符号の反転は，x に -(マイナス)を付け，再び x に代入することで実現する。

10 〈順次構造と算術計算〉 商品の支払いで，50 円，10 円，1 円の 3 種類の硬貨だけを使い，なるべく硬貨の枚数が少なくなるように支払いたい。商品代金が変数 x に入っているとき，支払う硬貨の最小枚数を表示する次のプログラムの空欄に適当な数字を入れよ。

```
(1) num50 = x ÷  ①
(2) num10 = (x - num50 *  ②  ) ÷  ③
(3) num1 = x - num50 *  ④  - num10 *  ⑤
(4) 表示する("最小限の枚数は", num50 + num10 + num1, "枚")
```

10 大きい金額の硬貨の枚数から決定していく。

※大学入試や資格試験などでは，問題 **9** や **10** のように，日本語によるプログラミング言語を使用する場合がある。

11 〈選択構造〉 次のプログラム A，B について，下の問いに答えよ。

[思考]

プログラム A
```
1  x = int(input('整数を入力'))
2  flag = False
3  for i in range(2, x):
4      if x % i == 0:
5          flag = True
6          break
7  if flag:
8      print('No')
9  else:
10     print('Yes')
```

プログラム B
```
1  a = 1
2  b = 1
3  print(a)
4  print(b)
5  for i in range(10):
6      c = a + b
7      print(c)
8      a = b
9      b = c
```

(1) プログラム A について，適当な記述を次の(ア)〜(オ)からすべて選べ。
  (ア) 3 を入力すると No と表示される。
  (イ) 4 を入力すると Yes と表示される。
  (ウ) 7 を入力すると Yes と表示される。
  (エ) 入力された整数が素数かどうかを判定するプログラムである。
  (オ) 入力された整数が偶数かどうかを判定するプログラムである。

(2) プログラム B を実行すると，縦に数字が 12 個表示される。数字を順番通り示したものを次の(ア)〜(エ)から一つ選べ。
  (ア) 1, 2, 3, 4, 5, 6, 7, 8, 9, 10, 11, 12
  (イ) 1, 1, 2, 1, 1, 2, 1, 1, 2, 1, 1, 2
  (ウ) 1, 4, 9, 16, 25, 36, 49, 64, 81, 100, 121, 144
  (エ) 1, 1, 2, 3, 5, 8, 13, 21, 34, 55, 89, 144

11 1 行ずつ指で差しながら変数の値の変化や処理の流れを確認するとよい。
プログラム A では，真偽値をとる変数 flag の変化に注目する。
プログラム B では，変数 a と b の値を表示した後，a, b の値を更新しながら c = a + b の値を更新・表示する処理を繰り返している。

20. 基本的なプログラミング

関連 ▶ Pythonと共通テスト用プログラム表記の比較(→p.160)

▶21 配列と関数

● 確認事項 ● 次の空欄に適当な語句を入れよ。

■配列

用語	説明
①(　　)	複数の変数をひとまとめにしたもので，一つの名前で扱うことができる。「リスト※」と呼ぶプログラミング言語もある。
②(　　)	(①)に付けられた名前。
③(　　)	(①)に格納された一つひとつの値を指し示すための番号。
④(　　)	一つの(③)で表す(①)。値が一列に並んでいるイメージ。
⑤(　　)	二つの(③)で表す(①)。縦横に値が並んでいるイメージ。二つ以上の(③)を使って表すものは多次元配列と呼ぶ。

※「配列」はデータ型と要素数が指定された値の並び，「リスト」は要素数を後から変更できたり異なるデータ型の値を格納できたりするもの，と用語を使い分ける場合が多い。

■配列の表し方と値の代入

配列の各要素は，通常，配列名と添字，角括弧で kion[3] のように表す。Pythonでは添字は⑥(　　)から始まるが，1から始まるプログラミング言語もある。

■Pythonと配列・リスト

Pythonでは，配列と同様の役割をもつ⑦(　　)がよく使われる。また，配列全体のグラフ表示が必要な場面などでは，拡張モジュール NumPy の配列もよく使われる。

■関数

用語	説明
⑧(　　)	ある機能をひとまとめにしたもので，プログラムのほかの部分から呼び出して使うことができる。
⑨(　　)	(⑧)のうち，プログラミング言語側であらかじめ用意されているもの。
⑩(　　)	(⑧)のうち，プログラム作成者が定義・作成するもの。
⑪(　　)	(⑧)の呼び出し元から(⑧)へ引き渡す値。
⑫(　　)	(⑧)から呼び出し元へ渡す値。返り値ともいう。

■関数の使用例【Python】

```
def sankaku(teihen, takasa):
    menseki = teihen * takasa / 2
    return menseki

kekka1 = sankaku(8, 4)
kekka2 = sankaku(6, 3)
print('1つ目', kekka1)
print('2つ目', kekka2)
```

・ユーザ定義関数 sankaku を定義する
　⑬(　　)：teihen と takasa
　⑭(　　)：menseki

・ユーザ定義関数 sankaku を呼び出す
　(引数に8と4を渡す)
・戻り値を kekka1 に代入する

・関数は何度も呼び出すことができる

・組み込み関数 print() を呼び出す
　(引数に文字列と kekka1, kekka2 を渡す)

解答
①配列
②配列名
③添字
④一次元配列
⑤二次元配列
⑥0
⑦リスト

⑧関数
⑨組み込み関数
⑩ユーザ定義関数
⑪引数
⑫戻り値

⑬引数
⑭戻り値

例題 4 配列と最小値　　　　　　　　　　　　　　　　　類題：12・14

ある商品について，五つの店舗の小売価格の最安値を求める次のプログラムの空欄を埋めよ。なお，「for x in kakaku:」は，変数 x にリスト kakaku の要素を一つずつ代入しながら要素数分の繰り返しを行う処理である。

```
1  kakaku = [580, 970, 430, 820, 760]
2  saisyo = kakaku[0]
3  for x in kakaku:
4      if x  ①  saisyo:
5          saisyo =  ②
6  print('最安値:',  ③  )
```

解答　① <　② x　③ saisyo

ベストフィット　その時点での最小値と各要素を順次比較しながら最小値を置き換えていく。

解説▶
3行目のような，リストの要素を一つずつ代入しながら繰り返しを行う指定は Python 独特の記述方法である。このような記述ができないプログラミング言語では，要素数分の繰り返し処理を記述し，繰り返し処理内で，要素を取り出して変数 x に代入する処理を記述する。

最小値を求めるには，まず，このプログラムの2行目のようにリストの第一要素の値，もしくは最小値になり得ない大きい値を一時的に最小値(ここでは saisyo)に代入しておき，繰り返し処理の中で，より小さな値へと最小値を更新していく。

例題 5 関数　　　　　　　　　　　　　　　　　　　　　類題：15

入力された商品価格と消費税率から税込金額を求めて表示する次のプログラムの空欄に入る変数名を答えよ。ただし，1円未満は切り捨てとする(// は割り算の商の整数部分を得る演算子である)。

```
1  def zeikomi(kingaku, tax):
2      return kingaku + kingaku * tax // 100
3  kakaku = 1980
4  kekka10 = zeikomi( ① , 10)
5  kekka8 = zeikomi( ① , 8)
6  print(kakaku, '円は税率10%で',  ② , '円・税率8%で',  ③ , '円')
```

解答　① kakaku　② kekka10　③ kekka8

ベストフィット　処理のまとまりを関数として定義することで，プログラムの別の場所から何度も呼び出すことができる。

解説▶
1・2行目で関数 zeikomi() を定義している。呼び出し元から渡される引数は kingaku と tax，戻り値は，計算式を直接 return の後に記述することで，その計算結果を呼び出し元に返すよう記述されている。計算の結果を一度変数に代入しておき，その変数を戻り値として返してもよい。4・5行目で2回関数を呼び出している。

このように，何度でも呼び出す可能性のある処理のまとまりや，ある特定の用途を記述した部分を関数として独立させておくことで，プログラム全体が理解しやすく，また修正もしやすくなる。

例題 6 二次元配列　　類題：13

次の文章を読み，下の問いに答えよ。

右下のプログラムは，掛け算の九九の値を二次元配列(リスト)に入れるプログラムである。このプログラムの続きとして，九九の表を9段分の9行で画面表示するには，プログラムの ① 行目の直後に print(②) を記述する。その際， ③ 行目以降をひとまとまりの処理として9回繰り返されるようにする必要があるので，左端の位置を3行目と揃えて記述する。

(1) 空欄①と③に入る数値を答えよ。また，②は次の(ア)〜(エ)から選べ。なお，print() は，一度呼び出されるたびに改行する。

```
1  kuku = [[0] * 9 for i in range(9)]
2  for dan in range(9):
3      for kazu in range(9):
4          kuku[dan][kazu] = (dan + 1) * (kazu + 1)
```

(ア) kuku　(イ) kuku[dan]　(ウ) kuku[kazu]　(エ) kuku[9][9]

(2) 7×9の値を表示する文は print(④) である。
④ に入る最も適当なものを次の(ア)〜(エ)から一つ選べ。
(ア) kuku[7 * 9]　(イ) kuku[6][8]　(ウ) kuku[7][9]　(エ) kuku[8][10]

解答　(1)① 4　② (イ)　③ 3　(2)④ (イ)

ベストフィット　二次元配列(リスト)kuku で，kuku[a][b] は a 番目のリストの中の b 番目の要素を指す。

解説
hairetsu[i][j] は，内包されている i 番目のリストの j 番目の要素を指す。例えば，hairetsu=[[1, 2, 3], [11, 22, 33]] で hairetsu[1][2] とすると，内包されている1番目のリストの2番目，つまり33を指す。添字は0から始まることに注意する。多くのプログラミング言語において，配列の添字は0で始まる。

解答にあたって直接関係はないが，1行目を kuku = [[0]*9] *9 としてしまうと，内包されるリストが同じ値を参照することになり，要素の値が同じリストが9セットできてしまうので要注意である。

類題

12 〈配列〉　自動車販売店の営業担当者の名前がリスト name に，営業担当者の自動車販売台数がリスト hanbai に入っている。二つの配列の添字は対応しており，例えば，名前が name[3] である営業担当者の販売台数は hanbai[3] に入っている。販売台数を右のようなグラフで表す次のプログラムの空欄を埋めよ。なお，「len(name)」は，リスト name の要素数を返す関数である。

佐藤	@@@@@@@@@@@@@@@@@@
鈴木	@@@@@@@@
田中	@@@@@@@@@@@@@@@
加藤	@@@@@@@@@@@@
伊藤	@@@@@@@@@@@@@@@@@@@@

```
1  name = ['佐藤', '鈴木', '田中', '加藤', '伊藤']
2  hanbai = [18, 8, 15, 12, 20]
3  for i in range(len(name)):
4      print( ① , '@' *  ② )
```

12 ◀例題 4
配列に格納された値を取り出すには，配列名と添字を使う。range(len(name)) の指定で，リスト name の要素数分繰り返しが行われる。len(name) の代わりに len(hanbai) と記述してもよい。

13 〈二次元配列〉　1日の降水量のデータが1年間分，二次元配列 kousui に入っている。最初の添字は月を，二番目の添字は日付を昇順で表し，kousui[0][0] が1月1日の降水量を表すとき，kousui[2][8] は何月何日の降水量を指しているか答えよ。

13 ◀例題 6
一般的な「順番」は1番目から始まるが，配列の添字は0から始まるものが多いので注意が必要である。

98　第6章　プログラミング

14 〈配列と最大値〉 出席番号1番から40番までの得点が配列 Tokuten に入っている。最高得点を表示する次のプログラムの空欄に入る最も適当なものを，下の(ア)～(ケ)から一つずつ選べ。ただし，「要素数(配列)」は配列の要素数を返す関数である。

14 ◀例題4
最大値 saidai と，配列 Tokuten の各要素を比較する。

```
(1) Tokuten = [50, 40, ··(略)··, 30, 70]
(2) saidai = 0
(3) bango = 0
(4) iを0から  ①  まで1ずつ増やしながら繰り返す:
(5) |   もしTokuten[i]  ②  saidaiならば:
(6) |   |   saidai = Tokuten[i]
(7) |   |   bango = i
(8) 表示する("最高点：", saidai, "出席番号：",  ③  )
```

(ア) 要素数(Tokuten)　　(イ) 要素数(Tokuten) - 1
(ウ) 要素数(Tokuten) + 1　　(エ) <　　(オ) >　　(カ) ==
(キ) i　　(ク) bango　　(ケ) bango + 1

15 〈関数〉 次のプログラムの(1)～(3), (5)で5が，(4)で12が入力された場合に「答えは」に続いて表示されるものをそれぞれ答えよ。
思考

(1)
```
1  def func1(kazu):
2      kekka = 0
3      for i in range(1, kazu + 1):
4          kekka = kekka + i
5      return kekka
6
7  x = int(input('正の整数を入力'))
8  print('答えは', func1(x))
```

(2)
```
1  def func2(kazu):
2      kekka = 1
3      for i in range(kazu, 0, -1):
4          kekka = kekka * i
5      return kekka
6
7  x = int(input('正の整数を入力'))
8  print('答えは', func2(x))
```

(3)
```
1  def func3(kazu):
2      pai = 3.14
3      return pai * kazu * kazu
4
5  x = float(input('正の数を入力'))
6  print('答えは', func3(x))
```

(4)
```
1  def func4(kazu):
2      kekka = []
3      for i in range(1, kazu + 1):
4          if kazu % i == 0:
5              kekka.append(i)
6      return kekka
7
8  x = int(input('正の整数を入力'))
9  print('答えは', func4(x))
```

(5)
```
1  def func5(kazu):
2      if kazu == 0:
3          return 1
4      return kazu * func5(kazu - 1)
5
6  x = int(input('正の整数を入力'))
7  print('答えは', func5(x))
```

※input() の戻り値は文字列であるため，(3)では float() を使って浮動小数点型に，そのほかは int() で整数型に変換している。

15 ◀例題5
(5)では，関数の中で同じ関数を呼び出す「再帰呼び出し」を行っている。

練習問題

16 〈合計・数え上げ〉 30日間の気温について，真夏日（気温30度以上）の日数と真夏日の平均気温を求める次のプログラムの空欄に入る最も適当なものを，下の(ア)～(ケ)から一つずつ選べ。

```
1  kion = [31, 29, 34, ‥(略)‥, 29, 25, 30]
2  manatsubi = 0
3  goukei = 0
4  for x in  ①  :
5      if x  ②  30.0:
6          goukei =  ③
7          manatsubi =  ④
8  print('真夏日の日数：', manatsubi, '真夏日平均：',  ⑤  )
```

(ア) kion　　　(イ) len(kion)　　　(ウ) <=
(エ) >=　　　(オ) x　　　(カ) goukei + x
(キ) manatsubi + x　　(ク) manatsubi + 1　　(ケ) goukei / manatsubi

16
aにbを加えた結果をaに再び代入する処理は，
　a = a + b
と記述する。

17 〈二次元配列と関数〉 あるカレー屋では，辛さは1辛～5辛まで，ライスは普通・大盛・特盛の3種類から選べる。基本料金は800円で，辛さを1増すごとに基本料金の1割増となる。ライスは大盛が50円，特盛は100円加算される。価格一覧を作るため，料金を入れた配列kakakuを返す関数を作成した。なお，配列の添字は0から始まるものとする。また，「整数(a)」はaを整数に変換する関数，「戻り値(a)」はaを呼び出し元に返す関数である。空欄に入る最も適当なものを，次の(ア)～(オ)から一つずつ選べ。

```
(1) 関数  メニュー(kihon,  ①  )の定義：
(2)     riceを0から2まで1ずつ増やしながら繰り返す：
(3)     │  karasaを0から4まで1ずつ増やしながら繰り返す：
(4)     │  │  kakaku[rice][karasa] = 整数(kihon * (1 +  ②  * rate) + 50 *  ③  )
(5)     戻り値(kakaku)
```

(ア) rice　(イ) karasa　(ウ) (rice + 1)　(エ) (karasa + 1)　(オ) rate

17
関数の中で値が設定されるもの以外の変数は，引数として呼び出し元から渡されるようにする。
この例では，rice, karasa, kakakuは関数内で値が設定されており，kihon, rateは設定されていないことに着目する。

18 〈関数〉 今日の曜日("月", "火", ‥‥)を戻り値とする関数「曜日()」と，問題 **17** で作成した関数を使い，辛さ割増率を平日1割，土日2割とすることにした。なお，「初期化(a, b, c)」はb×cの二次元配列aを初期化する関数である。空欄に入る最も適当なものを，右の(ア)～(カ)から一つずつ選べ。

```
(1) 初期化(menulist, 5, 3)
(2) もし曜日()=="土"  ①  曜日()=="日"ならば：
(3)     menulist = メニュー(800,  ②  )
(4) そうでなければ：
(5)     menulist = メニュー(800,  ③  )
(6) 表示する(menulist)
```

(ア) and　(イ) or　(ウ) 0.1　(エ) 0.2　(オ) 1　(カ) 2

18
関数は，引数を変えて何度も呼び出すことができる。

関連 ▶ Pythonと共通テスト用プログラム表記の比較(→p.160)

22 探索と整列のプログラム

確認事項 次の空欄に適当な語句を入れよ。また，二択から適当なものを選べ。

■探索(サーチ)アルゴリズム

複数のデータの中から目的のデータを探し出すアルゴリズム。線形探索や二分探索など，さまざまなものがある。

探索法	方法	特徴
線形探索 (リニアサーチ)	端から順番に探索値を探していく。	・データをあらかじめ昇順または降順に並べ替える必要が①(ある/ない) ・探索値が後方にある場合，探索時間が②(長く/短く)なる
二分探索 (バイナリサーチ)	探索範囲を半分に狭める作業を繰り返して探索値を特定する。	・データをあらかじめ昇順または降順に並べ替える必要が③(ある/ない) ・データ数が多い場合，線形探索より探索速度が一般的に④(早い/遅い)

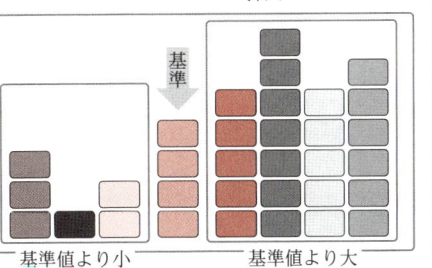

解答
① ない
② 長く
③ ある
④ 早い

■整列(ソート)アルゴリズム

複数のデータを昇順(小→大)または降順(大→小)に並べ替えるアルゴリズム。下の例以外にも，さまざまなアルゴリズムがある(図はすべて昇順に整列する場合)。

・⑤(　　　)ソート(交換法)
端から順に，隣り合う二つのデータが昇順(降順)になるよう交換していく作業を繰り返す。

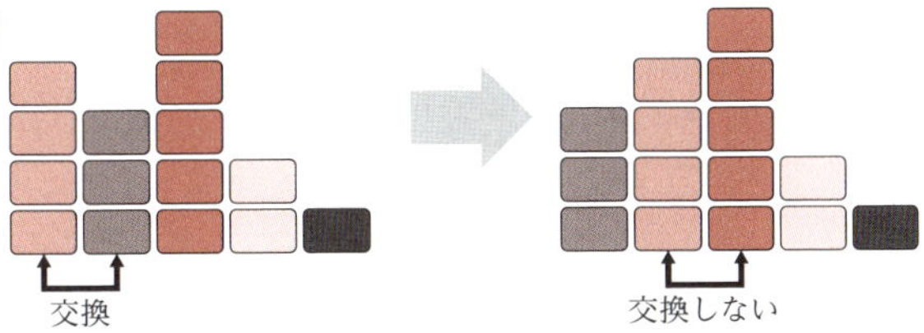

・⑥(　　　)ソート
配列内で最も小さい(大きい)データを探し，端のデータと交換する。未整列部分に対して同様の処理を繰り返す。

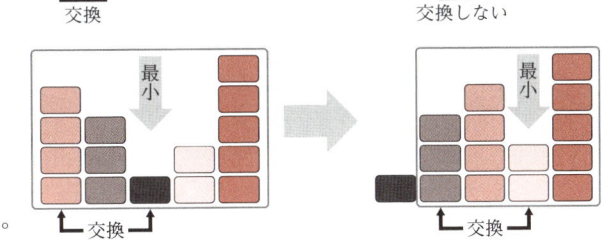

・⑦(　　　)ソート
要素を順次，整列済みデータの並び中の正しい位置に挿入する。

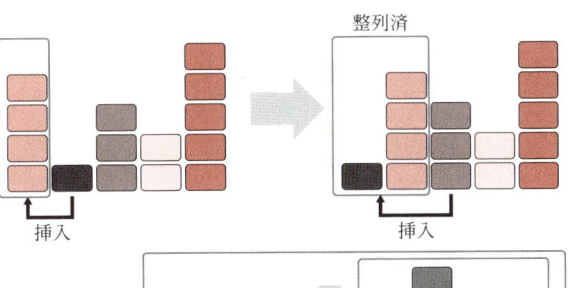

・⑧(　　　)ソート
基準となるデータよりも小さいか大きいかで二つのグループに分ける処理を再帰的に繰り返す。
※一般的に処理が早い。

⑤ バブル
⑥ 選択
⑦ 挿入
⑧ クイック

例題 7　探索のアルゴリズム

類題：22

次の二人の会話を読み，空欄①～③を埋め，④～⑦については適切なものをそれぞれ選べ。

Aさん：線形探索は端から順番に探していく方法だからわかりやすいね。

Bさん：そうだね。例えば，256個のデータから1個のデータを探索するときを考えよう。探しているデータが並び順の最初にあれば，探索回数は（　①　）回だ。

Aさん：でも，探しているデータが並び順の最後尾にある場合は（　②　）回だね。効率が悪い。

Bさん：効率のよし悪しが，探すデータの位置で大きく変わってくるね。二分探索はどうだろう。半分ずつ探索範囲を絞っていくという考え方は難しくはないけど，プログラムを組むのはちょっと大変だね。効率の面ではどうだろう。

Aさん：256個から，まず半分の128個に絞り，次に64個，次に32個…と探索対象を減らしていくから，最大探索回数は（　③　）回だ。

Bさん：線形探索の最大探索回数(②)に比べると格段に早いね。メリット・デメリットをまとめよう。

探索法	メリット	デメリット
線形探索	目的の数が探索順の④(先頭/末尾)に近いほど探索回数は少ない。	目的の数が探索順の⑤(先頭/末尾)に近いほど探索回数は多い。
二分探索	探索対象が極めて⑥(多い/少ない)場合，線形探索に比べて探索回数の平均が格段に少なくなる。	探索対象が⑦(多い/少ない)場合，探索回数の平均について際立った優位性はない。あらかじめ昇順(降順)に並べ替えておく必要がある。

解答　① 1　② 256　③ 8　④ 先頭　⑤ 末尾　⑥ 多い　⑦ 少ない

ベストフィット　探索対象が多い場合，二分探索のほうが線形探索より一般的に効率がよい。

解説
探索回数(比較回数)は，目的の値の位置や探索対象の個数によって異なる。一般的に探索の効率は，最大探索回数や平均探索回数で考える。二分探索は線形探索に比べて一般的に効率がよいが，あらかじめ昇順(降順)に並べ替える必要がある。

例題 8　バブルソート（交換法）

類題：19・20・21

次のプログラムを使い，リスト num=[9, 3, 6, 1] を昇順に並べ替える。プログラム中で繰り返し実行される4・5行目の実行直後のリスト num の各要素の値を，4・5行目の実行回数ごとに調べた下の表の空欄に適当な数値を入れよ。なお，「len(num)」はリスト num の要素数を返す組み込み関数である。

```
1  num = [9, 3, 6, 1]
2  for i in range(len(num) - 1, 0, - 1):
3      for j in range(i):
4          if num[j] > num[j + 1]:
5              num[j], num[j + 1] = num[j + 1], num[j]
```

	num[0]	num[1]	num[2]	num[3]
(初期値)	9	3	6	1
1回目	3	9	6	1
2回目	3	①	②	1

	num[0]	num[1]	num[2]	num[3]
3回目	3	③	④	9
4回目	⑤	⑥	⑦	9
5回目	⑧	⑨	⑩	9
6回目	1	3	6	9

解答 ① 6 ② 9 ③ 6 ④ 1 ⑤ 3
　　　　⑥ 6 ⑦ 1 ⑧ 3 ⑨ 1 ⑩ 6

ベストフィット バブルソートは，二つずつ要素を比較・交換する処理を繰り返す。

解説
範囲内で左端から二つずつ順に比較・交換していくので，結果的に最も大きい数値がその範囲内の右端に移動する。右端に整列済みの要素は比較する必要がないので，範囲を1ずつ狭めながら，未整列の要素に対して同様の処理を繰り返す。下の表において，太枠部分は比較・交換範囲であり，赤色部分は，その回での比較・交換対象の要素である。比較時に順序が正しければ交換は行われない。

	num[0]	num[1]	num[2]	num[3]
処理前	9	3	6	1
1回目	3	9	6	1
2回目	3	6	9	1

	num[0]	num[1]	num[2]	num[3]
3回目	3	6	1	9
4回目	3	6	1	9
5回目	3	1	6	9
6回目	1	3	6	9

類題

19 〈整列のアルゴリズム〉 整列のアルゴリズムに関する次の(ア)～(エ)の記述のうち，最も適当なものを一つ選べ。

(ア) 1，2，3，4，…のように，小さい数から大きい数へと並んだ順序を降順，その逆を昇順という。
(イ) 整列のアルゴリズムは全部で4種類である。
(ウ) どのアルゴリズムも，並べ替えるデータの個数が同じであれば並べ替えに掛かる時間は同じである。
(エ) 整列のアルゴリズムの効率を判断する材料の一つは，データの比較回数である。

19 ◀例題8
データの個数や比較・交換回数など，さまざまな条件によって最適なアルゴリズムは異なる。

20 〈選択ソート〉 次のプログラムを使い，配列Num=[8,5,2,4]を昇順に並べ替える。プログラム中で繰り返し実行される3～7行目(プログラム中(A)の縦棒範囲)の実行直後の配列Numの各要素の値を，処理回数ごとに調べた下の表の空欄を埋めよ。なお，「交換する(a,b)」は引数に渡された変数aとbの値を交換する関数，「要素数(配列)」は配列の要素数を返す関数である。

```
(1) Num = [8, 5, 2, 4]
(2) iを0から(要素数(Num) - 2)まで1ずつ増やしながら繰り返す:
(3) │   min_i = i
(4) │   jをiから(要素数(Num) - 1)まで1ずつ増やしながら繰り返す:
(5) │   │   もしNum[j] < Num[min_i]ならば:
(6) │   │   │   min_i = j
(7) │   交換する(Num[i], Num[min_i])
```
(A)は(3)～(7)の範囲

	Num[0]	Num[1]	Num[2]	Num[3]
処理前	8	5	2	4
1回目	①	5	②	4
2回目	③	④	⑤	⑥
3回目	2	4	5	8

20 ◀例題8
バブルソートでは，比較するたびに交換処理を行うが，選択ソートでは，配列内で最も小さい値を探した後に，左端の値と交換する。
選択ソートのアルゴリズムを知らなくても，プログラムを追うことで流れを把握できる。

21 〈バブルソート〉 生徒の名前がローマ字表記でランダムに入っているリスト meibo 内のデータを昇順に並べ替える次のプログラムについて，下の問いに答えよ。なお，「len(meibo)」はリスト meibo の要素数を返す組み込み関数である。また，文字列に対して不等号を使用した条件式は，文字列1文字目の文字コードの比較（1文字目が同じ場合は2文字目，…）となる。

```
1  meibo = ['mizutani', 'ito', ··(略)··, 'irie', 'kawai']
2  print('ソート前', meibo)
3  flag = ①
4  while flag:
5      flag = ②
6      for i in range(len(meibo) - 1):
7          if meibo[i] ③ meibo[i + 1]:
8              meibo[i], meibo[i + 1] = meibo[i + 1], meibo[i]
9              flag = ④
10 print('ソート後', meibo)
```

(1) プログラムの空欄に入る最も適当なものを，次の(ア)～(カ)から一つずつ選べ。ただし，同じ記号を複数回使用してもよい。
 (ア) True (イ) False (ウ) == (エ) > (オ) < (カ) !=

(2) このプログラムを，より効率的なアルゴリズムになるよう修正する方法について記述された次の(ア)～(ウ)のうち，最も適当なものを一つ選べ。
 (ア) flag を使って繰り返し処理を中断する仕組みを，中断しないよう変更する。
 (イ) 6行目で，繰り返しのたびに全員分の比較処理を行っている部分を変更し，比較範囲を全体から1ずつ狭めていく処理にする。
 (ウ) 6行目で，繰り返しのたびに全員分の比較処理を行っている部分を変更し，比較範囲を一つから全体まで1ずつ広げていく処理にする。

22 〈線形探索〉 問題 **21** で並べ替えたリスト meibo の生徒に対し，meibo の順序通りに出席番号（1番，2番，3番，…）を割り当てた。キーボードから名前を入力すると出席番号を表示する，次のプログラムの空欄に入る最も適当なものを，下の(ア)～(ク)から一つずつ選べ。

```
1  sagasu = input('名前を入力')
2  i = 1
3  for name in ① :
4      if sagasu == ② :
5          print(sagasu, 'の出席番号は', ③ , '番です')
6          break
7      i = i + 1
8  if i ④ len(meibo):
9      print('その名前はありません')
```

(ア) sagasu (イ) meibo (ウ) name (エ) i
(オ) i + 1 (カ) i - 1 (キ) > (ク) <

---

21 ◀例題8
文字列の並べ替えも数値の場合と同じアルゴリズムで行うことができるが，数値の大小比較ではなく，文字コードの大小比較となる。

22 ◀例題7
④では，名前が見つからず，繰り返しを抜けた場合に変数 i の値が何になっているか考える。

練習問題

23 〈二分探索〉 下のプログラムは，二分探索の探索回数について調べるものである。「tansaku2()」は二分探索を行う関数で，引数と戻り値は次の表の通りである。探索対象のデータはリスト numbers に入っている。以下の問いに答えよ。

引数	役割
hairetsu	探索対象のリスト
sagasu	探す値
start	探索開始位置（添字）
end	探索終了位置（添字）
kaisu	関数が呼び出された回数

戻り値	役割
tmp	リスト中の位置（見つからない場合 NO_DATA を返す）
kaisu	関数が呼び出された回数

```
1   NO_DATA = -999
2   def tansaku2(hairetsu, sagasu, start, end, kaisu):
3       kaisu = ①
4       if  ② :
5           return NO_DATA, kaisu
6
7       tmp = start + (end - start) // 2
8       if sagasu  ③  hairetsu[tmp]:
9           tmp, kaisu = tansaku2(hairetsu, sagasu, start, tmp - 1, kaisu)
10      elif sagasu  ④  hairetsu[tmp]:
11          tmp, kaisu = tansaku2(hairetsu, sagasu, tmp + 1, end, kaisu)
12      else:
13          return tmp, kaisu
14      return tmp, kaisu
15
16  num = int(input('探す数？'))
17  ans, cnt = tansaku2(numbers, num, 0, len(numbers) - 1, 0)
18  print(ans, '番目・探索回数', cnt)
```

(1) 作成した関数は，関数内で自分自身を呼び出している。このような呼び出し方を一般的に何というか答えよ。

(2) プログラムの空欄に入る最も適当なものを，次の(ア)～(ケ)から一つずつ選べ。

(ア) 0　　　　　　　　(イ) 1　　　　　　　　(ウ) kaisu + 1
(エ) start = end　　　(オ) start > end　　　(カ) start < end
(キ) ==　　　　　　　 (ク) <　　　　　　　　(ケ) >

(3) 次の(ア)～(エ)の記述のうち，最も適当なものを一つ選べ。
(ア) リスト numbers の中に探す値がない場合，何も表示されない。
(イ) リスト numbers は，あらかじめ整列済みでなければならない。
(ウ) 探す値が小さければ小さいほど，探索に掛かる時間は短くなる。
(エ) リスト numbers の要素数が2倍になると，探索に掛かる時間も2倍になる。

23
(1) 目的の値が見つかった場合，13行目が実行される。見つからない場合，探索範囲を変えて再度同じ関数が呼び出される「再帰呼び出し」となる。

(2) 目的のデータが中央値よりも前にあるか後にあるかで分岐処理を行っている。

23 プログラムによる動的シミュレーション

■中学までの復習■ 次の空欄に適当な語句を入れよ。

■構想に基づいた設計手法

①( )	実現したい動作や形状，仕組みの構造。
②( )	動作確認や不足機能の洗い出しのために作成する試作。
③( )	機械・回路・プログラムなどの動作を確認・検証するために，模擬的に動作させること。

解答
①モデル
②プロトタイプ
③シミュレーション

●確認事項● 次の空欄に適当な語句を入れよ。

■乱数の生成とシミュレーション結果の視覚表現【Python】

サイコロを投げて出た目の数のように，規則性がなく出現する数を①( )といい，生成には，標準モジュールの②( )関数や，拡張モジュールの数値計算用ライブラリ③( )を使用する。

シミュレーションを視覚的に表現するには，グラフ描画ライブラリの拡張モジュール④( )や，グラフィックライブラリの拡張モジュールを使用する。

解答
①乱数
②random
③NumPy
④Matplotlib

例題 9 サイコロの確率

類題：24・25

サイコロを複数回投げ，6の目が出る確率をシミュレーションで求める次のプログラム中の空欄と，その下の文章の空欄に入る最も適当なものを，下の(ア)～(ケ)から一つずつ選べ。ただし，同じ記号を複数回使用してもよい。なお，「'{:.5f}'.format()」は，引数の数値データを小数点以下の桁数を5に整形して表示する指定である。

```
1  import random
2  kaisu = 100000
3  kaisu6 = 0
4  print('理論値　{:.5f}'.format(1 / ①  ))
5  for i in range(kaisu):
6      deme = random.randint(1, 6)
7      if deme == ②  :
8          kaisu6 = kaisu6 + ③
9  print('試行結果 {:.5f} '.format( ④  ))
```

実行結果A
理論値　0.16667
試行結果　0.16500

実行結果B
理論値　0.16667
試行結果　0.23000

このプログラムを実行したところ，実行結果Aが表示された。kaisuに代入する数を ⑤ したところ，実行結果Bの表示となった。

(ア) 1　(イ) 6　(ウ) 8　(エ) 9　(オ) deme
(カ) kaisu / kaisu6　(キ) kaisu6 / kaisu　(ク) 大きく　(ケ) 小さく

●解答● ① (イ)　② (イ)　③ (ア)　④ (キ)　⑤ (ケ)

●ベストフィット● 試行結果(1～6)は乱数で実現する。試行回数が増えるほど，理論値に近付く。

解説▶
6～8行で1回分の試行処理を行っている。6の目が出た場合に変数kaisu6に1加算して数え上げていく。この試行をkaisu回分繰り返してその平均を取ることで，6の目が出る確率を求めている。試行回数kaisuが増えるほど，理論値に近い値を得やすくなる。

類題

24 〈ランダムウォーク〉 xy 座標平面上を動く点の動きをシミュレーションしたプログラムと，そのプログラムについて述べた次の文章について，下の問いに答えよ。なお，「random.random()」は，0 以上 1 未満の浮動小数点型の乱数を返す関数，「a.append(b)」は，リスト a に要素 b を追加する関数，「plot()」は，「show()」と併せて使うことにより，座標平面上に点を描画する関数で，拡張モジュール Matplotlib のライブラリである。

```
1  import matplotlib.pyplot as plt
2  import random
3  kosu = 1000
4  x = [0]
5  y = [0]
6  for i in range(kosu):
7      if random.random() < 0.5:
8          ido = 1
9      else:
10         ido = - 1
11     x.append(x[i] + 0.1)
12     y.append(y[i] + ido)
13 plt.plot(x, y)
14 plt.show()
```

実行結果の例

このプログラムは，x 軸方向の移動距離は ① ，y 軸方向の移動距離はランダムに上または下に ② 移動する点の動作を kosu 回繰り返すものである。1 回の動作での点の移動方向は，右上か右下の 2 種類となる。

x 軸方向の移動を，y 軸方向と同様にランダムになるよう変更すると，1 回の動作での点の移動方向は ③ 種類となる。この変更を行うため，11 行目の 0.1 を ido に変更したが，想定外の動きとなった。

(1) 上の文章の空欄に入る最も適当なものを，下の(ア)〜(カ)から一つずつ選べ。
　(ア) 0.1　(イ) 0.5　(ウ) 1　(エ) 4　(オ) 5　(カ) 8
(2) 下線部について，どのような点で想定と異なっていたか説明せよ。
(3) 計画通りの動作とするための修正方法を記述せよ。

25 〈コイントス〉 10 円，50 円，100 円の 3 種類の硬貨を投げ，表が出た硬貨が獲得できる場合の期待値をシミュレーションするプログラムについて，空欄に入る最も適当なものを，下の(ア)〜(ケ)から一つずつ選べ。なお，「random.randint(a, b)」は，a 以上 b 以下のランダムな整数を返す関数である。

(ア) kaisu　　　　　(イ) i　　　　　　　(ウ) j
(エ) 3　　　　　　 (オ) gokei　　　　　(カ) kitaichi
(キ) gokei / kaisu　(ク) gokei / 3　　　(ケ) kitaichi / kaisu

---

24 ◀例題 9

(1) y 座標のみに，乱数から決定した ido を加算している。

(2)(3) 乱数を一度だけ生成し，それを x，y の両方に代入すると，x 方向と y 方向の移動量が常に同じになるため，動く方向が限定される。x 方向，y 方向ともにランダムな移動とするには，random 関数をそれぞれ呼び出す必要がある。

```
1  import random
2  kaisu = 10
3  gokei = 0
4  omote = [0] * 3
5  print('理論値', 10 * 0.5 + 50 * 0.5 + 100 * 0.5, '円')
6  for i in range(kaisu):
7      for j in range(  ①  ):
8          omote[  ②  ] = random.randint(0, 1)
9      kitaichi = omote[0] * 10 + omote[1] * 50 + omote[2] * 100
10     print(i + 1, '回目', kitaichi, '円')
11     gokei = gokei +  ③
12 print('平均',  ④  , '円')
```

25 ◀例題9
`randint(0,1)` は 0 から 1 までの整数の乱数, つまり, 0 または 1 をランダムに返す。

練習問題

26 〈モンテカルロ法〉 次のプログラムと二人の会話文の空欄に入る最も適当なものを, 下の(ア)～(コ)から一つずつ選べ。ただし, 「二乗(x)」は x を二乗する関数,「表示する(x)」は画面に x を表示する関数,「乱数(a,b)」は a 以上 b 以下の乱数を返す関数である。

```
(1)  kaisu = 1000
(2)  kosu = 0
(3)  kaisu回繰り返す:
(4)  │   x = 乱数(0, 1)
(5)  │   y = 乱数(0, 1)
(6)  │   もし二乗(x) + 二乗(y)  ①  ならば:
(7)  │   │   kosu =  ②
(8)  │   │   (x, y)に"•"を表示
(9)  │   そうでなければ:
(10) │   │   (x, y)に"."を表示
(11) 表示する("円周率:",  ③  )
```

実行結果の例
円周率：3.164

Aさん：1辺1の正方形の中にランダムに点を kaisu 回発生させ, 半径1の円の中に入った数 kosu を数えて円周率πを求めているよ。
Bさん：x も y も正だから, 円じゃなくて扇形で考えたのね。
Aさん：r=1 だから, 扇形の面積は ④ 。点は一様に分布するから, 「扇形の面積/正方形の面積＝扇形内の点の数/正方形内の点の数」となる。この関係式を変形して 11 行目に使っているよ。
Bさん：わかりやすくするために, 円の中と外で別のマークを表示しているわね。でも, 実行結果が 3.14 じゃないわね。
Aさん：kaisu を ⑤ ことで, 実際の値に近付いていくよ。

(ア) >= 1　　　　(イ) <= 1　　　　(ウ) kaisu + 1
(エ) kosu + 1　　(オ) 4 * kosu / kaisu　　(カ) kosu / kaisu
(キ) π / 2　　　(ク) π / 4　　　(ケ) 増やす　　(コ) 減らす

26
ランダムに点を取り, 円の中に入った点の割合から円の面積を求める有名な手法である。
8 行目では "•",
10 行目では "." をグラフ上に表示している。

27 〈モンキーハンティング〉 ビルから物体が自由落下し始めると同時に，その物体を目掛けてボールを初速度 8 m/s で投げる。ボールを投げる位置から物体が落下し始める位置は，横方向に 6 m，縦方向に 8 m 離れている(図参照)。物体にボールを当てることができるかどうかシミュレーションするプログラムの空欄に入る最も適当なものを，下の(ア)～(ク)から一つずつ選べ。なお，描画関数「plot()」は，引数に「linestyle = 'solid'」を渡すと実線(─)，「linestyle = 'dashed'」を渡すと破線(‥‥)でリスト内のすべての座標をつないで描画する。

27 物理現象や数式のシミュレーションでは，ごく短い時間やごく短い距離で各値の関係式を作成し，値の変化をシミュレーションする場合が多い。

```
 1  import matplotlib.pyplot as plt
 2  dt = 0.01                  # 位置表示を更新する時間の幅
 3  g = 9.8                    # 重力加速度(縦方向の速度計算で使用)
 4  v0 = 8                     # ボールの初速度
 5  x1 = [0]                   # ボールの横方向の位置(リスト)
 6  y1 = [0]                   # ボールの縦方向の位置(リスト)
 7  vx1 = [v0 * 3 / 5]         # ボールの横方向の速度(リスト)
 8  vy1 = [  ①  ]              # ボールの縦方向の速度(リスト)
 9  x2 = [6]                   # 物体の横方向の位置(リスト)
10  y2 = [8]                   # 物体の縦方向の位置(リスト)
11  vy2 = [  ②  ]              # 物体の縦方向の速度(リスト)
12  for i in range(1000):
13      if ((x2[i] - x1[i]) ** 2 + (y2[i] - y1[i]) ** 2) < 0.01:
14            ③
15          break
16      vx1.append(vx1[i])
17      vy1.append(vy1[i] - g * dt)
18      vy2.append(vy2[i] - g * dt)
19      x1.append(x1[i] + vx1[i] * dt)
20      y1.append(y1[i] + (vy1[i] + vy1[i + 1]) / 2.0 * dt)
21      x2.append(x2[i])
22      y2.append(y2[i] + (vy2[i] + vy2[i + 1]) / 2.0 * dt)
23  plt.axes().set_aspect('equal')
24  plt.plot(x1, y1, linestyle =  ④  )
25  plt.plot(x2, y2, linestyle =  ⑤  )
26  plt.show()
```

(ア) v0 * 3 / 4
(イ) v0 * 5 / 4
(ウ) v0 * 4 / 5
(エ) 0
(オ) 'solid'
(カ) 'dahed'
(キ) print('当たりました')
(ク) print('当たりませんでした')

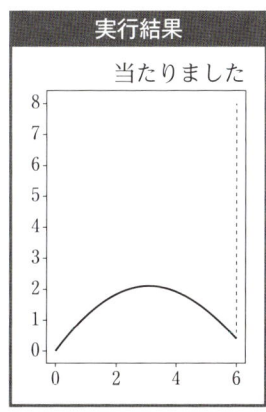

実行結果: 当たりました

#で始まる文は「コメント」と呼ばれるもので，処理内容の説明などに用いられる。プログラムの実行には無関係である。

Level UP ▶ 情報Ⅱにつながるデータサイエンス

確認事項　次の空欄に適当な語句を入れよ。

■二項分布と正規分布

①(　　　)	一定の確率で二つの状態のうち一方が起こる選択(試行)が，複数回行われてできる分布のこと。
②(　　　)	自然界や身のまわりの現象でもよく見られる，平均を中心とした，左右対称な「つりがね型」の分布のこと。
③(　　　)	平均が0，分散と標準偏差が1の(②)のこと。(③)では，グラフで囲まれた全体の面積は④(　　　)となる。
⑤(　　　)	あるデータが平均値からどれだけ離れているかを，標準偏差を単位として示した値のこと。

標準正規分布

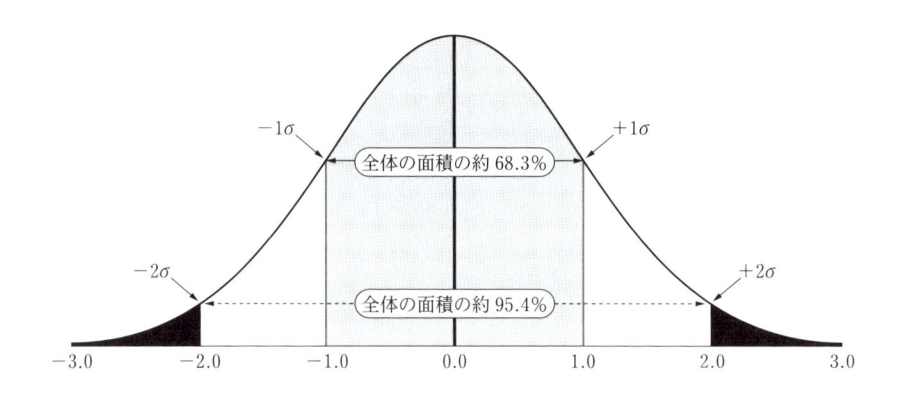

（グラフ：-1σ ～ $+1\sigma$ 全体の面積の約68.3%，-2σ ～ $+2\sigma$ 全体の面積の約95.4%）

■母集団と検定の考え方

⑥(　　　)	調査を行う対象全体のこと。(⑥)の平均を⑦(　　　)，分散を⑧(　　　)という。
⑨(　　　)	(⑥)から一部を無作為に抽出した集団のこと。(⑨)の平均を⑩(　　　)，分散を⑪(　　　)という。
⑫(　　　)	(⑥)について立てた仮説が正しいといえるかどうか，(⑨)から判定する手続きのこと。
⑬(　　　)	主張したい仮説を否定した仮説のこと。(⑫)では，(⑬)が統計的にめったに起こらないことを示す。
⑭(　　　)	(⑬)と対立する主張したい仮説のこと。(⑫)では，(⑬)を否定することで，(⑭)が正しいと結論付ける。
⑮(　　　)	有意性があるかどうか判断する基準のことで，検定統計量が(⑮)を超えているかどうかで判断する。
⑯(　　　)	(⑬)を棄却する範囲のこと。一般には，⑰(　　　)を5%か1%に設定して(⑯)が決定される。
⑱(　　　)	分布の両側を(⑫)する手法のこと。例えば，「AとBには差がない」という仮説を検証するときに使用する。
⑲(　　　)	分布の片側だけ(⑫)する手法のこと。例えば，「AはBより小さい(大きい)」という仮説を検証するときに使用する。

解答
①二項分布
②正規分布
③標準正規分布
④1
⑤Z値

※ σ(シグマ)は標準偏差を意味する。

⑥母集団
⑦母平均
⑧母分散
⑨標本
⑩標本平均
⑪標本分散
⑫検定
⑬帰無仮説
⑭対立仮説
⑮臨界値(棄却限界値)
⑯棄却域
⑰有意水準
⑱両側検定
⑲片側検定

両側検定　　　　　　　片側検定

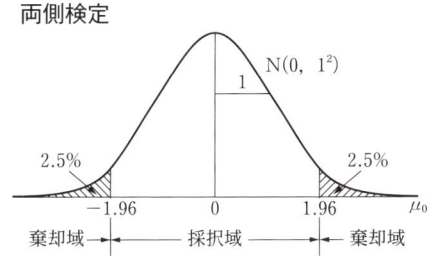

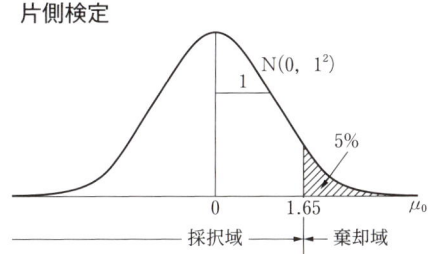

解答
※ $N(0, 1^2)$ は平均0，分散1の正規分布（標準正規分布）を意味する。

■ Z検定とt検定

⑳( )	母集団が正規分布に従っており，母平均と母分散がわかっている場合，標本平均と母平均が統計的に見て等しいといえるかどうかを㉑( )を用いて検定する方法のこと。
㉒( )	正規分布に従う母集団から抽出した標本について，標準正規分布のZ値に相当する㉓( )の分布のこと。(㉒)の形は，サンプル数で決まる㉔( )による。
㉕( )	母集団が正規分布に従っており，母分散がわからないとき，(㉒)を用いて標本の㉖( )から求めた標本平均の出現確率を利用した検定のこと。

⑳Z検定
㉑Z値
㉒t分布
㉓t値
㉔自由度
㉕t検定
㉖不偏分散

例題 1　検定の考え方　　類題：1・2

次の文章の空欄に適当な語句を入れよ。

母集団について立てた仮説が正しいといえるかを標本から判定する手続きを(①)という。(①)は，主張したい仮説を否定した(②)を考え，それを「それが偶然に起こることはめったにない＝(③)性がある」ことを示すことで，最初に立てた仮説である(④)が正しいと結論付ける。めったに起こらないとする確率の基準を(⑤)という。一般には発生確率が5％の基準が使われる。この場合，5％に対応する検定統計量を(⑥)といい，0～5％未満の範囲を(⑦)という。

母集団が正規分布に従うとき，(⑧)と(⑨)あるいは(⑨)の平方根である(⑩)がわかっている場合は，検定統計量の一つである(⑪)値を使って平均の(⑪)検定ができる。(⑧)や(⑨)がわからない場合は，(⑨)の代わりに(⑫)を用いた(⑬)値を使って(⑬)検定ができる。(⑬)検定では，n-1（nはサンプル数）で表される(⑭)によって(⑥)となる検定統計量の値が異なるが，(⑭)が30以上でほぼ一定になり，(⑪)検定の値に近付く。

解答
① 検定　② 帰無仮説　③ 有意　④ 対立仮説　⑤ 有意水準
⑥ 臨界値（棄却限界値）　⑦ 棄却域　⑧ 母平均　⑨ 母分散　⑩ 標準偏差
⑪ Z　⑫ 不偏分散　⑬ t　⑭ 自由度

ベストフィット　検定は，主張したい対立仮説を否定した帰無仮説を考え，それが統計的にめったに起こらないことを示すことで，対立仮説が正しいと結論付ける手法である。

解説▶
検定にはさまざまな種類があるが，母集団と標本の平均に有意な差があるかどうかを調べるものを「平均の検定」という。平均の検定のうち，母分散がわかっている場合は「Z検定」，母分散がわかっていない場合は「t検定」を使用する。Z検定では正規分布，t検定ではt分布を用いて指定された有意水準での臨界値を算出する。ただし，母分散がわかっていない場合でも，標本の数が大きい（一般に30以上）のときは，母集団と標本の分散が等しいとみなすことができるため，t検定ではなくZ検定を用いることができる。

Level UP　情報Ⅱにつながるデータサイエンス　**111**

例題 2 平均の検定（母分散がわかっている場合） 類題：1

ある工場で作られた製品の質量は正規分布に従っており，平均 50.0 g，標準偏差 1.50 であることがわかっている。ある時間帯に作られた製品から 9 個を抽出したところ，それらの質量の平均が 49.0 g であった。この時間帯に何らかの異常が起こっていたといえるかどうか検定したい。このとき，次の問いに答えよ。ただし，有意水準は 5 ％で，Z 値（標準正規分布）の臨界値は，両側検定で 1.96，片側検定で 1.65 とする。

(1) 帰無仮説を答えよ。
(2) この検定は，両側検定か片側検定のどちらか答えよ。
(3) Z 値を有効数字 3 桁で答えよ。
(4) この時間帯に何らかの異常が起こっていたといえるかどうか答えよ。

解答 (1) 抽出した製品の質量の平均は全体の平均と等しい (2) 両側検定 (3) −2.00 (4) いえる

ベストフィット Z 検定は，母集団が正規分布に従っており，母平均と母分散がわかっている場合に，標本平均と母平均が統計的に等しいといえるかどうかを検定する。

解説
(1) 帰無仮説は母集団と標本の平均値が等しいとする仮説であるため，この場合の帰無仮説は「抽出した製品の質量の平均は全体の平均と等しい」となる。
(2) 質量の平均値が大きい場合と小さい場合を検定する必要があるため，両側検定となる。
(3) Z 値は，母分散を用いて次のように求める。

$$Z = \frac{標本平均 - 母平均}{\sqrt{標本平均の分散}} = \frac{標本平均 - 母平均}{\sqrt{\frac{母分散}{サンプル数}}} = \frac{標本平均 - 母平均}{\frac{母集団の標準偏差}{\sqrt{サンプル数}}} = \frac{49.0 - 50.0}{\frac{1.50}{\sqrt{9}}} = -2.00$$

(4) Z 値の絶対値が 1.96 を上まわり，帰無仮説が棄却されるため，この時間帯に何らかの異常が起こっていたといえる。

例題 3 平均の検定（母分散がわからない場合） 類題：2

A さんが買った花の球根は，「1 袋あたり標準量 400.0 g 入り」という表示がある。これと同じ種類の球根を 16 袋分調べたところ，16 袋の平均は 401.5 g，不偏分散は 8.00 であった。これらは標準量と異なるといえるかどうか検定したい。このとき，次の問いに答えよ。ただし，有意水準は 5 ％で，t 分布の臨界値（自由度 15）は，両側検定で 2.13，片側検定で 1.75 とする。

(1) 帰無仮説を答えよ。
(2) この検定は，両側検定か片側検定のどちらか答えよ。
(3) t 値を有効数字 3 桁で答えよ。ただし，$\sqrt{2} = 1.41$ とする。
(4) 16 袋の球根は標準量と異なるといえるかどうか答えよ。

解答 (1) 16 袋の球根の平均は標準量と等しい (2) 両側検定 (3) 2.12 (4) いえない

ベストフィット t 検定は，母集団が正規分布に従っており，母平均と母分散がわからない場合に，標本平均と母平均が統計的に等しいといえるかどうかを検定する。

解説
(1) 帰無仮説は母集団と標本の平均値が等しいとする仮説であるため，この場合の帰無仮説は「16 袋の球根の平均は標準量と等しい」となる。
(2) 標準量の平均値が大きい場合と小さい場合を検定する必要があるため，両側検定となる。
(3) t 値は，不偏分散（母分散の推定値）を用いて次のように求める。

$$t = \frac{標本平均 - 母平均}{\sqrt{\frac{不偏分散}{サンプル数}}} = \frac{401.5 - 400.0}{\sqrt{\frac{8.00}{16}}} = \frac{1.5}{\sqrt{\frac{1}{2}}} = 1.5 \times \sqrt{2} \fallingdotseq 2.12$$

(4) t 値が 2.13 を下まわり，帰無仮説は棄却されないため，16 袋の球根は標準量と異なるとはいえない。

類題

1 〈全国模試の結果〉 ある全国模試の結果は正規分布に従っており，平均390点，標準偏差120であった。A高校では，この模試を400人が受験し，平均400点であった。A高校の生徒は，全国平均と比較して有意に高い結果だったといえるかどうか検定したい。このとき，次の問いに答えよ。ただし，有意水準は5％で，Z値（標準正規分布）の臨界値は両側検定で1.96，片側検定で1.65とする。

(1) 帰無仮説を答えよ。
(2) この検定は，両側検定か片側検定のどちらか答えよ。
(3) Z値を有効数字3桁で答えよ。
(4) 全国平均と比較して有意に高い結果だったといえるかどうか答えよ。

2 〈ノートパソコンの駆動時間〉 あるノートパソコンの駆動時間は，メーカーの公式スペックによると15.0時間となっている。ここで，同じ型のノートパソコン10台を用いて駆動時間をテストしたところ，平均14.3時間，不偏分散2.00時間であった。テストしたノートパソコンの駆動時間が，公式スペックの基準を満たしているかどうか検定したい。このとき，次の問いに答えよ。ただし，有意水準は5％で，t分布の臨界値（自由度9）は，両側検定で2.26，片側検定で1.83とする。なお，駆動時間が公式スペックよりも長い場合は問題ないこととする。

(1) 帰無仮説を答えよ。
(2) この検定は，両側検定か片側検定のどちらか答えよ。
(3) t値を有効数字3桁で答えよ。ただし，$\sqrt{5}=2.24$とする。
(4) 駆動時間が公式スペックの基準を満たしているといえるかどうか答えよ。

練習問題

3 〈平均の検定〉 次の問いに答えよ。ただし，有意水準5％におけるZ値（標準正規分布）の臨界値は，両側検定で1.96，片側検定で1.65とし，t分布の臨界値（自由度9）は，両側検定で2.26，片側検定で1.83とする。

(1) ある工場で作られるお菓子は，1個の重さの平均が40.0 gである。ここで，30個入りの箱に入っていたお菓子は平均が40.3 g，標準偏差が1.00であった。この箱のお菓子の重さは通常と異なっているかどうか検定したい。

① 帰無仮説を答えよ。
② この検定は，両側検定か片側検定のどちらか答えよ。
③ Z値を有効数字3桁で答えよ。ただし，$\sqrt{30}=5.48$とする。
④ この箱のお菓子の重さは通常と異なっているといえるかどうか答えよ。

(2) 麺を設定した長さに切り出す機械がある。ここで，麺の長さを20.0 cmに設定して切り出したところ，10本の平均が20.5 cm，不偏分散が0.500であった。この機械で切り出した麺の長さは，設定した長さよりも長いかどうか検定したい。

① 帰無仮説を答えよ。
② この検定は，両側検定か片側検定のどちらか答えよ。
③ t値を有効数字3桁で答えよ。ただし，$\sqrt{20}=4.47$とする。
④ 切り出した麺の長さは，設定した長さよりも長いといえるかどうか答えよ。

---

1 ◀例題1・2
(2)全国平均と比較して，平均点が高いかどうかを検定すればよい。
(4)Z値を比較し，臨界値を超えれば帰無仮説を棄却することができる。

2 ◀例題1・3
(2)公式スペックと比較し，駆動時間が長いかどうかを検定すればよい。
(4)t値を比較し，臨界値を超えれば帰無仮説を棄却することができる。

3
(1)③母分散がわからないため，通常はt分布を用いて有意水準5％での臨界値を算出し，t検定を行う。ただし，この場合は，サンプル数が十分に大きい（一般に30以上）であるため，母集団と標本の分散が等しいとみなすことができ，t検定ではなくZ検定を用いることができる。
(2)③母分散がわからずサンプル数も少ない（30に満たない）ため，t検定を行う。

Level UP ▶ データを活用するためのプログラミング

確認事項 次の空欄に適当な語句を入れよ。

■データの活用

①(　　　)	インターネットの普及と情報技術の進歩により，日々蓄積されていく膨大かつ多様なデータ。
②(　　　)	行政機関や各種団体が，地域活性化やさまざまなビジネスにおいて，広く自由に利用できるよう提供しているデータ。
③(　　　)	Application Programming Interface の略。何らかのシステムやサービスの機能を外部から呼び出す際に，共通で使用する処理を関数の形でまとめたもの。スマートフォンアプリ開発用など，多種多様なものがある。
④(　　　)	(③)のうち，インターネット上のシステムやサービスで使用するもの。行政機関が提供するものや企業が提供するものなど，多種多数なものがある。
⑤(　　　)	WebページのHTMLを解析して情報を収集すること。禁止しているWebサービスもあるので注意が必要である。

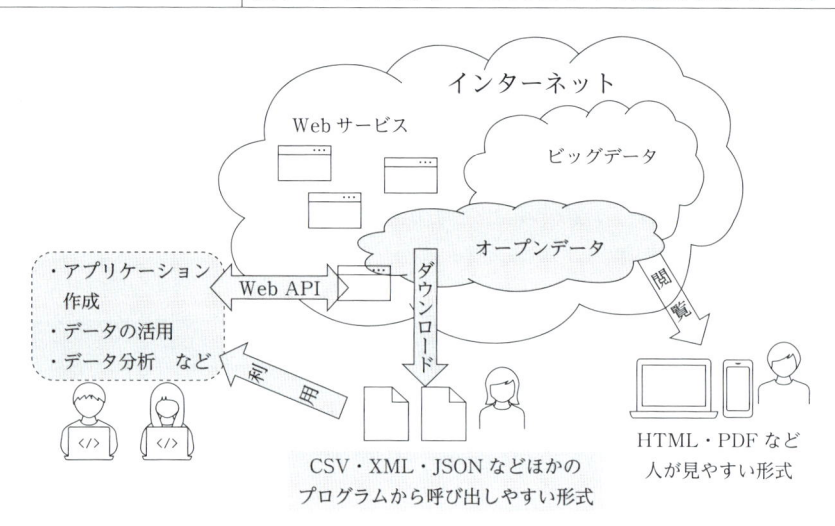

解答
①ビッグデータ
②オープンデータ
③API
④Web API
⑤Webスクレイピング

■オープンデータで使われるおもなファイル形式

⑥(　　　)	データをカンマ(またはタブなど)で区切って記述したテキストファイル。シンプルな構造のため，データの受け渡しなどで広く使われている。Comma Separated Values の略。
⑦(　　　)	キーとなる名前とデータのセットを階層構造で記述したテキストファイル。軽量でデータの検索なども容易なため，さまざまなプログラミング言語で広く使われている。JavaScript Object Notation の略。
⑧(　　　)	ユーザが定義するタグを使って記述するマークアップ言語。タグをキーとしてデータを検索できる。eXtensible Markup Language の略。

⑥CSV
⑦JSON
⑧XML

■ファイルの文字コード

⑨(　　　　　)	Unicode の符号化方式の一つ。世界中で広く使われている。オープンデータから得たファイルが(⑩)になっていることも多く，(⑨)への変換が必要になる場合がある。
⑩(　　　　　)コード	ASCII コードに日本語の文字を加えた文字コード。JIS 規格で標準化されている。

解答
⑨UTF-8
⑩シフト JIS

■オープンデータ活用時に使用する組み込み関数・モジュールなど【Python】

標準関数（ファイル操作関数）

⑪(　　　　　)	指定されたファイルを指定されたモード※で開く。 ※読み込み/書き込みなど，ファイルを開く方式。 mode = 'r' で⑫(　　　　)，mode = 'w' で⑬(　　　　) encoding = '文字コード名' で文字コードを指定。
⑭(　　　　　)	ファイルを閉じる。
read()	ファイル全体を文字列として⑮(　　　　)。
readlines()	ファイル全体を文字列のリストとして(⑮)。
write()	ファイルに文字列を⑯(　　　　)。
writelines()	ファイルに文字列のリストを(⑯)。

⑪open()
⑫読み込み
⑬書き込み
⑭close()
⑮読み込む
⑯書き込む
⑰分割
⑱長さ
⑲要素数

標準関数（その他）

split()	指定された文字で文字列を⑰(　　　)し，リストにして返す。 例：tango = line.split(',')
len()	文字列の⑱(　　　)や配列（リスト）の⑲(　　　　)を返す。

拡張モジュール

・Matplotlib
　　グラフ描画ライブラリ。棒グラフ描画 bar()，グラフ描画 plot()，散布図 scatter() など

・Requests
　　HTTP リクエストを扱うためのライブラリ。標準の urlib よりも使いやすく作られており，広く使われている。

■データの活用で使用されるおもなデータ型・操作リスト・配列（→p. 96 参照）

辞書型

　　JSON 形式のファイルは，キーと値のセット（キー・バリュー型データ）と配列で構成される。Python では，キーと値のセットは⑳(　　　)型で扱うため，JSON 形式のファイルを利用する場合には，(⑳)型に変換して利用することになる。

⑳辞書

辞書の表し方	使用例
{キー名：値}	monster = {'name' : 'anaconda', 'power' : 500} print(monster['power']) 【実行結果】　500

スライス操作

　　リストや文字列などから一部分を切り出すこと。

スライスの表し方	使用例
hairetsu[開始位置：終了位置] ※先頭は 0 番目。終了位置は含まない。 ※開始位置，終了位置は省略可	bango = [1, 2, 3, 4, 5, 6, 7] print(bango[2 : 5]) 【実行結果】　[3, 4, 5]

Level UP　データを活用するためのプログラミング　**115**

例題 4 Web API　　　類題：4

気象庁の提供するオープンデータ(https://www.jma.go.jp/bosai/forecast)から釧路の3日間の天気予報を表示する次のプログラムについて，下の問いに答えよ。なお，3行目で取り出された data はリストになっており，下の番号に対応する各地域の詳細なデータが配列の0〜21番目に入っている。また，'name' などの文字列は，得られたJSONデータに格納されている辞書型データのキー名である。

0 釧路，1 旭川，2 札幌，3 青森，4 秋田，5 仙台，6 新潟，7 金沢，8 東京，9 宇都宮，10 長野，11 名古屋，12 大阪，13 高松，14 松江，15 広島，16 高知，17 福岡，18 鹿児島，19 奄美，20 那覇，21 石垣

```
1   import requests
2   url = 'https://www.jma.go.jp/bosai/forecast/data/forecast/010000.json'
3   data = requests.get(url).json()
4
5   area = data[0]
6   print(area['name'])
7   for ts in area['srf']['timeSeries']:
8       if 'weathers' in ts['areas']:
9           print('今　日：', ts['areas']['weathers'][0])
10          print('明　日：', ts['areas']['weathers'][1])
11          print('明後日：', ts['areas']['weathers'][2])
```

実行結果例（日によって変化する）
釧路
今　日： 雨　所により　雷　を伴う
明　日： 雨　時々　くもり　所により　雷　を伴う
明後日： くもり　時々　雨

(1) 東京の天気予報を表示するには，上のプログラムの何行目を変更すればよいか。変更する行の行番号と，その行の変更後のコードを書け。

(2) 8行目は 'weathers' というキーに対応する値が存在するかを確認する条件文だが，この行が必要な理由として考えられるものを次の(ア)〜(ウ)から一つ選べ。
(ア) 必要なデータが area['srf']['timeSeries'] に格納されていない場合があるから。
(イ) 必要なデータが area['srf']['timeSeries']['areas'] に格納されていない場合があるから。
(ウ) 必要なデータが area['srf']['timeSeries']['areas']['weathers'] に格納されていない場合があるから。

解答 (1) 5行目，area = data[8]　(2) (イ)

ベストフィット オープンデータで広く利用されているJSON形式は，配列（リスト）と辞書型データを階層的に組み合わせたものである。

解説
このプログラムでは，5行目でJSONファイルから取り出した data の0番目 data[0] を area に代入していること，また，6行目の print(area['name']) で「釧路」が表示されていることが読み取れる。釧路は問題文中でリストの 0 番目であると書かれている。よって，東京を表示したい場合は添字8を指定すればよいことがわかる。さらに，data[] の添字部分をキー入力で指定するよう変更すれば，任意の県の表示が可能となる。
取得したJSONファイルについて，キーの説明がないので，構造のすべてをこのプログラムの記述から把握することはできないが，プログラムの流れと実行結果を読み解けば，既存のコードを修正することは難しくない。
(2) 'weathers' のキーに対応する値が存在しない場合，9〜11行目で，取り出せていない配列に対してアクセスしてしまいエラーとなるので，(イ)の状況を防ぐために8行目の記述がある。

類題

4 〈オープンデータ〉 次のCSVファイルは，京都市のオープンデータポータルサイト（https://data.city.kyoto.lg.jp/）から，平成29年に京都市を修学旅行で訪れた高校生の地域別・月別の人数を取り出し，UTF-8形式で保存したものである。このデータから，月別の合計人数をグラフ表示する下のプログラムの空欄に入る最も適当なものを，下の(ア)〜(オ)から一つずつ選べ。

CSVファイル(kyotoHS.csv)

```
地域,1月,2月,3月,4月,5月,6月,7月,8月,9月,10月,11月,12月,
北海道,287,364,1710,1164,141,207,180,192,1034,12016,11916,7455,
東北,490,620,2915,1984,240,353,307,327,1761,20475,20306,12704,
関東,540,685,3217,2190,265,389,338,361,1944,22598,22410,14020,
中部,70,88,414,282,34,50,44,46,250,2909,2885,1805,
      ・・・・(略)・・・・
```

```
 1  import matplotlib.pyplot as plt
 2  
 3  fp = open('kyotoHS.csv', 'r', encoding = 'UTF-8')
 4  lines =  ① 
 5  goukei = [0] * 12
 6  for line in lines[1:]:
 7      items =  ② 
 8      for i in range(len(goukei)):
 9          goukei[i] = goukei[i] +  ③ 
10   ④ 
11  
12  tuki = range(1, 13)
13  plt.bar(tuki, goukei)
14  plt.show()
```

(ア) int(items[i])　　(イ) int(items[i + 1])
(ウ) fp.readlines()　(エ) fp.close()
(オ) line.split(',')

◀例題4

4 ファイルの読み書きをする場合，操作前に必ずopen()で開き，操作後にclose()で閉じる必要がある。

6行目lines[1:]の記述は，リストの0番目は除き，1番目以降のリストから取り出す記述である。このように，リストの一部を取り出してコピーを返す操作をスライスと呼ぶ。

空欄の前後を読み，linesからlineを取り出し，lineからitemsを取り出していることに着目する。

練習問題

5 〈Web API〉 日本郵便のWebサイトで公開されている郵便番号データを再配布するWeb APIを使い，入力された郵便番号に該当する住所を表示するプログラムを作成したい。プログラムの各処理を記述した次の(A)〜(F)の文章を，正しい順に並べ替えよ。ただし，一つの選択肢内に複数ある処理の順序は記述順とする。なお，このAPIは，APIのURLと7桁の郵便番号を引数として渡すことで，表中のフィールド名をもつデータがテキストデータとして得られるものである。
使用API：http://zipcloud.ibsnet.co.jp/　（株式会社アイビス）

フィールド名	内容
status	ステータス（正常時：200　エラー発生時：エラーコード）
message	メッセージ（エラー発生時のエラーの内容）
results	（含まれるフィールド）　address1, address2, address3 都道府県名，市区町村名，町域名

(A)・JSON ファイルから，'status' をキーとして得たデータを変数 status に代入する
　・JSON ファイルから，'message' をキーとして得たデータを変数 message に代入する
　・JSON ファイルから 'results' をキーとして得た住所データ群を，変数 address に代入する
(B)・テキストデータから JSON ファイルを得る
(C)・変数 url に，Web API の URL を代入する
　・キーボードから入力された番号を変数 bango に代入する
(D)・url と bango を引数として API にアクセスし，テキストデータを得る
(E)・status が 200 の場合は address から 'address1', 'address2', 'address3' をキーとして得たデータを画面に表示する
　・status が 200 でない場合は次の行を実行する
(F)・message を表示する

5 Web API では，API の URL を指定して必要なデータや処理にアクセスする。この問題では，テキストデータを取り出し，JSON 形式に変換してから必要な値を取り出している。

どのデータがあれば次の処理に進めるかを追っていけば，処理順序は定まる。

6 〈Web API〉　次のプログラムは，『政府統計の総合窓口（e-Stat：https://www.e-stat.go.jp/）』から 2019 年の「総人口に対する都道府県別人口の割合」のデータを取得し，県名と割合を表示するプログラムの抜粋である。プログラムの空欄に入る最も適当なものを，下の(ア)～(エ)から一つずつ選べ。

　なお，プログラム中の 4 行目で取り出したデータは，キー '@code' に県 ID，'@name' に県名が入った辞書型のデータからなるリストである。同様に，5 行目で取り出したデータは，キー '@area' に県 ID，'$' に得られた割合の数値が入った辞書型のデータからなるリストである。

```
 1  GET_URL = （略）      # url, APP_ID, dataID, dataY からなる URL
 2              ①
 3  p_data = （略）       # data から取り出した各県のデータ
 4  prefs  = （略）       # p_data から取り出した県 ID と県名のデータ
 5  values = （略）       # p_data から取り出した県 ID と割合のデータ
 6
 7  for pref in prefs:
 8              ②
 9      if(pref['@code'] == value['@area']):
10          print(       ③       , '%')
```

(ア)　for value in values:
(イ)　if value == pref:
(ウ)　data = requests.get(GET_URL).json()
(エ)　pref['@name'], value['$']

実行結果
（略）
千葉県　4.96 %
東京都　11.03 %
神奈川県　7.29 %
（略）

6 Web API で得られるデータの多くは JSON 形式である。このプログラムも，キーを指定して値を得ており，辞書型のデータとリストからなる JSON 形式であることがわかる。

①は，「request」や「json」が理解できなくても，if や for は文法上入らないので消去法から答えることもできる。

Level UP ▶ 計測・制御とプログラミング

中学までの復習 次の空欄に適当な語句を入れよ。

■計測・制御システム

①( )	周囲の状況を計測し，機械が扱うことのできる信号に変換する装置。 例：光センサ，温度センサ，加速度センサ　など
②( )	計測・制御を行うアナログ情報と，コンピュータなどで処理できるデジタル情報とを変換する部分。

　（①）によって光や温度などを計測し，コンピュータとプログラムによってモータなど目的の仕事を行う部分の制御を行うシステムを計測・制御システムという。

解答
①センサ
②インタフェース

確認事項 次の空欄に適当な語句を入れよ。

■計測・制御システム

①( )	コンピュータからの電気信号によって物理的な運動をする装置。 例：モータ，油圧シリンダ　など
②( )	センサなどの外部装置からコンピュータに電気信号を入力する端子。
③( )	コンピュータからモータなどの外部装置に電気信号を出力する端子。
④( )	アナログをデジタルに変換する機器。
⑤( )	デジタルをアナログに変換する機器。
⑥( )	離散的に変化するデジタルデータ0/1による入力。
⑦( )	離散的に変化するデジタルデータ0/1による出力。
⑧( )	連続的に変化するアナログデータによる入力。
⑨( )	連続的に変化するアナログデータによる出力。

　次の図は，アナログ値を出力するセンサと，アナログ値を入力するアクチュエータを接続したマイコンボードの機能構成の一例である。

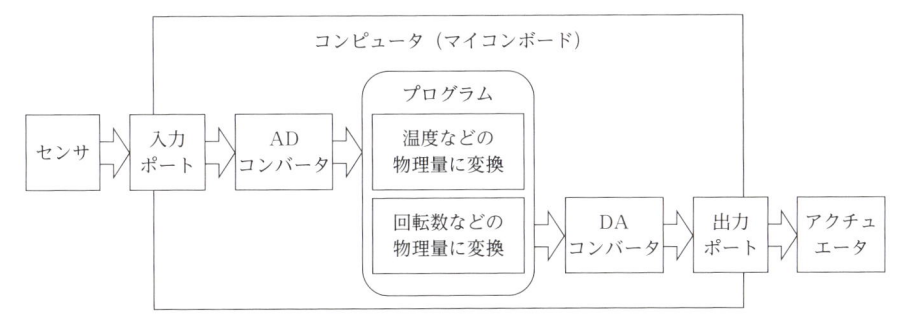

解答
①アクチュエータ
②入力ポート
　（入力端子）
③出力ポート
　（出力端子）
④ADコンバータ
⑤DAコンバータ
⑥デジタル入力
⑦デジタル出力
⑧アナログ入力
⑨アナログ出力

■計測・制御とIoT

　身のまわりのものなど，さまざまな「モノ」をネットワークにつないで制御することを，モノのインターネット，⑩( )(Internet of Thingsの略)という。手軽に実現する手段として，Arduino（アルディーノ）やRaspberry Pi（ラズベリーパイ）などの小型マイコンボード(マイクロコンピュータと入出力端子などを一つの基板に組み込んだもの)がよく使われる。

⑩IoT

（補足）　本項で使用するプログラムについて

　本項で使用する機器構成の多くはマイコンボード micro:bit を，開発環境は MakeCode を使用している。micro:bit や MakeCode について，詳しくは別冊解答 p.119 を参照。

例題 5　光センサを使った計測・制御

類題：7・8・9

マイコンボード micro:bit を使ったプログラムに関する次の会話を読み，空欄に入る最も適当なものを(ア)〜(ク)から一つずつ選べ。なお，「`input.light_level()`」は周囲の光量の測定結果を返す関数，「`basic.show_icon(IconNames.△△△)`」は ID が△△△の画像表示を行う関数である。

```
1  def on_forever():
2      if input.light_level() < 20:
3          basic.show_icon(IconNames.NO)
4      else:
5          basic.show_icon(IconNames.HEART)
```

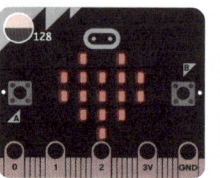

Aさん：micro:bitに搭載されている ① センサを使って，周囲が明るいときは ② を，暗いときは ③ を表示するプログラムを作ったよ。

Bさん：夜になったらライトが点いて，夜が明けたら消灯する常夜灯も作れるね。

Aさん：外付け LED で試してみよう。LED と必要な抵抗を 0 番端子と GND（接地）につないで，プログラムの ④ 行目を，デジタル信号「1」を送る処理に変えてみよう。

Bさん：周囲が明るいときは明かりを点けないから， ⑤ 行目は Python で何もしないときに書く pass にすればいい？

Aさん：(④)と同じ関数で 1 を 0 にして信号を送らないと， ⑥ になるよ。

(ア)　温度　　(イ)　光　　(ウ)　ID が NO の画像（バツマーク）　　(エ)　ID が HEART の画像（ハートマーク）
(オ)　3　　(カ)　5　　(キ)　点滅状態　　(ク)　点灯したまま

解答　① (イ)　② (エ)　③ (ウ)　④ (オ)　⑤ (カ)　⑥ (ク)

ベストフィット　計測（光センサの値を読み取る）値をもとに制御（端子に信号を送って LED を点灯）する。

解説
制御システムの多くは，センサで外部から何らかの情報を読み取り，外部機器に制御信号を送って操作する処理の流れとなる。本プログラムでも，光を読み取り，外付け LED を制御する流れである。なお，MakeCode で「0 番端子にデジタル信号「1」を送る処理」は「`pins.digital_write_pin(DigitalPin.P0, 1)`」と記述する。
会話の内容では外付けの LED を直接 micro:bit に接続しているが，電球のような負荷の大きな機器を使う場合には，大きな電流に変換してから制御する必要がある。

例題 6　無線通信による制御

類題：9

　無線を使って互いに通信ができるマイコンボード micro:bit 2 台に，次のプログラムを書き込んだ。このプログラムについて，次の問いに答えよ。なお，プログラムは MakeCode の関数を使用しており，`radio.set_group(1)` は二つの micro:bit を無線の送受信を行うための同一グループに指定する関数，「`radio.send_string()`」，「`radio.receive_string()`」は文字列の送信および受信を行う関数である。また，ボタン A が押された場合には関数「`on_button_pressed_a()`」，文字列を受信した場合には関数「`on_received_string()`」が呼び出されるよう記述されている。

```
1  radio.set_group(1)
2  
3  def on_button_pressed_a():
4      radio.send_string('smile')
5  input.on_button_pressed(Button.A, on_button_pressed_a)
6  
7  def on_received_string(receivedString):
8      if receivedString == 'smile':
9          basic.show_icon(IconNames.HAPPY)
10 radio.on_received_string(on_received_string)
```

(1) 次の(ア)～(エ)の記述のうち，適当なものをすべて選べ。
 (ア) ボタンAが押された側の micro:bit に画像が表示される。
 (イ) ボタンAが押された側ではないほうの micro:bit に画像が表示される。
 (ウ) 表示される画像のプログラム内でのIDは `smile` である。
 (エ) 表示される画像のプログラム内でのIDは `HAPPY` である。

(2) 片方の micro:bit のボタンを1回押すと，micro:bit 二つともに画像を表示するにはプログラムをどのように変更すればよいか。最も適当なものを次の(ア)～(エ)から一つ選べ。
 (ア) 1行目の後に `basic.show_icon(IconNames.HAPPY)` を記述する（左端は1行目と揃える）。
 (イ) 3行目の後に `basic.show_icon(IconNames.HAPPY)` を記述する（左端は4行目と揃える）。
 (ウ) 1行目の後に `radio.send_string('smile')` を記述する（左端は1行目と揃える）。
 (エ) 9行目の後に `radio.send_string('smile')` を記述する（左端は9行目と揃える）。

解答 (1) (イ), (エ)　(2) (イ), (エ)

ベストフィット 無線通信では，メッセージを送信する関数と受信する関数を使って処理を行う。

解説
(1) `'smile'` というメッセージを送受信し，`'HAPPY'` というIDのアイコンを表示している。
(2) (ア)や(ウ)の変更をすると，ボタンを押したかどうかに関係なく，常に画像が表示されることになる。「`on_button_pressed_a()`」や「`on_received_string()`」は，「ボタンを押される」，「文字列を受信する」といったイベントが発生したときに呼び出される関数である。これらの関数を使用するには，それぞれ5行目，10行目で入力や無線の機能として登録する必要がある。このように，何らかのイベントの発生に応じて動作する仕組みをイベント駆動（イベントドリブン）という。「`radio.set_group()`」は無線通信をする複数の micro:bit にグループ番号を付けるもので，通信相手を特定するために必要である。

類題

7 〈計測と制御〉 計測と制御の仕組みについて述べた次の文章の空欄に入る最も適当なものを，下の(ア)～(エ)から一つずつ選べ。

温度や加速度を計測する（ ① ）から得られたデータは，コンピュータの（ ② ）から取り込む。多くの場合，計測値は電圧などの生のデータなので，(①)の特性に応じてプログラム内で温度などの物理量に変換する必要がある。同様に，モータやLEDなどの（ ③ ）を制御する場合，(③)の特性に応じて物理量を制御のためのデータに変換した値を，コンピュータの（ ④ ）から出力して制御する。
 (ア) センサ　(イ) アクチュエータ　(ウ) 入力ポート　(エ) 出力ポート

7 ◀例題5
計測した値を入力値として取り込み，制御に必要な値を出力するまでの流れを確認する。

8 〈温度センサと制御〉 次の(ア)～(カ)の記述は，温度を計測して20度より高い場合のみ画面に表示するプログラムの各行を説明したものである。プログラムが正しく動作するよう順に並べ替えよ。ただし，使用する行は六つのうち四つのみである。

(ア) 変数 ondo を画面に表示する。
(イ) 変数 atai を画面に表示する。
(ウ) もし ondo > 20 ならば次の行を実行する。
(エ) もし atai > 20 ならば次の行を実行する。
(オ) 計算式を使って atai を摂氏温度に変換し，変数 ondo に代入する。
(カ) 温度センサから値を読み込み，変数 atai に代入する。

8 ◀例題5
センサから読み込んだ値を温度に変換して使用する。学習用プログラムの場合，センサからの値がそのまま温度に変換されている場合もある。

9 〈加速度センサと制御〉 無線機能を搭載した二つのマイコンボードA，Bと，加速度センサを使い，ロボットのひじ関節の動きを無線制御するシステムを作成したい。ロボットのひじ関節の部分には，入力された制御信号の値に応じた角度だけ回転するサーボモータと，モータの駆動に必要な電源回路からなるモータユニットを取り付けた。

使用する加速度センサは，重力加速度を含めた加速度の (X, Y, Z) 成分を検出するもので，関数「X軸方向の傾き()」で，検出したX軸方向の傾きを得ることができる。

プログラム1とプログラム2について述べた次の文章の空欄に入る最も適当なものを，下の(ア)～(ク)から一つずつ選べ。

プログラム1

```
(1) 無線通信をONにする
(2) ずっと繰り返す：
(3)   x = X軸方向の傾き()
(4)   メッセージを送る(x)
```

プログラム2

```
(1) 無線通信をONにする
(2) ずっと繰り返す：
(3)   jushin = メッセージを受信()
(4)   atai1 = (A)
(5)   atai2 = (B)
(6)   出力端子に信号を送る(atai2)
```

・マイコンボードAの ① にモータユニットを接続し，マイコンボードBの ② に加速度センサを取り付けた
・プログラム1をマイコンボード ③ に，プログラム2をもう一方のマイコンボードに書き込んだ
・プログラム2の(A)，(B)はユーザ定義関数で，(A)は受信した ④ を引数とし，それに応じた回転角度を戻り値とする関数，(B)は ⑤ を引数とし，モータ制御を行うために必要な値を戻り値とする関数である

(ア) 入力端子　(イ) 出力端子　(ウ) A　(エ) B　(オ) 加速度
(カ) X軸方向の傾き　(キ) 電圧　(ク) 回転角度

9 ◀例題5・6
マイコンボードにセンサが搭載されている場合，マイコンボードを制御するプログラムを使ってセンサの値を取得できる。外付けのセンサを使う場合，センサから送られる電圧値を読み込み，目的の値（この例の場合は傾き）に変換する。

例題6では，無線通信するマイコンボードの送信側と受信側に同じプログラムを書き込んだが，今回のプログラムは送信側と受信側で異なるプログラムを書き込んでいる。

練習問題

10 〈明るさの制御〉 Ｓさんは，micro:bitに接続したLEDの明るさを，AボタンやBボタンを押すたびに調整できるプログラムを作成した。ＳさんとＴさんの会話の空欄に入る最も適当なものを，下の(ア)～(ク)から一つずつ選べ。ただし，同じ記号を複数回使用してもよい。なお，プログラムはMakeCodeの関数を使用しており，「`basic.pause(a)`」はａミリ秒だけ実行を一時停止する関数（1000ミリ秒＝１秒），「`pins.digital_write_pin(DigitalPin.P0, 1)`」は０番端子にデジタル信号「１」を送る記述である。

```
1  jikan = 0
2  def on_forever():
3      pins.digital_write_pin(DigitalPin.P0, 1)
4      basic.pause(5)
5      pins.digital_write_pin(DigitalPin.P0, 0)
6      basic.pause(jikan)
7  basic.forever(on_forever)
8  def on_button_pressed_a():
9      global jikan
10     jikan = jikan - 5
11 input.on_button_pressed(Button.A, on_button_pressed_a)
12 def on_button_pressed_b():
13     global jikan
14     jikan = jikan + 5
15 input.on_button_pressed(Button.B, on_button_pressed_b)
```

Ｓさん：一定の電圧の入力に対してオンとオフを高速に繰り返すことで，平均の電圧を下げることができると本に書いてあったから，実際に試してみよう。この制御方式は，パルス幅変調（PWM）といって，モータの制御などで使

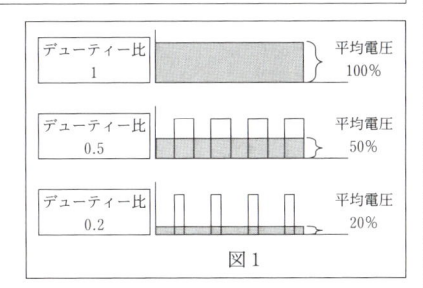

デューティー比		平均電圧
1		100%
0.5		50%
0.2		20%

図1

われているらしい。今回は，LEDの明るさが変わるかどうかで調べよう。

Ｔさん：LEDと必要な抵抗を０番端子とGND（接地）につなぐよ。図１を見ると，オンの時間が短いほど平均電圧が ① なるということと，１周期に占める ② の幅の割合をデューティー比ということがわかるね。

Ｓさん：このプログラムでは，簡易的に変数 ③ の値で ④ の継続時間を調整しているよ。さあ，実行してみよう。

Ｔさん：Aボタンを押すたびに ⑤ ，Bボタンを押すたびに ⑥ なった。

Ｓさん：本の説明の通りだ。実はmicro:bitでは，「`pins.analog_write_pin()`」関数を使えば，それ自体がPWM制御しているから，引数の値を変えるだけで明るさをコントロールできるよ。

(ア) 高く　(イ) 低く　(ウ) オン　(エ) オフ
(オ) jikan　(カ) 明るく　(キ) 暗く　(ク) 消灯に

10
６行目に`jikan`だけ実行を停止する記述があることから，`jikan`はオフ（信号０）の継続時間であることがわかる。

ボタンが押されたときの記述については，例題６の解説を参照。

micro:bitのアナログ出力は，PWM制御されている。

まとめの問題

(1) 情報社会の問題解決

1 〈情報セキュリティと法規〉 次の記述a～fの空欄 ア ～ キ に入れるのに最も適当なものを，下のそれぞれの解答群のうちから一つずつ選べ。

a 安全なパスワードの決め方として適当でないものとして， ア があげられる。
b 不正アクセスに相当する行為として， イ があげられる。
c 電子メールを一度に多数の人々へ送るにあたり， ウ は迷惑メールを防止する目的の法律により規制されることがある。
d 企業において エ は，個人情報保護法により制限されることがある。
e オ は，著作権のうち公衆送信権の侵害となる場合がある。
f 著作者の権利のうち，著作者人格権に含まれるものとしては カ が，著作権(財産権)に含まれるものとしては キ があげられる。

--- ア の解答群 ---
⓪ アルファベットと数字や記号を織り交ぜたものにすること
① 辞書に掲載されている単語を避けること
② 誕生日や名前からなる忘れにくいものにすること
③ 短いものは避けること

--- イ ～ オ の解答群 ---
⓪ 作品をその作者に無断でインターネット上で公開する行為
① 作品をその作者に無断で複製する行為
② 行政上の文書を公開しない行為
③ 本人の同意を得ずに氏名や住所を第三者に提供する行為
④ インターネット上の説明とは異なる商品を送る行為
⑤ 他人のIDやパスワードを無断で入力する行為
⑥ 相手が希望していない広告や宣伝をする行為
⑦ コンピュータウイルスを作成する行為

--- カ ・ キ の解答群 ---
⓪ 意匠権　① 肖像権　② 商標権　③ 相続権　④ 知的財産権
⑤ 同一性保持権　⑥ 特許権　⑦ パブリシティ権　⑧ 複製権

(2013年センター試験本試験/2021年大学入学共通テスト本試験　情報関係基礎　改題)

2 〈コンピュータウイルス〉 次の文章を読み，下の問い(a～c)に答えよ。

次の事例1と事例2は，いずれもウイルス対策ソフトウェアを導入したコンピュータを使用していたにもかかわらず，コンピュータウイルスに感染した事例である。

--- 事例1 ---
知らない人から届いた電子メールの中に，WebページのURLが書かれていた。そのURLをクリックしてWebページを開いたところ，コンピュータウイルスに感染してしまった。

--- 事例2 ---
コンピュータをインターネットに常時接続していた。電子メールソフトウェア(メーラ)やWebページ閲覧ソフトウェア(Webブラウザ)などの，インターネットを介して情報をやり取りする応用ソフトウェアを使用していなかったにもかかわらず，コンピュータウイルスに感染してしまった。

a 事例1と事例2の感染に共通する原因として考えられるものを，次の解答群のうちから二つ選べ。ただし，解答の順序は問わない。 ア ・ イ

124　まとめの問題

― ア ・ イ の解答群 ―
- ⓪ メールサーバを利用するためのパスワードが第三者に知られた。
- ① ウイルス対策ソフトウェアが，感染したウイルスに対応していなかった。
- ② 基本ソフトウェアにセキュリティ上の不具合があった。
- ③ 重要なファイルのバックアップを行っていなかった。
- ④ 電子メールを送信するときにウイルスのチェックをしていなかった。
- ⑤ 複数のインターネット接続プロバイダと契約していた。

b　事例2の感染を防止する上で最も有効と考えられるものを，下の解答群のうちから二つ選べ。ただし，解答の順序は問わない。 ウ ・ エ

― ウ ・ エ の解答群 ―
- ⓪ 電子メール内のウイルスを駆除するプロバイダサービスを利用する。
- ① メールサーバを利用するためのパスワードを定期的に変更する。
- ② ウイルス対策ソフトウェアのウイルス定義情報を頻繁に更新する。
- ③ 応用ソフトウェアで作成したファイルのバックアップを頻繁に行う。
- ④ 契約するインターネット接続プロバイダを1社にする。
- ⑤ インターネットへの接続機器やコンピュータにファイアウォールを導入する。

c　ウイルス感染後の対処として，次の(A)～(C)の作業を行う。コンピュータウイルスの感染の拡大を防ぐことが最も重要であると仮定した場合に，作業の順序として最も適当なものを下の解答群のうちから一つ選べ。 オ

(A) ウイルス対策ソフトウェアでコンピュータウイルスを駆除する。
(B) 最新のウイルス定義情報が入った記憶媒体を入手して情報を更新する。
(C) 感染したコンピュータのネットワークへの接続を切断する。

― オ の解答群 ―
- ⓪ (B)→(A)→(C)
- ① (B)→(C)→(A)
- ② (C)→(B)→(A)
- ③ (C)→(A)→(B)

(2007年センター試験本試験　情報関係基礎　改題)

3 〈電子メール〉　電子メールについて書かれた次の文章を読み，空欄 ア ～ カ に入れるのに最も適当なものを，下のそれぞれの解答群のうちから一つずつ選べ。ただし， ア ・ イ の解答の順序は問わない。

　受信した電子メールのメールヘッダを見ると，その ア 欄か イ 欄に自分のメールアドレスが含まれていることが多い。どちらにも含まれていない場合，送信者が ウ 欄に受信者のメールアドレスを指定していることがある。

　受信した電子メールの エ 欄が知人のメールアドレスであれば，この電子メールはその知人から送られたように見える。しかし，電子メールの中には エ 欄の内容を偽装しているものがある。例えば， オ メールと呼ばれる，広告・宣伝などを内容として不特定多数に一方的に送信される電子メールでは， エ 欄を偽装していることがある。

　また，電子メールの中には詐欺を目的としたものがある。例えば， カ と呼ばれる手法では，電子メールに記入されたURLから，信頼できるサイトを装った，偽のWebページへと利用者を誘導し，個人情報などを入力させて情報を不正に入手しようとする。この場合もしばしばメールヘッダの偽装が行われる。

― ア ～ オ の解答群 ―
- ⓪ Bcc
- ① Cc
- ② From
- ③ Subject
- ④ To
- ⑤ エラー
- ⑥ チェーン
- ⑦ 空
- ⑧ スパム
- ⑨ フリー

― カ の解答群 ―
- ⓪ 著作権侵害
- ① 出会い系サイト
- ② フィッシング
- ③ マルチ商法
- ④ ピッキング
- ⑤ 振り込め詐欺
- ⑥ スキミング
- ⑦ 架空請求

(2010年センター試験追試験　情報関係基礎　改題)

4 〈迷惑メール〉 次の会話の空欄 ア ～ エ に入れるのに最も適当なものを，それぞれの解答群のうちから一つずつ選べ。また，空欄 オカ ～ クケコサ に当てはまる数字を答えよ。ただし， イ ・ ウ の解答の順序は問わない。

ある父と娘の電子メールに関する会話

娘：さっき友達から，「拡散希望」っていう件名の電子メールが届いたんだ。テレビ番組の企画で，メールの転送を繰り返してどれだけ広い範囲に伝わるかっていう実験なんだって。番組の担当者の名前とメールアドレスも書いてある。転送するときには，宛先欄に転送先として4人のアドレスを書き並べて，Cc欄に担当者のアドレスを入れることになっているみたい。面白そうだから，友達に転送しようかな。

父：ちょっと待って。転送してはだめだよ。それは ア メールだね。 ア メールでは，偽情報を拡散させようとしていることが多いんだよ。ほかにも イ とか ウ ということもあるよ。

娘：情報が正しいかどうか確認するためにその番組の公式 エ を見てみるね。あれ，「当番組の企画をかたった ア メールにご注意ください」って書いてある。転送しないでよかった。友達にも伝えておくね。

父：それにね，正しい内容だったらいいってわけではないんだよ。どのメールアドレスに対してもそれぞれ一人にメールが届くとして，最初に ア メールを始めた人が4人のアドレスを宛先にしてメールを送ったときを1回目とするよ。2回目に，宛先で受け取った4人がそれぞれ4人に転送したとすると，担当者を除くと最大16人にメールが送られることになるよね。3回目に，その16人がメールを転送したとすると，担当者を除くと最大 オカ 人にメールが送られるよ。そうすると キ 回目では，担当者を除いても最大1万人以上に送られることになるんだ。そして，2回目から キ 回目までにCcにある担当者に送られるメールを合計すると最大 クケコサ 通になるよね。

娘：そうなると担当者にもすごい数のメールが届くことになるし，同じ内容のメールが何回も送られてくる人もいるかもしれないね。

ア ・ エ の解答群
⓪ アクセスログ　① Webサイト　② 公開鍵　③ ショート
④ タグ　⑤ チェーン　⑥ データベース　⑦ ワーム

イ ・ ウ の解答群
⓪ 拡散させてしまった情報の削除や訂正は難しい
① 転送である旨を件名に書かないと不正アクセス禁止法に違反する
② Ccで送信するとメール内容が暗号化されてしまう
③ 宛先欄のメールアドレスを収集して迷惑メールの送信に使おうとしている

(2017年センター試験本試験　情報関係基礎　改題)

5 〈創作物に関する権利〉 次の会話の空欄 ア ～ エ に入れるのに最も適当なものを，解答群のうちから一つずつ選べ。

動画についての兄と妹の会話

妹：バンド活動の動画を作ったよ。バンドのWebページからみんなに見てもらえるように公開するには，どうすればいいの。

兄：まずは，音楽や動画素材などの ア を侵害していないか，登場人物の イ に配慮しているか，確認したほうがいいよ。通行人や観客などが映り込んでいたら，その人たちの イ が問題になることがあるからね。

妹：それは大丈夫だよ。音楽も素材も自分たちで全部作ったよ。動画に映っているのはバンドのメンバーだけだし，みんなから了解も得ているよ。

兄：自分たちの音楽や素材には ア が ウ に発生しているけど，勝手に動画をどこかにそのまま転載されると今度はバンドのメンバーたちの ア が侵害されるから気を付けないといけないね。動画共有サービスで配信すれば，再生時に動画ファイルが保存されないので，転載が抑止できるかもしれないね。

妹：へぇ。じゃ，一番人気のある動画共有サービスへ動画を エ しようかな。

- ア ～ エ の解答群
  - ⓪ リロード　① 肖像権　② 生存権　③ 運用時　④ アップロード　⑤ 量子化
  - ⑥ 引用　⑦ 創作時　⑧ 不正アクセス　⑨ 著作権　ⓐ ユーザビリティ　ⓑ 購入時

(2017年センター試験追試験　情報関係基礎　改題)

6 〈個人情報の保護と情報発信〉

次の文章を読み、空欄 ア ～ カ に入れるのに最も適当なものを、それぞれの解答群のうちから一つずつ選べ。ただし、ア・イ、エ・オ のそれぞれの解答の順序は問わない。

T先生の高等学校では、1年生290名全員が参加して、地元商店街を活性化する「アイデアコンテスト」を行う。各生徒が提案するアイデアは「商品開発」「イベント」「情報発信」の三つのカテゴリのうち、いずれか一つに属するものとする。このコンテストの審査は商店街の会長にお願いすることにした。T先生は学校でアイデアを集め、会長に渡す役割をする。T先生と会長の会話は以下の通りである。

> T先生：生徒は、アイデアを1人1個ずつ考え、プレゼンテーション用ソフトでスライドファイルを作成します。どのような方法でお渡ししましょうか。
> 会長：誰が作成したかわからないようにして、ファイル名とその概要がわかる一覧表もください。

a ファイルの一覧表について

下線部を解決するため、匿名化の方法と一覧表の内容を考える。まず、T先生は、スライドファイルに作成者の情報が含まれないように生徒に指示した。また、ファイル名から作成者が特定されないように、重複のない3桁の番号札を全員に渡し、その番号をファイル名とするよう指示した。そして、誰にどの番号を渡したかを記録した表1の管理表を作成した。

表1　管理表

クラス	出席番号	生徒名	ファイル名	カテゴリ	アイデアのタイトル
A	1	会田　将太	246	イベント	日曜の子ども大会
A	2	加藤　清子	175	情報発信	お店の一品紹介
⋮	⋮	⋮	⋮	⋮	⋮
B	1	井上　聖治	083	商品開発	特産品を使ったパン
⋮	⋮	⋮	⋮	⋮	⋮

商店街の会長には、管理表から生徒名、ア 、イ の3列を削除したものを一覧表として渡すことにした。その理由は ア と イ を組み合わせても作成者を特定することができてしまうからである。

- ア・イ の解答群
  - ⓪ クラス　① 出席番号　② ファイル名　③ カテゴリ　④ アイデアのタイトル

b 審査結果について

商店街の会長から届いた審査結果には、優秀なアイデアの選出結果と以下のようなコメントが書かれていた。

- 最も多かったカテゴリは「情報発信」だった。特に商店街のWebページにおいて、識別するのが困難な色の組み合わせを避けるといった、ウ への配慮に関する提案が多かった。
- 生徒が撮影した商店街の写真には、通行人の顔がわかるものもあった。その写真を公開する場合は、通行人の エ や オ に気を付けてほしい。
- 書籍などで公開されているイラストを勝手に使っていると思われるものもあったので、カ について注意してほしい。

T先生は選出結果とこれらのコメントを生徒に伝えた。

- ウ ～ カ の解答群
  - ⓪ 意匠権　① 肖像権　② 商標権　③ 情報公開権　④ テクノストレス
  - ⑤ デジタルデバイド　⑥ メディア　⑦ アクセシビリティ　⑧ プライバシー　⑨ 著作権
  - ⓐ マスメディア

(2019年センター試験追試験　情報関係基礎　改題)

7 〈統計を活用した問題解決〉

次の文章を読み，空欄 ア ～ カ に入れるのに最も適当なものを，それぞれの解答群のうちから一つずつ選べ。ただし， オ ・ カ のそれぞれの解答の順序は問わない。

生徒会役員であるゆき子さんたちは，全校生徒の生活習慣を把握するためにアンケートを実施し，必要に応じて改善策を提案することにした。アンケートでは，「学年，自宅から学校までの距離，実施日を含めた直近3日間の睡眠時間と朝食の有無」を調査項目として，無記名で回答してもらった。

1年生から3年生まで各学年200人ずつの計600人分の回答が，「シート1　生活習慣調査」として用意されている。列Aには回答者番号が，列Bには学年を表す「1」「2」「3」が，列Cには距離として，2km未満の生徒は「S」，2km以上の生徒は「L」が，列Dから列Fにはそれぞれの日の睡眠時間として，0.5時間単位での時間が，列Gから列Iにはそれぞれの日の朝食として，食べた場合は「1」，食べなかった場合は「0」が入力されている。

ゆき子さんは，はじめに，回答の集計を行うことにした。シート1では，生徒ごとに3日間の平均睡眠時間（個人平均睡眠時間：列J）と3日間の朝食回数（個人朝食回数：列K）を求めた。

シート1　生活習慣調査

	A	B	C	D	E	F	G	H	I	J	K
1	回答者番号	学年	距離	2日前の睡眠時間	1日前の睡眠時間	当日の睡眠時間	2日前の朝食	1日前の朝食	当日の朝食	個人平均睡眠時間	個人朝食回数
2	1	1	S	9.0	8.5	7.0	1	1	1	8.2	3
3	2	3	L	5.5	8.5	6.0	1	1	0	6.7	2
601	600	2	S	7.5	8.0	7.5	1	0	1	7.7	2

「シート2　学年別の平均」では，各学年の平均睡眠時間と平均朝食回数を求めた。「シート3　距離別の平均」では，2km未満の生徒と2km以上の生徒の平均睡眠時間と平均朝食回数を求めた。なお，シート2，シート3の睡眠時間や朝食回数は小数第2位を四捨五入して小数第1位までを表示することにした。

以上のことから， ア ことがわかった。

シート2　学年別の平均

	A	B	C
1	学年	睡眠時間	朝食回数
2	1	7.8	2.6
3	2	7.7	2.7
4	3	6.7	2.5

シート3　距離別の平均

	A	B	C
1	距離	睡眠時間	朝食回数
2	S	7.4	2.6
3	L	7.3	2.6

― ア の解答群 ―
- ⓪ 1年生の平均睡眠時間と平均朝食回数はともに他学年と比べて一番多い
- ① 2年生の平均朝食回数は他学年と比べて一番少ない
- ② 3年生の平均睡眠時間は他学年と比べて一番少ない
- ③ 2km未満の生徒と2km以上の生徒の平均睡眠時間は同数である

学年別の平均睡眠時間から， ア 傾向にあることがわかった。そこで，3年生の睡眠時間の特徴について，代表値から考察することにした。まず，シート1から3年生のデータを抽出し，「シート4　3年生」を作成した。続いて，シート4から「シート5　代表値」を作成した。その結果，個人平均睡眠時間が イ 時間の生徒が最も多かった。シート5から睡眠時間の短い生徒が一定数いると推測し，グラフを作って確認することにした。

シート4　3年生

	A
1	個人平均睡眠時間
2	6.7
3	7.2
201	6.8

シート5　代表値

	A	B
1		個人平均睡眠時間
2	平均値	6.7
3	中央値	6.9
4	最頻値	7.0

― イ の解答群 ―
- ⓪ 6.5
- ① 6.7
- ② 6.9
- ③ 7.0

まず，シート4に列Bを追加し，個人平均睡眠時間の小数部分を0.5時間単位で切り捨てた値を求め，以後は，ここで求めた0.5時間単位の値を睡眠時間として扱うことにした。次に，追加したシート4から「シート6　睡眠時間別の生徒数」を作成した。睡眠時間が5時間未満の生徒と10時間を超える生徒はいなかったため，行1には睡眠時間として5.0から10.0までの数値を0.5刻みで入力し，行2には睡眠時間ごとの生徒数を求めた。さらに，シート6から「図1　睡眠時間の分布」を作成した。

シート6　睡眠時間別の生徒数

	A	B	C	D	E	…	L
1	睡眠時間	5.0	5.5	6.0	6.5	…	10.0
2	生徒数	10	24	24	35	…	1

図1から ウ ということがわかった。また，睡眠時間が エ の生徒の合計人数が，睡眠時間が7.5以上の生徒の合計人数より多いことが見てとれた。これらのことから，3年生の睡眠時間の傾向がわかった。

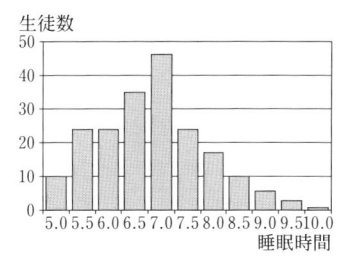

図1 睡眠時間の分布

---- ウ の解答群 ----
⓪ 睡眠時間が5.0の生徒より8.0以上の生徒の合計人数のほうが少ない
① 睡眠時間が6.0の生徒と6.5の生徒が同数存在している
② 睡眠時間が7.0の生徒は3年生全体の半数以上いる
③ 睡眠時間が7.0以上の生徒については，睡眠時間が増えるにつれて睡眠時間ごとの生徒数が減少する

---- エ の解答群 ----
⓪ 5.5　　　① 6.5以下　　　② 7.0　　　③ 8.0以上

3年生の睡眠時間の傾向から，3年生の中には睡眠時間の短い生徒が一定数いることがわかった。生徒会では，早寝することで適切な睡眠時間を確保できるのではないかと考え，「早寝しよう」という呼び掛けを行った。1か月後，呼び掛けの効果を見るために，3年生のみを対象に再度アンケートを実施した。前回の調査項目に加えて，就寝時刻も聞くことにした。

調査の結果，前回調査時に比べて睡眠時間が増加していることがわかったため，さらに詳しく調べてみることにした。3年生200人の3日分の就寝時刻と睡眠時間，朝食を「シート7　再調査集計」としてまとめ，それらの相関を調べた。各行には1人あたりの1日分のデータが入力されている。その際，就寝時刻は時と分に分け，時は24時間表記とした。また，日付が変わった後に就寝する生徒もおり，睡眠時間の算出が複雑になるため，就寝時刻の代わりに基準就寝時刻からの経過時間を使うことにした。21時より早い時間に就寝した生徒はいなかったため，基準就寝時刻は「21」とし，経過時間は分単位とした。

シート7　再調査集計

	A	B	C	D	E	F
1	就寝時刻(時)	就寝時刻(分)	経過時間	睡眠時間	朝食	基準就寝時刻
2	22	10	70	9.0	1	21
3	23	30	150	8.0	0	
～	～	～	～	～	～	
600	0	25	205	6.0	1	
601	21	30	30	8.5	1	

シート8　相関係数

	A	B	C
1	経過時間と睡眠時間	経過時間と朝食	睡眠時間と朝食
2	−0.89	−0.61	0.76

次に，相関係数を求めるため，「シート8　相関係数」を作成した。シート8では，経過時間と睡眠時間の相関係数，経過時間と朝食の相関係数，睡眠時間と朝食の相関係数を求めた。

シート8から オ ・ カ ということがわかった。

---- オ ・ カ の解答群 ----
⓪ 睡眠時間と朝食の間に正の相関がある
① 日付が変わる前に就寝すると睡眠時間が長くなる
② 日付が変わる前に就寝すると朝食を食べるようになる
③ 経過時間は，睡眠時間との間に負の相関があり，朝食との間には正の相関がある
④ 経過時間は，睡眠時間との間に負の相関があり，朝食との間にも負の相関がある
⑤ 経過時間と睡眠時間の間に負の相関があるから，経過時間と朝食の間にも負の相関がある
⑥ 経過時間と睡眠時間の間に負の相関があるから，経過時間と朝食の間には正の相関がある

(2019年センター試験本試験　情報関係基礎　改題)

(2) コミュニケーションと情報デザイン

8 〈デジタル〉 次の記述 a～f の空欄 ア ～ エ , カ , ケ に入れるのに最も適当なものを，下の解答群のうちから一つずつ選べ。また，記述 d の オ と記述 e の キ , ク に入る数字を答えよ。

a 2進法でそれぞれ 01100100，10010101 と表される二つの数を足し，その結果を 16 進法で表したとき，上位桁は ア ，下位桁は イ になる。

b 4ビットの2進数で最下位の桁が1，最上位の桁が0である数のうち最大の数と4ビットの2進数で最下位の桁が1，下から三番目の桁が1である数のうち最小の数の二つの数を足したとき，その結果を16進法で表すと ウ になる。

c 次のⅠ～Ⅲを情報量の小さい順に不等号で区切り並べたものは エ である。なお，圧縮などは考えないものとする。

 Ⅰ 階調が8ビットの画像を1フレームとした解像度 320×240，フレームレート 16 fps の 30 秒間の動画
 Ⅱ 量子化ビット数 16 bit，標本化周波数 44.1 kHz の 8 分間のモノラル音声
 Ⅲ 24 ビットフルカラー画像で解像度が 4096×2160 の画像

d 正の整数の2進数である 1010 を左に1ビットシフトした数は 10100 である。この二つの数を比較すると，シフトした数は元の数の オ 倍になっている。そこで，正の整数の2進数 x を カ することにより，x を 10 倍することができる。なお，シフトによる桁あふれは，起こらないものとする。

e 画素を構成する赤，緑，青のそれぞれの明るさを 16 段階に表現できる画像ファイルがある。この画像ファイル形式の解像度 2048×1536 の画像ファイルの情報量は キ . ク MB になる。なお，圧縮などは考えないものとする。

f 10 進数の 1.8 は，2 進数では 1.11001100… となり，循環小数になる。そこでコンピュータでは，ある有限桁で丸め処理を行うため誤差が生じる。小数第8位で0に丸め処理した場合，その誤差は 10 進数で ケ となる。

ア ～ ウ の解答群

⓪ 0 ① 1 ② 2 ③ 3 ④ 4 ⑤ 5 ⑥ 6 ⑦ 7
⑧ 8 ⑨ 9 ⓐ A ⓑ B ⓒ C ⓓ D ⓔ E ⓕ F

エ の解答群

⓪ Ⅰ＜Ⅱ＜Ⅲ   ① Ⅰ＜Ⅲ＜Ⅱ   ② Ⅱ＜Ⅰ＜Ⅲ   ③ Ⅱ＜Ⅲ＜Ⅰ
④ Ⅲ＜Ⅰ＜Ⅱ   ⑤ Ⅲ＜Ⅱ＜Ⅰ

カ の解答群

⓪ 2ビット左にシフトし，その数に x を加算し，さらに2ビット左にシフト
① 3ビット左にシフトし，その数に x を2ビット左にシフトした数を加算
② 2ビット左にシフトし，その数に x を加算し，さらに1ビット左にシフト
③ 3ビット左にシフトし，その数に x を加算し，さらに1ビット左にシフト

ケ の解答群

⓪ 0.0625   ① 0.03125   ② 0.015625   ③ 0.0078125   ④ 0.00390625
⑤ 0.06640625   ⑥ 0.003125   ⑦ 0.046875   ⑧ 0.01171875

9 〈デジタル〉 指先の触覚により読み取る視覚障がい者用の文字である点字は，平面から盛り上がった点によって文字・数字・記号を表現する。日本語で通常用いられる点字は，横2列，縦3行の6個の点で表されたブライユ式点字が用いられる。次の記述 d の空欄 カ と キ に入れるのに最も適当なものを，下の解答群のうちから一つずつ選べ。また，記述 a～c の ア ～ オ と記述 e の クケ に入る数字を答えよ。

a この点字のように平面から盛り上がった6個の点の組み合わせで情報を表現するとき，単純に組み合わせて考えると アイ 通りの情報を表現できる。ただし，すべての点が盛り上がっていない組み合わせは除く。

b 実際の点字では，図1にある①②④の点を組み合わせて母音を表し，③⑤⑥の点を組み合わせて子音を表している。例えば点のある場所を●，ない場所を○とすると，あ行は図2のようになる。このとき，これらの母音に③⑤⑥の点を単純に組み合わせて考えると ウエ 通りの情報を表現できる。

```
    ① ④                    あ      い     う      え     お
    ② ⑤                   ● ○   ● ○   ● ●   ● ●   ○ ●
    ③ ⑥                   ○ ○   ● ○   ○ ○   ● ○   ● ○
                           ○ ○   ○ ○   ○ ○   ○ ○   ○ ○
     図1 6点式点字              図2 母音(あ行)の点字
```

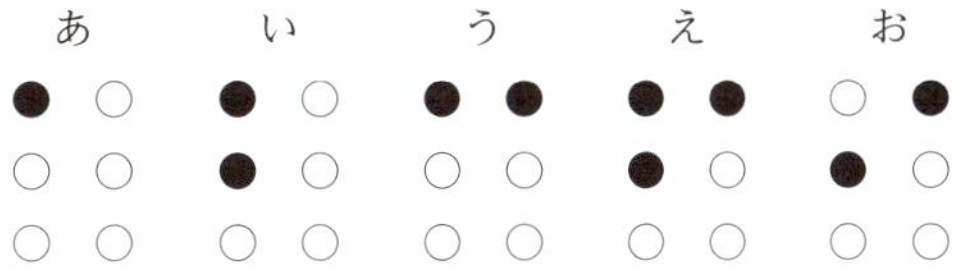

c 実際の点字では，③⑤⑥の点を組み合わせて図3のように子音を表している。ここで，③⑤⑥の点を単純に組み合わせて考えると，これらの組み合わせのほかに表現できる情報は， オ 通りである。ただし，すべての点が盛り上がっていない組み合わせは除く。

図3 子音の表現

d 残された子音は，や行（や，ゆ，よ），わ行（わ，を）である。これらは上記の方法ではなく，母音の点をそのまま一番下へ移動させ，最上行の点（①と④の位置）の組み合わせとで表現している。このとき，使うことのできない組み合わせがある。その組み合わせは カ と キ の2通りである。

── カ と キ の解答群 ──
⓪ ①の点と④の点がともに盛り上がっていない組み合わせ
① ①の点は盛り上がっていて，④の点は盛り上がっていない組み合わせ
② ①の点は盛り上がっていないで，④の点は盛り上がっている組み合わせ
③ ①の点と④の点がともに盛り上がっている組み合わせ

e これら以外に，「が」のように「゛」のある文字（濁音）や「ぱ」のように「゜」のある文字（半濁音）などがある。これらの文字の場合は，濁音や半濁音を表す点字を上記の点字の前に置き，二つで表している。このとき，すでに以上で表現している点字のパターン以外を使用しなければいけないので，最大 クケ 通りのパターンの中から使用することとなる。

10 〈論理記号〉 あるマンションの駐車場の出入り口には,自動車が出ていくときに回転灯が灯り,アラート音が鳴るようになっている。これを高校生の佐藤さんと鈴木さんが観察していた。会話を読んで下の問いに答えよ。

佐藤「センサがあるね。あれを自動車が遮るときに回転灯とアラートが反応するんだ。」
鈴木「そうだね。」(センサのところに行って)「えい。」(と遮った)
佐藤「おい,鈴木君何してるの。」
鈴木「いやぁ,人だと反応しないのかなぁ…」
佐藤「センサは二つあるよ。」
鈴木「そうか,自動車だと二つのセンサを同時に遮るので,そのときだけ反応するようになってるんだ。」

(1) 二つのセンサを入力A,Bとし,遮蔽物がないときを0,あるときを1とする。またそれにより回転灯とアラートの反応を出力Xとし,反応のないときを0,あるときを1とすると,これらA,B,Xにはどのような関係があるか,下の解答群のうちから一つ選んで答えよ。　ア

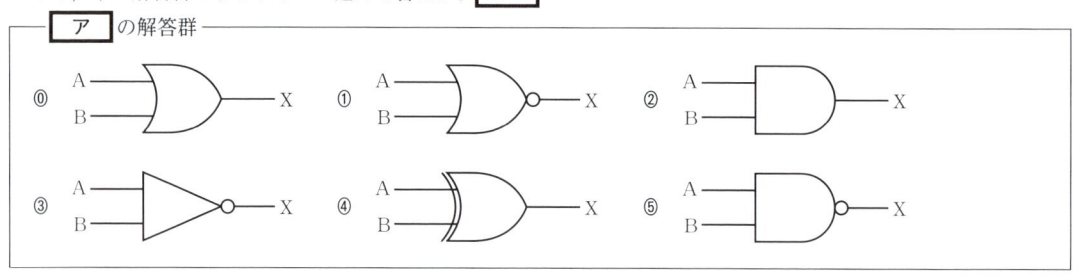

― ア の解答群 ―

⓪ A,B → OR → X　① A,B → NOR → X　② A,B → AND → X
③ A,B → NOT → X　④ A,B → XOR → X　⑤ A,B → NAND → X

鈴木「あれ？ 道路から駐車場に入ってくる自動車には反応しないぞ。」
佐藤「本当だ。二つのセンサを同時に遮っても反応しないね。何かほかの要素があるんだ。」

(2) 二つのセンサの入力A,Bだけでなく,そのほかにもう一つの要素が考えられる。それは何か下の解答群のうちから一つ選んで答えよ。　イ

― イ の解答群 ―

⓪ AとBが1となる時間差　① AとBが1となる順番　② AとBが1になっている時間
③ AとBが0となる時間差　④ AとBが0となる順番　⑤ AとBが0となっている時間

(3) (2)で選んだ要素を入力Cとし,駐車場内から外に出るときを0,外から入るときを1とすると,これらA,B,C,Xにはどのような関係があるか,下の解答群のうちから論理記号の組み合わせを一つ選んで答えよ。　ウ

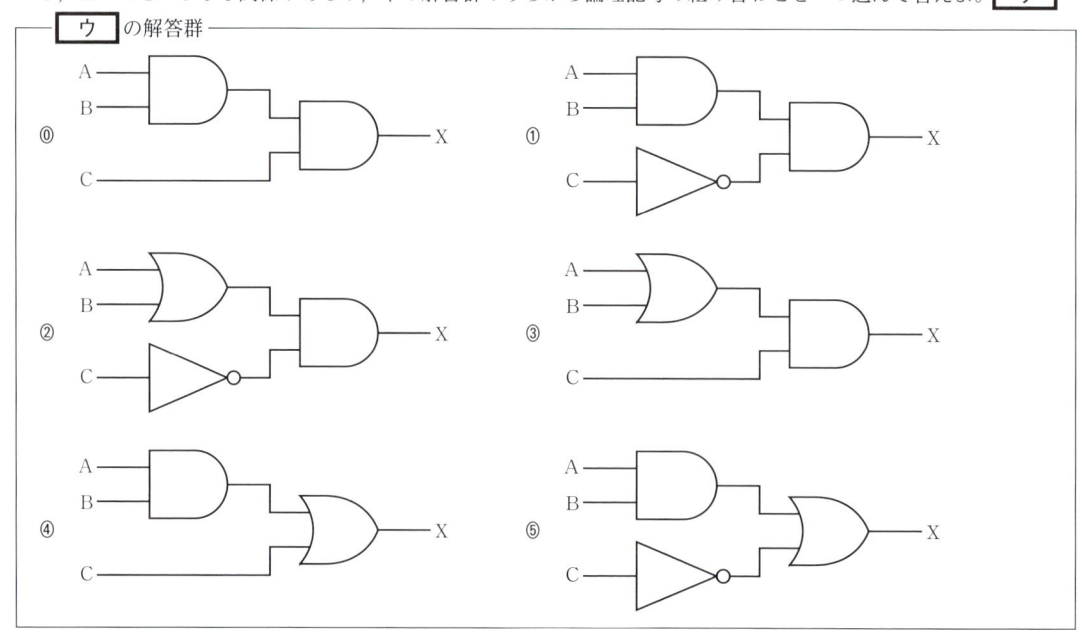

― ウ の解答群 ―

⓪ (A AND B) AND C → X
① (A AND B) AND (NOT C) → X
② (A OR B) AND (NOT C) → X
③ (A OR B) AND C → X
④ (A AND B) OR C → X
⑤ (A AND B) OR (NOT C) → X

11 〈情報デザイン〉 写真部員の田中さんと高橋さんが，文化祭のポスターをワードプロセッサで作りながら話し合いをしていた。会話を読んで下の問いに答えよ。

田中「夏休みの合宿で撮ったこの写真を使おう。」
高橋「そうね，空は青くてキレイだし，山や湖の感じもいいよね。」
田中「タイトルは『写真部展示～デジタルとアナログの融合～』だったよね。空の部分に配置しよう。」
高橋「フォントは何がいいかな，目立つように ア がいいよね。」
高橋「文字の色は何色がいいかな，青い空をバックに，山の緑があるから緑色でいい？」
田中「青と緑は イ で隣り合った色である ウ になるので，まとまりがある印象になる。でも目立たせるためには，向かい合った色である エ を使ったほうがいい。情報の授業で勉強したよね。」
高橋「そうね，それならオレンジ色とか赤色がいいかもしれない。」

(1) 文中の ア ～ エ に当てはまる適語を下の解答群のうちから選んで答えよ。
― ア ～ エ の解答群 ―
⓪ 明朝体 ① ゴシック体 ② 筆書体 ③ 色相環 ④ 色彩環
⑤ 類似色 ⑥ 反対色 ⑦ 補色 ⑧ 明暗色 ⑨ 近接色

田中「ところで，文化祭には小学生も来るよね。」
高橋「うん。そうか，タイトルの漢字が読めないかも知れないね。」
田中「そうそう，『融合』にふりがなを付けておこう。」
高橋「年齢，言語，国籍などに関係なく，すべての人にとって使いやすい製品などを考えることが大切だって，情報の授業で習ったよね。」
田中「確か，それを オ というのだったよね。」
高橋「立入禁止などの カ もそれだよね。」
田中「あと キ とかもね。」

(2) 文中の オ ～ キ に当てはまる適語を下の解答群のうちから選んで答えよ。
― オ ～ キ の解答群 ―
⓪ グッドデザイン ① バリアフリー ② ユニバーサルデザイン ③ ユーザビリティ
④ マーク ⑤ ピクトグラム ⑥ アイコン ⑦ 弁当の食品表示
⑧ 食品のカロリー表示 ⑨ シャンプーのボトルの刻み

高橋「これで完成！」
田中「文字の色とその背景の色の関係について，授業で勉強したけど，このポスターでは問題ないよね。」
高橋「大丈夫だよ。問題があるのは，黒の背景に ク の文字とか，赤の背景に ケ の文字とかだよ。」
田中「色覚の多様性に配慮しなくてはいけない， コ だよね。」

(3) 文中の ク ～ コ に当てはまる適語を下の解答群のうちから選んで答えよ。
― ク ～ コ の解答群 ―
⓪ 白色 ① 赤色 ② 緑色 ③ 黄色 ④ 色彩バリアフリー
⑤ 色覚バリアフリー ⑥ 色相アクセシビリティ ⑦ 彩度アクセシビリティ

(4) 上の文中 コ に該当する，色覚の多様性に配慮した背景色と文字色の組み合わせとして適当なものを下の解答群のうちから一つ選んで答えよ。 サ
― サ の解答群 ―
⓪ 暖色系(赤～黄)どうしの組み合わせ ① 寒色系(緑～青)どうしの組み合わせ
② 明度が近い色どうしの組み合わせ ③ 明度の離れた暖色系と寒色系の組み合わせ

(2)コミュニケーションと情報デザイン 133

12 〈情報の構造化〉 ある高校では，学校紹介の Web サイトの内容について，一部を生徒会が企画して作成することになった。生徒会の青木さんと山田さんは生徒会の担当として Web サイトの内容について話し合いをしていた。会話を読んで下の問いに答えよ。

青木「中学生に生徒の活動を伝えるような内容にしよう。」
山田「それなら，やっぱり部活動を紹介するのがいいと思う。」
青木「じゃあ，まずメニューで運動部と文化部を選んでもらって，それから各部の紹介の Web ページに進むようにしよう。」
山田「それは部活動を ア で整理するということだね。」
青木「でも，大会などの実績はすぐに紹介したいから，専用の Web ページを作って，結果が出た順に掲載するようにしよう。」
山田「その部分は情報を イ で整理していることになるね。」
青木「あと，うちの学校にどんな部活動があるのかを探せるようにしたいと思う。」
山田「それなら，部活動の名前順に一覧できる Web ページを作ったらいいと思うよ。」
青木「そこは情報を ウ で整理しているんだね。」

(1) 文中の ア ～ ウ に当てはまる適語を下の解答群のうちから選んで答えよ。
   ─── ア ～ ウ の解答群 ───
   ⓪ 位置　　① 五十音　　② 時間　　③ 分野　　④ 階層

山田「次は Web サイトの構造を考えよう。」
青木「運動部と文化部を選んでから，各部の紹介の Web ページに進むのは エ だね。」
山田「部活動の実績を紹介する Web ページは，一つの Web ページにたくさん情報を掲載すると見づらくなるから，10 件ずつ表示させてページを切り替えるようにしよう。」
青木「その部分は オ で作るということだね。」

(2) 文中の エ ・ オ に当てはまる適語を下の解答群のうちから選んで答えよ。
   ─── エ ・ オ の解答群 ───
   ⓪ 直線的構造　　① 階層構造　　② 網状構造

山田「企画の案がだいたいまとまったから，先生に相談しに行こう。」
青木「先生に説明するときに Web サイトの構造を図解するとわかりやすいよね。」
山田「運動部と文化部を選んでから，各部の紹介の Web ページに進む部分は カ の図を使うといいね。」
青木「部活動の実績を紹介する Web ページは キ の図だね。」

(3) 文中の カ ・ キ に当てはまる図を下の解答群のうちから選んで答えよ。
   ─── カ ・ キ の解答群 ───
   ⓪ ピラミッド図　① 直線的な矢印図　② 階層（ツリー）図　③ 分岐矢印図

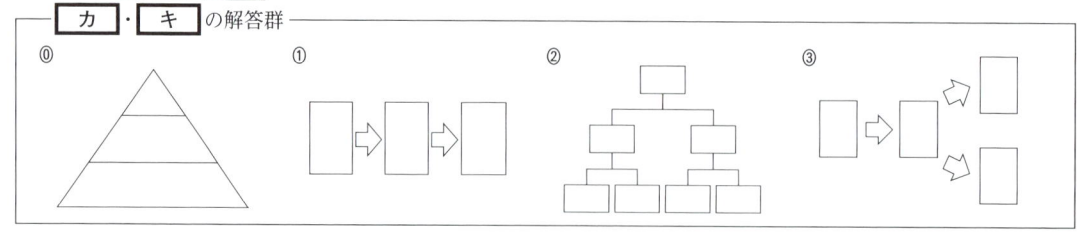

13 〈デジタル〉次の記述 b の空欄 ウ ，記述 f の空欄 ス ，記述 g の空欄 セ ，記述 i の空欄 チ に入れるのに最も適当なものを，下の解答群のうちから一つずつ選べ。また，記述 a の アイ ，記述 b の エオ ，記述 c の カキク ，記述 d の ケ ，記述 e の コサシ ，記述 h の ソ ． タ に入る数字を答えよ。

a　複数の文字を別の1文字に置き換えて，文をより少ない文字数で表現する。いま，三つの置き換えのルール［さき→S］，［さく→K］，［くらさ→R］が利用できるとする。このとき，5文字の文の「さくらさき」は，「さくらS」や「Kらさき」のように4文字や，「さRき」のように3文字で表現できる。これら三つのルールを利用し，
「さくらさきくらののきさきえださきにふれさきのさくらさきにちる」(※)
という30文字の文を最小の文字数で表現すると， アイ 文字になる。
(※「桜咲き　蔵の軒先　枝先に触れ　先の桜　先に散る」の意味)

b　表1は，文字A〜Eを符号化したときのビット表記を表したものである。このとき，「CAB」と「DEC」のビット表記を比較すると， ウ となる。次に，表1のビット表記を組み替えてよいとするとき，「ADEBCCADEEDCCBDD」を符号化したときに最小になるビット数は エオ である。

表1

文字	ビット表記
A	01
B	10
C	110
D	1110
E	1111

c　符号なしの2進数整数の1バイトのデータで，0のビット数と1のビット数が等しいもののうち，最大になるものと最小になるものの差を10進数で表すと， カキク となる。

d　顧客に，A〜Eの英大文字5種類を用いた顧客コードを割り当てたい。現在の顧客の総数は5,000人であり，毎年15％ずつ顧客が増えていくものとする。このとき，3年後まで全顧客にコードを割り当てられるようにするためには，顧客コードは少なくとも ケ 桁必要である。

e　A〜Hの8種類の文字を用いて，長さ1以上3以下の文字列を作る。文字列には同じ文字を使用することができるが，先頭はAであってはならない。このとき全部で コサシ 通りの文字列を作ることができる。

f　10進数の計算式 5÷32 の結果を2進数で表すと， ス となる。

g　2進数の浮動小数点表示で，誤差を含まずに表現できる10進数は セ である。

h　2進数の1.1101と1.1011を加算した結果を10進数で表すと， ソ ． タ となる。

i　計算式 231×3＝1023 は， チ 進法の数での計算のときに成立する。

―― ウ の解答群 ――
⓪　CABのビット数＜DECのビット数
①　CABのビット数＝DECのビット数
②　CABのビット数＞DECのビット数

―― ス の解答群 ――
⓪　0.0111　①　0.001101　②　0.00101　③　0.00111　④　0.1011　⑤　0.01001

―― セ の解答群 ――
⓪　0.1　①　0.2　②　0.3　③　0.4　④　0.5　⑤　0.6

―― チ の解答群 ――
⓪　4　①　5　②　6　③　7　④　8　⑤　9

(3) コンピュータとプログラミング

14 〈コンピュータの構成と動作1〉 次の記述 a～d の空欄 ア ～ ウ ， カ ～ サ に入れるのに最も適当なものを，それぞれの解答群のうちから一つずつ選べ。また，空欄 エオ に当てはまる数字を答えよ。

a　コンピュータカタログのハードウェアの仕様欄には，各機種の CPU，主記憶装置，補助記憶装置などに関連する情報がまとめられている。例えば，CPU の欄には ア が記載され，その単位は Hz（ヘルツ）である。

b　主記憶装置や補助記憶装置の欄には，記憶容量が記載されている。記憶容量の単位は イ である。最近の補助記憶装置の記憶容量は，数百 G イ ，数 T イ のものが多い。ここで G はギガ，T は ウ と読む接頭辞である。G は 10 の 9 乗，T は 10 の エオ 乗を意味するが，慣習的に 1024 G イ ＝1 T イ のように用いられることがある。

c　日記などのファイルが保存されたハードディスクの故障に備えて，自分でファイルのバックアップを取ることにした。このときのバックアップの取り方としてより安全なものは， カ バックアップを取ることである。

d　記憶媒体について考える。記憶用の光ディスクには キ や ク がある。半導体を使ったメモリであれば，データの読み書きができる ケ メモリを使用した SD カードや コ メモリがある。最近ではインターネット上のどこかにファイルを預け，その場所を相手に知らせることでファイルを渡す方法があり， サ サービスの一つとして利用可能である。

── ア ～ ウ の解答群 ──
⓪ 集積度　① ビット数　② クロック周波数　③ キャッシュ容量　④ コア数
⑤ B(バイト)　⑥ M(メガ)　⑦ fps　⑧ dpi　⑨ bps
ⓐ ピコ　ⓑ テラ　ⓒ トランスポート　ⓓ テスラ

── カ の解答群 ──
⓪ ファイルが保存されているフォルダと同じフォルダに　① ファイルの拡張子を削除してから
② このハードディスクとは別の記憶媒体に　③ 主記憶装置に
④ このハードディスクに作った新しいフォルダに　⑤ 著作権が消滅してから

── キ ～ サ の解答群 ──
⓪ CAD　① CAM　② CD　③ DVD　④ HDD
⑤ USB　⑥ 揮発性　⑦ フラッシュ　⑧ スロット　⑨ コネクタ
ⓐ クラウド　ⓑ クライアント　ⓒ ディレクトリ

(2020年センター試験本試験/2021年大学入学共通テスト本試験　情報関係基礎　改題)

15 〈コンピュータの構成と動作2〉 次の会話文を読み，空欄 ア ～ エ に入れるのに最も適当なものを，下の解答群のうちから一つずつ選べ。

先生：机で勉強をしている人をたとえとして，コンピュータの構成要素を説明してみましょう。
A君：勉強している人の頭脳がコンピュータの ア に相当すると思います。頭の回転が早いほど宿題も早く完了するわけだし。でも，最近は，一つの ア に複数の頭脳があるようなマルチ イ というものもあると聞きます。
先生：そうね，クアッド イ やオクタ イ などがあるわよ。では，勉強机の引き出しは何に相当すると思う？
A君：う～ん…引き出しには，教科書やノートが入っているから… ウ ですか？
先生：正解。長期間保存する場所だからね。じゃあ，机の上はコンピュータの何かな？　勉強中に参考書や辞書を同時に開くことができる広い机と，一度に 1 冊ずつしか本が開けないような狭い机。勉強がはかどるかどうかに関係するわ。ヒントをあげましょうか。机の上は勉強が終わったら片付けて，何もなくなります。
A君：わかった！　データを作業の間，一時的に保存する エ ですね！　僕の机は本が開きっぱなしだからわかりませんでした。

── ア ～ エ の解答群 ──
⓪ 中央処理装置　① 通信装置　② 表示装置　③ 集線装置
④ 補助記憶装置　⑤ 主記憶装置　⑥ プロ　⑦ コア

16 〈コンピュータの性能〉 次の表は2種類のパソコンA，パソコンB（以下A，Bと表す）のカタログからの抜粋である。この表にない項目については，オペレーティングシステム(OS)を含めて，すべて同等とする。表1の解釈として，下の解答群のうちから適当なものを二つ選べ。ただし，解答の順序は問わない。 ア ・ イ

表 カタログからの抜粋

項目	パソコンA	パソコンB
CPU	○○プロセッサI	○○プロセッサI
クロック周波数[※1]	3.2 GHz	3.6 GHz
メインメモリ	16 GB	32 GB
SSD	512 GB	256 GB
DVDドライブ	DVD-R書き込み速度最大24倍速	DVD-R書き込み速度最大16倍速
ディスプレイ	14インチ	14インチ
表示解像度	1024 × 768 ドット	1280 × 1024 ドット
そのほかの周辺装置	外付けHDD(容量1 TB)	USBハブ

※1：CPUの1サイクルの処理時間の逆数

――― ア ・ イ の解答群 ―――
⓪ AのほうがBより大量のプログラムやデータを，補助記憶装置内部に保持することができる。
① 同じ計算を行った場合，AのほうがBより短い時間で終了する。
② AとBで同じサイズ指定で同じ書体の文字を表示させると，おおむねAで表示される文字のほうが小さい。
③ AでSSD中の2Gバイト程度の動画データをバックアップするときは，周辺装置を追加する必要がない。
④ Aで動作するアプリケーションソフトウェア(応用ソフトウェア)のほとんどは，Bでは動作しない。
⑤ 同じ動画データをDVDに書き込んだ場合，BのほうがAより短い時間で終了する。

(1999年センター試験本試験　情報関係基礎　改題)

17 〈モデル化とシミュレーション〉 次の文章を読み，後の問い(問1〜3)に答えよ。

旅行代理店B社では，顧客の依頼により旅行に必要な交通機関やホテルの予約を代行している。B社は業務の作業手順をこれまでより明確に定めることにより，社員の仕事がスムーズに進むようにしようと考えた。B社の一つの「業務」は，表1に示す「作業」から構成されている。

表1　B社の作業一覧表

作業名	作業内容
受付	顧客から依頼を受け付け，その業務の担当者を決定する。
提案	旅行プランを作成し，顧客に提案する。
提案取消し	顧客からの要求により，提案した旅行プランを取り消す。
予約	提案した旅行プランに従って，交通機関やホテルを予約する。
予約取消し	交通機関やホテルの予約を取り消す。旅行プランも変更する場合には，提案取消し作業を別途行う必要がある。
入金確認	顧客から代金が入金されたことを確認する。この作業が済むと，業務はその時点で終了する。

また社内の取り決めにより，次の各項目が定められている。
・顧客と担当者は直接店舗において，あるいは電話や電子メールなどで随時連絡を取り合うものとする。
・一つの業務において，同時に二つ以上の旅行プランを提案することはできない。
・顧客は，いつでも依頼を取り下げることができる。依頼が取り下げられた場合，業務はその時点で終了する。

問1　次の文章を読み，空欄　ア　～　ウ　に入れるのに最も適当なものを，下の解答群のうちから一つずつ選べ。

業務における作業の正しい手順を「業務フロー」と呼ぶ。業務フローを正確に記述するために，次の表記法を使う。

・業務の進行状況を丸で表現して，これを「状態」と呼ぶ。各状態には0から順に番号を振り，それを丸の中に記入する。

・作業が済んだことにより次の状態へと変化することを矢印で表現し，その変化を引き起こした作業名を矢印の上に書く。

B社は，図1の業務フローを完成させた。状態1は「旅行プランを考えている」状況を表し，状態4は「業務が終了した」状況を表す。ただし，図1では顧客が依頼を取り下げる場合を省略している。

状態2から状態3への矢印の上には　ア　が，状態3から状態4への矢印の上には　イ　が，状態2から状態1への矢印の上には　ウ　がそれぞれ書かれる。

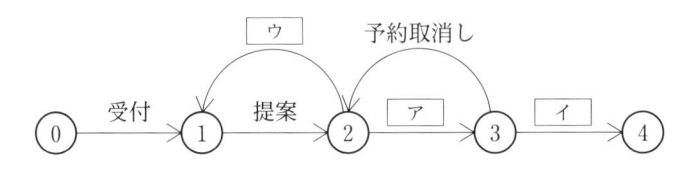

図1　B社の業務フロー

──　ア　～　ウ　の解答群　──
⓪ 受付　　① 提案　　② 提案取消し　　③ 予約　　④ 予約取消し　　⑤ 入金確認

問2　次の文章を読み，空欄　エ　に入れるのに最も適当なものを，下の解答群のうちから一つ選べ。また，空欄　オ　～　ケ　に当てはまる数字を答えよ。ただし，　カ　・　キ　の解答の順序は問わない。

B社は，業務の進行状況を電子的に記録することにした。このシステムを「業務記録システム」と呼ぶ。業務記録システムには，各業務の進行状況が作業の列として記録される。

業務フローに従い，入金確認で終了している作業の列を「終了作業列」と呼ぶ。　エ　は終了作業列の例である。終了作業列には次のような性質がある。

・予約の個数は，予約取消しの個数よりちょうど　オ　個だけ多い。

8個の作業が記録されている終了作業列で，提案が2個含まれている場合，それらの提案の間には　カ　個か　キ　個の作業が含まれる。

・提案取消しと予約取消しの個数の合計をnとしたとき，終了作業列に含まれる全作業の個数は　ク　×n＋　ケ　個である。

──　エ　の解答群　──
⓪　受付　提案　提案取消し　入金確認
①　受付　提案　予約　提案取消し　入金確認
②　受付　提案　提案取消し　提案　予約取消し　入金確認
③　受付　提案　予約　予約取消し　予約　入金確認
④　受付　提案　入金確認　予約取消し　予約　入金確認
⑤　受付　提案　予約　提案　提案取消し　入金確認

問3　次の文章を読み，空欄　コ　～　スセ　に当てはまる数字を答えよ。

B社は，業務記録システムにどのような終了作業列がそれぞれ何回ずつ記録されているかを調べようと思った。業務記録システムの記録を調べてみると，一つの終了作業列に含まれる提案取消しと予約取消しの個数は，合わせて最大5個であることがわかった。そこで，提案取消しと予約取消しの合計が5個以下のとき，終了作業列が何通りあり得るかを調べて，各終了作業列が何回ずつ記録されているかという表を作ることを考えた。

表の大きさを見積もるためには，提案取消しと予約取消しが合計0個から5個の場合について，それぞれ終了作業列が何通りあるかを計算する必要がある。合計0個の場合の終了作業列は コ 通りある。

合計5個の場合には，提案取消しと予約取消しがそれぞれ何個ずつあるかによって場合分けをして考える。場合分けの数は サ 通りになる。このそれぞれの場合につき，何通りの終了作業列があり得るかを考えて総和を求めれば答えが得られる。例えば，提案取消しが4個で予約取消しが1個の場合には シ 通りになり，提案取消しが3個で予約取消しが2個の場合には10通りになる。提案取消しが2個で予約取消しが3個の場合にも10通りになる。よって，合計5個の場合の終了作業列は スセ 通りになる。

同様に，提案取消しと予約取消しが合計1個から4個までの場合についても計算できる。このようにして，作成する表は63通り分のデータを格納できる大きさが必要となることがわかった。

(2013年センター試験本試験　情報関係基礎　改題)

18 〈プログラミング1〉　次の文章を読み，空欄 ア ～ チ に入れるのに最も適当なものを，下のそれぞれの解答群のうちから一つずつ選べ。なお，同じ記号を複数回選んでもよい。

30日間のウイルス感染者数が配列Kansenに入っている。Aさんは，毎日の感染者数の推移を表すグラフの表示に続いて，3日間の平均感染者数の推移のグラフを表示するプログラムを作成した。なお，「四捨五入( )」は小数点以下を四捨五入して整数にする関数，「棒表示(a, b)」はaをb個分並べて表示する関数，「要素数(配列)」は配列の要素数を返す関数である。

```
(1) Kansen = [22, 30, 23, ・・・(略)・・・, 29, 35, 42]
(2) iを0から ア まで1ずつ増やしながら繰り返す:
(3) ┃　棒表示("@", イ )
(4) iを0から ウ まで1ずつ増やしながら繰り返す:
(5) ┃　棒表示("@", 四捨五入( エ ))
```

図1　毎日の感染者数の推移と3日間の感染者数の推移を表すグラフを表示する手続き

───── ア ～ エ の解答群 ─────
⓪ 要素数(Kansen) - 3 　① 要素数(Kansen) - 2 　② 要素数(Kansen) - 1 　③ 要素数(Kansen)
④ 要素数(Kansen) + 1 　⑤ i 　⑥ Kansen[i] 　⑦ Kansen[i * 3]
⑧ (Kansen[i] + Kansen[i + 1] + Kansen[i + 2]) / 3
⑨ (Kansen[i - 1] + Kansen[i] + Kansen[i + 1]) / 3

次に，Aさんは，7日間の平均感染者数の推移もグラフにしようと考え，まず，七つの数値の平均値を求める関数「平均7」を作成した。関数の引数は複数の数値が入った配列Hairetsuと，平均を求める七つの要素の開始位置の添字start，戻り値は平均値を整数にした値とした。startは，配列の先頭要素を指定する場合は0を指定する。

```
(6) 関数平均7(Hairetsu, start)の定義:
(7) ┃　syoukei = オ
(8) ┃　iを0から カ まで1ずつ増やしながら繰り返す:
(9) ┃　┃　syoukei = syoukei + Hairetsu[start + キ ]
(10)┃　戻り値(四捨五入(syoukei/ ク ))
(11) iを0から(要素数( ケ ) - 7)まで1ずつ増やしながら繰り返す:
(12) ┃　棒表示("@", 平均7( コ , サ ))
```

図2　7日間の感染者数の推移を表すグラフを表示する手続き

───── オ ～ サ の解答群 ─────
⓪ 0 　① 1 　② 6 　③ 7 　④ start
⑤ i 　⑥ Hairetsu 　⑦ Kansen 　⑧ syoukei

(3)コンピュータとプログラミング　**139**

最後に，Aさんは，30日間の感染者数について，最大値と平均値を表示するよう，図1の手続きを修正した。まず，(1)行目の直後に，最大値を表す変数 saidai と，合計値を表す変数 goukei に，ともに シ を代入する行を追加した。値の算出に必要な手続きは，(2)行目と(3)行目の間に図3(A)〜(C)のように記述した。最後に，(5)行目の直後に，最大値として saidai，平均値として goukei/ ス を表示する手続きを追加した。さらに中央値を表示したい場合，Kansen の要素を昇順または降順に並べ替え， セ 番目と セ ＋1番目の要素の平均値を表示する手続きとなる。

```
(2) iを0から ア まで1ずつ増やしながら繰り返す：
(A)  │  もし Kansen[i] ソ saidai ならば：
(B)  │  │  saidai = Kansen[ タ ]
(C)  │  goukei = チ + Kansen[i]
(3)  │  棒表示("@", イ )
```

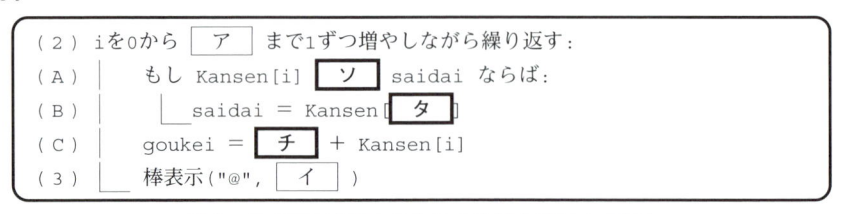

図3　代表値を表示するための手続き(図1に挿入)

─── シ ～ チ の解答群 ───
⓪ 0　　　① 15　　　② 要素数(Kansen)　　　③ i　　　④ i＋1
⑤ saidai　　⑥ goukei　　⑦ ==　　⑧ ＞　　⑨ ＜

19 〈プログラミング2〉　次の文章を読み，後の問い(問1〜2)に答えよ。
　正の整数値を漢数字で表示する手順を考えよう。例えば，表1の漢数字表示欄に示すように値を表示する。

表1　漢数字表示の例

値(算用数字で表記)	漢数字表示
123456789	一億二千三百四十五万六千七百八十九
11023	一万千二十三
5023	五千二十三
3105	三千百五
2345	二千三百四十五
2000	二千
1211	千二百十一
223	二百二十三

問1　次の文章の空欄 ア ～ エ に入れるのに最も適当なものを下の解答群のうちから一つずつ選べ。
　まず，一万未満の数を漢数字表示することを考えよう。与えられた数の千の位，百の位，十の位，一の位の順に，一桁ずつ処理をする。
・5023の百の位のように，数字が0の桁では， ア 。
・1211のように1が含まれる場合，数字が1の桁では，一の位ならば，「一」を表示する。それ以外の位ならば， イ 。
・2345の各桁のように，数字が2以上の場合，一の位ならば， ウ 。それ以外の位ならば， エ 。

─── ア ～ エ の解答群 ───
⓪ 何も表示しない　　　① 「一」を表示する　　　② 「千」を表示する
③ その桁の数字のみを漢字で表示する　　　④ その桁の数字と位を表す文字を漢字で表示する
⑤ その桁の位を表す文字のみを漢字で表示する　　　⑥ 前の桁と同じ数字を漢字で表示する

問2 次の文章を読み，図中の空欄 オ ～ コ に入れるのに最も適当なものを，下のそれぞれの解答群のうちから一つずつ選べ。

図1のように，配列 Suji と配列 KuraiMoji に，漢数字を格納しておく。なお Suji[0] と KuraiMoji[0] には空文字を格納しておく。

```
(1) Suji[1] = "一", Suji[2] = "二", Suji[3] = "三"
(2) Suji[4] = "四", Suji[5] = "五", Suji[6] = "六"
(3) Suji[7] = "七", Suji[8] = "八", Suji[9] = "九"
(4) KuraiMoji[4] = "千", KuraiMoji[3] = "百"
(5) KuraiMoji[2] = "十", KuraiMoji[1] = ""
```

図1　文字の配列を初期化する手続き

一万未満の数 n を漢数字で表示する手続きを図2に示す。ただし，二つの整数 $a \geq 0$, $b > 0$ に対し，$a \div b$ は a を b で割った商の整数部分を，$a \% b$ は a を b で割った余りを，それぞれ計算する。

```
 (1) kurai = 1000
 (2) ketaを4から1まで1ずつ減らしながら繰り返す:
 (3) │  d = n ÷ kurai
 (4) │  もし d != 0 ならば:
 (5) │  │  もし オ ならば:
 (6) │  │  │  表示する( カ )
 (7) │  │  そうでなければ:
 (8) │  │  │  表示する( キ )
 (9) │  │  │  表示する( ク )
(10) │  n = ケ % コ
(11) │  kurai = kurai ÷ 10
```

図2　一万未満の数 n を漢数字表示する手続き

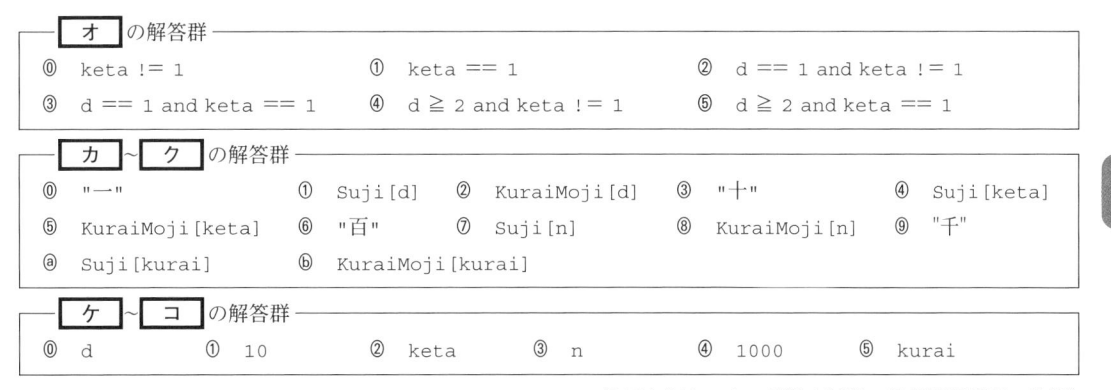

オ の解答群
- ⓪ keta != 1
- ① keta == 1
- ② d == 1 and keta != 1
- ③ d == 1 and keta == 1
- ④ d ≧ 2 and keta != 1
- ⑤ d ≧ 2 and keta == 1

カ ～ ク の解答群
- ⓪ "一"
- ① Suji[d]
- ② KuraiMoji[d]
- ③ "十"
- ④ Suji[keta]
- ⑤ KuraiMoji[keta]
- ⑥ "百"
- ⑦ Suji[n]
- ⑧ KuraiMoji[n]
- ⑨ "千"
- ⓐ Suji[kurai]
- ⓑ KuraiMoji[kurai]

ケ ～ コ の解答群
- ⓪ d
- ① 10
- ② keta
- ③ n
- ④ 1000
- ⑤ kurai

(2010年センター試験本試験　情報関係基礎　改題)

(4) 情報通信ネットワークとデータの活用

20 〈URL と暗号方式〉 次の記述 a～b の空欄 ア ～ ス に入れるのに最も適当な語句を、それぞれの解答群から一つずつ選べ。ただし、同一の解答群からは重複して選択しても構わない。

a Webページにアクセスするときの URL として次の例を考える。

(例) http://www.example.ne.jp/foo/bar.html
　　　 (1)　　　(2)　　　　　(3)

下線部(1)は http か https を指定する。https の場合は通信が ア される。下線部(2)は イ のドメイン名である。また、下線部(3)は表示したい ウ である。次の図1はドメイン名の階層を示しており、階層は右から、トップレベル、第2レベルというように呼ばれる。トップレベルの jp は エ を表しており、第2レベルとトップレベルの組み合わせが ac.jp や co.jp のとき、第2レベルは オ を表している。ドメイン名と IP アドレスの対応は カ で管理されている。

www ． example ． ne ． jp
第4レベル　第3レベル　第2レベル　トップレベル

図1　ドメイン名の階層

― ア ～ ウ の解答群 ―
⓪ Web サーバ　① Web ブラウザ　② クライアント　③ フォルダ名　④ ファイル名
⑤ フィールド名　⑥ プロバイダ名　⑦ プロトコル　⑧ 暗号化　⑨ 匿名化

― エ ・ オ の解答群 ―
⓪ 部や課のような部署　① 国名　② 大学や企業のような組織種別　③ 個別のコンピュータ
④ 大学名や企業名のような具体的な組織名　⑤ 使用言語

― カ の解答群 ―
⓪ DNS サーバ　① FTP サーバ　② Web サーバ　③ SMTP サーバ　④ DHCP サーバ

b 情報通信における暗号の方式には キ 暗号方式と ク 暗号方式の2種類がある。 キ 暗号方式では、暗号化と復号に ケ を使用し、鍵は送信者と受信者だけの秘密にする必要がある。一方、 ク 暗号方式では、暗号化と復号に異なる鍵を用いて、送信者は コ の サ で暗号化し、受信者は シ の ス で復号する。

― キ ～ ケ ・ サ ・ ス の解答群 ―
⓪ 秘密鍵　① 共通鍵　② 公開鍵　③ 暗号鍵　④ 復号鍵

― コ ・ シ の解答群 ―
⓪ 送信者　① 受信者　② 第三者

(2019年　大学入試センター試験　本試験　情報関係基礎　改題)

21 〈IPアドレスとネットワークアドレス〉 次の先生と生徒(A君)の会話文を読み，空欄 アイ ～ ツテ に当てはまる数字を答えよ。

A君：先生，今読んでいるネットワークの本の中に192.168.1.3/24という記述があったのですが，IPアドレスの後ろに付いている「/24」は何を意味しているのですか？

先生：それは，ネットワーク部のビット数のことだね。

A君：ネットワーク部ってなんですか？

先生： アイ ビットで構成されるIPv4方式のIPアドレスでは，ネットワーク部によって所属するネットワークを判別することができるんだ。例えばIPアドレス192.168.1.3/24の場合，ネットワーク部のビット数は24で，IPアドレスを2進法で表したときの最上位ビットから24ビットまでがネットワーク部という意味だ。図で表すと次のようになり，ホスト部を0にしたものをネットワークアドレスと呼び，192.168.1.0/24と表すんだ。

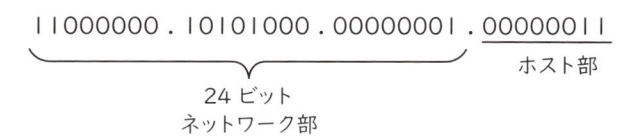

IPアドレス 192.168.1.3/24
11000000.10101000.00000001.00000011
　　　　24ビット　　　　　　　ホスト部
　　　ネットワーク部

11000000.10101000.00000001.00000000
ネットワークアドレス→192.168.1.0/24　　すべて0

A君：上位24ビットがネットワーク部なんですね。じゃあ，ここに書いてあるホスト部ってなんですか？

先生：それは，このネットワークに接続するコンピュータなどに割り当てる固有の番号のことだよ。

A君：この場合は，ホスト部が00000011なので，10進数でいうと ウ が固有の番号ということですか？

先生：その通りだ。 エ ビットで表される数のうち，0にしたものはネットワークアドレスとして使用されるし，すべてのビットが1である オカキ は管理目的で使用するため，このネットワークにはホスト部として1～254までの合計254台のネットワーク機器を割り当てることができるんだ。この考え方でいくと，ネットワーク部のビット数を変えることで，同じアドレスでもネットワークの規模を変えることができるんだよ。例えば，192.168.1.3/ クケ が割り当てられているコンピュータが接続するネットワークには，何台のネットワーク機器が接続できるかな？

A君：0とすべてのビットを1にしたものが利用できないから，256×256－2で65,534台ですか。

先生：そうだね。一見同じようなアドレスでもネットワークの規模が異なることになるね。では，172.16.129.1と172.16.160.1が同じネットワークに属していると考えると，ネットワーク部のビット数は最大何ビットにすることができるかな？

A君：2進法で表して最上位ビットから同じところまでだから，最大 コサ ビットということですね。あと，そのネットワークのネットワークアドレスは172.16. シスセ .0ということですか？

先生：よく理解できたようだね。では，そのネットワークにおいて，ネットワーク機器に割り当てることができる最大のIPアドレスはわかるかな？

A君：えーと，ちょっと計算するので待ってくださいね…。できました，172.16. ソタチ . ツテト で合っていますか？

先生：素晴らしい，これでIPアドレスのネットワーク部とホスト部の考え方はばっちりだね。

(2021年 大学入学共通テスト「情報」サンプル問題 改題)

22 〈ネットワークの障害〉 次の先生と生徒（T君）の会話文を読み，空欄 ア ～ オ に当てはまる最も適当なものを，それぞれの解答群から一つずつ選べ。ただし， イ ・ ウ ・ エ は解答の順序は問わない。

T君：先生，さっき視聴覚室にあるパソコンからインターネットに接続しようとしたのですが，上手くいきませんでした。何が原因でしょうか？

先生：ネットワークやインターネットにつながらない場合，まずはケーブルやネットワーク機器などのハードウェアからチェックするんだ。これは，TCP/IPモデルでいうところの ア のチェックに該当するよ。

T君：まずは物理的な故障を疑うわけですね。具体的に，どのようにしてチェックを行うのですか？

先生：そうだね，じゃあ一緒にネットワークの障害箇所を調べてみよう。まず，どの範囲のパソコンやネットワーク機器から応答があるのか，疎通確認してみるよ。

この後，視聴覚室のパソコンから五つの宛先に対して疎通確認を行ったところ，下の表の結果になった。また，学校のネットワーク構成図は右の図の通りである。

表　視聴覚室のパソコンからの疎通結果

宛先	IPアドレス	疎通結果
ルータ	192.168.1.1	応答なし
サーバ	192.168.1.11	応答なし
アクセスポイント（1年1組教室）	192.168.1.31	応答なし
パソコン（視聴覚室）	192.168.1.61	応答あり
パソコン（コンピュータ室）	192.168.1.101	応答あり

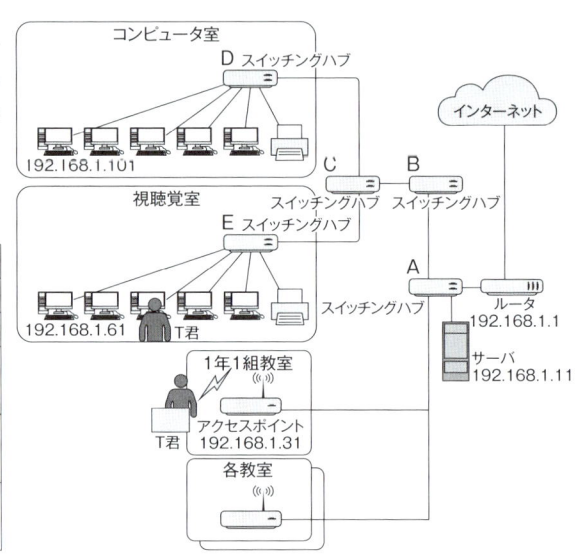

図　学校のネットワーク構成図

T君：同じ視聴覚室のパソコンと，コンピュータ室のパソコンから応答がありました。つまり，少なくとも イ ， ウ ， エ は故障していないということになりますね。

先生：その通りだね。ただし，この状態では残りのどの機器が故障しているかわからないから，1年1組の教室に移動して，タブレット端末からアクセスポイントを経由してルータとサーバに疎通確認してみよう。

この後，タブレット端末からアクセスポイントを経由してルータとサーバに疎通確認を行ったところ，ルータとサーバの両方から応答があった。そのため，T君と先生は オ がネットワーク障害の原因だと判断し，これを予備の機器に交換したところ，視聴覚室のパソコンから無事にインターネットに接続することができた。

─── ア の解答群 ───
⓪　ネットワークインタフェース層　　①　インターネット層　　②　トランスポート層
③　アプリケーション層

─── イ ～ オ の解答群 ───
⓪　ルータ　　①　スイッチングハブA　　②　スイッチングハブB　　③　スイッチングハブC
④　スイッチングハブD　　⑤　スイッチングハブE　　⑥　アクセスポイント

23 〈ヒストグラム・箱ひげ図・散布図〉 高等学校(中等教育学校を含む)の卒業者のうち,大学または短期大学に進学した者の割合(以下,進学率)と,就職した者の割合(以下,就職率)が47の都道府県別に公表されている。

a 2016年度における都道府県別の高等学校の卒業者数,進学者数,就職者数のデータを総務省統計局Webページよりダウンロードし,表計算ソフトウェアに次のように数式を入力して進学率と就職率を求めた。空欄 ア ～ ク に入れるのに最も適当なものを,下の解答群から一つずつ選べ。ただし,重複して選択しても構わない。

	A	B	C	D	E	F	G	H	I
1	都道府県	卒業者	進学者	就職者	進学率	就職率		区間の下限	度数
2	北海道	42,836	18,567	10,209	43.3%	23.8%		0%	0
3	青森県	12,242	5,344	4,034	43.6%	33.0%		5%	0
4	岩手県	11,390	5,033	3,296	44.2%	28.9%		10%	0
5	宮城県	19,687	9,693	4,778	49.5%	24.4%		15%	0
6	秋田県	8,695	3,879	2,588	44.6%	29.8%		20%	0
7	山形県	10,204	4,577	3,038	44.8%	29.6%		25%	0
8	福島県	17,387	7,950	5,055	45.7%	29.1%		30%	0
9	茨城県	25,475	12,888	5,484	50.5%	21.5%		35%	1
10	栃木県	17,554	9,137	4,005	52.0%	22.8%		40%	10
11	群馬県	17,065	8,980	3,370	52.6%	19.7%		45%	10
12	埼玉県	57,150	32,513	8,321	56.9%	14.6%		50%	12
13	千葉県	48,944	27,451	6,730	56.0%	13.8%		55%	9
14	東京都	100,422	66,778	6,846	66.5%	6.8%		60%	3
15	神奈川県	65,311	40,157	5,581	61.5%	8.5%		65%	2
16	新潟県	19,479	9,091	3,830	46.2%	19.7%		70%	0
17	富山県	9,161	4,762	2,092	52.0%	22.8%		75%	0
18	石川県	10,203	5,578	2,252	54.7%	22.1%		80%	0
19	福井県	7,348	4,119	1,686	56.0%	22.9%		85%	0
20	山梨県	8,595	4,844	1,468	56.3%	17.1%		90%	0
21	長野県	18,907	9,245	3,471	48.9%	18.4%		95%	0
22	岐阜県	18,029	9,941	4,355	55.1%	24.2%		100%	
23	静岡県	32,058	17,007	7,111	53.0%	22.2%			

セル E2 : = ア / イ
セル F2 : = ウ / エ

このうち,進学率をヒストグラムで表すために,H列のように階級の区間を0%から100%まで5%の基準で区切った。次に,各階級の度数を求めるために,セルI2に次の数式を入力し,これをセルI21までコピーした。

セル I2 : = COUNTIFS(オ ,">="& カ , キ ,"<"& ク)

なお,COUNTIFS関数は,次のように指定した検索条件範囲から検索条件に合致するセルの数をカウントする関数である。また,COUNTIFS関数では,複数の検索条件を指定することが可能である。

=COUNTIFS(検索条件範囲1,検索条件1,検索条件範囲2,検索条件2,…)

── ア ～ ク の解答群 ──
⓪ B2　① C2　② D2　③ E2　④ F2　⑤ H2　⑥ H3　⑦ I2　⑧ I3
⑨ $E$2:$E$48　ⓐ $F$2:$F$48　ⓑ $E$2:$F$48

次に,I列に求めた各階級の度数を使用して,図1のようにヒストグラムを作成した。なお,ヒストグラムの各階級の区間は,左側の数値を含み,右側の数値を含まない。さらに,都道府県別の就職率のデータを使用して,図2のように箱ひげ図を作成した。

次の ケ に当てはまるものを,後の解答群のうちから一つ選べ。

2016年度における都道府県別の進学率(横軸)と就職率(縦軸)の散布図は ケ である。

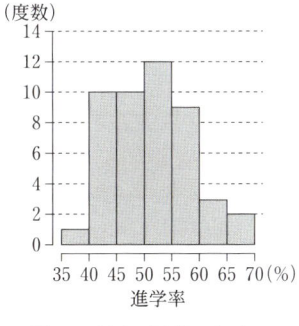

図1　2016年度における進学率のヒストグラム

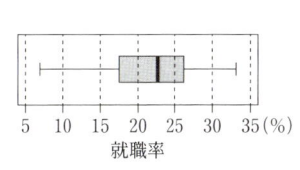

図2　2016年度における就職率の箱ひげ図

ケ の解答群

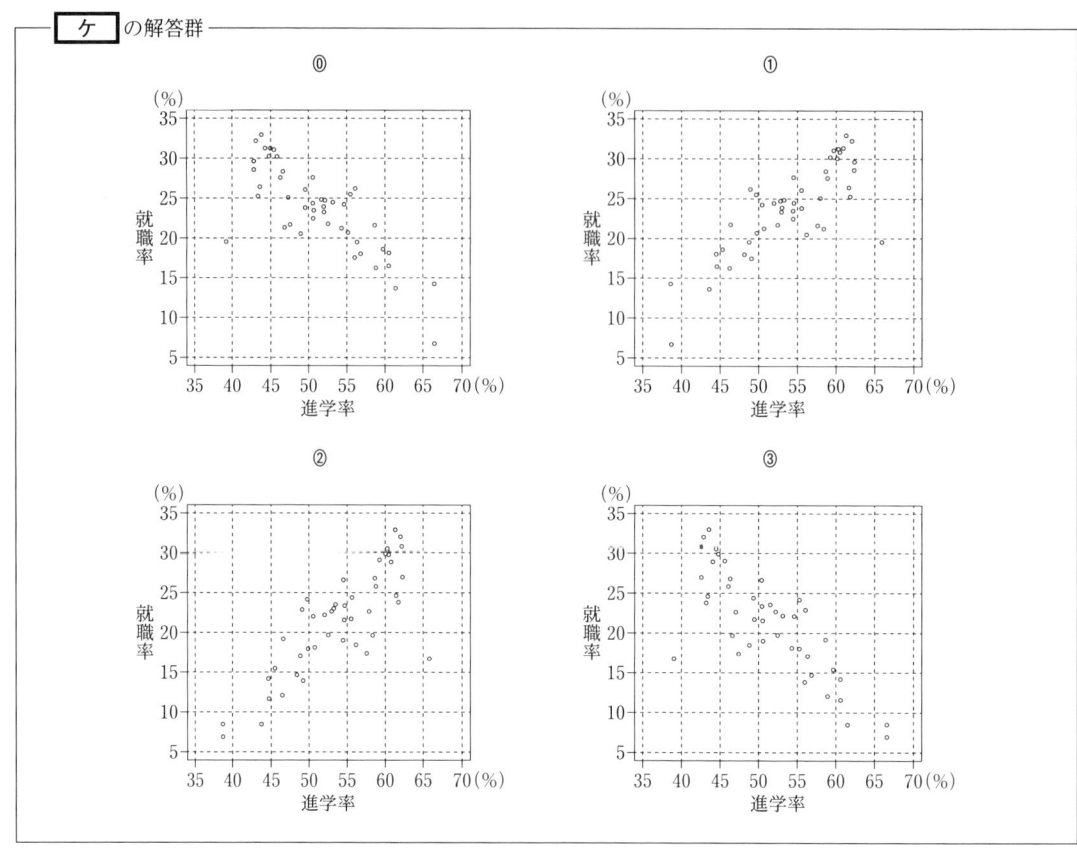

⓪ [散布図]　① [散布図]　② [散布図]　③ [散布図]

b　図3は，1973年度から2018年度まで，5年ごとの10個の年度（それぞれを時点という）における都道府県別の進学率（上側）と就職率（下側）を箱ひげ図で表したものである。ただし，設問の都合で1993年度における箱ひげ図は表示していない。

次の **コ** に当てはまるものを，下の解答群のうちから一つ選べ。

図3から読み取れることとして，正しい記述は **コ** である。

コ の解答群

⓪　1993年度を除く9時点すべてにおいて，進学率と就職率の中央値を合計すると，おおむね100％となる。

①　2003年度，2008年度，2013年度，2018年度の4時点すべてにおいて，就職率の左側のひげの長さと右側のひげの長さを比較すると，左側のほうが長い。

②　2003年度，2008年度，2013年度，2018年度の4時点すべてにおいて，就職率の四分位範囲は，それぞれの直前の時点より減少している。

③　1993年度を除く時点ごとに進学率と就職率の四分位範囲を比較すると，つねに就職率のほうが大きい。

④　就職率について，1993年度を除くどの時点においても最大値は最小値の2倍以上である。

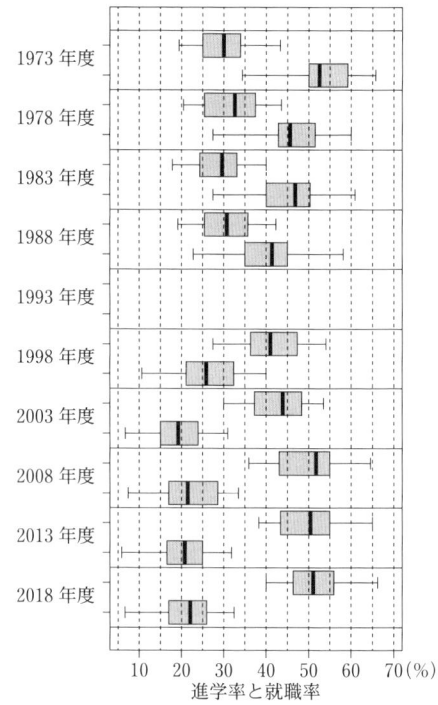

図3　進学率（上側）と就職率（下側）の箱ひげ図

c 図4は，1993年度における都道府県別の進学率（横軸）と就職率（縦軸）の散布図である。

次の サ ， シ に当てはまる最も適当なものを，それぞれの解答群から一つずつ選べ。

1993年度における就職率の サ は 34.8 % である。
また，1993年度における進学率の サ は シ % である。

― サ の解答群 ―
⓪ 最小値　　　① 中央値
② 最大値　　　③ 第1四分位数
④ 第3四分位数　⑤ 四分位範囲

― シ の解答群 ―
⓪ 10.0　　① 20.1　　② 29.7
③ 34.5　　④ 39.7　　⑤ 44.4

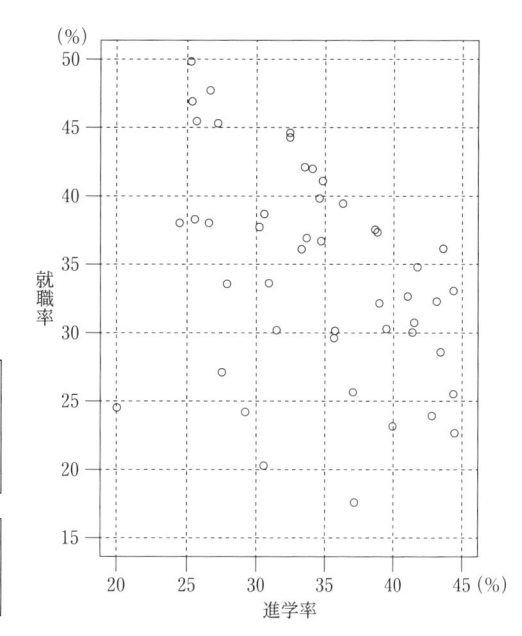

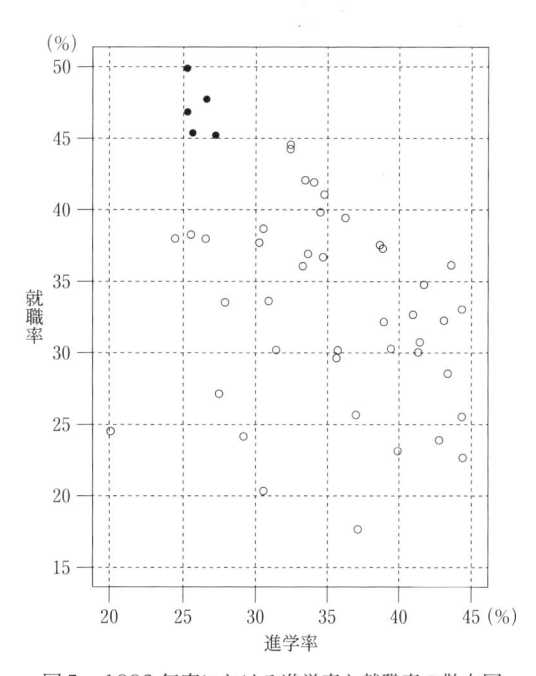

図4　1993年度における進学率と就職率の散布図

d 図4に示した1993年度における都道府県別の進学率と就職率の相関係数を計算したところ，−0.41 であった。就職率が 45 % を超えている5都道府県を黒丸で示したのが図5である。

次の ス ～ ソ に当てはまるものを，それぞれの解答群から一つずつ選べ。

1993年度の都道府県別の進学率と就職率には， ス があるといえる。ここで，就職率が 45 % を超えている5都道府県を除外すると相関は セ ，相関係数を r とすると ソ を満たす。

― ス の解答群 ―
⓪ 正の相関　① 負の相関　② 無相関

― セ の解答群 ―
⓪ 強くなり　① 弱くなり　② 変化せず

― ソ の解答群 ―
⓪ $r<-0.41$　　① $r=-0.41$
② $-0.41<r<0$　③ $r=0$
④ $0<r<0.41$　　⑤ $r\geq 0.41$

図5　1993年度における進学率と就職率の散布図

（2020年　大学入試センター試験　追試験　数学Ⅰ・数学A　改題）

大学入学共通テスト特別演習

第1問 次の文章を読み，後の問い(問1〜問6)に答えよ。

　A高校の吹奏楽部では定期演奏会を開催するにあたり，周知方法を改善することにした。また，今回から演奏会の入場料を取ることにした。これらについて，いろいろと話し合って決め，来年に向けて改善点も出したいと思っている。

問1　定期演奏会の周知方法を考えるために，いくつかのグループに分かれてブレーンストーミングを行うことにした。ブレーンストーミングの特性および注意点として適当なものを下の解答群のうちから四つ選べ。 ア 〜 エ

― ア 〜 エ の解答群 ―
⓪　アイデアの質より量を重視する。
①　アイデアの量より質を重視する。
②　堅実で現実的な考えより自由奔放なアイデアを歓迎する。
③　自由奔放なアイデアより堅実で現実的な考えを歓迎する。
④　人のアイデアを合わせたり，変化させたりして新たなアイデアを出す。
⑤　自分のアイデアだけで考える。
⑥　できるだけ早く結論を出すようにする。
⑦　急いで結論を出すことは避ける。

問2　ブレーンストーミングの結果，周知方法について複数のアイデアが出た。これを無料のものと有料のものに分類し，有料のものについてさらに検討した。検討内容として適当でないものを下の解答群のうちから三つ選べ。 オ 〜 キ

有料：ポスター，チラシ，Webサイト
無料：口コミ，SNS，告知(フリーペーパー，雑誌，テレビ，ラジオなど)

	印刷料・維持費	対象
ポスター	1,000円／枚	ポスターを目にした人
チラシ	5円／枚	チラシを手にした人
Webサイト	6,000円／年	Webサイトを目にした人

― オ 〜 キ の解答群 ―
⓪　ポスターは1枚あたりの印刷料は高いが，多くの人が目にする可能性がある。
①　チラシは，場所やタイミングを限定して配布することができる。
②　Webサイトは，広域に向けた広報より地元に密着した広報に優れている。
③　ポスターとチラシを用途に応じて組み合わせていくとよい。
④　ポスターやチラシに二次元コードを掲載し，Webサイトに案内するとよい。
⑤　告知は無料でできるが，原稿の作成に手間がかかるのでやめたほうがよい。
⑥　口コミは生徒だけに限定したほうが，素早く多くの人に伝わる。
⑦　SNSは，インフルエンサーと呼ばれる影響力の強い人に広報をお願いするとよい。

問3　演奏曲についての著作権の許諾申請について最も適当なものを下の解答群のうちから一つ選べ。 ク

― ク の解答群 ―
⓪　学校の部活動で行う定期演奏会であるから，授業の一部であり申請はいらない。
①　学校の部活動で行う定期演奏会は授業ではないが学校教育であるから支払う著作権料は正規の半額でよい。
②　プログラムに記載された曲のみ申請が必要である。
③　アンコールを含めてすべての曲の申請が必要である。
④　謝金を支払う演奏者を招いた曲のみ申請が必要である。

問4 演奏会終了後にアンケートを実施したところ以下の結果を得た。これについて，来年度に向けての改善事項として適当でないものを下の解答群のうちから二つ選べ。| ケ |・| コ |

チケット購入の決め手となったもの(単位：人)

ポスター	チラシ	Webサイト	口コミ	SNS	告知
300	200	600	500	300	100

・ポスターの印刷費用は6万円，チラシの印刷費用は2万円であった
・なお，Webサイトの年間維持費は6千円である
・Webページの作成は生徒が行うので費用はかからない

――| ケ |・| コ |の解答群――
⓪ ポスターよりチラシのほうが費用対効果比が高いので，チラシを強化するべきである。
① チラシよりポスターのほうが費用対効果比が高いので，ポスターを強化するべきである。
② Webサイトは特に費用対効果比が高いので，Webサイトの年間維持費を増額すべきである。
③ Webサイトは日常から情報発信し，吹奏楽部の活動周知をはかるとよい。
④ SNS，ポスター，チラシとWebサイトを連携させるとよい。

※ここでいう費用対効果比は，来場者1人あたりの広報費用とする。

問5 この演奏会では，次回の演奏会の案内を送付するために，来場者に住所，氏名，年齢，電子メールアドレスなどを登録するサイトへのリンクをチケットの裏にお願いとともに印刷しておいた。これについて，適当であると考えられるものを下の解答群のうちから三つ選べ。| サ |〜| ス |

――| サ |〜| ス |の解答群――
⓪ 主催者がアンケートサイトのデータをダウンロードできるパスワードは，忘れてはいけないので，できるだけシンプルなものにする必要がある。
① 主催者がアンケートサイトのデータをダウンロードできるパスワードは，大文字・小文字，数字，記号などを混ぜた複雑なものにしたほうがよい。
② チケットの裏には，収集する個人情報の使用目的を明記しておく必要がある。
③ チケットの裏には，個人情報を収集するお願いを丁寧に書かなければいけないが，使用目的まで明記する必要はない。
④ 収集した個人情報は，法律に従った取扱いが必要である。
⑤ 教育機関であるから，収集した個人情報については，法律に従った取扱いからは除外される。

問6 演奏会終了後に何人かの来場者にアンケートを行うとともに，写真を撮影し，会場の様子とともに後日に吹奏楽部のWebサイトに掲載しようと計画している。その際，適当でないものを下の解答群のうちから三つ選べ。| セ |〜| タ |

――| セ |〜| タ |の解答群――
⓪ 来場者の写真には肖像権がある。Webサイトに掲載する場合は，個人が特定できる写真については，肖像権の使用許可を取っておく必要がある。
① 高校生や中学生が来場者である場合でも，写真をWebサイトに掲載する際の許可は本人のものだけでよい。
② 吹奏楽部の部員の演奏の様子をWebサイトに掲載する場合は，肖像権の使用について特に必要な手続きはない。
③ 吹奏楽部顧問の写真をWebサイトに掲載する場合は，本人の肖像権の使用許可は必要ない。
④ 会場の様子を撮影したものをWebサイトに掲載する場合，個人が特定できないような写真であれば，来場者の肖像権の使用許可は必要ない。
⑤ 吹奏楽部員の日常の生活を収録する際，商店街を歩いているときの映像にお店のBGMが付随的に収録されてしまった。これを動画サイトで発信する際は，BGMの著作権処理は不要である。

第2問　次の問い(問1〜問7)に答えよ。

問1　市街地には，観光客や一般人がインターネットを使うために用いるアクセスポイントが設置されている場合がある。これを使用する際の注意点として適当なものを，次の⓪〜⑤のうちから二つ選べ。 ア ・ イ

ア ・ イ の解答群

⓪　悪意のある第三者が偽のアクセスポイントを設置して，使用する人の大切な情報を盗もうとしている可能性があるので，接続の際は注意する必要がある。
①　通信会社の名前が付いているアクセスポイントは安全が保障されているので，できるだけそのようなアクセスポイントを使うようにする。
②　市街地に設置されたアクセスポイントは，どのような場合でも使わないほうがよい。
③　アクセスポイントへの通信が暗号化されていれば，情報が盗聴される心配はない。
④　通信が暗号化されていないアクセスポイントでは，大切な情報は送らないほうがよい。
⑤　常にモバイルルータを携帯して，これを使うようにすれば安全である。

問2　次の図は情報伝達の様子を模式化したものである。これについて，下の解答群のうちから，適当でないものを二つ選べ。 ウ ・ エ

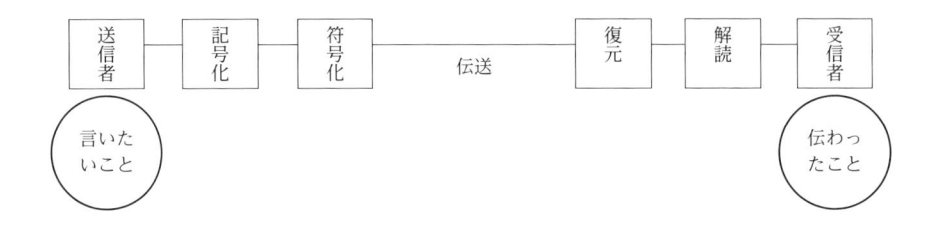

送信者 → 記号化 → 符号化 → 伝送 → 復元 → 解読 → 受信者
（送信者：言いたいこと／受信者：伝わったこと）

ウ ・ エ の解答群

⓪　送信者が記号化したものを受信者が正しく解読するためには，双方が同じ言語を用いるなど，共通の記号体系を使用している必要がある。
①　正確なコミュニケーションを行うためには，送信者，受信者が双方とも同じ記号体系を用いているだけでは十分ではなく，互いの文化的背景なども理解しておく必要がある。
②　伝送の際に第三者に情報を盗み見られないようにするためには，符号化に加えて暗号化を行う必要がある。
③　伝送の際に外部からの雑音が入り込む可能性があるが，これを排除する手段はない。
④　記号化と解読がそれぞれの環境で正しく行われれば，「言いたいこと」と「伝わったこと」は一致する。

問3　圧縮には，完全に元に戻せる可逆圧縮と，完全には元に戻せないが圧縮率を高くできる不可逆圧縮がある。適当なものを，次の⓪〜⑤のうちから二つ選べ。 オ ・ カ

オ ・ カ の解答群

⓪　文章は，大体の意味が伝わればよいので不可逆圧縮でよい。
①　プログラムは，1文字違っても動かないので可逆圧縮でなければならない。
②　ハイビジョンテレビの映像は，高精細な伝送が要求されるので不可逆圧縮を使うことはできない。
③　音声であっても，極めて高い音質を要求される場合は可逆圧縮を使う場合がある。
④　不可逆圧縮は，完全には元に戻さなくてもよいことが前提なので，無限に圧縮率を高めることができる。
⑤　可逆圧縮は，完全に元に戻すことを優先するので，圧縮の方式によらず圧縮率は一定である。

問4　二次元コードはさまざまな用途で使われており，スマートフォンをかざすとURLが表示されてWebページにアクセスすることができる。また，多少汚れていても読み取ることができ，この性質を復元性という。URLなどの文字数が増えると，それにつれて二次元コードのサイズは大きくなり，同じ文字数であっても復元性を強くするためには冗長性が増すため，サイズが大きくなる。次の三種類の文字列について，それぞれ復元能力の異なる二次元コードを作成した。空欄に適する二次元コードを⓪〜④からそれぞれ選べ。ただし，それぞれの二次元コードは1回のみ使用できるものとする。 キ 〜 サ

表1　二次元コードを作成した文字列

Ⅰ	https://www.mdjsuh.co.jp/
Ⅱ	MDJSUH株式会社　https://www.mdjsuh.co.jp/
Ⅲ	MDJSUH株式会社　京都府京都市仮想区夢桜町7-7　https://www.mdjsuh.co.jp/

表2　Ⅰ〜Ⅲの文字列から作成された二次元コード

二次元コード	Ⅰ	Ⅱ	Ⅲ
復元能力 7%	キ	ク	33×33
復元能力 30%	ケ	コ	サ

キ 〜 サ の解答群
⓪　37×37
①　33×33
②　29×29
③　25×25
④　49×49

問5　次の⓪〜④の説明は，Webサイトにおけるユーザビリティの向上またはアクセシビリティの向上について述べたものである。アクセシビリティの向上に関するものを三つ選べ。なお，アクセシビリティとは「ユーザが情報に問題なく到達し，利用可能かどうか」，ユーザビリティとは「ユーザにとって使いやすいかどうか」を意味するものとする。 シ 〜 セ

シ 〜 セ の解答群
⓪　サイト内のコンテンツにリンク切れがあったので改善した。
①　入力フォームをより入力しやすいように改善した。
②　サイト内のコンテンツに機種依存文字を使わないようにした。
③　視覚障がいのある方が閲覧できるようにサイト内の画像に代替テキストを付けた。
④　Webサイトのナビゲーションを改善した。

問6 Webページが表示されるまでの経路を下記のように考えてみた。データが無線で伝送されるのはDの区間である。これについての太郎さんと花子さんの会話の空欄に入れるのに最も適当なものを，解答群のうちから一つずつ選べ。

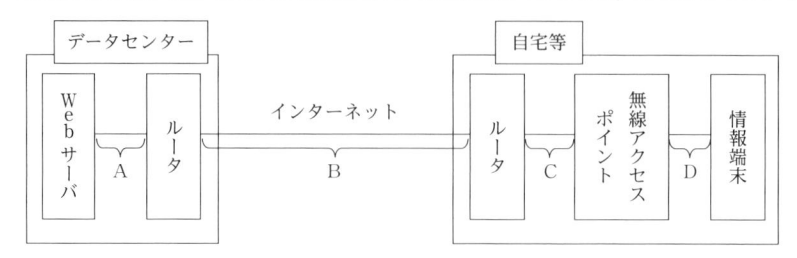

```
┌─データセンター─┐            ┌──────自宅等──────┐
│ W │        │              │ │ 無 │ │
│ e │ ル │              │ ル │ 線 │ 情
│ b │ ー │ インターネット │ ー │ ア │ 報
│ サ │ タ │              │ タ │ ク │ 端
│ ー │    │              │    │ セ │ 末
│ バ │    │              │    │ ス │
│   ⌣   │              │   ⌣   │ ポ │ ⌣
│   A    │      B       │   C    │ イ │ D
│        │              │        │ ン │
│        │              │        │ ト │
└────────┘              └────────────────┘
```

太郎：自宅等の情報端末からWebページを見るときは，このような形でデータがやり取りされるんだ。
花子：WebページのURLを入れただけで，Webサーバへ行くのかしら？
太郎：いや，まずURLをIPアドレスに変換するために情報端末は最初に ソ サーバを見に行かなければいけないね。
花子：情報端末からWebサーバに送るデータには，少なくとも タ がくっついてないといけないわね。
太郎：このデータにくっついているものを チ というんだ。
花子：この経路の中でデータを暗号化したほうがいいのはどこかしら。
太郎：暗号化しなければならないのは， ツ と テ だね。特に テ は通信データを誰でも見ることができるから，暗号化していないと内容が漏れてしまうね。

── ソ の解答群 ──
⓪ DHCP　　① FTP　　② HTTP　　③ DNS　　④ TLS

── タ の解答群 ──
⓪ 自分のIPアドレス　　① 宛先のIPアドレス　　② 使用するインターネットの種類
③ 自分のIPアドレスと宛先のIPアドレス　　④ 伝送速度

── チ の解答群 ──
⓪ ヘッダ　　① フッタ　　② センター　　③ キャップ　　④ ラップ

── ツ・テ の解答群 ──
⓪ A　　① B　　② C　　③ D

問7 インターネット上を流れるデータは，パケットと呼ばれる小さな単位に分割されて送信されている。パケットごとに経由する経路が異なる可能性があるために相手方にパケットが順番に届くとは限らない。また，伝送途中でノイズが入るためにデータが破壊されたり，パケットが届かなかったりする場合もある。次の記述のうち，**適当でないもの**を下の解答群のうちから二つ選べ。 ト ・ ナ

── ト ・ ナ の解答群 ──
⓪ パケットには番号が付いており，受け取る側は，到着したパケットの順番が異なっても，これを正しい順番に並べ直して元のデータを復元することができる。
① パケットを送り出す側は，伝送途中でノイズなどがデータを書き変えたことが受け取る側にわかるような工夫を行っている。
② 受け取る側は，データが書き換えられていることがわかった場合は，前後のパケットからそれを訂正する。
③ 受け取る側は，パケットのデータが訂正できない場合，相手側に該当のパケットを再び送るよう指示する。
④ 伝送の際のエラーを考えなくてよい場合は，データをパケットに分けるより，パケットに分けずに連続して送ったほうがデータの伝送速度は速くなる。
⑤ デジタル式であっても，携帯電話の音声の伝送などは，パケットに分割されずに行われている。

第3問　次の問い(問1～問4)に答えよ。

問1　次の文章を読み，それに続く太郎くんと花子さんの会話の空欄に入れるのに最も適当なものを下の解答群のうちから一つずつ選べ。

色センサを一つ，出力の調整ができるモータを二つ内蔵したプログラム可能なロボットカーがある。このロボットカーのそれぞれのモータには車輪が接続され，その車輪とは別に，モータがつながっていない補助輪が付いている。図1のように進行方向に向かって右のモータを「モータA」，左のモータを「モータB」とする。

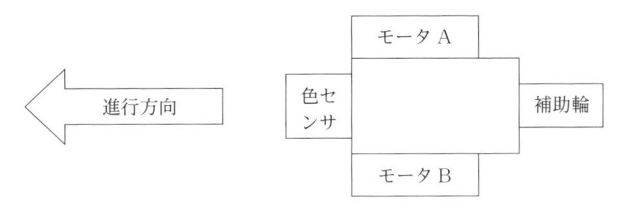

図1　ロボットカーの構成

太郎：先生から白いテーブルの上を黒いラインに沿って動くようなプログラムを作ろうといわれたんだけど，どうしたらよいだろう。最初は，色センサがライン上にくるようにロボットカーを置くということもいわれているよ。
花子：この色センサは検知範囲内の50％以上黒なら「黒」，50％に満たなければ「白」を検出結果として出力するよ。つまり，色センサが黒のときと，白のときの2通りの動作をさせることができるわね。
太郎：最初は，図2のように半円形のコースについて考えてみようか。
花子：色センサが黒を検知している間は前方に動いて，色センサが白を検知したら ア 動くようにすれば，何とかなりそうな気がするわね。

図2　半円形のコース

太郎：半円なら，これで何とかなりそうだね。でもこの方法だと，図3のようにS字になるとS字の後半はラインから外れてしまうね。
花子：黒のラインは結構太いから，発想を変えて色センサが黒を検知したら イ 動いて，色センサが白を検知したら ウ 動くようにすればいいんじゃないかしら。

図3　S字形のコース

―― ア ～ ウ の解答群 ――
⓪　前方に　　　①　後方に　　　②　左前方に　　　③　右前方に

問2 問1の考え方に従って作成したプログラムの エ ～ カ に入れるのに最も適当なものを下の解答群のうちから一つずつ選べ。ただし，モータの出力はプラスのときに進行方向に進むものとし，ロボットカーはスタートするときに図3のように色センサの検知範囲全体が黒のライン上にくるように置くものとする。なお，モータの出力は0から100までとする。ここでは，「==」を比較演算子として用いる。

```
(1)  エ ：
(2)  │ もし 色センサ == 黒 ならば：
(3)  │ │ オ
(4)  │ もし 色センサ == 白 ならば：
(5)  │ │ カ
```

図4　S字形のラインに沿って進むためのプログラム

―― エ ～ カ の解答群 ――
⓪　モータAの出力を50，モータBの出力を50にする
①　モータAの出力を50，モータBの出力を60にする
②　モータAの出力を60，モータBの出力を50にする
③　すべてのモータを停止する
④　ずっと繰り返す

問3　でき上がったプログラムでロボットカーを動かしてみた後の，太郎くんと花子さんの会話の空欄に入れるのに最も適当なものを下の解答群より選べ。

太郎：まあ，何とか動いてはいるけれど，こんなぎくしゃくした動きの車には誰も乗りたがらないね。
花子：なめらかに動くようにすればいいのよね。
太郎：モータAとモータBの出力を調整すればいいと思うよ。
花子：モータAとモータBの出力の差が キ なるようにすればどうかしら。
太郎：やってみよう。
花子：動きがなめらかになったわ。もっと調整すればさらになめらかになりそうね。

―― キ の解答群 ――
⓪　大きく　　　　　　　①　小さく　　　　　　　②　なく

問4 同じロボットカーを図5のような黒いラインで挟まれたコースを走らせ，ゴールに到達するようにしたい。ロボットカーは最初，図のような向きに置いてあり，方向を変えるとき以外はまっすぐ前に進むものとし，角度は進行方向を0度として右向きに増加するものとする。なお，角度は−180〜180度とする。 ク 〜 ス に入れるのに最も適当なものを下の解答群のうちから一つずつ選べ。ただし，同じ記号を複数回選んでもよい。

図5 黒いラインで挟まれたコース

```
(1)  モータAの出力を50，モータBの出力を50にする
(2)  C = 0
(3)  ク :
(4)  │ もし 色センサ == 黒 ならば：
(5)  │ │ もし C == 0 ならば：
(6)  │ │ │ ケ 度向きを変える
(7)  │ │ │ コ
(8)  │ │ そうでなければ：
(9)  │ │ │ サ 度向きを変える
(10) │ │ │ シ
(11) │ そうでなければ：
(12) │ │ ス
```

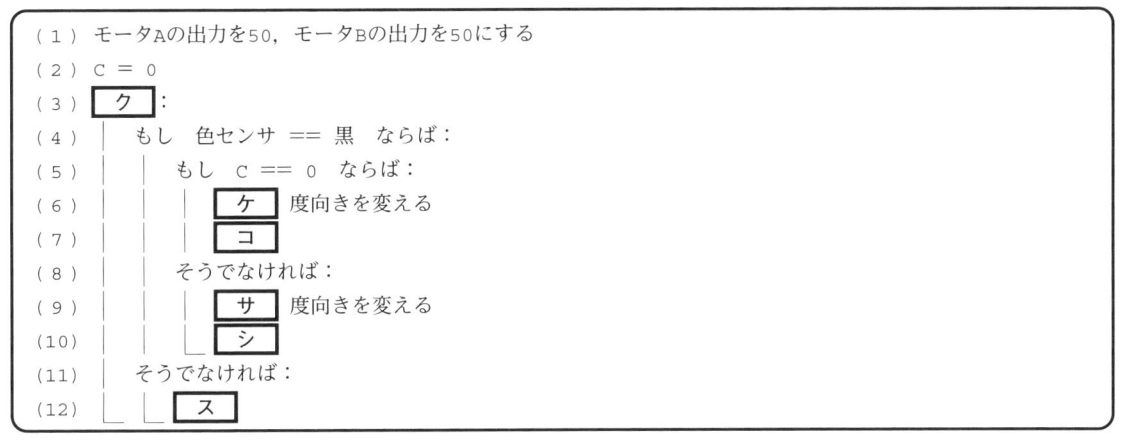

図6 黒いラインで挟まれたコースを進むためのプログラム

── ク 〜 ス の解答群 ──
⓪ C = 0　　　① C = 1　　　② 90　　　③ 180　　　④ 270　　　⑤ 360
⑥ ずっと繰り返す
⑦ すべてのモータを停止する
⑧ モータAの出力を50，モータBの出力を50にする

第4問 次の文章を読み，後の問い(問1～問4)に答えよ。

次の表1は，国が実施した都道府県別の家計消費データの一部であり，二人以上の世帯における1世帯当たりの品目別(食料の全品目)年間支出金額の2019年～2021年の平均値(単位は「円」)を表す。

表1 二人以上の世帯における1世帯当たりの品目別(食料の全品目)年間支出金額

都道府県	総人口	世帯人員	食料(合計)	01 穀類	02 魚介類	03 肉類		10 飲料	11 酒類	12 外食
北海道	5,224,614	2.84	942,332	82,566	84,827	90,249		57,927	54,794	138,388
青森県	1,237,984	2.87	892,205	73,320	88,164	86,377		61,813	57,280	94,219
岩手県	1,210,534	3.12	937,554	79,379	78,318	78,536		60,901	53,764	114,652
宮城県	2,301,996	3.00	972,504	75,346	87,423	87,201		60,471	47,614	125,162
秋田県	959,502	2.72	911,255	69,223	84,818	83,125		52,774	57,253	115,091
山形県	1,068,027	3.21	997,281	82,167	76,727	102,538		58,956	49,023	138,801
福島県	1,833,152	2.99	955,914	75,424	77,348	82,233		63,863	50,302	119,874
茨城県	2,867,009	2.80	902,730	69,813	66,992	77,479		64,930	32,763	134,105
栃木県	1,933,146	2.90	955,734	76,983	71,718	86,076		64,424	43,617	136,526
群馬県	1,939,110	2.89	951,786	81,694	72,688	74,564		68,803	39,903	138,575
埼玉県	7,344,765	3.03	1,066,646	82,418	74,492	94,116	…	66,542	47,727	183,531
千葉県	6,284,480	2.92	1,034,424	81,277	80,062	91,984		65,800	47,034	158,373
東京都	14,047,594	2.92	1,142,651	82,732	82,422	104,967		66,597	53,790	212,373
神奈川県	9,237,337	2.87	1,064,335	86,213	82,161	103,593		63,245	48,376	160,728
新潟県	2,201,272	3.18	973,050	84,143	73,641	83,145		59,665	52,899	128,955
富山県	1,034,814	3.09	1,012,585	83,487	84,014	87,526		60,843	50,587	148,345
石川県	1,132,526	3.23	1,054,923	88,554	79,717	103,438		61,110	47,325	179,504
福井県	766,863	2.97	951,361	84,258	72,703	94,204		53,910	37,007	136,021
山梨県	809,974	2.90	948,442	77,073	71,882	84,363		61,116	44,448	147,491
長野県	2,048,011	2.89	917,923	72,018	74,544	76,055		54,344	43,483	143,844
岐阜県	1,978,742	2.99	967,231	78,434	68,160	89,743		58,482	39,004	183,251
静岡県	3,633,202	2.97	981,690	86,429	79,043	92,665		59,957	37,536	144,171
愛知県	7,542,415	2.92	971,144	80,416	69,910	90,386		56,726	39,873	185,876
⋮				⋮			⋱		⋮	
熊本県	1,738,301	3.09	906,374	72,694	60,349	106,539		56,260	44,939	151,288
大分県	1,123,852	2.82	847,950	68,127	62,923	98,062	…	52,795	38,956	119,103
宮崎県	1,069,576	2.92	875,321	69,230	61,416	98,432		56,213	46,073	128,054
鹿児島県	1,588,256	2.84	914,988	73,795	70,512	98,529		64,135	37,412	142,344
沖縄県	1,467,480	2.93	815,819	73,734	47,634	75,953		60,132	35,771	110,226

(出典：独立行政法人 統計センター SSDSE-C-2022を加工して作成)

問1 花子さんたちは，都道府県別の総人口と世帯人員との関係性について着目し，これらのデータから散布図を作成した（図1）。なお，世帯人員の平均は 2.95 人，総人口と世帯人員との相関係数を算出したところ −0.11 であった。これらのことから読み取ることができる最も適当なものを，次の⓪〜④のうちから一つ選べ。 ア

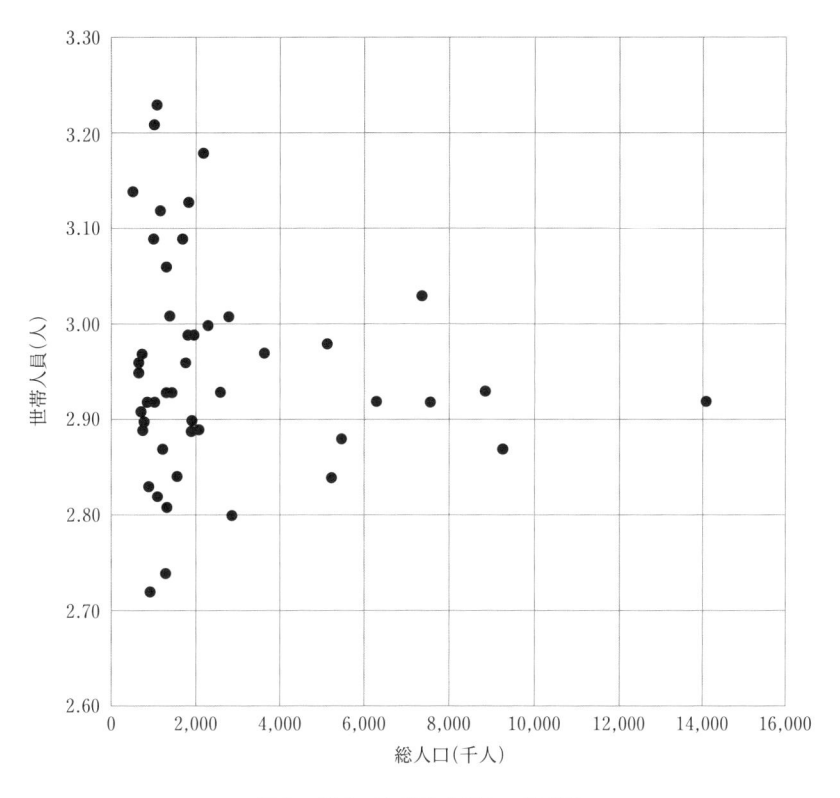

図1 総人口と世帯人員との関係性

───── ア の解答群 ─────
⓪ 都道府県別の総人口と世帯人員には弱い正の相関があり，人口が多い都道府県ほど，世帯人員は多くなる傾向にある。
① 都道府県別の総人口と世帯人員には弱い正の相関があり，人口が多い都道府県ほど，世帯人員は少なくなる傾向にある。
② 都道府県別の総人口と世帯人員には弱い負の相関があり，人口が多い都道府県ほど，世帯人員は多くなる傾向にある。
③ 都道府県別の総人口と世帯人員には弱い負の相関があり，人口が多い都道府県ほど，世帯人員は少なくなる傾向にある。
④ 都道府県別の総人口と世帯人員との間に相関はないといえる。

問2 花子さんたちは，各項目間の関係性を見るため，すべての項目の組み合わせにおける相関係数の一覧を作成した（表2）。この表から読み取ることができないものを，次の⓪～④のうちから一つ選べ。 イ

表2 すべての項目の組み合わせにおける相関係数の一覧

	総人口	世帯人員	穀類	魚介類	肉類	乳卵類	野菜・海藻	果物	油脂・調味料	菓子類	調理食品	飲料	酒類	外食
総人口	1.00	−0.11	0.40	0.26	0.20	0.46	0.47	0.28	0.28	0.32	0.44	0.35	0.26	0.60
世帯人員	−0.11	1.00	0.37	−0.01	0.10	0.39	0.10	0.07	0.34	0.51	0.21	0.12	0.17	0.22
穀類	0.40	0.37	1.00	0.43	0.34	0.60	0.56	0.28	0.34	0.53	0.48	0.19	0.12	0.45
魚介類	0.26	−0.01	0.43	1.00	0.08	0.45	0.71	0.59	0.40	0.51	0.22	0.23	0.62	0.10
肉類	0.20	0.10	0.34	0.08	1.00	0.22	0.00	−0.29	0.25	0.17	0.01	−0.35	−0.08	0.28
乳卵類	0.46	0.39	0.60	0.45	0.22	1.00	0.70	0.62	0.67	0.76	0.55	0.41	0.28	0.50
野菜・海藻	0.47	0.10	0.56	0.71	0.00	0.70	1.00	0.72	0.59	0.56	0.49	0.44	0.58	0.26
果物	0.28	0.07	0.28	0.59	−0.29	0.62	0.72	1.00	0.40	0.54	0.35	0.42	0.51	0.14
油脂・調味料	0.28	0.34	0.34	0.40	0.25	0.67	0.59	0.40	1.00	0.57	0.31	0.32	0.45	0.38
菓子類	0.32	0.51	0.53	0.51	0.17	0.76	0.56	0.54	0.57	1.00	0.43	0.47	0.34	0.59
調理食品	0.44	0.21	0.48	0.22	0.01	0.55	0.49	0.35	0.31	0.43	1.00	0.55	0.18	0.55
飲料	0.35	0.12	0.19	0.23	−0.35	0.41	0.44	0.42	0.32	0.47	0.55	1.00	0.26	0.30
酒類	0.26	0.17	0.12	0.62	−0.08	0.28	0.58	0.51	0.45	0.34	0.18	0.26	1.00	0.04
外食	0.60	0.22	0.45	0.10	0.28	0.50	0.26	0.14	0.38	0.59	0.55	0.30	0.04	1.00

―― イ の解答群 ――

⓪ 総人口と最も相関の高い項目は外食であり，総人口が多いほど，外食での支出金額も大きいといえる。
① 世帯人員と最も相関の高い項目は菓子類であり，世帯人員が多いほど，菓子類の支出金額も大きいといえる。
② 魚介類と肉類は負の相関関係にあり，魚介類の支出金額が大きいほど(少ないほど)，肉類の支出金額も少ない(大きい)といえる。
③ すべての項目の組み合わせで最も強い負の相関を示したのは，肉類と飲料の組み合わせである。
④ 食料の全品目において，ほかの品目に対して相関のない項目が最も多いのは肉類である。

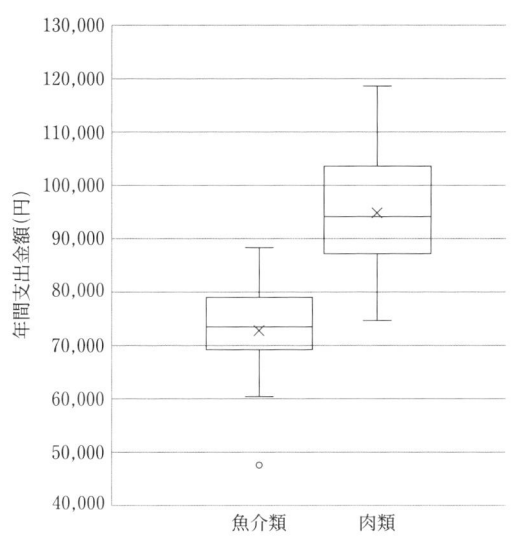

問3 花子さんたちは，都道府県別の魚介類と肉類における年間支出金額の散らばりについて調べるため，魚介類と肉類の箱ひげ図を作成した（図2）。この図から読み取ることができる記述を，次の⓪～④のうちから二つ選べ。 ウ ・ エ

図2 魚介類と肉類の箱ひげ図

ウ ・ エ の解答群

⓪ 魚介類では，平均値と中央値はほぼ等しく，四分位範囲は 10,000 円程度である。

① 魚介類では，すべてのデータが 60,000 円から 90,000 円の間に収まっている。

② 魚介類の最大と，肉類の第3四分位数がほぼ等しい金額となっている。

③ 肉類においては，$\frac{1}{4}$ 以上の都道府県が年間 100,000 円以上を支出している。

④ 約 $\frac{3}{4}$ の都道府県において，年間支出金額は魚介類よりも肉類のほうが多い。

問4 花子さんたちは，食料の全品目の組み合わせの中で最も相関係数の高かった乳卵類と菓子類の年間支出金額を散布図で表し，回帰直線を算出した（図3）。ここで，ある世帯の菓子類の年間支出金額が 120,000 円と仮定したときの，乳卵類の年間支出金額として最も近い値を，次の⓪～④のうちから一つ選べ。 オ

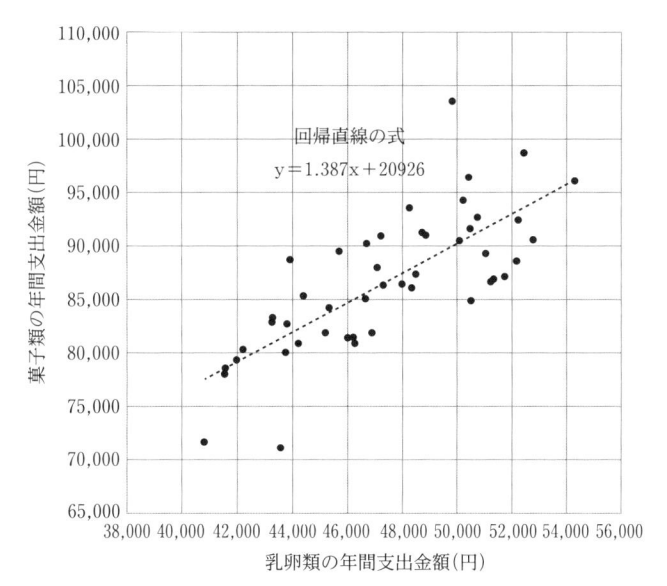

回帰直線の式
$y = 1.387x + 20926$

図3 乳卵類と菓子類の散布図と回帰直線

オ の解答群

⓪ 71,430 円　① 101,605 円　② 137,416 円　③ 187,366 円　④ 195,464 円

Pythonと共通テスト用プログラム表記の比較

　ここでは，共通テスト用プログラム表記に関して，Pythonのプログラムと比較しながら文法や表記について紹介する。なお，プログラム例は2022年11月に大学入試センターから公表された「共通テスト用プログラム表記の例示」を参考にしている。

1　代入と表示

▼プログラム例：底辺を変数a，高さを変数bに代入し，三角形の面積を表示するプログラム

Python
1　a = 3
2　b = 5
3　print('三角形の面積は', a * b / 2)

共通テスト用プログラム表記
(1)　a = 3
(2)　b = 5
(3)　表示する("三角形の面積は", a * b / 2)

2　条件分岐

▼プログラム例：変数xの値が偶数か奇数かを判定するプログラム（「A % B」はAをBで割った余り）

Python
1　x = 7
2　if x % 2 == 0:
3　　　print(x, 'は偶数です')
4　else:
5　　　print(x, 'は奇数です')

共通テスト用プログラム表記
(1)　x = 7
(2)　もしx % 2 == 0ならば:
(3)　│　表示する(x, "は偶数です")
(4)　そうでなければ:
(5)　│　表示する(x, "は奇数です")

▼プログラム例：変数tenの値によって3段階で表示を切り替えるプログラム

Python
1　ten = 60
2　if ten >= 80:
3　　　print('大変よくできました')
4　elif ten >= 60:
5　　　print('よくできました')
6　else:
7　　　print('頑張りましょう')

共通テスト用プログラム表記
(1)　ten = 60
(2)　もしten >= 80ならば:
(3)　│　表示する("大変よくできました")
(4)　そうでなくもしten >= 60ならば:
(5)　│　表示する("よくできました")
(6)　そうでなければ:
(7)　│　表示する("頑張りましょう")

3　繰り返し(for文)

▼プログラム例：1から10までの値(整数)の合計を変数goukeiに代入して表示するプログラム

Python
1　goukei = 0
2　for n in range(1,11):
3　　　goukei = goukei + n
4　print('合計は', goukei)

共通テスト用プログラム表記
(1)　goukei = 0
(2)　nを1から10まで1ずつ増やしながら繰り返す:
(3)　│　goukei = goukei + n
(4)　表示する("合計は", goukei)

4 繰り返し（while 文）

▼プログラム例：1 から 10 までの値（整数）の 2 乗の値を表示するプログラム

	Python
1	`i = 1`
2	`while i < 11:`
3	`    print(i, 'の2乗は', i * i)`
4	`    i = i + 1`

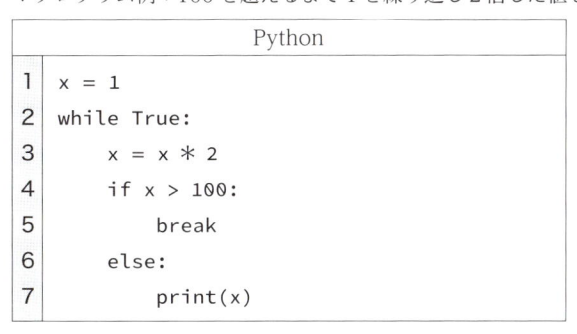

	共通テスト用プログラム表記
(1)	i = 1
(2)	i < 11の間繰り返す：
(3)	表示する(i, "の2乗は", i * i)
(4)	i = i + 1

▼プログラム例：100 を超えるまで 1 を繰り返し 2 倍した値を表示するプログラム

	Python
1	`x = 1`
2	`while True:`
3	`    x = x * 2`
4	`    if x > 100:`
5	`        break`
6	`    else:`
7	`        print(x)`

	共通テスト用プログラム表記
(1)	x = 1
(2)	ずっと繰り返す：
(3)	x = x * 2
(4)	もしx > 100ならば：
(5)	繰り返しを抜ける
(6)	そうでなければ：
(7)	表示する(x)

5 配列/リスト

▼プログラム例：五つの点数が格納された配列 Test から合計点，平均点，科目数を表示するプログラム

	Python
1	`Test = [80,72,63,95,57]`
2	`goukei = 0`
3	`kamoku = 0`
4	`for m in range(5):`
5	`    goukei = goukei + Test[m]`
6	`    kamoku = kamoku + 1`
7	`print('合計点:', goukei)`
8	`print('平均点:', goukei / kamoku)`
9	`print('科目数:', kamoku)`

	共通テスト用プログラム表記
(1)	Test = [80,72,63,95,57]
(2)	goukei = 0
(3)	kamoku = 0
(4)	mを0から4まで1ずつ増やしながら繰り返す：
(5)	goukei = goukei + Test[m]
(6)	kamoku = kamoku + 1
(7)	表示する("合計点:", goukei)
(8)	表示する("平均点:", goukei / kamoku)
(9)	表示する("科目数:", kamoku)

6 関数

▼プログラム例：関数 en を使用して円の面積を求め，円錐の体積を計算して表示するプログラム

	Python
1	`def en(r):`
2	`    pai = 3.14`
3	`    return r * r * pai`
4	`h = 4`
5	`ensui = en(2) * h / 3`
6	`print('円錐の体積は', ensui)`

	共通テスト用プログラム表記
(1)	関数en(r)の定義：
(2)	pai = 3.14
(3)	戻り値(r * r * pai)
(4)	h = 4
(5)	ensui = en(2) * h / 3
(6)	表示する("円錐の体積は", ensui)

ドリル

例1 指数法則 （数学）
次の計算をせよ。
(1) $a^6 \times a^2$ 　(2) $a^6 \div a^2$
(3) 2^{-2} を分数で表せ。

解法
(1) $a^m \times a^n = a^{m+n}$ なので，$\underline{a^8}$
(2) $a^m \div a^n = a^{m-n}$ なので，$\underline{a^4}$
(3) 負の指数は $a^{-n} = \dfrac{1}{a^n}$ なので $\dfrac{1}{2^2} = \underline{\dfrac{1}{4}}$

問1 次の計算をせよ。
(1) $a^3 \times a^5$ 　(2) $a^{10} \div a^8$
(3) 2^{10} は 2^8 の何倍か。
(4) 32ビットは24ビットの何倍の情報量を扱うことができるか。
(5) 2^{-5} を分数で表せ。

例2 情報量 （→p.30, 32）
次の問いに答えよ。
(1) 1バイトで表現できる情報は何通りか。
(2) 20通りの情報を表すには，少なくとも何ビット必要か。
(3) 2GBをMBに変換せよ。

解法
(1) 1バイト＝8ビットより，$2^8 = \underline{256\text{通り}}$
(2) $2^4 = 16$，$2^5 = 32$ より，$\underline{5\text{ビット}}$
(3) $2 \times 1024 = \underline{2048\text{ MB}}$

問2 次の問いに答えよ。
(1) 10ビットで表現できる情報は何通りか。
(2) 英語のアルファベット26文字の大文字と小文字をすべて表すには，少なくとも何ビット必要か。

例3 2進数・10進数の変換 （→p.30, 33）
次の10進数は2進数に，2進数は10進数に変換せよ。
(1) $42_{(10)}$　(2) $111110_{(2)}$

解法
(1)
```
2) 42
2) 21 …0
2) 10 …1   下から
2)  5 …0   上へ読む
2)  2 …1
    1 …0
```
$42_{(10)} = \underline{101010_{(2)}}$

(2) $1 \times 32 + 1 \times 16 + 1 \times 8 + 1 \times 4 + 1 \times 2 + 0 \times 1 = \underline{62}$　各桁に重みを掛けて合計を求める。

問3 次の10進数は2進数に，2進数は10進数に変換せよ。
(1) $10_{(10)}$　(2) $45_{(10)}$　(3) $112_{(10)}$
(4) $255_{(10)}$　(5) $11_{(2)}$　(6) $101_{(2)}$
(7) $1101_{(2)}$　(8) $11011111_{(2)}$

例4 16進数・2進数の変換 （→p.30, 33）
次の16進数は2進数に，2進数は16進数に変換せよ。
(1) $A3_{(16)}$　(2) $01110100_{(2)}$

解法
(1) $A_{(16)} = 1010_{(2)}$，$3_{(16)} = 0011_{(2)}$ より，$\underline{10100011_{(2)}}$
(2) $0111_{(2)} = 7_{(16)}$，$0100_{(2)} = 4_{(16)}$ より，$\underline{74_{(16)}}$

問4 次の16進数は2進数に，2進数は16進数に変換せよ。
(1) $E_{(16)}$　(2) $BE_{(16)}$　(3) $97_{(16)}$
(4) $A2D7_{(16)}$　(5) $1101_{(2)}$
(6) $01110101_{(2)}$　(7) $101101010111_{(2)}$

例5 2進数の加算と減算 （→p.31, 33）
次の2進数の計算をせよ。
(1) $0111_{(2)} + 0001_{(2)}$　(2) $1010_{(2)} - 0101_{(2)}$

解法
(1)
```
 0111(2)     0111(2)     0111(2)     0111(2)
+0001(2) → +0001(2) → +0001(2) → +0001(2)
    0(2)       00(2)      000(2)    1000(2)
```

(2)
```
 1010(2)     1010(2)     1010(2)
-0101(2) → -0101(2) → -0101(2)
    1(2)       01(2)     0101(2)
```

問5 次の2進数の計算をせよ。
(1) $10_{(2)} + 11_{(2)}$　(2) $1010_{(2)} + 0011_{(2)}$
(3) $1101_{(2)} - 0010_{(2)}$　(4) $1010_{(2)} - 0111_{(2)}$

例6 補数 (→p. 31, 33)

$1101_{(2)}$ の補数を求めよ。

解法

$1101_{(2)}$
↓ 各桁の0と1を反転
$0010_{(2)}$
↓ 1を加算
<u>$0011_{(2)}$</u>

問6 次の2進数の補数を求めよ。

(1) $0011_{(2)}$ 　(2) $1111_{(2)}$
(3) $10100101_{(2)}$ 　(4) $01001101_{(2)}$

例7 画像のデータ量の計算 (→p. 42, 43)

解像度 480×320 の16ビットカラー画像のデータ量[KB]を求めよ。

解法

1画素のデータ量[bit]×画素数
$16×480×320=2457600$[bit]
2457600[bit]$÷8÷1024=$<u>300 KB</u>

問7 次の画像のデータ量[KB]を求めよ。

(1) 解像度 480×320 の24ビットフルカラー画像
(2) 解像度 1920×1080 の16ビットカラー画像
(3) 解像度 1920×1080 の白黒画像。なお、白黒画像では、1画素のデータは1ビットとなる。
(4) 横1024画素×縦768画素で、24ビットのカラー情報をもつ画像が撮影できるデジタルカメラがある。このカメラで撮影した画像1枚のデータ量と、このカメラに1 GB の記録用メモリを使用したときに記録できる画像の枚数。

例8 音声データ量の計算 (→p. 42, 43)

量子化ビット数16ビット、標本化周波数10 kHz の32秒間のモノラル音声のデータ量[KB]を求めよ。

解法

量子化ビット数[bit]×標本化周波数[Hz]×時間
$16×10000×32=5120000$[bit]
$5120000÷8=640000$[B]
$640000÷1024=$<u>625 KB</u>

※ステレオ音声はデータ量が2倍になる。

問8 次のデータ量[KB]を求めよ。

(1) 量子化ビット数8ビット、標本化周波数 20480 Hz の3秒間のモノラル音声
(2) 量子化ビット数16ビット、標本化周波数 20480 Hz の4秒間のステレオ音声

例9 動画データ量の計算 (→p. 42, 43)

解像度 256×128 の24ビットフルカラー画像を1フレームとした24 fps の20秒間の動画のデータ量[MB]を求めよ。

解法

1フレームのデータ量[B]×フレームレート[fps]×時間
1フレームのデータ量 $256×128×24÷8=98304$[B]
$98304×24×20÷1024÷1024=$<u>45 MB</u>

問9 次の各値を求めよ。

(1) 解像度 1024×512 の24ビットフルカラー画像を1フレームとした28 fps の5秒間の動画のデータ量[MB]。
(2) 1フレームあたりのデータ量が2 MB で、1秒あたり24フレーム表示される動画ファイル形式を用いた場合、1.5 GB の動画ファイルの再生時間[秒]。
(3) 解像度 1280×720 の24ビットフルカラー画像を1フレームとした動画を撮影しようと考えている。スマートフォンのデータ保存用メモリの空き容量が1 GB であったとき、保存できる動画の秒数(小数点以下切り捨て)。

例10 速度の単位, 時間の単位の変換 (→p. 42, 43)

次の問いに答えよ。

(1) 2 Gbps を Mbps で表せ。
(2) 5マイクロ秒を ns(ナノ秒)で表せ。

解法

(1) $2×1000=$<u>2000 Mbps</u>
※速度では 10^3 ごとに接頭辞を変化させる。データ量の場合は1024倍で変化させるので違いに注意する。
(2) $5×1000=$<u>5000 ns</u>

付録

ドリル　163

大きな量の接頭辞		小さな量の接頭辞	
k（キロ）	10^3	m（ミリ）	10^{-3}
M（メガ）	10^6	μ（マイクロ）	10^{-6}
G（ギガ）	10^9	n（ナノ）	10^{-9}
T（テラ）	10^{12}	p（ピコ）	10^{-12}

問 10 次の問いに答えよ。ただし，1 G は 10^3 M，1 M は 10^3 k とする。

(1) 0.5 Gbps を Mbps で表せ。
(2) 50000 kbps を Gbps で表せ。
(3) 2 ms（ミリ秒）を μs（マイクロ秒）で表せ。
(4) 500 ns（ナノ秒）を μs（マイクロ秒）で表せ。

例 11　CPU の処理能力（→p. 49, 50）

次の問いに答えよ。
(1) クロック周波数が 2.5 GHz のクロック周期は何 ns（ナノ秒）か。
(2) クロック周波数が 2 GHz の CPU において，5 クロックで処理される命令を 1 秒間に何回実行できるか。
(3) クロック周期が 0.5 ns（ナノ秒）の CPU のクロック周波数は何 GHz か。

解法
(1) $2.5\,\text{GHz} = 2.5 \times 10^9\,\text{Hz}$
   $1 \div (2.5 \times 10^9) = 0.4 \times 10^{-9}$
   $= \underline{0.4\,\text{ns（ナノ秒）}}$
(2) $1 \div (2 \times 10^9) \times 5 = 0.5 \times 10^{-9} \times 5$
   $= 2.5\,\text{ns（ナノ秒）}$
   $(1 \times 10^9) \div 2.5 = \underline{400000000\,\text{回}}$
(3) $1 \div (0.5 \times 10^{-9}) = 2 \times 10^9 = \underline{2\,\text{GHz}}$

問 11 次の問いに答えよ。
(1) クロック周波数が 1.25 GHz のクロック周期は何 ns（ナノ秒）か。
(2) クロック周波数が 2.5 GHz の CPU において，5 クロックで処理される命令を 1 秒間に何回実行できるか。
(3) クロック周期が 0.8 ナノ秒の CPU のクロック周波数は何 GHz か。

例 12　通信速度の計算（→p. 53, 55）

次の問いに答えよ。ただし，1 M は 10^9 とし，伝送効率は考慮しない。
(1) データ量 15 MB を 30 Mbps の通信回線で伝送するときの伝送時間[秒]を求めよ。
(2) 30 Mbps の通信回線を用いて，4 秒間で伝送できるデータ量[MB]を求めよ。
(3) 15 MB のデータを 4 秒で伝送できる通信回線の伝送速度[Mbps]を求めよ。

解法
(1) データ量の単位をビットに揃える。
   15 MB＝120 Mbit
   ビット単位の伝送量を，伝送速度で割った商を求める。
   120 Mbit÷30 Mbps＝<u>4 秒</u>
(2) 伝送速度と伝送時間を掛ける。
   30 Mbps×4 秒＝120 Mbit
   単位をバイトに変換する。
   120 Mbit＝<u>15 MB</u>
(3) データ量の単位をビットに揃える。
   15 MB＝120 Mbit
   データ量を時間で割った商を求める。
   120 Mbit÷4 秒＝<u>30 Mbps</u>

問 12 次の各値を求めよ。ただし，1 M は 10^9，1 G は 10^3 M とし，伝送効率は考慮しない。

(1) データ量 200 MB を 400 Mbps の通信回線で伝送するときの伝送時間[秒]。
(2) データ量 4 GB を 500 Mbps の通信回線で伝送するときの伝送時間[秒]。
(3) 160 Mbps の通信回線を用いて，10 秒間で伝送できるデータ量[MB]。
(4) 40 MB のデータを 5 秒で伝送できる通信回線の伝送速度[Mbps]。
(5) 2 GB のデータを 5 秒で伝送できる通信回線の伝送速度[Mbps]。
(6) 解像度 2000×3000 ピクセル，1 ピクセルあたり 24 ビットの色情報をもつ画像 10 枚を，50 ％に圧縮して転送した時間が 15 秒であったときの通信回線の通信速度[Mbps]。

略 解

1章

1 (イ), (エ)
2 (1) × (2) × (3) ○ (4) ○ (5) ×
3 (エ)→(ア)→(ウ)→(イ)→(オ)
4 (ウ), (オ), (キ)
5 (ア), (イ), (エ)
6 ① 多く借りる生徒が多い
② 借りる生徒と借りない生徒との差が大きい
7 (ア), (エ)
8 機種A
9 故人の氏名, グループ名
10 (イ)
11 (ウ), (エ)
12 (1) × (2) × (3) ○ (4) ○
13 (ア), (ウ), (エ)
14 (1) ○ (2) × (3) ○ (4) ○ (5) ×
15 家族構成, 一か月の小遣い, SNSのアカウント名
16 (1) (エ) (2) (ア) (3) (イ) (4) (ウ)
17 (1) (ク) (2) (ア) (3) (カ) (4) (サ) (5) (ウ) (6) (オ) (7) (エ)
18 (1) ○ (2) × (3) ○ (4) × (5) ○
19 (1) × (2) ○ (3) × (4) ○ (5) ○
20 (1) (ク) (2) (ウ) (3) (ア) (4) (イ)
21 (イ), (ウ), (エ)
22 ① 公表 ② 必然性 ③ 明確 ④ 主 ⑤ 従 ⑥ 必要 ⑦ 明示
23 (1) (ア), (イ) (2) (ア), (ウ) (3) (ア), (イ), (エ)

2章

1 (1) (イ), (エ) (2) (ウ), (オ) (3) (ア), (カ)
2 (ア), (イ), (エ)
3 (ア), (ウ), (エ)
4 (イ)
5 (ウ), (エ)
6 (ア), (ウ)
7 (1) (ウ) (2) (ア) (3) (エ) (4) (イ)
8 (1) ⑦ (2) ②または⑫ (3) 略
9 略
10 (ウ)
11 略
12 略
13 (イ)
14 略
15 (イ)→(エ)→(ア)→(ウ)
16 (1) 階層構造 (2) 直線的構造 (3) 網状構造
17 (ア), (イ)
18 (1) `body{background-color: beige;}`
(2) `p.attention{color: red;}`
(3) `h1{padding: 0.5em;}`
(4) `#subtitle{font-size: 20px;}`
19 (1) 階層構造 (2) 直線的構造 (3) 網状構造
20 `.akamoji{color: red;}`
`.aomoji{color: blue;}`
21 (1) (イ), (ウ), (オ)
(2) (ア), (エ), (カ)

3章

1 (1) 3ビット (2) 6ビット
(3) マークに2ビット, 数字に4ビット
(4) 2^{20} (5) $4×1024×1024×1024$
2 (1) $100101011_{(2)}$ (2) $11000101_{(2)}$
(3) $102_{(10)}$ (4) $167_{(10)}$
3 (1) $10100100_{(2)}$ (2) $01101110_{(2)}$
(3) $8C_{(16)}$ (4) $DB_{(16)}$
4 (1) $1111_{(2)}$ (2) $1011_{(2)}$ (3) $1110_{(2)}$
(4) $0011_{(2)}$ (5) $0101_{(2)}$ (6) $0011_{(2)}$
5 (1) $0100_{(2)}$ (2) $0110_{(2)}$ (3) $10111000_{(2)}$
(4) $01001000_{(2)}$
6 $0\ 10000\ 1001000000_{(2)}$
7 (1) $51_{(16)}$ (2) $01000111_{(2)}$ (3) a
8 (1) 7 KB (2) (ウ) (3) (エ)
9 (1) $0\ 10001\ 1111001000_{(2)}$
(2) $0\ 10010\ 0000111000_{(2)}$
10 略
11 略
12 略
13 (ウ)
14 (エ)
15 (ア), (ウ), (エ), (オ)
16 (1) 4階調 (2) 64色
17 (1) 210 MB (2) 20 %
18 (1) 27色 (2) 18色 (3) 緑色
19 16個
20 (1) 白色, 黒色 (2) 14通り (3) 8ビット
21 (エ), (ウ), (イ), (ア)
22 (ウ)
23 (1) × (2) ○ (3) × (4) × (5) ○
24 (1) IEEE 802.11 (2) HDMI (3) USB
(4) イーサネット
25 (1) (ウ) (2) (オ) (3) (イ) (4) (ア) (5) (エ)
26 ① (イ) ② (ア) ③ (ア) ④ (イ) ⑤ (ウ) ⑥ (ウ) ⑦ (ア) ⑧ (カ)
27 (1) READ B,(11) (2) 3から8へ変化する
(3) 8 (4) 3と5の加算を計算したもの
(5) 4番地の命令をWRITE (12),Bに書き換える。
28 (1) ○ (2) × (3) ○ (4) × (5) ×
29 (1) 7.0億回($7.0×10^8$回) (2) 0.40 ns
(3) 1.3 ns (4) 0.25 GHz
30 (ア)

付録

略解 **165**

31 20 ns
32 2億回（2×10^8 回）
33 (ウ)
34 (エ)

4章

1 ②
2 15個
3 (ウ)
4 (イ)
5 (1) ① (ウ)　② (ア)　③ (イ)　④ (エ)
　　(2) (ウ)
6 (1) ④　(2) ①　(3) ⑦
7 (1) プライベート IP アドレス　(2) パソコン A
8 (イ)
9 (1) (イ), (エ)　(2) (ア), (ウ)
10 (イ), (ウ)
11 (1) ① (ウ)　② (ア)　③ (イ)　④ (エ)
　　(2) ① (エ)　② (ウ)　③ (ア)　④ (イ)
12 略
13 300 kbps
14 (イ), (ウ)
15 (ウ)→(ア)→(オ)→(エ)→(イ)
16 Lさん
17 (1) (イ)　(2) (ア)　(3) (ウ)
18 (ア), (イ), (エ)
19 (ウ)
20 (イ)
21 (1) (イ)　(2) (ウ)　(3) (エ)　(4) (ア)　(5) (オ)
22 (イ)
23 (ア), (イ), (エ)
24 (イ), (ウ)
25 (イ), (ウ), (エ)
26 (1) (ウ), (オ)　(2) (ア), (カ)　(3) (イ), (エ)
27 (ウ)
28 (1) ① 選択　② 結合　③ 射影
　　(2) 結合, 射影
29 (1) (ウ)　(2) (ア)　(3) (ウ)
30 (ウ), (エ)
31 (ア)
32 完全性, 可用性
33 (1) 36^4 通り　(2) 1296 倍（36^2 倍）
34 誤りがある行：う　誤りがある列：c
35 ① (オ)　② (ケ)　③ (ク)
36 (イ), (ウ)
37 (ウ), (エ)
38 (1) 8桁　(2) 5桁
39 (1) (ウ)　(2) (イ)
40 (1) (イ)　(2) (ア), (ウ), (エ)
41 ① SSL/TLS
　　②・③ 公開鍵暗号方式・共通鍵暗号方式（順不同）
　　④ 認証局（または CA）　⑤ 電子証明書

5章

1 (1) 全数調査　(2) 標本調査　(3) 全数調査
　　(4) 全数調査　(5) 標本調査
2 (1) ×　(2) ○　(3) ×　(4) ○
3 (1) A：(イ)　B：(イ)　C：(イ)　D：(ア)
　　　E：(ア)
　　(2) A：(ウ)　B：(エ)　C：(エ)　D：(ア)
　　　E：(イ)
4 (1) 欠損値　(2) 59.8　(3) $13.7X+18.7$
5 (1) A：量的データ　B：質的データ
　　(2) A：(ウ), (エ)　B：(ア), (イ)
　　(3) ① ×　② ○　③ ×　④ ×
6 ① ○　② ○　③ ×　④ ○
　　⑤ ×　⑥ ×　⑦ ○　⑧ ○
7 (1) ① 2　② 9　③ 5　④ 3
　　　⑤ 4.5　⑥ 7　⑦ 4　(2) (イ)
8 (1) (ア)　(2) (イ)　(3) (ア)　(4) (イ)　(5) (ウ)
9 (1) (ウ)　(2) (ア)　(3) (イ)
10 1141 件
11 (1) ○　(2) ○　(3) ×　(4) ○　(5) ○
12 (1) ○　(2) ×　(3) ×　(4) ○　(5) ×
13 (1) (イ)　(2) (ア)　(3) (イ)　(4) (ア)　(5) (ア)
14 (1) (ウ)　(2) (イ)　(3) (ア)
15 (1) (イ)　(2) (イ)　(3) (イ)　(4) (ウ)　(5) (カ)
　　(6) (オ)
16 (1) (オ)　(2) (イ)　(3) (イ)
17 (1) a (ウ)　b (ア)　c (イ)
　　(2) ① (ウ)　② (エ)　③ (イ)　④ (ア)
18 (1) $n-1$　(2) n　(3) ① B2　② C3
　　(4) 15　(5) ① >　② 0
19 (1) ア：0.16　イ：0.48　ウ：0.32
　　　エ：0.48　オ：0.15　カ：0.63
　　　キ：0.48　ク：0.63　ケ：0.16
　　　コ：0.79　サ：0.63　シ：0.79
　　　ス：0.21　セ：0.79　ソ：1.00
　　(2) ① ×　② ○　③ ×　④ ×
20 (1) 8時間　(2) 1時間
　　(3) (イ), (エ), (オ), (カ), (キ)
21 (1) ① 0.5　② F2　③ >=3 または >2
　　　④ J2
　　(2) 期待値

6章

1 (1) (ア)　(2) (エ)
2 ① (ウ)　② (エ)　③ (ア)　④ (イ)　⑤ (イ)
　　⑥ C　⑦ B　⑧ ×　⑨ A　⑩ A
3 (1) (ウ)　(2) (エ)
4 (ウ)
5 略
6 ① 5　② i
7 (イ)
8 (エ)
9 ① x < 0（または x <= 0）　② -x

| 10 | ① 50　② 50　③ 10　④ 50
　　　⑤ 10
| 11 | (1) (ウ), (エ)　(2) (エ)
| 12 | ① name[i]　② hanbai[i]
| 13 | 3月9日
| 14 | ① (イ)　② (オ)　③ (ケ)
| 15 | (1) 15　(2) 120　(3) 78.5
　　　(4) [1, 2, 3, 4, 6, 12]　(5) 120
| 16 | ① (ア)　② (エ)　③ (カ)　④ (ク)　⑤ (ケ)
| 17 | ① (オ)　② (イ)　③ (ア)
| 18 | ① (イ)　② (エ)　③ (ウ)
| 19 | (エ)
| 20 | ① 2　② 8　③ 2　④ 4　⑤ 8
　　　⑥ 5
| 21 | (1)① (ア)　② (イ)　③ (エ)　④ (ア)
　　　(2) (イ)
| 22 | ① (イ)　② (ウ)　③ (エ)　④ (キ)
| 23 | (1) 再帰呼び出し
　　　(2)① (ウ)　② (オ)　③ (ク)　④ (ケ)
　　　(3) (イ)
| 24 | (1)① (ア)　② (ウ)　③ (エ)
　　　(2) 乱数が0.5より小さい場合は右上に，それ以外の場合は左下に移動し，2方向の移動となった。
　　　(3) x軸方向とy軸方向でそれぞれ異なる乱数を使って移動方向を決める。具体的には，変数 ido_x と ido_y を用意し，7～10行目に相当する部分をx方向用とy方向用にそれぞれ記述する。
| 25 | ① (エ)　② (ウ)　③ (カ)　④ (キ)
| 26 | ① (イ)　② (エ)　③ (オ)　④ (ク)　⑤ (ケ)
| 27 | ① (ウ)　② (エ)　③ (キ)　④ (オ)　⑤ (カ)

Level UP

| 1 | (1) A高校の平均点は全国平均と等しい
　　　(2) 片側検定　(3) 1.67　(4) いえる
| 2 | (1) テストしたノートパソコンの駆動時間は公式スペックと等しい
　　　(2) 片側検定　(3) −1.57　(4) いえる
| 3 | (1)① 箱に入っているお菓子の重さは通常の重さと等しい
　　　② 両側検定　③ 1.64　④ いえない
　　　(2)① 切り出した麺の長さは設定した麺の長さと等しい
　　　② 片側検定　③ 2.24　④ いえる
| 4 | ① (ウ)　② (オ)　③ (イ)　④ (エ)
| 5 | (C), (D), (B), (A), (E), (F)
| 6 | ① (ウ)　② (ア)　③ (エ)
| 7 | ① (ア)　② (ウ)　③ (イ)　④ (エ)
| 8 | (カ)→(オ)→(ウ)→(ア)
| 9 | ① (イ)　② (ア)　③ (エ)　④ (カ)　⑤ (ク)
| 10 | ① (イ)　② (ウ)　③ (オ)
　　　④ (エ)　⑤ (カ)　⑥ (キ)

QRコードは㈱デンソーウェーブの登録商標です。

写真提供
㈱アフロ

表紙・本文基本デザイン
難波邦夫

ベストフィット情報Ⅰ

- 編　者——実教出版編修部
- 発行者——小田良次
- 印刷所——株式会社　加藤文明社印刷所

〒102-8377　東京都千代田区五番町5
- 発行所——実教出版株式会社　　電話〈営業〉（03）3238-7777
　　　　　　　　　　　　　　　　　　〈編修〉（03）3238-7785
　　　　　　　　　　　　　　　　　　〈総務〉（03）3238-7700
　　　　　　　　　　　　　　　　　https://www.jikkyo.co.jp/

002402022③　　　　　　　　　　　　　　　ISBN 978-4-407-36064-6

情報の整理と基準

情報の整理には次の五つの基準が用いられる。この基準は，それぞれの頭文字を取って「**LATCH（ラッチ）**」と呼ばれる。

▶ **位置（L**ocation**）**

さっぽろテレビ塔，五稜郭タワー	東京スカイツリー，東京タワー 横浜マリンタワー	東尋坊タワー，名古屋テレビ塔
北海道地方	関東地方	中部地方

京都タワー，神戸ポートタワー 通天閣	福岡タワー
近畿地方	九州地方

▶ **アルファベット（A**lphabet**）または 五十音**

京都タワー，神戸ポートタワー 五稜郭タワー，さっぽろテレビ塔	通天閣，東京スカイツリー 東京タワー，東尋坊タワー	名古屋テレビ塔，福岡タワー 横浜マリンタワー
あ～さ行	さ～た行	な～わ行

▶ **時間（T**ime**）**

名古屋テレビ塔，通天閣 さっぽろテレビ塔，東京タワー	横浜マリンタワー，神戸ポートタワー 東尋坊タワー，京都タワー	福岡タワー，五稜郭タワー 東京スカイツリー
1950年代	1960年代	1980年代以降

▶ **分野（C**ategory**）**

京都タワー，神戸ポートタワー，五稜郭タワー 通天閣，東尋坊タワー，横浜マリンタワー	さっぽろテレビ塔，東京スカイツリー，東京タワー 名古屋テレビ塔，福岡タワー
展望塔	電波塔

▶ **階層（H**ierarchy**）または 連続量**

東京スカイツリー，東京タワー 福岡タワー	京都タワー，神戸ポートタワー，五稜郭タワー さっぽろテレビ塔，通天閣，名古屋テレビ塔，横浜マリンタワー	東尋坊タワー
200m以上	100m台	100m未満

インフォグラフィックス

情報を視覚的に表現したものを**インフォグラフィックス**という。インフォグラフィックスの例としては，地図，路線図，ダイアグラム，ピクトグラムなどがある。インフォグラフィックスのデザインでは，目的に応じて伝えたい情報を整理し，それを強調するように図形化する。反面，目的に対して重要ではない情報は省略される場合がある。

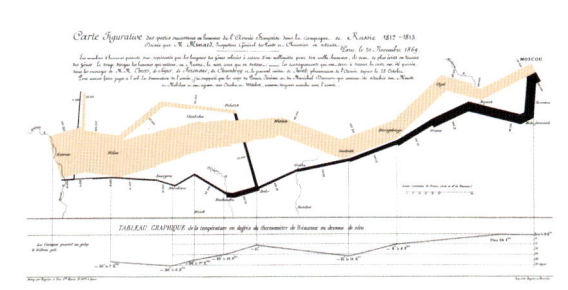

ナポレオンによるロシア遠征（1812年）の様子を視覚化したものである。褐色の線の太さは，モスクワへ向かうナポレオンの軍隊の人数の推移，黒の線の太さは，モスクワから退却する人数の推移を表現している。

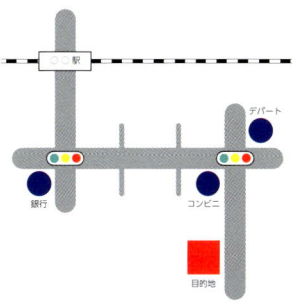

道案内のための地図は，目的地までの道のりがわかりやすくなるようにデザインされている。道案内に必要な情報を強調するようにし，それ以外の要素（地理的な正確さなど）は簡略化される。

色とは

有彩色と無彩色

赤，青，黄，緑などの色味をもった色を有彩色と呼ぶ。**有彩色**に対し，白，黒，灰色などの色味をもたない色は**無彩色**と呼ぶ。

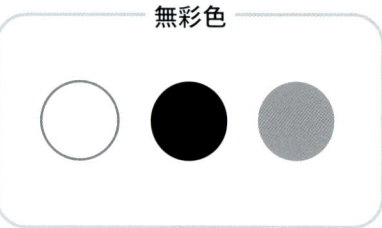

物体の色

物体に色が付いて見えるのは，物体に光が当たったときに，特定の色の成分の光だけを反射し，それ以外の光は吸収するためである。

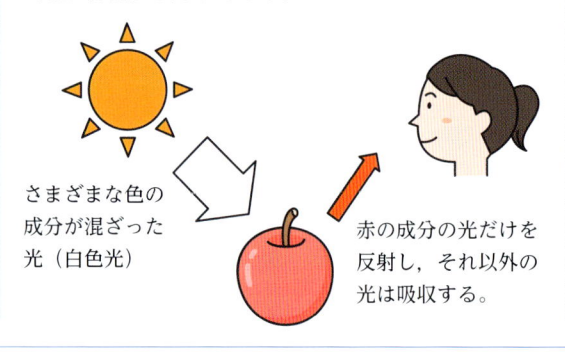

さまざまな色の成分が混ざった光（白色光）

赤の成分の光だけを反射し，それ以外の光は吸収する。

光の色

ディスプレイの画面のように，自ら発光する物の色は，特定の色の成分の光が発せられることで，その光の色が見える。

青と緑の画素が発光することで，加法混色によりシアンに見える。

色の三要素

色相

明度

色の明るさを示す。明度が高いと白，低いと黒に近付く。

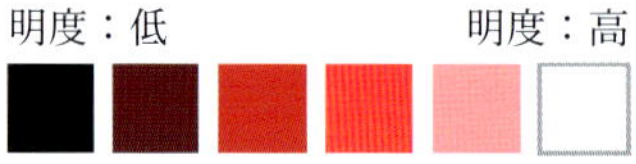

明度：低　　　明度：高

彩度

色の鮮やかさ示す。彩度が最も高い色を純色と呼ぶ。低くなると無彩色に近付く。

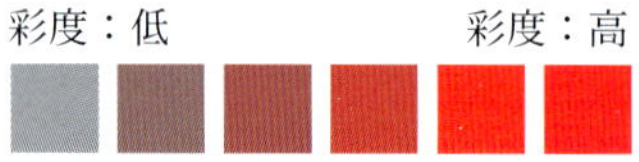

彩度：低　　　彩度：高

配色

補色色相配色　　類似色相配色 　　分裂補色配色 　　トライアド配色 　　テトラード配色

加法混色と減法混色

加法混色

光の色の混色。複数の色の光が重なり合うことで明るさが増し，最終的に白に近付く。

光の三原色である赤，緑，青の光が重なり合うことで白色光になる。

減法混色

物体の色の混色。複数の色の絵の具などを混ぜると，吸収される光の成分が増えるため暗くなり，さらにほかの色を混ぜていくことで黒に近付いていく。

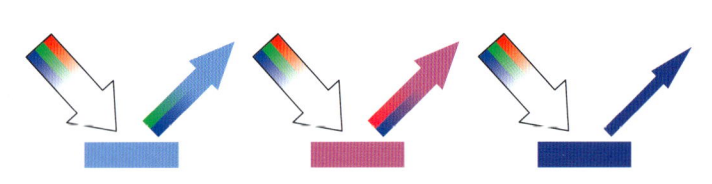

シアンのインクは，光の三原色からなる白色光を当てたとき，赤の成分の光を吸収し，緑と青の成分の光を反射するためシアンに見える。同様に，マゼンタのインクは緑の成分の光を吸収する。この二つのインクを混ぜると，赤と緑の成分の光を吸収し，青の成分の光だけ反射するため青に見える。

色と心理

暖色と寒色

赤，橙，黄などの温かみを感じる色を暖色といい，青緑，青，青紫などの冷たさを感じる色を寒色という。

進出色と後退色

暖色や明度が高い色は近くに，寒色や明度が低い色は遠くに感じる。

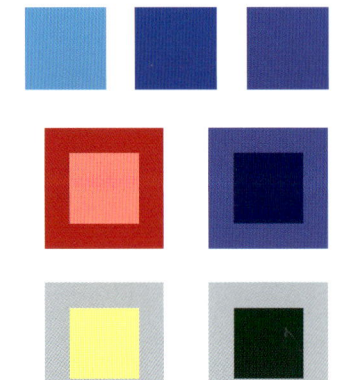

膨張色と収縮色

明度が高い色は膨張し，明度が低い色は収縮して見える。

別冊解答の構成と使い方

　本冊で掲載している類題と練習問題，ならびに巻末の「まとめの問題」と「大学入学共通テスト特別演習」の全問題に縮刷を入れて丁寧に解説しています。

問題文 Check　問題文を理解するために必要な知識や，問題文から読み取れることについて掲載しています。

ベストフィット　問題を解く上での重要事項を端的にまとめています。

review　問題を解く上で必要な知識についてイラストを用いて説明したり，問題に関連する応用的な知識を扱ったりしています。

関連問題　巻末の「まとめの問題」内と関連のある，本文（1〜6章）の問題のリンクを掲載しています。
（まとめの問題のみ）

QR コンテンツについて

　問題解説の横に適宜 QR コードを掲載しています。スマートフォンやタブレット端末でかざすと，ライフイズテック社が作成した問題解説スライドにジャンプします。自学自習に役立ててください。

別冊解答　目次

第1章　情報社会
- 01　情報社会と問題解決 …………………… 2
- 02　情報セキュリティと法規 ……………… 8
- 03　知的財産権の扱い ……………………… 13

第2章　情報デザイン
- 04　情報デザインの基礎 …………………… 20
- 05　情報デザインの活用 …………………… 31

第3章　デジタル
- 06　デジタル化された情報とその表し方 ……… 36
- 07　論理演算 ………………………………… 40
- 08　メディアのデジタル化 ………………… 44
- 09　コンピュータの構成と動作 …………… 48
- 10　コンピュータの性能 …………………… 51

第4章　ネットワーク
- 11　インターネットの仕組み ……………… 54
- 12　さまざまな情報システム ……………… 60
- 13　情報システムを支えるデータベース ……… 64
- 14　安全のための対策と技術 ……………… 67

第5章　問題解決
- 15　データの収集と整理 …………………… 72
- 16　データの扱いと処理 …………………… 76
- 17　モデル化とシミュレーション ………… 80
- 18　さまざまなシミュレーション ………… 84

第6章　プログラミング
- 19　アルゴリズムの表し方とプログラムの設計 …………………………………………… 88
- 20　基本的なプログラミング ……………… 91
- 21　配列と関数 ……………………………… 97
- 22　探索と整列のプログラム ……………… 102
- 23　プログラムによる動的シミュレーション … 107

Level UP ▶
- 情報Ⅱにつながるデータサイエンス ……… 113
- データを活用するためのプログラミング ……… 115
- 計測・制御とプログラミング …………… 118

- まとめの問題 ……………………………… 124
- 大学入学共通テスト特別演習 …………… 158
- ドリル ……………………………………… 173

第1章 情報社会

p.2 ▶01 情報社会と問題解決

1 〈情報の特性〉 次の(ア)～(オ)の記述のうち，情報の特性として適当なものをすべて選べ。
(ア) 発信された情報は簡単に削除できる。
(イ) すぐに広がる。
(ウ) ものとは違い，お金を払って購入する価値はない。❶
(エ) 容易に複製できる。
(オ) 人に渡すと，自分の手元からはなくなる。

問題文 Check
❶ 大きさや形がある具体的な「もの（物体）」に対し，情報は，形がない抽象的な「こと」を表している。

解答 (イ)，(エ)

ベストフィット
情報は「もの」とは異なり，残存性，複製性，伝播性などの特徴がある。

解説
(ア) 誤り。Webサイトなどに掲載された情報は，自分で削除してもほかのコンピュータなどにダウンロードされて残っている可能性があるため，完全に削除できるとは限らない。
(イ) 正しい。「伝播性」という情報の特徴を示している。
(ウ) 誤り。現在の情報社会では，情報がほかの資源や資産と同様に価値をもつことがある。そのため，それらの情報を購入することもある。
(エ) 正しい。「複製性」という情報の特徴を示している。
(オ) 誤り。知識のように形がない情報は，人に伝えても自分の記憶から消え去ることはない。また，情報を紙に記録したりコンピュータに保存したりすると，人の記憶から失われても情報は残る。

review ◆「もの」と情報の違い

情報は「もの」とは異なり「形がない」が，「もの」と比較すると，次のような特徴がある。

	もの	情報
残存性	「もの」は，人に渡してしまうと手元からなくなる。	「情報」は，人に渡しても自分の記憶から消えることはない。
複製性	まったく同じ「もの」を作ることは難しい。	デジタルの「情報」は，容易に短時間で大量に複製できる。
伝播性	「もの」は，送ってから届くまで時間が掛かる。	「情報」は，電子メールのように短時間に伝播する。

2 〈表現のためのメディア〉 次の(1)～(5)の「表現のためのメディア」の説明のうち，適当なものには○を，適当でないものには×を記せ。❶
(1) 音声で伝えられる聴覚情報は，どちらを向いていても受信できる特性があるため，どのような情報も音声で伝えたほうがよい。
(2) 色や形などの情報は，画像や図形より文字のほうが適切かつ簡潔に伝えられる。
(3) 静止画は，文字で表現しにくいものでも短時間で多くの情報を伝達できる。
(4) 動画は，再生時間の制約を受けるメディアである。
(5) 走行中の自転車への注意や危険を知らせる看板などには，文章を用いたほうがよい。

問題文 Check
❶ 情報のやり取りを媒介するものである。

解答 (1) × (2) × (3) ○ (4) ○ (5) ×

ベストフィット 文字や音声，画像などは，伝えたい情報を表現するために使われるメディアである。

解説
(1) 誤り。聴覚に障がいがある人には音声による情報が伝わりにくいため，それぞれの表現メディアの特性だけでなく，さまざまな受信者，条件などを考慮して情報を伝達しなければならない。
(2) 誤り。色や形などの情報は，文字よりも画像や図形のほうが適切かつ簡潔に伝えられる。
(5) 誤り。緊急時の情報伝達では，文章よりも図形や文字を組み合わせ，色なども工夫すると，瞬時に注意をうながすことができる。

2　第1章　情報社会

review ◆ メディアの分類

メディアは三つの側面に分けることができる。まず，情報を人々に伝えるためのメディアがある。次に，伝えたい情報を表現するためのメディアがある。さらに，情報を物理的に伝達するためのメディアがある。このメディアの三つの側面が互いに機能することで，人に情報が伝えられる。

情報を人々に伝えるためのメディア	新聞，書籍，ラジオ，スマートフォン，テレビ放送，Webページ
伝えたい情報を表現するためのメディア	文字(数字・記号を含む)，音声，図表，静止画・動画
情報を物理的に伝達するためのメディア	紙，光ディスク(CD・DVD)，USBメモリ，電波，電線

3 〈問題解決の手順〉 自分が志望する学校を受験するまでの問題解決の正しい(自然な)手順になるように，次の(ア)～(オ)を並べ替えよ。
(ア) 自分の将来に合致する学校を受験しようと決意した。❶
(イ) 興味がある学校の候補の中から，進学したい学校を決めた。
(ウ) 受験情報サイトなどを使って，興味がある学校の候補を複数あげ，学校の特徴や入学試験の内容などを表にまとめた。
(エ) 自分の興味や適性などを踏まえ，将来何をしたいのかを考えた。
(オ) 入学試験に向けて十分に準備をし，受験した。

問題文 Check
❶ここでの問題解決の手順は，「PDCAサイクル(Plan(計画)→Do(実行)→Check(評価)→Action(改善))」の考えを基にしている。

解答 (エ)→(ア)→(ウ)→(イ)→(オ)

ベストフィット 「問題」とは，一般的に，現在の状態と，目標とするあるべき状態の差であり，その差を解消するために解決案を立て，実行することを「問題解決」という。

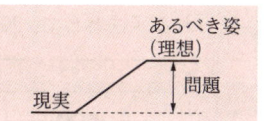

解説 (エ)は「問題の発見」，(ア)は「問題の明確化」，(ウ)は「解決案の検討」，(イ)は「解決案の決定」，(オ)は「解決案の実施と評価」を表している。

review ◆ 問題解決の手順

問題解決を行うには，それぞれの問題の性質によってさまざまな工夫が必要となるが，本冊 p.3 の例題3のような手順で行う場合が多い。これらの手順では，適宜振り返りながら改善していくことが重要であり，必要ならば何度も前段階に戻って検討をし直す(「フィードバック」という)。
なお，問題解決の手順は，PDCAサイクル以外にも次のようなものもある。
・PPDACサイクル
問題解決における各段階を Problem(問題の発見)，Plan(調査の計画)，Data(データの収集)，Analysis(分析)，Conclusion(結論)に分割した考え方。
・OODA(ウーダ)ループ
PDCAサイクルよりも素早く臨機応変に動くための概念で，Observe(観察)，Orient(方向性の判断)，Decide(意思決定)，Action(行動・実行)からなる。

4 〈問題解決の手法〉 自由にアイデアを出し合い，連想を発展させる集団思考法・発想法に「ブレーンストーミング」がある。グループで修学旅行の班別行動の計画を話し合っている場面において，次の(ア)～(キ)の発言のうち，ブレーンストーミングのルールから外れているものをすべて選べ。
- (ア) 「せっかくの修学旅行だから，班別行動のときはなるべくたくさんの観光スポットに行こうよ」
- (イ) 「観光スポットのA，B，Cは絶対行きたいな」
- (ウ) 「時間内にそんなにたくさん行けないよ」
- (エ) 「それなら，市内周遊バスの1日券を使ってまわろうよ」
- (オ) 「バスは待ち時間もあるし，満員だと疲れるから嫌だよ」
- (カ) 「いっそのことタクシーにすれば，もっと時間短縮できるよ」
- (キ) 「どうしてお金の掛かることばかりいうんだよ」

問題文 Check
❶ブレーンストーミングのルールとして，次の4点があげられる。
- 批判厳禁：他人のアイデアを批判しない。
- 自由奔放：奇抜な考えやユニークなアイデアを重視する。
- 質より量：さまざまな角度からのあらゆるアイデアを歓迎する。
- 結合改善：別々のアイデアを結合したり，他人のアイデアを変化させたりして，新たなアイデアを生み出す。

解答 (ウ)，(オ)，(キ)

ベストフィット よりよい問題解決を行うためには，その問題にかかわる情報を収集することが大切である。ブレーンストーミングなどの方法を用いることで，幅広い視点で情報を収集することができる。

解説
- (ウ) (ア)の「なるべくたくさんの観光スポットに行こうよ」というアイデアを批判している。
- (オ) (エ)の「市内周遊バスの1日券を使ってまわろうよ」というアイデアを批判している。
- (キ) (カ)の「タクシーにすれば，もっと時間短縮できるよ」というアイデアを批判している。

review ◆ 情報の整理方法

ブレーンストーミングで出たアイデアを関連付けたりまとめたりするために，問題解決の場面でよく用いられる手法として，KJ法やコンセプトマップなどがある。

KJ法	コンセプトマップ
カードに記入された多くの情報を類似したグループでくくり，要約した表題を付けた後，さらにグループ化したり，互いの関係を矢印で示したりするなど，図式化することでまとめていく方法。	問題に含まれるさまざまな項目や概念(コンセプト)とそれらの関係性を線などで図示することにより，問題の構造(全体像)を視覚化した図。

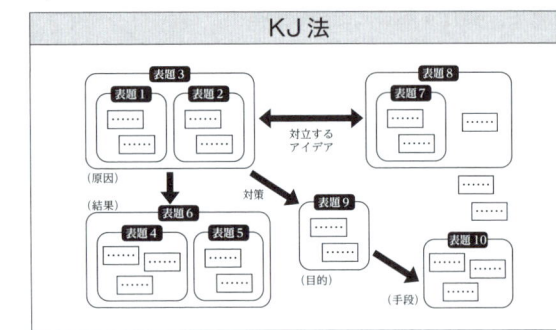

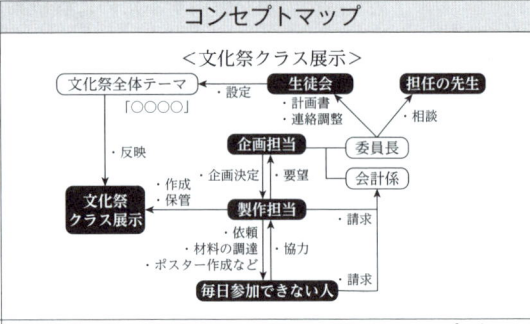

5 〈トレードオフ〉 次の(ア)～(エ)の記述のうち，トレードオフの例として正しいものをすべて選べ。
- (ア) 購買履歴を提供し，趣味に合った商品を提案してもらう。
- (イ) 現在地の位置情報を送ることで，周辺の店舗情報が得られる。
- (ウ) 携帯電話のGPS(全地球測位システム)の機能を有効にすることで，緊急地震速報が受信できる。
- (エ) 懸賞サイトに応募したことで，興味がない商品の広告メールが届く。

問題文 Check
❶地震の発生直後に，各地での強い揺れの到達時刻や震度を予想し，可能な限り素早く知らせる情報のことである。

ベストフィット 複数の要素が関連をもち，一つの要素を改善すると，ほかの要素が悪化するような状態を「トレードオフ」という。

解答 (ア)，(イ)，(エ)

解説
(ア) 正しい。ネットショッピングなどでよく行われている「レコメンデーション機能」のことである。
(イ) 正しい。現在地の位置情報は，携帯電話などにあるGPS機能で送られているため，不必要に位置情報を発信すると，悪用されるおそれがある。
(ウ) 誤り。緊急地震速報のような緊急性と公共性が高い情報は，できるだけ多くの人に素早く知らせることが重要であるため，GPS機能の有効・無効に関係なく，携帯電話が電波を受信した基地局から対象地域に配信される。
(エ) 正しい。応募する際に送ったメールアドレスが広告メールの配信先に使われている可能性があるため，個人情報を渡すときには，規約などを詳細に確認する必要がある。

review ◆ トレードオフ

トレードオフとは，何かを得るために，別の何かを犠牲にしなければならない状況や関係のことをいう。

問題解決の場面では，複数の解決案から一つに絞るとき，解決案を比較する方法として，トレードオフの関係(何かを得ようとするときに，一方で同時に何を失うのか(デメリットが生じるのか))などを検討する。

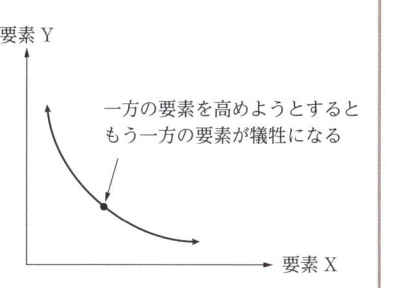

一方の要素を高めようとするともう一方の要素が犠牲になる

---

6 〈統計を活用した問題の発見〉 ある学校の図書委員会では，図書室の活性化を図るため，1組と2組の生徒各40人の貸出図書の数を，次の表の通り整理してみた。

貸出図書の数(冊)	0	1	2	3	4	5	6	7
1組(人)	2	3	6	8	13	7	1	0
2組(人)	3	12	4	2	3	5	8	3

これらのデータから読み取れる内容をまとめた下の文章の空欄に適当な説明を入れよ。

> 一人あたりの貸出図書数の平均値は1組，2組ともに3.3(冊)であったが，各データの代表値を見ると，データの分布の傾向が異なっていることがわかった。
> 最初に，中央値について見てみると，1組が4(冊)であるのに対し，2組は3(冊)であることから，1組のほうが本を（ ① ）ことがわかった。
> 次に，最頻値について見てみると，1組が4(冊)であるのに対し，2組の1番目は1(冊)，2番目は6(冊)であることから，2組のほうが本を（ ② ）ことがわかる。

問題文 Check

❶個々のデータの値の合計をデータの総数で割った値をいう。ただし，全体の分布から外れた極端な数値がある場合，平均値は，中央値や最頻値に比べ，その値に大きく影響を受けやすい。

❷データを小さい順に並べたとき，中央の位置にくる値をいう。ただし，データの個数が偶数個のときは，中央に並ぶ二つの値の平均値が中央値となる。

❸データの中で最も多く現れている値をいう。

ベストフィット

データの傾向などを調べるには，平均値などの代表値を求めたり，度数分布表やヒストグラムなどで表したりすると，比較的把握しやすい。

解答
① 多く借りる生徒が多い
② 借りる生徒と借りない生徒との差が大きい

解説 問題文にある1組と2組の貸出図書の数の表(度数分布表)をヒストグラム(縦軸：人，横軸：冊)で表したものが，次のグラフになる。

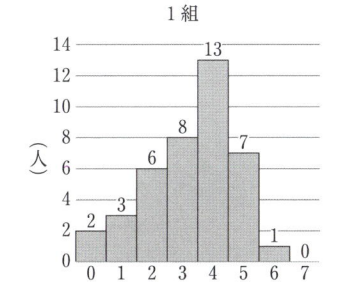

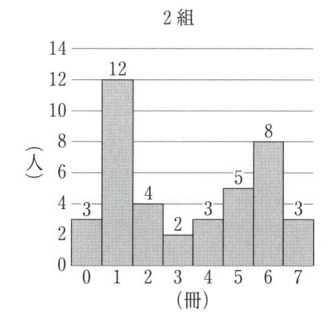

1組: 0→2, 1→3, 2→6, 3→8, 4→13, 5→7, 6→1, 7→0
2組: 0→3, 1→12, 2→4, 3→2, 4→3, 5→5, 6→8, 7→3

また，1組と2組各生徒の貸出図書の数を昇順に並べたものが下の表になる。

	1	2	3	4	5	6	7	8	9	10	11	12	13	14	15	16	17	18	19	20	21	22	23	24	25	26	27	28	29	30	31	32	33	34	35	36	37	38	39	40	合計
1組	0	0	1	1	1	2	2	2	2	2	2	2	3	3	3	3	3	3	3	4	4	4	4	4	4	4	4	4	4	4	4	5	5	5	5	5	5	5	6	6	132
2組	0	0	0	1	1	1	1	1	1	1	1	1	1	1	1	1	1	1	2	2	2	2	3	3	4	4	4	5	5	5	5	5	6	6	6	6	6	6	7	7	132

① 1組と2組の生徒の数はともに40(人)なので，中央値は20番目と21番目にある数を平均した値となる。1組の中央値は4(冊)，2組の中央値は3(冊)となり，1組のほうが貸出図書の数が多い生徒の割合が高いことがわかる。

② ヒストグラムを見ると，1組は頂点が一つ(4(冊))しかないのに対し，2組は頂点が左右(1(冊)と6(冊))にあることから，2組のほうが貸出図書の数が多い生徒と少ない生徒で分かれていることがわかる。

review ◆ データの分布の特徴の表し方

データの特徴を把握するには，平均値や中央値などの**代表値**を利用するとよい。代表値は，同じ種類のほかのデータと比較検討する際に，特に必要な情報となる。

例えば，データの分布が正規分布をしている場合，平均値と中央値は一致するが，中央値が平均値より高い場合は，平均値より大きいデータが多い。

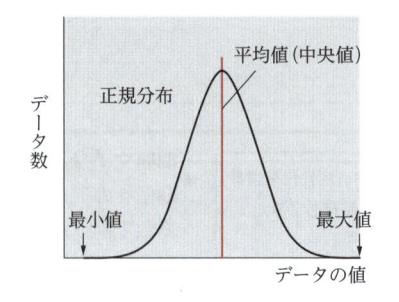

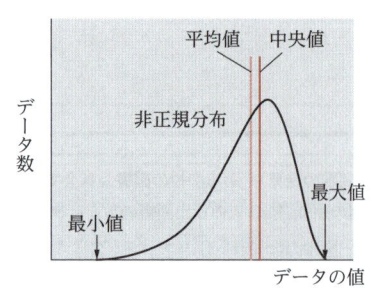

---

7 〈情報の分析〉 右のグラフは，ある国の経済成長率(1956年～1998年)を表したものである。次の(ア)～(エ)の記述のうち，このグラフから読み取れる内容として適当なものをすべて選べ。

(ア) 全体的に経済成長率は徐々に低下している。

(イ) 経済成長率が上下3％の間で最も長く推移しているのは，1975年～1984年の期間である。

(ウ) 経済成長率がマイナス1％を下わった年は3回ある。

(エ) 前年の経済成長率との差が最も大きかったときの差は約10％である。

問題文 Check
❶前年の国内総生産(GDP)に対する，その年の伸び率のことであり，それをパーセンテージで表している。

ベストフィット
グラフから情報を読み取る際は，タイトルや系列，座標軸を確認した上で，全体的な傾向をとらえるとともに，グラフの周期性や大きく変化した部分などの特徴に注目する。

解答 (ア)，(エ)

解説 (イ) 誤り。1975年～1984年の間で，経済成長率が一番低いのは1983年の約2％であるのに対し，一番高いのは1979年の約7％となっており，上下で約5％の開きがある。

(ウ) 誤り。経済成長率がマイナスになったのは，1974年と1998年の2回である。

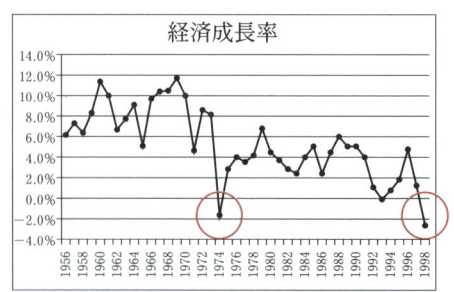

8 〈問題解決案の検討〉 次の表は，自転車の購入にあたって，機種A〜Cに対し，評価項目ごとに順位付けをしたものである。1位に5点，2位に3点，3位に1点の点数を与え，さらに「デザイン」に0.5，「重量」に0.4，「変速機」に0.1の重みを付けて順位を付け直したとき，1番目になる機種は，機種A〜Cのどれか選べ。

評価項目	機種A	機種B	機種C
デザイン	1位	2位	3位
重量	3位	2位	1位
変速機	2位	3位	1位

問題文 Check
❶評価項目の重要度のことをいい，比率で表している。

ベストフィット
問題解決案の検討手段の一つに，重要度に応じて各評価項目の重みをあらかじめ定めておき，得点と掛け合わせることによって評価項目の得点配分を変化させ，より希望に即した結果を得る方法がある。

解答 機種A

解説 順位の表を点数に置き換えると，表1のようになる。

表1　重み付けを反映する前の点数と総合順位

評価項目	機種A	機種B	機種C
デザイン	5点	3点	1点
重量	1点	3点	5点
変速機	3点	1点	5点
合計点	9点	7点	11点
総合順位	2位	3位	1位

表1の点数に重み（デザイン：0.5，重量：0.4，変速機：0.1）を掛け合わせると，表2のようになる。

表2　重み付けを反映した後の点数と総合順位

評価項目	機種A	機種B	機種C
デザイン	2.5点	1.5点	0.5点
重量	0.4点	1.2点	2点
変速機	0.3点	0.1点	0.5点
合計点	3.2点	2.8点	3点
総合順位	1位	3位	2位

このように，重み付けを反映すると合計点が変化し，順位が入れ替わる結果となった。

review 重み付けによる問題解決案の検討

複数の項目で評価し，その総合点で総合評価する場合，ある項目だけを重視するなど，各項目の評価に軽重を付けたいときがある。このときには，各項目に「重み」を設定し，各項目の評価と重みの積の総和で総合評価を行う。このような行為を**重み付け**という。

各項目の評価に軽重を付ける場合，項目によって最高点を変えるのではなく，同じ基準で評価した上で，各評価に重みを設定することで，各項目の評価と総合評価を分けて行うことが容易になる。

なお，このような作業で表計算ソフトウェアを活用すれば，さまざまな値でシミュレーションすることができる。

▶02 情報セキュリティと法規

9 〈個人情報〉 次のうち，個人情報保護法で定められた個人情報とはいえないものをすべて選べ。
住所，故人の氏名①，マイナンバー②，指紋，メールアドレス，グループ名

問題文Check
① 今は亡くなっている人のことである。
② 日本に住民票を有する人がもつ，12桁の個人番号のことである。

解答 故人の氏名，グループ名

ベストフィット 個人情報保護法で定められた個人情報とは，生存する個人に関する情報で，氏名や生年月日などにより個人を識別できる情報をいう。

解説 氏名は，本人が生存している場合は個人情報となるが，故人の場合は個人情報ではなくなる。
グループ名は，それだけでは特定の個人を識別することができないため，個人情報とはいえない。ただし，ほかの情報を組み合わせることで，特定の個人を識別できる場合，グループ名を含めた情報は個人情報となる。

review ◆ 個人情報の定義

個人情報保護法で保護される個人情報は，下の条件を満たすものである。
また，氏名や生年月日に加え，DNAの塩基配列や指紋，パスポート番号，マイナンバーなども「個人識別符号」として個人情報保護の対象になっている。

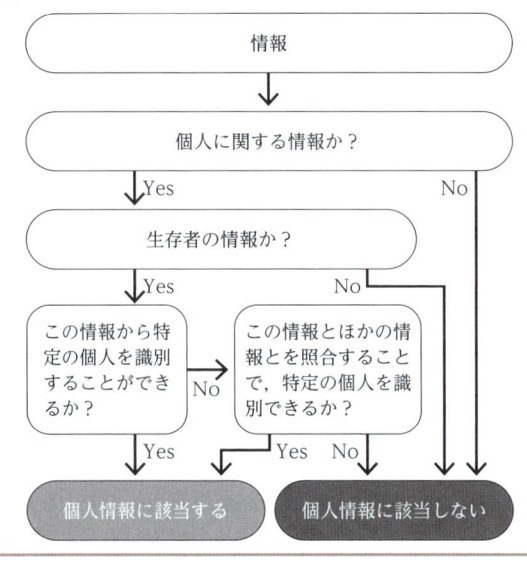

```
                    情報
                     ↓
            個人に関する情報か？
              Yes ↓         No →
            生存者の情報か？
         Yes ↓      No →
  この情報から特      この情報とほかの情
  定の個人を識別  No→ 報とを照合すること
  することができ      で，特定の個人を識
  るか？              別できるか？
    ↓Yes          Yes↓   No↓
  ┌─────────────┐  ┌─────────────────┐
  │個人情報に該当する│  │個人情報に該当しない│
  └─────────────┘  └─────────────────┘
```

10 〈ソーシャルエンジニアリング〉 次の(ア)～(エ)の記述のうち，ソーシャルエンジニアリングの例として誤っているものを一つ選べ。
(ア) ごみ箱の紙くずからパスワードなどの情報を探し出す。
(イ) 他人のユーザID①などを使い，その人のふりをして活動する。
(ウ) 電話で管理者②のふりをしてパスワードを聞き出す。
(エ) 背後から肩越しにパスワードなどのキー入力をのぞき見る。

問題文Check
① 正規の利用者であることを識別するための情報のことであり，コンピュータなどの利用時には，本人であることを確認するためのパスワードと組み合わせて使われる。
② ここでいう「管理者」とは，ネットワーク管理者などを指す。

解答 (イ)

ベストフィット ソーシャルエンジニアリングなどのように，情報通信技術を使わず，不正に情報が盗まれることもあるため，重要な情報の管理には十分注意しなくてはならない。

解説 (イ) 誤り。「なりすまし」と呼ばれる行為で，技術的な手段を用いたサイバー攻撃の一種である。

review ◆ ソーシャルエンジニアリングの例と対策

ソーシャルエンジニアリングとは，ネットワークに侵入するために必要となるパスワードなどの重要な情報について，情報通信技術を使用せずに盗み出す方法で，その多くは人間の心理的な隙や行動のミスにつけ込むものである。ソーシャルエンジニアリングにはさまざまな方法があるが，代表的な例とその対策について整理する。

例	電話でパスワードを聞き出す 	肩越しにキー入力を見る（ショルダハッキング） 	ごみ箱をあさる（トラッシング） 
対策	あらかじめ電話ではパスワードなどの重要な情報を伝えないというルールを決めておく。	キーボードで重要な情報を入力する際には，まわりに注意する。	書類をシュレッダに掛けるなどの処理をする。

---

11 〈プライバシー〉 次の(ア)～(エ)の記述のうち，肖像権またはパブリシティ権を侵害していると思われる❶行為をすべて選べ。

(ア) 自撮りした個人写真をSNSに投稿した。
(イ) 卒業アルバム用に撮影したクラス全員の集合写真を卒業アルバムに載せた。
(ウ) 部活動の勧誘ポスターに掲載する目的で撮影した友人の写真を，別の部活動の勧誘ポスターにも掲載した。
(エ) 好きなアイドルのスタンプ画像を個人的に作成し，販売した。❷

問題文 Check
❶むやみに他人に知られたくない私生活上の個人的な情報のことをいう。
❷ここでいう「スタンプ」とは，メッセージアプリなどで，テキストメッセージに添えるイラストのことをいう。

ベストフィット
他人の顔や姿などを目的外または勝手に使用すると，肖像権またはパブリシティ権の侵害にあたる。

解答 (ウ)，(エ)

解説
(ア) すべて自分に関係する内容であるため，権利を侵害していない。
(イ) 卒業アルバム用の写真として撮影しているため，権利を侵害していない。
(ウ) 友人の写真を当初の目的以外で使用しているため，肖像権を侵害している行為である。
(エ) アイドル側に無断で作成・販売しているため，アイドル側の経済的な利益を保護するパブリシティ権を侵害している行為である。

review ◆ 肖像権とパブリシティ権

プライバシーに関する権利として，肖像権やパブリシティ権がある。

	肖像権	パブリシティ権
権利の目的	個人のプライバシーを保護する。	著名人がその活動により得るべき経済的利益を保護する。
権利の内容	顔や身体などを無許可で撮影・公開されない。	名前や写真などにある商業的価値を本人が独占できる。
権利の侵害例	自分の写真が知らないうちに撮られた場合や，その写真が無断でインターネット上などに掲載された場合，差し止めや損害賠償が請求できる。	著名人の写真を無断で使用したカレンダーを販売した場合，その著名人は差し止めや損害賠償が請求できる。

肖像権は誰にでも認められている人格的な権利で，パブリシティ権は有名人に認められている財産的な権利である。なお，プライバシーに関する権利は，個人情報保護法のように法律で規定されておらず，裁判の判例で確認されているものである。

12 〈個人情報の取り扱い〉
次の(1)～(4)の記述のうち，個人情報を取り扱う上で，適当なものには○を，適当でないものには×を記せ。
(1) クラスの名簿があれば友人に連絡するときなどに便利なので，自分のクラスの名簿をコピーし，他校の生徒に配った。
(2) 知らないところから広告メールがきたので，これからは送らないでほしいという趣旨のメールを送り返した。
(3) 友人からの手紙が入っていた宛名の書かれた封筒を捨てる際，シュレッダで処理をしてから，燃えるごみとしてごみ集積場に出した。❶
(4) 同窓会の名簿で友人の住所が連絡先不明となっていたので，友人に了解を得た上で，同窓会の幹事に連絡先を伝えた。

問題文 Check
❶不要になった文書などを細かく裁断する機械のことである。

ベストフィット
不注意な行動などにより，自分や他人の個人情報が流出してしまうおそれがあるため，個人情報の取り扱いには細心の注意を払う必要がある。

解答 (1) ×　(2) ×　(3) ○　(4) ○

解説
(1) 誤り。クラスの名簿をクラスの生徒以外の者が使用するのは目的外使用になる。
(2) 誤り。返信をしてしまうと，そのメールアドレスが実在するということをメールの送信者に伝えてしまい，その後も引き続き迷惑メールが送られるおそれがある。
(3) 正しい。宛名などの個人情報が書かれた封筒をそのままの状態でごみ集積場に出すと，誰かにのぞき見られるおそれがあるので，シュレッダなどを使って個人情報がわからないようにすることが必要である。
(4) 正しい。友人に無断で連絡先を伝えると，個人情報の流出につながるため，同窓会の幹事に連絡先を伝えることを事前に了承してもらう必要がある。

review ◆ 個人情報とスマートフォン
スマートフォンには，個人の情報が数多く記録されている。仮にこれらの情報が流出すると，いつ，どこで，誰と，何をしているかまで明らかになる可能性がある。
また，自分だけでなく，他人の情報も流出することになり，深刻な被害を生じさせることになるため，スマートフォンの管理には注意が必要である。なお，スマートフォンを紛失した場合には，ロック機能や記録内容を消去するなどのサービスを利用することで，情報の流出を防ぐことができる。

閲覧履歴・利用履歴
購入履歴・課金情報
アドレス帳
通信履歴
位置情報
…,etc.

13 〈不正アクセス禁止法〉
次の(ア)～(エ)の記述のうち，不正アクセス禁止法の違反行為に該当するものをすべて選べ。
(ア) 安全対策上の不備(セキュリティホール)を攻撃し，コンピュータを利用する。❶
(イ) 個人情報を本人の同意なしに第三者へ受け渡す。
(ウ) 他人のユーザIDやパスワードなどを無断で第三者に提供する。
(エ) 他人のユーザIDやパスワードなどを無断で使用する。

問題文 Check
❶OSやアプリケーションソフトウェアにおける安全性の欠陥のことをいう。

ベストフィット
不正アクセス禁止法では，不正アクセス行為を「なりすまし行為」，「攻撃する行為」，「助長する行為」の三つに分けて定義している。

解答 (ア)，(ウ)，(エ)

解説
(ア) 不正アクセス禁止法の「攻撃する行為」に該当する。
(イ) 個人情報保護法によって禁止されている行為に該当する。
(ウ) 不正アクセス禁止法の「助長する行為」に該当する。
(エ) 不正アクセス禁止法の「なりすまし行為」に該当する。

review ◆ サイバー犯罪の例

コンピュータやネットワークを悪用した犯罪を**サイバー犯罪**という。サイバー犯罪は，大きく三つに分けられる。

サイバー犯罪の種類	内容
不正アクセス禁止法違反	・他人のユーザIDやパスワードを無断で使用して不正にネットワークにアクセスする ・なりすまし行為　など
コンピュータ・電磁的記録対象犯罪	・コンピュータを不正に操作したり，データを改竄，窃盗，破壊したりする　など
ネットワーク利用犯罪	・ネットワークを介してさまざまな犯罪を行う　など

---

14 〈個人情報保護法〉 次の(1)～(5)の個人情報保護法に関する記述のうち，適当なものには○を，適当でないものには×を記せ。
(1) 事業者間におけるデータの利用を促進することを目的に，匿名加工情報の利用が認められている。 ❶
(2) 有名人のプロフィールなどのように，一般に公開されている内容は個人情報とはいえない。
(3) 本人の同意なしに第三者へ個人情報を受け渡すことは禁じられている。
(4) 個人情報取扱事業者が規制の対象なので，年賀状を出すために，個人的に住所や氏名などを保管しても問題はない。 ❷
(5) 同姓同名の人がたくさんいる場合は，氏名だけのデータは個人情報とはいえない。

問題文 Check
❶特定の個人が識別できないように個人情報を加工し，その個人情報が復元できないようにしたものである。
❷取り扱う個人情報の数にかかわらず，個人情報をデータベース化して利用している事業者は，すべて「個人情報取扱事業者」として，個人情報保護法が適用される。

ベストフィット
個人情報保護法は，個人情報の有用性に配慮しつつ，個人の権利や利益を保護することを目的として，個人情報を収集する個人情報取扱事業者の義務などを規定している。

解答 (1) ○　(2) ×　(3) ○　(4) ○　(5) ×

解説 (2) 誤り。あらかじめ本人の同意の上で公開されている氏名などの情報も個人情報に該当する。
(5) 誤り。社会通念上，氏名があれば特定の個人を識別できるものと解釈されているため，個人情報に該当する。

review ◆ 匿名加工情報

個人情報保護法では，**匿名加工情報**という個人情報を活用するための新たな仕組みが導入された。
個人情報取扱事業者は，定められたルールの下で，本人の同意を得ることなく，匿名加工情報を第三者に提供することができる。
匿名加工情報を利用した事例としては，医療情報を活用した創薬・臨床分野の研究開発などがあげられる。

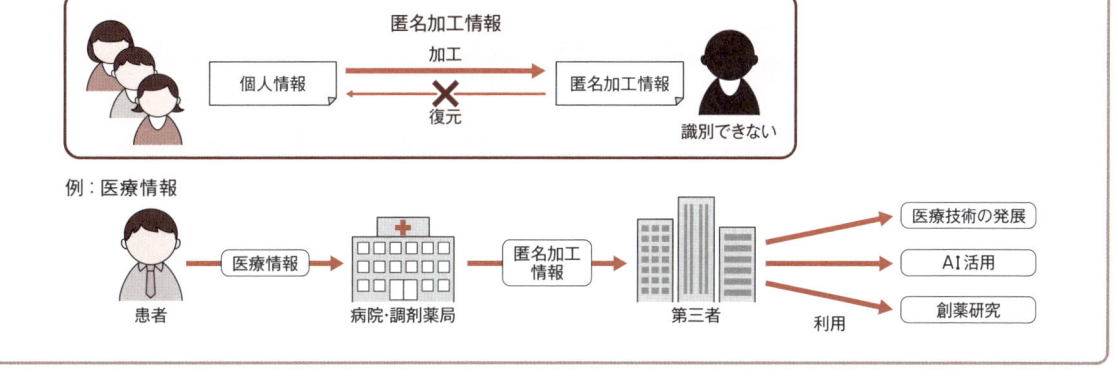

15 〈個人情報の提供〉 ある学校内で携帯電話に関するアンケート調査を行うことになり、次の回答用紙を作成した。10個の質問項目のうち、個人情報保護の観点で回答の取り扱いを特に注意する必要がある情報をすべて選べ。

```
                携帯電話に関するアンケート
○回答者について              ○携帯電話について
・学年：(    )年              ・一日の利用時間：(    )分程
・家族構成：(    )人家族       ・一日の通話時間：(    )分程
・家庭学習時間：(    )時間程   ・よく使うアプリ：(    )
・睡眠時間：(    )時間程       ・一日のSNS投稿回数：(    )回
・一か月の小遣い：(    )円     ・SNSのアカウント名：(    )
```
❶ ❷

問題文 Check
❶Social Networking Service の略で、人と人とのつながりをインターネット上で構築するサービスのことをいう。
❷SNSでユーザを識別するための情報として、「SNSのアカウント名」が使われる。

ベストフィット
個人情報は、氏名、住所、生年月日、性別以外にも、家族構成や成績、健康情報、犯罪歴などの情報も含まれる。

解答 家族構成，一か月の小遣い，SNSのアカウント名

解説
・家族構成→その人の家庭生活などの情報も個人情報に含まれる。
・一か月の小遣い→その人の経済活動などの情報も個人情報に含まれる。
・SNSのアカウント名→アカウント名から特定の個人が識別できる場合(例：jikkyo_ichiro)，そのアカウント名は，それ自体が単独で個人情報に該当することがある。

review ◆ 個人情報の例

個人情報の例としては、右の表のようなものがあげられる。これらの情報は、むやみに他人に教えるものではなく、アンケートなどで調査を受けても回答には慎重にならなければならない。

また、個人情報を収集する側も、情報漏洩などがないように、厳重に管理する必要がある。

内容	例
基本的事項	氏名，住所，生年月日，性別，年齢，国籍
家庭生活など	親族関係，婚姻歴，家族構成，居住状況　など
社会生活など	職業・職歴，学業・学歴，資格，賞罰，成績・評価　など
経済活動など	資産・収入・借金・預金などの信用情報，納税額　など

p.10 ▶03 知的財産権の扱い

16 〈産業財産権〉 次の(1)〜(4)の行為は，産業財産権のどの権利を侵害しているか。該当するものを，下の(ア)〜(エ)から一つずつ選べ。
(1) 有名な商品のネーミングを無断で自社の製品に使用した。
(2) 発明した会社に無断で，何度でも書き直せる筆記具を製造・販売した。
(3) 考案した会社に無断で，フローリング用の掃除道具を製造・販売した。
(4) ある会社が開発した自動車を別の会社が形状をそっくりまねて製造・販売した。
(ア) 特許権　(イ) 実用新案権　(ウ) 意匠権　(エ) 商標権

問題文Check
❶自然法則を利用した技術的思想の創作のうち高度のものを指している(特許法第2条)。
❷自然法則を利用した技術的思想の創作であって，物品の形状，構造又は組合せに係るものを指している(実用新案法第2条・第3条)。

解答 (1) (エ)　(2) (ア)　(3) (イ)　(4) (ウ)

ベストフィット 産業財産権の制度は，新しい技術，新しいデザイン，ネーミングなどについて独占権を与え，模倣防止のために保護し，研究開発への動機付けを与えたり，取引上の信用を維持したりすることによって，産業の発展を図ることを目的にしている。

解説
(1) 文字や図形などのマークは，商標権の保護対象となる。
(2) 発明は，特許権の保護対象となる。
(3) 形状や構造などの考案は，実用新案権の保護対象となる。
(4) デザインは，意匠権の保護対象となる。

review ◆スマートフォンにおける産業財産権の例

スマートフォンに関する産業財産権の例としては，次の図のものがあげられる。

特許権（出願から20年）
ものまたは方法の技術面のアイデアのうち高度なもの。また，ライフサイクルが長いもの。

例：レンズのゆがみを補正する，光を電気信号に変換する湾曲したイメージセンサ（撮像素子）。

商標権（登録から10年・更新あり）
商品やサービスについて自他の識別力をもつ文字，図形，記号，立体的形状，色彩，音や，それらを組み合わせたもの。

例：メーカーが，信用保持のために製品や包装に表示するマーク。

実用新案権（出願から10年）
物品の形状，構造などの技術面のアイデアで早期実現できるもの。また，ライフサイクルが短いもの。

例：収容したままでも受信感度が低下しないアンテナ構造に関する考案。

意匠権（出願から25年）
物品の形状，模様，色彩など，ものの外観としてのデザイン。

例：スマートフォンの形状や模様，色彩に関するデザイン。

なお，産業財産権は，主として産業の発展を目的として設定されており，開発した人に対して一定期間の権利を保護した後には，社会で自由に活用することができる（更新された商標権を除く）。

17 〈著作者の権利〉 次の(1)～(7)の行為に最も関係が深い著作者の権利を，下の(ア)～(シ)から一つずつ選べ。

(1) 自分の絵を美術館に展示する。
(2) 詩を文集に掲載するにあたり，著者の名前を明らかにする。
(3) 自分の日記をブログに掲載する。
(4) 外国人作家の文章を日本語に置き換える。
(5) 図面に描いたものをコピーする。
(6) 自分の楽曲を演奏する。
(7) 自分で作った劇の台本を使い，芝居を行う。

(ア) 氏名表示権　(イ) 同一性保持権　(ウ) 複製権　(エ) 上演権
(オ) 演奏権　(カ) 公衆送信権　(キ) 口述権　(ク) 展示権
(ケ) 頒布権　(コ) 貸与権　(サ) 翻訳権　(シ) 翻案権

問題文 Check

❶選択肢(ア)，(イ)に公表権を加えたものが著作者人格権に，選択肢(ウ)～(シ)は著作権（財産権）に分類される。

ベストフィット

「著作者の権利」のうち，著作者人格権は，著作者の人格的な利益を保護するための権利であり，著作権（財産権）は，著作物の利用を許諾したり禁止したりするための権利である。

解答 (1) (ク)　(2) (ア)　(3) (カ)　(4) (サ)　(5) (ウ)　(6) (オ)　(7) (エ)

解説 (2)は，著作者人格権に関係する行為になる。(2)以外は，著作権（財産権）に関係する行為になる。なお，著作者人格権は著作者だけに与えられ，譲渡したり相続したりすることはできない。著作権（財産権）は，一部または全部を他人に譲渡あるいは相続することができる。

review ◆ 著作者の権利（一部）

著作者の権利の一部を整理すると，次の表のようになる。

名称		内容
著作者人格権 著作者の人格的な利益を保護する権利 【保護期間】 著作者の生存期間	公表権	著作物を公表するかしないかを決める権利
	氏名表示権	著作物の公表にあたって，氏名を表示するかしないか，表示するならば実名にするか変名にするかを決める権利
	同一性保持権	著作物の内容などを意に反して改変されない権利
著作権（財産権） 著作物の利用を許諾したり禁止したりする権利 【保護期間】 原則，著作者の死後70年	複製権	著作物を複製する権利
	上演権・演奏権・上映権	著作物を公に上演，演奏，上映する権利
	公衆送信権	著作物を通信などにより，公衆に送信または送信を可能にする権利
	口述権	言語の著作物を口述する権利
	展示権	美術の著作物を展示する権利
	頒布権	映画の著作物を頒布（譲渡または貸与）する権利
	譲渡権・貸与権	映画以外の著作物を譲渡，貸与する権利
	翻訳権・翻案権	著作物を翻訳，編曲，変形，作り変える権利

18 〈著作物の利用〉 次の(1)～(5)の行為を著作権者に無断で行ったとき，著作権を侵害していない場合には○を，侵害している場合には×を記せ。
(1) 江戸時代に描かれた絵画を写したうちわを作成し，文化祭の来客へ配布した。
(2) 町内会の祭り用にアニメキャラクターがプリントされたＴシャツを作った。
(3) レンタルCDの音楽データを，自分で聴くためにパソコンへコピーした。
(4) 自分のWebページのマスコットとして，ゲームキャラクターの似顔絵を作成して掲載した。
(5) 自分のSNSに，裁判所の判決を掲載した。

問題文 Check
❶ここでの著作権者は，絵画を描いた江戸時代の作者となる。

ベストフィット
他人の著作物を利用する場合には，原則として著作権者の許諾を得る必要がある。ただし，著作権法では，一定の例外的な場合に著作権などを制限して，著作権者などに許諾を得ることなく利用できることを定めている。

解答 (1) ○ (2) × (3) ○ (4) × (5) ○

解説
(1) 江戸時代に描かれた絵画は，著作権の保護期間が過ぎているため，著作物の使用については特に問題はない。
(2) 他人が作ったアニメキャラクターの画像を無断で使用してＴシャツを作る行為は，原則として複製権を侵害することになる。
(3) 著作権法の権利制限規定にある例外的な利用の一つである「私的使用のための複製」にあたり，著作権は特に侵害していない。
(4) ゲームキャラクターの似顔絵であっても，他人が作った著作物の複製となるため，無断で似顔絵を作成すれば，複製権を侵害したことになる。また，その似顔絵をWebページに無断で公開すれば，公衆送信権を侵害したことになる。
(5) 裁判所の判決は著作権法の保護の対象とならない著作物であるため，裁判所の許諾を得ずに公開しても特に問題はない。

review ◆ 著作物の利用に関する流れ

他人の著作物を利用したい場合は，次の図のような流れに沿い，著作権者の許諾が必要か判断しなければならない。

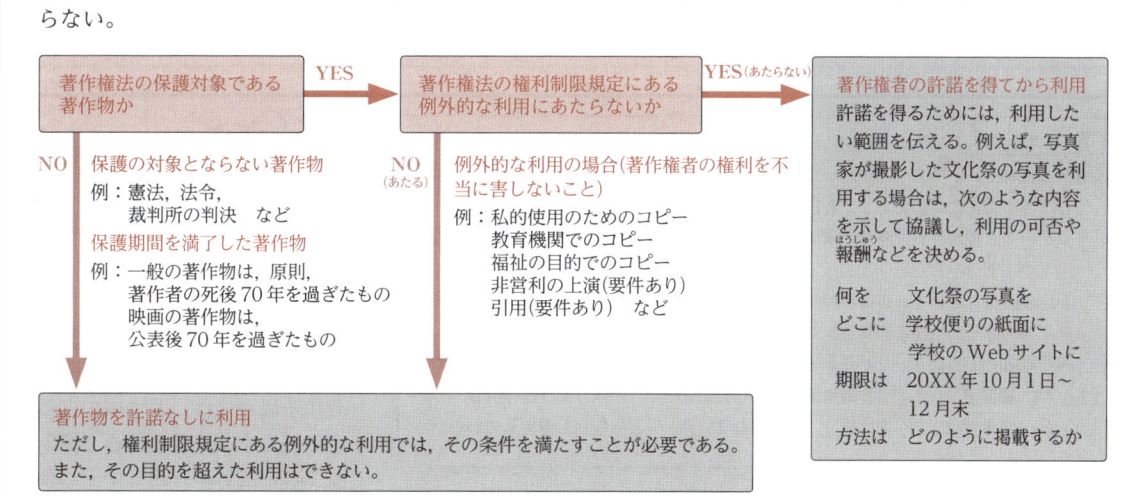

著作権法の保護対象である著作物か
- YES → 著作権法の権利制限規定にある例外的な利用にあたらないか
  - YES(あたらない) → 著作権者の許諾を得てから利用
    許諾を得るためには，利用したい範囲を伝える。例えば，写真家が撮影した文化祭の写真を利用する場合は，次のような内容を示して協議し，利用の可否や報酬などを決める。

    何を　　文化祭の写真を
    どこに　学校便りの紙面に
    　　　　学校のWebサイトに
    期限は　20XX年10月1日～
    　　　　12月末
    方法は　どのように掲載するか

  - NO(あたる) → 例外的な利用の場合(著作権者の権利を不当に害しないこと)
    例：私的使用のためのコピー
    　　教育機関でのコピー
    　　福祉の目的でのコピー
    　　非営利の上演(要件あり)
    　　引用(要件あり)　など

- NO → 保護の対象とならない著作物
  例：憲法，法令，
  　　裁判所の判決　など
  保護期間を満了した著作物
  例：一般の著作物は，原則，
  　　著作者の死後70年を過ぎたもの
  　　映画の著作物は，
  　　公表後70年を過ぎたもの

→ 著作物を許諾なしに利用
ただし，権利制限規定にある例外的な利用では，その条件を満たすことが必要である。また，その目的を超えた利用はできない。

19 〈知的財産権〉 次の(1)~(5)の記述は，知的財産権について説明したものである。適当なものには○を，適当でないものには×を記せ。
(1) 知的財産権は，申請しないと権利を得ることができない。
(2) 著作者人格権以外の著作権は，一定期間を過ぎれば権利は消滅する。
(3) 未成年者の作品に対して著作権は発生しない。
(4) 人間の考え出した知的な生産物が経済的な利益を生む場合，その利益に対する支配権の一つを産業財産権という。
(5) 知的財産権制度の意義の一つに，創作者の権利を一定期間保護した後は，その知的創造物を自由に活用できることがある。❶

問題文 Check
❶ 知的財産権制度により保護されていた創作物が，権利の保護期間を経過した後，社会の公共財産として誰でも自由に利用することができるようになったものを「パブリックドメイン」という。

ベストフィット
知的財産権制度は，社会の発展を目的としており，創作者に対して一定期間の権利を保護した後は，その知的財産は社会全体の共有財産として自由に利用できることになっている。

解答 (1) × (2) ○ (3) × (4) ○ (5) ○

解説
(1) 誤り。産業財産権は特許庁に出願して認められた時点で得ることができるが，著作権は著作物が創作または伝達された時点で自動的に発生する。
(3) 誤り。作品が著作物(思想又は感情を創作的に表現したものであって，文芸，学術，美術又は音楽の範囲に属するもの)であれば，作者の年齢に関係なく著作権は発生する。

review ◆ 知的財産権の構成(概略)

知的財産権は，主として産業の発展に寄与する**産業財産権**と，文化の発展に寄与する**著作権**などで構成されている。

```
知的財産権 ─┬─ 産業財産権 ─┬─ 特許権
            │               ├─ 実用新案権
            │               ├─ 意匠権
            │               └─ 商標権
            ├─ 著 作 権 ─┬─ 著作者の権利 ─┬─ 著作者人格権
            │             │                 └─ 著作権（財産権）
            │             └─ 著作隣接権 ─┬─ 実演家人格権
            │                             └─ 財産権
            └─ そ の 他
```

20 〈著作権の侵害〉 次の(1)~(4)の行為は，著作権のどの権利を侵害しているか。該当するものを，下の(ア)~(ク)から一つずつ選べ。❶
思考
(1) 学校の文化祭において，著作権者の了解を得ないで演劇を上演した。
(2) テレビ放映された映画を家でビデオに録画し，著作権者の了解を得ないで家族にプレゼントした。
(3) 講習会において，市販の問題集を著作権者の了解を得ないで一冊すべてコピーして製本し，受講者全員に配布した。
(4) 市販のCDに入っているバッハの音楽を無断でWebページのBGMにした。
(ア) 複製権 (イ) 著作隣接権 (ウ) 公衆送信権 (エ) 同一性保持権
(オ) 翻案権 (カ) 上演権 (キ) 頒布権 (ク) どの権利も侵害していない

問題文 Check
❶ 著作権(財産権)や著作隣接権の侵害は，10年以下の懲役，または1000万円以下の罰金，またはその両方が科せられる。

ベストフィット
他人の著作物をコピー(複製)したり，Webページなどで利用したりする場合には，著作権の例外規定に該当する場合を除き，原則として著作権者の許諾を得る必要がある。

解答 (1) (ク) (2) (ク) (3) (ア) (4) (イ)

解説
(1) 学校の文化祭での上演は営利目的ではないため，著作権者の許諾は原則必要ない。
(2) 家庭内の録画(複製)は，著作権法の例外規定にある「私的使用のための複製」の範囲内であるため，著作権者の許諾は原則必要ない。
(3) 本来であれば購入して利用する問題集をコピーして配布していることから，複製権を侵害する行為で，著作権者の利益を不当に害している。
(4) 作曲者のバッハは死後70年以上経過しているため，作品(著作物)は誰でも自由に利用できるが，作品を伝達(演奏)している者に対しては著作隣接権が付与される。

review ◆ 著作権法

著作権法は，著作物の公正な利用に留意しつつ，著作者などの権利の保護をはかることによって，文化の発展に寄与することを目的としている。著作権法では，著作者の権利（著作権）や伝達者の権利（著作隣接権）などが定められている。

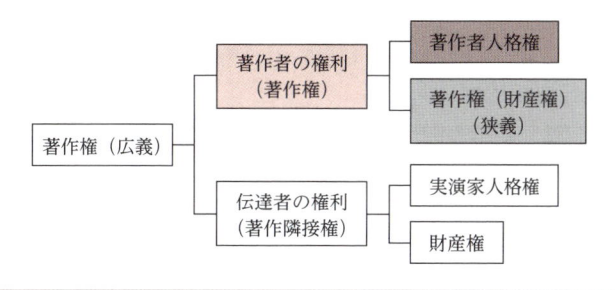

```
                  ┌ 著作者の権利 ─┬ 著作者人格権
                  │  （著作権）    └ 著作権（財産権）
著作権（広義）─┤                        （狭義）
                  └ 伝達者の権利 ─┬ 実演家人格権
                    （著作隣接権）  └ 財産権
```

---

21 〈伝達者の権利〉 伝達者の権利に関する次の(ア)～(オ)の記述のうち，誤っているものをすべて選べ。

(ア) 著作物などの伝達者には，歌手や俳優などの実演家，CDなどの製作者，放送事業者などが考えられる。
(イ) 著作物などを公衆に伝達する人や事業者を著作伝達権者という。
(ウ) 伝達者の権利は，実演などの計画が立案された時点で発生する。
(エ) 鳥や虫の鳴き声などは著作物ではないため，録音し，公表しても伝達者の権利は付与されない。
(オ) 著作物などの伝達者は，実演家に限り人格権が与えられている。❶

問題文 Check

❶著作隣接権は伝達者の権利であり，公表を前提として行われることが多いことから，実演家人格権には公表権が付与されていない。

ベストフィット

著作物を公衆に伝達する人や事業者を著作隣接権者といい，著作隣接権が与えられる。著作隣接権は，実演や放送などを行った時点で発生する。

解答 (イ)，(ウ)，(エ)

解説 (イ) 誤り。著作物などを公衆に伝達する人や事業者を著作隣接権者という。
(ウ) 誤り。伝達者の権利（著作隣接権）は，実演などの行為が行われた時点で発生するものであり，計画段階では発生しない。
(エ) 誤り。鳥や虫の鳴き声などは著作物ではないが，録音して公表すると伝達者の権利（著作隣接権）が付与される。

review ◆ 著作隣接権の概要（一部）

伝達者の権利（著作隣接権）の一部を整理すると，次の表のようになる。なお，著作隣接権の保護期間は，実演・レコード発行が伝達後70年，放送または有線放送が伝達後50年である。

	名称		内容
人格権 実演家	氏名表示権		p.14のreviewを参照。
	同一性保持権		p.14のreviewを参照。
財産権	許諾権（きょだく）	録音権・録画権	実演家が実演を録音・録画することを他人に許可する権利
		送信可能化権	実演家が自分の実演を，レコード（CD等）製作者がレコード（CD等）を，Webページなどを利用し，公衆からの要求に応じて自動的に送信できる状態にすることを他人に許可する権利
		貸与権	実演家とレコード（CD等）製作者が商業用レコード（CD等）を貸与することを他人に許可する権利（最初の販売後1年のみ）
	報酬請求権（ほうしゅうせいきゅう）	商業用レコード二次使用料を受ける権利	実演家とレコード（CD等）製作者が，レコード（CD等）の放送や有線放送について使用料を受ける権利
		貸与報酬を受ける権利	実演家とレコード（CD等）製作者が，貸レコード（CD等）業者から報酬を受ける権利（貸与権消滅後69年間）

03. 知的財産権の扱い

22 〈引用〉 引用の要件について述べた，次の箇条書きの空欄に入る適当な語句を，下の語群からそれぞれ選んで記入せよ。
- 引用する資料はすでに（ ① ）されていること
- 引用を行う（ ② ）があり，引用部分が（ ③ ）になっていること
- 本文が（ ④ ）で引用文が（ ⑤ ）であり，引用される分量が（ ⑥ ）最小限度の範囲内であること
- 出所の（ ⑦ ）がなされていること

【語群】主，必要，必然性，明確，公表，明示，従

問題文 Check

❶「出所」を明示するやり方として，本文の最後に番号順に各引用文献を示す方法などがある。書籍や論文などの文献の場合，「[番号]著者名，書名，出版社，出版年，引用ページ」を示し，Webページの場合は，「ページの表題，URL，最終閲覧日」を示す。

ベストフィット

公正な慣行に合致して正当な範囲内であることを条件とし，自分の著作物に他人の著作物を引用して利用することができる。

解答 ① 公表　② 必然性　③ 明確　④ 主　⑤ 従　⑥ 必要　⑦ 明示

解説 引用するにはいくつかの要件を満たすことが必要で，満たされない場合は著作権の侵害になるので注意しなければならない。なお，他人の著作物中の写真や図表を用いる場合には，引用の条件範囲を超えると考えられることが多いため，著作権者の許諾が必要になる場合がある。このように，著作権者の許諾が必要な掲載を「転載」といい，許諾を得て転載する場合も出所は明示する。

review ◆ 引用の注意点

他人の著作物を自分の著作物の中に取り込む場合，すなわち引用を行う場合，一般的には，次の事項に注意しなければならない。
- 公表された著作物であること
- 他人の著作物を引用する必然性があること
- かぎ括弧を付けるなど，自分の著作物と引用部分とが区別されていること
- 自分の著作物と引用する著作物との主従関係が明確であること（自分の著作物が主体）
- 出所の明示がなされていること
- 改変しないこと

23 〈クリエイティブ・コモンズ・ライセンス〉 クリエイティブ・コモンズ・ライセンス(CCライセンス)では、著作物の利用条件を示すマークとして、次の表にあるものを組み合わせてライセンス表示を行っている。

マーク		条件	内　容
(ア)	🛈	BY：表示	著作者や著作物の情報を表記すること(必須)
(イ)	🚫	NC：非営利	営利目的で利用しないこと❶
(ウ)	=	ND：改変禁止	著作物を改変しないこと❷
(エ)	↻	SA：継承	改変は自由だが、元と同じCCライセンスを付けること

次の(1)～(3)の場合、どのマークを組み合わせたらよいか。該当するものを上の表の(ア)～(エ)からそれぞれすべて選べ。
(1) 営利目的での利用は許可しない。ただし、改変は許可する。
(2) 営利目的での利用は許可するが、改変は許可しない。
(3) 非営利目的の利用とする。改変は許可するが、同じCCライセンスを付ける。

問題文 Check
❶利益の獲得を目的にして活動することをいう。
❷内容を変えて、違ったものにすることをいう。

ベストフィット
著作権者が自分の著作物を自由に利用するために守るべき条件を意思表示するものとして、クリエイティブ・コモンズ・ライセンスが利用されている。

解答 (1) (ア), (イ)　(2) (ア), (ウ)　(3) (ア), (イ), (エ)

解説 解答をライセンスマークで表示すると、次のようになる。

(1) CC BY NC　(2) CC BY ND　(3) CC BY NC SA

review ◆ クリエイティブ・コモンズ・ライセンスの組み合わせと内容

クリエイティブ・コモンズ・ライセンスは、「表示」は必須で、「改変禁止」と「継承」は同時に組み合わせることはできないため、組み合わせとしては、次の表に示す6通りとなる。

ライセンスの組み合わせ		改変の許可		
		許可する	許可するがSA(継承)を求める	許可しない
営利目的の利用	許可する	CC BY	CC BY SA	CC BY ND
	許可しない	CC BY NC	CC BY NC SA	CC BY NC ND

著作物の利用を促進するために、著作権者があらかじめ許諾する意思と利用条件を明らかにしておくと、円滑に利用許諾の作業を行うことができる。

第2章 情報デザイン

p.14 ▶04 情報デザインの基礎

1 〈コミュニケーションの形態〉 次の(1)~(3)のコミュニケーションの形態に該当する手段を下の(ア)~(カ)からそれぞれすべて選べ。
(1) 直接かつ同期型 (2) 間接かつ同期型 (3) 間接かつ非同期型
(ア) 手紙 (イ) 会話 (ウ) 音声チャット (エ) プレゼンテーション
(オ) オンライン会議 (カ) 電子メール

解答 (1) (イ), (エ) (2) (ウ), (オ) (3) (ア), (カ)

解説 (1) 直接かつ同期型のコミュニケーションとは,互いに同じ場所にいて,双方向のやり取りを同時に行うコミュニケーションであり,基本的には対面で行われる。
(2) 間接かつ同期型のコミュニケーションとは,互いに離れた場所にいて,双方向のやり取りを同時に行うコミュニケーションであり,何らかの通信手段が必要となる。
(3) 間接かつ非同期型のコミュニケーションとは,互いに離れた場所にいて,異なる時間でやり取りを行うコミュニケーションであり,物流や通信手段を用いて行う。

問題文 Check
❶「直接」か「間接」かは,コミュニケーションを取る相手がその場にいるか,離れた場所にいるかで考える。
❷「同期型」か「非同期型」かは,双方向のやり取りが同時に行われるか,異なる時間で行われるかで考える。

ベストフィット
間接かつ同期型のコミュニケーションは,通信技術の発達によって身近になったコミュニケーションの形態である。

review ◆ 間接コミュニケーションの歴史

古くは太鼓や狼煙などを用いていたが,詳しい情報をやり取りするには不向きであった。また,詳しい情報をやり取りするには,手紙などの文書を用いていたが,やり取りに時間が掛かっていた。18世紀末のヨーロッパでは,腕木の形に意味をもたせて情報のやり取りをする腕木通信が用いられたが,19世紀に電気信号で情報を符号化して送る電信が実用化されるとこれに置き換えられた。20世紀以降,電話網やコンピュータネットワークが発展することで,間接コミュニケーションは身近なものになった。

狼煙　　腕木通信　　電信で使用される電鍵

---

2 〈メディアリテラシー〉 次の(ア)~(オ)の記述のうち,現代においてメディアリテラシーが必要とされる背景の説明として適当なものをすべて選べ。
(ア) SNSなどにおいて,真偽不明の情報の投稿が多くされるようになった。
(イ) スマートフォンの普及により,写真や映像を使った情報発信が誰でも手軽にできるようになった。
(ウ) インターネット上の動画サービスの普及により,テレビを視聴する人が減った。
(エ) インターネットの普及により,多様なメディアとの接点が増えた。
(オ) 電子書籍の普及により,時間や場所を選ばずに好きな本が読めるようになった。

解答 (ア), (イ), (エ)

問題文 Check
❶リテラシーとは,元は読み書きの能力とされていたが,最近ではさまざまな知識を適切に理解し,活用できる能力とされている。

ベストフィット
現代では誰もが情報の発信者となり得る。また,多様なメディアと接する機会が増えている。そのため,情報の発信者と受信者,両方にメディアリテラシーが必要となる。

解説 (ア) 正しい。SNSなどの投稿内容は，客観的な事実以外にも個人の意見や好みなどが強く反映されることがあるので，これらを区別して読み取る能力が必要となる。
(イ) 正しい。メディアを使った情報発信は，適切に行わないと自分の意図と違った方向に拡散されることがあるため，それぞれのメディアの特性を理解して発信する能力が必要となる。
(ウ) 誤り。メディアリテラシーが必要になったのは，情報を受け取る手段が増えたことと，個人が情報を発信できるようになったためで，テレビを視聴する人が減少したことは関係ない。
(エ) 正しい。メディアによって伝達される情報は，それぞれのメディアごとの特性があるため，その特性を踏まえて情報を解釈する能力が必要となる。
(オ) 誤り。(ウ)と同様で，時間や場所を選ばずに本が読めるようになったことは関係ない。

---

3 〈ユニバーサルデザイン〉 次の(ア)～(オ)の工夫のうち，デザインの段階からユニバーサルデザイン❶について考えられているものをすべて選べ。
(ア) 硬貨のまわりに刻まれた溝や穴
(イ) Webページの配色を変更できる機能
(ウ) 通常より幅の広い改札
(エ) レバー式の蛇口
(オ) 段差に追加して設置されたスロープ

問題文 Check
❶はじめからすべての人が使いやすくなるように考えられたデザインのこと。

ベストフィット
ユニバーサルデザインに対し，バリアフリーは，すでにある障壁を取り除くという考え方である。

解答 (ア)，(ウ)，(エ)

解説 (ア) 硬貨のまわりの溝や穴の有無で，ほかの硬貨との区別を容易にするので，障がいの有無などとは関係なく，みんなにとって使いやすいデザインである。
(イ) Webページの配色を変更できる機能は，おもに色覚に障がいをもつ人に向けて，見えにくさを取り除くための機能であり，バリアフリーのデザインである。
(ウ) 通常より幅の広い改札は，車いすを利用している人だけでなく，大きな荷物をもった人や，ベビーカーを押している人にも使いやすい。
(エ) レバー式の蛇口は，ハンドル式の蛇口のように，きつく締まってしまうことがないため，子どもなど，力の弱い人でも楽に使うことができる。
(オ) 段差に設置されたスロープは，おもに車いすを利用している人に向けて，移動する上での障壁を取り除くためのものであり，バリアフリーのデザインである。

---

review ◆ ユニバーサルデザインの七つの原則

ユニバーサルデザインについては，次の七つの原則を基本に考えることが提案されている。
原則1：公平な利用
・どのような人でも公平に利用できるようにする
原則2：利用における柔軟性
・幅広い人たちの能力に応じた使い方ができるようにする
原則3：単純で直感的な利用
・どのような人でも容易に使い方がわかるようにする
原則4：わかりやすい情報
・利用者に必要な情報が効果的に伝わるようにする
原則5：間違いに対する寛大さ
・意図しない操作による危険は最小限におさえる
原則6：身体的負担は少なく
・効率的で快適であり，使って疲れないようにする
原則7：接近や利用に際しての大きさと広さ
・どのような人でも利用できる，適切な大きさと広さを提供する
　これらの原則に基づいてデザインされたものに，数字を大きく表示した電卓や，握りやすいように縦に溝を入れたスクリューキャップ，触っただけで判別ができるシャンプーのボトルなどがある。

04. 情報デザインの基礎　21

4 〈アクセシビリティ〉 次の㋐~㋺の記述のうち，Web ページのアクセシビリティを向上させるための手段として最も適当なものを一つ選べ。
㋐ キーボードによる操作が苦手な人のために，操作はマウスでしかできないようにする。
㋑ 動画の再生に対応していないブラウザを使っている人のために，ページ内の動画の内容を文字でも説明する。
㋒ 多くの情報を載せられるように，余白をできるだけ小さくする。
㋓ 文字を大きくするために，<h1> タグを多用する。
㋔ 日常的に使用する言語が異なる人でも操作できるように，操作に関する情報は色のみで表現する。

> **問題文 Check**
> ❶Web ページにおける「アクセシビリティ」とは，ユーザの年齢や障がいの有無，使用している機器やソフトウェアによらず，情報の取得または発信ができることである。

> **ベストフィット**
> Web ページから情報を取得する手段について，さまざまな人の視点から考える。

解答 (㋑)

解説
㋐ 誤り。入力装置を限定することで，むしろアクセシビリティは悪くなる。
㋑ 正しい。Web ページを閲覧する人が，どのようなブラウザを使っているかをあらかじめ想定することは難しいので，複数のメディアで情報を提供することがアクセシビリティの向上になる。
㋒ 誤り。余白を小さくすると，文字が読みにくくなるなど，アクセシビリティは悪くなる。
㋓ 誤り。音声読み上げソフトウェアは <h1> タグを見出しとして解釈するため，見出し以外のところに <h1> タグを使用すると，利用している人に正しく情報が伝わらない可能性がある。
㋔ 誤り。日常的に使用する言語が異なる人でも操作できるようにするには，表示する言語を切り替えられるようにするか，複数の言語を併記する。

---

5 〈使いやすさのデザイン〉 次の㋐~㋔の記述のうち，ユーザビリティを向上させるための，ユーザインタフェースのデザインの考え方として適当なものをすべて選べ。
㋐ 情報を伝える文字や画像，操作を行うボタンなど，表示するすべてのものを等間隔に並べることで，整然とした印象を与える。
㋑ 全体としての統一感をもたせるため，通常の文字とリンクが設定されている文字に，表示上の差を付けない。
㋒ メニューやボタンは操作時に機能しているかどうかで，表示する色の明度や彩度に差を付ける。
㋓ 操作場面ごとによく選択されている機能を調べ，その機能を呼び出すボタンを大きくする。
㋔ ユーザを戸惑わせることがないように，マウスポインタやボタンなどの表示が変わるような反応をさせない。

> **問題文 Check**
> ❶Web ページやソフトウェアなどを使ったときの目的に達する効率のよさ。
> ❷ユーザが機器を操作するために見たり触れたりする部分。

> **ベストフィット**
> 「どこを操作すると何が起きるのか」をユーザが想像できるのが，よいユーザインタフェースのデザインである。

解答 (㋒), (㋓)

解説
㋐ 誤り。画像とそれを説明する文章など，関連する情報や操作する部分は近接させることで，ユーザは関連性を見出しやすくなり，ユーザビリティが向上する。
㋑ 誤り。リンクが設定されている文字の表示は，多くの人が共通してもつイメージがあるため，それに合わせたほうがよい。
㋒ 正しい。操作できる部分とできない部分に差を付けることで，ユーザが迷いなく操作できるようになる。
㋓ 正しい。操作場面ごとによく選択されている機能を目立たせることで，ユーザが迷いなく操作できるようになる。
㋔ 誤り。操作が可能なところで，マウスポインタやボタンなどの表示が変わることで，ユーザに操作可能な部分を教えることができる。

review ◆ ユーザインタフェースのデザイン

ユーザインタフェースのデザインでは，次の四つの原則を意識するとよい。

1．近接
関連性が高いものは近くに配置してグループ化する。

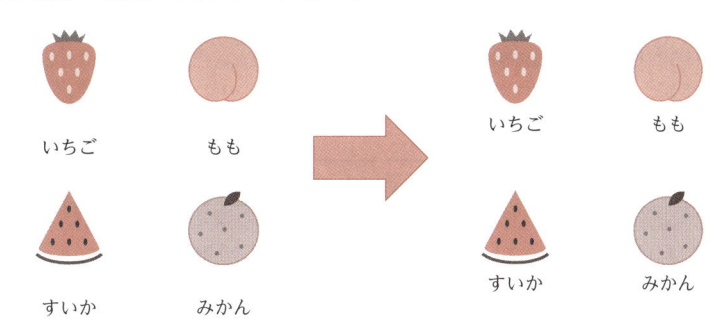

イラストと文字を近付けることで，果物の名前を表していることが明確になる。

2．整列
デザインの要素は整列して配置する。

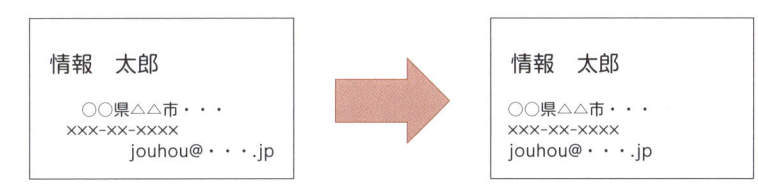

名前，住所などの要素を左揃えで配置することで，内容が把握しやすくなる。

3．反復
同じパターンを繰り返すことで統一感を出す。

同じ図形にすることで，統一感が生まれる。

4．対比
強調する要素は，ほかの要素とは明確な差異を設ける。

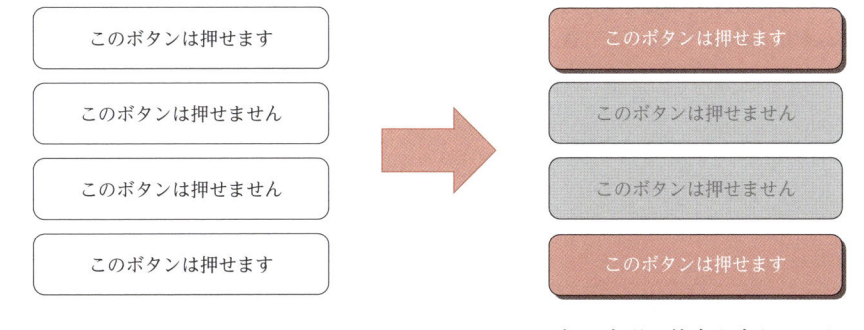

色や表現の仕方を変えることで，押せるボタンと押せないボタンが区別しやすくなる。

6 〈情報の構造化〉 次の(ア)~(オ)の記述のうち，情報の構造化の説明として適当なものをすべて選べ。

(ア) 情報の構造化のための整理の基準は，何を目的にするかによって変わってくる。
(イ) ある種類の情報を整理するとき，それに適合する基準は一つしかない。
(ウ) 情報を構造化することにより，受け手が理解しやすいような情報を構成することができる。
(エ) 情報の構造化を行うことで，図形による情報の可視化は難しくなる。
(オ) 情報の構造化を行うと，情報を切り捨てることで整理が行われるため，元の情報より詳しさが減る。

> **問題文Check**
> ❶物事を構成する要素を明らかにし，その要素間の関係を整理することである。

> **ベストフィット**
> 情報の構造化のために，どの整理の基準を適用するかは，目的によって変わる。

解答 (ア)，(ウ)

解説
(ア) 正しい。例えばコンピュータのファイルを整理する場合でも，更新日時，ファイル名，ファイルの内容などさまざまな基準で整理でき，どの基準で整理するかは，目的によって変わってくる。
(イ) 誤り。(ア)で示したように，情報を整理する基準は複数存在する。
(ウ) 正しい。構造化する過程で情報が整理されるので，受け手が理解しやすい情報になる。
(エ) 誤り。長い文章で書かれているような構造化されていない情報より，箇条書きのように構造化されている情報のほうが，図形による可視化をしやすい。
(オ) 誤り。情報の構造化で行われることは，情報を整理するだけで，切り捨てが行われることはない。

7 〈図形による情報の可視化〉 次の(1)~(4)の用途に適したダイアグラムを下の(ア)~(エ)から一つずつ選べ。

(1) 各所からの情報が1か所に集められる関係を描く。
(2) 物事を順序立てて進めていく様子を描く。
(3) 問題解決のために，「計画」，「実行」，「評価」，「解決」を繰り返していく様子を描く。
(4) 物事を進めていくうちに選択する場面が現れ，その選択により結果が異なることを描く。

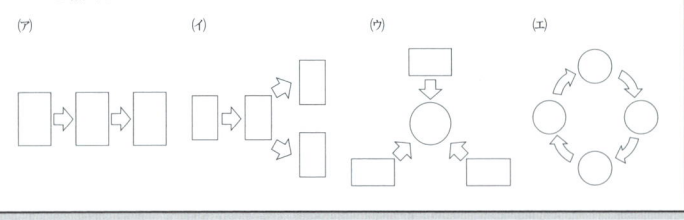

(ア)　　　　(イ)　　　　(ウ)　　　　(エ)

> **ベストフィット**
> 矢印のあるダイアグラムでは，その向きが意味をもつ。

解答 (1) (ウ)　(2) (ア)　(3) (エ)　(4) (イ)

解説 ダイアグラムにおいて，矢印の向きは物事や情報の流れを表している。各問題の「1か所に集められる」，「順序立てて進めていく」，「繰り返していく」，「選択する」などのキーワードを見つけ，それぞれに適した矢印の向きの図を探していく。

8 〈配色の工夫〉
デザインにおいて2色の配色を考える際，色の一つを右の色相環の①の色としたとき，次の問いに答えよ。
(1) 派手な印象の配色にしたいとき，組み合わされる色は②〜⑫のどれか答えよ。
(2) まとまりのある印象にしたいとき，組み合わされる色は②〜⑫のどれか答えよ。
(3) 赤と緑を組み合わせることは，判別しにくい人がいるためできるだけ避けたほうがよいが，やむを得ず使う場合の対処の仕方を答えよ。

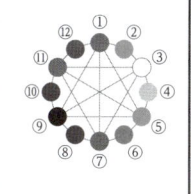

問題文 Check
❶色相環は明度や彩度を揃えた色で作られているので，これを用いて配色を考える場合，考慮するのは色相の違いのみでよい。

ベストフィット
色相環上で離れた色の組み合わせは派手な印象になり，近い色の組み合わせはまとまりのある印象になる。

解答 (1) ⑦　(2) ②または⑫
(3) 明度や彩度の差を大きくしたり，網掛けを利用したりするなど，色以外の表現方法も組み合わせる。

解説 (1) 派手な印象にしたいときは，色相環で向かい合った補色となる色を組み合わせる。
(2) まとまりのある印象にしたいときは，色相環で隣り合った類似色となる色を組み合わせる。
(3) 色相の違いを判別できない場合は，明度や彩度に違いを付けるか，色以外の表現方法で違いを付けるようにする。

review ◆ 色相環と配色

配色における色の組み合わせを考えるときは，色相環上の位置を見るとよい。補色色相配色は派手な印象にしたいとき，類似色相配色はまとまりのある印象にしたいときに用いられる。そのほか，分裂補色配色は，補色色相配色ではコントラストが強すぎるときに用いられる。トライアド配色，テトラード配色は，3色または4色の色の組み合わせで配色を考えるときに用いられる。

補色色相配色
色相環上で向かい合う色の組み合わせ。

類似色相配色
色相環上で隣り合う色の組み合わせ。

分裂補色配色
補色に隣り合う色との組み合わせ。

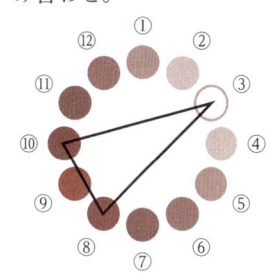

トライアド配色
色相環上で正三角形となる色の組み合わせ。

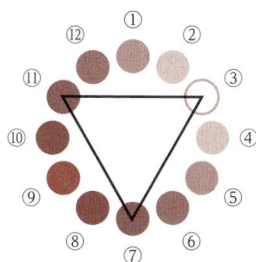

テトラード配色
色相環上で正方形となる色の組み合わせ。

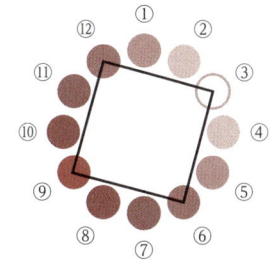

9 〈使いやすさのデザイン〉 三つのごみ箱があり、一つは「缶やペットボトル」、もう一つは「新聞や雑誌」、残りの一つは「その他のごみ」という具合に、分別してごみを捨ててもらおうと考え、ごみ箱の投入口を下の(1)~(3)の三種類とした。このとき、どのごみ箱に何のごみが捨てられることを意図しているか、それぞれの投入口の形が<u>シグニファイア</u>❶として作用しているとして、理由も含めて説明せよ。

(1)　　　　　　(2)　　　　　　(3)

問題文 Check
❶シグニファイアによって、どのようなことが連想させることができているのかを考える。

ベストフィット
何かの形がシグニファイアとして作用するためには、誘導したい行動に関連することを想像させることができているかが大切である。

解答 (1)の投入口の丸い形は、丸いものを入れるという動作を誘導するシグニファイアとして作用するため、円筒に近い形の缶やペットボトルを捨てることを意図している。
同様に(2)の投入口の細長い長方形は、平べったいものを入れるという動作を誘導するシグニファイアとして作用するため、新聞や雑誌を捨てることを意図している。
(3)の投入口の四角形は、(1)(2)以外のさまざまな形状のものを入れるという動作を誘導するシグニファイアとして作用するため、その他のごみを捨てることを意図している。

解説 シグニファイアは、人の行動を特定の行為に誘導するためにデザインされたものである。このごみ箱の投入口は、捨てられるごみに当てはまる形とすることで、「分別してごみを捨てる」という行為を誘導するシグニファイアとして機能している。

review ◆ アフォーダンスとシグニファイア

アフォーダンスとは「ものが存在することによって、人が何らかの行為を可能とする関係」のことである。例えば、丈夫な箱形のものがあったとき、人はそこに「座る」、「荷物を置く」、「踏み台にする」など、さまざまな行為が可能となる。このような人とものとの関係がアフォーダンスである。

この箱形のものの上面に人の足形のマークを描くと、そこに足を置くということが連想され、「踏み台にする」という行為に誘導されるようになる。このような、「特定の行為へ誘導するためにデザインされたもの」をシグニファイアという。Webページやアプリケーションソフトウェアで、クリックする場所を立体的に見せることがあるのは、それによって「押すことができるボタン」を連想させることで、その場所をクリックするという行為に誘導することを意図している。

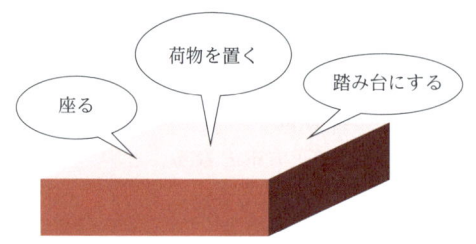

ものがあることで、さまざまな行為についてのアフォーダンスが存在する。

シグニファイアによって、特定の行為が誘導される。

10 〈情報の構造化〉 Aさんは修学旅行の自由行動で名所を効率よく見学する計画を立てるために，京都の歴史的建造物について調べ，レポートにまとめた。次の(ア)〜(エ)のうち，このレポートの目的に沿った章立てとして最も適当なものを一つ選べ。

(ア) あ行，か行，…といった建造物の名称の五十音順で整理した章立て
(イ) 平安時代，鎌倉時代，…といった建造物が作られた年代ごとに整理した章立て
(ウ) 洛中，洛東，…といった建造物がある地域ごとに整理した章立て
(エ) 寺，神社，武家屋敷，…といった建造物の種類ごとに整理した章立て

> **問題文 Check**
> ❶何のためにレポートを作成したのかを考える。

> **ベストフィット**
> 情報の整理の基準によって，それぞれに適した目的がある。

解答 (ウ)

解説
(ア) 誤り。五十音順での整理は，建造物の名称から情報を引き出したいときの整理の方法である。
(イ) 誤り。年代ごとの整理は，歴史の学習などに適した整理の方法である。
(ウ) 正しい。地域ごとに整理すれば，それぞれの建造物の位置の関係が把握しやすくなり，現地の行動を計画する際の整理の方法として最も適している。
(エ) 誤り。建造物の種類ごとの整理は，建築や文化についての学習などに適した整理の方法である。

---

review ◆ 情報の整理と構造化

「LATCH」の五つの基準を用いて整理された情報は，相互の関係を明らかにすることで構造化される。情報の相互の関係は，次の五つにまとめられる。

・並列：同じ重要度の情報が並べて扱われている関係
・順序：情報を見せる順番が決められている関係
・分岐：条件によって，次に提示される情報が選択される関係
・因果：原因と結果で表現される関係
・階層：親にあたる情報と，子にあたる情報の関係

このうち，「並列」，「順序」，「階層」については，文書の書式の設定で表現することができる。

【並列の表現】
並列の関係は，箇条書きによって表現される。

野菜の種類
・キャベツ
・レタス
・ダイコン
・トマト

【順序の表現】
順序の関係は，番号付きのリストによって表現される。

Webサービスのログイン手順
①Webサイトにアクセス
②IDを入力
③パスワードを入力

【階層の表現】
階層の関係は，字下げ(インデント)によって表現される。

日本の地域区分
　北海道地方
　　北海道
　東北地方
　　青森県
　　岩手県
　　………

04. 情報デザインの基礎

11 〈図形による情報の可視化〉 次の(1)〜(4)の内容を表すダイアグラムを描け。なお，ダイアグラムを描く際には，下の四つの例からそれぞれ適当なものを選び，必要に応じて枠を追加または削除して描くこと。

(1) J高校の1年には普通科と情報科があり，普通科が1〜6組，情報科が7，8組である。
(2) マズローの欲求5段階説では，人間の欲求には「①生理的欲求」，「②安全の欲求」，「③所属と愛の欲求」，「④承認の欲求」，「⑤自己実現の欲求」があり，①が満たされると②が現れるというように，番号の順に高次の欲求となる。
(3) このカップラーメンは，フタを開けてお湯を注ぎ，3分待てばでき上がる。
(4) ある商品のキャンペーンのWebページには年齢確認の手順があり，18歳以上であれば応募できるが，18歳未満だと応募できない。

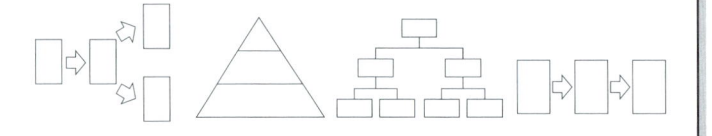

問題文 Check

❶ まず，「J高校の1年」というまとまりがあり，その下に「普通科」，「情報科」，さらにその下に「各クラス」というまとまりがある。

❷ 下位の欲求が満たされると，次の階層の欲求が現れるので，層状に表現するような図が向いている。

ベストフィット

表現する情報の要素を見つけ，要素どうしの関係を読み取ることで，適切な図の形を判断する。

解答

(1)
```
            J高校1年
           /      \
        普通科    情報科
       / / | | \ \   / \
      1組 2組 3組 4組 5組 6組  7組 8組
```

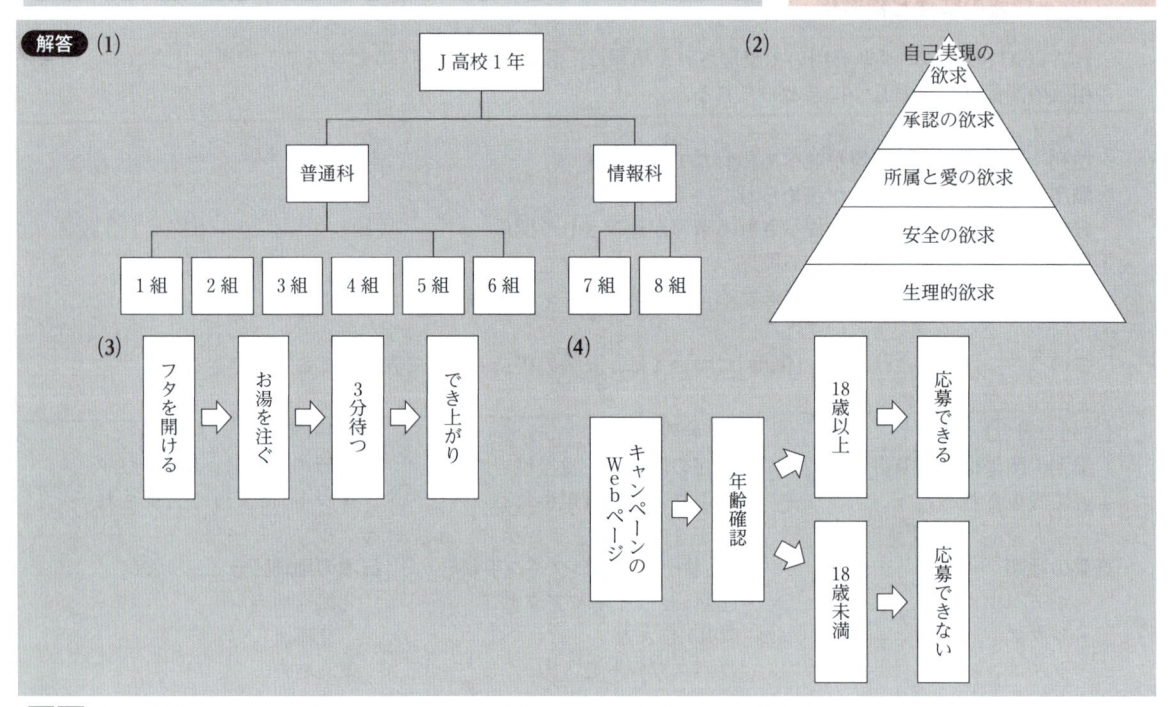

(2) ピラミッド図（下から）生理的欲求／安全の欲求／所属と愛の欲求／承認の欲求／自己実現の欲求

(3) フタを開ける → お湯を注ぐ → 3分待つ → でき上がり

(4) キャンペーンのWebページ → 年齢確認 →（18歳以上 → 応募できる）／（18歳未満 → 応募できない）

解説
(1) 学校という組織の系統を表現するので，枝分かれして系統を表現する図が適している。
(2) 欲求の階層を表現するので，ピラミッド状に階層を表現する図が適している。
(3) 一方向に流れる，物事の順序を表現するので，枠と一方向の矢印で描く。
(4) 物事の流れが途中で分岐するので，途中で矢印が二方向に分かれるように描く。

review ◆ 情報の構造化と図形による可視化

　情報の相互の関係「並列」,「順序」,「分岐」,「因果」,「階層」は, 図形を用いて表現することで, さらに理解しやすくなる。

・並列の表現
　並列の関係を図的に表現するときは, 同じ形の要素を並べて配置する。

野菜の種類

| キャベツ | レタス | ダイコン | トマト |

・順序の表現
　順序の関係を図的に表現するときは, 要素の間を矢印で結ぶ。

Webサービスのログイン手順

Webサイトにアクセス ⇒ IDを入力 ⇒ パスワードを入力

・分岐の表現
　分岐の関係を図的に表現するときは, 矢印が二方向へ分かれるように描く。

出掛けるときに傘をもっていくのかどうかの判断

今日の天気予報は？
①晴れ　②雨
→ ①の場合　傘をもたずに出掛ける
→ ②の場合　傘をもって出掛ける

・因果の表現
　因果の関係を図的に表現するときは, 原因と結果の二つの要素の間を矢印で結ぶ。

学習計画の改善

計画通りに勉強を進める ⇒ 成績が上がる

・階層の表現
　因果の関係を図的に表現するときは, 親の要素を上(横向きの場合は左), 子の要素を下(横向きの場合は右)に配置して描く。

日本の地域区分

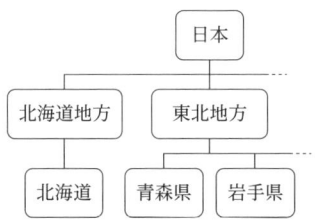

日本
├ 北海道地方
│　└ 北海道
└ 東北地方
　├ 青森県
　└ 岩手県

12 〈図形による情報の可視化〉 ダイアグラムをはじめとした，情報を可視化したものを<u>インフォグラフィックス</u>という。その例として，用途ごとの地図のデザインがある。「道路や建物の形を正確に表した地図」と「学校案内などに載せる道案内の地図」の違いから，「道案内の地図」のデザインの要点を説明せよ。❶

問題文 Check
❶インフォグラフィックスのデザインでは，情報が効果的に伝わることを第一に考える。

解答 道案内の地図は，人を目的地まで迷わせないようにデザインする必要がある。そのためには，目的地までの経路以外の道など，道案内に必要ない情報は，簡略化して描いたり省略したりする。逆に曲がり角など，必ず伝えなければいけない情報については，その付近にある店などの目標物を強調して描くといったデザインをする。

ベストフィット 地図の用途によって，情報をどの程度反映させるのか判断する。

解説 地図，チャート，ダイアグラムなどのインフォグラフィックスのデザインでは，情報を整理・分析し，そこに表現する情報を取捨選択する必要がある。特に強調したい情報については，ほかの情報よりも大きく描いたり，補色を使ったりして，明確に差を付けるようにする。

---

13 〈配色の工夫〉 JIS（日本産業規格）で規定されている案内用図記号（ピクトグラム）において，注意を表す図記号の配色が黄色と黒であることについて，次の(ア)～(エ)の記述のうち，最も適当なものを一つ選べ。❶❷
(ア) 黄色と黒で彩度の差があることを利用して視認性をよくしている。
(イ) 黄色と黒で明度の差があることを利用して視認性をよくしている。
(ウ) 黄色と黒は補色であるため，黒を浮かび上がらせることができる。
(エ) 黄色と黒は類似色であるため，まとまりのある印象になる。

問題文 Check
❶黄色は視認性が高く，ほかの色より近くにあるように見える，進出色の一つである。
❷黒は無彩色と呼ばれ，色の三要素のうち明度のみをもつ。無彩色には，ほかに白，灰色がある。

ベストフィット 色には有彩色と無彩色がある。

解答 (イ)

解説 (ア) 誤り。黒は無彩色であるため，黄色と彩度の差を作ることはできない。
(イ) 正しい。黒は最も明度が低い色，黄色は比較的明度が高い色なので，この明度の差を利用して視認性をよくしている。
(ウ) 誤り。黒は色相環にはない色なので，黄色と補色にはならない。
(エ) 誤り。(ウ)と同様の理由で，黄色と類似色にはならない。

---

14 〈配色の工夫〉 ピクトグラムやロゴマークなどのデザインを作成する際に，視認性をよくし，<u>色覚の多様性に配慮した配色にすることが要件の一つとなる場合がある</u>。この要件を満たす配色とはどのようなものか，「色相」「明度」「彩度」の三つの語句を使って説明せよ。❶

問題文 Check
❶色覚の多様性には，「赤と緑」「青と紫」「赤と黒」などの組み合わせで色の区別が難しいということがある。

解答 視認性をよくするためには，色相環で離れた位置にある色相を組み合わせて配色するとよい。ただし，色相の違いだけでは色の区別が付かない人がいるので，明度や彩度に差を付けることで，色覚の多様性に配慮した配色とすることができる。

ベストフィット 配色は色相の違いだけに意識を向けないようにする。

解説 色には色相，明度，彩度という三つの要素がある。大半の人にとって視認性をよくするためには，このうち一つに差を付けるようにすればよいが，それだけでは色覚の多様性に対応できないので，二つ以上の要素に差を付けるようにする。

p.22 ▶05 情報デザインの活用

15 〈プレゼンテーションの流れ〉 次の(ア)〜(エ)の記述を，プレゼンテーションの最も適当な流れになるよう順に並べ替えよ。
- (ア) リハーサルを行い，準備の状況，話し方，内容などをチェックし，不備があればすぐに対処する。
- (イ) 参加者の年齢層，性別，関心の度合いなどの属性を考慮して企画を立てる。
- (ウ) 評価の結果から課題を見つける。
- (エ) スライドのレイアウトや発表内容をまとめたストーリーボードを作成する。

問題文 Check
❶ プレゼンテーションに限らず，物事を行う際には，PDCA サイクルを意識する必要がある。

ベストフィット
プレゼンテーションの流れの各段階で行われることを把握しておく。

解答 (イ)→(エ)→(ア)→(ウ)

解説 プレゼンテーションの流れは，「企画→資料作成→リハーサル→実施→評価→改善」の繰り返しである。(ア)はリハーサルについて，(イ)は企画について，(ウ)は評価について，(エ)は資料作成についての説明である。

---

16 〈Web サイトの設計〉 次の(1)〜(3)の Web ページの表示に適した Web サイトの構造をそれぞれ答えよ。

(1) (2) (3)

ベストフィット
Web サイトの構造が Web ページのデザインに反映されることが多い。

解答 (1) 階層構造 (2) 直線的構造 (3) 網状構造

解説
(1) あらかじめ用意されたカテゴリから選択すると，さらに細かいカテゴリが現れて，さらにそれを選択することで目的の情報にたどり着くので，階層構造の Web サイトということになる。
(2) 各 Web ページに番号が付けられ，「次のページへ」をクリックすることで，Web サイトの設計者が意図した順番でユーザに情報が提示されることになるので，直線的構造の Web サイトということになる。
(3) ユーザそれぞれが，希望する視点で情報がまとめられた Web ページに自由に移動できる形になっているため，網状構造の Web サイトということになる。

review ◆ **Web サイトの構造と用途**

Web サイトは，その用途によって情報の提示の仕方が変わってくる。それとともに，Web サイトの構造もそれぞれ適したものを選ぶ必要がある。

・直線的構造
会員登録，複数ページに分割された長文の記事 など

・階層構造
学校や企業の紹介，通信販売 など

・網状構造
複数の属性から情報を検索する Web サイト，インターネット上の百科事典 など

17 〈HTML〉 次の(ア)～(エ)の記述のうち，HTMLの<u>タグ</u>❶の説明として適当なものをすべて選べ。

(ア) 行の途中で書式を設定する場合，<span> タグを用いる。
(イ) <head> タグに記述された情報は，ブラウザに表示されない。
(ウ) <h1> タグは，文字を大きくするために使われる。
(エ) HTMLのコードは，必ず <html> で始まり，</html> で終わる。

問題文 Check

❶HTMLにおけるタグとは，「<」と「>」で囲まれた部分のことである。

ベストフィット

HTMLのタグがもつ意味を理解し，適切なタグを使用する。

解答 (ア)，(イ)

解説
(ア) 正しい。Webページ内の任意の箇所に装飾を施す場合，<div> タグや <span> タグを用いる。<div> タグを用いると，指定した領域の前後に改行が入る。そのため，行の途中で書式を設定する場合は，<span> タグを用いる。
(イ) 正しい。<head> タグは，Webページについて，タイトル，文字コードの指定，作成者，概要の説明，CSSファイルの指定などの情報を記述するものであり，これらの情報はブラウザには表示されない。
(ウ) 誤り。<h1> タグを含む，<hn>(n=1～6) タグは，記事の中の見出しを指定するもので，文字の大きさを変えるなど，装飾を目的に使用するものではない。
(エ) 誤り。<html> の前に <!DOCTYPE html> などで HTML のバージョンの宣言を記述することが一般的であり，必ずしも <html> から始まるものではない。

review ◆ HTMLのブロックレベル要素とインライン要素

　HTMLのタグは，ブロックレベル要素と，インライン要素に分類される。ブロックレベル要素のタグは，見出し(<hn>(n=1～6))や段落(<p>)，表(<table>)などの，文書の構造の基本となる要素のタグで，多くのブラウザで表示したとき，前後に改行が入る。<div> タグもブロックレベル要素のタグである。
　これに対し，インライン要素のタグは，リンク(<a>)や強調(<strong>)などの，文章の一部として扱われる要素のタグで，多くのブラウザで表示したとき，前後に改行が入らない。<span> タグもインライン要素のタグである。

```
<!DOCTYPE html>
<html>
    <head>
        <meta charset="UTF-8">
        <title>遠足当日についての連絡</title>
    </head>
    <body>
        <h1>遠足当日についての連絡</h1>
        <p>以下の注意事項をよく読んで，当日は間違いがないように行動してください。<br>
        当日の欠席連絡は<strong>学校に電話</strong>してください。</p>
        <h2>集合時間・場所</h2>
        <p>午前9時　○○駅前集合(<a href="リンク先">地図</a>)</p>
    </body>
</html>
```

遠足当日についての連絡

以下の注意事項をよく読んで，当日は間違いがないように行動してください。
当日の欠席連絡は学校に電話してください。

集合時間・場所

午前9時　○○駅前集合(<u>地図</u>)

<h1>，<h2>，<p> タグの前後には改行が入っているが，<strong>，<a> タグの前後には改行が入っていない。

18 〈CSS〉 次の(1)~(4)の装飾を指定する CSS のコードを記述せよ。
(1) Web ページ全体の背景色を beige にする。❶
(2) attention というクラス名を付けた p タグの文字色を red にする。
(3) h1 タグの境界の内側にフォントサイズの半分の幅の余白を取る。
(4) subtitle という ID 名を付けた領域のフォントサイズを 20px にする。

問題文 Check
❶CSS による色やサイズの指定の仕方を理解しておく。

解答
(1) `body{background-color: beige;}`
(2) `p.attention{color: red;}`
(3) `h1{padding: 0.5em;}`
(4) `#subtitle{font-size: 20px;}`

ベストフィット
CSS の書式は，
セレクタ{プロパティ：値；}
である。

解説
(1) Web ページ全体にかかわる装飾指定は body タグに対して行う。
(2) クラス名を付けたタグに対して装飾指定する CSS の記述方法は，「タグ.クラス名{装飾の内容}」である。
(3) 要素の境界の内側の余白を指定するのは padding である。なお，要素の境界の外側の余白を指定するのは margin である。また，フォントサイズを基準にし，Web ページ上の幅や大きさを指定するときは，「em」という単位で指定する。フォントサイズの半分は 0.5em となる。
(4) ID 名を付けた領域に対して装飾指定する CSS の記述方法は，「#ID名{装飾の内容}」である。

review ◆ CSS による色やサイズの指定の仕方

　CSS のセレクタには，タグ，クラス名，ID 名といった，装飾する場所を記述する。プロパティには，文字色や背景色といった，装飾の対象を記述する。値には具体的な色やサイズといった，装飾の内容を記述する。
　CSS での文字色や背景色などの色の指定には，「色名による指定」と「カラーコードによる指定」がある。色名による指定は，あらかじめ決められた 147 の色名を使って指定する。カラーコードによる指定は，6桁の16進数を「#○●△▲□■」という形で記述して指定する。このカラーコードは左から2桁ずつ「赤の度合い」，「緑の度合い」，「青の度合い」を表し，それぞれ 00~FF で値を指定する。

色名	カラーコード
black	#000000
white	#FFFFFF
red	#FF0000
green	#008000
blue	#0000FF

色名	カラーコード
pink	#FFC0CB
lime	#00FF00
lightblue	#ADD8E6
mediumpurple	#9370DB
silver	#C0C0C0

　サイズの指定については「px」，「em」などの単位を用いる。「px」は，画面上の画素を単位として絶対的なサイズを指定している。「em」は設定されたフォントサイズを基準にし，相対的なサイズを指定している。

padding: 1.5em で周囲の余白を指定

ベストフィット情報 I

padding: 0.5em で周囲の余白を指定

ベストフィット情報 I

19 〈Webサイトの設計〉 次の(1)～(3)の記述に適したWebサイトの構造を答えよ。
(1) 情報がきちんと分類されており，ユーザが分類項目を選択することで目的の情報を得るサイト。
(2) 情報をいくつかのページに分けて，順番に提供するサイト。
(3) サイト内の検索機能を利用することで，ユーザがサイト内を自由に移動でき，目的の情報を得るサイト。

問題文 Check
❶ユーザの操作とWebサイトの構造との関係を考える。

ベストフィット
ユーザへの情報の提供の仕方から，どのようなWebサイトの構造が適切なのか，図を描いて考えてみる。

解答 (1) 階層構造　(2) 直線的構造　(3) 網状構造

解説 (1) ユーザが分類項目を選択するだけで目的の情報を得られるようにするためには，共通点がある各分類項目をまとめて大きな分類を作る必要がある。この場合のWebサイトの構造として適しているのは階層構造である。
(2) 情報を順番に提供しているので，Webサイトの構造として適しているのは直線的構造である。
(3) ユーザがサイト内を自由に移動できるようにするためには，情報の分類や，情報を提供する順番などとは関係なく，サイト内の各Webページにリンクされている必要がある。この場合のWebサイトの構造として適しているのは網状構造である。

20 〈CSS〉 次のHTML文書に対し，「akamoji」というクラスの文字色を赤(色名：red)に，「aomoji」というクラスの文字色を青(色名：blue)にするCSSのコードを記述せよ。

```
<!DOCTYPE html>
<html>
    <head>
        <meta charset="UTF-8">
        <title>文字色の指定</title>
    </head>
    <body>
        <p class="akamoji">ここは赤文字で表示</p>
        <p class="aomoji">ここは青文字で表示</p>
    </body>
</html>
```

問題文 Check
❶ここでは，クラスのみが装飾の対象になっていることに注意する。

ベストフィット
CSSでは，装飾指定の対象が何かを明確に記述する。

解答
```
.akamoji{color: red;}
.aomoji{color: blue;}
```

解説 クラス名を付けた要素に対して装飾指定するCSSの記述方法は，「.クラス名{装飾の内容}」である。この場合，タグの種類にかかわらず，指定したクラス名が付いた要素に装飾が適用される。この問題の場合，クラスのみ指定してタグの指定がされていないため，「akamoji」というクラスに対しての装飾指定を「p.akamoji{color: red;}」とするのは誤りである。

21 〈HTMLとCSS〉 ブラウザで右の表示となるWebページについて，次の(ア)〜(カ)を(1)HTMLによって指定するもの，(2)CSSによって指定するものに分類せよ。❶

(ア) 「情報の整理のための五つの基準」の下側に二重線を引く。
(イ) 「情報の構造化」の語句を見出しとして指定する。
(ウ) 「情報の整理のための五つの基準」の内容を表として表示する。
(エ) 「情報の整理のための五つの基準」の表の見出しのセルの背景色を赤にする。
(オ) 「情報の整理のための五つの基準」の説明で，赤字にする部分を指定する。
(カ) 「情報の構造化」の語句の左側に赤い太線を引く。

> **問題文 Check**
> ❶HTMLでは文書の構造を指定し，CSSでは装飾の内容を指定する。

> **ベストフィット**
> 「文書の構造」には何が含まれるのかを理解しておく。

解答 (1) (イ), (ウ), (オ)　(2) (ア), (エ), (カ)

解説 HTMLは文書の構造を指定する言語である。指定する文書の構造には，「見出し」，「本文」，「リスト」，「表組み」，「装飾を施す箇所」などがある。(イ)は見出しの指定，(ウ)は表組みの指定，(オ)は装飾を施す箇所の指定であるため，これらはHTMLによって指定する。

これに対し，CSSは文書の装飾の内容を指定する言語である。指定する装飾の内容には，「文字(フォント)の種類，色，サイズ」，「要素の背景色」，「境界線(枠線)の種類，色，太さ」，「余白の幅」などがある。(ア)と(カ)は境界線の種類，色，太さの指定，(エ)は要素の背景色の指定であるため，これらはCSSによって指定する。

---

review ◆ CSSの記述場所

CSSは「①装飾するタグ」，「②<style>タグ」，「③外部のCSSファイル」の三つの場所に記述することができる。<body>タグの背景色を薄い黄色(色名：lightyellow)にする場合，それぞれ以下のような記述になる。

①装飾するタグに記述する場合
```
<body style="background-color: lightyellow;">
 Webページの内容
</body>
```

②<style>タグに記述する場合
<head>と</head>の間に<style>タグを以下のように記述する。
```
<style>
 body{ background-color: lightyellow;}
</style>
```

③外部のCSSファイルに記述する場合
外部のCSSファイル(ここでは「style.css」とする)に記述するときは，まず<head>と</head>の間に<link>タグを以下のように記述する。
```
<link rel="stylesheet" href="style.css">
```
そして，外部のCSSファイル(style.css)に以下の記述をする。
```
body{ background-color: lightyellow;}
```

一般的にWebサイトでは，CSSは「③外部のCSSファイル」に記述されることが多い。これは，Webサイト全体で共通する装飾要素がある場合，「①装飾するタグ」や「②<style>タグ」にCSSを記述していると，各WebページのHTMLすべてに同じ内容のCSSを記述しなければならないが，「③外部のCSSファイル」にCSSを記述すれば，その内容が各Webページの装飾に反映されるからである。また，装飾を変更する場合にも外部のCSSファイルの記述を変更すれば，その変更内容がWebサイト全体に反映されるようになる。

第3章 デジタル

p.28 ▶06 デジタル化された情報とその表し方

1 〈情報量〉 次の問いに答えよ。
(1) コインを3回投げるとき，裏表をすべて記録するには何ビットの情報量が必要か答えよ。
(2) 大小2個のサイコロを投げるとき，出た目の組み合わせをすべて表すには何ビットの情報量が必要か答えよ。
(3) ジョーカーを除いた52枚のトランプを表すには，4種類のマークに何ビット，1～13の数字に何ビットの情報量が必要かそれぞれ答えよ。
(4) 1 MB❶ は2の何乗バイトになるか，2^n の形で答えよ。
(5) 4 GB をバイトに直す計算式を答えよ。

問題文 Check
❶大きな情報量を表す接頭辞には，K(キロ)，M(メガ)，G(ギガ)，T(テラ)などがあり，K=2^{10}，M=2^{20}，G=2^{30}，T=2^{40} のように 2^{10} ずつ大きくなる。

解答 (1) 3ビット　(2) 6ビット
(3) マークに2ビット，数字に4ビット
(4) 2^{20}　(5) $4×1024×1024×1024$

ベストフィット
nビットで表現できる状態は 2^n である。

解説 (1) 裏を0，表を1とすると，1回投げた結果を1ビットで表現できる。よって，3回投げた結果を表現するには3ビット必要である。
(2) 大きいサイコロと小さいサイコロの出る目の組み合わせは，$6×6=36$ 通りである。よって，これを表すには，$2^n≧36$ を満たす n ビットが必要である。$2^5=32$，$2^6=64$ である。
(3) マークは4通りなので，$2^2=4$ より2ビットが必要である。数字は1～13なので，$2^4=16$ より4ビットが必要である。
(4) $1\text{B}×2^{10}=1\text{KB}$，$1\text{KB}×2^{10}=1\text{MB}$ である。よって，$1\text{MB}=1\text{B}×2^{10}×2^{10}$ より 2^{20} バイトとなる。
(5) $1\text{B}×1024=1\text{KB}$，$1\text{KB}×1024=1\text{MB}$，$1\text{MB}×1024=1\text{GB}$ であるから，$1\text{GB}=1024×1024×1024\text{B}$ である。

2 〈2進数・10進数の変換〉 次の10進数は2進数に，2進数は10進数に変換せよ。
(1) $299_{(10)}$　(2) $197_{(10)}$　(3) $\underline{01100110}_{(2)}$❶　(4) $10100111_{(2)}$

問題文 Check
❶2進数の桁の重みは，1，2，4，8，…と桁が上がるごとに2倍されていく。

解答 (1) $100101011_{(2)}$　(2) $11000101_{(2)}$
(3) $102_{(10)}$　(4) $167_{(10)}$

ベストフィット
10進数から2進数へは，2で割る「すだれ算」での余りから求め，2進数から10進数へは，桁の重みから求める。
なお，10進数から2進数へ変換するのに，すだれ算を使わずに，桁の重みから求めることもできる。
例：$13=8+4+1$ → $1101_{(2)}$
考え方：13を構成する重みに，8，4，1はある（1）が，2はない（0）。

解説 (1)　　　　　　(2)
2) 299　　　　2) 197
2) 149 …1　　2) 98 …1
2) 74 …1　　 2) 49 …0
2) 37 …0　　 2) 24 …1
2) 18 …1　　 2) 12 …0
2) 9 …0　　　2) 6 …0
2) 4 …1　　　2) 3 …0
2) 2 …0　　　　1 …1
　 1 …0

(3) $0×128+1×64+1×32+0×16+0×8+1×4+1×2+0×1=102$
(4) $1×128+0×64+1×32+0×16+0×8+1×4+1×2+1×1=167$

review ◆ 桁の重み

2進数の桁の重みは，1，2，4，8，16，32，64，128(イチ，ニ，ヨン，パー，イチロク，ザンニ，ロクヨン，イチニッパ)のように覚えておこう。

3 〈16進数・2進数の変換〉 次の16進数は2進数に，2進数は16進数に変換せよ。
(1) A4₍₁₆₎ (2) 6E₍₁₆₎ (3) 10001100₍₂₎❶ (4) 11011011₍₂₎

問題文 Check
❶ 2進数の4桁は，16進数の1桁にあたる。

ベストフィット
16進数から2進数へは，各桁を2進数に変換することから求め，2進数から16進数へは，下位の4桁ずつから変換して求める。

解答
(1) 10100100₍₂₎ (2) 01101110₍₂₎
(3) 8C₍₁₆₎ (4) DB₍₁₆₎

解説
(1) A₍₁₆₎=1010₍₂₎，4₍₁₆₎=0100₍₂₎ より 10100100₍₂₎
(2) 6₍₁₆₎=0110₍₂₎，E₍₁₆₎=1110₍₂₎ より 01101110₍₂₎
(3) 1000₍₂₎=8₍₁₆₎，1100₍₂₎=C₍₁₆₎ より 8C₍₁₆₎
(4) 1101₍₂₎=D₍₁₆₎，1011₍₂₎=B₍₁₆₎ より DB₍₁₆₎

4 〈2進数の加算と減算〉 次の2進数の計算をせよ。
(1) 1010₍₂₎+0101₍₂₎ (2) 0100₍₂₎+0111₍₂₎ (3) 1011₍₂₎+0011₍₂₎
(4) 1001₍₂₎−0110₍₂₎ (5) 1010₍₂₎−0101₍₂₎ (6) 1101₍₂₎−1010₍₂₎

問題文 Check
繰り上がり，繰り下がりを慎重に。

ベストフィット
繰り上がりは，上の桁へ一つ1を
繰り下がりは，下の桁へ二つ1を
それぞれ書く。

解答
(1) 1111₍₂₎ (2) 1011₍₂₎ (3) 1110₍₂₎
(4) 0011₍₂₎ (5) 0101₍₂₎ (6) 0011₍₂₎

解説
[計算過程の筆算図は省略]

繰り上げ
一つ上の桁に1を書き，その桁で加算(1+0+0)をする。

繰り下げ
一つ下の桁に1を二つ書き，その桁で減算(1+1+0−1)をする。

06. デジタル化された情報とその表し方　37

5 〈補数〉 次の2進数の補数を求めよ。
(1) 1100$_{(2)}$ (2) 1010$_{(2)}$❶ (3) 01001000$_{(2)}$ (4) 10111000$_{(2)}$

問題文 Check
❶「補数」とは何かを考える。

ベストフィット
補数は，「ビット反転・1加算」で求める。

解答 (1) 0100$_{(2)}$ (2) 0110$_{(2)}$ (3) 10111000$_{(2)}$
(4) 01001000$_{(2)}$

解説 (1) 1100$_{(2)}$
↓各桁の0と1を反転
0011$_{(2)}$
↓1を加算
0100$_{(2)}$

(2) 1010$_{(2)}$
↓各桁の0と1を反転
0101$_{(2)}$
↓1を加算
0110$_{(2)}$

(3) 01001000$_{(2)}$
↓各桁の0と1を反転
10110111$_{(2)}$
↓1を加算
10111000$_{(2)}$

(4) 10111000$_{(2)}$
↓各桁の0と1を反転
01000111$_{(2)}$
↓1を加算
01001000$_{(2)}$

---

6 〈実数の表現〉 10進数の3.125を16ビットの2進数の浮動小数点数で表せ。ただし，浮動小数点数は，符号部1ビット，指数部5ビット，仮数部10ビットとする。

問題文 Check
$2^{-1}=0.5$，$2^{-2}=0.25$，$2^{-3}=0.125$

ベストフィット
2進数の桁の重みは，小数点を境に，整数部では1，2，4，8，16，32，… 小数部では1/2，1/4，1/8，…と1/2倍ずつ変化する。

解答 0 10000 1001000000$_{(2)}$

解説 3.125は，3.125＝2＋1＋0.125のように桁の重みに分解できるので，3.125$_{(10)}$＝11.001$_{(2)}$と2進数へ変換できる。
次に，11.001$_{(2)}$＝＋1.1001×$2^1_{(2)}$となるので，符号部は0，仮数部は1001000000となる。
指数部は，1＋15＝16から10000となる。以上より，求める浮動小数点数は，0 10000 1001000000$_{(2)}$である。

review ◆ 指数法則の基本公式

指数法則において，最も基本的な二つの公式を確認しよう。
① $a^0=1$
② $a^{-n}=1/a^n$ （ただし，$a≠0$，nは正の整数とする）

＜参照＞2進数の桁の重み

…	整数部						小数点	小数部					…
…	2^5	2^4	2^3	2^2	2^1	2^0	.	2^{-1}	2^{-2}	2^{-3}	2^{-4}	2^{-5}	…
…	⋮	⋮	⋮	⋮	⋮	⋮	.	⋮	⋮	⋮	⋮	⋮	…
…	32	16	8	4	2	1	.	1/2	1/4	1/8	1/16	1/32	…

---

7 〈文字のデジタル化〉 例題7の文字コード表(一部)において，次の問いに答えよ。
(1) 「Q」に対応する文字コードを16進数で表せ。
(2) 「G」に対応する文字コードを2進数で表せ。
(3) 01100001$_{(2)}$に対応する文字を答えよ。

問題文 Check
アルファベットの大文字と小文字では，文字コードは異なる。

ベストフィット
上位桁と下位桁の2進数，または16進数をつなげて文字コードを求める。

解答 (1) 51$_{(16)}$ (2) 01000111$_{(2)}$ (3) a

解説 この文字コード表は，JISコードの一部である。横方向に上位，縦方向に下位の桁が並んでいるので，上位桁の2進数または16進数に下位桁をつなげたものが該当の文字コードになる。

8 〈情報量〉

ある文字コードは、2バイトで文字や記号を表している。この文字コードに関する次の問いに答えよ。

(1) この文字コードだけで構成された文書(テキストデータ)の3584文字分のデータ量は何KBか答えよ。

(2) 2021年現在、学習指導要領で定められている小学校で習う漢字の数は、1026文字である。これをテキストデータとして保存するには、少なくとも何KBのデータ量が必要か、最も適当なものを下の(ア)〜(オ)から一つ選べ。
(ア) 1 KB　(イ) 2 KB　(ウ) 3 KB　(エ) 4 KB　(オ) 5 KB

(3) 都道府県に用いられている漢字は、76種類である(都道府県の4文字を含む)。これらの漢字だけの文字コードを作るとすると、少なくとも何ビットで1文字を表せばよいか、最も適当なものを下の(ア)〜(オ)から一つ選べ。
(ア) 2ビット　(イ) 4ビット　(ウ) 6ビット　(エ) 8ビット
(オ) 10ビット

問題文Check
❶文字コードだけで構成された文字列や文書のデータのこと。

ベストフィット
・8 bit は 1 B である
・B→KB→MB→GB→TB と1024倍ずつ大きくなる

※覚え方※
「ケロッと目 が テン」
　K　　M G T

解答 (1) 7 KB　(2) (ウ)　(3) (エ)

解説
(1) 1文字が2バイトなので、3584文字分のデータ量は、2×3584=7168[B]、7168[B]=7168÷1024=7[KB]
(2) 1文字が2バイトなので、1026文字分のデータ量は、2×1026=2052[B]、2052[B]=2052÷1024>2[KB]
(3) nビットで表現できる状態は 2^n であるから、$2^n≧76$ である最小の n を求めればよい。
よって、$2^6=64$、$2^8=256$ より、8ビットである。

9 〈実数の表現〉 UP↑

16ビット(符号部1ビット、指数部5ビット、仮数部10ビット)の2進数の浮動小数点数である、次の(1)、(2)の計算をせよ。

(1) 0 10001 0101110000₍₂₎ + 0 10000 0010110000₍₂₎

(2) 0 10010 1101100000₍₂₎ + 1 10001 1001010000₍₂₎ ❶

問題文Check
❶符号部が1である数は、負の数なので、減算として考える。

ベストフィット
二つの数のうち、指数部が大きいほうに揃えてから、仮数部を計算する。

解答
(1) 0 10001 1111001000₍₂₎
(2) 0 10010 0000111000₍₂₎

解説
(1) A=0 10001 0101110000、B=0 10000 0010110000 とする。指数部の大きいほうはAなので、Bの指数部をAに揃える。このとき、指数部を1増やしたので、仮数部は右に1シフトし、省略していた整数部の1を仮数部の左に書く。

B=0 10000 0010110000=0 10001 1001011000
次にAの仮数部とBの仮数部を加算する。
0101110000+1001011000=1111001000
よって、A+B=0 10001 1111001000 となる。

(2) A=0 10010 1101100000、B=1 10001 1001010000 とする。指数部の大きいほうはAなので、Bの指数部をAに揃える。このときも(1)と同様なので、省略していた整数部の1を仮数部の左に書く。

B=1 10001 1001010000=1 10010 1100101000
次にBは負の数なので、Aの仮数部からBの仮数部を減算する。
1101100000−1100101000=0000111000
よって、A+B=0 10010 0000111000 となる。

review ◆ 浮動小数点数

浮動小数点数は、全体のデータ長や仮数部と指数部のビット数の配分などでさまざまな形式が存在するが、広く普及している標準規格として IEEE 754 形式が知られる。

全体で16ビット(符号部1、指数部5、仮数部10)の「半精度浮動小数点数」、32ビット(符号部1、指数部8、仮数部23)の「単精度浮動小数点数」、64ビット(符号部1、指数部11、仮数部52)の「倍精度浮動小数点数」、128ビット(符号部1、指数部15、仮数部112)の「四倍精度浮動小数点数」の四つの形式が定められており、それぞれ表現できる数値の幅が異なる。

p.34 ▶07 論理演算

10〈真理値表〉 次の図のように，論理回路を組み合わせた回路を作った。このとき，入力A，Bと出力Xの真理値表を作成せよ。❶

```
A ─┐
   ├─[AND]─[NOT]─ X
B ─┘
```

問題文 Check
❶論理積(AND)回路の出力が，否定(NOT)回路の入力に接続している。

解答

入力		出力
A	B	X
0	0	1
0	1	1
1	0	1
1	1	0

ベストフィット
入力の数が n のとき，行数は 2^n である。

解説 入力の数がAとBの二つなので，入力の枠の行数は，$2^2=4$ である。0と1のすべての組み合わせを記入後，それぞれの出力を記入する。

入力A，Bは論理積(AND)回路につながっており，その出力が否定(NOT)回路につながっている。よって，A，Bの論理積を反転した結果が出力Xとなる。

11〈真理値表〉 次の図のように，論理回路を組み合わせた回路を作った。このとき，入力A，B，Cと出力Xの真理値表を作成せよ。❶

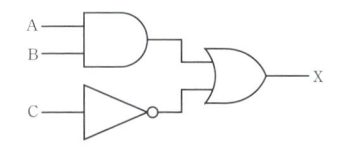

```
A ─┐
   ├─[AND]─┐
B ─┘       ├─[OR]─ X
C ─[NOT]───┘
```

問題文 Check
❶論理積(AND)回路の出力と否定(NOT)回路の出力のそれぞれが，論理和(OR)回路の入力に接続している。

解答

入力			出力
A	B	C	X
0	0	0	1
0	0	1	0
0	1	0	1
0	1	1	0
1	0	0	1
1	0	1	0
1	1	0	1
1	1	1	1

ベストフィット
0と1の書き方は，上半分を0，下半分を1とする。

解説 入力の数がA，B，Cの三つなので，入力の枠の行数は，$2^3=8$ である。0と1のすべての組み合わせを記入するには，次の手順で進める。

① Aの上半分の4行を0，下半分の4行を1とする。
② Aの0の4行の上半分の2行分のBを0，下半分の2行分を1とし，Aの1の4行についても上半分を0，下半分を1とする。
③ 最後にCは，Bの2行の0，2行の1に対して0，1を記入する。

入力Cは否定(NOT)回路につながっており，さらにその出力は論理和(OR)回路につながっている。
よって，入力Cが0のときはすべて，出力Xが1になる。

12 〈論理回路〉 集合についてなり立つ「ド・モルガンの法則」がある。それを以下に示す(①，②)。なお，集合をAとB，記号を和集合∪，共通部分(積集合)∩，補集合 ‾ とする。

$$\overline{A\cup B}=\overline{A}\cap\overline{B} \quad ①$$
$$\overline{A\cap B}=\overline{A}\cup\overline{B} \quad ②$$

この関係は，集合A，Bを「入力」，共通部分(積集合)を「論理積」，和集合を「論理和」，補集合を「否定」とすると，論理回路にもなり立つ法則である。そこで，次の問いに答えよ。ただし，解答には次の論理回路を用いること。

〈論理積〉　　　〈論理和〉　　　〈否定〉

(1) 次に示した論理回路は，①の右辺を論理回路で示したものである。①の左辺の回路を答えよ。

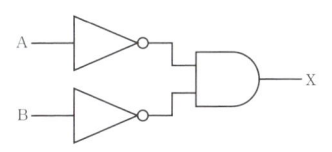

(2) 次に示した論理回路は，②の左辺を論理回路で示したものである。②の右辺の回路を答えよ。

問題文 Check

❶ A∪B は，「A または B」全体の補集合を示す。
❷ $\overline{A}\cap\overline{B}$ は，A の補集合と B の補集合の共通部分(積集合)を示す。

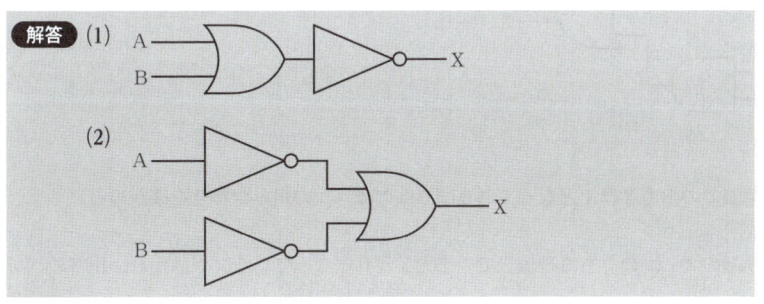

解答 (1), (2) [論理回路図]

ベストフィット

集合の記号である ∩，∪，‾ と論理回路の対応をよく比べてみよう。

解説 (1) 求める①の左辺「$\overline{A\cup B}$」は，入力A，Bの論理和「A∪B」の否定である。

よって，論理回路 [OR回路] に論理回路 [NOT回路] を接続する。

(2) 求める②の右辺「$\overline{A}\cup\overline{B}$」は，各入力A，Bの否定「$\overline{A}$」，「$\overline{B}$」の論理和である。

よって，論理回路 [NOT回路] に論理回路 [OR回路] を接続する。

13 〈真理値表〉 次に示す論理回路の真理値表として最も適当なものを下の㋐~㋓から一つ選べ。

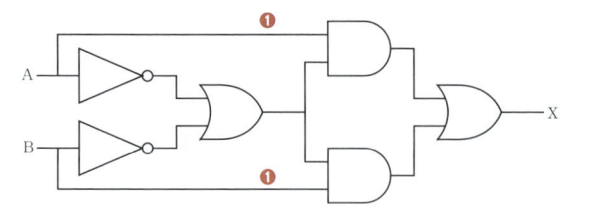

問題文 Check
❶入力 A, B は, それぞれ分岐してそれぞれの論理積 (AND) 回路に接続している。

㋐
入力		出力
A	B	X
0	0	0
0	1	1
1	0	0
1	1	1

㋑
入力		出力
A	B	X
0	0	1
0	1	0
1	0	0
1	1	1

㋒
入力		出力
A	B	X
0	0	0
0	1	1
1	0	1
1	1	0

㋓
入力		出力
A	B	X
0	0	1
0	1	1
1	0	0
1	1	0

ベストフィット
この論理回路は, 上下で線対称になっている。よって A=0, B=1 と A=1, B=0 の結果 (出力) は同じになるので, ㋑と㋒が適当なものの候補にあげられる。
このように, この問題特有の別の視点でもアプローチすることができる。

解答 ㋒

解説 入力 A, B のすべての組み合わせを順番に確かめ, 出力 X の違うものを除いていけばよい。

① A=0, B=0 のとき
出力 X は 0 となるので, 真理値表で出力 X が 1 となっている㋑と㋓が除かれる。

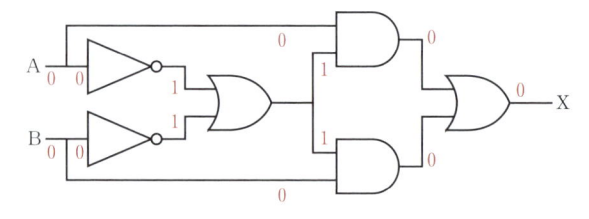

② A=0, B=1 のとき
残りの候補の㋐, ㋒ともに真理値表での出力 X は 1 となっており同じなので, 次の組み合わせを確かめる。

③ A=1, B=0 のとき
出力 X は 1 となるので, 残りの候補の㋐, ㋒のうち真理値表での出力 X が 0 となっている㋐が除かれ, 正答の㋒が求められる。

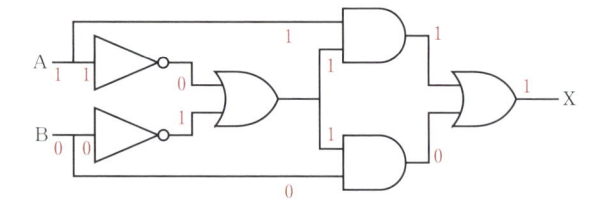

14 〈論理回路〉 次に示す論理回路と同じ出力が得られる論理回路を下の(ア)〜(オ)から一つ選べ。

問題文 Check
❶ 入力Aは，分岐して否定(NOT)回路と論理和(OR)回路に接続している。

ベストフィット
この論理回路の最後には，論理積(AND)回路がある。論理積回路では，二つの入力がともに1のときのみ，出力が1になる。よって，そうなるのはA＝0，B＝1のときである。この条件(A＝0，B＝1，X＝1)に合うのは(イ)，(エ)に絞られる。
このように，この問題特有の別の視点でもアプローチすることができる。

解答 (エ)

解説 はじめに，問題に示された論理回路の真理値表を作成する。

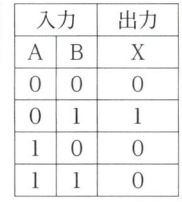

入力		出力
A	B	X
0	0	0
0	1	1
1	0	0
1	1	0

次に，(ア)〜(オ)の論理回路の真理値表を作成して比較してもよいが，効率的に入力A，Bのすべての組み合わせを順番に確かめ，出力Xの違うものを除いていく。

① A＝0，B＝0のとき
問題に示された論理回路の出力Xは0なので，出力Xが1となる論理回路(ア)，(オ)は除かれる。

② A＝0，B＝1のとき
問題に示された論理回路の出力Xは1なので，残りの論理回路(イ)，(ウ)，(エ)のうち，出力Xが0となる論理回路(ウ)は除かれる。

③ A＝1，B＝0のとき
問題に示された論理回路の出力Xは0であるが，残った論理回路(イ)，(エ)のうち，出力Xが1となるものはないので除かれるものはない。

④ A＝1，B＝1のとき
問題に示された論理回路の出力Xは0なので，出力Xが1となる論理回路(イ)は除かれ，出力Xが0となる論理回路(エ)が正答となる。

07. 論理演算　43

▶08 メディアのデジタル化

15 〈音のデジタル化〉 音のデジタル化に関する次の(ア)～(オ)の記述のうち,適当なものをすべて選べ。
- (ア) 標本化周期が小さいほど,元のアナログ波形に近くなる。
- (イ) 標本化周期が小さいほど,データ量は小さくなる。
- (ウ) 標本化周波数は,標本化周期の逆数になっている。
- (エ) 量子化ビット数が多いほど,元のアナログ波形に近くなる。
- (オ) 元のアナログ波形の最大周波数が 50 Hz の場合,100 Hz より大きい標本化周波数でデジタル化すればよい。

> **問題文 Check**
> ❶ 標本化する時間間隔である。
> ❷ 1秒間に標本化する回数である。
>
> **ベストフィット**
> 「音(の波)」にも「標本化」にも周波数,周期がある。
> ・周波数:1秒間に含まれる○○の回数
> ・周期:1個分の○○の時間

解答 (ア),(ウ),(エ),(オ)

解説 1秒間に標本化する回数を標本化周波数といい,1回の標本化に必要な時間を標本化周期という。周波数と周期は逆数の関係にあり,音の周波数と周期も同様に逆数の関係にある。この問題では,音の周波数・周期と標本化周波数・標本化周期を混同しやすいので注意が必要である。
- (ア) 正しい。標本化周期がより小さくなると,1秒間での標本化の回数つまり標本化周波数が大きくなる。そうなることで,より細かくデジタル化されるので,元のアナログ波形に近付いていく。
- (イ) 誤り。標本化周期がより小さくなると,1秒間での標本化の回数つまり標本化周波数が大きくなる。そうなることで,より細かくデジタル化されるので,データ量は大きくなっていく。
- (エ) 正しい。量子化ビット数が多いほど,より細かくデジタル化されるので元のアナログ波形に近付いていく。
- (オ) 正しい。元のアナログ波形に含まれる最も高い周波数の2倍を超える標本化周波数なら,デジタル化された後のデータから,元のアナログ信号の波形を正確に再現できる。これを標本化定理という。

> **review ◆ 標本化定理**
> 元のアナログ波形に含まれる最も高い「周波数の2倍を超える標本化周波数」ということは,「周期の $\frac{1}{2}$ より小さい標本化周期」といい換えることができる。右の図では,赤矢印で示した周期の中で標本化は1回(赤点の標本点が一つ)であり,正確なデジタル化ができない(赤線)。このとき現れる,元のアナログ波形には存在しない偽の波形をエイリアスと呼ぶ。

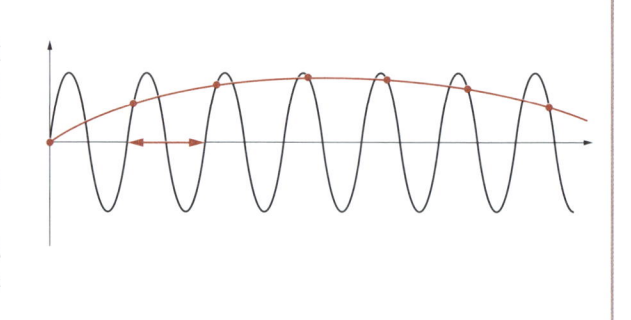

16 〈画像のデジタル化〉 カラー画像を構成する画素の赤,緑,青それぞれの明るさを表現するために,2ビットずつ割り当てたとき,次の問いに答えよ。
(1) 画素の明るさの段階は何階調になるか。 (2) 全部で何色の色を表現できるか。

> **問題文 Check**
> ❶ 階調は明るさの濃淡変化の段階数である。
>
> **ベストフィット**
> n ビットで表現される明るさの段階は,2^n 階調である。

解答 (1) 4階調 (2) 64色

解説
(1) 明るさを表現するために2ビットを割り当てたのだから,明るさの段階は 2^2 となる。
よって,$2^2=4$ 4階調である。
(2) 画素の各色が4階調なので,その組み合わせで表現できる色数は $2^2 \times 2^2 \times 2^2$ となる。
よって,$2^2 \times 2^2 \times 2^2 = 64$ 64色である。

17 〈情報のデータ量・圧縮〉 次の問いに答えよ。
(1) 解像度 512×256 の 24 ビットフルカラー画像を 1 フレームとした 28 fps の 20 秒間の動画のデータ量は何 MB か求めよ。
(2) (1)の動画を，ある圧縮方法で 42 MB の圧縮動画ファイルへ変換した。この変換での圧縮率は何 % か。ただし圧縮率は，圧縮後のデータ量の元のデータ量に対する割合で求めよ。

問題文 Check
❶圧縮率＝（圧縮後のデータ量÷圧縮前のデータ量）×100 [%]

ベストフィット
情報量の接頭辞は，K→M→G→T の順に 1024 倍ずつ大きくなる。

解答 (1) 210 MB (2) 20 %

解説
(1) 動画のデータ量は，「静止画のデータ量×フレームレート×時間」であり，静止画のデータ量は，「1 画素のデータ量×画素数」である。
よって動画のデータ量は，「1 画素のデータ量×画素数×フレームレート×時間」で求めることができる。
なお計算の際は，むやみに頭から計算するのではなく，8 や 1024 を作るように考えていくと，楽に計算できる。

$24 \times 512 \times 256 \times 28 \times 20$ [bit] $= 3 \times 8 \times 512 \times 256 \times 28 \times 20$ [bit]

　　8 を作って単位を B にする。

$\qquad = 3 \times 512 \times 256 \times 28 \times 20$ [B]
$\qquad = 3 \times 512 \times 256 \times 4 \times 7 \times 2 \times 10$ [B]

　　1024 になるように組み合わせる。

$\qquad = 3 \times 1024 \times 1024 \times 7 \times 10$ [B]
$\qquad = 3 \times 7 \times 10$ [MB]
$\qquad = 210$ MB

(2) 圧縮率＝（圧縮後のデータ量÷圧縮前のデータ量）×100 [%] より
$\qquad =(42 \div 210) \times 100 = 20$ %

---

18 〈画像のデジタル化〉 消灯したことも含め，明るさを 3 段階（消灯・半灯・全灯）に調整することができる懐中電灯が 3 本ある。いまそれぞれの懐中電灯に，赤，緑，青のフィルムを取り付け，3 色の光を発するようにした。次の問いに答えよ。
(1) これらの光を組み合わせて混合すると，さまざまな色を作ることができる。作ることができる最大の色数はいくつか答えよ。
(2) 実験をしていると，3 本のうち 1 本の懐中電灯が故障してしまい，半灯の明るさで光ることができなくなった。このとき，混合して作ることができる最大の色数はいくつか答えよ。
(3) さらに実験を重ねていると，故障した 1 本の懐中電灯がまったく光ることができなくなってしまった。残りの 2 本で実験をしていると，混合して作れた色の一つにマゼンタがあった。このことから，故障した懐中電灯は，何色の懐中電灯であることがわかるか答えよ。

問題文 Check
❶マゼンタは，何色と何色を混色すると作ることができるかを考えれば，故障した懐中電灯はそれら以外の色になる。

ベストフィット
例題 11「色相環で混色を考えよ」を参照すること。

解答 (1) 27 色 (2) 18 色 (3) 緑色

解説
(1) 赤，緑，青の各色の明るさは 3 段階であるから，それらを組み合わせて作ることのできる色数は，$3 \times 3 \times 3 = 27$ 色である。
(2) 半灯の明るさで光ることができなくなった懐中電灯のみ 2 段階の明るさ表現になるので，組み合わせて作ることのできる色数は，$3 \times 3 \times 2 = 18$ 色である。
(3) マゼンタは赤と青の光の混合で作ることができるので，故障したのは緑色だとわかる。

19 〈音の情報量〉 標本化周波数 96 kHz, 量子化ビット数 24 ビット, ステレオで記録されている 60 分間の音声データが複数あり, これらをメモリーカードへコピーする。このとき, 32 GB のメモリーカードにコピーできる音声データの最大数は何個か答えよ。ただし, これらの音声データは非圧縮とする。

> **問題文 Check**
> はじめに, 音声データの一つ分の情報量を計算する。
>
> **ベストフィット**
> 量子化ビット数は, 1 回の標本化による情報量である。

解答 16 個

解説 音の情報量は,
「量子化ビット数[bit]×標本化周波数[Hz]×時間[s]×チャンネル数」で求められる。
よって, このデータの一つ分は,
$24 \times 96000 \times 60 \times 60 \times 2 [bit] = 8 \times 3 \times 96000 \times 60 \times 60 \times 2 [bit]$
$= 3 \times 96000 \times 60 \times 60 \times 2 [B]$
$= 3 \times 375 \times 2^8 \times 15 \times 2^2 \times 60 \times 2 [B]$
$= 3 \times 375 \times 15 \times 60 \times 2 [KB]$
$= 2025000 [KB]$
$= 2025000 \div (1024 \times 1024) [GB]$
$= 1.93\cdots [GB]$
である。
よって 32 GB のメモリーカードには, $32 \div 1.93 = 16.58\cdots$ より,
最大 16 個の音声データをコピーできることがわかる。

---

20 〈画素・階調〉 ディスプレイの画素を構成する赤(R), 緑(G), 青(B)の明るさの段階値(最大値または最小値を除く)をすべて同じにすると, 画素で表現される色はさまざまな明るさの灰色(グレー)になる。このことに関して, 次の問いに答えよ。
(1) 明るさの段階値がすべて最大値またはすべて最小値のときは, 灰色にはならない。それぞれ何色になるか答えよ。
(2) 明るさの段階値が 4 ビットで表現されているとすると, 灰色は何通りになるか答えよ。
(3) 134 通りの灰色を表現するためには, 明るさの段階値は最低でも何ビットで表現すればよいか答えよ。

> **問題文 Check**
> RGB の明るさの段階値をすべて同じにしているので, 色数を求めるには, その段階値から求める。
>
> **ベストフィット**
> RGB の明るさの段階値をすべて同じにして組み合わせると, 最大値では白色, 最小値では黒色, それ以外で灰色となる。

解答 (1) 白色, 黒色 (2) 14 通り (3) 8 ビット

解説 (1) 明るさの段階値がすべて最大値のときは白色になる。また, すべて最小値のときは黒色になる。
(2) 色の段階値が 4 ビットで表現されているので, $2^4 = 16$ 色が表現される。このうち, 白色と黒色の 2 色を除いた 14 色が灰色の色数である。
(3) $2^n - 2 \geq 134$ となる最小の n を求めると,
$2^n - 2 \geq 134$
$2^n \geq 134 + 2$
$2^n \geq 136$ より, $n = 8$ が最小の n である。

21 〈情報量〉 次の(ア)～(エ)を情報量の大きい順に並べ替えよ。

UP
(ア) 24 ビットフルカラー画像で解像度が 4096×2160 の画像
(イ) 量子化ビット数 24 bit, 標本化周波数 192 kHz の 30 秒間のステレオ音声
(ウ) 階調が 8 ビットのモノクロ画像を 1 フレームとした解像度 320×240, フレームレート 16 fps の 30 秒間の動画
(エ) 量子化ビット数 16 bit, 標本化周波数 44.1 kHz の 8 分間のモノラル音声

> **問題文 Check**
> まず，それぞれの情報量を求める式を書き出す。
>
> **ベストフィット**
> すべての情報量を最後まで計算しなくても，比の形にして少しずつ簡単にしていくことで，大小の比較をすることができる。

解答 (エ)，(ウ)，(イ)，(ア)

解説 それぞれ，情報量を求める式を書く。
(ア) $24 \times 4096 \times 2160$ [bit]
(イ) $24 \times 192000 \times 30 \times 2$ [bit]
(ウ) $8 \times 320 \times 240 \times 16 \times 30$ [bit]
(エ) $16 \times 44100 \times 8 \times 60 \times 1$ [bit]

次に，四つの比を少しずつ簡単にしていく。

(ア):(イ):(ウ):(エ)
$= 24 \times 4096 \times 2160 : 24 \times 192000 \times 30 \times 2 : 8 \times 320 \times 240 \times 16 \times 30 : 16 \times 44100 \times 8 \times 60 \times 1$ ← 24 で割る
$= 4096 \times 2160 : 192000 \times 30 \times 2 : 320 \times 240 \times 16 \times 10 : 16 \times 44100 \times 20$ ← 16 で割る
$= 256 \times 2160 : 12000 \times 30 \times 2 : 320 \times 240 \times 10 : 44100 \times 20$ ← 10 で割る
$= 256 \times 216 : 12000 \times 3 \times 2 : 320 \times 240 : 44100 \times 2$ ← 2 で割る
$= 128 \times 216 : 12000 \times 3 : 320 \times 120 : 44100$ ← 2 で割る
$= 128 \times 108 : 6000 \times 3 : 320 \times 60 : 22050$ ← 2 で割る
$= 128 \times 54 : 3000 \times 3 : 320 \times 30 : 11025$ ← 3 で割る
$= 128 \times 18 : 3000 : 320 \times 10 : 3675$
$= 2304 : 3000 : 3200 : 3675$

なお，それぞれの情報量を計算してみると次のようになる。

(ア) $24 \times 4096 \times 2160$ [bit]
  $= 3 \times 4096 \times 2160$ [B]
  $= 3 \times 4 \times 2160$ [KB]
  $= 25920$ [KB]
  $\fallingdotseq 25.3$ [MB]

(イ) $24 \times 192000 \times 30 \times 2$ [bit]
  $= 3 \times 192000 \times 30 \times 2$ [B]
  $= 3 \times 187.5 \times 30 \times 2$ [KB]
  $= 33750$ [KB]
  $\fallingdotseq 33.0$ [MB]

(ウ) $8 \times 320 \times 240 \times 16 \times 30$ [bit]
  $= 320 \times 240 \times 16 \times 30$ [B]
  $= 10 \times 240 \times 15$ [KB]
  $= 36000$ [KB]
  $\fallingdotseq 35.2$ [MB]

(エ) $16 \times 44100 \times 8 \times 60 \times 1$ [bit]
  $= 16 \times 44100 \times 60 \times 1$ [B]
  $= 42336000$ [B]
  $= 41343.75$ [KB]
  $\fallingdotseq 40.4$ [MB]

p.44 ▶09 コンピュータの構成と動作

22 〈コンピュータの構成〉 コンピュータの構成を表す左下の図の①~③に入れるべき適当な語句の組み合わせを右下の表の(ア)~(エ)のうちから一つ選べ。

	①	②	③
(ア)	制御装置	主記憶装置	演算装置
(イ)	主記憶装置	演算装置	制御装置
(ウ)	制御装置	演算装置	主記憶装置
(エ)	演算装置	制御装置	主記憶装置

問題文 Check
❶制御は，①から残りのすべての装置へ向かっている。
❷補助記憶装置は，③とのみデータをやり取りしている。

ベストフィット
制御装置は，ほかの装置へ命令を送っている。

解答 (ウ)

解説 まず，制御装置を特定する。制御命令は制御装置からのみ送られており，制御の流れの源である①が制御装置であると特定できる。また，補助記憶装置とデータのやり取りをするのは主記憶装置のみである。そこで③が主記憶装置であると特定できる。

---

23 〈ソフトウェア〉 次の(1)~(5)の記述のうち，アプリケーションソフトウェアの説明として適当なものには○を，適当でないものには×を記せ。
(1) コンピュータの基本的な管理・制御を行うソフトウェアである。
(2) 特定の作業を行うために使用されるソフトウェアである。
(3) 基本ソフトウェアとも呼ばれる。
(4) オペレーティングシステムとも呼ばれる。
(5) 表計算やプレゼンテーションソフトウェアなどが含まれる。

問題文 Check
❶「アプリケーション」という言葉には，元来は「適用」や「応用」といった意味が備わっている。

ベストフィット
アプリケーションソフトウェアは，応用的・特定的な作業用のソフトウェアである。

解答 (1) ×　(2) ○　(3) ×　(4) ×　(5) ○

解説 コンピュータの基本的な管理・制御は，基本ソフトウェア(OS)が担う。

---

24 〈インタフェース〉 次の(1)~(4)が説明するインタフェースは何か答えよ。
(1) IEEE で最初に規格統一された無線 LAN 規格である。
(2) 映像や音声などを1本のケーブルにまとめてデジタル信号で送れる通信規格である。
(3) パソコンの周辺機器で，最も普及した汎用インタフェース規格である。
(4) 家庭や企業などで使われる有線ネットワークの主流な規格である。

問題文 Check
❶USB では，転送速度により規格が細分化され，コネクタの形状も数種類に分かれる。

ベストフィット
インタフェース名が何の略称かを理解するとわかりやすい。

解答 (1) IEEE 802.11　(2) HDMI　(3) USB　(4) イーサネット

解説 IEEE は Institute of Electrical and Electronics Engineers(米国電気電子学会)の略称，HDMI は High-Definition Multimedia Interface(高精細度マルチメディアインタフェース)の略称，USB は Universal Serial Bus(ユニバーサルシリアルバス)の略称である。

25 〈コンピュータの動作〉 コンピュータを構成する(1)~(5)の装置の動作内容として最も適当なものを下の(ア)~(オ)から一つずつ選べ。
(1) プログラムカウンタ　(2) 命令レジスタ　(3) 命令解読器
(4) データレジスタ　(5) 演算装置
(ア) データを一時的に保存する。
(イ) 命令を解読して各部を制御する。
(ウ) 主記憶装置のどの番地の命令を取り出すかを指定する。
(エ) 加算などの算術演算やそのほかの演算を行う。
(オ) 主記憶装置から取り出した命令を一時的に保存する。

問題文 Check
❶ レジスタとは，CPU内部にある，演算や実行状態の保持に用いる記憶素子である。

ベストフィット
プログラムカウンタもレジスタの一種である。

解答 (1) (ウ)　(2) (オ)　(3) (イ)　(4) (ア)　(5) (エ)

解説 命令解読器と演算装置の働きは，名称から推測することができる。残りの装置はレジスタであるが，○○レジスタの名称から「○○を記憶(一時保存)する」と考えれば働きがわかる。
(1) プログラムカウンタは，主記憶装置へ転送されている命令のうち，次に実行する番地(アドレス)を記憶している。
(2) 命令レジスタは，「命令」を一時的に保存している。
(4) データレジスタは，「データ」を一時的に保存している。

review ◆ レジスタ

レジスタには次のような種類がある。
○命令レジスタ………………取り出した命令を一時的に記憶しておく。
○プログラムカウンタ………次に実行すべき命令が格納されているメモリ上の番地を記憶しておく。
○ベースレジスタ……………プログラムをメモリ上に読み込んだときの先頭の番地を記憶しておく。
○インデックスレジスタ……連続データの取り出しに使うため，先頭からの相対位置を記憶している。
○アキュムレータ……………演算結果を一時的に記憶しておく。
○汎用レジスタ………………役割を限定しておらず，状況に応じてさまざまな用途に用いることができる。

---

26 〈コンピュータの構成〉 次の(1)~(4)の記述は，コンピュータの構成とそれらによってコンピュータの基本機能が実現される過程を説明したものである。空欄に入る適当な語句を下の(ア)~(カ)からそれぞれ選べ。ただし，用語は複数回選択することがある。
(1) データおよび処理命令が主記憶装置に記憶されている。
(2) (①)の指示で，主記憶装置に記憶されたデータおよび処理命令は，(②)に転送される。
(3) (③)では，処理命令に従ってデータを処理し，(④)の指示でその演算結果を転送させて(⑤)に記憶させる。
(4) (⑥)に記憶された演算結果は，(⑦)の指示で(⑧)に転送されて出力される。
(ア) 演算装置　(イ) 制御装置　(ウ) 主記憶装置　(エ) 入力装置
(オ) 補助記憶装置　(カ) 出力装置

問題文 Check
❶「指示」(命令)は，制御装置のみから出される。

ベストフィット
データは，必ず主記憶装置を経由して流れている。

解答 ① (イ)　② (ア)　③ (ア)　④ (イ)　⑤ (ウ)
⑥ (ウ)　⑦ (イ)　⑧ (カ)

解説
(2) 制御装置の指示で，データおよび処理命令は主記憶装置から演算装置へ転送される。
(3) 演算装置は，処理命令に従ってデータ処理をし，転送命令に従って演算結果を主記憶装置へ転送する。
(4) 制御装置からの転送命令に従い，主記憶装置から出力装置へ演算結果が転送され，出力装置によって演算結果が出力される。

27 〈コンピュータの動作〉 ある仮想コンピュータについて，次の問いに答えよ。なお，主記憶装置には右の図のような命令が1～5番地に，データが10～11番地にそれぞれ保存されているものとする。

	仮想コンピュータの命令			番地
READ	メモリからレジスタに読み出し	READ A,(10)		1
WRITE	レジスタからメモリに書き込み	READ B,(11)		2
ADD	レジスタ間の和	ADD A,B		3
STOP	プログラムの停止	WRITE (12),A		4
		STOP		5
		3		10
		5		11
				12

(1) プログラムカウンタが「2」のとき，命令レジスタに取り出される命令は何か答えよ。
(2) プログラムカウンタが「3」のとき，命令が実行されるとデータレジスタAの内容は実行前と実行後ではどのように変化するか答えよ。
(3) プログラムが実行された結果，12番地に保存されるデータは何か答えよ。
(4) このプログラムは，何を計算したものか答えよ。
(5) 3番地に保存されている命令を「ADD B,A」と書き換えると，プログラムを実行した結果は変わってしまう。書き換え前と同じ結果を得るためには，何番地の命令をどのように書き換えればよいか答えよ。ただし，3番地の命令は元に戻してはいけない。

▶ **問題文 Check**
❶命令 ADD A,B は，レジスタAのデータとレジスタBのデータを加算し，レジスタAへ書き込む命令である。

▶ **ベストフィット**
ADDの命令は，加算とレジスタへの書き込みの二つのことを実施する。

解答 (1) READ B,(11) (2) 3から8へ変化する (3) 8
(4) 3と5の加算を計算したもの
(5) 4番地の命令を WRITE (12),B に書き換える。

解説 (1) プログラムカウンタが「2」であるから，保存されている2番地の命令が取り出される。
(2) プログラムカウンタが「3」のとき，実行前には1番地の READ A,(10) の命令により，10番地から読み込まれた「3」がレジスタAに保存されている。また，2番地の READ B,(11) の命令により，11番地から読み込まれた「5」がレジスタBに保存されている。実行後には命令が ADD A,B であるから，レジスタAとBを加算し，レジスタAのデータは「8」となる。
(3) プログラムが実行されると，レジスタAのデータ「8」が12番地に保存される。
(5) 3番地に保存されている命令を「ADD B,A」と書き換えると，レジスタAのデータとレジスタBのデータを加算し，レジスタBへ書き込むことになる。その結果，レジスタAには「3」，レジスタBには「8」が保存されており，WRITE (12),A の命令で12番地に書き込まれるデータは，「3」となる。

review ◆ 命令実行

CPUは，プログラムカウンタの指し示すメモリの番地から命令を読み取り(fetch)，意味を解析し(decode)，実行(execute)，結果を書き込む(store)。また，読み取りが終わったときにプログラムカウンタを一つ進める。
この「読み取り(fetch)→解析(decode)→実行(execute)→書き込み(store)」のサイクルを命令サイクルといい，CPUは一つの命令実行で必ず命令サイクルをひと通り行っている。
しかし，命令サイクルの順番をまじめに守る必要はなく，ある命令の実行(execute)をしている間に，次の命令の読み取り(fetch)を行うというように効率よく進めることも可能であり，このような方式はパイプライン方式などさまざまな方式がある。

p.48 ▶10 コンピュータの性能

28 〈コンピュータの処理速度〉次の(1)～(5)の記述のうち，適当なものには○を，適当でないものには×を記せ。
(1) CPUと主記憶装置間の情報のやり取りの速さは，コンピュータの性能に大きく関係している。
(2) CPUの速さは，コンピュータの性能にある程度関係している。
(3) 同一種類のCPUならば，クロック周波数が大きいほど処理能力が速い。
(4) 古いCPUでもクロック周波数が大きければ，処理能力が速い。
(5) クロック周期は，コンピュータの性能には関係していない。

問題文 Check
❶CPUと主記憶装置間の情報のやり取りの速さやCPUの速さ，クロック周波数などは，コンピュータの性能に大きく関係する。

ベストフィット
クロック周波数やクロック数，クロック信号など，用語が混同しやすいので注意する。

解答 (1) ○ (2) × (3) ○ (4) × (5) ×

解説
(1) 正しい。CPUと主記憶装置間の情報のやり取りが速いほど処理にかかる時間が短くなり，コンピュータの処理速度が速くなる。
(2) 誤り。CPUの速さは，コンピュータの性能に大きく関係している。
(3) 正しい。クロック周波数が大きいということは，1秒間に発信されるクロック信号の数が多いということである。
(4) 誤り。一般的に新しいCPUは，古いCPUより処理能力が速く，古いCPUでクロック周波数が大きくても必ずしも処理能力が上がらない。
(5) 誤り。クロック周期は，クロック信号1回分にかかる時間の長さであり，短ければ短いほど処理能力が高い。

review ◆ クロック周波数
クロック周波数が大きいほど，コンピュータの処理能力が高くなる。しかし，CPUの発熱が問題となり，2008年以降は別のアプローチで性能を上げられるようになった。
①シングルコアからマルチコアへの移行　②プロセスルールの大幅な縮小化
③命令セットや拡張機能の進歩　　　　　④内蔵キャッシュメモリの大容量化

---

29 〈CPUの処理能力〉次の問いに答えよ。なお，解答は有効数字2桁で表せ。
(1) クロック周波数が2.8 GHzのCPUは，4クロックで処理される命令を1秒間に何回実行できるか。
(2) クロック周波数が2.5 GHzのCPUのクロック周期は何ns(ナノ秒)か。
(3) クロック周波数4 GHzのCPUにおいて，ある命令が5クロックで実行できるとき，この命令の実行に必要な時間は何ns(ナノ秒)か。
(4) クロック周期が4 nsのCPUのクロック周波数は何GHzか。

問題文 Check
❶周波数の1 GHzは1×10^9 Hzである。
❷周期の4 nsは4×10^{-9} sである。

ベストフィット
クロック周波数とクロック周期は，逆数の関係にある。

解答 (1) 7.0億回(7.0×10^8回)　(2) 0.40 ns
(3) 1.3 ns　(4) 0.25 GHz

解説
(1) クロック周波数が2.8 GHz=2.8×10^9 Hzなので，4クロックで処理される命令は，
$2.8\times10^9\div4=0.7\times10^9$回=$7.0\times10^8$回
(2) クロック周波数とクロック周期は，逆数の関係にあるので，
$1\div2.5\times10^9$ Hz=0.4×10^{-9} s=0.40 ns
(3) 求める時間は，クロック1回分の時間つまりクロック周期がわかれば計算できる。
クロック周波数とクロック周期は，逆数の関係にあるので，
クロック周期は，$1\div4\times10^9$ Hz=0.25×10^{-9} s
よって求める時間は，0.25×10^{-9} s$\times5=1.25\times10^{-9}$ s=1.25 ns≒1.3 ns
(4) 4 ns=4×10^{-9} s　$1\div4\times10^{-9}$ s=0.25×10^9 Hz=0.25 GHz

30 〈コンピュータによる演算誤差〉 次の(ア)〜(エ)の記述のうち、桁落ちの説明として最も適当なものを一つ選べ。

(ア) 値がほぼ等しい二つの浮動小数点数の引き算を行ったとき、有効桁数が大幅に減ってしまうことで発生する。

(イ) 計算した結果の桁数が、扱えるビット数の最大値を超えることによって生じる誤差のことである。

(ウ) 計算した結果、最小の桁より小さい部分の四捨五入、切り上げまたは切り捨てを行うことによって生じる誤差のことである。

(エ) 絶対値の大きな値と絶対値の小さな値の加算において、小さな値の桁情報が結果に反映されないことである。

> **問題文 Check**
> ❶数値を一定の規則(四捨五入や切り捨て、切り上げなど)に従って近似値で表現することを「丸め」という。

> **ベストフィット**
> 有効桁数が減る＝桁が落ちる

解答 (ア)

解説 桁落ちは、絶対値のほぼ等しい二つの数の引き算を行ったとき、有効桁数が減少するために発生する。
(イ) 誤り。桁あふれ誤差のオーバーフローの説明である。
(ウ) 誤り。丸め誤差の説明である。
(エ) 誤り。情報落ちの説明である。

31 〈CPUの処理能力〉 あるプログラムは、命令A〜Dを下に示す順に実行する。各命令の実行に必要なクロック数が下の表の通りであるとすると、クロック周波数1 GHzのCPUで、この命令列を実行するのに必要な時間は何 ns(ナノ秒)か答えよ。

命令の実行順　A→B→C→A→C→D

命令	クロック数
A	2
B	6
C	1
D	8

> **問題文 Check**
> ❶周期と周波数は逆数の関係にある。

> **ベストフィット**
> 接頭辞Gは10^9、nは10^{-9}である。
> よって、逆数の関係にある次の二つの数は、次のように変換できる。
> クロック周波数　T GHz
> ↕
> クロック周期　1/T ns

解答 20 ns

解説 クロック信号1回分にかかる時間の長さ(クロック周期)を求め、その時間にプログラム全体に必要なクロック数を掛ければ求める時間を計算できる。
クロック周期は、クロック周波数の逆数であるから、

(クロック周期)＝1÷1 GHz
　　　　　　＝1÷($1×10^9$) Hz
　　　　　　＝$1×10^{-9}$s＝1 ns

このプログラム全体で必要なクロック数は、
2＋6＋1＋2＋1＋8＝20　である。
よって必要な時間は、
1×20＝20 ns　である。

---

review ◆ 接頭辞

速度など10^3ごとに変化させる場合の接頭辞は、次のようになる。

＜大きな量の接頭辞＞

記号	読み方	倍数
k	キロ	10^3
M	メガ	10^6
G	ギガ	10^9
T	テラ	10^{12}

【覚え方】
「ケロッと目がテン」
　k　　M G T

＜小さな量の接頭辞＞

記号	読み方	倍数
m	ミリ	10^{-3}
μ	マイクロ	10^{-6}
n	ナノ	10^{-9}
p	ピコ	10^{-12}

【覚え方】
「ミリ眼(まなこ)」
　m　μ n p

32 〈CPUの処理能力〉 クロック周波数が 1.4 GHz の CPU がある。この CPU の命令種が，下の表に示す二つから構成されているとき，1秒間に実行可能な命令数は何回か答えよ。

命令種	クロック数	実行頻度(%)
命令A	5	60
命令B	10	40

問題文 Check
命令AとBの実行頻度から，命令の平均クロック数を計算する。

ベストフィット
10^8 は「億」である。
なお，漢数字では以下の数詞で大きな数を示す。
「万」(まん)…10^4
「億」(おく)…10^8
「兆」(ちょう)…10^{12}
「京」(けい)…10^{16}

解答 2億回(2×10^8 回)

解説 命令種の実行頻度から平均のクロック数を計算し，1秒間に発信されるクロック信号の回数（クロック周波数）を割れば求める回数を得られる。
平均のクロック数は，
$(5 \times 60 + 10 \times 40) \div 100 = 7$
よって1秒間に実行可能な命令数は，
$1.4 \text{ GHz} \div 7 = 1.4 \times 10^9 \text{ Hz} \div 7$
$= 0.2 \times 10^9 = 2 \times 10^8$ である。

---

33 〈コンピュータによる演算誤差〉 次の(ア)〜(エ)の計算式のうち，仮数部が 10 ビットである浮動小数点数によりコンピュータで計算した場合，情報落ちが発生するものを一つ選べ。

(ア) $10.101_{(2)} \times 2^{-11} - 1.001_{(2)} \times 2^{-10}$　(イ) $10.101_{(2)} \times 2^{10} - 1.001_{(2)} \times 2^{10}$
(ウ) $1.01_{(2)} \times 2^{10} + 1.01_{(2)} \times 2^{-5}$　(エ) $1.001_{(2)} \times 2^{10} - 1.1111_{(2)} \times 2^{11}$

問題文 Check
計算される二つの数の大きさを比較する。

ベストフィット
加算，減算にかかわらず，二つの数の大きさで判断する。

解答 (ウ)

解説 情報落ちは，絶対値の大きな値と絶対値の小さな値の足し算や引き算を行ったとき，小さな値の桁情報が無視されてしまい，計算結果に反映されないことで発生する。
(ア)，(イ)，(エ)は，計算される二つの数に大きな桁の差がないので，情報落ちは発生しない。
なお，判断の方法は，二つの数の指数に注目する。(ア)は -11 と -10，(イ)は 10 と 10，(エ)は 10 と 11 のように大きな差はないが，(ウ)は 10 と -5 のように差が大きい。

---

34 〈コンピュータによる演算誤差〉 次の(ア)〜(エ)のうち，浮動小数点形式で表現される数値の演算において，桁落ちが発生するものを一つ選べ。

(ア) 絶対値の大きな数と絶対値の小さな数の加算
(イ) 絶対値の大きな数と絶対値の小さな数の減算
(ウ) 絶対値がほぼ等しく，同符号である数値の加算
(エ) 絶対値がほぼ等しく，同符号である数値の減算

問題文 Check
計算される二つの数の絶対値の大きさと計算（加算か減算か）を確認する。

ベストフィット
ほぼ等しい二つの数の減算が桁落ちの条件である。

解答 (エ)

解説 桁落ちは，ほぼ等しい二つの数の引き算を行ったとき，有効桁数が減少するために発生する。
なお判断の方法は，二つの数の指数と符号に注目するとよい。
例：$1.010_{(2)} \times 2^{-5}$ と $1.011_{(2)} \times 2^{-5}$ …絶対値がほぼ等しく，同符号である→減算なら桁落ちが発生
　　$1.010_{(2)} \times 2^{-10}$ と $-1.011_{(2)} \times 2^{-10}$ …絶対値がほぼ等しく，異符号である→加算なら桁落ちが発生
　　$1.010_{(2)} \times 2^{-5}$ と $1.011_{(2)} \times 10^{-10}$ …絶対値がほぼ等しくはない→加算でも減算でも桁落ちが発生しない

第4章 ネットワーク

p.52 ▶11 インターネットの仕組み

1 〈名前解決〉 次のURLにおいて，DNSサーバによりIPアドレスと1対1で変換されるのは，①〜③のいずれの部分か選べ。

https://www.example.co.jp/index.html
　　　①　　　②　　　　　③

問題文 Check
❶Uniform Resource Locatorの略。インターネット上のリソースを特定するための文字列を指す。
❷Domain Name Systemの略。ドメイン名とIPアドレスを対応付けて管理するシステムである。

解答 ②

ベストフィット IPアドレスと1対1で対応するのはドメイン名である。

解説 インターネット上の通信はIPアドレスを元に行われるため，URLで表記されるアドレスをIPアドレスに変換するのがDNSである。DNSはURLのうち，ドメイン名をIPアドレスと変換する。ドメイン名はコロン(:)の後のスラッシュ二つ(//)の後から次のスラッシュまでの部分を指し，右から，おもに国名が記述される「トップレベルドメイン(TLD)」，組織の種類(区分)が記載される「第2レベルドメイン」，組織名が記載される「第3レベルドメイン」，サーバなどに付けられた名前である「ホスト名」の順で記述される。そのうち，第3レベルドメインまでがIPアドレスに変換される場合が多い。

review ◆ ドメイン名

トップレベルドメイン(TLD)のおもな種類
- ccTLD(Country Code TLD)国や地域別に割り当てるドメインである。
  例：jp(日本)，uk(イギリス)，cn(中国)
- gTLD(generic TLD)分野別に割り当てるドメインである。アメリカではccTLDではなく，gTLDを使用することが多い。.com，.org，.netのように，現在は分野にかかわらず使用できるものが多い。
  例：com(もとは商用)，org(もとは団体)，net(もとはネットワーク事業)

第2レベルドメイン(SLD)のおもな種類
ccTLDでは，セカンドドメインについて，国別の管理組織が割り当て方針を決めて管理している。
- jpドメインのおもなSLD
  ac(大学など)，co(企業)，go(政府機関)，or(団体)，ne(ネットワークサービス)，
  ed(18歳未満を対象にする学校)，lg(地方公共団体)

---

2 〈伝送量〉 伝送速度が1GbpsのLANにおいて，1分間に500 MBのファイルを何個伝送できるか求めよ。ただし，1 M=10^6，1 G=10^9とし，伝送効率やファイルの送受信処理にかかる時間は考慮しない。

問題文 Check
❶bits per second　1秒間に伝送できるデータ量をビット数で表す単位。

ベストフィット 一定の時間に伝送できるデータ量は，「伝送速度×時間」。伝送速度はビット単位で表され，データ量はバイト単位であることに注意する。

解答 15個

解説 1 GbpsのLANにおいて1分間に伝送できるデータ量は，60 Gビットとなる。バイトに換算すると60÷8で7.5 Gバイトとなり，500 Mバイト(0.5 Gバイト)のファイルは，7.5÷0.5=15個が伝送できることになる。

review ◆ 伝送の速度，時間，データ量の関係

データの伝送速度，伝送時間，伝送データ量は，次の式で表すことができる。
　　伝送データ量 ＝ 伝送速度 × 伝送時間
　　伝送速度 ＝ 伝送データ量 ÷ 伝送時間
　　伝送時間 ＝ 伝送データ量 ÷ 伝送速度

3 〈IPアドレス〉 IPアドレスに関する次の㋐～㋒の記述のうち，最も適当なものを一つ選べ。
㋐ 32ビットで表記されるIPv4で表せるIPアドレスの数は，地球上の人口(約70億)より多い。
㋑ IPv4のグローバルIPアドレスは，国ごとに重複しないようにされている。
㋒ 128ビットで表記されるIPv6では，IPアドレスの枯渇問題は解消される。
㋓ プライベートIPアドレスは，自宅など個人での利用に限られ，企業のLANなどでは使用しない。
㋔ IPv4では，0から256までの数値を四つ組み合わせて表記する。

問題文 Check
❶「国が違っていたら重複してよいのか」を考える。
❷IPv4ではIPアドレスの数が足りないため，インターネットにつながるすべての機器にグローバルIPアドレスを割り当てることができず，プライベートIPアドレスを使用している。

ベストフィット
IPv4は32ビットで表記されるため約40億個しか使用できない。アドレス不足を解消するのが128ビットのIPv6である。

解答 (ウ)

解説
㋐ 誤り。32ビットなので，2^{32}通り＝約43億通りとなる。
㋑ 誤り。グローバルIPアドレスは，世界中で重複しないように割り当てられる。
㋒ 正しい。128ビットなので，2^{128}通りとなる。これは10進数では38桁になることから，アドレスが不足することはなくなる。
㋓ 誤り。プライベートIPアドレスは個人か企業かなどに関係なく，LAN内で自由にIPアドレスを割り当てることができる仕組みである。
㋔ 誤り。IPv4では，32ビットを8ビットずつで10進数に変換したものを四つ組み合わせて表記する。8ビットを10進数に変換すると0～255になる。

review ◆ IPアドレスの構造

IPv4では，IPアドレスはネットワークアドレス部とホストアドレス部から構成される。この区切りを表すのがサブネットマスクである。サブネットマスクを2進数で表したとき，1となる部分がネットワークアドレス部を，0となる部分がホストアドレス部をそれぞれ表している。

```
例) IPアドレス        198.51.100.1    →   11000110 00110011 01100100 | 00000001
    サブネットマスク  255.255.255.0   →   11111111 11111111 11111111 | 00000000
                                        ←――――― ネットワーク ―――――→ ←― ホスト ―→
                                              アドレス部                アドレス部
```

上の図では，サブネットマスクの2進数表記は左から24ビット分が1，残り8ビット分が0なので，IPアドレスの該当するビット分がそれぞれネットワークアドレス部，ホストアドレス部であることがわかる。

4 〈ルータの役割〉 インターネットにおけるルータに関する次の㋐～㋓の記述のうち，最も適当なものを一つ選べ。
㋐ ほかのコンピュータからの要求を受け，Webページのデータを提供する。
㋑ IPアドレスを使って経路を選択し，パケットを転送する。
㋒ ドメイン名を元に，IPアドレスを返す。
㋓ 端末にIPアドレスを自動的に割り当てる。

問題文 Check
❶ルーティングを表している。

ベストフィット
ルータの役割は，IPアドレスを元にネットワーク上の経路を選択してパケットを転送するルーティングである。

解答 (イ)

解説
㋐ 誤り。Webサーバに関する記述である。
㋑ 正しい。ルータの役割は，IPアドレスを用いて宛先ネットワークへの経路を選択してパケットを転送することで，この機能をルーティングという。
㋒ 誤り。DNSサーバに関する記述である。
㋓ 誤り。DHCPサーバに関する記述である。

11. インターネットの仕組み　55

5 〈プロトコル〉 インターネットのプロトコルについて，次の問いに答えよ。

(1) 次の①〜④の各プロトコル階層に適当な例を下の(ア)〜(エ)のうちから一つずつ選べ。
　① アプリケーション層　　② トランスポート層
　③ インターネット層　　　④ ネットワークインタフェース層
　(ア) TCP　(イ) IP　(ウ) HTTP　(エ) 無線LAN

(2) 次の(ア)〜(エ)の記述のうち，プロトコルを階層化する理由として最も適当なものを一つ選べ。
　(ア) 階層ごとに新しい技術が生まれると，ほかの階層の技術もすべて変更が必要になることで技術革新が進むため。❶
　(イ) 技術の積み重ねにより，インターネットの接続が可能となるため。❷
　(ウ) ある階層のプロトコルを変更してもほかの階層に影響を与えないことで，新しい技術の導入を進めやすくなるため。
　(エ) 各階層のプロトコルを違う標準化団体が決定することで，競争が生まれて技術革新につながるため。❸

問題文 Check
❶階層化はほかの階層の技術に影響を与えないことが利点である。もしすべての階層を変更することになると，大変な労力が必要になり，新しい技術を採用することが難しくなる。
❷階層化は，技術の積み重ねという意味ではない。
❸現在では，各標準化団体はプロトコルの決定を互いに互換性がある形で行う傾向にある。

ベストフィット
プロトコルの階層化で，新しい技術が導入しやすくなる。

解答 (1)① (ウ)　② (ア)　③ (イ)　④ (エ)　(2) (ウ)

解説 (1) 各階層の名称や機能，例は次の通りである。

名称	機能	例
アプリケーション層	Webブラウザやファイル転送，電子メールなどアプリケーションが動作できるよう処理を行う。	HTTP, HTTPS, SMTP, POP, IMAP など
トランスポート層	データの通信が確実に効率よくやり取りされるための処理を行う。	TCP など
インターネット層	端末のアドレスを元に，データの通信経路の選択などを行う。	IP など
ネットワークインタフェース層	データを電気信号などに変換して送受信を行う。	無線LAN(Wi-Fi), Ethernet など

(2) プロトコルの階層化により，ほかの階層には影響を与えずに新しい技術が導入できるようになる。ほかの階層は既存の機器や技術のままにしておき，該当の階層のみ新しい機器，技術の導入を進められることで，少ない負担で技術革新が行われやすくなる。

6 〈URLの表記〉 次のURLについて，下の(1)〜(3)の説明に最も適当な箇所を①〜⑦からそれぞれ選べ。

　https://www.example.co.jp/test/index.html
　　①　　②　　③　　④⑤　⑥　　　⑦

(1) 組織の種類を表している部分。❶
(2) 使われているプロトコルを知ることができる部分。
(3) ファイル名を表している部分。

問題文 Check
❶⑤の部分に国名が入っているので，その前の④が組織の種類(企業，学校，政府機関など)を表している。

ベストフィット
URLは大きく分けるとスキーム，ドメイン名，ディレクトリ名とファイル名に分けられる。

解答 (1) ④　(2) ①　(3) ⑦

解説 (1) ドメイン名(:// から最初の / まで)は後ろからトップレベルドメイン(国名が多い。問題文では⑤の部分)，セカンドレベルドメイン(組織の種類を表すことが多い)の順で記述されている。ただし，トップレベルドメインが国名を表さずに組織の種類を表している場合もある。
(2) URLの先頭部分(:// まで)をスキームといい，多くの場合，使用するプロトコルを記述する。
(3) ドメイン名の記述の後に記載される「/」の後は，ディレクトリ構造となっており，最後に記述される(問題文では⑦の部分)のがファイル名である。

7 〈IPアドレスの設定〉

自宅の中でのみ使用するパソコンA，パソコンBにそれぞれ，「192.168.1.10」，「192.168.1.11」というIPアドレスが設定されている。次の問いに答えよ。

(1) これらの設定されたIPアドレスは，グローバルIPアドレスとプライベートIPアドレスのどちらであるか答えよ。

(2) 自宅のWi-Fiルータの通信記録を確認したところ，「C0 A8 01 0A」のIPアドレスの機器と通信を行ったとの記録があった。この表記が表しているのは，パソコンAとパソコンBのどちらであるか答えよ。

問題文Check
❶自宅内のLANで自由に設定できるのは，プライベートIPアドレスである。

ベストフィット
LAN内で使用するIPアドレスは，プライベートIPアドレスである。

解答 (1) プライベートIPアドレス　(2) パソコンA

解説 (1) 現在多く使用されているIPv4におけるIPアドレスは，世界中で重ならないように割り当てるグローバルIPアドレスと，LAN内で自由に割り当てるプライベートIPアドレスがある。この場合，自宅の中で使う端末に自由に割り当てを行っていることから，プライベートIPアドレスであることがわかる。また，IPアドレスが192.168から始まるIPアドレスはプライベートIPアドレス用として設定されている。

(2) 16進数の「C0 A8 01 0A」を2進数に変換すると，「1100 0000 1010 1000 0000 0001 0000 1010」となる。これを8ビットずつ10進数に変換すると，「192.168.1.10」となり，パソコンAのIPアドレスであることがわかる。IPアドレスはコンピュータ内部では2進数で扱われており，これを16進表記で記録・表示する場面もある。

8 〈パケット交換〉

かつての電話のように，通信を行う2点間を直接接続する「回線交換方式」に対し，現代のインターネットではデータを小さなパケットに分割し，同じ回線にパケットを混在させて転送する「パケット交換方式」が用いられている。次の(ア)～(エ)の記述のうち，パケット交換方式の利点として誤っているものを一つ選べ。

(ア) 回線が少なくても，パケットを混在させて伝送するため効率がよい。
(イ) 通信を行っている間は回線を占有できるため，ほかの通信の影響を受けない。
(ウ) 災害が発生したときなどに電話の利用が集中しても，パケット交換方式は回線効率がよいのでつながりやすい。
(エ) 実際にデータのやり取りが行われた分量での従量課金を行うことができる。

問題文Check
❶パケット交換方式は，回線を占有しないことが特徴である。
❷回線交換方式では，回線を占有している時間での課金が一般的である。

ベストフィット
パケット交換方式は，回線を占有する回線交換方式より回線の使用効率がよい。

解答 (イ)

解説 (ア) 正しい。パケット交換方式は回線を占有せず，異なる宛先のパケットを混在して伝送する。
(イ) 誤り。パケット交換方式では，回線にパケットを混在させるため，占有しない。
(ウ) 正しい。パケット交換方式では，回線を占有しないため回線が込み合っている状況でも通信が可能なことが多い。
(エ) 正しい。回線交換方式では，回線を占有して使用しているため，占有している時間で課金されることが一般的であるのに対し，パケット交換方式では実際に伝送されたデータ量で課金が行われるのが一般的である。

9 〈集中処理と分散処理〉

次の(ア)～(エ)が示すシステムの要求のうち，(1)集中処理システムと(2)分散処理システム，それぞれに優位なものをすべて選べ。

(ア) 業務量の増大に合わせて処理能力を随時増強していく。
(イ) セキュリティ確保のため，処理を行うコンピュータ数を少なくする。
(ウ) 一部のコンピュータが故障した場合でも，全体として業務を継続する。
(エ) システム全体の処理効率を1か所で管理しやすくする。

問題文Check
❶1台のコンピュータで処理しているシステムでもう1台増やすよりは，多くの台数で処理しているシステムで1台増やすほうが増強しやすい。

ベストフィット
集中処理システムは，1台のコンピュータで処理する。

解答 (1) (イ), (エ)　(2) (ア), (ウ)

解説 (1) 集中処理システムでは大型コンピュータ(ホストコンピュータ)に処理を集中させ，接続される端末は入出力を担当する。処理する台数は1台になるため，セキュリティの確保やシステムの管理を行いやすい。

(2) 分散処理システムは，ネットワークに接続されたコンピュータそれぞれが処理を分担する。コンピュータ数を増やすことで処理能力を増大したり，一部のコンピュータが故障したりした場合に，ほかのコンピュータで代替するなどの対応がしやすい。

11. インターネットの仕組み

10 〈無線LAN〉 次の(ア)~(エ)の記述のうち,無線LANの特徴として適当なものをすべて選べ。
(ア) 接続に使用するパスワードのことをSSIDという。
(イ) 使用する機器を設置する場所の自由度が高い。❶
(ウ) ほかの無線LANとの干渉によって,伝送速度が低下することがある。
(エ) 無線LANではIPアドレスは使用されない。

問題文 Check
❶設置する場所が比較的自由に決められることを指している。

ベストフィット
SSIDは無線LANでネットワークを識別するために使われる。

解答 (イ),(ウ)

解説 (ア) 誤り。SSIDは無線LANにおいてネットワークを識別するために用いる。スマートフォンなどでは,「ネットワーク名」と表示されることが多い。
(イ) 正しい。LANとの接続にケーブルを用いないので,無線LANアクセスポイントからの電波が届く場所であれば設置して接続ができる。
(ウ) 正しい。近隣の無線LANどうしが同じ電波のチャンネルを使用している際に,伝送速度が低下する場合がある。
(エ) 誤り。ネットワークに接続する端末では,IPアドレスは必ず用いられる。

review ◆ Wi-Fi

Wi-Fiは,業界団体であるWi-Fi Allianceが,国際的な標準規格であるIEEE 802.11規格を用いた無線LAN機器が相互に接続できることを確認した機器に使用を認めた名称であり,そのロゴは商標である。使用される技術はその世代によって名称が付けられ,IEEEの定めた規格と対応している。

対応規格	名称
IEEE 802.11n	Wi-Fi4
IEEE 802.11ac	Wi-Fi5
IEEE 802.11ax	Wi-Fi6

---

11 〈LANの構成機器〉 次の小規模LANを表す図を元に,下の問いに答えよ。

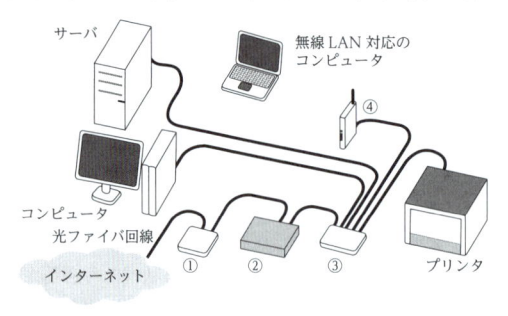

(図:サーバ,コンピュータ,光ファイバ回線,インターネット,①②③,無線LAN対応のコンピュータ,④,プリンタ)

(1) 上の①~④の各機器の名称として適当なものを下の(ア)~(エ)から一つずつ選べ。
(ア) ルータ (イ) スイッチングハブ (ウ) ONU
(エ) 無線LANアクセスポイント

(2) 次の(ア)~(エ)は,①~④の各機器について説明したものである。それぞれに適当なものを一つずつ選べ。
(ア) ネットワークどうしを接続する。IPアドレスを元にルーティングを行うことができる。❶
(イ) 電波を用いてコンピュータをネットワークに接続する。
(ウ) LANにつながれた機器どうしを接続するための装置のうち,データの宛先を検出して該当するポートにのみデータを送ることができる。
(エ) 光通信回線の光信号とLAN内の電気信号を変換する。

問題文 Check
❶ここでいう「ネットワークどうし」とは,「インターネット」と「LAN」のことになる。

ベストフィット
光回線との接続を行うONU,LANとインターネットをつなぐルータ,LAN内の各機器をつなぐスイッチングハブ,無線LANで接続する機器をつなぐ無線LANアクセスポイントなど,各機器の役割を理解しておく。

解答 (1)① (ウ) ② (ア) ③ (イ) ④ (エ)
(2)① (エ) ② (ア) ③ (ウ) ④ (イ)

解説 (1)① 光ファイバ回線に直接接続し,光信号と電気信号を変換するのはONUである。
② LANと外部ネットワークを接続する箇所に設置するのはルータである。ルータはLAN内で使用されるプライベートIPアドレスをグローバルIPアドレスに変換し,通信経路を選択するルーティングを行う。

③ LAN 内で多数の機器を接続し，データの宛先に合致する機器が接続されているポートのみにデータを送り出す機器はスイッチングハブである。
④ 有線で接続されている LAN と，電波を用いて無線で接続する機器をつなぐのは無線 LAN アクセスポイントである。

12 〈IP アドレスの設定〉 LAN 内の端末に IP アドレスを割り当てるには，各端末において個別に手動で設定する固定(静的)IP アドレス方式と，DHCP サーバによる動的 IP アドレス方式がある。フリー Wi-Fi のように，不特定多数の端末が無線 LAN を利用する場合，どちらの方式を採用するほうがよいかを理由も含めて述べよ。

問題文 Check
❶飲食店や公共の場所などにおいて，Wi-Fi を利用して個人のスマートフォンやパソコンでのインターネット接続を提供するサービス。

解答 動的 IP アドレス方式
理由：ネットワークに接続される端末は一定ではなく変化するため，それぞれの端末に対して手動で IP アドレスの設定を行うことは手間がかかるため。

ベストフィット DHCP による IP アドレスの自動割り当ては，ネットワーク管理の負担を軽減する。

解説 各端末への IP アドレスの割り当てには手動で割り当てを行う「固定 IP アドレス方式」と，DHCP で自動的に割り当てを行う「動的 IP アドレス方式」がある。右の図は，パソコンにおいて IP アドレスを指定する方式を選択する画面である。
　フリー Wi-Fi のように，LAN 内の端末が随時入れ替わる環境では，IP アドレスを各端末に個別に設定するのは負担が大きい。そのため，一般的に動的 IP アドレス方式が採用されている。なお，LAN 内の端末が入れ替わることがない場合でも，設定の負担が少ない動的 IP アドレス方式が採用される場合が多い。固定 IP アドレスを使用するのは，サーバやプリンタ，ルータなど，常に同じ IP アドレスが割り当てられているほうがネットワークの管理を行う上で都合がよい機器のみに限定されている場合が多い。

13 〈必要な伝送速度〉 パソコン 1 で生成されるデータを分割して，通信の制御に用いるデータであるヘッダを付加してデータパケットにし，パソコン 2 まで送りたい。パソコン 1 はデータを分割して，次の図のように 20 バイトのヘッダを含めて 1500 バイトのデータパケットにして送信する。パソコン 1 では毎秒 37000 バイトのデータが生成される。この生成されるデータを遅滞なく伝送するために必要な伝送速度は何 kbps か。ただし，1 k＝10³ とし，データの分割やデータパケットの生成にかかる時間や，伝送効率は考慮しない。

ヘッダ 20 バイト	データ
パケット　1500 バイト	

問題文 Check
❶1500 バイトのうち 20 バイトがヘッダなので，一つのパケットで送れるデータは 1480 バイトである。
❷1 秒間で生成されるデータを遅滞なく伝送するためには，生成されるデータを 1 秒間ですべて送ることができる伝送速度が必要になる。

ベストフィット
伝送速度の問題は，速度がビット単位，データ量がバイト単位で表記されるため，変換が必要になる。

解答 300 kbps

解説 一つのパケットのうち，データの部分は 1500 バイト−20 バイト＝1480 バイトである。
毎秒生成されるデータは 37000 バイトなので，
毎秒必要なパケット数は 37000 バイト÷1480 バイト＝25 パケットである。
　25 パケットのデータ量は，25 パケット×1500 バイト＝37500 バイトとなる。
　伝送速度は bps で表されるが，これはビット/秒なので，データ量をビットに換算し，
　37500 バイト×8＝300000 ビットとなる。
　このデータを 1 秒間で伝送するが，この問題で求められているのはキロ単位なので，
　300000÷1000＝300 kbps となる。

11．インターネットの仕組み　**59**

▶12 さまざまな情報システム　p.58

14 〈メールシステム〉　電子メールを受信するためのプロトコルとしてPOPとIMAPがある。次の(ア)〜(エ)の記述のうち、POPに比べてIMAPが優位な点をすべて選べ。
(ア) パソコンで受信する場合、受信要求をしなくてもメールが届く。
(イ) 同じメールを複数の端末で内容確認することができる。
(ウ) 一度受信したメールをサーバに残しておくことができる。
(エ) 受信したことを送信側に伝えることができる。

問題文 Check
❶メールを受信するときに、サーバに残しておくことができるプロトコルであることが必要になる。

ベストフィット
POPはメールをダウンロードして削除、IMAPはメールを閲覧する。

解答　(イ)、(ウ)

解説
(ア) パソコンでメールを受信する場合は、POPでもIMAPでも受信要求をする。
(イ)(ウ) POPではメールの受信と同時にサーバからそのメールを削除するが、IMAPではサーバ上に保存されたメールの閲覧のみを行うことができる。これにより、複数の端末で内容を確認できる。
(エ) POP、IMAPともにプロトコルとして受信したことを送信側に伝える機能はなく、受信確認メールなどほかの方法をとる必要がある。

---

15 〈Webシステム〉　次の(ア)〜(オ)の記述は、ブラウザでWebページを閲覧するときの閲覧側のコンピュータとWebサーバ間で処理される手順である。(ア)〜(オ)を正しい順に並べ替えよ。
(ア) DNSサーバからWebサーバのIPアドレスを受け取る。
(イ) 閲覧側コンピュータにWebページが表示される。
(ウ) ブラウザのアドレス欄に指定されたURLからドメイン名を取り出し、DNSサーバにIPアドレスの問い合わせをする。❶　　　　❷
(エ) Webサーバから閲覧側コンピュータのIPアドレスを宛先としてWebページのデータを送る。
(オ) WebサーバのIPアドレスを宛先として閲覧の要求を送る。

問題文 Check
❶Uniform Resource Locatorの略。インターネット上のリソースを特定するための文字列を指す。
❷Domain Name Systemの略。ドメイン名とIPアドレスを対応付けて管理するシステムのこと。

ベストフィット
URLのままではWebサーバへのアクセスはできないため、DNSでIPアドレスへの変換を行うことから始める。

解答　(ウ)→(ア)→(オ)→(エ)→(イ)

解説　コンピュータ上のブラウザに入力されたURLにあるドメイン名からDNSにIPアドレスを問い合わせる。DNSサーバからドメイン名に該当するIPアドレスの回答を得て、そのIPアドレスに向けてWebデータの閲覧要求を送る。Webサーバは閲覧要求を受け取り、その要求に記載されたIPアドレスに向けてWebページのデータを送る。Webサーバから送られたWebデータをブラウザ上に表示する。

---

16 〈一斉メールの送信方法〉　Aさんが、Mさん、Nさん、Lさんにメールを送信した。メールの送信画面では、右の図のようにアドレスを指定した。メールを受け取ったMさん、Nさん、Lさんのうち、同じ内容のメールが3人に送られていることを知ることができる人をすべてあげよ。ここで、Mさん、Nさん、Lさんのアドレスは便宜上、それぞれ「Mさん」、「Nさん」、「Lさん」としている。❶

思考

To	Mさん
Cc	Nさん
Bcc	Lさん
件名	来月の予定について
本文	予定を共有します。

問題文 Check
❶自分以外の2人にメールが送られていることがわかることが必要である。

ベストフィット
Bccに記載されたアドレスは受信者側では誰も確認することができない。

解答　Lさん

解説　このメールを受け取ったMさん、Nさん、Lさんともに、To欄にMさん、Cc欄にNさんのアドレスが表示されるが、Bcc欄のLさんのアドレスは表示されない。よってLさんのみが自分を含む3人に送られていることがわかる。

17 〈情報システム〉 キャッシュレス社会を実現する次の(1)~(3)の各サービスについて,その特徴を記述したものを下の(ア)~(ウ)からそれぞれ選べ。
(1) クレジットカード　(2) QRコード決済　(3) ICカード電子マネー
(ア) 機能を有するモバイル端末が必要となる。
(イ) 高額な物品を購入する際に支払回数を選択できる。
(ウ) 交通機関の乗車券や定期券の機能を有するものもある。

問題文 Check
❶PayPay や楽天ペイが代表例である。
❷JR 東日本の Suica や JR 西日本の ICOCA が代表例である。

ベストフィット
キャッシュレス社会で使用されるサービスは日々変化している。

解答 (1) (イ)　(2) (ア)　(3) (ウ)

解説 (1) ほかのキャッシュレス払いの方法より歴史が古く,高額な物品の購入にも適している。後払いで銀行口座からの引き落としなどで支払われることが多い。
(2) スマートフォンのアプリにより,画面上に QR コードを表示したり,店頭にある QR コードを読み取ったりして支払情報のやり取りを行う。
(3) 店頭の読み取り機や,鉄道の自動改札機などで微弱電波によるデータのやり取りを行うことで,支払情報や乗車券情報のやり取りを行う。

---

18 〈POS システム〉 小売店において,商品を販売した時点でその情報を把握する POS システムの導入で受けられる利点として考えられるものを次の(ア)~(オ)からすべて選べ。
(ア) 商品の在庫数から見た発注量の決定スピードが向上する。
(イ) 店頭の実在庫とデータ上の在庫数を営業中に突き合わせできる。
(ウ) 仕入れに必要な資金の調達ができる。
(エ) 天候による個別商品の売り上げ傾向の把握ができる。
(オ) 商品の価格を単一にすることで,価格を決定するプロセスを省略できる。

問題文 Check
❶Point Of Sales の略。

ベストフィット
POS システムは,販売情報を売れた時点で収集できるシステムである。

解答 (ア),(イ),(エ)

解説 日本語では販売時点情報管理と呼ばれる。小売業において商品の販売が行われた時点で,その商品に関して商品名,価格,売れた時間などの情報を収集・記録する。また,当日の天候や客層も記録することで売り上げの傾向を分析することも可能になる。

---

19 〈クライアントサーバシステム〉 次の(ア)~(エ)の記述のうち,クライアントサーバシステムの説明として最も適当なものを一つ選べ。
(ア) パソコンとスマートフォンを LAN で接続したシステムの総称。
(イ) コンピュータの一部の機能と処理対象のファイルを端末に分散することで,負荷の分散を図ることをおもな目的とした方式。
(ウ) 一連の処理を,サービスを受ける側のコンピュータと,そのサービスを提供するコンピュータに分ける方式の総称。
(エ) 複数のパソコンを接続し,同じ内容の処理を分散して行う方式。

問題文 Check
❶クライアントの説明である。
❷サーバの説明である。

ベストフィット
サービスの提供をするサーバと,サービスの提供を受けるクライアントで構成されるシステムが,クライアントサーバシステムである。

解答 (ウ)

解説 (ア) 誤り。クライアントサーバシステムは,パソコンやスマートフォンなど端末の種類を指す用語ではない。
(イ) 誤り。クライアントサーバシステムでは,処理対象のファイルは一般的にサーバで管理する。
(エ) 誤り。クライアントサーバシステムでは,複数のパソコンで同じ内容の処理を行うことはない。

20 〈ピアツーピア〉 次の(ア)～(エ)の記述のうち，クライアントサーバシステムと比較したときの，ピアツーピアの特徴として最も適当なものを一つ選べ。
(ア) サービスの提供や管理を行うコンピュータと，サービスの提供を受けるコンピュータとで，役割分担を明確にしたシステムである。❶
(イ) サーバとクライアントの区別がない。❷
(ウ) ネットワークへ一度に接続できる台数に上限がある。
(エ) システム全体を集中して監視するための高性能なコンピュータが必要となる。

問題文 Check
❶サーバの説明である。
❷クライアントの説明である。

ベストフィット
接続されたコンピュータ間で役割の差がなく対等な関係となるのがピアツーピアである。

解答 (イ)

解説 (ア) 誤り。役割分担が明確なのはクライアントサーバである。
(ウ) 誤り。台数に上限はない。
(エ) 誤り。システム全体を監視するコンピュータを設置することはない。また，個々のコンピュータの性能もそれほど要求されない。

---

21 〈各種サーバ〉 次の(1)～(5)の説明に適当なサーバを，下の(ア)～(オ)から一つずつ選べ。
(1) Webなどを通じて，クライアントにアプリケーションソフトを提供する。
(2) クライアントの代わりにWebサーバへの接続を行う。❶
(3) 各端末からファイルを保存し，共有する。
(4) データを格納し，ほかのシステムからの要求に応えて検索などを行う。
(5) ブラウザに対し，表示するWebデータを転送する。
(ア) データベースサーバ (イ) アプリケーションサーバ
(ウ) プロキシサーバ (エ) ファイルサーバ (オ) Webサーバ

問題文 Check
❶クライアントの代理としてインターネット上のWebサーバに接続を行う。

ベストフィット
さまざまなサービスを提供する専用のサーバが存在する。

解答 (1) (イ) (2) (ウ) (3) (エ) (4) (ア) (5) (オ)

解説 (1) クライアントが使用するアプリケーションを，Webなどを通じて提供するのがアプリケーションサーバである。
(2) LAN内にあるクライアントの代理で，インターネット上のWebサーバへの接続を行うのがプロキシサーバである。
(3) ファイルの保存と共有を行うのがファイルサーバである。
(4) データの保存と検索の提供を行うのがデータベースサーバである。
(5) Webデータを保存し，ブラウザに対してデータを転送するのがWebサーバである。

---

22 〈プロキシサーバ〉 次の(ア)～(エ)の記述のうち，プロキシサーバの役割として最も適当なものを一つ選べ。
(ア) LAN内のパソコンに代わってインターネットに接続する。
(イ) ドメイン名とIPアドレスの名前解決を行う。❶
(ウ) ネットワークに接続するために必要なIPアドレスをパソコンに割り当てる。
(エ) プライベートIPアドレスとグローバルIPアドレスを変換する。

問題文 Check
❶「接続の代理を行う」と読み取れる。

ベストフィット
インターネットへの接続をプロキシサーバで代理することにより，インターネット側からはLAN内のクライアントが接続していることを隠せる。

解答 (ア)

解説 プロキシサーバを使用する目的として，LAN内のクライアントPCが直接インターネットに接続する場合よりもセキュリティが確保される点があげられる。インターネット上のWebサーバにはプロキシサーバから閲覧の要求が届いているように見え，LAN内のクライアントPCの存在は隠すことができる。
(イ) 誤り。DNSサーバの説明である。
(ウ) 誤り。DHCPサーバの説明である。
(エ) 誤り。プライベートIPアドレスとグローバルIPアドレスを変換する技術としてはNATまたはNAPTがある。

23 〈クラウドコンピューティング〉 次の(ア)〜(エ)の記述のうち、クラウドコンピューティングが従来のクライアントサーバシステムに比べて優位な点を記述したものをすべて選べ。
(ア) 記憶容量の上限を柔軟に変更できる。
(イ) 特定の機器の故障が原因となるサービスレベルの低下が発生しにくい。
(ウ) 提供されていないサービス❶のシステムを自ら構築しやすい。
(エ) 設備や機器を増減させることなく処理能力を調整できる。

問題文 Check
❶クラウドコンピューティングを提供している事業者はインターネット上にある膨大な機器を使用してサービスを提供している。

ベストフィット
インターネット上の多数のコンピュータ資源を「雲」にたとえたのがクラウドコンピューティング。

解答 (ア), (イ), (エ)

解説 クラウドコンピューティングは、インターネット上にあるコンピュータ資源をサービスの形で利用する形態である。対して、これまでのような自前で機器を用意することをオンプレミスと呼ぶ。クラウドコンピューティングはサービスを提供する側がインターネット上に多数のコンピュータ資源を展開しており、これらを活用しインターネット上で多彩なサービスを提供する。

review ◆クラウドコンピューティングで利用できるサービス

・SaaS(Software as a Service)
　インターネットを経由してソフトウェアパッケージを提供する。ワープロや表計算などのアプリケーションソフトや電子メール、グループウェアなどのサービスを提供する。
・PaaS(Platform as a Service)
　インターネットを経由してアプリケーション実行用のプラットフォームを提供する。データベースや自前のアプリケーションなど、ユーザが自分でシステムを構築できる環境を提供する。
・IaaS(Infrastructure as a Service)
　インターネットを経由してハードウェアやインフラを提供する。ユーザが自分でオペレーティングシステムなどを含めてシステムの導入や構築ができる。

24 〈マイナンバー〉 マイナンバー法❶に照らしたとき、個人番号(マイナンバー)の使用方法として適当なものを次の(ア)〜(エ)からすべて選べ。
(ア) 従業員番号として、身分証明書に記載する。
(イ) 従業員から提供を受けたマイナンバーを、企業が税務署に提出する税に関する書類に記載する。
(ウ) 企業が従業員からマイナンバーの提供を受けるときに、その番号が本人のものであることを確認する。
(エ) 日本人の出入国管理に利用する。

問題文 Check
❶正式名は「行政手続における特定の個人を識別するための番号の利用等に関する法律」である。

ベストフィット
マイナンバーの使用目的は社会保障、税、災害対策の3分野に限定されている。

解答 (イ), (ウ)

解説 個人番号、通称マイナンバーはすべての住民に対して市区町村が付番している12桁の番号である。利用目的として社会保障、税、災害対策に限定されており、ほかの目的には使用できない。従業員の源泉徴収を行うために番号の提供を受ける際には、本人の番号であることを書類などで確認することになっている。マイナンバーを記載したカードがマイナンバーカードであり、このカード単独で本人の番号であることを確認することができる。

review ◆マイナンバーとマイナンバーカード

　マイナンバー制度は、税負担や給付金の受給などが公平・公正に行われること、行政手続きなどの利便性の向上、手続きの無駄を省いた効率化などが目的である。
　マイナンバーカードは、マイナンバーのほか、本人の顔写真と氏名、住所、生年月日、性別が記載され、マイナンバー自体の確認以外でも、本人確認書類としての使用が可能になっている。また、ICチップが内蔵され、そこには個人認証用の電子証明書が搭載されている。この電子証明書にはマイナンバーは使用されていないため、民間事業者も含めてさまざまな用途に利用可能である。

▶13 情報システムを支えるデータベース

25 〈DBMSの役割〉 次の(ア)~(エ)のうち，データベース管理システム(DBMS)が果たす役割として適当なものをすべて選べ。
(ア) インターネットで送信するデータを暗号化する。
(イ) 情報システムで集められた膨大なデータを管理する。
(ウ) 記憶媒体に記録されたデータが失われないように管理する。
(エ) 格納されたデータを操作して必要な情報を提供する。

問題文Check
❶DataBase Management System の頭文字を取って「DBMS」と呼ばれる。

ベストフィット
データベースの管理・運用を行うためのシステムがDBMSである。

解答 (イ)，(ウ)，(エ)

解説 データベースの構築を行うために必要な運用，管理のためのシステムやそのソフトウェアのことをデータベース管理システム(DBMS)という。集められたデータの管理や，バックアップなどでのデータの保護，データを検索して必要なデータの提供などの機能を有している。

---

26 〈リレーショナルデータベースの特徴〉 次の表で，(1)~(3)の各箇所を表す適当なものを，右の(ア)~(カ)から二つずつ選べ。

商品表

商品コード	商品	価格
08○○○	プリンタ	¥8,000
35○○○	デジカメ	¥10,000
39○○○	マウス	¥2,000

(ア) フィールド (イ) テーブル (ウ) レコード (エ) 表 (オ) 行 (カ) 列

ベストフィット
データベースにおいては，
・1件分のデータをレコード，または行という。
・特定の項目のことをフィールド，または列という。
・データ全体のことをテーブル，または表という。

解答 (1) (ウ)，(オ)　(2) (ア)，(カ)　(3) (イ)，(エ)

解説 表形式でデータを扱うデータベースを関係データベース(リレーショナルデータベース)という。関係データベースでは，1件分のデータのことをレコードまたは行と呼ぶ。データの属性の項目をフィールドまたは列と呼ぶ。表全体のことをテーブルまたは表と呼ぶ。

---

27 〈主キー〉 リレーショナルデータベースにおいて，レコードを特定するために主キーを設定する必要がある。ある学校の「在籍生徒表」で，主キーとして最も適当なものを一つ選べ。なお，主キーとして設定するのは一つのフィールドのみとする。
(ア) 名前　(イ) 住所　(ウ) 生徒番号　(エ) 生年月日

問題文Check
❶ほかのレコードと重なることが絶対にない項目が必要である。

ベストフィット
主キーはほかのレコードと重複できないので，人為的に付けた番号を使用することが多い。

解答 (ウ)

解説 いずれの項目も一般的にはほかのレコードと重なることが少ないが，生年月日は同じ場合があり得るし，名前も同姓同名の生徒が在籍している可能性がある。もし家族がともに在籍している場合，住所は同じになる。
これらのことから，重ならないように番号を割り当てられた生徒番号が適切となる。

---

review◆主キーの設定

主キーは，レコードを特定するためにほかのレコードとは重ならないデータである必要がある。このことを「ユニーク」，「一意」と呼ぶ。複数の列を組み合わせて主キーとすることもでき，復号キーと呼ぶ。
例えば，学校の生徒データを格納するテーブルを考えてみる。学級内で「出席番号」はユニークだが，学年全体では「1組の1番」，「2組の1番」のように同じ出席番号のレコードが存在する。その場合，「クラス」と「出席番号」を組み合わせて復号キーとすることでユニークな主キーとなる。さらに，学校全体でみると「1組」，「1番」が学年別に複数いることになるため，「学年」，「クラス」，「出席番号」を組み合わせて復号キーとすることになる。

28 〈データ操作〉 次の問いに答えよ。

(1) 次の①～③は，データベースにおけるデータ操作である。射影，選択，結合のどれに該当するか答えよ。
　① 指定した行(レコード)を抽出する。
　② 複数の表を一つの表にする。
　③ 指定した列(フィールド)を抽出する。

(2) 下の表1と表2に，ある操作を行って表3が得られた。射影，選択，結合のうち，行った操作をすべて答えよ。

表1

品名コード	品名	価格
01	鉛筆	80
02	消しゴム	100

表2

品名コード	売り場
01	A1
02	A3

表3

品名コード	品名	売り場
01	鉛筆	A1
02	消しゴム	A3

問題文 Check
❶データベースの操作では複数の操作を同時に行うことが多い。

ベストフィット
行を選ぶのが「選択」，列を選ぶのが「射影」，複数の表を一つにまとめるのが「結合」。

解説 (1) 表から，与えられた条件に当てはまるレコードを選び出す操作が選択である。複数の表を一つの表にまとめるのが結合である。指定されたフィールドを選び出すのが射影である。

解答 (1)① 選択　② 結合　③ 射影　(2) 結合，射影

(2) 表3は，表1から「品名コード」と「品名」が，表2から「品名コード」と「売り場」が，それぞれまとめられていることから結合であることがわかる。ただし，表1にある「価格」が表3にはないことから，単に結合を行っただけではなく，必要なフィールドのみを選び出していることから，射影も行われていることがわかる。

29 〈データ操作〉 ある会員制の娯楽施設でデータベースによる利用状況の分析を行うとする。利用するデータベースは下の表のような構造である。次の問いに答えよ。

会員表

会員番号	会員名	年齢

入場表

会員番号	日付	入場時刻

(1) 次のような表を作成し，利用状況を分析することにした。次の(ア)～(ウ)のうち，作成方法として最も適当なものを一つ選べ。

利用分析表

会員番号	会員名	年齢	日付	入場時刻

　(ア) 入場表の会員番号をキーとして，会員表を選択する。
　(イ) 会員表を会員番号で整列し，入場表から射影する。
　(ウ) 会員表と入場表を，会員番号をキーにして結合する。

(2) 次の(ア)～(ウ)のうち，元の表を操作しても分析できない内容を一つ選べ。
　(ア) 年代別に利用時間の長さを調べる。
　(イ) 曜日によって入場者の多い年齢層の傾向を調べる。
　(ウ) 年代別に入場者の多い時間帯の傾向を調べる。

(3) 入場表について，ほかの行と一意に識別できる主キーを設定する。次の(ア)～(ウ)のうち，設定する列として最も適当なものを一つ選べ。ただし，会員は同じ日に複数回入場することがある。
　(ア) 会員番号　(イ) 会員番号，日付　(ウ) 会員番号，日付，入場時刻

問題文 Check
❶二つの表から一つの表を作成していることから考える。
❷表の中にない，または表の中にある項目からは求めることができない内容は分析できない。
❸ほかと一切重ならないことを「一意に識別できる」という。
❹会員番号と日付の両方が同じデータが存在することを表す。

ベストフィット
主キーは，複数の列で構成することができる。

解答 (1) (ウ)　(2) (ア)　(3) (ウ)

解説
(1) 「会員表」と「入場表」の二つの表から，「利用分析表」が作成されていることから結合となる。なお，それぞれの列をすべて含んでいるので射影は行われていない。
(2) 入場時刻のデータはあるが，退場時刻のデータはないため，利用時間の長さについてのデータは存在しない。
(3) 会員が入場するたびにレコードが生成されるため，同一の会員番号をもつレコードが複数あることになる。会員番号と日付を合わせても，同じ日に複数回入場することがあるために同一の会員番号，日付をもつレコードが存在する。そのため，会員番号，日付，入場時刻の三つが必要となる。

13. 情報システムを支えるデータベース　65

30 〈ビッグデータ〉 ビッグデータに関する次の(ア)～(エ)の説明のうち，誤っているものをすべて選べ。

(ア) ビッグデータは膨大かつ多様なデータのことで，情報技術の進歩により，その収集や活用が飛躍的に伸びてきている。

(イ) ビッグデータを人工知能による機械学習で分析することにより，これまで発見されてこなかった有用な情報を得ることが期待できる。

(ウ) ビッグデータとは，極端に大きいサイズの画像データのことである。

(エ) ビッグデータは，必ずオープンデータを基にして作られる。❶

問題文 Check
❶オープンデータ以外から作られることがないかどうかを考える。

ベストフィット
ビッグデータは膨大なデータの総称。分析することで新たな情報を生み出す。

解答 (ウ), (エ)

解説 ビッグデータは，情報技術の進歩により収集，蓄積が可能になった膨大かつ多様なデータを指す。これまでであれば扱いきれなかった量のデータを元に，人工知能による分析でこれまで見いだせなかった定性的な傾向などを導き出すことが期待されている。

なお，ビッグデータはオープンデータを元に作られることもあるが，必ずオープンデータから作られるわけではない。企業別ポイントカードや電子マネーの利用履歴もビッグデータになりうる。

---

review ◆ NoSQL

近年のデータベースは多くが右の図のようなリレーショナルデータベース(関係データベース)として構築されてきた。二次元の表としてデータを格納するこの方法は，データを柔軟に扱いやすく，一貫性も保ちやすいことから普及してきた。

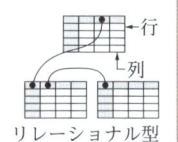

しかし，ビッグデータでは扱うデータが膨大な量となるためリレーショナルデータベース以外の方式を採用することが増えてきた。この方式を，リレーショナルデータベースで用いられるデータ操作言語が SQL であることから，リレーショナルデータベースではないという意味で NoSQL と呼ぶ。

おもなものとしては，項目(キー)と値(バリュー)という単純な構造からなるキー・バリュー型，列方向のデータのまとまりを効率的に扱えるように設計されたカラム指向型，データとデータの複雑な関係を保持するのに適したグラフ指向型などがある。

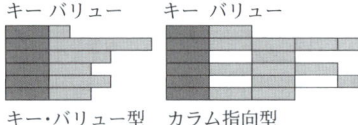

リレーショナル型

キー・バリュー型　カラム指向型　グラフ指向型
NoSQL の代表的なデータモデルの例

---

31 〈オープンデータ〉 次の(ア)～(エ)の記述のうち，オープンデータの説明として最も適当なものを一つ選べ。

(ア) 営利・非営利の目的を問わず二次利用が可能で，編集や加工がしやすく，原則無償で利用できる公開された官民のデータ。❶

(イ) 国や地方自治体を相互に接続する行政専用のネットワークを通じて利用するアプリケーションシステム内に，安全に保管されたデータ。

(ウ) チェーン店の売上データや運送業者の運送量データなど，事業の運営に役立つデータであり，提供元が提供先を限定して販売しているデータ。

(エ) 有料の DBMS に代わり，オープンソースの DBMS を用いて蓄積されている企業内の業務データ。

問題文 Check
❶利用が公開されているのがオープンデータの特徴である。

ベストフィット
二次利用が可能な公開されたデータがオープンデータである。

解答 (ア)

解説 オープンデータは，プログラムなどからの判読に適したデータ形式で公開されているデータを指す。二次利用が許されており，人の手を掛けずに利用がしやすいなどの特徴がある。公的機関からこのような特徴をもつデータが公開され，活用されている場合も多い。データ量が多ければ，ビッグデータとしての側面ももつ。

14 安全のための対策と技術 (p.67)

32 〈セキュリティの3要素〉 次の情報セキュリティに係る事象において,機密性,完全性および可用性のうち,損なわれたものをすべてあげよ。
　ある職場では,ファイルはすべて暗号化してサーバに保管していた。そのサーバにウイルスが感染し,一部のファイルが削除された。ウイルスの駆除とファイルをバックアップから復元するために数日必要となり,その間は業務が行えないため,利用者に迷惑を掛けた。

解答 完全性,可用性

解説 ファイルはすべて暗号化されており,流出したとの記述もないため「機密性」は損なわれていない。一部のファイルが削除されたことから「完全性」が損なわれており,復元のために数日必要となり,その間は業務が行えないことから「可用性」も損なわれた。

問題文 Check
❶暗号化されていることから,「情報は流出していない」ことが読み取れる。
❷ファイルが削除されたことから,「情報が失われた」ことが読み取れる。
❸数日間業務が行えないことから,「情報にアクセスできなくなった」ことが読み取れる。

ベストフィット
許可されていないものが情報にアクセスした場合に機密性が損なわれる。

---

33 〈パスワード作成〉 パスワードを数字[0-9]と英小文字[a-z]の組み合わせで作成した場合,次の問いに答えよ。
(1) 4桁の場合は何通りになるか,a^n の形で答えよ。
(2) 4桁から6桁に桁を増やした場合,組み合わせの数は何倍になるか答えよ。

解答 (1) 36^4 通り　(2) 1296倍(36^2倍)

解説 (1) 数字が10通り,英小文字が26通りであることから1桁あたり36通りとなる。パスワードの組み合わせ数は通りの数のべき乗であるため,4桁では 36^4 となる。
(2) 6桁になった場合の組み合わせ数は,36^6 となる。4桁からの倍数は $36^6 \div 36^4 = 36^2$ となる。

問題文 Check
❶数字が0から9で10通り,英小文字は26通りとなる。

ベストフィット
パスワードの組み合わせ数は(文字の種類の数)^桁数 となる。

---

34 〈パリティビット〉 右の図のように16ビットを4×4の正方形状に並べ,行と列にそれぞれ偶数パリティとしてパリティビットを付加した。誤りがある行をあ~えで,列をa~dでそれぞれ答えよ。ここで,誤りは1ビットのみとし,図中の色が付いている部分はパリティビットを表す。

	a	b	c	d	
あ	0	1	1	0	0
い	1	0	0	0	1
う	0	1	0	1	1
え	1	1	1	0	1
	0	1	1	1	

解答 誤りがある行:う　誤りがある列:c

解説 パリティは1のビット数を偶数,奇数に揃えることで誤りを発見,訂正する仕組みである。
(1) 各行の1の個数は,あ…2個,い…2個,う…3個,え…4個。う行だけが奇数なので,う行に誤りがあることがわかる。
(2) 各列の1の個数は,a…2個,b…4個,c…3個,d…2個。c列だけが奇数なので,c列に誤りがあることがわかる。

問題文 Check
❶図では行が横の並び,列が縦の並びで表されている。
❷元のビット列四つと,パリティビット一つの5ビットで,元のビット列は変更せずに,パリティビットを0または1で設定することにより,1の個数が偶数となるようにする。

ベストフィット
パリティはビット列の中にある1の個数を,奇数または偶数に揃えることで誤りを発見する技術。

35 〈暗号化方式〉 次の文章の空欄に入る最も適当なものを，下の(ア)～(ケ)から一つずつ選べ。

一般に，暗号化したデータを元のデータに戻すことを（ ① ）という。情報通信における暗号の方式には，共通鍵暗号方式と公開鍵暗号方式の2種類がある。共通鍵暗号方式では暗号化と(①)に共通の鍵を使用する。通信で共通鍵を用いる場合，鍵は通信を行う前に，送信者と受信者だけが秘密に保持している必要がある。

一方，公開鍵暗号方式では，2個の鍵をペアで使用し，暗号化と(①)に異なる鍵を用いる。送信者は（ ② ）を使用して暗号化したデータを，受信者が（ ③ ）で(①)できる。

(ア) 量子化 (イ) 符号化 (ウ) 標本化 (エ) 反転 (オ) 復号
(カ) 送信者の秘密鍵 (キ) 送信者の公開鍵
(ク) 受信者の秘密鍵 (ケ) 受信者の公開鍵

> **問題文 Check**
> ❶「暗号化に使用する鍵を聞いている」ことが読み取れる。
> ❷「復号に使用する鍵を聞いている」ことが読み取れる。
>
> **ベストフィット**
> 公開鍵暗号方式では受信者の公開鍵で暗号化し，受信者の秘密鍵で復号する。

解答 ① (オ)　② (ケ)　③ (ク)

解説 ① 暗号化したデータを元に戻すことを復号という。
②③ 公開鍵暗号方式では，暗号化用の公開鍵と，復号用の秘密鍵を受信者が作成する。送信者は受信者から公開鍵を入手して暗号化し，データを送信する。受信者は受信した暗号データを自らが作成した復号用の秘密鍵で復号する。

---

36 〈デジタル署名〉 次の(ア)～(エ)の記述のうち，デジタル署名をした電子メールに関するものとして適当なものをすべて選べ。

(ア) 電子メールの内容を途中で盗み見られることを防ぐ。
(イ) 電子メールの送信者に他人がなりすましていないかを受信者が確認できる。
(ウ) 電子メールの内容が書き換えられていないことを受信者が確認できる。
(エ) 電子メールで行う契約を送信者が確実に実施することを確認できる。

> **問題文 Check**
> ❶デジタル署名では，元のデータを暗号化していないため盗み見は防げない。
> ❷契約を確実に実施することは，デジタル署名の有無で確認できない。
>
> **ベストフィット**
> デジタル署名は送信者の秘密鍵で暗号化し，送信者の公開鍵で復号する。

解答 (イ), (ウ)

解説 デジタル署名は公開鍵暗号方式を，送信者側と受信者側，暗号化用と復号用の公開鍵，秘密鍵の関係を逆転させて使用する。

公開鍵，秘密鍵を生成するのは送信者側になる。送信者は秘密鍵を用いて送信用データから作成したダイジェストと呼ばれるデータを暗号化し，デジタル署名として添付し，送信する。受信者は公開鍵を用いて復号し，送信用データと照合する。照合結果が合っていれば，間違いなく送信者自身が暗号化したデータであることから，なりすましていないことがわかり，また本文とデジタル署名が照合できることから本文が書き換えられていないことがわかる。

---

review ◆ 公開鍵基盤

ネット社会に必要なセキュリティを確保するために，公開鍵暗号方式を社会の土台(基盤)として使用することを，公開鍵基盤(PKI：Public Key Infrastructure)という。

これまでは紙の書類に押印し，役所の発行する印鑑証明書で印影を確認することで認証していた契約手続きが，秘密鍵で作成したデジタル署名を，認証局が発行した公開鍵で確認することで認証することができるようになる。

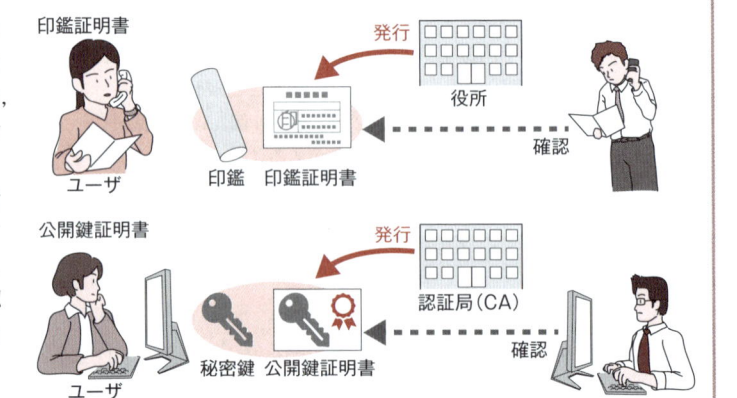

37 〈生体認証〉 次の(ア)〜(エ)の記述のうち，パスワードなどの知識による認証に比べ，生体情報による認証が優位となるものをすべて選べ。
(ア) アカウントを使用し始める際に，認証に用いる情報を利用者に伝えさえすれば使用が開始できる。❶
(イ) けがなどにより，認証に用いる情報が使えなくなることがある。
(ウ) 認証に用いる情報を忘れてしまうこと❷により，使用できなくなることがない。
(エ) ソーシャルエンジニアリングによる被害を受けることが少ない。❶

問題文 Check
❶ パスワードなどを指している。
❷ 生体情報を指している。

ベストフィット
生体認証は認証情報を忘れたり流出させたりする可能性を低くする。

解答 (ウ)，(エ)

解説
(ア) 知識による認証であれば，IDとパスワードを伝えれば使用が開始できるが，生体認証では生体情報を認証するシステムに取り込んでおく必要がある。
(イ) 生体認証では，けがなどで認証に使用する体の部位を損傷した場合に認証できなくなる可能性がある。
(ウ) 生体情報による認証では，パスワードなどの認証に用いる知識を忘れて認証できなくなることがない。
(エ) ソーシャルエンジニアリングでは，パスワードなど認証に用いる知識を，人間の心理的な隙や，行動のミスにつけ込んで入手することが多い。生体認証では，知識を認証に用いないので流出することはない。

review ◆ 生体認証の方法

おもな生体認証の方法として次のものがある。
- 指紋認証：手の指にある指紋を用いる。スマートフォンでの利用など非常に普及しているが，指のケガや汚れにより認証できないことがある。
- 静脈認証：指や手のひらの中にある静脈のパターンを用いる。銀行のATMで使用されるなど精度は高いが，機器が高額で普及が進みにくい。
- 虹彩認証：瞳の中にある虹彩のパターンを用いる。精度は高いが，機器が高額で普及が進みにくい。
- 顔認証：顔自体の特徴を抽出して用いる。認証される側の負担が少なく，精度も向上してきているが，メガネや帽子，マスクなどにより認証の精度が下がる場合が多い。

---

38 〈パスワード〉 数字[0-9] 4桁で作成されたパスワードを，すべての組み合わせを試す総当たり攻撃により，1秒で解読する不正アクセス攻撃を受けた。同じ攻撃を受けたときに総当たりが終了するまでに20分以上時間がかかるようにしたい。(1)引き続き数字[0-9]のみでパスワードを作成する場合，(2)数字[0-9]と英小文字[a-z]の組み合わせでパスワードを作成する場合，それぞれ何桁が必要となるか求めよ。ただし，攻撃に必要な時間は，パスワードの組み合わせ数のみに影響されるものとする。❶

問題文 Check
❶「組み合わせ数が攻撃に必要な時間を決定する」と読み取れる。

ベストフィット
組み合わせ数の倍数が，総当たり攻撃にかかる時間の倍数となる。

解答 (1) 8桁 (2) 5桁

解説 数字4桁の組み合わせ数は10000通りである。20分(1200秒)以上かかるようにするには12000000通り以上にする必要がある。
(1) 数字のみでは7桁で10000000通り，8桁で100000000通りとなる。
(2) 数字と英小文字を足すと36通りとなる。4桁で1679616通り，5桁で60466176となる。

39 〈セキュリティ技術〉 ネットワークへの不正な侵入や攻撃を検出，遮断する仕組みである(1)「ファイアウォール」と，インターネット上でやり取りされる情報を暗号化することで仮想的な専用ネットワークとする(2)「VPN」のそれぞれで実現できることの説明として，最も適当なものを次の(ア)～(エ)から一つずつ選べ。

(ア) インターネット経由でデータの送受信を行う際の遅延時間を減らす。
(イ) インターネット経由でパソコンを職場のネットワークにセキュリティを確保して接続する。
(ウ) 内部ネットワークに対して外部からの不正アクセスを防ぐ。
(エ) 内部ネットワークに保存されているデータを暗号化する。 ❶

問題文 Check
❶VPNは，ネットワークでやり取りされるデータを暗号化するが，保存されているデータを暗号化するわけではない。

ベストフィット
インターネットからの「防火壁」となるファイアウォール，バーチャルな「プライベート」ネットワークのVPN。

解答 (1) (ウ)　(2) (イ)

解説 (1) ファイアウォールは「防火壁」を語源とし，インターネットからの不正な侵入から内部ネットワークを守る役割を果たす。
(2) VPNはバーチャルプライベートネットワークの頭文字を取っており，インターネット上でやり取りするデータを暗号化して，仮想的にプライベートなネットワークを構築する技術。

review ◆ VPN

VPN（Virtual Private Network）はインターネットを通してあたかもプライベートなネットワークを構築する技術の総称である。インターネット上でやり取りされるパケットを暗号化することにより盗聴を防ぐ。

最近では，職場のLANやパソコンと自宅のパソコンをVPN回線で結ぶことで，リモートワークが行えるようになるなど活用の範囲は広がっている。

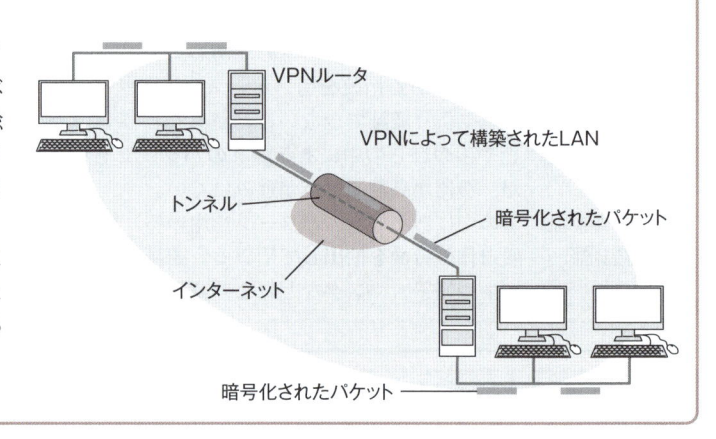

---

40 〈フィルタリング〉 コンテンツフィルタリングについての次の(ア)～(エ)の記述を，(1)ブラックリスト方式と，(2)ホワイトリスト方式のいずれの特徴を述べたものか分類せよ。

(ア) 新しい有害Webサイトへの接続が確実に遮断できる。
(イ) 新しい有害Webサイトへの接続が遮断されにくい。 ❶
(ウ) 有害でないWebサイトへの接続が遮断されやすい。 ❷
(エ) 有害かどうかわからないWebサイトへの接続が遮断されやすい。 ❸

問題文 Check
❶ホワイトリスト方式では，リストに掲載されていないサイトが遮断される。
❷ブラックリスト方式では，リストに掲載されていないサイトは遮断されない。
❸ホワイトリスト方式では，リストに掲載されていないサイトが遮断されるため，有害でなくても，有害かどうかわからなくても遮断されてしまうことがある。

解答 (1) (イ)　(2) (ア), (ウ), (エ)

ベストフィット
ブラックリスト方式は未知の有害サイトに弱い。ホワイトリスト方式はリストに掲載されていないサイトがすべて遮断される。

解説 (1) ブラックリスト方式では，有害なWebサイトを掲載したリストを元に，掲載されたサイトに対して遮断を行うため，インターネットに無数に存在する有害サイトすべてを遮断することが難しい。
(2) ホワイトリスト方式では，遮断しない（有害ではない）Webサイトを掲載したリストを元に，掲載されていないサイトに対して遮断を行うため，有害かどうかわからないサイトもすべて遮断される。

41 〈HTTPS〉 次の文章の空欄に適当な語句を入れよ。

　Webページをブラウザで表示する際，URL欄に表示されるアドレスの最初が「https://」から始まっている場合は，（　①　）を使用した暗号化が行われている。（①）では，（　②　）と（　③　）を組み合わせてWebページを暗号化する。また，（①）では（　④　）により署名が行われた（　⑤　）が添付されることで，なりすましのWebサイトを防ぐ効果もある。

問題文 Check
❶暗号化を行うプロトコルが問われている。
❷なりすましのWebサイトを防ぐためには，第三者による認証が必要であることに着目する。

ベストフィット
HTTPSでは，SSL/TLSによる暗号化と，電子証明書を用いたWebサイトの認証が行える。

解答
① SSL/TLS
②・③ 公開鍵暗号方式・共通鍵暗号方式　（順不同）
④ 認証局（またはCA）　⑤ 電子証明書

解説　HTTPSにおいては，第三者機関である認証局がデジタル署名を行った電子証明書を用いて，Webサイトが他人によるなりすましではないことを認証することができる。

review ◆HTTPSでの認証方法

　HTTPSでは，プロトコルとしてSSL/TLSが用いられている。SSL/TLSは，共通鍵暗号方式と公開鍵暗号方式をともに用いることからハイブリッド暗号方式と呼ばれる。SSL/TLSは，おおむね次のような手順で暗号化を実施している。
① 通信内容である平文を，共通鍵で暗号化する。
② ①で暗号化に用いた共通鍵を，受信者の公開鍵で暗号化する。
③ 共通鍵で暗号化された通信内容と，受信者の公開鍵で暗号化された共通鍵を，受信者に送る。
④ 共通鍵を，受信者の秘密鍵で復号する。
⑤ ④で復号された共通鍵を用いて，通信内容を暗号化した暗号文を復号する。

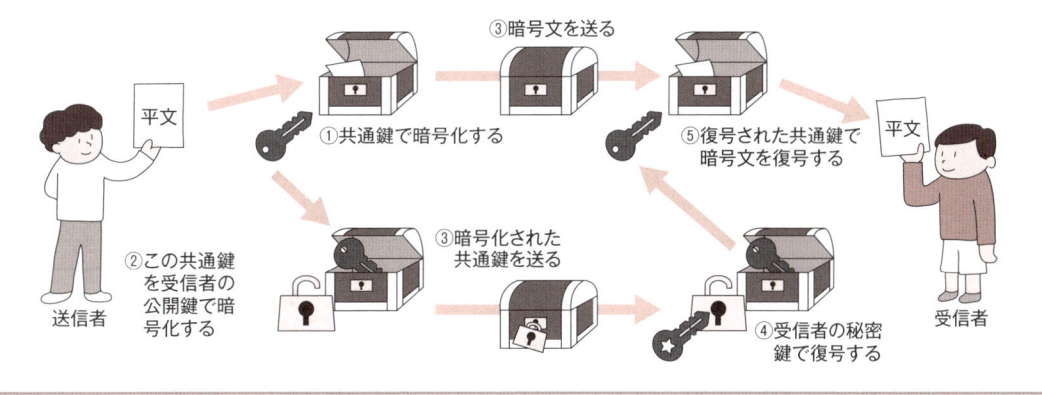

第5章 問題解決

p.72 ▶15 データの収集と整理

1〈データの収集〉 データを収集する場合，調査の目的に応じて対象集団の全体について調べる全数調査か，全体から一部分を無作為に抽出する標本調査(サンプリング)のどちらかで行われる。ここで，次の(1)～(5)では，全数調査または標本調査のどちらで行うのが適当か答えよ。
(1) 学校で行われる健康診断　(2) テレビ番組の視聴率の調査　(3) 国勢調査❶
(4) 飛行機に搭乗する前に実施される手荷物検査　(5) 食品工場での品質調査

問題文 Check
❶国勢調査とは，5年ごとに行われる，国内の人口や世帯の実態を明らかにするための調査である。

▶ ベストフィット
母集団のすべてを対象とするのが全数調査，一部を対象とするのが標本調査(サンプリング)である。

解答 (1) 全数調査　(2) 標本調査　(3) 全数調査
　　　(4) 全数調査　(5) 標本調査

解説 (1) 学校で行われる健康診断は全数調査であり，すべての児童・生徒の結果を得る必要がある。
(2) 視聴率は標本調査であり，全国で約10000世帯の家庭に設置された専用の測定機によって調査する。
(3) 国勢調査は全数調査であり，日本に住んでいるすべての人と世帯を対象としている。
(4) 空港での手荷物検査は全数調査であり，すべての荷物をチェックしている。
(5) すべての食品を検査することはできないため，標本調査によって一部のサンプルから検査する。

review ◆ 全数調査と標本調査

アンケートや調査の対象となる母集団に対し，母集団のすべてを対象に調査する方法を**全数調査**といい，母集団の一部を抽出して調査する方法を**標本調査(サンプリング)**という。

全数調査は，漏れなくすべてを調査するため正確な結果を得ることができるが，調査の手間や費用が膨大になる傾向にある。

一方，標本調査は，調査の手間や費用を抑えることができるが，真の値と調査結果との間に誤差が生じることがある。どちらも一長一短であるため，調査の目的や求められる精度によって，全数調査と標本調査を使い分ける必要がある。

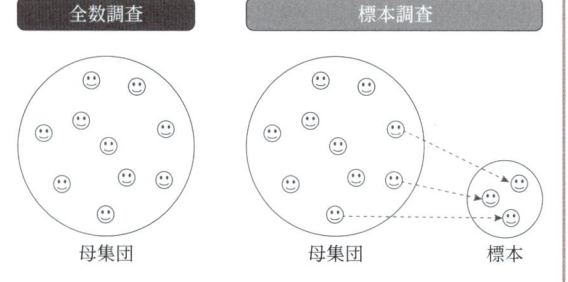

2〈数値データの整理〉 ある路線バスの始点から終点まで掛かる時間を調べるために，実際にバスに乗車して掛かった時間を測定機器を用いて計測した。このとき，次の(1)～(4)の「外れ値」❶と「異常値」❷に関する記述のうち，適当なものには○を，適当でないものには×を記せ。
(1) 道路が混雑する時間帯にバスに乗車して計測したため，いつもよりも時間が掛かってしまった。これは，乗車時間が通常とは異なる時間帯であったために発生した「外れ値」とみなし，除外することが妥当である。
(2) たまたま事故が発生して道路が混雑してしまい，そのためにいつもより時間が掛かってしまった。これは，事故という偶発的な事柄が起こったために発生した「外れ値」とみなし，除外することが妥当である。
(3) 測定した値を記録する際に，測定機器の数値を読み間違えてしまい，実際に測定されたものとは異なる時間が記録された。これは，記録時の不手際から発生した「外れ値」とみなし，除外することが妥当である。
(4) 測定機器が故障してしまい，実際に測定される値とは異なる時間が記録された。これは，測定機器の故障が原因で発生した「異常値」とみなし，除外することが妥当である。

問題文 Check
❶データの中に含まれる，多くの値から極端にかけ離れた値のことを「外れ値」という。
❷調査の過程に不手際があったデータを「異常値」という。

▶ ベストフィット
調査の過程に不手際があったデータは「異常値」と呼び，除外して処理することが妥当である。

解答 (1) ×　(2) ○　(3) ×　(4) ○

解説 (1) 誤り。道路の渋滞は日常的に発生するものであり，通常よりも大幅に時間が掛かることも考えられる。そのため，この場合は「外れ値」として除外することは妥当ではない。

(2) 正しい。事故の影響で道路が混雑することは起こり得るが，自然に発生する(1)の渋滞とは区別できる。そのため，この場合は「外れ値」として除外することが妥当である。

(3) 誤り。調査の過程に不手際があったデータは，値そのものに価値はなく，「異常値」とみなす。そのため，この場合は「外れ値」ではなく「異常値」として除外することが妥当である。

(4) 正しい。測定機器の故障という原因が明らかであるため，この場合は「異常値」とみなして除外することが妥当である。なお，異常値は，多くの値から極端にかけ離れているとは限らない。

---

3 〈データの尺度水準〉データは，数量的な意味があり，計算が可能な量的データと，数量的な意味がなく，分類として意味をもつ質的データに分けられる。ここで，次のA～Eのデータについて，下の問いに答えよ。

A．西暦（例：2000年，2020年　など）
B．値段（例：100円，1500円　など）
C．重さ（例：10 g，100 kg　など）
D．住所（例：○○県○○市○○１丁目１番地　など）
E．学年（例：１年，２年，３年　など）

(1) 上のA～Eのデータは，(ｱ)質的データと(ｲ)量的データのどちらに分類されるか，それぞれ適当なものを選べ。

(2) 上のA～Eのデータは，どのデータの尺度水準に分類されるか，次の(ｱ)～(ｴ)からそれぞれ適当なものを選べ。
(ｱ) 名義尺度　(ｲ) 順序尺度　(ｳ) 間隔尺度　(ｴ) 比例尺度

問題文Check
❶「数量的に意味があり，数値の計算が可能かどうか」で質的データと量的データに分類する。
❷「数値の順序に意味をもつかどうか」，「数値の比に意味をもつかどうか」で名義尺度，順序尺度，間隔尺度，比例尺度に分類する。

ベストフィット
質的データのうち，数値の順序に意味をもつものが順序尺度，意味をもたないものが名義尺度である。量的データのうち，数値の比に意味をもつものが比例尺度，意味をもたないものが間隔尺度である。

解答 (1) A：(ｲ)　B：(ｲ)　C：(ｲ)　D：(ｱ)　E：(ｱ)
(2) A：(ｳ)　B：(ｴ)　C：(ｴ)　D：(ｱ)　E：(ｲ)

解説 (1) A．西暦，B．値段，C．重さは，数量的に意味があり，数値の計算が可能であるため量的データである。一方，D．住所，E．学年は，数値の計算ができないため質的データである。

(2) A．西暦は，数値の比に意味をもたないため間隔尺度である。B．値段，C．重さは，数値の比に意味をもつため比例尺度である。D．住所は，数値の順序に意味をもたないため名義尺度である。E．学年は，数値の順序に意味をもつため順序尺度である。

---

review ◆ データの尺度水準

データは，分類としてのみ意味をもつ**質的データ**と，数量的な意味をもち，数値の計算が可能な**量的データ**に分けられる。

また，質的データのうち，数値の順序に意味をもたないものを**名義尺度**，意味をもつものを**順序尺度**という。

一方，量的データのうち，数値の比に意味をもたないものを**間隔尺度**，意味をもつものを**比例尺度**という。

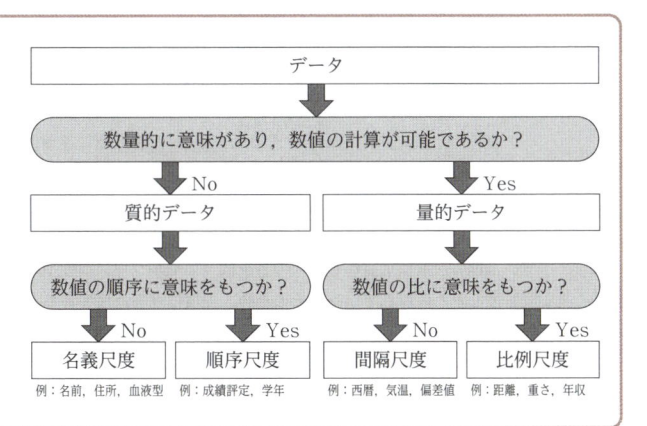

```
                    データ
                      │
    数量的に意味があり，数値の計算が可能であるか？
         │ No                    │ Yes
      質的データ               量的データ
         │                        │
  数値の順序に意味をもつか？    数値の比に意味をもつか？
      │ No    │ Yes           │ No    │ Yes
    名義尺度 順序尺度        間隔尺度 比例尺度
  例：名前,住所,血液型  例：成績評定,学年  例：西暦,気温,偏差値  例：距離,重さ,年収
```

15．データの収集と整理　73

4 〈数値データの補完〉 次の表は，水を加熱した時間による温度の変化を測定した結果である。ただし，加熱して3分後はうっかり見損ねたため，測定ができなかった。このとき，下の問いに答えよ。

時間	1分後	2分後	3分後	4分後	5分後
温度[℃]	32.4	46.1		73.5	87.2

❶

(1) このような，測定できなかった値を何というか答えよ。
(2) 表の「3分後」の温度を類推せよ。
(3) X分後の温度をT[℃]とすると，TはXを使って式で表せる。（　）内に適当な式を記せ。T＝（　　　）

> **問題文 Check**
> ❶ 1分ごとに水が何℃上昇しているのか，表から読み取る。

> **ベストフィット**
> アンケートで無回答であった項目や，欠席した生徒がいるテストの科目など，何らかの理由でデータを取得できなかった値を欠損値という。

解答 (1) 欠損値　(2) 59.8　(3) $13.7X+18.7$

解説 (1) 測定者あるいは機械によって一部のデータが測定できなかった場合，欠損値として扱われる。なお，この場合は測定者が要因で発生した欠損値である。
(2) 右の図は，3分後を除くデータをグラフ化したものである。1分後と2分後，4分後と5分後の間は，ちょうど13.7離れていることから，3分後もこの傾向があると仮定し，59.8としてデータを類推する。
(3) 右の図から，温度は線形で上昇しているため，一次関数 $T=aX+b$ で表すことができる。1分ごとに値が13.7上昇することから，傾き a は13.7，切片 b は $32.4-13.7=18.7$ となる。傾き a と切片 b を一次関数 $T=aX+b$ に当てはめると，$T=13.7X+18.7$ を得る。

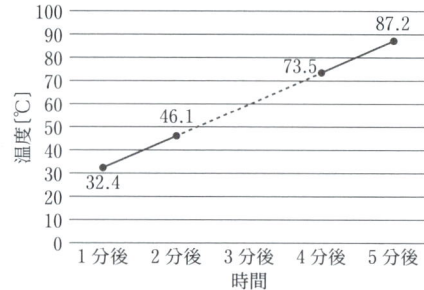

---

5 〈データの尺度水準〉 次の文章を読み，下の問いに答えよ。

　データは，数量的な意味をもつ（　A　）と，分類としてのみ意味をもつ（　B　）に分けられる。これらの値を決める基準となるものを尺度という。尺度にはさまざまな性質をもつものがある。

(1) 文章中のA，Bに入る適当な語句を答えよ。
(2) A，Bに対する尺度を下の(ア)～(エ)から二つずつ選べ。
　　(ア) 名義尺度　(イ) 順序尺度　(ウ) 間隔尺度　(エ) 比例尺度
(3) 次の①～④の記述のうち，適当なものには○を，適当でないものには×を記せ。
　① 多くの全国統計調査は，国が定めた都道府県番号順に整理されている。そのため，都道府県番号は順序尺度である。❶
　② 高度10000 mは，100 mの100倍の高さがあるというように，「比」で考えることができる。そのため，高度は比例尺度である。
　③ 温度の尺度は，提唱した人の名を取ってセルシウス温度やファーレンハイト温度などと呼ばれている。そのため，温度は名義尺度である。
　④ 災害時の警戒レベルは，1から5まで1段階ずつ増える。そのため，災害時の警戒レベルは間隔尺度である。❷

> **問題文 Check**
> ❶ 都道府県番号とは，JISコードによって各都道府県に割り当てられた2桁の番号のことである。
> (例)北海道：01，東京都：13，愛知県：23，京都府：26，大阪府：27，福岡県：40，沖縄県：47　など
> ❷ 災害時の警戒レベルは，気象庁によって，大雨，洪水，高潮の現象において，警戒レベル1から5まで定められている。

> **ベストフィット**
> データは，その性質によって名義尺度，順序尺度，間隔尺度，比例尺度に分類することができ，これをデータの尺度水準という。

解答 (1) A：量的データ　B：質的データ
(2) A：(ウ)，(エ)　B：(ア)，(イ)
(3) ① ×　② ○　③ ×　④ ×

74　第5章　問題解決

解説 (1) 数量的な意味をもつのが量的データ，分類としてのみ意味をもつのが質的データである。
(2) 名義尺度と順序尺度は質的データ，間隔尺度と比例尺度は量的データに分類される。
(3) ① 誤り。都道府県番号は，おおよそ北から南の順に割り当てられているが，番号の順序には意味がない。都道府県番号は順序尺度ではなく名義尺度である。
② 正しい。高度は海面である0mを基準として「比」で表すことができ，問題文のように，高度10000mは100mの100倍の高さがあると考えることができる。
③ 誤り。温度の単位の種類は多くの場合，提唱者の名前で区別される名義尺度であるが，温度は0度の状態が「温度がない」という意味ではない間隔尺度である。
④ 誤り。災害の警戒レベルは1から5まで1段階ずつ増えており順序性があるが，その間隔は一定ではない。災害の警戒レベルは間隔尺度ではなく順序尺度である。

---

6 〈尺度水準の特徴〉 次の表は，四つの尺度水準のデータに対し，最大値，最小値，最頻値，中央値，平均値を求めることに意味があるかどうかを示したものである。ここで，表中の①〜⑧のうち，該当の値を求めることに意味があるものには○を，意味がないものには×を記せ。

	名義尺度	順序尺度	間隔尺度	比例尺度
最大値	×	○	○	○
最小値	×	○	○	○
最頻値	①	②	○	○
中央値	③	④	○	○
平均値	⑤	⑥	⑦	⑧

問題文 Check
❶最頻値は，最も出現頻度が高いデータのことであり，モードともいう。
❷中央値は，データを昇順／降順に並べたときに中央に位置するデータのことであり，メジアンともいう。また，箱ひげ図では第2四分位数と同じ意味となる。

ベストフィット
数値の順序に意味をもたないものを名義尺度，意味をもつものを順序尺度という。数値の比に意味をもたないものを間隔尺度，意味をもつものを比例尺度という。

解答 ① ○ ② ○ ③ × ④ ○
⑤ × ⑥ × ⑦ ○ ⑧ ○

解説 四つの尺度水準について，適当なデータを想定して解答する。例えば，名義尺度は「名前」，順序尺度は「順位」，間隔尺度は「気温」，比例尺度は「距離」と置き換えて考えるとよい。

名義尺度は，数値の順序に意味をもたないデータである。そのため，名前に対して「①最頻値」を求めることはできるが，名前に対して「③中央値」や「⑤平均値」を求めることはできない。

順序尺度は，数値の間隔は一定でないが，数値の順序に意味をもつデータである。そのため，順位に対して「②最頻値」や「④中央値」を求めることはできるが，間隔が一定ではない順位に対して「⑥平均値」を求めることに意味はない。

間隔尺度は，数値の比に意味をもたないが，数値の間隔が一定のデータである。そのため，気温に対する最頻値，中央値，「⑦平均値」のいずれを求めることにも意味がある。

比例尺度は，数値の比にも意味をもつデータである。そのため，間隔尺度と同様に，距離に対して最頻値，中央値，「⑧平均値」のいずれを求めることにも意味がある。

	名義尺度 例：名前	順序尺度 例：順位	間隔尺度 例：気温	比例尺度 例：距離
最大値	×	○	○	○
最小値	×	○	○	○
最頻値	○	○	○	○
中央値	×	○	○	○
平均値	×	×	○	○

p.76 ▶16 データの扱いと処理

7 〈箱ひげ図と四分位数〉 10人の生徒に土日の家庭学習時間を調査したところ、次の通りであった。このとき、下の問いに答えよ。

$$2\ \ 3\ \ 3\ \ 4\ \ 4\ \ 5\ \ 6\ \ 7\ \ 7\ \ 9\ \ [時間]$$

(1) 次の①~⑦の値を求めよ。
   ① 最小値 ② 最大値 ③ 平均値 ④ 第1四分位数
   ⑤ 第2四分位数(中央値) ⑥ 第3四分位数 ⑦ 四分位範囲

(2) 上のデータを箱ひげ図にした場合、次の(ア)~(エ)のどの形状になるか一つ選べ。

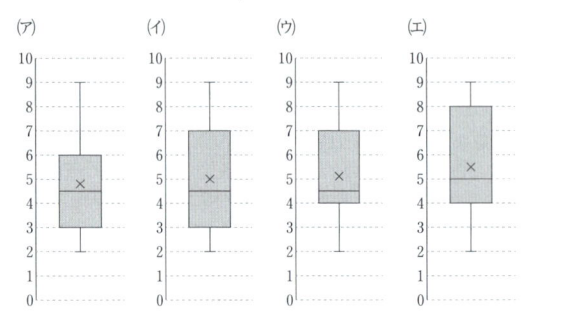

問題文 Check

❶ 四分位範囲とは、第3四分位数から第1四分位数を引いた値のことであり、「箱」に位置するデータの範囲を意味する。

ベストフィット

最小値、最大値、平均値、第1四分位数、第2四分位数(中央値)、第3四分位数の六つの値を使用し、箱ひげ図を作図する。

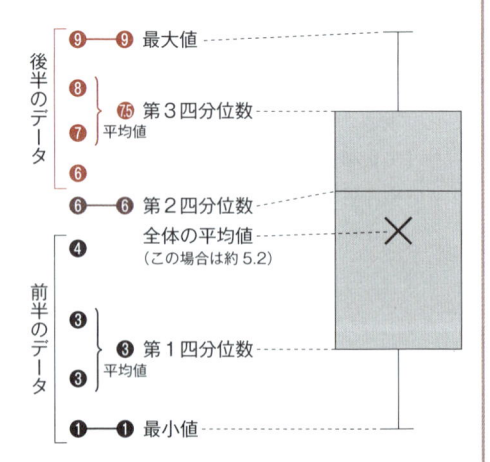

解答 (1) ① 2 ② 9 ③ 5 ④ 3 ⑤ 4.5 ⑥ 7 ⑦ 4 (2) (イ)

解説 (1)
① 最小値は、データの範囲で最も小さい値であるため、この場合は2となる。
② 最大値は、データの範囲で最も大きい値であるため、この場合は9となる。
③ 平均値は、合計÷個数で求めることができ、この場合は50÷10=5となる。
④ 第1四分位数は、前半のデータ「2, 3, 3, 4, 4」の中央値であるため、この場合は3となる。
⑤ 第2四分位数は、全データの中央値であるため、この場合は4と5の平均を取って4.5となる。
⑥ 第3四分位数は、後半のデータ「5, 6, 7, 7, 9」の中央値であるため、この場合は7となる。
⑦ 四分位範囲は、第3四分位数から第1四分位数を引いた値であるため、この場合は7−3=4となる。

(2) (ア)~(エ)の箱ひげ図は、最大値と最小値は等しいため、第1四分位数と第3四分位数を比較して正しいものを選択する。第1四分位数が3であるのは、(ア)か(イ)である。(ア)と(イ)のうち、第3四分位数が7であるのは、(イ)である。そのほか、第2四分位数(中央値)や平均値も一致していることを確認する。

review ◆ 箱ひげ図と四分位数

量的データの散らばりを比較する場合、箱ひげ図を用いることが多い。データを昇順に並べたとき、全体を四等分する位置にある三つの値を**四分位数**といい、$\frac{1}{4}$に位置するデータを**第1四分位数**、$\frac{2}{4}$に位置するデータを**第2四分位数(中央値)**、$\frac{3}{4}$に位置するデータを**第3四分位数**という。

ただし、データ数が偶数の場合は、第2四分位数は中央の二つの値の平均値を取る。第1四分位数、第3四分位数についても同様で、前半のデータ数、後半のデータ数が偶数の場合には、それぞれ中央の二つの値の平均値を取る。三つの四分位数と最大値、最小値、平均値を使って、箱ひげ図を描く。

なお、右の箱ひげ図は縦に描かれているが、横に描かれている箱ひげ図もある。

8 〈散布図によるグラフ化〉 次の(1)～(5)の組み合わせを散布図で表現した場合、どのような形状になるか。右の(ア)～(ウ)から散布図の形状をそれぞれ選べ。

(1) 身長と靴のサイズ
(2) 体重とテストの順位
(3) 1か月の収入額と支出額
(4) 年間積雪日数と年間平均気温
(5) 日本の都市の緯度と年間平均気温

問題文 Check
❶二つの変量の関係を座標平面上の点で表したグラフのことである。

ベストフィット
2種類のデータ間において、一方が増えると他方も増える関係を正の相関、一方が増えると他方は減る関係を負の相関、どちらの関係でもない場合を相関なしまたは無相関という。

解答 (1) (ア) (2) (イ) (3) (ア) (4) (ウ) (5) (ウ)

解説
(1) 正の相関である。一般に、身長が高くなると靴(足)のサイズも大きくなる。
(2) 相関なし(無相関)である。体重とテストの順位の間に関連性はない。
(3) 正の相関である。一般に、収入額に比例して支出額も増える傾向にある。
(4) 負の相関である。平均気温が高くなるほど、積雪日数は少なくなる(例えば、沖縄で雪が降ることはほぼない)。
(5) 負の相関である。緯度が高くなるほど、平均気温は下がる(例えば、東京よりも北海道のほうが気温は低い)。

review ◆ 散布図と相関係数

2種類の量的データ間の関係を調べる場合、平面上に各データを点で打った散布図を用いることが多い。2種類のデータ間において、一方が増えると他方も増える関係を**正の相関**、一方が増えると他方は減る関係を**負の相関**、どちらの関係でもない場合を**相関なし**または**無相関**という。相関の強さを表す指標を**相関係数**といい、-1以上1以下の値を取る。データ間の相関が強いほど散布図の点の分布は直線に近くなり、相関係数は、正の相関の場合は1、負の相関の場合は-1に近付く。

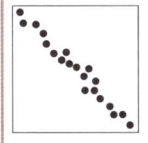

強い負の相関　　負の相関　　弱い負の相関　　相関なし 無相関　　弱い正の相関　　正の相関　　強い正の相関

16. データの扱いと処理

9 〈平均気温の時系列分析〉 次の折れ線グラフは，ある都市における 1980 年～2018 年までの平均気温に対し，移動平均法と移動中央値法によって時系列分析を行った結果である。このうち，(1)平均気温，(2)移動平均値，(3)移動中央値のグラフを，(ア)～(ウ)からそれぞれ選べ。❶

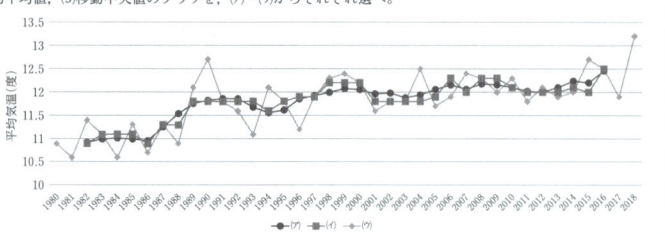

問題文 Check
❶時系列分析とは，時間とともに変動する量を時間順に並べた時系列データに対し，全体的な傾向をとらえたり，将来の動きを予想したりする分析方法のことである。

ベストフィット
一定時間範囲のデータに対し，移動平均法は平均値を，移動中央値法は中央値をその範囲の代表値とする方法である。

解答 (1) (ウ)　(2) (ア)　(3) (イ)

解説 時系列データの傾向を調べるには，細かな変動を取り除いておもな動きを明らかにするための平滑化などの方法がある。平滑化の手法である移動平均法は，一定時間範囲のデータの平均値をその範囲の代表値とする方法である（一定時間範囲は任意の区間である）。例えば，一定時間範囲を 3 年間としたとき，移動平均法は，ある年を中心とした 3 年間の平均値をその年の移動平均値とする。一方，移動中央値法は，3 年間のデータの中央値をその範囲の代表値とする方法である。移動中央値法では，大きく外れた値は中央値にならないため，移動中央値法は外れ値の影響を受けにくいという特徴がある。

これらを踏まえてグラフを見ると，例えば 1980 年と 1981 年の二つの年に(ア)と(イ)のグラフの点がないことから，一定時間範囲は 5 年間であること，(ウ)が平均気温（元データ）であると判断できる。

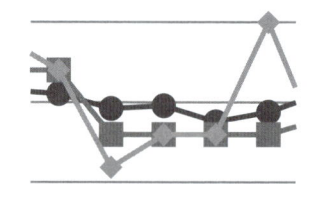

次に，グラフにおける移動平均値と移動中央値の見分け方として，一定時間範囲のデータを昇順に並べたとき，中央値がグラフに点で打たれているかどうかで判断することができる。例えば，グラフにおいて 2000 年から 2004 年までの 5 年間を一定時間範囲で考えると，●と平均気温◆が重なっている年はないが，■は平均気温◆と 2002 年と 2003 年の 2 箇所で重なっていることがわかる。そのため，●が移動平均値，■が移動中央値であることが判断できる。

なお，2000 年から 2004 年までの 5 年間の実際の数値は右の図のようになる。図のように，2002 年では平均気温と移動中央値が一致している。このことからも，●が移動平均値で 12.0，■が移動中央値で 11.8 であることがわかる。

	A	B	C	D
1	年	平均気温	移動平均値	移動中央値
2	2000	12.2		
3	2001	11.6		
4	2002	11.8	12.0	11.8
5	2003	11.8		
6	2004	12.5		

10 〈回帰直線による予測〉 SNS への情報発信件数と，Web サイトの訪問件数のデータを基に散布図を作成し，回帰直線を求めたところ，右の図のようになった。このとき，SNS 発信件数が 50 件のときの Web サイト訪問件数を予測せよ。ただし，Web サイト訪問件数は，小数第 1 位を四捨五入して整数で答えること。

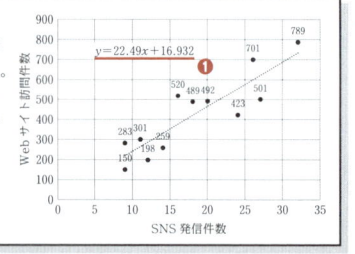

問題文 Check
❶「$y=22.49x+16.932$」の y の値は「Web サイト訪問件数」，x の値は「SNS 発信件数」を表している。

ベストフィット
二つの数の関係を直線関係（一次関数）と仮定して近似された直線を回帰直線という。

解答 1141 件

解説 散布図より，「SNS 発信件数」と「Web サイト訪問件数」には正の相関があることがわかる。この二つの数の関係を直線関係と仮定して近似した式が，$y=22.49x+16.932$ となる。ここで，回帰直線の x の値が「SNS 発信件数」，y の値が「Web サイト訪問件数」を表しているため，この式に $x=50$ を代入すると，$y=22.49×50+16.932=1141.432$ となる。そのため，「Web サイト訪問件数」は，小数第 1 位を四捨五入して 1141 件と予測できる。

11 〈箱ひげ図の比較〉 右の図は，課題考査，中間考査，期末考査を受けた生徒100人の点数（100点満点）を表した箱ひげ図である。次の(1)〜(5)のうち，箱ひげ図から読み取れるものには○を，読み取れないものには×を記せ。

(1) 課題考査と中間考査の最大値は，ほぼ同じ値である。
(2) 課題考査と期末考査の中央値の差は20程度である。
(3) 課題考査において，40以上の値を取るデータ数は50程度である。
(4) 中間考査と期末考査の箱の中に含まれるデータ数は，ほぼ同じである。
(5) 40以上の値を取るデータ数は，期末考査が課題考査の約3倍である。

問題文 Check

❶中央値は，箱ひげ図における第2四分位数を意味し，箱の内部の線がこれに該当する。また，箱の内部の「×」は平均値であるため，中央値と混同しないようにする。

ベストフィット

データの総数が等しい箱ひげ図では，それぞれの「ひげ」や「箱」に含まれるデータ数も同じである。

解答 (1) ○ (2) × (3) × (4) ○ (5) ○

解説
(1) 正しい。課題考査と中間考査の最大値はともに80である。
(2) 誤り。課題考査の中央値は20，期末考査の中央値は60であるため，その差は40である。
(3) 誤り。課題考査の40以上の値を取るデータ数には「ひげ」の上部が該当するため，25程度である。
(4) 正しい。箱ひげ図のデータの総数が等しいため，箱の中に含まれるデータ数も同じである。
(5) 正しい。40以上の値を取るデータ数は，課題考査が25，期末考査が75であるため，約3倍である。

---

12 〈散布図と相関係数〉 次の(1)〜(5)の記述のうち，正しいものには○を，誤っているものには×を記せ。

(1) 散布図では，相関が強ければ強いほど点が直線上に集まる。
(2) 散布図のX軸とY軸の単位は，必ず揃えなければいけない。
(3) 相関係数が0.1の場合，二つの変量には正の相関があると考えられる。
(4) 相関係数が0.3と−0.5では，−0.5のほうが相関は強い。
(5) 散布図のX軸とY軸を入れ替えると，相関係数の符号は逆になる。

問題文 Check

❶二つの変量の直線的な関係性の強さのことであり，−1以上1以下の値を取る。

ベストフィット

データ間の相関が強いほど，散布図の点の分布は直線に近くなる。相関係数は，正の相関の場合は1，負の相関の場合は−1に近付く。

解答 (1) ○ (2) × (3) × (4) ○ (5) ×

解説
(1) 正しい。データ間の相関が強いほど，散布図の点の分布は右上がりか右下がりの直線に近くなる。
(2) 誤り。2種類のデータの単位は異なっていてもよい。
(3) 誤り。0.1程度の相関係数では，二つのデータに正の相関があるとはいえない。
(4) 正しい。相関が強いとき，相関係数は，正の相関の場合は1，負の相関の場合は−1に近付く。
(5) 誤り。相関係数の符号は相関の正／負を表しているため，軸を入れ替えても符号は変わらない。

---

review ◆ 箱ひげ図のデータ数

箱ひげ図では，データを昇順に並べたとき，全体を四等分する箇所の数値をそれぞれ第1四分位数，第2四分位数(中央値)，第3四分位数という。そのため，箱ひげ図の「ひげ」や「箱」には同じデータ数が含まれる。例えば，下の図のデータ数A，データ数B，データ数C，データ数Dに含まれるデータ数は同じと考えてよい(全体のデータ数が4で割り切れない場合は均一にならない)。

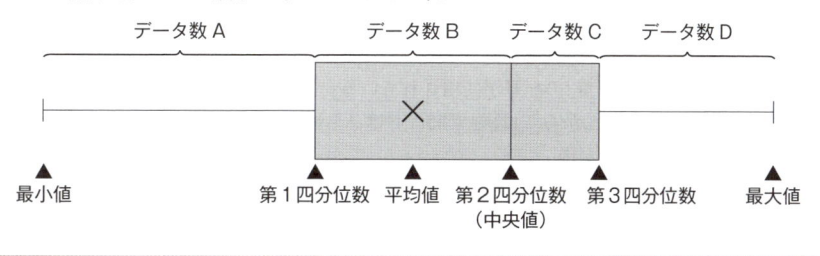

p.80 ▶17 モデル化とシミュレーション

13 〈さまざまなモデルによる表現〉 次の(1)〜(5)をモデル化する場合，確定的モデルと確率的モデルのどちらが適当か，下の(ア)，(イ)からそれぞれ選べ。
(1) 駐車場における駐車台数の予測
(2) ペダルをまわす速さと自転車の速度
(3) 出生率／死亡率から推測する人口の推移
(4) スマートフォンのバッテリー容量と稼働時間
(5) 貯水タンクの貯水量と放水可能時間
  (ア) 確定的モデル　　(イ) 確率的モデル

問題文Check
❶スマートフォンやノートパソコンのバッテリー容量には，一般にmAh（ミリ・アンペア・アワー）という単位が使用される。例えば，容量が1000 mAhのバッテリーは，1000 mAの電流を1時間流すことができ，500 mAの電流であれば2時間流すことができる。

解答 (1) (イ)　(2) (ア)　(3) (イ)　(4) (ア)　(5) (ア)

ベストフィット　変動する要素がなく，結果が一つに定まるモデルを確定的モデルという。一方，変動する要素があり，結果が一つに定まらないモデルを確率的モデルという。

解説 (1) 確率的モデルである。駐車台数は，天候や道路状況など不確定な要素を含んでいる。
(2) 確定的モデルである。ペダルの回転数から自転車の速度（タイヤの回転数）を算出することができる。
(3) 確率的モデルである。人口の推移は，出生率と死亡率という不確定な要素を含んでいる。
(4) 確定的モデルである。バッテリーの容量からスマートフォンの稼働時間を算出することができる。
(5) 確定的モデルである。貯水量から放水可能時間を算出することができる。

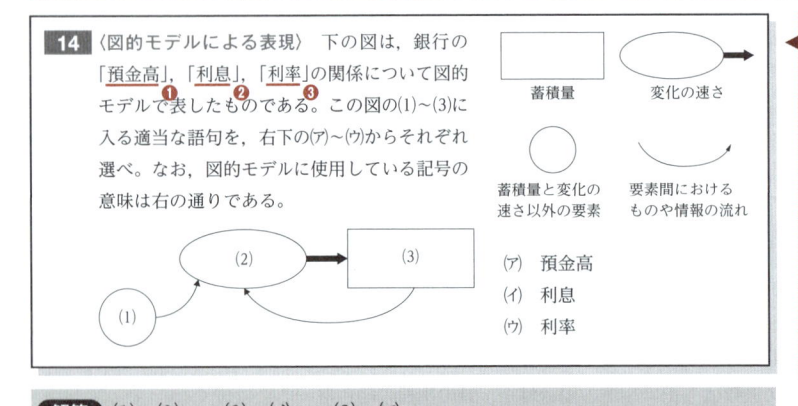

14 〈図的モデルによる表現〉 下の図は，銀行の「預金高」❶，「利息」❷，「利率」❸の関係について図的モデルで表したものである。この図の(1)〜(3)に入る適当な語句を，右下の(ア)〜(ウ)からそれぞれ選べ。なお，図的モデルに使用している記号の意味は右の通りである。

蓄積量　変化の速さ
蓄積量と変化の速さ以外の要素　要素間におけるものや情報の流れ
(ア) 預金高
(イ) 利息
(ウ) 利率

問題文Check
❶銀行の口座に預けている金額のこと。
❷預金高に応じて銀行から預金者に対して支払われる金額のこと。利用者が銀行にお金を貸しているというイメージである。
❸利息を算出するための預金高に対する割合（率）のこと。例えば，利率0.2％で100万円を銀行に1年間預けたとき，利息は2000円であるため，預金高は100万2000円となる。

解答 (1) (ウ)　(2) (イ)　(3) (ア)

ベストフィット　図的モデルでは，各要素における「蓄積量」，「変化の速さ」，「要素間におけるものや情報の流れ」，「蓄積量と変化の速さ以外の要素」を適切に判断する。

解説 (1) 図的モデルの(1)には，「蓄積量と変化の速さ以外の要素」の記号が使用されている。(1)から(2)に向かって単独で情報の流れがあるため，(1)が「利率」，(2)が「利息」であることがわかる（「預金高」と「利率」によって「利息」が決定するため）。
(2) 図的モデルの(2)には，「変化の速さ」の記号が使用されている。ここで，(2)は(3)に対して直接影響を及ぼしていることから，(2)は「利率」ではなく「利息」であることがわかる。
(3) 図的モデルの(3)には，「蓄積量」の記号が使用されている。「預金高」，「利息」，「利率」のうち，蓄積されていくものは「預金高」である。なお，(3)から(2)に「要素間におけるものや情報の流れ」があるのは，「預金高」によって，「利息」が変化することを意味している。

15 〈シミュレーションの手順〉 次の表は「サイコロの各目が出る確率が等しいこと」を検証するための，シミュレーションの手順と作業内容を表している。表中の(1)〜(6)に適当な作業内容を，下の(ア)〜(カ)からそれぞれ選べ。

手順	シミュレーションの手順	作業内容
1	目的の明確化	(1)
2	問題のモデル化	(2)
3	ソフトウェアへの書き込み	(3)
4	シミュレーションの実行	(4)
5	モデルの妥当性検証 ❶	(5)
6	結果の分析	(6)

(ア) サイコロの各目が出る確率を数式モデルで表現した。
(イ) サイコロの各目が出る確率が等しいことを検証したい。
(ウ) ソフトウェアでシミュレーションを実行した。
(エ) サイコロを表現した数式モデルをソフトウェアに書き込んだ。
(オ) シミュレーションの結果，修正後のモデルにおいてサイコロの各目が出る確率が等しくなると結論付けた。
(カ) シミュレーションの結果，サイコロの各目が出る確率に大きなばらつきが生じた。そのため，モデルのサイコロを投げる回数を修正し，再度シミュレーションを実行した。

問題文 Check

❶ モデルの妥当性検証とは，シミュレーションに使用したモデルが実際の現象や動作を正確に再現しているかどうか(妥当性)を確かめること(検証)を意味する。

ベストフィット

モデルが妥当でなければ，シミュレーションの結果に信頼性はない。

解答 (1) (イ) (2) (ア) (3) (エ) (4) (ウ) (5) (カ) (6) (オ)

解説
(1) シミュレーションの目的は，「サイコロの各目が出る確率が等しいことを検証すること」である。
(2) サイコロの出る目は偶然的な要素を含むため，数式モデルで表現した後，確率的モデルに落とし込む。
(3) ソフトウェアには，プログラミングの統合開発環境(IDE)や表計算ソフトウェアなどがある。
(4) ソフトウェアに書き込んだ数式モデルを使用し，シミュレーションを繰り返し実行する。
(5) シミュレーションの結果から，モデルの妥当性を検証する。もしモデルに妥当性がないと判断すれば，(2)の手順②「問題のモデル化」に戻ってモデルを修正し，再度シミュレーションを実行する。
(6) シミュレーションの結果を分析し，(1)の目的が達成できているかどうか検証する。

review ◆ シミュレーションの手順

シミュレーションは，次の手順①〜⑥に沿って行われる(「空気抵抗が小さい自動車の開発」の例)。

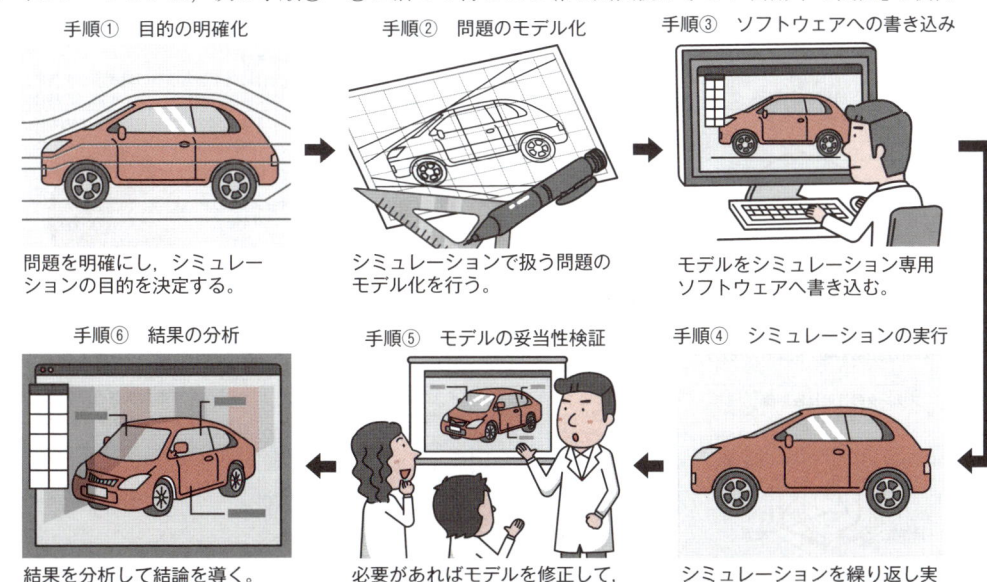

手順① 目的の明確化
問題を明確にし，シミュレーションの目的を決定する。

手順② 問題のモデル化
シミュレーションで扱う問題のモデル化を行う。

手順③ ソフトウェアへの書き込み
モデルをシミュレーション専用ソフトウェアへ書き込む。

手順④ シミュレーションの実行
シミュレーションを繰り返し実行し，結果を出力する。

手順⑤ モデルの妥当性検証
必要があればモデルを修正して，再度シミュレーションを実行する。

手順⑥ 結果の分析
結果を分析して結論を導く。

16 〈サイコロのシミュレーション〉 シミュレーションを使用してサイコロを1000回投げ，それぞれの目が出た回数から確率を求めた。このとき，次の問いに答えよ。

(1) このサイコロの目をモデル化する場合，最も適当と考えられるモデルを，次の(ア)〜(オ)から一つ選べ。
　(ア) 物理モデル　　(イ) 動的モデル　　(ウ) 静的モデル
　(エ) 確定的モデル　(オ) 確率的モデル

(2) それぞれの目が出た確率をグラフで表す場合，最も適当と考えられるグラフを，次の(ア)〜(オ)から一つ選べ。
　(ア) 折れ線グラフ　(イ) 棒グラフ　　(ウ) レーダーチャート
　(エ) 散布図　　　　(オ) 箱ひげ図

(3) 追加のシミュレーションで，サイコロを10000回投げ，それぞれの目が出た確率を求めた。この結果と，サイコロを1000回投げた結果と比較した場合，<u>各目の確率の振れ幅（各目の確率における最大値と最小値の差）にどのような違いが出ると考えられるか</u>❶。最も適当と考えられるものを，次の(ア)〜(ウ)から一つ選べ。
　(ア) 両者の結果において，各目の確率の振れ幅はほぼ変わらない。
　(イ) サイコロを10000回投げたほうが，各目の確率の振れ幅が小さい。
　(ウ) サイコロを10000回投げたほうが，各目の確率の振れ幅が大きい。

問題文 Check

❶ サイコロの場合，各目が出る確率の理想値は約0.167である。例えば，サイコロの1の目の確率が最大で0.198，5の目の確率が最小で0.156であったとする。この場合の確率の振れ幅は，0.198－0.156＝0.042となる。

ベストフィット

モデルが妥当である場合，シミュレーションの回数が増えるほど，結果は本来の値に近付く。

解答 (1) (オ)　(2) (イ)　(3) (イ)

解説
(1) サイコロの目は不確定な要素を含むため，確率的モデルで表すことが適当である。

(2) サイコロの目を項目として，それぞれの数量を比較する棒グラフが適当である。なお，時間的な推移を考慮する必要はないため，折れ線グラフとするのは適当ではない。

(3) シミュレーションの回数が増えるほど，サイコロの各目が出る確率は本来の値である $\frac{1}{6}$ に近付く。そのため，サイコロを1000回よりも10000回投げたほうが，各目が出る確率の振れ幅は小さくなる。

review ◆ グラフの種類と特徴

　情報の分析を行う際，グラフを用いることが多い。グラフは，データの比較，分布，推移，内訳などを見るために，情報を視覚化してわかりやすくしたものである。さまざまな種類があるグラフの中で，伝えたい情報に合ったグラフが選択できなければ，情報の的確な分析はできない。グラフの種類と特徴を理解しておくことで，情報を正しく表現できるようになる。また，グラフの形状だけで分析をしてしまうと，誤った解釈をしてしまうおそれがあるため，グラフの目盛軸やデータラベルなどの数値も確認することが大切である。

折れ線グラフ
時間的な推移を表す。
例：月別の気温データ，日別の株価データ　など

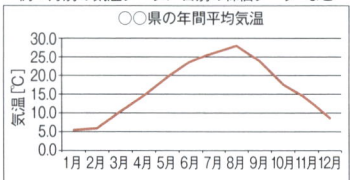

棒グラフ
項目間で数量を比べる。
例：月別の降水量データ，企業別の売上データ　など

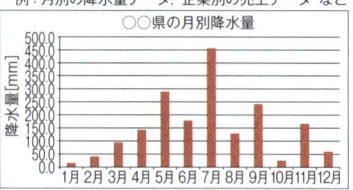

円グラフ
全体に対する各項目の構成割合を表す。
例：国別の割合データ，年齢別の割合データ　など

レーダーチャート
複数のデータ系列を比べる。
例：プリンタの性能比較評価，栄養素の成分データ　など

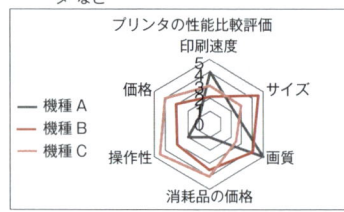

散布図（相関図）
二つの要素の関係を表す。
例：身長と靴のサイズのデータ，気温と売上数のデータ　など

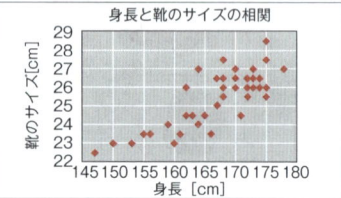

箱ひげ図
データ全体の散らばりや偏りを表す。
例：教科別の得点データ，都市別の平均気温（月ごと）データ　など

17 〈図的モデルと数式モデルによる表現〉 ヒーターを自動制御する温度調節装置を用い、水を設定温度まで加熱する場合を考える。このとき、次の問いに答えよ。

(1) 次の図は、ヒーターによる温度調節を図的モデルで表したものである。図の(a)～(c)に入る適当な語句を、下の(ア)～(ウ)からそれぞれ選べ。

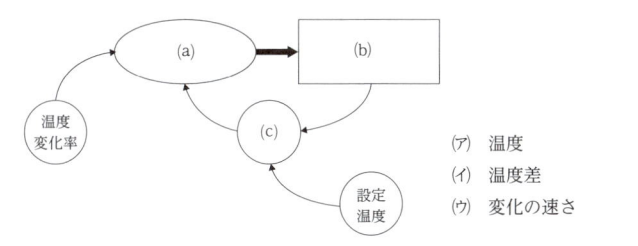

(ア) 温度
(イ) 温度差
(ウ) 変化の速さ

(2) 上の図的モデルを参考に、次の数式モデルの①～④に入る適当な語句を、下の(ア)～(エ)からそれぞれ選べ。

変化の速さ＝（ ① ）×（ ② ）
温度差＝（ ③ ）－（ ④ ）
変化後の水温＝(④)＋変化の速さ×時間間隔
　　↓
変化後の水温＝(④)＋((③)－(④))×(②)×時間間隔

(ア) 現在の水温　(イ) 設定温度　(ウ) 温度差　(エ) 温度変化率

問題文 Check

❶温度調整装置によって、水が設定温度以下のときはヒーターがオンになり、設定温度になるとヒーターがオフになる。このヒーターの自動制御により、水温が一定に保たれる。

ベストフィット

変化の速さが目標の設定温度と現在の水温の差に比例すると仮定し、数式モデルを作成する。

解答 (1) (a) (ウ)　(b) (ア)　(c) (イ)
(2) ① (ウ)　② (エ)　③ (イ)　④ (ア)

解説 (1) はじめに、三つの選択肢(a), (b), (c)のうち、(b)の「蓄積量」を考える。(ア), (イ), (ウ)のうち、蓄積させるものは、(ア)の「温度」であることがわかる。

次に、(a)は「変化の速さ」を表す記号であるが、(ウ)がそのまま「変化の速さ」となっているため、(a)に当てはまるものは(ウ)であることがわかる。

最後に、(c)は「要素間におけるものや情報の流れ」を表す記号であるが、(b)の「温度」(現在の水温)と「設定温度」から情報が流れている。そのため、「設定温度」と「温度」(現在の水温)との差分が(c)であると仮定すると、(イ)の「温度差」が適切であると考えられる。

(2) (1)の図的モデルを見ると、「変化の速さ」には「温度変化率」と「温度差」の二つの情報が流れていることがわかる。ただし、「温度変化率」と「温度差」のどちらが①でどちらが②なのかはわからないため、いったん保留とする。

次に、(1)の図的モデルを見ると、「温度差」には「温度」(現在の水温)と「設定温度」の二つの情報が流れていることがわかる。ここで、「温度差」は、「設定温度」に対する「現在の水温」と考えることが適当であるため、③が「設定温度」、④が「現在の水温」であると考えられる。

最後に、数式モデルの三つ目と四つ目の式より、「変化の速さ」が「温度差×②」で表されていることがわかる。そのため、②が「温度変化率」、①が「温度差」であると考えられる。

これらをまとめると、次のような図的モデルとなる。

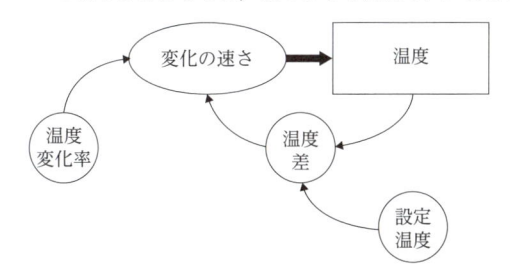

変化の速さ＝温度差×温度変化率
温度差＝設定温度－現在の水温
変化後の水温＝現在の水温＋変化の速さ×時間間隔
　　↓
変化後の水温＝現在の水温＋(設定温度－現在の水温)×温度変化率×時間間隔

▶18 さまざまなシミュレーション

18 〈箱の積み方〉 右の図のように箱を積んでいくとき，必要な箱の数をシミュレーションしたい。次の問いに答えよ。

(1) 1段目(最下段)の数をnとするとき，2段目の箱の数をnで表せ。

(2) 1段目の箱の数をnとするとき，最上段は何段目になるか，nで表せ。

(3) 右下の図は，1段目の箱の数を5個として，表計算ソフトウェアでこのシミュレーションを行っている様子である(ただし，問題の関係上，セルB3:C6の値は表示していない)。このうち，セルB3とセルC4には，次の数式が入力されている。

セルB3 ＝ ① －1
セルC4 ＝B4＋ ②

このとき，数式の①，②に適当なものを入れよ。

	A	B	C
1	段	箱の数	合計
2	1	5	5
3	2		
4	3		
5	4		
6	5		

(4) 5段まで箱を積んだとき，箱の総数は何個か答えよ。

(5) 表の段数を必要数以上に用意しておく場合，箱の数が負の数にならないための場合分けが必要にある。そこで，セルB3の数式を，IF関数を使用して次のように修正し，セルB6までコピーした。

セルB3 ＝IF(B2 ① 0,B2-1, ②)

このとき，数式の①，②に適当なものを入れよ。

> **問題文 Check**
> ❶ IF関数は，次のように記述する。
> ＝IF(論理式，真の場合，偽の場合)
> 上の式において，「論理式」を満たすときは「真の場合」，満たさないときは「偽の場合」の処理を実行する。

> **ベストフィット**
> シミュレーションでは，起こり得ない結果が出ることを避けるために，例外処理を考慮し，プログラムを作成しなければいけない。

解答 (1) $n-1$ (2) n (3)① B2 ② C3
(4) 15 (5)① ＞ ② 0

解説 (1) 例えば，図では1段目の箱は三つ，2段目の箱は二つ，3段目の箱は一つである。これらのことから，一つ上の段は，下の段よりも一つ少ないことがわかる。そのため，1段目の箱の数をnとすると，2段目の箱の数は$n-1$となる。

(2) (1)の問題を下からではなく上から考えるとよい。下の段の箱の数は，上の段の箱の数よりも一つ少ないことがわかっている。例えば，5段ある場合，箱は上から1，2，3，4，5個となり，段の数と1段目の箱の数は等しい。そのため，1段目の箱の数をnとすると，最上段はn段目となる。

(3) セルB3には，2段目の箱の数が表示されなければいけない。(1)から，上の段の箱の数は，下の段の箱の数より一つ少ないことがわかっている。そのため，セルB3には，1段目の箱の数から1を引いた「＝B2-1」が入る。また，セルC4には，3段目までの箱の数の合計が表示されなければいけない。例えば，n段目までの箱の数の合計は，n段目の箱の数に，$n-1$段目までの箱の数の合計を足せばよい。そのため，セルC4には，3段目の箱の数に2段目までの箱の数の合計を足した「＝B4+C3」が入る。

(4) 5段目までの箱の数および合計を表に埋めていくと，右の図のようになる。そのため，5段目までの箱の総数は，図より15個であることがわかる。

	A	B	C
1	段	箱の数	合計
2	1	5	5
3	2	4	9
4	3	3	12
5	4	2	14
6	5	1	15

(5) (3)の数式をすべてのセルにコピーした状態で，セルB2の1段目の箱の数を4に変更すると，セルB6の5段目の箱の数は0となる。さらに，セルB2の1段目の箱の数を3に変更すると，セルB6の5段目の箱の数は-1となる。

そこで，箱の数が負の数にならないようにするため，「＝IF(B2＞0,B2-1,0)」のようにIF関数を使用し，下の段の箱の数が0を上まわる場合は，その数から1を引いた値を，そうでなければ，0を表示するように入力する。

19 〈サイコロのシミュレーション〉 自作のサイコロを1000回投げ,目の出方の記録を取った。その記録から確率と累積確率を求め,サイコロの目に乱数を割り当ててサイコロモデルを作成した。次の問いに答えよ。

(1) 表のア～セに適当な数値を入れよ。

サイコロの目	度数(回)	確率	累積確率	乱数
1	130	0.13	0.13	0.00 以上 0.13 未満
2	190	0.19	0.32	0.13 以上 0.32 未満
3	160	ア	イ	ウ 以上 エ 未満
4	150	オ	カ	キ 以上 ク 未満
5	160	ケ	コ	サ 以上 シ 未満
6	210	ス	1.00	セ 以上 ソ 未満
計	1000	1.00		

(2) 理想的なサイコロの目は,すべて等しく $\frac{1}{6}$ の確率であり,自作サイコロにおける確率の誤差が1%以内の場合を理想通りとする。このとき,上の表の自作サイコロに関する次の①～④の記述のうち,適当なものには○を,適当でないものには×を記せ。

① 自作サイコロの目の確率は,理想的なサイコロと同じである。
② 自作サイコロでは,理想通りの確率になった目は3と5である。
③ 自作サイコロでは,理想的なサイコロより1と4の目が出やすい。
④ 自作サイコロでは,理想的なサイコロより2と6の目が出にくい。

問題文 Check

❶ある範囲の事象における確率の累積値のこと。すべての範囲の累積確率は,必ず1となる。

❷ある範囲の数値が不規則かつ等確率で出現するもの。表計算ソフトウェアなどでは,一般に0以上1未満の乱数が使用される。

❸確率の誤差とは,本来の確率から実際に起きた確率を引いたものを意味する。この場合は,サイコロの各目が出る確率 $\frac{1}{6}$ から,サイコロを1000回投げた結果である確率を引いた値となる。

ベストフィット

乱数は0以上1未満の数値を返すものであり,この乱数の範囲に各事象が起こる確率を当てはめることで,確率的モデルをシミュレーションで再現することができる。

解答 (1) ア:0.16 イ:0.48 ウ:0.32 エ:0.48
オ:0.15 カ:0.63 キ:0.48 ク:0.63
ケ:0.16 コ:0.79 サ:0.63 シ:0.79
ス:0.21 セ:0.79 ソ:1.00
(2)① × ② ○ ③ × ④ ×

解説 (1) 確率は, $\frac{度数(回)}{試行回数}$ で求めることができる。このシミュレーションでは,1000回の試行を行っているため,サイコロの各目の「確率」の欄には,「度数(回)」の欄を1000で割った値が入る。そのため,アは0.16,オは0.15,ケは0.16,スは0.21となる。なお,各目の確率を合計すると1.00になる。

次に,「累積確率」の欄には,それまでのサイコロの目の確率の合計値が入る。例えば,イにはサイコロの1から3までの目が出る確率の合計値が入る。そのため,イは0.48,カは0.63,コは0.79となる。なお,最後の目の累積確率(サイコロの場合は6の目)は,1.00となる。

最後に,「乱数」の欄には,0.00以上1.00未満の乱数に対して各目をどの数値に当てはめるかを示すものであり,「累積確率」の欄を利用する。例えば,サイコロの2の目が出る乱数の範囲は0.13以上0.32未満となる。そのため,3の目が出る乱数の範囲は0.32以上0.48未満,4の目が出る乱数の範囲は0.48以上0.63未満,5の目が出る乱数の範囲は0.63以上0.79未満,6の目が出る乱数の範囲は0.79以上1.00未満となる。

なお,表計算ソフトウェアでは,乱数は0以上1未満となり,1を乱数に含まないことが一般的である。以上を踏まえると,サイコロモデルは右の表のようになる。

サイコロの目	度数(回)	確率	累積確率	乱数
1	130	0.13	0.13	0.00 以上 0.13 未満
2	190	0.19	0.32	0.13 以上 0.32 未満
3	160	0.16	0.48	0.32 以上 0.48 未満
4	150	0.15	0.63	0.48 以上 0.63 未満
5	160	0.16	0.79	0.63 以上 0.79 未満
6	210	0.21	1.00	0.79 以上 1.00 未満
計	1000	1.00		

(2) 理想的なサイコロの目は,すべて等しく $\frac{1}{6}$ (約0.167)の確率となる。しかし,1000回程度のシミュレーションでは,(1)のように確率に大きな誤差が生じる。確率に誤差が1%以内の場合を理想通りとするということは,|0.167−[確率]|≦0.01を満たす場合を理想通りとするという意味である。この式に各目の確率を当てはめると,条件を満たす目は3と5であることがわかる。そのため,このサイコロモデルは理想的なサイコロとはいえず,①は×,②は○となる。また,出やすい目は2と6であるため③は×,逆に出にくい目は1と4であるため④も×となる(③と④は逆である)。

20 〈アローダイアグラム〉 左下の図(例)は、○が状態、→が作業を表し、状態①から③にする作業Xに作業時間が3時間掛かることを表している。また、作業XとYの両方が完了しないと、状態③には移行できず、作業Zを開始することができない。ここで、あるプロジェクトを完成するのに、右下の図のような作業が必要であった。次の問いに答えよ。

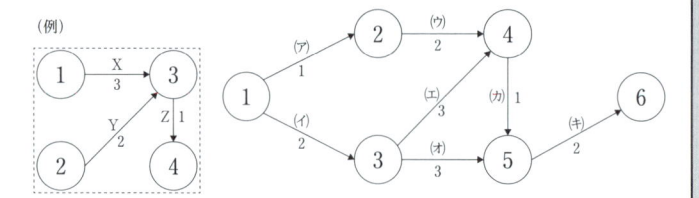

(1) このプロジェクトを完成するために掛かる作業時間は、最低何時間になるか答えよ。
(2) トラブルが発生し、作業(ア)が3時間遅れてしまった。このとき、全体の作業時間は、(1)から何時間遅れることになるか答えよ。
(3) 図中の(ア)〜(キ)の作業のうち、2時間の遅れが発生すると、全体の作業時間に影響するものをすべて選べ。

問題文 Check

❶ アローダイアグラムは PERT 図とも呼ばれ、作業の流れとその作業に要する日数や時間を図で表したものである。作業の順番を経路として表現できるため、各作業の関連や日程上の前後関係を明確にできる利点がある。

ベストフィット

作業が遅れると、全体に影響が出る作業経路をクリティカルパスという。

解答 (1) 8時間 (2) 1時間 (3) (イ), (エ), (オ), (カ), (キ)

解説 (1) アローダイアグラムでは、作業が遅れると全体に影響が出る作業経路「クリティカルパス」を考える必要がある。クリティカルパスは、複数の作業の完了後に始まる状態が重要であり、図では④と⑤の状態がこれに該当する。まず④は、二つの作業((ア)(ウ)の経路と(イ)(エ)の経路)が完了しなければ、(カ)の作業に移行することができない。(ア)(ウ)の経路は合計3時間、(イ)(エ)の経路は合計5時間を要するため、(イ)(エ)の経路に遅れが出てはいけないことがわかる。逆に、(ア)(ウ)の経路には最大2時間までの遅れが出ても、全体に影響することはない。次に⑤は、二つの作業((イ)(エ)(カ)の経路と(イ)(オ)の経路)が完了しなければ、(キ)の作業に移行することができない。(イ)(エ)(カ)の経路は合計6時間、(イ)(オ)の経路は合計5時間を要するため、(イ)(エ)(カ)の経路に遅れが出てはいけないことがわかる。逆に、(イ)(オ)の経路には最大1時間までの遅れが出ても、全体に影響することはない(ただし、(オ)の場合のみ)。以上のことから、クリティカルパスは、右の図のように(イ)→(エ)→(カ)→(キ)の作業経路であり、合計の作業時間は8時間となる。

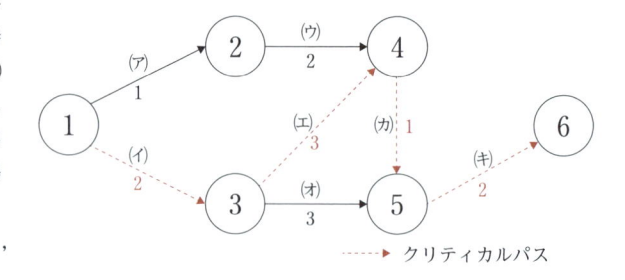

(2) (ア)の作業はクリティカルパスには含まれないが、3時間の遅れが出たときに、全体に影響が出るかどうかを考える。(ア)の作業時間は1時間であるため、3時間の遅れが出ると4時間ということになる。ここで図の④は、二つの作業((ア)(ウ)の経路と(イ)(エ)の経路)が完了しなければ、(カ)の作業に移行することができないが、(ア)(ウ)の経路には2時間の余裕がある。しかし、(ア)の作業が4時間となったために、クリティカルパスは、(イ)→(エ)→(カ)→(キ)から(ア)→(ウ)→(カ)→(キ)に修正され、全体の作業時間は9時間に増加する。そのため、時間の遅れは9時間−8時間＝1時間が答えとなる。

(3) クリティカルパス上において遅れが発生した場合、必ず全体の作業時間に影響が出ることから、クリティカルパスである(イ)、(エ)、(カ)、(キ)の四つの作業はこれに該当する。次に、状態④に流れる(ア)(ウ)の経路と(イ)(エ)の経路を比較した場合、(ア)(ウ)の経路には2時間の余裕があるため、(ア)と(ウ)はこれに該当しない。次に、状態⑤に流れる(イ)(エ)(カ)の経路と(イ)(オ)の経路を比較した場合、(イ)(オ)の経路には1時間の余裕しかなく、2時間の遅れが発生した場合には、全体の作業時間に影響が出る。そのため、(オ)がこれに該当する。以上のことから、全体の作業時間に影響が出る作業は(イ)、(エ)、(オ)、(カ)、(キ)の五つとなる。

21 〈コイン投げのシミュレーション〉 5枚のコインを投げたとき，3枚以上が表になる確率を求めたい。次の図は，表計算ソフトウェアを使ってシミュレーションを行った様子であり，B～F列の1は表，0は裏が出たことを表している。下の問いに答えよ。

	A	B	C	D	E	F	G	H	I	J
1	回数	コインA	コインB	コインC	コインD	コインE	合計		試行回数	50
2	1	1	1	1	1	1	5		3以上の回数	26
3	2	1	0	1	1	0	3		3以上の確率	0.52
4	3	1	1	1	1	1	5			
5	4	1	0	0	0	1	2			
6	5	0	0	0	0	0	0			
7	6	1	1	0	0	1	3			
8	7	1	0	1	0	0	2			
9	8	0	1	0	1	0	2			
10	9	0	1	1	0	1	3			
⋮										
50	49	0	1	0	0	0	1			
51	50	1	0	0	1	1	3			

(1) 図中のセルB2，セルG2，セルJ2，セルJ3には，次の数式が入力されている。

- セルB2　=IF(RAND()< ① ,1,0)
- セルG2　=SUM(B2: ②)
- セルJ2　=COUNTIF(G2:G51," ③ ")
- セルJ3　= ④ /J1

このとき，数式の①～④に適当なものを入れよ。

(2) 試行回数を増やすと，セルJ3の値はある値に近付く。この値のことを何というか答えよ。

問題文 Check

❶COUNTIF関数は，次のように記述する。
=COUNTIF(範囲, 検索条件)
上の式において，検索条件は「""」（ダブルクォーテーション）で囲む必要がある。なお，検索条件に使用できる演算子としては，例えば次のようなものがある。

検索条件	意味
"=3"	3に等しい
"<>3"	3に等しくない
">3"	3より大きい
"<3"	3より小さい
">=3"	3以上
"<=3"	3以下

ベストフィット

モデルが妥当である場合，試行回数を増やすと，シミュレーション結果は期待値に近付く。

解答 (1)① 0.5　② F2　③ >=3 または >2　④ J2
(2) 期待値

解説 (1) セルB2　=IF(RAND()<0.5,1,0)

A～Eの5枚のコインについて，表であれば1，裏であれば0が表示されるよう，セルB2からセルF51まで数式が入力されている。RAND関数を使用すると，0以上1未満の乱数を発生させることができる。この乱数を使用し，0以上0.5未満であれば表，0.5以上1.0未満であれば裏という結果を出力する。
セルB2には「=IF(RAND()<0.5,1,0)」が入力されているため，①は0.5となる。

セルG2　=SUM(B2:F2)

G列の「合計」の欄には，各回数における5枚のコインを投げたときの表の数を合計する数式が入力されている。セルG2には「=SUM(B2:F2)」が入力されているため，②はF2となる。

セルJ2　=COUNTIF(G2:G51,">=3")　または　=COUNTIF(G2:G51,">2")

セルJ2には，G列の「合計」の欄のうち，3以上の数をカウントする数式が入力されている。特定の範囲から，指定した検索条件を満たすセルをカウントするには，COUNTIF関数を使用する。検索条件「3以上」は「">=3"」という表記になるため，③は>=3となる。また，G列の「合計」の欄は整数値であるため，検索条件は「">2"」としても同じ結果が得られる。そのため，③は>2としても正解である。

セルJ3　=J2/J1

全体の試行回数はセルJ1，表が3枚以上出た回数はセルJ2に入力されているため，セルJ3に当てはまる数式は「=J2/J1」となり，④はJ2となる。

(2) 問題文では，コイン投げのシミュレーションを50回試行しているが，この試行回数を増やすほど，シミュレーション結果は「期待値」に近付いていく。なお，5枚のコインを投げたとき，3枚以上が表になる確率（期待値）は，次のようにして求めることができる。

- 5枚のコインを投げて3枚が表になる確率（期待値）：$(1/2)^3 \times (1/2)^2 \times {}_5C_3 = 5/16$ …①
- 5枚のコインを投げて4枚が表になる確率（期待値）：$(1/2)^4 \times (1/2)^1 \times {}_5C_4 = 5/32$ …②
- 5枚のコインを投げて5枚が表になる確率（期待値）：$(1/2)^5 \times {}_5C_5 = 1/32$ …③
- 5枚のコインを投げて3枚以上が表になる確率（期待値）：①+②+③ = 16/32 = 1/2

このように，5枚のコインを投げて3枚以上が表になる確率（期待値）は1/2(0.5)であるため，シミュレーション回数を増やすほど，セルJ3の値は0.5に近付く。

第6章 プログラミング

p.88 ▶19 アルゴリズムの表し方とプログラムの設計

1 〈状態遷移図・クラス図〉 次の(ア)~(エ)のシステムのうち，設計時に(1)状態遷移図を用いるのに最も適当なもの，(2)クラス図を用いるのに最も適当なものを，それぞれ一つずつ選べ。
(ア) 保温機能の付いた炊飯器を制御するシステム
(イ) 収入に応じて所得税を算出するシステム
(ウ) 日々の体重変化からグラフを作成するシステム
(エ) 旅館の予約管理システム

解答 (1) (ア)　(2) (エ)

解説 (ア) 保温中，炊飯中などの状態があり，状況によって変化する。よって，状態遷移図を用いて設計するとよい。(イ) 収入額から計算式によって所得税額を算出するものなので，状態の遷移や複数の機能はない。(ウ) 体重からグラフを作成するものなので，状態の遷移や複数の機能はない。(エ) 宿泊客管理や客室管理，宿帳管理など，複数の機能を関連付けながら管理する必要がある。よって，クラス図を用いて設計するとよい。

問題文 Check
❶「保温状態と冷めた状態など"複数の状態変化"がある」と読み取れる。
❷「入力『収入』から出力『所得税』を得る関係」と読み取れる。
❸「データ『体重』を座標値に変換して画面に表示する機能」と読み取れる。
❹「宿泊客管理や客室管理など関係性のある"複数の機能"がある」と読み取れる。

ベストフィット
状態遷移図は複数の状態の変化を表す場合，クラス図は複数の機能間の関係を表す場合に適している。

---

2 〈状態遷移図〉 次の図は，ストップウオッチの動きを状態遷移図と状態遷移表で表したものである。状態Aは待機中，状態Bは計測中，状態Cは一時停止中を表す。ボタン1は，待機中に押せば計測を開始し，計測中に押せば一時停止するものである。ボタン2はストップウオッチを計測前の状態にリセットするものである。状態遷移表で，各状態と各イベントの交差する欄の上段は実行するアクション，下段は遷移先の状態とするとき，空欄①~⑤に適当なアクションを下の(ア)~(エ)から一つずつ選べ。また，空欄⑥~⑩に適当な状態を記号A~Cで答え，状態遷移がない場合は×で答えよ。
(ア) 何もしない　(イ) 計測リセット　(ウ) 一時停止　(エ) 計測再開

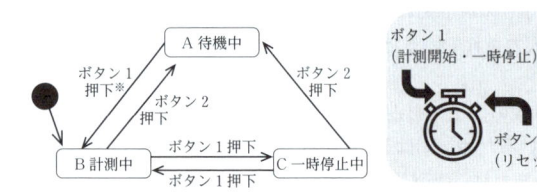

イベント＼状態	A	B	C
ボタン1押下	計測開始 B	① ⑥	② ⑦
ボタン2押下	③ ⑧	④ ⑨	⑤ ⑩

解答 ① (ウ)　② (エ)　③ (ア)　④ (イ)　⑤ (イ)
⑥ C　⑦ B　⑧ ×　⑨ A　⑩ A

問題文 Check
❶「各状態から出る矢印で示されているイベントに着目する」と読み取れる。イベントは「状態遷移が起こるきっかけ」であることを思い出す。
❷ アクションは「状態遷移時に起こること」であることを思い出す。
❸「矢印の先にある状態に着目する」と読み取れる。

ベストフィット
各状態と，各状態から出る矢印（イベント）について，「どの状態へ向かうか」，「何が起こるか」を考える。

解説 ①・⑥ 状態Bから出ている「ボタン1押下」イベントを示す矢印は，状態C「一時停止中」へ向かっている。よって，①起こるアクションは(ウ)「一時停止」，⑥遷移先の状態はCとなる。

②・⑦ 状態Cから出ている「ボタン1押下」イベントを示す矢印は，状態B「計測中」へ向かっている。よって，②起こるアクションは(エ)「計測再開」，⑦遷移先の状態はBとなる。

③・⑧ 状態Aから「ボタン2押下」イベントを示す矢印は出ていない。よって，③起こるアクションは(ア)何もしない，⑧状態遷移はない。

④・⑨ 状態Bから出ている「ボタン2押下」イベントを示す矢印は，状態A「待機中」へ向かっている。「待機中」の状態は「一時停止中」とは異なり，計測値が0にリセットされているので，④起こるアクションは(イ)「計測リセット」，⑨遷移先の状態はAとなる。

⑤・⑩ 状態Cから出ている「ボタン2押下」イベントを示す矢印は，状態A「待機中」へ向かっている。よって，⑤起こるアクションは(イ)「計測リセット」，遷移先の状態はAとなる。

---

3 〈状態遷移図〉 次の図は，風呂の給湯システムの状態遷移図である。状態Aは待機中，状態Bはお湯張り中，状態Cは適量と適温を達成して一時停止中，状態Dは追い焚き中を表している。下の問いに答えよ。

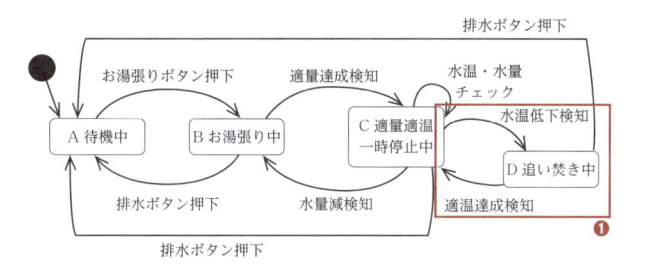

問題文 Check
❶ 追い焚き中に水量減を検知する矢印（イベント）はないことから，「追い焚きが継続される」と読み取れる。
❷ 「状態遷移図中に示されている遷移だけを見る」と読み取れる。

(1) 追い焚き中に水量が減ったらどうなるか。状態遷移図から読み取れることとして，最も適当なものを次の(ア)〜(エ)から一つ選べ。❶
　(ア) 追い焚きを継続したままお湯張り中になる。
　(イ) 追い焚きを中止してお湯張り中になる。
　(ウ) 追い焚きを続け，適温達成を検知して状態Cになった後，水量減を検知してお湯張り中になる。
　(エ) 水量減を検知してお湯張り中になる。

(2) 状態遷移図から読み取れることとして，最も適当なものを次の(ア)〜(エ)から一つ選べ。❷
　(ア) お湯張り中に水温チェックし，適温であればお湯張りを停止する。
　(イ) 適量適温一時停止中に排水ボタンを押下しても何も起こらない。
　(ウ) 追い焚き中に水温低下検知すると，適量適温一時停止中になる。
　(エ) 適量適温一時停止中に水量減を検知すると，お湯張り中になる。

ベストフィット
状態遷移が起こるきっかけである「イベント」を示す矢印が遷移図中になければ，遷移は起こらない。

解答 (1) (ウ)　(2) (エ)

解説 (1) 状態D「追い焚き中」から，水量減を検知するイベントを示す矢印は出ていない。よって，(ア)，(イ)，(エ)のように状態が遷移することはない。水量減でもそのまま追い焚きを続け，適温となり状態Cへ遷移した後，水量減イベントを示す矢印で状態Bへの遷移が行われる。よって，解答は(ウ)となる。

(2) (ア) 誤り。Bから水温チェックイベントを示す矢印は出ていないので，状態遷移は発生しない。
　(イ) 誤り。Cから排水ボタン押下イベントを示す矢印はAに向かって出ているので，Aに遷移する。
　(ウ) 誤り。水温低下検知の矢印は，Dに向かっているものはあるが，Dから出ているものはない。よって，状態遷移は発生しない。
　(エ) 正しい。Cから水量減検知の矢印がBに向かって出ているので，Bに遷移する。

4 〈クラス図〉次の図は，ある図書館の貸出システムのクラス図である。利用者は <u>3 冊まで借りることができ</u>，<u>1 冊につき一つの貸出票が作られる</u>。各クラスの関係を表す線上に記入する多重度の組み合わせとして最も適当なものを下の(ア)〜(エ)から一つ選べ。

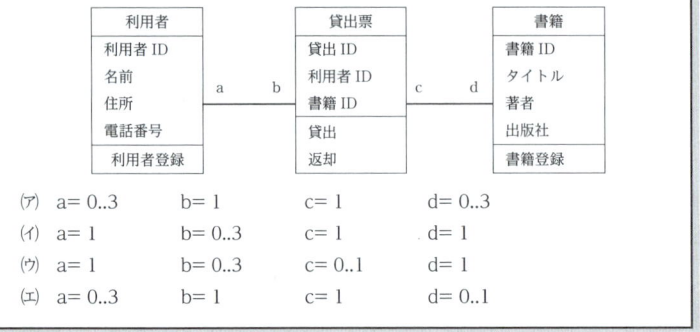

利用者		貸出票		書籍
利用者 ID		貸出 ID		書籍 ID
名前		利用者 ID		タイトル
住所	a　　b	書籍 ID	c　　d	著者
電話番号		貸出		出版社
利用者登録		返却		書籍登録

- (ア) a= 0..3　　b= 1　　c= 1　　d= 0..3
- (イ) a= 1　　　b= 0..3　c= 1　　d= 1
- (ウ) a= 1　　　b= 0..3　c= 0..1　d= 1
- (エ) a= 0..3　　b= 1　　c= 1　　d= 0..1

問題文 Check
❶「利用者と書籍の関係は 1：3」と読み取れる。
❷「貸出票と書籍の関係は 1：1」と読み取れる。

ベストフィット
自分から見て相手側がいくつ存在しうるかを相手側に書く。0となるケースに注意する。

解答 (ウ)

解説　「利用者は 3 冊まで借りられる」ことから，一人の利用者に対して貸出票は最大三つ存在する。借りていない場合は貸出票の数は 0 となるので，利用者から見た相手側，つまり貸出票側は 0..3 となる。逆に，貸出票から見て利用者は必ず一人となるので利用者側は 1 となる。一方，「1 冊につき一つの貸出票が作られる」ことから，貸出票から見た相手側，つまり書籍側は 1 となる。書籍から見た貸出票も一つであるが，貸し出されていない場合は貸出票の数は 0 となるので貸出票側に 0..1 となる。

review ◆ UML（統一モデリング言語）

UML（統一モデリング言語）は，システムの振る舞いや構造の表記法を統一したもので，本書で取り上げたアクティビティ図，状態遷移図，クラス図のほか，ユースケース図，シーケンス図などがある。

＜ユースケース図＞
利用者と操作の関係を，利用者の視点からわかりやすく表したもの。

例：オンライン授業システム

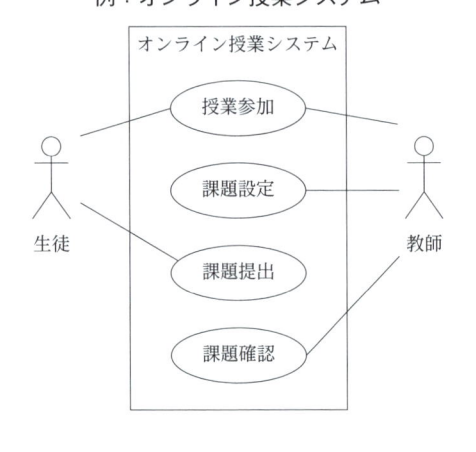

＜シーケンス図＞
オブジェクト間のメッセージのやり取りを，時系列に沿って表したもの。

例：ゲームシステム

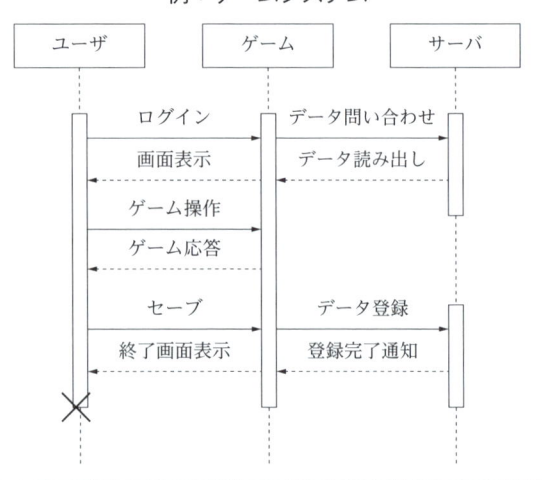

▶20 基本的なプログラミング

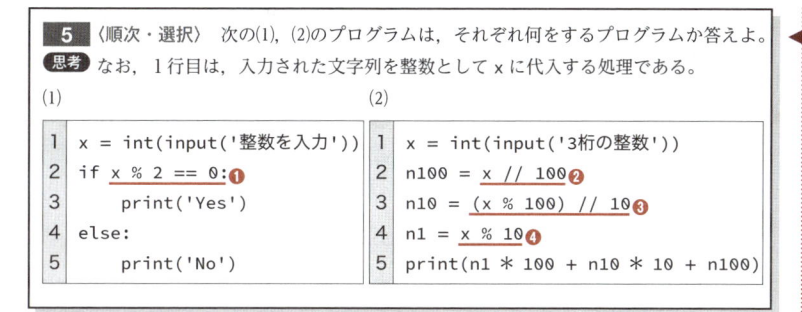

5 〈順次・選択〉 次の(1), (2)のプログラムは，それぞれ何をするプログラムか答えよ。
思考 なお，1行目は，入力された文字列を整数として x に代入する処理である。

(1)
```
1  x = int(input('整数を入力'))
2  if x % 2 == 0:  ❶
3      print('Yes')
4  else:
5      print('No')
```

(2)
```
1  x = int(input('3桁の整数'))
2  n100 = x // 100  ❷
3  n10 = (x % 100) // 10  ❸
4  n1 = x % 10  ❹
5  print(n1 * 100 + n10 * 10 + n100)
```

問題文 Check

❶「x を 2 で割った余りが 0（割り切れる）」，つまり「x は偶数」と読み取れる。
❷「x を 100 で割った商」，つまり「x の百の位の数」と読み取れる。
❸「x を 100 で割った余りを 10 で割った商」，つまり「x の十の位の数」と読み取れる。
❹「x を 10 で割った余り」，つまり「x の一の位の数」と読み取れる。

ベストフィット

倍数，約数，偶数などの整数を扱うプログラムでは，割り算の余りや商を使用する。

解答 (1) 入力された整数が偶数かどうかを判定するプログラム（偶数の場合は Yes, 奇数の場合は No を表示するプログラム）。
(2) 入力された 3 桁の整数の一の位，十の位，百の位の並び順を逆にした整数を表示するプログラム。

解説 (1) 以下に再掲するプログラムでは，各行の右側に，「#」に続いてその行の説明を記載する。「#」で始まる文は「コメント」と呼ばれるもので，処理内容の説明などに用いられる。コメントは，プログラムの実行には無関係である。
1行目で受け取った変数 x が 2 で割り切れるかどうかで分岐している。割り切れれば「Yes」，それ以外は「No」を表示している。

```
1  x = int(input('整数を入力'))   # キーボード入力された値を，整数型にして変数xに代入する
2  if x % 2 == 0:                # もしxを2で割った余りが0ならば
3      print('Yes')              # 「Yes」を表示する
4  else:                         # そうでなければ
5      print('No')               # 「No」を表示する
```

(2) Python では，割り算 a÷b の商（整数部分）は a // b, 余りは a % b で表す。a % b はさまざまな言語で余りとして使われるが，a // b は Python 独特の記法である。2行目では百の位の数，3行目では十の位の数，4行目では一の位の数を求めている。5行目では一の位の数を 100 倍，十の位の数を 10 倍，百の位の数をそのまま加算しているので，結果的に元の 3 桁の数の数字の並びが逆順になった数が表示される。

```
1  x = int(input('3桁の整数'))    # キーボード入力された値を，整数型にして変数xに代入する
2  n100 = x // 100               # xを100で割った商の整数部分をn100に代入する
3  n10 = (x % 100) // 10         # xを100で割った余りを10で割り
                                  # その商の整数部分をn10に代入する
4  n1 = x % 10                   # xを10で割った余りをn1に代入する
5  print(n1 * 100 + n10 * 10 + n100)  # n1*100+n10*10+n100の計算結果を表示する
```

review ◆選択構造

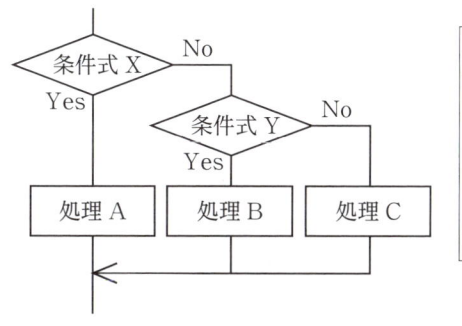

Python
```
if 条件式 X:
    処理 A
elif 条件式 Y:
    処理 B
else:
    処理 C
```

共通テスト用プログラム表記
```
もし条件式Xが真ならば：
    └処理Aを実行
そうでなくもし条件式Yが真ならば：
    └処理Bを実行
そうでなければ：
    └処理Cを実行
```

※elif 以下や else 以下は，ない場合もある。

6 〈繰り返し〉 左のプログラムを実行し，右のような表示にしたい。空欄に適当な数字と変数名を入れよ。なお，「range(a, b)」は a から b-1 までの整数を返す処理，「print('@' * a)」は @ を a 個連続で表示する処理である。

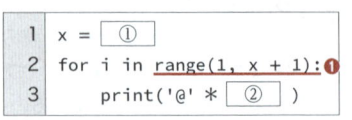

```
1  x = ①
2  for i in range(1, x + 1):
3      print('@' * ② )
```

```
@
@@
@@@
@@@@
@@@@@
```

問題文 Check
❶ プログラム 2 行目を問題文中の説明と対応させると，range(1, x + 1) は，「1 から x までの整数を返す処理」と読み取れる。
❷ 実行結果が 5 行で表示されていることから，3 行目の print() が 5 回実行されたことがわかる。

解答 ① 5 ② i

▶ ベストフィット　繰り返し構造の中にある，変数の値の変化に注目する。

解説　実行結果から，print() が 5 回実行されたことがわかる。2 行目・3 行目で，i が 1 から x まで 1 ずつ変化しながら x 回繰り返されていることから，①で x に 5 が代入されたことがわかる。また，「@」の表示数は 1 個，2 個，…，5 個となっていることから，②に入るのは，1 から 5 まで 1 ずつ変化する変数 i となる。

```
1  x = 5                        # 変数xに5を代入する
2  for i in range(1, x + 1):    # iを1からx(5)まで1ずつ増やしながら繰り返す
3      print('@' * i)           # 「@」を横にi個並べて表示する
```

review ◆ 反復構造

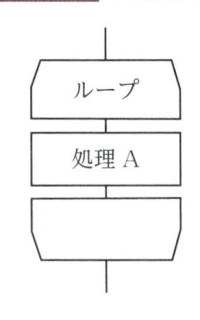

Python / 共通テスト用プログラム表記

```
for 繰り返しの指定文：※
    処理A
```

例
```
for i in range(5):
    処理A
```
i を 0 から 4 まで 1 ずつ増やしながら繰り返す：
　処理Aを実行

※変数に値を代入しながら繰り返す文を記述する。

```
while 条件式：
    処理A
```
<条件式が真> の間繰り返す：
　処理Aを実行

---

7 〈選択構造と不等号〉 次の(ア)，(イ)の二つのフローチャートは，ある映画館のチケット代金を年齢に応じて決定する処理の一部を表したものである。チケット代金を 18 歳以下は 1000 円，19 歳以上 59 歳以下は 1800 円，60 歳以上は 1200 円とするとき，正しい処理を表すものはどちらか選べ。

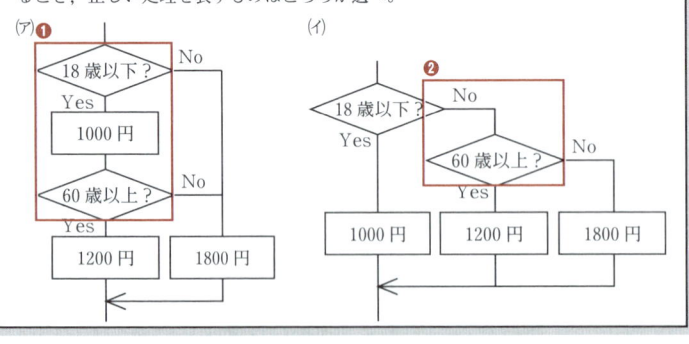

問題文 Check
❶ 「18 歳以下？」の分岐で Yes となった続きに「60 歳以上？」の分岐があるため，「1200 円の処理へ進むことは決してない」と読み取れる。
❷ 「18 歳以下？」の分岐で No となった続きに「60 歳以上？」の分岐があることから，「19 歳以上を 2 グループに分割できている」と読み取れる。

▶ ベストフィット　実際に値を当てはめ，処理の流れを確認していく。

解答 (イ)

解説 (ア)で 70 歳を指定した場合の流れを追ってみると，最初の分岐「18 歳以下？」で No となって右下の「1800 円」へ到達し，問題文で指定された「1200 円」にはならないことからも，(ア)は誤りであることがわかる。18 歳以下，19～59 歳，60 歳以上に当てはまる数をそれぞれ指定し，正しく分岐するかどうかを確認する必要がある。

正解の(イ)のプログラム例を以下に示す。値を入力して動作確認できるよう，入力処理を最初に行っている。また，条件分岐の対象行がわかるよう，L 字の記号を付してある。どちらのプログラムも同じ処理だが，問題文中のフローチャートを忠実に再現したものは上の例で，if-else の入れ子構造になっている。Python は「そうでなくもし・・・ならば」の条件分岐に elif という記述を使うことで三つ以上の分岐を並列して表現できるので，二つ目のプログラム例のように簡潔に記述できる。

```
1  x = int(input('年齢を入力'))    # キーボード入力された値を，整数型にして変数xに代入する
2  if x <= 18:                   # もしx<=18ならば
3      print('1000円')            # 「1000円」を表示する
4  else:                          # そうでなければ
5      if x >= 60:                # もしx>=60ならば
6          print('1200円')        # 「1200円」を表示する
7      else:                      # そうでなければ
8          print('1800円')        # 「1800円」を表示する
```

```
1  x = int(input('年齢を入力'))    # キーボード入力された値を，整数型にして変数xに代入する
2  if x <= 18:                   # もしx<=18ならば
3      print('1000円')            # 「1000円」を表示する
4  elif x >= 60:                 # そうでなくもしx>=60ならば
5      print('1200円')            # 「1200円」を表示する
6  else:                          # そうでなければ
7      print('1800円')            # 「1800円」を表示する
```

---

8 〈繰り返し構造〉 年1回1％の複利がつく預金に預けた yokin 円の，10 年間の預金額の推移を表示する次のプログラムについて，最も適当な記述を次の(ア)～(エ)から一つ選べ。

(ア) 利息は毎年 100 分の1ずつ増加する。
(イ) 最終的な預金額に年数は関係ない。
(ウ) 預金額は計算後に一度だけ表示される。
(エ) 預金額は年数分繰り返し表示される。

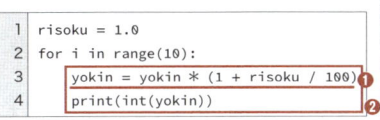

```
1  risoku = 1.0
2  for i in range(10):
3      yokin = yokin * (1 + risoku / 100)   ①
4      print(int(yokin))                     ②
```

問題文 Check

❶「yokin は risoku の 100 分の 1 ずつ増加する」と読み取れる。
❷「yokin を算出する行と表示する行は，ともに繰り返し処理の対象となっている」ことがインデントから判断できる。

ベストフィット
繰り返し処理の対象範囲はインデントで判断する。

解答 (エ)

解説 (ア) 誤り。利息が％表記のため，risoku / 100 として計算しているが，100 分の 1 ずつ増加するのは yokin であり，risoku ではない。
(イ) 誤り。10 年分，10 回繰り返し利息分を加算しているので，預金額と年数は関係がある。
(ウ)(エ) 4 行目の print() は 3 行目と同じインデントなので，3 行目と同様に 10 回繰り返し実行される。もし，4 行目が 2 行目と同じインデントであれば，繰り返しの対象とはならず，最後に 1 度だけ表示される。なお，int(yokin) は引数 yokin を整数型に変換して返す処理である。小数点以下は切り捨てられる。下のプログラムでは，値を入力して動作確認できるよう，入力処理を最初に行っている。

```
0  yokin = int(input('預金額を入力'))   # キーボード入力された値を，整数型にして変数yokinに代入する
1  risoku = 1.0                        # 変数risokuに1.0を代入する
2  for i in range(10):                 # 10回繰り返しを行う
3      yokin = yokin * (1 + risoku / 100)   # yokin*(1+risoku/100)を計算し，yokinに代入する
4      print(int(yokin))                    # yokinを整数型に変換して表示する
```

9 〈選択構造〉 入力された整数が変数 x に入っているとき，x の絶対値を表示する次のプログラムの空欄に適当なものを入れよ。

```
(1) もし  ①  ならば:
(2)    x =  ②
(3) 表示する("絶対値:", x)
```

問題文 Check
❶「①には分岐の条件式が，②には絶対値を求める式が入る」と読み取れる。

ベストフィット
代入式では，右辺の計算結果が左辺に代入される。

解答 ① x < 0（または x <= 0） ② -x

解説 「x の絶対値は x>=0 の場合は x，x<0 の場合は -x」という数学の知識をもとに考える。2 行目の=（イコール）は代入を意味する演算子で，等しいことを意味する等号とは異なる。例えば，x の値が -5 の場合，右辺の -x は -(-5)，すなわち 5 となり，左辺の x に 5 が代入される。Python でのプログラム例を以下に示す。値を入力して動作確認できるよう，入力処理を最初に行っている。

```
0 x = int(input('整数を入力'))    # キーボード入力された値を，整数型にして変数xに代入する
1 if x < 0:                      # もしx<0ならば
2     x = -x                     # -xをxに代入する
3 print(x)                       # xの値を表示する
```

10 〈順次構造と算術計算〉 商品の支払いで，50 円，10 円，1 円の 3 種類の硬貨だけを使い，なるべく硬貨の枚数が少なくなるように支払いたい。商品代金が変数 x に入っているとき，支払う硬貨の最小枚数を表示する次のプログラムの空欄に適当な数字を入れよ。

```
(1) num50 = x ÷  ①
(2) num10 = (x - num50 *  ②  ) ÷  ③
(3) num1 = x - num50 *  ④  - num10 *  ⑤
(4) 表示する("最小限の枚数は", num50 + num10 + num1, "枚")
```

問題文 Check
❶「金額の大きい硬貨を優先して支払う」と考える。
❷「3 種類の硬貨の合計枚数を表示する」と読み取れる。

ベストフィット
金額の大きい硬貨の枚数から特定していく。

解答 ① 50 ② 50 ③ 10 ④ 50 ⑤ 10

解説 変数 num50，num10，num1 は，それぞれ 50 円，10 円，1 円硬貨の枚数である。問題文中で最も大きい金額である 50 円硬貨の枚数から特定していく。

具体例で考えると式の立て方がわかりやすい。347 円を支払う場合を考えると，347÷50 の商は 6 なので，50 円硬貨は 6 枚必要で，残額は 347-6×50=47 円となる。47÷10 の商は 4 なので，10 円硬貨は 4 枚必要で，残額は 347-6×50-4×10=7 円となる。この残額はすべて 1 円硬貨で支払うので，1 円硬貨は 7 枚必要である。よって，支払いに必要な最小限の枚数は 6+4+7=17 枚となる。Python でのプログラム例を以下に示す。値を入力して動作確認できるよう，入力処理を最初に行っている。

```
0 x = int(input('代金を入力'))                  # キーボード入力された値を，整数型にして変数xに代入する
1 num50 = x // 50                              # 変数xを50で割った商の整数部分をnum50に代入する
2 num10 = (x - num50 * 50) // 10               # (x-num50*50)//10の計算結果をnum10に代入する
3 num1 = x - num50 * 50 - num10 * 10           # x-num50*50-num10*10の計算結果をnum1に代入する
4 print('最小限の枚数は', num50 + num10 + num1, '枚')    # 合計枚数を表示する
```

11 〈選択構造〉次のプログラムA，Bについて，下の問いに答えよ。

プログラムA
```
1  x = int(input('整数を入力'))
2  flag = False
3  for i in range(2, x):
4      if x % i == 0:
5          flag = True
6          break
7  if flag:
8      print('No')
9  else:
10     print('Yes')
```

プログラムB
```
1  a = 1
2  b = 1
3  print(a)
4  print(b)
5  for i in range(10):
6      c = a + b
7      print(c)
8      a = b
9      b = c
```

(1) プログラムAについて，適当な記述を次の(ア)～(オ)からすべて選べ。
(ア) 3を入力するとNoと表示される。
(イ) 4を入力するとYesと表示される。
(ウ) 7を入力するとYesと表示される。
(エ) 入力された整数が素数かどうかを判定するプログラムである。
(オ) 入力された整数が偶数かどうかを判定するプログラムである。

(2) プログラムBを実行すると，縦に数字が12個表示される。数字を順番通り示したものを次の(ア)～(エ)から一つ選べ。
(ア) 1, 2, 3, 4, 5, 6, 7, 8, 9, 10, 11, 12
(イ) 1, 1, 2, 1, 1, 2, 1, 1, 2, 1, 1, 2
(ウ) 1, 4, 9, 16, 25, 36, 49, 64, 81, 100, 121, 144
(エ) 1, 1, 2, 3, 5, 8, 13, 21, 34, 55, 89, 144

問題文 Check

❶「xをiで割った余りが0（割り切れる）」と読み取れる。
❷「もしflagが真（True）であれば」と読み取れる。
❸❹❺「変数の値の順次入れ替えを，繰り返し処理内で行っている」と読み取れる。

❸6行目 a+bをcへ
❹8行目 bをaへ
❺9行目 cをbへ

ベストフィット

flagの値が真（True）か偽（False）かで処理が変わる部分に注目する。

解答 (1) (ウ)，(エ)　(2) (エ)

解説 (1) プログラムAは，素数判定プログラムである。割り切れたかどうかを判定するための変数flagにFalseを代入した状態で，xを「2」から「x - 1」までの数で順に割っていく。割り切れるとflagにTrueを代入し，繰り返し処理を中断して「No」を表示する。一度も割り切れなければflagはFalseのままなので「Yes」の表示，つまり素数と判定される。このように，フラグを使って制御する方法はよく使われる（次ページreview参照）。

(2) プログラムBは，フィボナッチ数列（数学で学習）を表示するプログラムである。フィボナッチ数列とは，各項の値が，直前の2項の値の和となるような並びの数列である。フィボナッチ数列を学んでいなくても，プログラムを1行ずつ追っていけば解答を得られる。後に学習する関数の再帰呼び出しで実現することもできる。

プログラムA

1	`x = int(input('整数を入力'))`	# キーボード入力された値を，整数型にして変数xに代入する
2	`flag = False`	# 変数flagに真偽値Falseを代入する
3	`for i in range(2, x):`	# iを2からx-1まで1ずつ増やしながら繰り返す
4	`    if x % i == 0:`	# もしxをiで割った余りが0ならば
5	`        flag = True`	# 変数flagに真偽値Trueを代入する
6	`        break`	# 繰り返し処理を中断する
7	`if flag:`	# もしflagが真（True）ならば
8	`    print('No')`	# 「No」を表示する
9	`else:`	# そうでなければ
10	`    print('Yes')`	# 「Yes」を表示する

プログラムB

```
1  a = 1                # 変数aに1を代入する
2  b = 1                # 変数bに1を代入する
3  print(a)             # 変数aの値を表示する
4  print(b)             # 変数bの値を表示する
5  for i in range(10):  # 10回繰り返す
6      c = a + b        # a + bの結果を変数cに代入する
7      print(c)         # 変数cの値を表示する
8      a = b            # 変数aに変数bの値を代入する
9      b = c            # 変数bに変数cの値を代入する
```

review ◆ フラグを使った制御

何らかの状態を真偽値で表す変数を用意し，その値の変化によって処理の流れを変える場合がある。このような使い方をする変数をフラグ(旗)と呼び，フラグを偽から真にすることを「フラグを立てる」という。

割り切れた　素数でない　　変化なし　　素数
フラグ：False　True　True　False　False　False

フラグは，二つの状態に対して真偽値を使うので，どちらの状態を真とするのかをはっきりさせておかないと混乱を招く。問題 11 のプログラムAでは，繰り返し割り算を行う状況下で，割り切れない状況が続く限りフラグは偽であり，一度でも割り切れたら真，とした。しかし，逆に最初からフラグを立てておき，割り切れたときに偽として判断することもでき，プログラムをほかの人が修正したり後から修正したりする場合にわかりにくい。そこで，どちらの状態が真なのかわかりやすくするため，フラグとして使用する変数名を is で始め， 11 のプログラムAであれば，isDivided, isWareta などとすることで，「割り切れた」という意味が伝わりやすくなる。真偽を逆で使用する場合は isPrime や isSosuu とすれば伝わりやすい。フラグとして使用する変数名を is で始めることは，さまざまなプログラミング言語においてよく行われている。

review ◆ 配列(リスト) ※次項「21　配列と関数」の内容

配列では，変数の並びに付けた名前(配列名)と添字で各要素を指定し，値を取り出したり格納したりすることができる。添字を変化させながら値を順番に取り出すなど，効率のよいプログラムが作成できる。下の図の例では，配列名は「price」，配列の要素数は「5」，添字は「0から4まで」となっている。

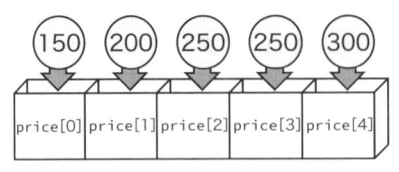

150　200　250　250　300
price[0] price[1] price[2] price[3] price[4]

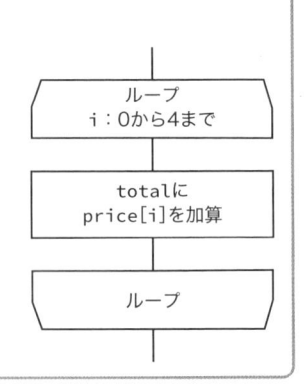

ループ
i：0から4まで

totalに
price[i]を加算

ループ

p.96 ▶21 配列と関数

12 〈配列〉 自動車販売店の営業担当者の名前がリスト name に，営業担当者の自動車販売台数がリスト hanbai に入っている。二つの配列の添字は対応しており，例えば，名前が name[3] である営業担当者の販売台数は hanbai[3] に入っている。販売台数を右のようなグラフで表す次のプログラムの空欄を埋めよ。なお，「len(name)」は，リスト name の要素数を返す関数である。

```
佐藤  @@@@@@@@@@@@@@@@@@
鈴木  @@@@@@@@
田中  @@@@@@@@@@@@@@@
加藤  @@@@@@@@@@@@
伊藤  @@@@@@@@@@@@@@@@@@@@
```

```
1  name = ['佐藤','鈴木','田中','加藤','伊藤']
2  hanbai = [18, 8, 15, 12, 20]
3  for i in range(len(name)):
4      print(  ①  , '@' *  ②  )
```

問題文 Check
❶「リスト name の要素数 5 が len(name) で返される」と読み取れる。
❷ len(name)，つまりリストの要素数が 5 なので，「繰り返し回数は 5 回」と読み取れる。
❸「'@' を ② 個並べて表示する」と読み取れる。

ベストフィット
繰り返しの条件文に range() 関数を使うことで，添字を 1 ずつ変化させながら繰り返し処理を行う。

解答 ① name[i] ② hanbai[i]

解説 len(name) は 5 なので，for i in range(len(name)): の行で，i を 0, 1, 2, 3, 4 と順に増やしながら繰り返しが実行される。print('文字列A','文字列B') は，文字列A と文字列B が横並びに表示される。この場合①が '文字列A' で，'@'* ② が文字列B である。print('文字列'*n) は，'文字列' が n 個横並びに表示される。

```
1  name = ['佐藤','鈴木','田中','加藤','伊藤']   # nameに初期値を代入する
2  hanbai = [18, 8, 15, 12, 20]                # hanbaiに初期値を代入する
3  for i in range(len(name)):                  # iを0から4まで1ずつ増やしながら繰り返す
4      print(name[i], '@' * hanbai[i])         # name[i]の右に'@'をhanbai[i]個表示する
```

13 〈二次元配列〉 1 日の降水量のデータが 1 年間分，二次元配列 kousui に入っている。最初の添字は月を，二番目の添字は日付を昇順で表し，kousui[0][0] が 1 月 1 日の降水量を表すとき，kousui[2][8] は何月何日の降水量を指しているか答えよ。

問題文 Check
❶「(月−1)と(日付−1)が添字になっている」と読み取れる。
❷ [2] は何月か，[8] は何日か考える。

ベストフィット
添字が 0 から始まる配列では，日付や出席番号など 1 から始まるものと添字とが「1」ずれる。

解答 3月9日

解説 一つ目の添字は(月−1)，二つ目の添字は(日付−1)となっているので，kousui[2][8] は 3 月 9 日の降水量であることがわかる。

14 〈配列と最大値〉 出席番号 1 番から 40 番までの得点が配列 Tokuten に入っている。最高得点を表示する次のプログラムの空欄に入る最も適当なものを，下の(ア)〜(ケ)から一つずつ選べ。ただし，「要素数(配列)」は配列の要素数を返す関数である。

```
(1) Tokuten = [50, 40, ・・(略)・・, 30, 70]
(2) saidai = 0
(3) bango = 0
(4) iを0から  ①  まで1ずつ増やしながら繰り返す:
(5) │   もしTokuten[i]  ②  saidaiならば:
(6) │   │   saidai = Tokuten[i]
(7) │   │   bango = i
(8) 表示する("最高点:", saidai, "出席番号:",  ③  )
```

(ア) 要素数(Tokuten) (イ) 要素数(Tokuten) − 1
(ウ) 要素数(Tokuten) + 1 (エ) < (オ) > (カ) ==
(キ) i (ク) bango (ケ) bango + 1

問題文 Check
❶ i を 1 ずつ増やしながら，「変数 saidai と Tokuten[i] の値を比較している」と読み取れる。
❷「比較結果が真の場合に，saidai と bango の値を更新している」と読み取れる。

解答 ① (イ)　② (オ)　③ (ケ)

解説　最大値(や最小値)を求める場合によく使う方法である。最大値よりも大きい数が見つかるたびに最大値を(最小値よりも小さな数が見つかるたびに最小値を)更新する。本問では，出席番号も表示するため，bangoも更新している。ただし，添字は0から始まるので，1から始まる出席番号の場合，添字に1を加えたものが出席番号となる。Pythonで記述したプログラムを下に示す。添字がいくつから始まるかについては注意する必要がある。

> **ベストフィット**
> 最大値に小さな初期値を設定しておき，最大値よりも大きな数が見つかるたびに最大値を更新する。

```
1  Tokuten = [50, 40, ‥(略)‥, 30, 70]       # リストTokutenに値を代入する
2  saidai = 0                                # saidaiに初期値0を代入する
3  bango = 0                                 # bangoに初期値0を代入する
4  for i in range(len(Tokuten)):             # iを0からTokutenの要素数-1まで1ずつ増やしながら繰り返す
5      if Tokuten[i] > saidai:               # もしTokuten[i]がsaidaiより大きければ
6          saidai = Tokuten[i]               # saidaiにTokuten[i]を代入する
7          bango = i                         # bangoにiを代入する
8  print('最高点：', saidai, '出席番号：', bango + 1)# 最高点と出席番号を表示する
```

15 〈関数〉　次のプログラムの(1)～(3)，(5)で5が，(4)で12が入力された場合に「答えは」に続いて表示されるものをそれぞれ答えよ。

(1)
```
1  def func1(kazu):
2      kekka = 0
3      for i in range(1, kazu + 1):
4          kekka = kekka + i    ❶
5      return kekka
6
7  x = int(input('正の整数を入力'))
8  print('答えは', func1(x))
```

(2)
```
1  def func2(kazu):
2      kekka = 1
3      for i in range(kazu, 0, -1):
4          kekka = kekka * i    ❷
5      return kekka
6
7  x = int(input('正の整数を入力'))
8  print('答えは', func2(x))
```

(3)
```
1  def func3(kazu):
2      pai = 3.14
3      return pai * kazu * kazu    ❸
4
5  x = float(input('正の数を入力'))
6  print('答えは', func3(x))
```

(4)
```
1  def func4(kazu):
2      kekka = []
3      for i in range(1, kazu + 1):
4          if kazu % i == 0:    ❹
5              kekka.append(i)
6      return kekka
7
8  x = int(input('正の整数を入力'))
9  print('答えは', func4(x))
```

(5)
```
1  def func5(kazu):
2      if kazu == 0:
3          return 1
4      return kazu * func5(kazu - 1)    ❺
5
6  x = int(input('正の整数を入力'))
7  print('答えは', func5(x))
```

※input()の戻り値は文字列であるため，(3)ではfloat()を使って浮動小数点型に，そのほかはint()で整数型に変換している。

> **問題文 Check**
> ❶1ずつ増えるiを4行目でkekkaに繰り返し加算している。
> ❷3行目のrange(kazu,0,-1)で1ずつ減るiを4行目でkekkaに繰り返し掛けている。
> ❸3.14であるpaiに，引数で受け取ったkazuを2回掛けている。
> ❹1ずつ増えるiでkazuが割り切れた場合に，リストkekkaにiを追加している。
> ❺func5()の中でfunc5()を呼び出している。

> **ベストフィット**
> 引数として渡された値を使って処理を行い，その結果を戻り値として返す。

解答　(1) 15　(2) 120　(3) 78.5
　　　　(4) [1, 2, 3, 4, 6, 12]　(5) 120

解説 (1) 1からkazuまでの自然数の和を求めるプログラム。
(2) kazuの階乗(数学で学習)を求めるプログラム。
「kazu*(kazu-1)*(kazu-2)*・・・*2 * 1」で求められる。
(3) 半径kazuの円の面積を求めるプログラム。
(4) kazuの約数を昇順に表示するプログラム。
(5) (2)と同じくkazuの階乗を求めるプログラム。関数内で自分自身を呼び出す再帰呼び出しを行っている。

(1)
```
1  def func1(kazu):                    # 関数func1()を定義する
2      kekka = 0                       # kekkaに0を代入する
3      for i in range(1, kazu + 1):    # iを1からkazuまで1ずつ増やしながら繰り返す
4          kekka = kekka + i           # kekkaにiを加算し，結果をkekkaに代入する
5      return kekka                    # kekkaの値を呼び出し元に返す
6
7  x = int(input('正の整数を入力'))     # キーボードからの入力値を整数型に変換しxに代入
8  print('答えは', func1(x))            # func1(x)の戻り値を表示する
```

(2)
```
1  def func2(kazu):                    # 関数func2()を定義する
2      kekka = 1                       # kekkaに1を代入する
3      for i in range(kazu, 0, -1):    # iをkazuから1まで1ずつ減らしながら繰り返す
4          kekka = kekka * i           # kekkaにiを掛け，結果をkekkaに代入する
5      return kekka                    # kekkaの値を呼び出し元に返す
6
7  x = int(input('正の整数を入力'))     # キーボードからの入力値を整数型に変換しxに代入
8  print('答えは', func2(x))            # func2(x)の戻り値を表示する
```

(3)
```
1  def func3(kazu):                    # 関数func3()を定義する
2      pai = 3.14                      # paiに3.14を代入する
3      return pai * kazu * kazu        # pai*kazu*kazuの値を呼び出し元に返す
4
5  x = float(input('正の数を入力'))     # キーボードからの入力値を浮動小数点型に変換しxに代入
6      print('答えは', func3(x))        # func3(x)の戻り値を表示する
```

(4)
```
1  def func4(kazu):                    # 関数func4()を定義する
2      kekka = []                      # kekkaをリストとして宣言する
3      for i in range(1, kazu + 1):    # iを1からkazuまで1ずつ増やしながら繰り返す
4          if kazu % i == 0:           # もしkazuがiで割り切れたら
5              kekka.append(i)         # kekkaにiを追加する
6      return kekka                    # kekkaを呼び出し元に返す
7
8  x = int(input('正の整数を入力'))     # キーボードからの入力値を整数型に変換しxに代入
9  print('答えは', func4(x))            # func4(x)の戻り値を表示する
```

(5)
```
1  def func5(kazu):                    # 関数func5()を定義する
2      if kazu == 0:                   # もしkazuが0に等しければ
3          return 1                    # 1を呼び出し元に返す
4      return kazu * func5(kazu - 1)   # kazu*func5(kazu-1)を呼び出し元に返す
5
6  x = int(input('正の整数を入力'))     # キーボードからの入力値を整数型に変換し，xに代入
7  print('答えは', func5(x))            # func5(x)の戻り値を表示する
```

16 〈合計・数え上げ〉 30日間の気温について，真夏日（気温30度以上）の日数と真夏日の平均気温を求める次のプログラムの空欄に入る最も適当なものを，下の(ア)〜(ケ)から一つずつ選べ。

```
1  kion = [31, 29, 34, ‥(略)‥, 29, 25, 30]
2  manatsubi = 0
3  goukei = 0
4  for x in  ① :
5      if x  ②  30.0:
6          goukei =  ③
7          manatsubi =  ④
8  print('真夏日の日数：', manatsubi, '真夏日平均：',  ⑤  )
```

(ア) kion   (イ) len(kion)   (ウ) <=
(エ) >=   (オ) x   (カ) goukei + x
(キ) manatsubi + x   (ク) manatsubi + 1   (ケ) goukei / manatsubi

問題文 Check
❶「リスト kion から取り出した x と 30.0 を比較している」と読み取れる。
❷「❶の比較結果が真の場合に，goukei と manatsubi を更新している」と読み取れる。

ベストフィット
合計を求める場合は値を，数え上げる場合は1を変数に加算し，再度その変数に代入する。

解答 ① (ア) ② (エ) ③ (カ) ④ (ク) ⑤ (ケ)

解説 for x in kion: の記述で，リストの要素を順次 x に代入しながら繰り返しが行われる。真夏日平均を求めるために，真夏日となった気温の合計を格納する変数 goukei と，真夏日の日数を格納する変数 manatsubi を使い，合計と数え上げを一度に行っている。

ところで，このプログラムには，ありがちな不具合（バグ）が含まれている。リスト中に30度以上の日が1日もなかった場合，manatsubi = 0 となり8行目の割り算でエラーとなる。0で割ってしまうことは「ゼロ除算」と呼ばれ，数学でも注意が必要な事柄である。このプログラムの場合，8行目を，manatsubi が0の場合とそれ以外に分けて処理するなどの配慮が必要である。

```
1  kion = [31, 29, 34, ‥(略)‥, 29, 25, 30]    # リストkionに1か月の気温を代入する
2  manatsubi = 0                                # manatsubiに初期値0を代入する
3  goukei = 0                                   # goukeiに初期値0を代入する
4  for x in kion:                               # xにkionの要素を代入しながら繰り返す
5      if x >= 30.0:                            # もしxが30.0以上ならば
6          goukei = goukei + x                  # goukeiにgoukei+xを代入する
7          manatsubi = manatsubi + 1            # manatsubiにmanatsubi+1を代入する
                                                # manatsubiとgoukei/manatsubiを表示する
8  print('真夏日の日数：', manatsubi, '真夏日平均：', goukei / manatsubi)
```

17 〈二次元配列と関数〉 あるカレー屋では，辛さは1辛〜5辛まで，ライスは普通・大盛・特盛の3種類から選べる。基本料金は800円で，辛さを1増すごとに基本料金の1割増となる。ライスは大盛が50円，特盛は100円加算される。価格一覧を作るため，料金を入れた配列 kakaku を返す関数を作成した。なお，配列の添字は0から始まるものとする。また，「整数(a)」は a を整数に変換する関数，「戻り値(a)」は a を呼び出し元に返す関数である。空欄に入る最も適当なものを，次の(ア)〜(オ)から一つずつ選べ。

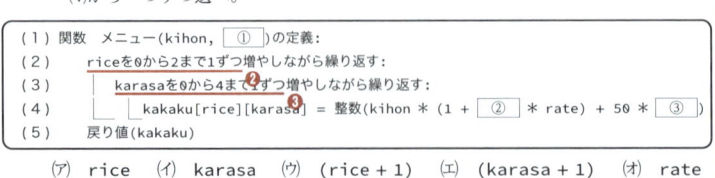

(1) 関数　メニュー(kihon, ①)の定義:
(2) 　　riceを0から2まで1ずつ増やしながら繰り返す:
(3) 　　　　karasaを0から4まで1ずつ増やしながら繰り返す:
(4) 　　　　　　kakaku[rice][karasa] = 整数(kihon * (1 + ② * rate) + 50 * ③)
(5) 　　戻り値(kakaku)

(ア) rice   (イ) karasa   (ウ) (rice + 1)   (エ) (karasa + 1)   (オ) rate

問題文 Check
❶「基本料金800円と割増率1割を，関数の中，または呼び出し元のどちらかで指定する必要がある」と読み取れるが，示された関数中では指定されていない。つまり，「呼び出し元で指定され，引数で渡される」と判断できる。
❷❸「rice は関数内で3パターン，karasa は関数内で5パターン指定されている」と読み取れる。

ベストフィット
変数への値の代入が関数の中で行われるか，呼び出し元で行われるかに着目する。

解答 ① (オ) ② (イ) ③ (ア)

解説 料金は，辛さ(karasa)が1増すごとに1割増し(rate)，ライス(rice)が1増すごとに50円増しとなることから，4行目の右辺は，rateにはkarasaを，50にはriceを掛けると考えられる。+1すべきかどうかは，具体的な値を代入して実際に計算してみることで判断できる。次は，このプログラムをPythonで記述した例である。

```python
1  def menu(kihon, rate):                    # 関数menuを定義する
       kakaku = [[0] * 5 for i in range(3)]
                                             # kakakuを初期化する(プログラム動作のため行追加)
2      for rice in range(3):                 # riceを0から2まで1ずつ増やしながら繰り返す
3          for karasa in range(5):           # karasaを0から4まで1ずつ増やしながら繰り返す
                                             # kakaku[rice][karasa]に計算結果を代入する
4              kakaku[rice][karasa] = int(kihon * (1+karasa * rate) + 50 * rice)
5      return kakaku                         # kakakuを戻り値として返す
```

18 〈関数〉 今日の曜日("月","火",…)を戻り値とする関数「曜日()」と，問題 **17** で作成した関数を使い，辛さ割増率を平日1割，土日2割とすることにした。なお，「初期化(a, b, c)」はb×cの二次元配列aを初期化する関数である。空欄に入る最も適当なものを，右の(ア)〜(カ)から一つずつ選べ。

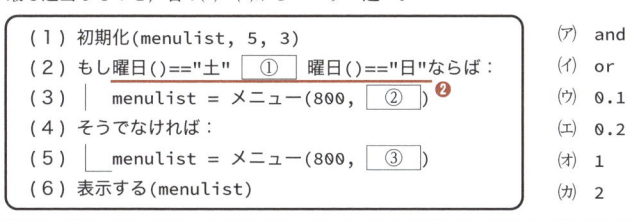

(1) 初期化(menulist, 5, 3)
(2) もし曜日()=="土" ① 曜日()=="日"ならば：
(3) 　　menulist = メニュー(800, ②)
(4) そうでなければ：
(5) 　　menulist = メニュー(800, ③)
(6) 表示する(menulist)

(ア) and
(イ) or
(ウ) 0.1
(エ) 0.2
(オ) 1
(カ) 2

問題文 Check

❶「上で作成した関数」内では，kihon(1 + karasa * rate)の式内で，整数値のkarasaにrateが掛けられている。よって，引数に渡すrateは1や2ではなく，0.1や0.2でなければならないと判断できる。

❷二つの条件式をつなぐので，「かつ」を表す「and」か，「または」を表す「or」が入ると判断できる。

▶ベストフィット

「and」でつながれた条件文が真となるのは，つながれた二つがともに真となる場合であり，「or」でつながれた条件文が真となるのは，少なくともどちらか一方が真になる場合である。

解答 ① (イ) ② (エ) ③ (ウ)

解説 曜日が土曜日であり，かつ日曜日である状況はあり得ない。よって，①はイ「or」である。関数は引数を変えて何度でも呼び出すことができる。このプログラムでは，②，③で異なる割引率を引数として関数「メニュー」を呼び出している。割引率を表す変数が1，2となるのか，0.1，0.2となるのかは，関数内でその変数がどう扱われているか，計算式がどう作られているかで決まる。次のプログラムは，このプログラムをPythonで記述した例である。

```python
   import datetime                              # datetimeモジュールをインポートする
1  menulist[[0] * 5 for i in range(3)]          # menulistを初期化する
   day = datetime.date.today().weekday()        # 今日の曜日を表す番号を得る(0月曜 1火曜…)
2  if day == 5 or day == 6:                     # もし今日の曜日が土曜日(5)または日曜日(6)ならば
3      menulist = menu(800, 0.2)                # menuに800と0.2を渡した戻り値をmenulistに代入
   else:                                        # そうでなければ
4      menulist = menu(800, 0.1)                # menuに800と0.1を渡した戻り値をmenulistに代入
5  print(menulist)                              # menulistを表示する
```

p.101 ▶22 探索と整列のプログラム

19 〈整列のアルゴリズム〉 整列のアルゴリズムに関する次の(ア)~(エ)の記述のうち、最も適当なものを一つ選べ。
(ア) 1, 2, 3, 4, …のように、小さい数から大きい数へと並んだ順序を降順、その逆を昇順という。❶
(イ) 整列のアルゴリズムは全部で4種類である。❷
(ウ) どのアルゴリズムも、並べ替えるデータの個数が同じであれば並べ替えに掛かる時間は同じである。❷
(エ) 整列のアルゴリズムの効率を判断する材料の一つは、データの比較回数である。❸

問題文 Check
❶「降りていく」のか「昇っていく」のかと考える。
❷断定してよいか?と考える。
❸「…の一つ」の記述は、❷のような断定ではない。また、続く文章が妥当な記述であると読み取れる。

ベストフィット
階段を昇っていく=増えていくのが昇順、降りていく=減っていくのが降順。

解答 (エ)

解説
(ア) 誤り。「昇順」と「降順」を取り違えると、さまざまな問題で誤答につながるので必ず覚える必要がある。
(イ) 誤り。整列のアルゴリズムは多数ある。
(ウ) 誤り。整列のアルゴリズムには一長一短があり、並べ替え時間はそれぞれのアルゴリズムで異なる。
(エ) 正しい。整列のアルゴリズムの効率を判断する材料は、おもに比較回数と交換回数である。

20 〈選択ソート〉 次のプログラムを使い、配列 Num=[8, 5, 2, 4] を昇順に並べ替える。プログラム中で繰り返し実行される3~7行目(プログラム中(A)の縦棒範囲)の実行直後の配列 Num の各要素の値を、処理回数ごとに調べた下の表の空欄を埋めよ。なお、「交換する(a, b)」は引数に渡された変数aとbの値を交換する関数、「要素数(配列)」は配列の要素数を返す関数である。

```
(1) Num = [8, 5, 2, 4]
(2) iを0から(要素数(Num) - 2)まで1ずつ増やしながら繰り返す:
(3) │   min_i = i
(4) │   jをiから(要素数(Num) - 1)まで1ずつ増やしながら繰り返す:
(5) │   │   もしNum[j] < Num[min_i]ならば:
(6) │   │   │   min_i = j
(7) │   交換する(Num[i], Num[min_i]) ❷
```

	Num[0]	Num[1]	Num[2]	Num[3]
処理前	8	5	2	4
1回目	①	5	②	4
2回目	③	④	⑤	⑥
3回目	2	4	5	8

問題文 Check
❶繰り返し処理中において、「ある時点での最小値 Num[min_i] よりもj番目の要素 Num[j] が小さかった場合にのみ min_i を j に更新する」と読み取れる。
❷「現在最小値を調べている範囲(i番目から最後までの範囲)の中で決定した最小値 Num[min_i] を、その範囲の先頭要素と交換する」と読み取れる。

ベストフィット
2要素ずつ比較しながらその時点での最小値を更新していく。

解答 ① 2 ② 8 ③ 2 ④ 4 ⑤ 8 ⑥ 5

解説 選択ソートアルゴリズムをプログラムで表したものである。配列内で最も小さいデータ(下の表の灰色部分の数)を探し、左端のデータと交換する。未整列部分(右の表の太枠部分)に対し、同様の処理を繰り返す。未整列部分は、一つ分ずつ狭くなっていく。選択ソートの仕組みを記憶していなくても、プログラムを1行ずつ追っていけば正答は得られる。Pythonで作成したプログラム例を次のページに示す。

	Num[0]	Num[1]	Num[2]	Num[3]
処理前	8	5	2	4
1回目	2	5	8	4
2回目	2	4	8	5
3回目	2	4	5	8

第6章 プログラミング

```
1   Num = [8, 5, 2, 4]                        # リストNumに初期値を代入する
2   for i in range(len(Num) - 1):             # iを0からNumの要素数-2まで1ずつ増やしながら繰り返す
3       min_i = i                             # 最小値を指す添字min_iにiを代入する
4       for j in range(i, len(Num)):          # jをiからNumの要素数-1まで1ずつ増やしながら繰り返す
5           if Num[j] < Num[min_i]:           # もしj番目の要素がmin_i番目の要素より小さければ
6               min_i = j                     # min_iにjを代入する
7       Num[i], Num[min_i] = Num[min_i], Num[i]   # i番目の要素とmin_i番目の要素を交換する
```

21 〈バブルソート〉 生徒の名前がローマ字表記でランダムに入っているリスト meibo 内のデータを昇順に並べ替える次のプログラムについて、下の問いに答えよ。なお、「len(meibo)」はリスト meibo の要素数を返す組み込み関数である。また、文字列に対して不等号を使用した条件式は、文字列1文字目の文字コードの比較（1文字目が同じ場合は2文字目、…）となる。

```
1   meibo = ['mizutani', 'ito', ‥(略)‥, 'irie', 'kawai']
2   print('ソート前', meibo)
3   flag =  ①  ❶
4   while flag:
5       flag =  ②  ❷
6       for i in range(len(meibo) - 1):
7           if meibo[i]  ③  meibo[i + 1]:
8               meibo[i], meibo[i + 1] = meibo[i + 1], meibo[i]  ❸
9               flag =  ④  ❹
10  print('ソート後', meibo)
```

(1) プログラムの空欄に入る最も適当なものを、次の(ア)～(カ)から一つずつ選べ。ただし、同じ記号を複数回使用してもよい。
　(ア) True　(イ) False　(ウ) ==　(エ) >　(オ) <　(カ) !=

(2) このプログラムを、より効率的なアルゴリズムになるよう修正する方法について記述された次の(ア)～(ウ)のうち、最も適当なものを一つ選べ。
　(ア) flag を使って繰り返し処理を中断する仕組みを、中断しないよう変更する。❺
　(イ) 6行目で、繰り返しのたびに全員分の比較処理を行っている部分を変更し、比較範囲を全体から1ずつ狭めていく処理にする。❻
　(ウ) 6行目で、繰り返しのたびに全員分の比較処理を行っている部分を変更し、比較範囲を一つから全体まで1ずつ広げていく処理にする。❼

問題文 Check

❶❷❹flag への値の代入が3箇所ある。まず、❶では、4行目以降が実行されるような真偽値を代入する必要がある。また、❷と❹で代入される値が同じ場合、5～9行目で一切値が変わらず変数 flag の存在が無意味なので、「❷と❹で異なる値が代入される」と判断できる。

❸❹の流れから、「要素の交換が行われた場合に flag の値が変更されている」と読み取れる。

❺中断していたものを中断しないよう変更すれば、「終了までの時間が長くなる」と判断できる。

❻範囲を狭めていけば、「終了までの時間が短くなる」と判断できる。

❼比較範囲1はありえず、また、範囲を広げていくと、「すでに並べ替えた人を再度並べ替えることになる」と考える。

ベストフィット

flag の値の変化によって全体の流れが変わる部分を、指差し確認して追っていく。

解答 (1)① (ア)　② (イ)　③ (エ)　④ (ア)　(2) (イ)

解説 (1) 4行目の「while flag:」の行は、「while flag == True:」と同じ意味なので、4～9行目が実行されるには、空欄①は True でなければならない。次に、空欄②と空欄④について、以下の順に考える。
　・空欄②と空欄④がともに True の場合は4～9行目が終わることのない無限ループとなり、ともに False の場合は一度しか行われないことになる。よって、②True ④False、または、②False ④True である。
　・④が False の場合、7、8行目の比較・交換後すぐに繰り返しを中断するので、交換は全体で一度しか行われない。よって、④は True でなければならない。また、③には④と異なる値である False が入る。

(2) 並べ替えが完了した時点で処理を終了したり、比較する必要がなくなった部分は比較対象から外したりして効率化をはかることができる。問題文中のプログラムは、前者の工夫はされているが、後者の工夫はされていない。本問では、右端にある並べ替え済みの値を除外することで効率がよいプログラムになる。

```
1  meibo = ['mizutani', 'ito', ··(略)··, 'irie', 'kawai']   # リストmeiboに初期値を代入
2  print('ソート前', meibo)                                  # 並べ替え前のmeiboの値を表示する
3  flag = True                                              # flagにTrueを代入する
4  while flag:                                              # flagがTrueの間繰り返す
5      flag = False                                         # flagにFalseを代入する
6      for i in range(len(meibo) - 1):                      # iを0からmeiboの要素数-2まで1ずつ増やしながら繰り返す
7          if meibo[i] > meibo[i + 1]:                      # もしi番目の要素がi+1番目の要素より大きければ
8              meibo[i], meibo[i + 1] = meibo[i + 1], meibo[i]
                                                            # i番目の要素とi+1番目の要素を交換
9              flag = True                                  # flagにTrueを代入する
10 print('ソート後', meibo)                                  # 並べ替え後のmeiboの値を表示する
```

22 〈線形探索〉 問題 **21** で並べ替えたリスト meibo の生徒に対し，meibo の順序通りに出席番号（1番，2番，3番，…）を割り当てた。キーボードから名前を入力すると出席番号を表示する，次のプログラムの空欄に入る最も適当なものを，下の(ア)〜(ク)から一つずつ選べ。

```
1  sagasu = input('名前を入力')
2  i = 1
3  for name in  ①  :
4      if sagasu ==  ②  :❶
5          print(sagasu, 'の出席番号は',  ③  , '番です')
6          break
7      i = i + 1 ❷
8  if i  ④  len(meibo):
9      print('その名前はありません')
```

(ア) sagasu   (イ) meibo   (ウ) name   (エ) i
(オ) i + 1   (カ) i - 1   (キ) >   (ク) <

問題文 Check

❶次に続く行の内容から，「目的の名前が見つかった場合の条件式が入る」と読み取れる。

❷「繰り返しの最後に i が 1 増える」，つまり，「8 行目に移行した時点で最後の出席番号に 1 加算されている」と読み取れる。

ベストフィット

目的の値が見つからずに繰り返し処理が終了した場合，カウンタの働きをする変数（ここでは i）の値が何になっているかに注目する。

解答 ① (イ)　② (ウ)　③ (エ)　④ (キ)

解説 3行目の「for a in b:」は，リスト b の要素を順に a に代入しながら繰り返し処理を行う記述である。順に代入された name がキー入力された sagasu と一致した場合に，出席番号を表示して繰り返し処理を抜ける。i は 2 行目で 1 が初期値として代入されているので，そのまま出席番号となる。この i のように，1 ずつ数え上げていく場合に使われる変数を「カウンタ」と呼ぶが，プログラムのほかの部分との関係から 0 を初期値する場合も多い。2 行目が i=0 となっていた場合，i+1 が出席番号となる。

名前が発見されることなく繰り返し処理を抜けた場合，i の値は meibo の要素数 + 1 になっている。3 人の名簿の場合を例として指差し確認して流れを追っていくと，8 行目の時点で 4 となることがわかる。

```
1  sagasu = input('名前を入力')            # キーボード入力された値を変数sagasuに代入する
2  i = 1                                  # iに1を代入する
3  for name in meibo:                     # nameにmeiboの要素を順に代入しながら繰り返す
4      if sagasu == name:                 # もしsagasuとnameが等しければ
5          print(sagasu, 'の出席番号は', i, '番です')  # sagasuとiを表示する
6          break                          # 繰り返し処理を中断する
7      i = i + 1                          # iに1を加算する
8  if i > len(meibo):                     # もしiがmeiboの要素数よりも大きければ
9      print('その名前はありません')         # 名前がないことを表示する
```

23 〈二分探索〉

下のプログラムは，二分探索の探索回数について調べるものである。「tansaku2()」は二分探索を行う関数で，引数と戻り値は次の表の通りである。探索対象のデータはリスト numbers に入っている。以下の問いに答えよ。

引数	役割
hairetsu	探索対象のリスト
sagasu	探す値
start	探索開始位置(添字)
end	探索終了位置(添字)
kaisu	関数が呼び出された回数

戻り値	役割
tmp	リスト中の位置 (見つからない場合 NO_DATA を返す)
kaisu	関数が呼び出された回数

```
1  NO_DATA = -999
2  def tansaku2(hairetsu, sagasu, start, end, kaisu):
3      kaisu = ①
4      if ② :
5          return NO_DATA, kaisu
6
7      tmp = start + (end - start) // 2
8      if sagasu ③ hairetsu[tmp]:
9          tmp, kaisu = tansaku2(hairetsu, sagasu, start, tmp - 1, kaisu)
10     elif sagasu ④ hairetsu[tmp]:
11         tmp, kaisu = tansaku2(hairetsu, sagasu, tmp + 1, end, kaisu)
12     else:
13         return tmp, kaisu
14     return tmp, kaisu
15
16 num = int(input('探す数？'))
17 ans, cnt = tansaku2(numbers, num, 0, len(numbers) - 1, 0)
18 print(ans, '番目・探索回数', cnt)
```

(1) 作成した関数は，関数内で自分自身を呼び出している。このような呼び出し方を一般的に何というか答えよ。

(2) プログラムの空欄に入る最も適当なものを，次の(ア)～(ケ)から一つずつ選べ。
(ア) 0　　　　　　　(イ) 1　　　　　　　(ウ) kaisu + 1
(エ) start = end　　(オ) start > end　　(カ) start < end
(キ) ==　　　　　　(ク) <　　　　　　　(ケ) >

(3) 次の(ア)～(エ)の記述のうち，最も適当なものを一つ選べ。
(ア) リスト numbers の中に探す値がない場合，何も表示されない。
(イ) リスト numbers は，あらかじめ整列済みでなければならない。
(ウ) 探す値が小さければ小さいほど，探索に掛かる時間は短くなる。
(エ) リスト numbers の要素数が2倍になると，探索に掛かる時間も2倍になる。

問題文 Check

❶「関数を呼び出すたびに数える必要がある」と読み取れる。

❷「データがない場合の条件式を直前の行で指定する必要がある」と読み取れる。

❸「探索終了位置を中央値の一つ左側としている」と読み取れることから，「直前の行に，探索対象を左半分にするための条件式を記述する」と読み取れる。

❹「探索開始位置を中央値の一つ右側としている」と読み取れることから，「直前の行に，探索対象を右半分にするための条件式を記述する」と読み取れる。

❺探索対象のリストの大きさ(要素数)ではなく，「探す値」の大小について書かれていることに注意する。

ベストフィット

二分探索では，目的の値が配列全体の左半分にあるか，右半分にあるか，中央にあるか，で分岐処理を行う。

解答 (1) 再帰呼び出し
(2)① (ウ)　② (オ)　③ (ク)　④ (ケ)　(3) (イ)

解説 (1)(2) 二分探索を行う場合，あらかじめ，探索対象の配列(リスト)を整列しておく必要がある。整列された配列の中央値と目的の値とを比較し，目的の値が配列の左半分にある(A)か，右半分にある(B)か，中央値に等しい(B)(目的の値が発見された)か，の三つに条件分岐する。Aの場合は探索範囲を左半分として，Bの場合は右半分として，再度自分自身である関数を呼び出す(再帰呼び出し)。よって，③は(ク)，④は(ケ)となる。

(3) 二分探索を行う条件を示す(イ)が正解である。
(ア) 誤り。目的の値が見つからなかった場合，「-999番目・探索回数○(要素数によって異なる数)」と表示される。
(ウ) 誤り。探す値が小さいということは，左端に近いということなので，範囲を狭めていく回数を減らすことにはつながらない。
(エ) 誤り。二分探索では，要素数が2倍になると，範囲を半分にする回数，つまり探索回数が1増えるだけである。

```python
1   NO_DATA = - 999                                         # NO_DATAに-999を代入する
2   def tansaku2(hairetsu, sagasu, start, end, kaisu):      # 関数tansaku2を定義する
3       kaisu = kaisu + 1                                   # kaisuを1加算する
4       if start > end:                                     # もしstartがendより大きければ
5           return NO_DATA, kaisu                           # NO_DATAとkaisuの値を呼び出し元に返す
6
7       tmp = start + (end-start) // 2                      # 探索開始位置と終了位置の中間位置をtmpとする
8       if sagasu < hairetsu[tmp]:                          # もし目的の値がリストの中央の値より小さければ
                                                            # 前半分を探索範囲として再帰呼び出しを行う
9           tmp, kaisu = tansaku2(hairetsu, sagasu, start, tmp - 1, kaisu)
10      elif sagasu > hairetsu[tmp]:    # そうでなくもし目的の値がリストの中央の値より大きければ
                                                            # 後ろ半分を探索範囲として再帰呼び出しを行う
11          tmp, kaisu = tansaku2(hairetsu, sagasu, tmp + 1, end, kaisu)
12      else:                                               # そうでなければ
13          return tmp, kaisu                               # tmpとkaisuを呼び出し元に返す
14      return tmp, kaisu                                   # tmpとkaisuを呼び出し元に返す
15
16  num = int(input('探す数？'))         # キーボード入力された値を，整数型にして変数numに代入する
17  ans, cnt = tansaku2(numbers, num, 0, len(numbers) - 1, 0)      # 関数tansaku2を呼び出す
18  print(ans, '番目・探索回数', cnt)                       # 目的の値の位置と，探索回数を表示する
```

review ◆ 検索エンジン

　検索エンジンによる検索では，膨大な数のWebサイトから，条件に合うものが瞬時にリストアップされる。近年では，文字情報による検索（キーワード検索）だけでなく，画像をアップロードして類似画像を検索したり，音声や鼻歌で楽曲を特定したりできるようになった。これらは機械学習を使ったアルゴリズムによるもので，今後ますます精度やスピードが向上することが期待される。

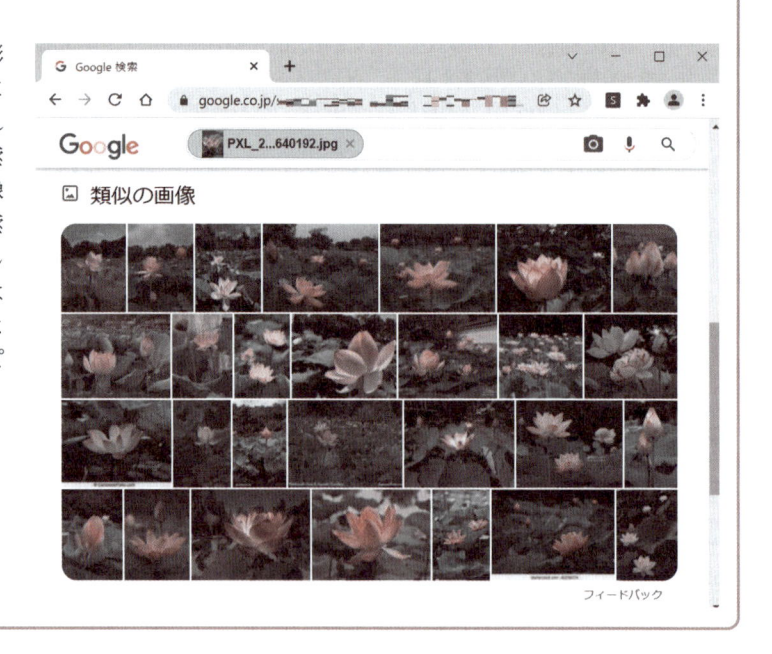

p.106 ▶23 プログラムによる動的シミュレーション

24 〈ランダムウォーク〉 xy 座標平面上を動く点の動きをシミュレーションしたプログラムと，そのプログラムについて述べた次の文章について，下の問いに答えよ。
なお，「random.random()」は，0以上1未満の浮動小数点型の乱数を返す関数，「a.append(b)」は，リスト a に要素 b を追加する関数，「plot()」は，「show()」と併せて使うことにより，座標平面上に点を描画する関数で，拡張モジュールMatplotlib のライブラリである。

```
1   import matplotlib.pyplot as plt
2   import random
3   kosu = 1000
4   x = [0]
5   y = [0]
6   for i in range(kosu):
7       if random.random() < 0.5:
8           ido = 1
9       else:
10          ido = - 1
11      x.append(x[i] + 0.1)❶
12      y.append(y[i] + ido)❷
13  plt.plot(x, y)
14  plt.show()
```

実行結果の例

このプログラムは，x 軸方向の移動距離は ① ，y 軸方向の移動距離はランダムに上または下に ② 移動する点の動作を kosu 回繰り返すものである。1回の動作での点の移動方向は，右上か右下の2種類となる。

x 軸方向の移動を，y 軸方向と同様にランダムになるよう変更すると，1回の動作での点の移動方向は ③ 種類となる。この変更を行うため，11 行目の 0.1 をido に変更したが，想定外の動きとなった。❸

(1) 上の文章の空欄に入る最も適当なものを，下の(ア)～(カ)から一つずつ選べ。
　　(ア) 0.1　(イ) 0.5　(ウ) 1　(エ) 4　(オ) 5　(カ) 8
(2) 下線部について，どのような点で想定と異なっていたか説明せよ。
(3) 計画通りの動作とするための修正方法を記述せよ。

問題文 Check

❶「リスト x の i 番目の要素に固定値 0.1 を加えた値がリスト x に追加される」と読み取れる。
❷「リスト y の i 番目の要素に変数 ido の値を加えた値がリスト y に追加される」と読み取れる。
❸「固定値 0.1 を，x 軸方向で使用している変数と同じ ido に変更した」と読み取れる。

ベストフィット

random() 関数の呼び出し1回につき，一つの乱数が生成される。

解答 (1)① (ア)　② (ウ)　③ (エ)
(2) 乱数が 0.5 より小さい場合は右上に，それ以外の場合は左下に移動し，2方向の移動となった。
(3) x 軸方向と y 軸方向でそれぞれ異なる乱数を使って移動方向を決める。具体的には，変数 ido_x とido_y を用意し，7～10 行目に相当する部分を x 方向用と y 方向用にそれぞれ記述する。

解説 x 軸方向へは固定の動き，y 軸方向へはランダムな動きをするランダムウォークのシミュレーションである。
x 軸方向，y 軸方向ともにランダムな動きをする修正について考える設問となっている。random() の呼び出しで値を決定した変数 ido は，再度 random() を呼び出さない限り変化することはない。そのため，11 行目の 0.1 を ido に変えても，11 行目と 12 行目で加えられる値はともに1(右上)，または，ともに −1(左下)となり，2方向のみの移動となる。正しい変更とするためには，解答例として記載したように，繰り返し処理1回の中で2回乱数生成をする必要がある。具体的には，右のプログラム例のように，7～12 行目を修正し，4行追加する。

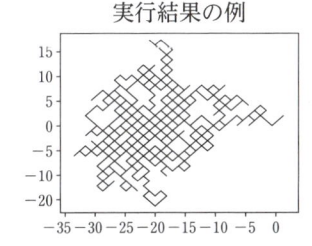

実行結果の例

```
7    if random.random() < 0.5:
8        ido_x = 1
9    else:
10       ido_x = - 1
追1  if random.random() < 0.5:
追2      ido_y = 1
追3  else:
追4      ido_y = - 1
11   x.append(x[i] + ido_x)
12   y.append(y[i] + ido_y)
```

23．プログラムによる動的シミュレーション　107

```
 1  import matplotlib.pyplot as plt    # matplotlibのpyplotモジュールをpltとしてインポートする
 2  import random                       # randomモジュールをインポートする
 3  kosu = 1000                         # 変数kosuに1000を代入する
 4  x = [0]                             # xをリストとして初期化し、0をセットする
 5  y = [0]                             # yをリストとして初期化し、0をセットする
 6  for i in range(kosu):               # iを0からkosu-1まで1ずつ増やしながら繰り返す
 7      if random.random() < 0.5:       # もし生成した乱数が0.5より小さければ
 8          ido = 1                     # 変数idoに1を代入する
 9      else:                           # そうでなければ
10          ido = - 1                   # 変数idoに-1を代入する
11      x.append(x[i] + 0.1)            # x[i]に0.1を加えた値をリストxに追加する
12      y.append(y[i] + ido)            # y[i]にidoの値を加えた値をリストyに追加する
13  plt.plot(x, y)                      # リストx、リストyを表示する座標として準備する
14  plt.show()                          # グラフを表示する
```

review ◆ 身近なシミュレーション

　乱数を使うことで，不規則な動きや出現頻度を模擬することができる。本書で取り上げた，サイコロやコイントスなどは身近な現象の模擬，シミュレーションである。

　花粉の飛散状況や咳をしたときの飛沫の拡散状況なども，コンピュータを使ってシミュレーションすることで，視覚的にわかりやすくなる。花粉や飛沫は膨大な数の点の動きを模擬する必要があるので，スーパーコンピュータが使用されることもある。

　シミュレーションで使われる乱数は，出現分布が真の乱数に近い一様分布のものだけでなく，平均値の近くに集まる正規分布のものなどがあり，想定するシチュエーションに応じて利用する。

　ゲームのアイテムを引き当てるガチャにも乱数が使われるが，プログラムで乱数調整ができるので，すべてのアイテムが同じ確率で出る保証はない。

25 〈コイントス〉

10円，50円，100円の3種類の硬貨を投げ，表が出た硬貨が獲得できる場合の期待値をシミュレーションするプログラムについて，空欄に入る最も適当なものを，下の(ア)～(ケ)から一つずつ選べ。なお，「random.randint(a, b)」は，a以上b以下のランダムな整数を返す関数である。

- (ア) kaisu
- (イ) i
- (ウ) j
- (エ) 3
- (オ) gokei
- (カ) kitaichi
- (キ) gokei / kaisu
- (ク) gokei / 3
- (ケ) kitaichi / kaisu

```
1  import random
2  kaisu = 10
3  gokei = 0
4  omote = [0] * 3
5  print('理論値', 10 * 0.5 + 50 * 0.5 + 100 * 0.5, '円')
6  for i in range(kaisu):
7      for j in range( ① ):
8          omote[ ② ] = random.randint(0, 1)
9      kitaichi = omote[0] * 10 + omote[1] * 50 + omote[2] * 100
10     print(i + 1, '回目', kitaichi, '円')
11     gokei = gokei + ③
12 print('平均', ④ , '円')
```

問題文 Check

❶リスト omote のサイズが3として初期化されていることから，「リスト omote には，3種類の硬貨についての結果を格納する」と判断できる。

❷インデントの状況から，「kitaichi を繰り返し表示している」と読み取れる。

❸インデントの状況から，「平均を最後に一度だけ表示している」と読み取れる。

実行結果の例
理論値 80.0 円
1回目 60 円
2回目 60 円
3回目 50 円
　　　⋮
10回目 20 円
平均 87.0 円

ベストフィット

繰り返しの対象行はインデントで判断する。

解答
① (エ)　② (ウ)　③ (カ)　④ (キ)

解説

このプログラムでは，8行目で randint() 関数を使い，0 または1をリスト omote に複数回代入している。表が1，裏が0であることは，期待値を求める9行目の式から判断できる。7行目は，3種類の硬貨の結果を格納するための繰り返し処理なので，3回の繰り返し指定となる。6行目で kaisu 回の繰り返しを指定してシミュレーションを行い，10行目で毎回期待値を表示している。

```
1  import random                                    # randomモジュールをインポートする
2  kaisu = 10                                       # 変数kaisuに10を代入する
3  gokei = 0                                        # 変数gokeiに0を代入する
4  omote = [0] * 3                                  # omoteを要素数3のリストとして初期化する
5  print('理論値', 10 * 0.5 + 50 * 0.5 + 100 * 0.5, '円')   # 理論的に求めた金額を表示する
6  for i in range(kaisu):                           # iを0からkaisu - 1まで1ずつ増やしながら繰り返す
7      for j in range(3):                           # jを0から2まで1ずつ増やしながら繰り返す
8          omote[j] = random.randint(0, 1)          # omote[j]に0か1をランダムに代入する
9      kitaichi = omote[0] * 10 + omote[1] * 50 + omote[2] * 100
                                                    # 期待値を計算し変数kitaichiに代入する
10     print(i + 1, '回目', kitaichi, '円')          # その回の期待値を表示する
11     gokei = gokei + kitaichi                     # 変数gokeiにkitaichiを加算する
12 print('平均', gokei / kaisu, '円')                # 期待値の平均を表示する
```

23. プログラムによる動的シミュレーション

26 〈モンテカルロ法〉 次のプログラムと二人の会話文の空欄に入る最も適当なものを，下の(ア)~(コ)から一つずつ選べ。ただし，「二乗(x)」は x を二乗する関数，「表示する(x)」は画面に x を表示する関数，「乱数(a, b)」は a 以上 b 以下の乱数を返す関数である。

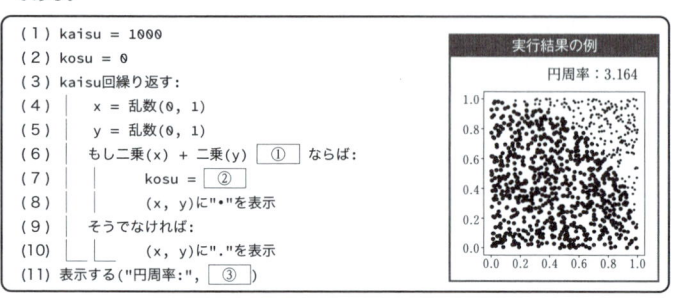

```
(1)  kaisu = 1000
(2)  kosu = 0
(3)  kaisu回繰り返す:
(4)  │    x = 乱数(0, 1)
(5)  │    y = 乱数(0, 1)
(6)  │    もし二乗(x) ＋ 二乗(y) ① ならば:
(7)  │    │    kosu = ②
(8)  │    │    (x, y)に"●"を表示
(9)  │    そうでなければ:
(10) │    │    (x, y)に"."を表示
(11) 表示する("円周率:", ③ )
```

実行結果の例
円周率：3.164

Aさん：1辺1の正方形の中にランダムに点を kaisu 回発生させ，半径1の円の中に入った数 kosu を数えて円周率πを求めているよ。
Bさん：x も y も正だから，円じゃなくて扇形で考えたのね。
Aさん：r=1 だから，扇形の面積は ④ 。点は一様に分布するから，「扇形の面積/正方形の面積＝扇形内の点の数/正方形内の点の数」となる。この関係式を変形して11行目に使っているよ。
Bさん：わかりやすくするために，円の中と外で別のマークを表示しているわね。でも，実行結果が 3.14 じゃないわね。
Aさん：kaisu を ⑤ ことで，実際の値に近付いていくよ。

(ア) >= 1   (イ) <= 1   (ウ) kaisu + 1
(エ) kosu + 1 (オ) 4 * kosu / kaisu (カ) kosu / kaisu
(キ) π / 2   (ク) π / 4   (ケ) 増やす   (コ) 減らす

問題文 Check

❶「円の中に入る」，つまり，「点の座標と中心との距離が半径以下」と考えて，6行目を見る。
❷「kosu を数え上げる」と読み取れることから，変数 kosu へ代入している7行目で数え上げを行うと考える。
❸「直前の関係式を変形して11行目の空欄の式を得る」と読み取れる。

2点間の距離
点 (x_1, y_1)，点 (x_2, y_2) 間の距離 d
$$d=\sqrt{(x_2-x_1)^2+(y_2-y_1)^2}$$
原点 $(0, 0)$，点 (x, y) 間の距離 d
$$d=\sqrt{x^2+y^2}$$

ベストフィット

<円の場合>
円周率＝円内の点の数/正方形内の点の数
<内角90°の扇形の場合>
円周率＝4 * 扇形内の点の数/正方形内の点の数

解答 ① (イ) ② (エ) ③ (オ) ④ (ク) ⑤ (ケ)

解説 本問では，扇形の面積は π/4，正方形の面積は1であることから，扇形の面積/正方形の面積＝π/4…(A)，扇形内の点の数/正方形内の点の数＝kosu/kaisu…(B)，(A)＝(B)より π/4＝kosu/kaisu，これを変形して π＝4 * kosu / kaisu とした式から円周率πを求めている。Python で作成したプログラム例を下に示す。なお，plt.scatter() では，marker='o' を引数に指定すると黒丸が表示される。

```
1   import matplotlib.pyplot as plt    # matplotlibのpyplotモジュールをpltとしてインポートする
2   import numpy as np                  # numpyモジュールをnpとしてインポートする
3   kosu = 1000                         # 変数kosuに1000を代入する
4
5   rng = np.random.default_rng()       # 乱数発生の準備をする
6   kosuIN = 0                          # 変数kosuINに0を代入する
7   plt.axes().set_aspect('equal')      # グラフの軸の縦横比を同じにする
8   for i in range(kosu):               # kosu回繰り返す
9       x = rng.random()                # 変数xに0～1の乱数を代入する
10      y = rng.random()                # 変数yに0～1の乱数を代入する
11      if x ** 2 + y ** 2 <= 1:        # もしxの2乗とyの2乗の和が1以下ならば
12          kosuIN += 1                 # 変数kosuINに1を加算する(kosuIN=kosuIN+1と同じ)
13          plt.scatter(x, y, c='black', marker='o')  # 座標(x, y)の位置に黒丸を表示する
14      else:                           # そうでなければ
15          plt.scatter(x, y, c='black', marker='.')  # 座標(x, y)の位置に点を表示する
16  print('円周率 :', 4 * kosuIN / kosu) # 円周率の計算結果を表示する
17  plt.show()                          # グラフを表示する
```

review ◆ モンテカルロ法

モンテカルロ法とは，乱数を使ってシミュレーションを行うことで，数学的な問題の近似値を得たり，データ分析を行ったりする手法である。問題 **25** や **26** でとった手法もモンテカルロ法である。プログラミング学習では，**26** のように，円周率πを求めるものが題材としてよく取り上げられる。カジノで有名な地区の名前であるモンテカルロから名付けられたといわれる手法だが，はじまりは第二次世界大戦中，コンピュータの父ジョン・フォン・ノイマンや原子核物理学者らが，中性子の物質中での動きをシミュレーションするために考案・実証したものである。

---

27 〈モンキーハンティング〉 ビルから物体が自由落下し始めると同時に，その物体を目掛けてボールを初速度 8 m/s で投げる。ボールを投げる位置から物体が落下し始める位置は，横方向に 6 m，縦方向に 8 m 離れている（図参照）。物体にボールを当てることができるかどうかシミュレーションするプログラムの空欄に入る最も適当なものを，下の(ア)〜(ク)から一つずつ選べ。なお，描画関数「plot()」は，引数に「linestyle = 'solid'」を渡すと実線（―），「linestyle = 'dashed'」を渡すと破線（‥）でリスト内のすべての座標をつないで描画する。

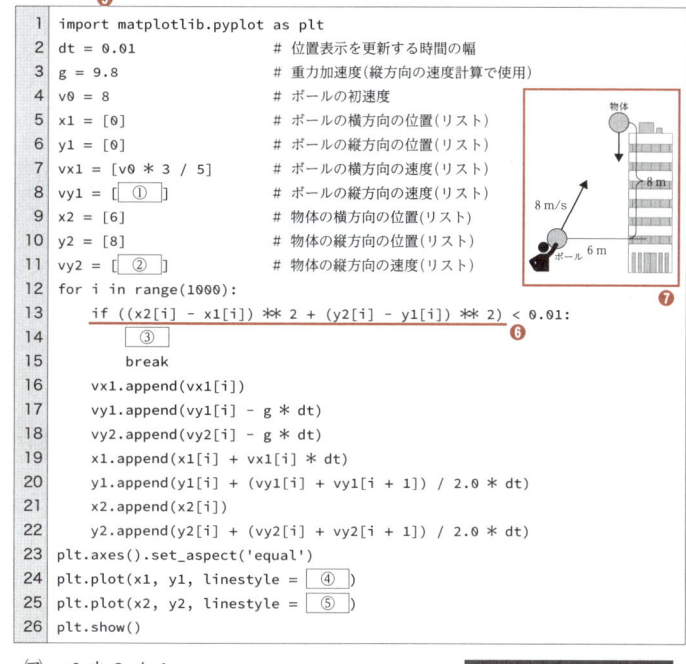

```
1  import matplotlib.pyplot as plt
2  dt = 0.01            # 位置表示を更新する時間の幅
3  g = 9.8              # 重力加速度(縦方向の速度計算で使用)
4  v0 = 8               # ボールの初速度
5  x1 = [0]             # ボールの横方向の位置(リスト)
6  y1 = [0]             # ボールの縦方向の位置(リスト)
7  vx1 = [v0 * 3 / 5]   # ボールの横方向の速度(リスト)
8  vy1 = [ ① ]          # ボールの縦方向の速度(リスト)
9  x2 = [6]             # 物体の横方向の位置(リスト)
10 y2 = [8]             # 物体の縦方向の位置(リスト)
11 vy2 = [ ② ]          # 物体の縦方向の速度(リスト)
12 for i in range(1000):
13     if ((x2[i] - x1[i]) ** 2 + (y2[i] - y1[i]) ** 2) < 0.01:
14          ③
15         break
16     vx1.append(vx1[i])
17     vy1.append(vy1[i] - g * dt)
18     vy2.append(vy2[i] - g * dt)
19     x1.append(x1[i] + vx1[i] * dt)
20     y1.append(y1[i] + (vy1[i] + vy1[i + 1]) / 2.0 * dt)
21     x2.append(x2[i])
22     y2.append(y2[i] + (vy2[i] + vy2[i + 1]) / 2.0 * dt)
23 plt.axes().set_aspect('equal')
24 plt.plot(x1, y1, linestyle = ④ )
25 plt.plot(x2, y2, linestyle = ⑤ )
26 plt.show()
```

(ア) v0 * 3 / 4
(イ) v0 * 5 / 4
(ウ) v0 * 4 / 5
(エ) 0
(オ) 'solid'
(カ) 'dahed'
(キ) print('当たりました')
(ク) print('当たりませんでした')

実行結果: 当たりました

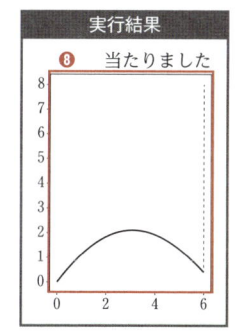

解答 ① (ウ)　② (エ)　③ (キ)　④ (オ)　⑤ (カ)

問題文 Check

❶ 初速度の x, y 成分を求める元となる直角三角形は，❷❸の記述と図❼の読み取り結果から，「辺の比が 3：4：5 である」と読み取れる。

❹❺の記述と図❽の読み取り結果から，「投げたボールが実線，落下する物体が破線である」と読み取れる。

❻ (x の差の二乗) + (y の差の二乗)，つまり，三平方の定理から，「2 点間の距離の二乗を求めている」と読み取れる。

三平方の定理
$$a^2 + b^2 = c^2$$

2 点間の距離
点 (x_1, y_1)，点 (x_2, y_2) 間の距離 d
$$d = \sqrt{(x_2 - x_1)^2 + (y_2 - y_1)^2}$$

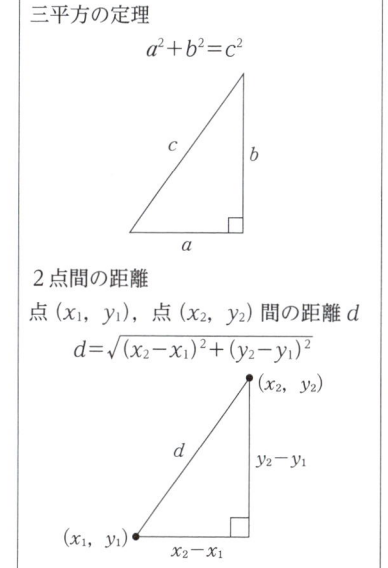

ベストフィット

物理現象のシミュレーションでは，数学で学んだ図形の性質を利用する。

解説 物理現象ではあるが，問われている内容は，中学数学で学習した知識から答えられる。三角形の辺の比や三平方の定理を使い，各変数の関係を読み解きながら式や値を当てはめていく。物理分野に関係する内容は 19〜22 行目に登場する。ごく短い時間が経過した後の，ボールと物体それぞれの位置と速度の近似値を求め，それぞれのリストに順次追加している。空欄①に入る値は，初速度から求めた y 軸方向の成分である。空欄②に入る値は，落下する物体のy 軸方向の初速度で，問題文中に自由落下とあることから 0 が入る。空欄④⑤は，実行結果のグラフを読み取り，それぞれの線がボールと物体のどちらを表すものかを考える。

13 行目で当たり判定を行っているが，ボールと物体の距離の二乗が 0 ではなく 0.01 未満となっている。これは，それぞれの座標値を短い時間間隔で計算して更新しているため，ぴったり同じ位置となる瞬間をとらえて計算している保証はなく，当たっているにもかかわらず見過ごされる可能性をなくすためである。

以下に，プログラムの全体を示すが，紙面の都合上，本文中にコメントの付いている 2〜11 行目の変数宣言部分は複数まとめて記述してある。

なお，このシミュレーションは，初速度を変更しても必ず当たる（初速度がある速度よりも小さくなると，地面より下の位置で当たることになる）。下の図は初速度をそれぞれ，16，10，7 としてシミュレーションした図である。

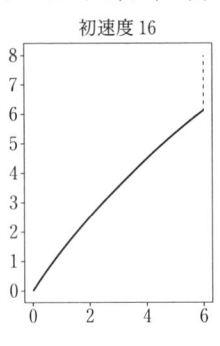

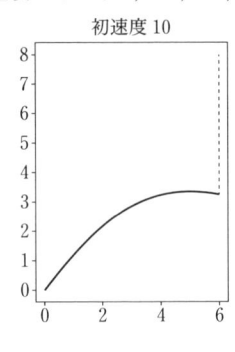

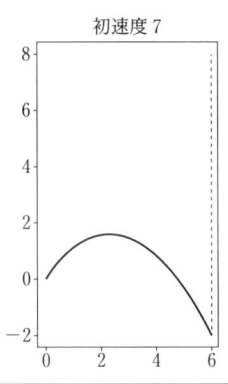

```
1  import matplotlib.pyplot as plt   # matplotlibのpyplotモジュールをpltとしてインポートする
   dt, g, v0 = 0.01, 9.8, 8
   x1, y1, x2, y2 = [0], [0], [6], [8]
   vx1, vy1, vy2 = [v0 * 3/5], [v0 * 4/5], [0]
12 for i in range(1000):              # iを0から999まで1ずつ増やしながら繰り返す(1000回)
                                      # もし(x1, y1)と(x2, y2)の距離の二乗が0.01より小さければ
13     if ((x2[i] - x1[i]) ** 2 + (y2[i] - y1[i]) ** 2) < 0.01:
14         print('当たりました')       # '当たりました'と表示する
15         break                       # 繰り返し処理を中断する
16     vx1.append(vx1[i])              # リストvx1にvx1[i]を追加する
17     vy1.append(vy1[i] - g * dt)     # リストvy1にvy1[i] - g*dtを追加する
18     vy2.append(vy2[i] - g * dt)     # リストvy2にvy2[i] - g*dtを追加する
19     x1.append(x1[i] + vx1[i] * dt)           # リストx1にx1[i] + vx1[i]*dtを追加する
20     y1.append(y1[i] + (vy1[i]+vy1[i+1]) / 2.0 * dt)
                                      # リストy1にy1[i] + (vy1[i]+vy1[i+1])/2.0*dtを追加
21     x2.append(x2[i])                # リストx2にx2[i]を追加する
22     y2.append(y2[i] + (vy2[i] + vy2[i + 1]) / 2.0 * dt)
                                      # リストy2にy2[i] + (vy2[i]+vy2[i+1])/2.0*dtを追加
23 plt.axes().set_aspect('equal')     # グラフの軸の縦横比を同じにする
24 plt.plot(x1, y1, linestyle = 'solid')       # リストx1，リストy1を実線表示する座標として準備
25 plt.plot(x2, y2, linestyle = 'dashed')      # リストx2，リストy2を破線表示する座標として準備
26 plt.show()                         # グラフを表示する
```

p.110 ▶Level UP 情報Ⅱにつながるデータサイエンス

1 〈全国模試の結果〉 ある全国模試の結果は正規分布に従っており，平均390点，標準偏差120であった。A高校では，この模試を400人が受験し，平均400点であった。A高校の生徒は，全国平均と比較して有意に高い結果だったといえるかどうか検定したい。このとき，次の問いに答えよ。ただし，有意水準は5％で，Z値（標準正規分布）の臨界値は両側検定で1.96，片側検定で1.65とする。

(1) 帰無仮説を答えよ。
(2) この検定は，両側検定か片側検定のどちらか答えよ。
(3) Z値を有効数字3桁で答えよ。
(4) 全国平均と比較して有意に高い結果だったといえるかどうか答えよ。

問題文 Check
❶Z値は，母集団の分散（母分散）を用いて，データが平均値からどれだけ離れているかを表す値である。

ベストフィット
Z検定は，母分散がわかっている場合に，標本平均と母平均が統計的に等しいといえるかどうかを検定する手法である。

解答 (1) A高校の平均点は全国平均と等しい
(2) 片側検定 (3) 1.67 (4) いえる

解説 (1) 帰無仮説は母集団と標本の平均値が等しいとする仮説であるため，この場合の帰無仮説は「A高校の平均点は全国平均と等しい」となる。
(2) 全国平均と比較し，平均点が高いかどうかを検定すればよいため，片側検定となる。
(3) Z値は，母分散を用いて次のように求める。

$$Z = \frac{標本平均 - 母平均}{\frac{母集団の標準偏差}{\sqrt{サンプル数}}} = \frac{400 - 390}{\frac{120}{\sqrt{400}}} = 10 \times \frac{20}{120} ≒ 1.67$$

(4) Z値が1.65を上まわり，帰無仮説は棄却されるため，全国平均と比較して有意に高い結果だったといえる。

2 〈ノートパソコンの駆動時間〉 あるノートパソコンの駆動時間は，メーカーの公式スペックによると15.0時間となっている。ここで，同じ型のノートパソコン10台を用いて駆動時間をテストしたところ，平均14.3時間，不偏分散2.00時間であった。テストしたノートパソコンの駆動時間が，公式スペックの基準を満たしているかどうか検定したい。このとき，次の問いに答えよ。ただし，有意水準は5％で，t分布の臨界値（自由度9）は，両側検定で2.26，片側検定で1.83とする。なお，駆動時間が公式スペックよりも長い場合は問題ないこととする。

(1) 帰無仮説を答えよ。
(2) この検定は，両側検定か片側検定のどちらか答えよ。
(3) t値を有効数字3桁で答えよ。ただし，$\sqrt{5} = 2.24$とする。
(4) 駆動時間が公式スペックの基準を満たしているといえるかどうか答えよ。

問題文 Check
❶t値は，母集団の不変分散（母分散の推定値）を用いて，データが平均値からどれだけ離れているかを表す値である。

ベストフィット
t検定は，母分散がわかっていない場合に，標本平均と母平均が統計的に等しいといえるかどうかを検定する手法である。

解答 (1) テストしたノートパソコンの駆動時間は公式スペックと等しい
(2) 片側検定 (3) −1.57 (4) いえる

解説 (1) 帰無仮説は母集団と標本の平均値が等しいとする仮説であるため，この場合の帰無仮説は「テストしたノートパソコンの駆動時間は公式スペックと等しい」となる。
(2) 公式スペックと比較し，駆動時間が短いかどうかを検定すればよいため，片側検定となる。
(3) t値は，不偏分散（母分散の推定値）を用いて次のように求める。

$$t = \frac{標本平均 - 母平均}{\sqrt{\frac{標本の不偏分散}{サンプル数}}} = \frac{14.3 - 15.0}{\sqrt{\frac{2.0}{10}}} = -0.7 \times \sqrt{5} ≒ -1.57$$

(4) t値が−1.83を上まわり，帰無仮説は棄却されるため，公式スペックの基準を満たしているといえる。

3 〈平均の検定〉 次の問いに答えよ。ただし，有意水準 5 ％における Z 値(標準正規分布)の臨界値は，両側検定で 1.96，片側検定で 1.65 とし，t 分布の臨界値(自由度 9)は，両側検定で 2.26，片側検定で 1.83 とする。

(1) ある工場で作られるお菓子は，1 個の重さの平均が 40.0 g である。ここで，30 個入りの箱に入っていたお菓子は平均が 40.3 g，標準偏差が 1.00 であった。この箱のお菓子の重さは通常と異なっているかどうか検定したい。
① 帰無仮説を答えよ。
② この検定は，両側検定か片側検定のどちらか答えよ。
③ Z 値を有効数字 3 桁で答えよ。ただし，$\sqrt{30}=5.48$ とする。
④ この箱のお菓子の重さは通常と異なっているといえるかどうか答えよ。

(2) 麺を設定した長さに切り出す機械がある。ここで，麺の長さを 20.0 cm に設定して切り出したところ，10 本の平均が 20.5 cm，不偏分散が 0.500 であった。この機械で切り出した麺の長さは，設定した長さよりも長いかどうか検定したい。
① 帰無仮説を答えよ。
② この検定は，両側検定か片側検定のどちらか答えよ。
③ t 値を有効数字 3 桁で答えよ。ただし，$\sqrt{20}=4.47$ とする。
④ 切り出した麺の長さは，設定した長さよりも長いといえるかどうか答えよ。

問題文 Check

❶ ほかのデータから求めることができない独立したデータの数を自由度という。一般にサンプル数が n の場合，平均値があれば $n-1$ 個のデータで残りの 1 個が計算できるため，自由度は $n-1$ となる。

ベストフィット

一般にサンプル数が 30 以上であれば，母分散と標本分散と等しいと考え，Z 検定を使用することができる。

解答
(1)① 箱に入っているお菓子の重さは通常の重さと等しい
② 両側検定　③ 1.64　④ いえない
(2)① 切り出した麺の長さは設定した麺の長さと等しい
② 片側検定　③ 2.24　④ いえる

解説
(1)① 帰無仮説は母集団と標本の平均値が等しいとする仮説であるため，この場合の帰無仮説は「箱に入っているお菓子の重さは通常の重さと等しい」となる。
② お菓子の重さの平均値が大きい場合と小さい場合を検定する必要があるため，両側検定となる。
③ Z 検定は，母分散がわかっている場合に使用するが，この場合のように，一般にサンプル数が 30 以上であれば，母分散と標本分散が等しいと考え，Z 検定を使用することができる。ここで Z 値は，標本の標準偏差を用いて次のように求める。

$$|Z|=\frac{標本平均-母平均}{\frac{母集団の標準偏差}{\sqrt{サンプル数}}}=\frac{40.3-40.0}{\frac{1.00}{\sqrt{30}}}=0.3\times\sqrt{30}\fallingdotseq 1.64$$

④ Z 値が 1.96 を下まわり，帰無仮説は棄却されないため，箱に入っているお菓子の重さは通常と異なっているとはいえない。

(2)① 帰無仮説は母集団と標本の平均値が等しいとする仮説であるため，この場合の帰無仮説は「切り出した麺の長さは設定した麺の長さと等しい」となる。
② 麺の長さの平均値が大きい場合だけを検定すればよいため，片側検定となる。
③ t 値は，不偏分散(母分散の推定値)を用いて次のように求める。

$$t=\frac{標本平均-母平均}{\sqrt{\frac{標本の不偏分散}{サンプル数}}}=\frac{20.5-20.0}{\sqrt{\frac{0.500}{10}}}=0.5\times\sqrt{20}\fallingdotseq 2.24$$

④ t 値が 1.83 を上まわり，帰無仮説は棄却されるため，切り出した麺の長さが，設定した長さよりも長いといえる。

p.114 ▶Level UP データを活用するためのプログラミング

4 〈オープンデータ〉 次のCSVファイルは，京都市のオープンデータポータルサイト(https://data.city.kyoto.lg.jp/)から，平成29年に京都市を修学旅行で訪れた高校生の地域別・月別の人数を取り出し，UTF-8形式で保存したものである。このデータから，月別の合計人数をグラフ表示する下のプログラムの空欄に入る最も適当なものを，下の(ア)〜(オ)から一つずつ選べ。❶

CSVファイル(kyotoHS.csv)

❷
地域,1月,2月,3月,4月,5月,6月,7月,8月,9月,10月,11月,12月,
北海道,287,364,1710,1164,141,207,180,192,1034,12016,11916,7455,
東北,490,620,2915,1984,240,353,307,327,1761,20475,20306,12704,
関東,540,685,3217,2190,265,389,338,361,1944,22598,22410,14020,
中部,70,88,414,282,34,50,44,46,250,2909,2885,1805,
・・・・(略)・・・・

```
1  import matplotlib.pyplot as plt
2
3  fp = open('kyotoHS.csv', 'r', encoding = 'UTF-8')
4  lines = ①
5  goukei = [0] * 12  ❸
6  for line in lines[1:]:
7      items = ②
8      for i in range(len(goukei)):
9          goukei[i] = goukei[i] + ③
10     ④
11
12 tuki = range(1, 13)
13 plt.bar(tuki, goukei)
14 plt.show()
```

(ア) int(items[i])   (イ) int(items[i + 1])
(ウ) fp.readlines() (エ) fp.close()   (オ) line.split(',')

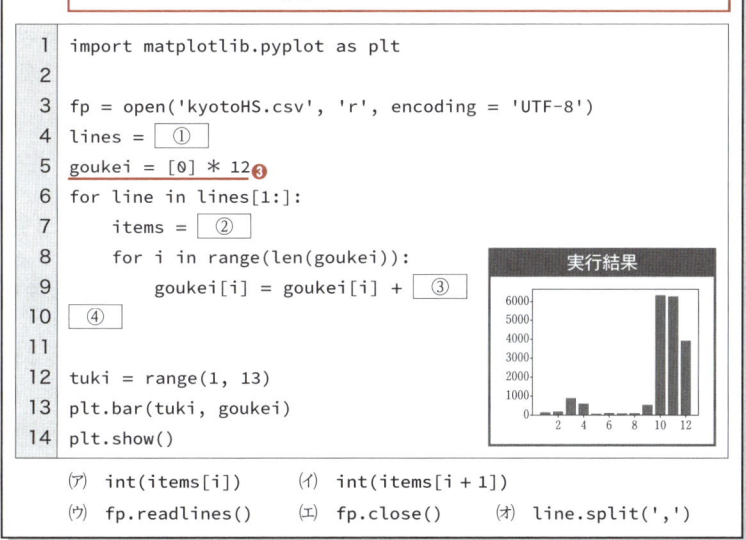

問題文 Check

❶❷CSVファイルでは，列ではなく行ごとにデータを取り出すことを思い出す。まず地域別にデータを取り出し，次に月別にデータを取り出し合算していく流れになると考える。

❸「goukeiは要素数12のリストである」と読み取れる。

ベストフィット

CSVファイルのデータを扱う一般的な流れは次の通りである。
1．ファイルを開く
2．複数行をすべて取り込む
3．各行に含まれるデータをカンマで分割して取り出す
4．データに対して必要な処理を行う
5．ファイルを閉じる

解説 本問でのファイル操作のおおまかな流れは，3行目でファイルを開く，4行目で複数の行をリストlinesに読み込む，6行目でリストlinesから1行ずつlineに取り出しながら繰り返し処理を行う，7行目でリストitemsにline(1行)に含まれるデータを分割して取り込む，8，9行目で合計処理を行う，10行目でファイルを閉じる，と

解答 ① (ウ) ② (オ) ③ (イ) ④ (エ)

なる。③を(ア)のint(item[i])とすると，goukei[0]にitem[0]，つまり県名を加算しようとしてエラーになる。item[i+1]としてgoukeiの添字と1ずらして指定する必要がある。なお，このプログラムで使用するCSVファイルは，ファイル名「kyotoHS.csv」として準備しておく。

```
1  import matplotlib.pyplot as plt     # グラフを描くためにモジュールmatplotlibをインポートする
3  fp = open('kyotoHS.csv', 'r', encoding = 'UTF-8')  # CSVファイルを読み込みモードで開く
4  lines = fp.readlines()              # 複数行をすべて読み込みリストlinesに代入する
5  goukei = [0] * 12                   # リストgoukeiを要素数12で初期化する
6  for line in lines[1:]:              # lineに，リストlinesの各行を取り出して代入しながら繰り返す
7      items = line.split(',')         # lineをカンマ','で区切り，リストitemsに代入する
8      for i in range(len(goukei)):    # iを0からgoukeiの要素数-1まで1ずつ増やしながら繰り返す
9          goukei[i] = goukei[i] + int(items[i + 1])
                                       # itemsのi+1番目の値をgoukeiのi番目に加算する
10 fp.close()                          # ファイルを閉じる
12 tuki = range(1, 13)                 # リストtukiに1から12までの数を代入する
13 plt.bar(tuki, goukei)               # matplotlib モジュールのbar()関数を呼び出す(引数はtukiとgoukei)
14 plt.show()                          # matplotlib モジュールのshow()関数を呼び出してグラフを描く
```

5 〈Web API〉 日本郵便のWebサイトで公開されている郵便番号データを再配布するWeb APIを使い，入力された郵便番号に該当する住所を表示するプログラムを作成したい。プログラムの各処理を記述した次の(A)～(F)の文章を，正しい順に並べ替えよ。ただし，一つの選択肢内に複数ある処理の順序は記述順とする。なお，このAPIは，APIのURLと7桁の郵便番号を引数として渡すことで，表中のフィールド名をもつデータがテキストデータとして得られるものである。

使用API：http://zipcloud.ibsnet.co.jp/ （株式会社アイビス）

フィールド名	内容
status	ステータス(正常時：200　エラー発生時：エラーコード)
message	メッセージ(エラー発生時のエラーの内容)
results	(含まれるフィールド)　address1, address2, address3 都道府県名，市区町村名，町域名

(A)・JSONファイルから，'status' をキーとして得たデータを変数 status に代入する
　　・JSONファイルから，'message' をキーとして得たデータを変数 message に代入する
　　・JSONファイルから 'results' をキーとして得た住所データ群を，変数 address に代入する
(B)・テキストデータから JSONファイルを得る
(C)・変数 url に，Web API の URL を代入する
　　・キーボードから入力された番号を変数 bango に代入する
(D)・url と bango を引数として API にアクセスし，テキストデータを得る
(E)・status が 200 の場合は address から 'address1', 'address2', 'address3' をキーとして得たデータを画面に表示する
　　・status が 200 でない場合は次の行を実行する
(F)・message を表示する

問題文 Check
❶JSONファイルは，「(B)でテキストデータから取り出され，(A)で利用している」と読み取れる。
❷status は，「(A)で値が代入され，(E)で利用されている」と読み取れる。
❸message は，「(A)で値が代入され，(F)で利用されている」と読み取れる。
❹address は，「(A)で値が代入され，(E)で利用されている」と読み取れる。
❺テキストデータは，「(D)で指定URLから取り出され，(B)で利用されている」と読み取れる。

ベストフィット
変数に値を代入してから利用する流れとなることを手がかりに手順を考える。

解説　Web上のデータにアクセスするおおまかな流れは，URLを指定してデータを取り出す，JSONファイルに変換する，JSONファイルからデータを取り出す，必要な処理を行う，となる。問題文中の変数名を手掛かりとし，それぞれの変数に値を代入した後に使う流れになるよう手順を組み立てる。

解答　(C), (D), (B), (A), (E), (F)

以下のプログラムは，本問の流れを実装した一例である。JSON形式のデータは，辞書型と配列が混在しており，一見複雑に見えるが，1行ずつ丁寧に追っていくと，ファイル全体，行，行内のデータ，データ内のデータ，…と細分化していき，目的の値を得ていることが把握できる(動作確認：2021年11月1日 IDLE 上で実行)。

```
1  import requests                              # requestモジュールをインポートする
2  import json                                  # jsonモジュールをインポートする
3  url = 'http://zipcloud.ibsnet.co.jp/api/search'  # 変数urlにAPIのURLを代入する
4  bango = input('郵便番号は？')                # キーボード入力された値を，変数bangoに代入する
5  param = {}                                   # paramを辞書型として初期化する
6  param['zipcode'] = bango                     # 辞書paramで，キー'zipcode'に対応する値bangoを代入する
7  res = requests.get(url, params = param)      # paramで指定したデータを取り出しresに代入する
8  response = json.loads(res.text)              # 取り出したデータをpythonで使える辞書型データに変換する
   # 辞書responseで，キー'status'の指す値を取り出し，変数statusに代入する
9  status = response['status']
   # 辞書responseで，キー'message'の指す値を取り出し，変数messageに代入する
10 message = response['message']
11 if(status == 200):                           # もしstatusが200に等しければ
       # 辞書responseで，キー'results'の指すリストの0番目を辞書addressに代入する
12     address = response['results'][0]
       # 辞書addressで，キー'address1', 'address2', 'address3'の指す値を表示する
13     print(address['address1'] + address['address2'] + address['address3'])
14 else:                                        # そうでなければ
15     print(message)                           # 変数messageの値を表示する
```

6 〈Web API〉 次のプログラムは、『政府統計の総合窓口(e-Stat：https://www.e-stat.go.jp/)』から2019年の「総人口に対する都道府県別人口の割合」のデータを取得し、県名と割合を表示するプログラムの抜粋である。プログラムの空欄に入る最も適当なものを、下の(ア)～(エ)から一つずつ選べ。

なお、プログラム中の4行目で取り出したデータは、キー '@code' に県ID、'@name' に県名が入った辞書型のデータからなるリストである。同様に、5行目で取り出したデータは、キー '@area' に県ID、'$' に得られた割合の数値が入った辞書型のデータからなるリストである。

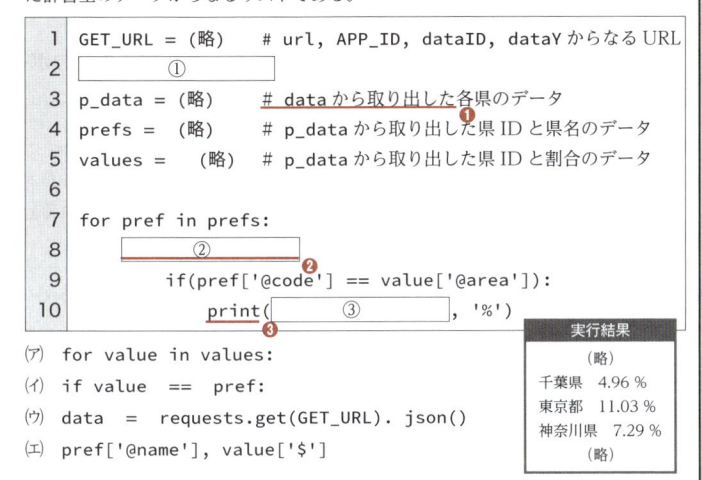

```
1  GET_URL = (略)     # url, APP_ID, dataID, dataYからなるURL
2        ①
3  p_data = (略)      # dataから取り出した各県のデータ
4  prefs = (略)       # p_dataから取り出した県IDと県名のデータ
5  values = (略)      # p_dataから取り出した県IDと割合のデータ
6
7  for pref in prefs:
8          ②
9      if(pref['@code'] == value['@area']):
10         print(    ③    , '%')
```

実行結果
(略)
千葉県 4.96 %
東京都 11.03 %
神奈川県 7.29 %
(略)

(ア) for value in values:
(イ) if value == pref:
(ウ) data = requests.get(GET_URL).json()
(エ) pref['@name'], value['$']

問題文 Check
❶「この行より前に、dataに値が代入されている」と読み取れる。
❷インデントの状況から「forやifが入る」と読み取れる。
❸「表示したいデータを引数に指定する」と読み取れる。

ベストフィット
値を代入された変数は、それ以降の行で利用される。

解説
さまざまな変数が使われているが、前問と同じく、変数に値を代入してから利用する流れとなることを念頭に置いて処理を追っていけば、必然的に正答が得られる。例えば、9行目の辞書valueはどの行でも値が代入されていないため、(ア)のvaluesから順に値を取り出してvalueに代入する行が入ることがわかる。

以下のプログラムは、本問の流れを実装した一例である。辞書型となっているデータが多数

解答 ① (ウ)　② (ア)　③ (エ)

含まれるので、そのキーを順次指定してデータを取り出していく。なお、プログラム中のAPP_IDは、e-Stat上で取得したものを各自で記述する必要がある(動作確認：2021年11月1日IDLE上で実行)。

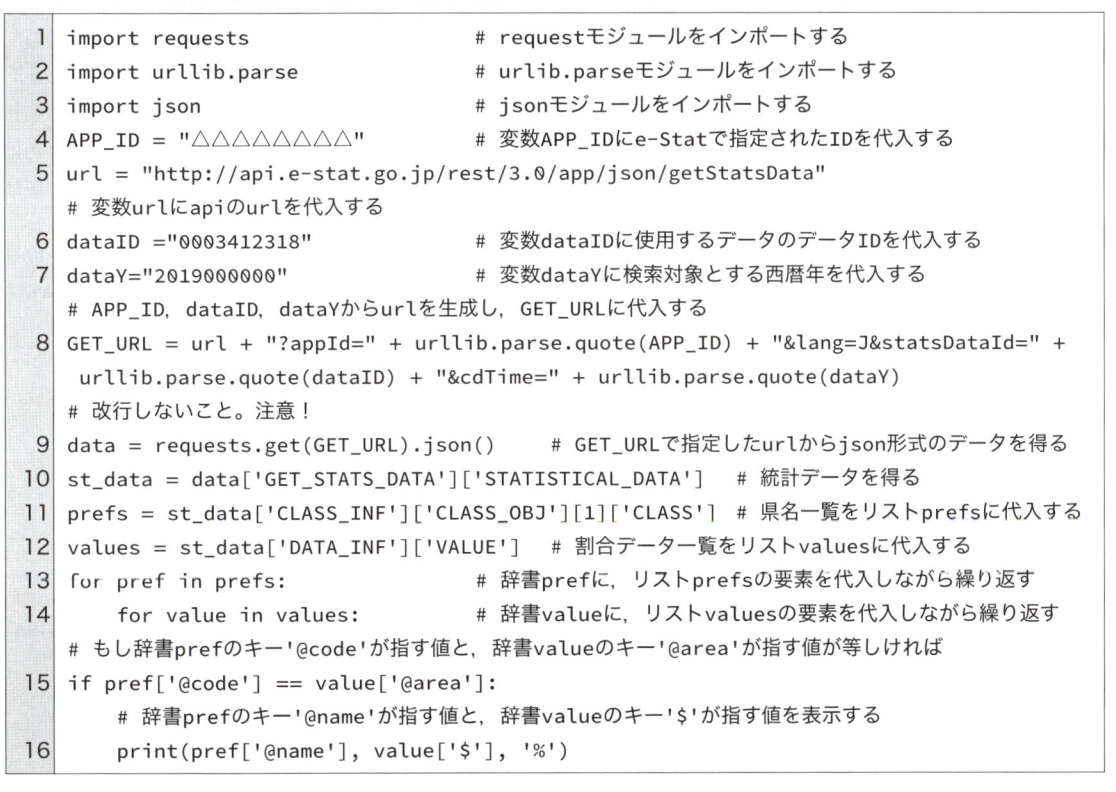

```
1  import requests                        # requestモジュールをインポートする
2  import urllib.parse                    # urlib.parseモジュールをインポートする
3  import json                            # jsonモジュールをインポートする
4  APP_ID = "△△△△△△△△"                # 変数APP_IDにe-Statで指定されたIDを代入する
5  url = "http://api.e-stat.go.jp/rest/3.0/app/json/getStatsData"
   # 変数urlにapiのurlを代入する
6  dataID ="0003412318"                   # 変数dataIDに使用するデータのデータIDを代入する
7  dataY="2019000000"                     # 変数dataYに検索対象とする西暦年を代入する
   # APP_ID, dataID, dataYからurlを生成し、GET_URLに代入する
8  GET_URL = url + "?appId=" + urllib.parse.quote(APP_ID) + "&lang=J&statsDataId=" +
   urllib.parse.quote(dataID) + "&cdTime=" + urllib.parse.quote(dataY)
   # 改行しないこと。注意！
9  data = requests.get(GET_URL).json()    # GET_URLで指定したurlからjson形式のデータを得る
10 st_data = data['GET_STATS_DATA']['STATISTICAL_DATA']    # 統計データを得る
11 prefs = st_data['CLASS_INF']['CLASS_OBJ'][1]['CLASS']   # 県名一覧をリストprefsに代入する
12 values = st_data['DATA_INF']['VALUE']   # 割合データ一覧をリストvaluesに代入する
13 for pref in prefs:                     # 辞書prefに、リストprefsの要素を代入しながら繰り返す
14     for value in values:               # 辞書valueに、リストvaluesの要素を代入しながら繰り返す
   # もし辞書prefのキー'@code'が指す値と、辞書valueのキー'@area'が指す値が等しければ
15 if pref['@code'] == value['@area']:
       # 辞書prefのキー'@name'が指す値と、辞書valueのキー'$'が指す値を表示する
16     print(pref['@name'], value['$'], '%')
```

▶Level UP 計測・制御とプログラミング

7 〈計測と制御〉 計測と制御の仕組みについて述べた次の文章の空欄に入る最も適当なものを，下の(ア)~(エ)から一つずつ選べ。

温度や加速度を計測する（ ① ）から得られたデータは，コンピュータの（ ② ）から取り込む。多くの場合，計測値は電圧などの生のデータなので，(①)の特性に応じてプログラム内で温度などの物理量に変換する必要がある。同様に，モータや LED などの（ ③ ）を制御する場合，(③)の特性に応じて物理量を制御のためのデータに変換した値を，コンピュータの（ ④ ）から出力して制御する。

(ア) センサ　(イ) アクチュエータ　(ウ) 入力ポート　(エ) 出力ポート

問題文 Check
❶空欄①は「計測するための機器である」と読み取れる。
❷空欄②は「取り込むためのポートである」と読み取れる。
❸空欄③は「制御するための機器」であると読み取れる。
❹空欄④は「出力するためのポート」であると読み取れる。

ベストフィット
センサ→入力→処理→出力→アクチュエータの流れと働きを理解する。

解答 ① (ア)　② (ウ)　③ (イ)　④ (エ)

解説 本問は用語確認だが，計測・制御のプログラミングでは，これらの用語とそれぞれの意味・役割・具体例などを理解しておく必要がある。

---

8 〈温度センサと制御〉 次の(ア)~(カ)の記述は，温度を計測して 20 度より高い場合のみ画面に表示するプログラムの各行を説明したものである。プログラムが正しく動作するよう順に並べ替えよ。ただし，使用する行は六つのうち四つのみである。

(ア) 変数 ondo を画面に表示する。
(イ) 変数 atai を画面に表示する。
(ウ) もし ondo > 20 ならば次の行を実行する。
(エ) もし atai > 20 ならば次の行を実行する。
(オ) 計算式を使って atai を摂氏温度に変換し，変数 ondo に代入する。
(カ) 温度センサから値を読み込み，変数 atai に代入する。

問題文 Check
❶「温度を計測することからスタートする」と読み取れる。
❷「atai は取り込み時に摂氏温度になっていない」と読み取れる。

ベストフィット
計測→読み込み→処理，の流れ通り組み立てる。

解答 (カ)→(オ)→(ウ)→(ア)

解説 まず計測からスタートするので(カ)から始まる。読み込んだ値がそのまま摂氏温度となる機器もあるが，その場合は(カ)，(エ)，(イ)の三つで処理が終了してしまい，問題文中の「四つ」という指示に合わない。よって，読み込んだ値は生のデータで，摂氏温度に変換する処理が必要であることがわかる。

以下の例は micro:bit を使って本問の機能を実装したプログラムの一例である。MakeCode では，値を取得して摂氏温度に変換するまでを「`input.temperature()`」関数で行うことができるため，本問にある変数 atai は使用する必要がない。本問と同じ流れとなるように，参考として該当箇所にコメントとして記述した。

```
1  def on_forever():                  # ずっと繰り返す(関数定義)
2    # atai = データ取得               # 注：micro:bitでは不要(カ)
3    # ondo = ataiから摂氏温度に変換   # 注：micro:bitでは下の行(オ)
4    ondo = input.temperature()       # 温度センサから読み込んだ摂氏温度を変数ondoに代入
5    if ondo > 20:                    # もしondoが20より大きければ(ウ)
6       basic.show_number(ondo)       # ondoを表示する(ア)
7
8  basic.forever(on_forever)          # ずっと繰り返す
```

補足：掲載プログラムの実行について

この項で使用する機器構成の多くは，マイコンボード micro:bit を使用している。micro:bit は，イギリスの公共放送 BBC（英国放送協会）が中心となって開発した学習者用のマイコンボードで，センサやボタン，LED などが搭載されており，手軽に計測・制御のプログラミングを学ぶことができる。

micro:bit では，Python，JavaScript，Scratch など，さまざまなプログラミング言語が使用できる。開発環境も複数あり，本書では，Microsoft 社の MakeCode※を使用する。MakeCode は初心者向けに Scratch に似たブロックを使ってプログラミングができるよう開発されたものだが，Python や JavaScript にも対応しており，クリック一つで Python のプログラムをブロックに変換したり，使用できる関数や記述の一覧からドラッグ＆ドロップしてプログラムを作成したりできる。また，シミュレータがあるため，micro:bit の実機がなくてもプログラムを実行・動作確認することができる。

※MakeCode(https://makecode.microbit.org/)，MicroPython(https://Python.microbit.org/)，
　Mu(https://codewith.mu/)

（注意）MakeCode では，Python の文法でプログラムを記述できるが，MicroPython エディタ※や Mu※などで使用する MicroPython とは用意されている関数などに違いがあるため，プログラムに互換性はない。この項で掲載しているプログラムを実行する場合は，必ず MakeCode 上で行う必要がある。また，micro:bit のバージョンによって，使用できる機能が異なる。

MakeCode の Web サイトにアクセスし，「新しいプロジェクト」をクリックして表示されるウィンドウにプロジェクト名を入力し，「作成」をクリックする。

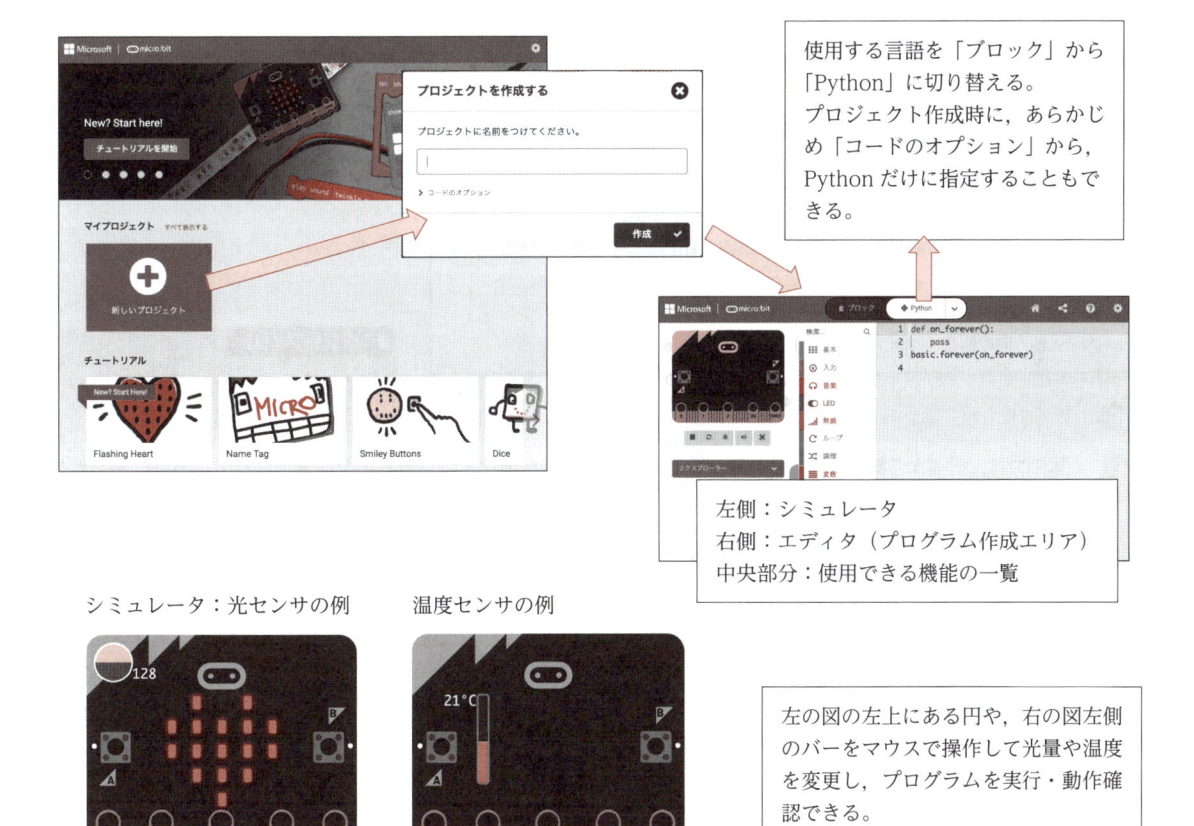

> 使用する言語を「ブロック」から「Python」に切り替える。
> プロジェクト作成時に，あらかじめ「コードのオプション」から，Python だけに指定することもできる。

> 左側：シミュレータ
> 右側：エディタ（プログラム作成エリア）
> 中央部分：使用できる機能の一覧

シミュレータ：光センサの例　　温度センサの例

> 左の図の左上にある円や，右の図左側のバーをマウスで操作して光量や温度を変更し，プログラムを実行・動作確認できる。

micro:bit の実機を使う場合，micro:bit とコンピュータを USB ケーブルで接続し，ダウンロードボタン横の縦三点リーダ「︙」から「デバイスを接続する」ことで，ワンクリックでプログラムを転送できるようになる。

9 〈加速度センサと制御〉 無線機能を搭載した二つのマイコンボードA，Bと，加速度センサを使い，ロボットのひじ関節の動きを無線制御するシステムを作成したい。ロボットのひじ関節の部分には，入力された制御信号の値に応じた角度だけ回転するサーボモータと，モータの駆動に必要な電源回路からなるモータユニットを取り付けた。

使用する加速度センサは，重力加速度を含めた加速度の(X，Y，Z)成分を検出するもので，関数「X軸方向の傾き()」で，検出したX軸方向の傾きを得ることができる。

プログラム1とプログラム2について述べた次の文章の空欄に入る最も適当なものを，下の(ア)～(ク)から一つずつ選べ。

プログラム1
```
(1) 無線通信をONにする
(2) ずっと繰り返す:
(3)   x = X軸方向の傾き()
(4)   メッセージを送る(x)
```

プログラム2
```
(1) 無線通信をONにする
(2) ずっと繰り返す:
(3)   jushin = メッセージを受信()
(4)   atai1 = (A)
(5)   atai2 = (B)
(6)   出力端子に信号を送る(atai2)
```

・マイコンボードAの ① にモータユニットを接続し，マイコンボードBの ② に加速度センサを取り付けた
・プログラム1をマイコンボード ③ に，プログラム2をもう一方のマイコンボードに書き込んだ
・プログラム2の(A)，(B)はユーザ定義関数で，(A)は受信した ④ を引数とし，それに応じた回転角度を戻り値とする関数，(B)は ⑤ を引数とし，モータ制御を行うために必要な値を戻り値とする関数である

(ア) 入力端子 (イ) 出力端子 (ウ) A (エ) B (オ) 加速度
(カ) X軸方向の傾き (キ) 電圧 (ク) 回転角度

問題文 Check

❶「加速度センサの値を，モータを制御する値に変換し，マイコンボードから出力してロボットを制御する流れ」と考える。

❷以下の流れと読み取れる。
メッセージを受信()関数の戻り値をjushinに代入
→jushinを引数として関数(A)に渡して戻り値をatai1に代入
→atai1を引数として関数(B)に渡して戻り値をatai2に代入
→得られたatai2を出力端子に送る

ベストフィット

「計測値入力→値の計算→出力→制御」の流れを考える。

解答 ① (イ) ② (ア) ③ (エ) ④ (カ) ⑤ (ク)

解説 本問では，計測から制御までの流れを無線接続のできる二つのマイコンボードを使って行っているが，値を無線で受け渡している点以外は，一つのマイコンボードで計測・制御する場合と同じ流れである。よって，制御対象であるモータユニットを接続するのは出力端子，センサを取り付けるのは入力端子である。関数の引数には，それぞれ前の行で得られた値を渡す。

以下の例はmicro:bitを使って実装したプログラムの一例である。問題文中では加速度センサをマイコンボードに接続する形となっているが，下の例ではmicro:bitに搭載されている加速度センサを使用している。動作確認ができるよう，プログラム2の4～6行目をコメントアウト（行全体をコメントとすることで実行に無関係とする）してある。4，5行目は角度計算から電圧計算までを行う部分で，使用するモータによって変換式が異なる。6行目は0番端子にアナログ値を書き込む処理だが，動作確認のため，7行目にjushinの値を画面表示するよう変更して掲載した。

プログラム1

```
1  radio.set_group(1)                              # グループ番号1をセットする
2
3  def on_forever():                               # ずっと繰り返す(関数定義)
4      x = input.acceleration(Dimension.X)         # X軸方向の傾きを計測し変数xに代入
5      radio.send_number(x)                        # xの値を送信する
6
7  basic.forever(on_forever)                       # ずっと繰り返す
```

プログラム2

```
1  radio.set_group(1)                              # グループ番号1をセットする
2
3  def on_received_number(jushin):                 # 受信した値を変数jushinに代入する
4      # atai1 = jushin(傾き)から回転角度を計算して返す
5      # atai2 = atai1(回転角度)から電圧を計算して返す
6      # pins.analog_write_pin(AnalogPin.P0, atai2)   0番端子にatai2の値を書き込む
7      basic.show_number(jushin)                   # jushonの値を画面に表示する
8
9  radio.on_received_number(on_received_number)    # 無線で数字を受信する
```

補足：二つのシミュレータの同時操作

　MakeCodeでは，二つのmicro:bitシミュレータ上に，それぞれ異なるプログラムを書き込み，同時に通信させながら操作できる。

1．MakeCodeのトップ画面の「Multi Editors」をクリックし，表示された「使い方を見る」ボタンをクリックする。

2．一つの画面上に二つのMakeCodeが左右に並んで表示されるので，それぞれに異なるプロジェクトを作成する。
3．それぞれのプロジェクトで，プログラム1，プログラム2を作成し，それぞれのシミュレータ(右下)を実行する。

4．シミュレータをクリックすると，最大画面で操作・確認ができる。マウス操作で傾けることもできる。

Level UP 計測・制御とプログラミング

10 〈明るさの制御〉

Sさんは，micro:bit に接続した LED の明るさを，AボタンやBボタンを押すたびに調整できるプログラムを作成した。SさんとTさんの会話の空欄に入る最も適当なものを，下の(ア)〜(ク)から一つずつ選べ。ただし，同じ記号を複数回使用してもよい。なお，プログラムは MakeCode の関数を使用しており，「`basic.pause(a)`」は a ミリ秒だけ実行を一時停止する関数(1000 ミリ秒＝1秒)，「`pins.digital_write_pin(DigitalPin.P0, 1)`」は0番端子にデジタル信号「1」を送る記述である。

```
1   jikan = 0
2   def on_forever():
3       pins.digital_write_pin(DigitalPin.P0, 1)
4       basic.pause(5)
5       pins.digital_write_pin(DigitalPin.P0, 0)
6       basic.pause(jikan)
7   basic.forever(on_forever)
8   def on_button_pressed_a():
9       global jikan
10      jikan = jikan - 5
11  input.on_button_pressed(Button.A, on_button_pressed_a)
12  def on_button_pressed_b():
13      global jikan
14      jikan = jikan + 5
15  input.on_button_pressed(Button.B, on_button_pressed_b)
```

Sさん：一定の電圧の入力に対してオンとオフを高速に繰り返すことで，平均電圧を下げることができると本に書いてあったから，実際に試してみよう。この制御方式は，パルス幅変調(PWM)といって，モータの制御などで使われているらしい。今回は，LED の明るさが変わるかどうかで調べよう。

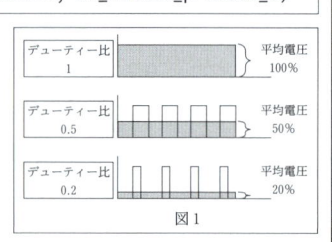

Tさん：LED と必要な抵抗を0番端子と GND(接地)につなぐよ。図1を見ると，オンの時間が短いほど平均電圧が ① なるということと，1周期に占める ② の幅の割合をデューティー比ということがわかるね。

Sさん：このプログラムでは，簡易的に変数 ③ の値で ④ の継続時間を調整しているよ。さあ，実行してみよう。

Tさん：Aボタンを押すたびに ⑤ ，Bボタンを押すたびに ⑥ なった。

Sさん：本の説明の通りだ。実は micro:bit では，「`pins.analog_write_pin()`」関数を使えば，それ自体が PWM 制御しているから，引数の値を変えるだけで明るさをコントロールできるよ。

(ア) 高く　(イ) 低く　(ウ) オン　(エ) オフ
(オ) jikan　(カ) 明るく　(キ) 暗く　(ク) 消灯に

問題文 Check

❶「`basic.pause()` のある3行目と5行目で直前の状態が継続する」と考える。また，❷では，「継続時間が jikan の値によって変化する」と読み取れる。
❸ボタンAが押されると「継続時間 jikan が5だけ短くなる」と読み取れる。
❹ボタンBが押されると「継続時間 jikan が5だけ長くなる」と読み取れる。
❺「図1から空欄①と②が判断できる」と読み取れる。
❻使われている変数は jikan のみであることがプログラムから判断できる。また，❷で「信号0(オフ)の継続時間が jikan で指定されている」ことが読み取れる。

図1

デューティー比	平均電圧
1	100%
0.5	50%
0.2	20%

解答

① (イ)　② (ウ)　③ (オ)
④ (エ)　⑤ (カ)　⑥ (キ)

ベストフィット

デジタル信号は1がオン，0がオフである。

解説

空欄①②は，プログラムがなくても，図1の読み取りから解答できる。残りの空欄は，このプログラム中唯一の変数である jikan の働きに注目して考える。

プログラム中の「`basic.pause()`」は MakeCode の関数で，micro:bit を停止する時間をミリ秒(1000 ミリ秒＝1秒)で指定する。Python 標準の time モジュールの「`sleep()`」はまったく異なる関数で，こちらは秒で指定する。

パルス幅変調(PWM)は，モータやポンプなどの機械制御や，照明や音声の調整などで幅広く使われている電圧制御方式である。

このプログラムは，問題文にある通り，外付けLEDと抵抗をmicro:bitにつないで実行する。具体的には，外付けLEDのアノード(長い方の足)をmicro:bitの0番端子，カソード(短い方の足)を抵抗につなぎ，抵抗のもう一端をmicro:bitのGND端子(グランド)に接続する。

外付けLEDや抵抗がない場合に，プログラムが正常に動作していることを確認するためのコードを付記しておく。

```
1  jikan = 0                                              # jikanに0を代入する

2  def on_forever():                                      # ずっと繰り返す(関数定義)
3      pins.digital_write_pin(DigitalPin.P0, 1)           # 0番端子に1を書き込む
4      basic.pause(5)                                     # 5ミリ秒停止する
5      pins.digital_write_pin(DigitalPin.P0, 0)           # 0番端子に0を書き込む
6      basic.pause(jikan)                                 # jikanミリ秒停止する
7  basic.forever(on_forever)                              # ずっと繰り返す

8  def on_button_pressed_a():                             # ボタンAが押された場合の処理(関数定義)
9      global jikan                                       # jikanをグローバル変数として呼び出す
10     jikan = jikan - 5                                  # jikanから5をマイナスする
                                                          # ボタンAに入力イベントを登録する
11 input.on_button_pressed(Button.A, on_button_pressed_a)

12 def on_button_pressed_b():                             # ボタンBが押された場合の処理(関数定義)
13     global jikan                                       # jikanをグローバル変数として呼び出す
14     jikan = jikan + 5                                  # jikanに5をプラスする
                                                          # ボタンBに入力イベントを登録する
15 input.on_button_pressed(Button.B, on_button_pressed_b)
```

jikanの値を画面に表示するプログラム(動作確認用上記プログラムの1～7行目を下に差し替え)

```
1  jikan = 0                          # jikanに0を代入する

2  def on_forever():                  # ずっと繰り返す(関数定義)
3      basic.show_number(jikan)       # jikanを表示する
4  basic.forever(on_forever)          # ずっと繰り返す
```

review ◆ グローバル変数について

問題 **10** のプログラムの行番号9と13に，「global jikan」という記述がある。変数には，狭い範囲でのみ値の参照や代入ができる**ローカル変数**と，範囲を超えて参照や代入ができる**グローバル変数**がある。通常，特に指定をしない限り変数はローカル変数であり，関数の中で定義された変数(はじめて値が代入されたときに変数として定義される)を，関数の外で参照したり値を変更したりすることはできない。

右の図で，hensu2は関数Aの中で定義されたローカル変数なので，関数Aの中だけで使用できる。一方，hensu1はプログラム全体で参照できるグローバル変数であり，関数AやBの中で参照できる。しかし，関数Aの中で「hensu1 = 5」のような代入を行うと，グローバル変数のhensu1と同じ変数名だが関数独自のローカル変数とみなされてしまう。グローバル変数として使用する場合は，問題 **10** のように，「global hensu1」としてグローバル変数であることを明示する必要がある。

関数の内外でその変数を参照・変更する場合には，ユーザ定義関数であれば引数として渡すべきである。問題 **10** では，イベントを制御する関数「on_button_pressed_a()」内で使用しており，引数として渡せないためグローバル変数とした。

プログラム全体(モジュール)

```
hensu1 = 0  ← グローバル変数
  :
def 関数A():
  hensu2 = 0  ← ローカル変数
    :
def 関数B():
  hensu3 = 0  ← ローカル変数
    :
```

まとめの問題

p.124 (1)情報社会の問題解決

1 〈情報セキュリティと法規〉 次の記述 a〜f の空欄 ア 〜 キ に入れるのに最も適当なものを，下のそれぞれの解答群のうちから一つずつ選べ。

a 安全なパスワードの決め方として適当でないものとして，ア があげられる。
b 不正アクセスに相当する行為として，イ があげられる。
c 電子メールを一度に多数の人々へ送るにあたり，ウ は迷惑メールを防止する目的の法律により規制されることがある。
d 企業において エ は，個人情報保護法により制限されることがある。
e オ は，著作権のうち公衆送信権の侵害となる場合がある。
f 著作者の権利のうち，著作者人格権に含まれるものとしては カ が，著作権(財産権)に含まれるものとしては キ があげられる。

ア の解答群
⓪ アルファベットと数字や記号を織り交ぜたものにすること
① 辞書に掲載されている単語を避けること
② 誕生日や名前からなる忘れにくいものにすること
③ 短いものは避けること

イ 〜 オ の解答群
⓪ 作品をその作者に無断でインターネット上で公開する行為
① 作品をその作者に無断で複製する行為
② 行政上の文書を公開しない行為
③ 本人の同意を得ずに氏名や住所を第三者に提供する行為
④ インターネット上の説明とは異なる商品を送る行為
⑤ 他人の ID やパスワードを無断で入力する行為
⑥ 相手が希望していない広告や宣伝をする行為
⑦ コンピュータウイルスを作成する行為

カ・キ の解答群
⓪ 意匠権　① 肖像権　② 商標権　③ 相続権　④ 知的財産権
⑤ 同一性保持権　⑥ 特許権　⑦ パブリシティ権　⑧ 複製権

(2013年センター試験本試験/2021年大学入学共通テスト本試験　情報関係基礎　改題)

問題文 Check

❶ 著作者の人格的な利益を保護するための権利である。
❷ 著作物の利用を許諾したり禁止したりするための権利である。

解答

ア	②	イ	⑤	ウ	⑥	エ	③
オ	⓪	カ	⑤	キ	⑧		

関連問題
p.7 例題5, p.9 **13**・**14**, p.12 **17**

解説

ア 誕生日や名前は他人が推測しやすいため，安全なパスワードとして適当ではない。

イ 他人のユーザ ID やパスワードを使用したり，Web ページを改竄したりするなど，アクセス権限のないコンピュータへのアクセスを行うことは，不正アクセス禁止法によって禁止されている。

ウ 特定電子メール法では，あらかじめ同意した人に対してのみ送信が認められる「オプトイン方式」が導入され，迷惑メール対策の強化がはかられている。

エ 個人情報保護法では，個人情報を収集する個人情報取り扱い業者が，適切な目的で収集した個人情報をそれ以外の目的に利用してはならないことが明記され，本人の同意なしに第三者へ個人情報を受け渡すことを禁止している。

オ 他人の著作物を利用する場合には，著作権の例外規定に当てはまる場合や日本で保護されるものでない場合，保護期間を過ぎている場合を除き，許諾を得る必要がある。

カ 著作者人格権は，著作者の人格的な利益を保護する権利であり，譲渡したり相続したりすることはできない。保護期間は，著作者の生存している期間であり，死後，権利は消滅する。

キ 著作権(財産権)は，著作物の利用を許諾したり禁止したりする権利であり，譲渡したり相続したりすることができる。保護期間は，著作者の死後 70 年までである。

2 〈コンピュータウイルス〉 次の文章を読み，下の問い（a～c）に答えよ。

次の事例1と事例2は，いずれもウイルス対策ソフトウェアを導入したコンピュータを使用していたにもかかわらず，コンピュータウイルスに感染した事例である。

事例1
知らない人から届いた電子メールの中に，WebページのURL❶が書かれていた。そのURLをクリックしてWebページを開いたところ，コンピュータウイルスに感染してしまった。

事例2
コンピュータをインターネットに常時接続していた。電子メールソフトウェア（メーラ）やWebページ閲覧ソフトウェア（Webブラウザ）などの，インターネットを介して情報をやり取りする応用ソフトウェアを使用していなかったにもかかわらず，コンピュータウイルスに感染してしまった。

---

a 事例1と事例2の感染に共通する原因として考えられるものを，次の解答群のうちから二つ選べ。ただし，解答の順序は問わない。 ア ・ イ

── ア ・ イ の解答群 ─────────
⓪ メールサーバを利用するためのパスワードが第三者に知られた。
① ウイルス対策ソフトウェアが，感染したウイルスに対応していなかった。
② 基本ソフトウェアにセキュリティ上の不具合があった。
③ 重要なファイルのバックアップを行っていなかった。
④ 電子メールを送信するときにウイルスのチェックをしていなかった。
⑤ 複数のインターネット接続プロバイダと契約していた。

b 事例2の感染を防止する上で最も有効と考えられるものを，下の解答群のうちから二つ選べ。ただし，解答の順序は問わない。 ウ ・ エ

── ウ ・ エ の解答群 ─────────
⓪ 電子メール内のウイルスを駆除するプロバイダサービスを利用する。
① メールサーバを利用するためのパスワードを定期的に変更する。
② ウイルス対策ソフトウェアのウイルス定義情報を頻繁に更新する。
③ 応用ソフトウェアで作成したファイルのバックアップを頻繁に行う。
④ 契約するインターネット接続プロバイダを1社にする。
⑤ インターネットへの接続機器やコンピュータにファイアウォールを導入する。

c ウイルス感染後の対処として，次の(A)～(C)の作業を行う。コンピュータウイルスの感染の拡大を防ぐことが最も重要であると仮定した場合に，作業の順序として最も適当なものを下の解答群のうちから一つ選べ。 オ
(A) ウイルス対策ソフトウェアでコンピュータウイルスを駆除する。
(B) 最新のウイルス定義情報が入った記憶媒体を入手して情報を更新する。
(C) 感染したコンピュータのネットワークへの接続を切断する。

── オ の解答群 ─────────
⓪ (B)→(A)→(C)　　① (B)→(C)→(A)　　② (C)→(B)→(A)　　③ (C)→(A)→(B)

(2007年センター試験本試験　情報関係基礎　改題)

問題文 Check

❶インターネット上にあるWebページの場所を表記したものである。「https://ドメイン名/パス名」のように表記し，プロトコル名やWebページが置かれているサーバのドメイン名やパス名などで構成されている。

解答
ア ・ イ　① ・ ②　（順不同）
ウ ・ エ　② ・ ⑤　（順不同）
オ　②

関連問題
p.7 例題5

解説 ア ・ イ　ウイルス対策ソフトウェアに登録されている「ウイルス定義ファイル」を最新のものに更新していないと，ウイルスの検出に対応できない場合がある。また，ウイルスは基本ソフトウェアなどのセキュリティ上の欠陥（セキュリティホール）から侵入することもあるため，修正プログラムが公開されたら，すぐに適用するようにしなければならない。

ウ ・ エ　ファイアウォールは，ウイルスの侵入や不正なアクセスを検出した場合には，通信を遮断する機能をもっている。なお，ウイルスは常に新しいものが出現するため，これらの感染防止対策を講じたとしても完全には防ぐことができないことを理解しておく必要がある。

オ　ウイルスに感染した場合，次の手順で対応することが望ましい。
手順1：ネットワークケーブルを抜いたり，無線の機能をオフにしたりして，コンピュータをネットワークから一時的に切り離す。
手順2：ウイルス対策ソフトウェアを使ってハードディスクやUSBメモリなどを漏れなく検査し，ウイルスを駆除する。
手順3：被害状況をネットワーク管理者やIPA（独立行政法人情報処理推進機構）などの関係機関に報告する。郵送やファクシミリなど，その時点で利用可能な手段を用いる。

(1)情報社会の問題解決　125

3 〈電子メール〉 電子メールについて書かれた次の文章を読み，空欄 ア ～ カ に入れるのに最も適当なものを，下のそれぞれの解答群のうちから一つずつ選べ。ただし， ア ・ イ の解答の順序は問わない。

受信した電子メールのメールヘッダを見ると，その ア 欄か イ 欄に自分のメールアドレスが含まれていることが多い。どちらにも含まれていない❶場合，送信者が ウ 欄に受信者のメールアドレスを指定していることがある。

受信した電子メールの エ 欄が知人のメールアドレスであれば，この電子メールはその知人から送られたように見える。しかし，電子メールの中には エ 欄の内容を偽装しているものがある。例えば， オ メールと呼ばれる，広告・宣伝などを内容として不特定多数に一方的に送信される電子メールでは， エ 欄を偽装していることがある。

また，電子メールの中には詐欺を目的としたものがある。例えば， カ と呼ばれる手法では，電子メールに記入された URL から，信頼できるサイトを装った，偽の Web ページへと利用者を誘導し，個人情報などを入力させて情報を不正に入手しようとする。この場合もしばしばメールヘッダの偽装が行われる。

── ア ～ オ の解答群 ──
⓪ Bcc　① Cc　② From　③ Subject　④ To　⑤ エラー
⑥ チェーン　⑦ 空　⑧ スパム　⑨ フリー

── カ の解答群 ──
⓪ 著作権侵害　① 出会い系サイト　② フィッシング　③ マルチ商法
④ ピッキング　⑤ 振り込め詐欺　⑥ スキミング　⑦ 架空請求

(2010 年センター試験追試験 情報関係基礎 改題)

問題文 Check

❶受信したメールがどこから，どの経路で送られてきたのかを記録したものである。メールヘッダからは，以下の情報が確認できる。
・送信元や送信先のメールアドレス
・メールが送信された時刻
・メールが配送されたルート
・メールの返信先やメール配信エラーの際の差し戻し先
・電子メールの識別番号
・送信元の使用メールソフト
・送信ドメイン認証結果

解答 ア・イ ①・④ （順不同）
ウ ⓪　エ ②　オ ⑧　カ ②

関連問題
p.7 例題 5

解説 ア・イ 「To」(宛先)欄には，メールを送る相手のメールアドレスを入力し，「Cc」欄にはメールの写しを送る相手のメールアドレスを入力する。To 欄と Cc 欄に入力されたメールアドレスは，ほかの受信者にも表示される。

ウ 「Bcc」欄には Cc 欄と同様，メールの写しを送る相手のメールアドレスを入力するが，Bcc 欄に入力されたメールアドレスは，ほかの受信者には表示されない。

エ 「From」欄には，差出人(送信元)のメールアドレスが記載されている。

オ スパムメールの送信で利用されるメールアドレスは，一般に公開されているものや，懸賞サイトなどで入力されたものを何らかの方法で取得している。このスパムメールや，架空請求や詐欺のメール，ウイルスメールなどを総称して迷惑メールという。

カ フィッシング詐欺は，サイバー犯罪の分類でいう「ネットワーク利用犯罪」に該当する。特に，本人確認に直結するパスワードや暗証番号などの情報は重要であるため，安易に入力せず，厳重に管理する必要がある。

4 〈迷惑メール〉次の会話の空欄 ア ～ エ に入れるのに最も適当なものを，それぞれの解答群のうちから一つずつ選べ。また，空欄 オカ ～ クケコサ に当てはまる数字を答えよ。ただし， イ ・ ウ の解答の順序は問わない。

ある父と娘の電子メールに関する会話

娘：さっき友達から，「拡散希望」っていう件名の電子メールが届いたんだ。テレビ番組の企画で，メールの転送を繰り返してどれだけ広い範囲❶に伝わるかっていう実験なんだって。番組の担当者の名前とメールアドレスも書いてある。転送するときには，宛先欄❷に転送先として4人のアドレスを書き並べて，Cc欄❸に担当者のアドレスを入れることになっているみたい。面白そうだから，友達に転送しようかな。

父：ちょっと待って。転送してはだめだよ。それは ア メールだね。 ア メールでは，偽情報を拡散させようとしていることが多いんだ。ほかにも イ とか， ウ ということもあるよ。

娘：情報が正しいかどうか確認するためにその番組の公式 エ を見てみるね。あれ，「当番組の企画をかたった ア メールにご注意ください」って書いてある。転送しないでよかった。友達にも伝えておくね。

父：それにね，正しい内容だったらいいってわけではないんだ。どのメールアドレスに対してもそれぞれ一人にメールが届くとして，最初に ア メールを始めた人が4人のアドレスを宛先にしてメールを送ったときを1回目とするよ。2回目に，宛先で受け取った4人がそれぞれ4人に転送したとすると，担当者を除くと最大16人にメールが送られることになるよね。3回目に，その16人がメールを転送したとすると，担当者を除くと最大 オカ 人にメールが送られるよ。そうすると キ 回目では，担当者を除いても最大1万人以上に送られることになるんだ。そして，2回目から キ 回目までにCcにある担当者に送られるメールを合計すると最大 クケコサ 通になるよね。

娘：そうなると担当者にもすごい数のメールが届くことになるし，同じ内容のメールが何回も送られてくる人もいるかもしれないね。

── ア ・ エ の解答群 ──
⓪ アクセスログ ① Webサイト ② 公開鍵 ③ ショート
④ タグ ⑤ チェーン ⑥ データベース ⑦ ワーム

── イ ・ ウ の解答群 ──
⓪ 拡散させてしまった情報の削除や訂正は難しい
① 転送である旨を件名に書かないと不正アクセス禁止法に違反する
② Ccで送信するとメール内容が暗号化されてしまう
③ 宛先欄のメールアドレスを収集して迷惑メールの送信に使おうとしている

(2017年センター試験本試験　情報関係基礎　改題)

問題文 Check
❶投稿されたメッセージを多くの人に引用してもらうこと。
❷To欄とも呼ばれる。
❸Cc欄は「返信は不要だが，あなたにもこの件を知っていてほしい」という場合に利用することが多い。

解答 ア ⑤　イ・ウ ⓪・③（順不同）
エ ①　オカ 64　キ 7
クケコサ 5460

関連問題 p.8 例題7

解説　ア　チェーンメールは，迷惑メールの一種であり，チェーンメッセージとも呼ばれている。チェーンメールなどは，インターネットのトラフィック(回線上のデータ量)を増加させるため，ほかの必要な情報通信が遅延する可能性につながる。

イ・ウ　情報の拡散は，他人の手でコピーされて広がっていくため，その情報をすべて修正したり削除したりすることは難しい。また，迷惑メールの送信に使われているメールアドレスは，受信メールやWebページに掲載されているメールアドレスを，プログラムなどを用いて自動的に収集したものを利用していることが多い。

エ　情報の真偽については，報道や行政機関の公式Webサイトなど，信頼できる情報源で確認することが必要である。なお，内容が正しいかどうか，善意か悪意にかかわらず，チェーンメールを受け取ったときは，落ち着いてメールの転送をやめなければならない。

オカ　チェーンメールは，メールを受信した人が次々に転送することで，ねずみ算式に広がるメールのことである。ここでは，1人が4人の宛先にメールを送信すると，回数が増えるにつれて，受信者も次の表の通り増えることになる。なお，3回目の送信が終了したときの受信者は64人になる。

1回目	1人×4人＝4人
2回目	4人×4人＝16人
3回目	16人×4人＝64人

(1)情報社会の問題解決

キ 上の作業を4回目以降も繰り返すと，受信者が1万人を超えるのは，7回目の送信が終了したときになる。

4回目	64人×4人＝256人
5回目	256人×4人＝1024人
6回目	1024人×4人＝4096人
7回目	4096人×4人＝16384人

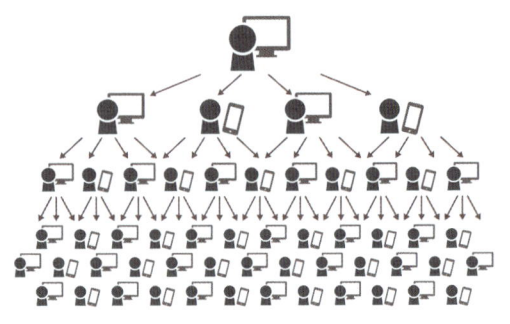

クケコサ ここでは，担当者のメールアドレスをCc欄に入れて転送することになっているため，1回目の送信が終了した段階では，担当者には1通のメールが送信されることになる。つまり，それぞれの回における送信者の数が，担当者が受信するメールの数となるため，2回目から7回目までのメールの数は，次の計算式で求めることができる。

4通（2回目）＋16通（3回目）＋64通（4回目）＋256通（5回目）＋1024通（6回目）＋4096通（7回目）
＝5460通

---

5 〈創作物に関する権利〉 次の会話の空欄 **ア**〜**エ** に入れるのに最も適当なものを，解答群のうちから一つずつ選べ。

動画についての兄と妹の会話
妹：バンド活動の動画を作ったよ。バンドのWebページからみんなに見てもらえるように公開するには，どうすればいいの。
兄：まずは，音楽や動画素材などの **ア** を侵害していないか，登場人物の **イ** に配慮しているか，確認したほうがいいよ。通行人や観客などが映り込んでいたら，その人たちの **イ** が問題になることがあるからね。
妹：それは大丈夫だよ。音楽も素材も自分たちで全部作ったよ。動画に映っているのはバンドのメンバーだけだし，みんなから了解も得ているよ。
兄：自分たちの音楽や素材には **ア** が **ウ** に発生しているけど，勝手に動画をどこかにそのまま転載されると今度はバンドのメンバーたちの **ア** が侵害されるから気を付けないといけないね。動画共有サービスで配信すれば，再生時に動画ファイルが保存されないので，転載が抑止できるかもしれないね。
妹：へぇ。じゃ，一番人気のある動画共有サービスへ動画を **エ** しようかな。

ア〜**エ** の解答群
⓪ リロード　① 肖像権　② 生存権　③ 運用時　④ アップロード　⑤ 量子化
⑥ 引用　⑦ 創作時　⑧ 不正アクセス　⑨ 著作権　ⓐ ユーザビリティ　ⓑ 購入時

（2017年センター試験追試験 情報関係基礎 改題）

問題文Check

❶不特定多数の利用者が動画を投稿して不特定多数の利用者と共有して視聴できるサービスのこと。動画投稿（共有）サイトともいう。

❷「ストリーミング」といい，インターネット上にある動画などのデータを受信しながら再生する技術である。これらのデータは，いったんはコンピュータに記憶されるが，再生が終了すると破棄されるのでデータが残ることはない。

▶関連問題
p.8 **11**, p.12 **19**

解答 ア ⑨　イ ①　ウ ⑦　エ ④

解説 **ア** 「著作権」という用語は，場合によって，さまざまな範囲の権利を指すが，ここでの著作権は，狭義の著作権である，著作物の利用を許諾したり禁止したりするための財産権の部分を指している。

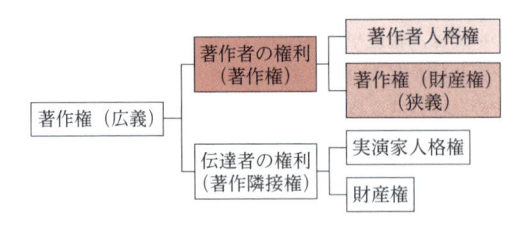

著作権（広義）
├ 著作者の権利（著作権）
│　├ 著作者人格権
│　└ 著作権（財産権）（狭義）
└ 伝達者の権利（著作隣接権）
　├ 実演家人格権
　└ 財産権

イ 顔写真など，肖像権は，自らの肖像を許可なく撮影されたり利用されたりしないように主張できる，プライバシーに関係する権利であり，誰にでも認められている人格的な権利である。
ウ 著作権は，著作物が創作された時点で自動的に与えられ，権利を得るための手続きや登録を行う必要はない。
エ ネットワーク上にファイルを送信することをアップロードといい，逆にネットワークを通じてファイルを入手することをダウンロードという。

6 〈個人情報の保護と情報発信〉 次の文章を読み,空欄 ア ～ カ に入れるのに最も適当なものを,それぞれの解答群のうちから一つずつ選べ。ただし, ア・イ , エ・オ のそれぞれの解答の順序は問わない。

T先生の高等学校では,1年生290名全員が参加して,地元商店街を活性化する「アイデアコンテスト」を行う。各生徒が提案するアイデアは「商品開発」「イベント」「情報発信」の三つのカテゴリのうち,いずれか一つに属するものとする。このコンテストの審査は商店街の会長にお願いすることにした。T先生は学校でアイデアを集め,会長に渡す役割をする。T先生と会長の会話は以下の通りである。

> T先生:生徒は,アイデアを1人1個ずつ考え,プレゼンテーション用ソフトでスライドファイルを作成します。どのような方法でお渡ししましょうか。
> 会長:誰が作成したかわからないようにして,ファイル名とその概要がわかる一覧表もください。

a ファイルの一覧表について

下線部を解決するため,匿名化の方法と一覧表の内容を考える。まず,T先生は,スライドファイルに作成者の情報が含まれないように生徒に指示した。また,ファイル名から作成者が特定されないように,重複のない3桁の番号札を全員に渡し,その番号をファイル名とするよう指示した。そして,誰にどの番号を渡したかを記録した表1の管理表を作成した。

表1 管理表

クラス	出席番号	生徒名	ファイル名	カテゴリ	アイデアのタイトル
A	1	会田 将太	246	イベント	日曜の子ども大会
A	2	加藤 清子	175	情報発信	お店の一品紹介
⋮	⋮	⋮	⋮	⋮	⋮
B	1	井上 聖治	083	商品開発	特産品を使ったパン
⋮	⋮	⋮	⋮	⋮	⋮

商店街の会長には,管理表から生徒名, ア , イ の3列を削除したものを一覧表として渡すことにした。その理由は ア と イ を組み合わせても作成者を特定することができてしまうからである。

── ア ・ イ の解答群 ──
⓪ クラス ① 出席番号 ② ファイル名 ③ カテゴリ ④ アイデアのタイトル

b 審査結果について

商店街の会長から届いた審査結果には,優秀なアイデアの選出結果と以下のようなコメントが書かれていた。

・最も多かったカテゴリは「情報発信」だった。特に商店街のWebページにおいて,識別するのが困難な色の組み合わせを避けるといった, ウ への配慮に関する提案が多かった。
・生徒が撮影した商店街の写真には,通行人の顔がわかるものもあった。その写真を公開する場合は,通行人の エ や オ に気を付けてほしい。
・書籍などで公開されているイラストを勝手に使っていると思われるものもあったので, カ について注意してほしい。

T先生は選出結果とこれらのコメントを生徒に伝えた。

── ウ ～ カ の解答群 ──
⓪ 意匠権 ① 肖像権 ② 商標権 ③ 情報公開権 ④ テクノストレス
⑤ デジタルデバイド ⑥ メディア ⑦ アクセシビリティ ⑧ プライバシー ⑨ 著作権
ⓐ マスメディア

(2019年センター試験追試験 情報関係基礎 改題)

問題文 Check

❶例えば,次の色の組み合わせは,見分けにくいと感じる人が多い。
・赤と黒
・赤と緑
・茶と緑
・黄と水色
など

解答
| ア・イ | ⓪・① (順不同) | ウ | ⑦ |
| エ・オ | ①・⑧ (順不同) | カ | ⑨ |

関連問題
p.8 11, p.9 14, p.12 18

解説 **ア**・**イ** 今回の「クラス」と「出席番号」の組み合わせのように，いくつか組み合わせることで個人が特定できる情報は，個人情報として扱われる。

ウ アクセシビリティとは，アクセスのしやすさのことを指している。情報を色の違いで表現した Web ページは，色の判別が困難な人には意味をなさないため，このようなページはアクセシビリティが低いページという。この場合，色だけでなく，形・フォントも変化させ，情報を識別できるようにすることにより，アクセシビリティを向上させることができる。

エ・**オ** 写真には，写っている人の人間関係や撮影した場所の位置情報などのプライバシー(むやみに他人に知られたくない私生活上の個人的な情報)，顔や姿などの肖像が含まれているため，写真を公開する場合は，事前に本人の承諾を取っておく必要がある。

カ 他人の著作物を複製(コピー)したり Web ページなどで利用したりする場合には，原則として著作権者の許諾を得る必要がある。許諾なしに利用した場合には，著作権の侵害にあたる。ただし，次の場合には，著作権者などから許諾を得ることなく著作物を利用することができるが，条件に当てはまるかを慎重に判断する必要がある。

・保護の対象とならない著作物の場合(憲法，法令，裁判の判決　など)
・保護期間が満了している場合(一般の著作物は原則著作者の死後 70 年を過ぎたもの，映画の著作物は公表後 70 年を過ぎたもの)
・著作権法の権利制限規定にある例外的な利用の場合(引用，私的使用のためのコピー，教育機関でのコピー　など)

7 〈統計を活用した問題解決〉 次の文章を読み，空欄 ア ～ カ に入れるのに最も適当なものを，それぞれの解答群のうちから一つずつ選べ。ただし， オ ・ カ のそれぞれの解答の順序は問わない。

生徒会役員であるゆき子さんたちは，全校生徒の生活習慣を把握するためにアンケートを実施し，必要に応じて改善策を提案することにした。アンケートでは，「学年，自宅から学校までの距離，実施日を含めた直近3日間の睡眠時間と朝食の有無」を調査項目として，無記名で回答してもらった。

1年生から3年生まで各学年200人ずつの計600人分の回答が，「シート1　生活習慣調査」として用意されている。列Aには回答者番号が，列Bには学年を表す「1」「2」「3」が，列Cには距離として，2km未満の生徒は「S」，2km以上の生徒は「L」が，列Dから列Fにはそれぞれの日の睡眠時間として，0.5時間単位での時間が，列Gから列Iにはそれぞれの日の朝食として，食べた場合は「1」，食べなかった場合は「0」が入力されている。

ゆき子さんは，はじめに，回答の集計を行うことにした。シート1では，生徒ごとに3日間の平均睡眠時間（個人平均睡眠時間：列J）と3日間の朝食回数（個人朝食回数：列K）を求めた。

シート1　生活習慣調査

	A	B	C	D	E	F	G	H	I	J	K
1	回答者番号	学年	距離	2日前の睡眠時間	1日前の睡眠時間	当日の睡眠時間	2日前の朝食	1日前の朝食	当日の朝食	個人平均睡眠時間	個人朝食回数
2	1	1	S	9.0	8.5	7.0	1	1	1	8.2	3
3	2	3	L	5.5	8.5	6.0	1	1	0	6.7	2
601	600	2	S	7.5	8.5	7.5	1	0	1	7.7	2

「シート2　学年別の平均」では，各学年の平均睡眠時間と平均朝食回数を求めた。「シート3　距離別の平均」では，2km未満の生徒と2km以上の生徒の平均睡眠時間と平均朝食回数を求めた。なお，シート2，シート3の睡眠時間や朝食回数は小数第2位を四捨五入して小数第1位までを表示することにした。

以上のことから， ア ことがわかった。

シート2　学年別の平均

	A	B	C
1	学年	睡眠時間	朝食回数
2	1	7.8	2.6
3	2	7.7	2.7
4	3	6.7	2.5

シート3　距離別の平均

	A	B	C
1	距離	睡眠時間	朝食回数
2	S	7.4	2.6
3	L	7.3	2.6

ア の解答群
⓪ 1年生の平均睡眠時間と平均朝食回数はともに他学年と比べて一番多い
① 2年生の平均朝食回数は他学年と比べて一番少ない
② 3年生の平均睡眠時間は他学年と比べて一番少ない
③ 2km未満の生徒と2km以上の生徒の平均睡眠時間は同数である

学年別の平均睡眠時間から， ア 傾向にあることがわかった。そこで，3年生の睡眠時間の特徴について，代表値❶から考察することにした。まず，シート1から3年生のデータを抽出し，「シート4　3年生」を作成した。続いて，シート4から「シート5　代表値」を作成した。その結果，個人平均睡眠時間が イ 時間の生徒が最も多かった。シート5から睡眠時間の短い生徒が一定数いると推測し，グラフを作って確認することにした。

シート4　3年生

	A
1	個人平均睡眠時間
2	6.7
3	7.2
201	6.8

シート5　代表値

	A	B
1		個人平均睡眠時間
2	平均値	6.7
3	中央値	6.9
4	最頻値	7.0

イ の解答群
⓪ 6.5　　① 6.7　　② 6.9　　③ 7.0

まず，シート4に列Bを追加し，個人平均睡眠時間の小数部分を0.5時間単位で切り捨てた値を求め，以後は，ここで求めた0.5時間単位の値を睡眠時間として扱うことにした。次に，追加したシート4から「シート6　睡眠時間別の生徒数」を作成した。睡眠時間が5時間未満の生徒と10時間を超える生徒はいなかったため，行1には睡眠時間として5.0から10.0までの数値を0.5刻みで入力し，行2には睡眠時間ごとの生徒数を求めた。さらに，シート6から「図1　睡眠時間の分布」を作成した。

シート6　睡眠時間別の生徒数

	A	B	C	D	E	…	L
1	睡眠時間	5.0	5.5	6.0	6.5	…	10.0
2	生徒数	10	24	24	35	…	1

図1から ウ ということがわかった。また，睡眠時間が エ の生徒の合計人数が，睡眠時間が7.5以上の生徒の合計人数より多いことが見てとれた。これらのことから，3年生の睡眠時間の傾向がわかった。

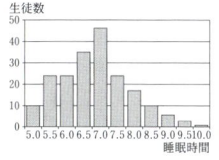

図1　睡眠時間の分布

ウ の解答群
⓪ 睡眠時間が5.0の生徒より8.0以上の生徒の合計人数のほうが少ない
① 睡眠時間が6.0の生徒と6.5の生徒が同数存在している
② 睡眠時間が7.0の生徒は3年生全体の半数以上いる
③ 睡眠時間が7.0以上の生徒については，睡眠時間が増えるにつれて睡眠時間ごとの生徒数が減少する

エ の解答群
⓪ 5.5　　① 6.5以下　　② 7.0　　③ 8.0以上

解答　ア ②　　イ ③　　ウ ③　　エ ①

解説

ア ⓪ 誤り。平均朝食回数が1年生(2.6)よりも2年生(2.7)のほうが多い。
① 誤り。2年生の平均朝食回数(2.7)は他学年と比べて一番多い。
② 正しい。3年生の平均睡眠時間(6.7)は他学年と比べて一番少ない。
③ 誤り。平均睡眠時間において，2 km未満の生徒(7.4)と2 km以上の生徒(7.3)は同数でない。

イ ここでは，個人平均睡眠時間の頻度が最も多い値を求めるため，最頻値の7.0が最も適切である。

ウ シート6や図1のグラフの形状などから，睡眠時間別の生徒数は，右の図の通り推測できる。

⓪ 誤り。睡眠時間が5.0の生徒数は10人であるのに対し，8.0以上の生徒の合計人数は約37人である。
① 誤り。睡眠時間が6.0の生徒数は24人であるのに対し，6.5の生徒数は35人である。
② 誤り。睡眠時間が7.0の生徒数は約46人であるのに対し，3年生全体の生徒数は200人で，その半数(100人)よりも少ない。

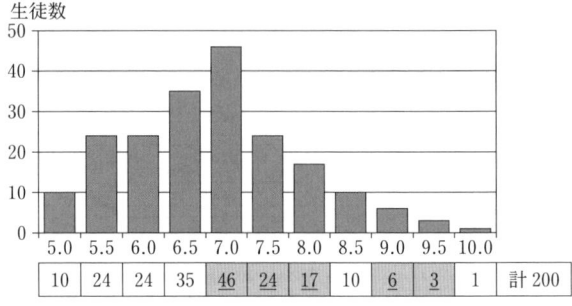

5.0	5.5	6.0	6.5	7.0	7.5	8.0	8.5	9.0	9.5	10.0	計200
10	24	24	35	46	24	17	10	6	3	1	

※下線の値はグラフの形状から推測している。

③ 正しい。睡眠時間が7.0の生徒数は約46人，7.5の生徒数は約24人，8.0の生徒数は約17人，8.5の生徒数は10人，9.0の生徒数は約6人，9.5の生徒数は約3人，10.0の生徒数は1人となる。

エ 上の図から，睡眠時間が7.5以上の生徒の合計人数は約61人である。

⓪ 誤り。睡眠時間が5.5の生徒数は24人であり，7.5以上の生徒の合計人数より少ない。
① 正しい。睡眠時間が6.5以下の生徒の合計人数は93人であり，7.5以上の生徒の合計人数より多い。
② 誤り。睡眠時間が7.0の生徒数は約46人であり，7.5以上の生徒の合計人数より少ない。
③ 誤り。睡眠時間が8.0以上の合計人数は約37人であり，7.5以上の生徒の合計人数より少ない。

3年生の睡眠時間の傾向から、3年生の中には睡眠時間の短い生徒が一定数いることがわかった。生徒会では、早寝することで適切な睡眠時間を確保できるのではないかと考え、「早寝しよう」という呼び掛けを行った。1か月後、呼び掛けの効果を見るために、3年生のみを対象に再度アンケートを実施した。前回の調査項目に加えて、就寝時刻も聞くことにした。

調査の結果、前回調査時に比べて睡眠時間が増加していることがわかったため、さらに詳しく調べてみることにした。3年生200人の3日分の就寝時刻と睡眠時間、朝食を「シート7 再調査集計」としてまとめ、それらの相関を調べた。各行には1人あたりの1日分のデータが入力されている。その際、就寝時刻は時と分に分け、時は24時間表記とした。また、日付が変わった後に就寝する生徒もおり、睡眠時間の算出が複雑になるため、就寝時刻の代わりに基準就寝時刻からの経過時間を使うことにした。21時より早い時間に就寝した生徒はいなかったため、基準就寝時刻は「21」とし、経過時間は分単位とした。

シート7 再調査集計

	A	B	C	D	E	F
1	就寝時刻(時)	就寝時刻(分)	経過時間	睡眠時間	朝食	基準就寝時刻
2	22	10	70	9.0	1	21
3	23	30	150	8.0	0	21
600	0	25	205	6.0	1	21
601	21	30	30	8.5	1	21

次に、相関係数を求めるため、「シート8 相関係数」を作成した。シート8では、経過時間と睡眠時間の相関係数、経過時間と朝食の相関係数、睡眠時間と朝食の相関係数を求めた。

シート8 相関係数

	A	B	C
1	経過時間と睡眠時間	経過時間と朝食	睡眠時間と朝食
2	−0.89	−0.61	0.76

シート8から オ ・ カ ということがわかった。

オ ・ カ の解答群
⓪ 睡眠時間と朝食の間に正の相関がある
① 日付が変わる前に就寝すると睡眠時間が長くなる
② 日付が変わる前に就寝すると朝食を食べるようになる
③ 経過時間は、睡眠時間との間に負の相関があり、朝食の間には正の相関がある
④ 経過時間は、睡眠時間との間に負の相関があり、朝食との間にも負の相関がある
⑤ 経過時間と睡眠時間の間に負の相関があるから、経過時間と朝食の間にも負の相関がある
⑥ 経過時間と睡眠時間の間に負の相関があるから、経過時間と朝食の間には正の相関がある

(2019年センター試験本試験 情報関係基礎 改題)

解答 オ ・ カ ⓪・④ (順不同)

解説 オ ・ カ
⓪ 正しい。シート8から、睡眠時間と朝食の相関係数は正の値で正の相関となる。
① 誤り。「日付が変わる前に就寝すると睡眠時間が長くなる」ことは、シート8から読み取れない。
② 誤り。「日付が変わる前に就寝すると朝食を食べるようになる」ことは、シート8から読み取れない。
③ 誤り。シート8から、経過時間と睡眠時間の相関係数は負の値で負の相関となるが、経過時間と朝食の相関係数は負の値で負の相関となる。
④ 正しい。シート8から、経過時間と睡眠時間の相関係数、経過時間と朝食の相関係数はともに負の値で負の相関となる。
⑤ 誤り。シート8から、経過時間と睡眠時間の相関係数、経過時間と朝食の相関係数はともに負の値で負の相関となることは読み取れるが、互いの因果関係までは読み取れない。
⑥ 誤り。シート8から、経過時間と睡眠時間の相関係数は負の値で負の相関となるが、経過時間と朝食の相関係数は負の値で負の相関となる。

問題文 Check

❶ 二つの量的データに対し、一方のデータの値の増減が、他方のデータの値の増減と直線的な関係があるとき、この二つのデータの間は相関関係となり、相関があるという。

❷ 相関関係の有無だけでなく、相関の強さの強弱を判断する指標のこと。相関係数は、−1から1の間を取り、値の正負は、そのまま正の相関、負の相関を示す。

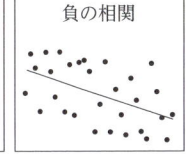

正の相関　負の相関

なお、値の絶対値において大きな値を取るほど強い相関があると解釈する。

相関係数(r)	相関の強さ
0.7<|r|≦1	強い相関
0.4<|r|≦0.7	中程度の相関
0.2<|r|≦0.4	弱い相関
|r|≦0.2	相関なし

関連問題
p.5 6 , 7

p.130 (2)コミュニケーションと情報デザイン

8 〈デジタル〉次の記述a～fの空欄 ア ～ エ , カ , ケ に入れるのに最も適当なものを，下の解答群のうちから一つずつ選べ。また，記述dと記述eの オ と キ . ク に入る数字を答えよ。

a 2進法でそれぞれ01100100, 10010101と表される二つの数を足し，その結果を16進法で表したとき，上位桁は ア ，下位桁は イ になる。❶

b 4ビットの2進数で最下位の桁が1，最上位の桁が0である数のうち最大の数と4ビットの2進数で下位の桁が1，下から三番目の桁が1である数のうち最小の数の二つの数を足したとき，その結果を16進法で表すと ウ になる。❷

c 次のⅠ～Ⅲを情報量の小さい順に不等号で区切り並べたものは エ である。なお，圧縮などは考えないものとする。
Ⅰ 階調が8ビットの画像を1フレームとした解像度320×240，フレームレート16 fpsの30秒間の動画
Ⅱ 量子化ビット数16 bit，標本化周波数44.1 kHzの8分間のモノラル音声
Ⅲ 24ビットフルカラー画像で解像度が4096×2160の画像

d 正の整数の2進数である1010を左に1ビットシフトした数は10100である。この二つの数を比較すると，シフトした数は元の数の オ 倍になっている。そこで，正の整数の2進数 x を カ することにより，x を10倍することができる。なお，シフトによる桁あふれは，起こらないものとする。

e 画素を構成する赤，緑，青のそれぞれの明るさを16段階に表現できる画像ファイルがある。この画像ファイル形式の解像度2048×1536の画像ファイルの情報量は キ . ク MBになる。なお，圧縮などは考えないものとする。

f 10進数の1.8は，2進数では1.11001100…となり，循環小数になる。そこでコンピュータでは，ある有限桁で丸め処理を行うため誤差が生じる。小数第8位で0に丸め処理した場合，その誤差は10進数で ケ となる。

──── ア ～ ウ の解答群 ────
⓪ 0 ① 1 ② 2 ③ 3 ④ 4 ⑤ 5 ⑥ 6 ⑦ 7
⑧ 8 ⑨ 9 ⓐ A ⓑ B ⓒ C ⓓ D ⓔ E ⓕ F

──── エ の解答群 ────
⓪ Ⅰ＜Ⅱ＜Ⅲ ① Ⅰ＜Ⅲ＜Ⅱ ② Ⅱ＜Ⅰ＜Ⅲ ③ Ⅱ＜Ⅲ＜Ⅰ
④ Ⅲ＜Ⅰ＜Ⅱ ⑤ Ⅲ＜Ⅱ＜Ⅰ

──── カ の解答群 ────
⓪ 2ビット左にシフトし，その数に x を加算し，さらに2ビット左にシフト
① 3ビット左にシフトし，その数に x を2ビット左にシフトした数を加算
② 2ビット左にシフトし，その数に x を加算し，さらに1ビット左にシフト
③ 3ビット左にシフトし，その数に x を加算し，さらに1ビット左にシフト

──── ケ の解答群 ────
⓪ 0.0625   ① 0.03125   ② 0.015625   ③ 0.0078125   ④ 0.00390625
⑤ 0.06640625 ⑥ 0.003125 ⑦ 0.046875   ⑧ 0.01171875

問題文 Check
❶ 8ビットの2進数は16進数では2桁になる。
❷ 指定された桁以外の桁は，0または1を入れることができる。より大きくするためには1を，より小さくするためには0を入れればよい。

関連問題
p.30～32 例題1・3・4・6,
p.32～33 **1**・**3**・**4**・**6**,
p.42 例題15, p.43 **17**

解答 ア ⓕ　イ ⑨　ウ ⓒ　エ ④　オ ②　カ ②　キ . ク 4.5　ケ ⑥

解説
ア・イ　$01100100_{(2)}+10010101_{(2)}=11111001_{(2)}$ となり，$1111_{(2)}=F_{(16)}$, $1001_{(2)}=9_{(16)}$ である。

ウ　「最大の数」は，指定された桁のほかのすべての桁が最大つまり1であればよい。また「最小の数」は，指定された桁のほかのすべての桁が最小つまり0であればよい。
よって，その二つの数は $0111_{(2)}$ と $0101_{(2)}$ であり，$0111_{(2)}+0101_{(2)}=1100_{(2)}$ となり，$1100_{(2)}=C_{(16)}$ である。

エ　それぞれの情報量は，
Ⅰ $8×320×240×16×30$ [bit] $=320×240×16×30$ [B]
Ⅱ $16×1×44.1×1000×8×60$ [bit] $=16×1×44.1×1000×60$ [B]
Ⅲ $24×4096×2160$ [bit] $=3×4096×2160$ [B]
である。これらの比を求め，比を簡単にしていくことにより計算する。
Ⅰ：Ⅱ：Ⅲ $=320×240×16×30：16×1×44.1×1000×60：3×4096×2160$ ← 30で割る
　　　　　$=320×240×16：16×44.1×1000×2：4096×216$ ← 16で割る
　　　　　$=320×240：44.1×1000×2：256×216$
　　　　　$=76800：88200：55296$

オ・カ　左に n ビットシフトすると，元の数の 2^n 倍になる。よって，⓪～③は，
⓪ $(x×2^2+x)×2^2=20x$　元の数の20倍
① $x×2^3+x×2^2=8x+4x=12x$　元の数の12倍
② $(x×2^2+x)×2^1=10x$　元の数の10倍
③ $(x×2^3+x)×2^1=18x$　元の数の18倍

キ . **ク** 　16段階に表現するためには，
　　$2^n=16$
　　$n=4$
　4ビット必要であるから，1画素あたりのビット数は，
　　$4×3=12$
　よって情報量は，
　　$12×2048×1536$ bit
　$=3×1024×1536$ B
　$=3×1536$ KB
　$=4.5$ MB

ケ　小数第8位で0に丸め処理すると，1.11001100となる。これを10進数に変換すると，
　　$1+2^{-1}+2^{-2}+2^{-5}+2^{-6}$
　$=1+0.5+0.25+0.03125+0.015625$
　$=1.796875$
　よって誤差は，
　　$1.8-1.796875=0.003125$　である。

9 〈デジタル〉 指先の触覚により読み取る視覚障がい者用の文字である点字は，平面から盛り上がった点によって文字・数字・記号を表現する。日本語で通常用いられる点字は，横２列，縦３行の６個の点で表されたブライユ式点字が用いられる。次の記述ｄの空欄 カ と キ に入れるのに最も適当なものを，下の解答群のうちから一つずつ選べ。また，記述ａ～ｃの ア ～ オ と記述ｅの クケ に入る数字を答えよ。

a　この点字のように平面から盛り上がった６個の点の組み合わせで情報を表現するとき，単純に組み合わせて考えると アイ 通りの情報を表現できる。ただし，すべての点が盛り上がっていない組み合わせは除く。

b　実際の点字では，図１にある①②④の点を組み合わせて母音を表し，③⑤⑥の点を組み合わせて子音を表している。例えば点のある場所を●，ない場所を○とすると，あ行は図２のようになる。このとき，これらの母音に③⑤⑥の点を単純に組み合わせて考えると ウエ 通りの情報を表現できる。

① ④	あ	い	う	え	お
	● ○	● ○	● ●	● ●	○ ●
② ⑤	○ ○	● ○	○ ○	● ○	● ○
③ ⑥	○ ○	○ ○	○ ○	○ ○	○ ○

図１　６点式点字　　　図２　母音(あ行)の点字

c　実際の点字では，③⑤⑥の点を組み合わせて図３のように子音を表している。ここで，③⑤⑥の点を単純に組み合わせて考えると，これらの組み合わせのほかに表現できる情報は， オ 通りである。ただし，すべての点が盛り上がっていない組み合わせは除く。

か行　⑥の点が●
① ④
② ⑤
③ ❻

さ行　⑤⑥の点が●
① ④
② ❺
③ ❻

た行　③⑤の点が●
① ④
② ❺
❸ ⑥

な行　③の点が●
① ④
② ⑤
❸ ⑥

は行　③⑥の点が●
① ④
② ⑤
❸ ❻

ま行　③⑤⑥の点が●
① ④
② ❺
❸ ❻

ら行　⑤の点が●
① ④
② ❺
③ ⑥

図３　子音の表現

d　残された子音は，や行(や，ゆ，よ)，わ行(わ，を)である。これらは上記の方法ではなく，母音の点をそのまま一番下へ移動させ，最上行の点(①と④の位置)の組み合わせとで表現している。このとき，使うことのできない組み合わせがある。その組み合わせは カ と キ の２通りである。

カ と キ の解答群
⓪　①の点と④の点がともに盛り上がっていない組み合わせ
①　①の点は盛り上がっていて，④の点は盛り上がっていない組み合わせ
②　①の点は盛り上がっていないで，④の点は盛り上がっている組み合わせ
③　①の点と④の点がともに盛り上がっている組み合わせ

e　これら以外に，「が」のように「゛」のある文字(濁音)や「ぱ」のように「゜」のある文字(半濁音)などがある。これらの文字の場合は，濁音や半濁音を表す点字を上記の点字の前に置き，二つで表している。このとき，すでに以上で表現している点字のパターン以外を使用しなければいけないので，最大 クケ 通りのパターンの中から使用することとなる。

問題文 Check

❶１個の点は，平面であるか盛り上がっているかの２通り，これが６点あるので，場合の数は 2^6 となる。
❷あ行の点字では，①②④の点のすべての組み合わせを使ってはいない。
❸一番下へ移動したとき，「あ音」の点は③の点が盛り上がった点になる。

解答　アイ　63　　ウエ　40　　オ　7
カ・キ　①・③（順不同）　クケ　18

関連問題
p. 30 例題 1，p. 32 1

解説

アイ　「１個の点は盛り上がっていない」か「盛り上がっている」かの２通りなので，６点を単純に組み合わせると 2^6 となる。ただし，すべての点が盛り上がっていない場合は除くので，
$2^6-1=64-1=63$　通りである。

ウエ　３点の組み合わせは $2^3=8$，これに対して母音は５個なので，
$8\times5=40$　通りである。

オ　３点の組み合わせは $2^3=8$ である。ただし，すべての点が盛り上がっていない場合は除くので，
$2^3-1=8-1=7$　通りである。

カ・キ　母音の点を一番下へ移動させると，「う」と「お」はそれぞれ「は行」と「た行」と同じ配列になる。よって，①と④の組み合わせが「●○」は母音の「あ」，「●●」は母音の「う」となり，「は」・「ふ」や「た」・「つ」と同じになってしまい使用できない。

クケ　あ行，か行，さ行，た行，な行，は行，ま行，ら行の８行には五つの音があり，や行には「や」・「ゆ」・「よ」の三つ，わ行には「わ」・「を」の二つがある。よって，これまでに出てきた点字パターンは，
$5\times8+3+2=45$
となり，ａで求めた 63 からこれらを除いた 18 が最大のパターン数になる。

10 〈論理記号〉 あるマンションの駐車場の出入り口には，自動車が出ていくときに回転灯が灯り，アラート音が鳴るようになっている。これを高校生の佐藤さんと鈴木さんが観察していた。会話を読んで下の問いに答えよ。

佐藤「センサがあるね。あれを自動車が遮るときに回転灯とアラートが反応するんだ。」
鈴木「そうだね。」(センサのところに行って)「えい。」(と遮った) ❶
佐藤「おい，鈴木君何してるの。」
鈴木「いやぁ，人だと反応しないのかなぁ…」
佐藤「センサは二つあるよ。」
鈴木「そうか，自動車だと二つのセンサを同時に遮るので，そのときだけ反応するようになってるんだ。」

(1) 二つのセンサを入力A，Bとし，遮蔽物がないときを0，あるときを1とする。またそれにより回転灯とアラートの反応を出力Xとし，反応のないときを0，あるときを1とすると，これらA，B，Xにはどのような関係があるか，下の解答群のうちから一つ選んで答えよ。 ア

ア の解答群
⓪ A,B → OR → X
① A,B → NOR → X
② A,B → AND → X
③ A,B → NOT → X
④ A,B → XOR → X
⑤ A,B → NAND → X

鈴木「あれ？ 道路から駐車場に入ってくる自動車には反応しないぞ。」
佐藤「本当だ。二つのセンサを同時に遮っても反応しないね。何かほかの要素があるんだ。」

(2) 二つのセンサの入力A，Bだけでなく，そのほかにもう一つの要素が考えられる。それは何か下の解答群のうちから一つ選んで答えよ。 イ

イ の解答群
⓪ AとBが1となる時間差
① AとBが1となる順番
② AとBが1になっている時間
③ AとBが0となる時間差
④ AとBが0となる順番
⑤ AとBが0となっている時間

(3) (2)で選んだ要素を入力Cとし，駐車場内から外に出るときを0，外から入るときを1とすると，これらA，B，C，Xにはどのような関係があるか，下の解答群のうちから論理記号の組み合わせを一つ選んで答えよ。 ウ ❷

ウ の解答群
⓪ (A,B → AND) と C → AND → X
① (A,B → AND) と (C → NOT) → AND → X
② (A,B → AND) と (C → NOT) → OR → X
③ (A,B → AND) と C → OR → X
④ (A,B → OR) と C → OR → X
⑤ (A,B → OR) と (C → NOT) → OR → X

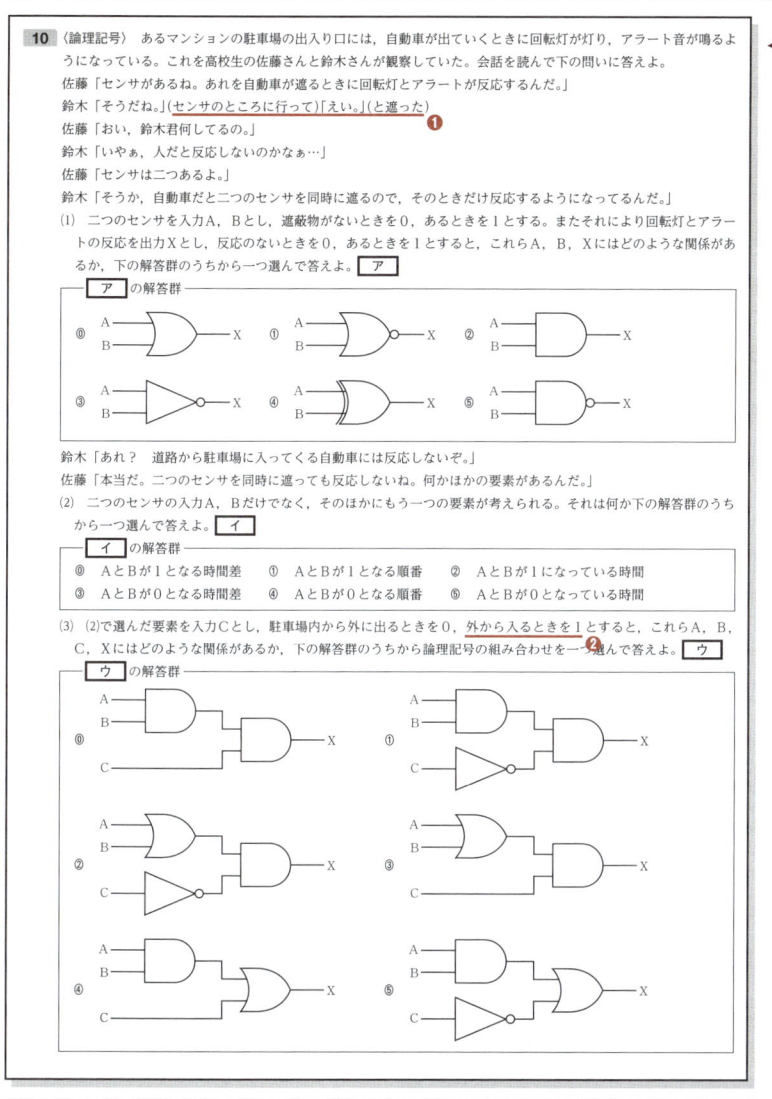

問題文 Check
❶実在のセンサには，このような行為はしないようにする。
❷外から入るときを1としていることに注意する。

▶関連問題
p.35 例題8, p.36 12

解答 ア ② イ ① ウ ①

解説 ア 入力A，Bがともに1のときに出力Xが1となるのだから，AND回路である。
ちなみに，⓪はOR回路，①はNOR回路，③はNOT回路の誤り(正しくは入力が一つ)，④はXOR回路，⑤はNAND回路である。

イ 「時間差」や「時間」では，自動車の進行方向をとらえることができない。

ウ 入力A，Bがともに1であり，かつ入力Cが0であるときに出力Xが1となる。
よって，入力CをNOT回路で反転し，入力A，BのAND回路の出力とAND回路に入力する。

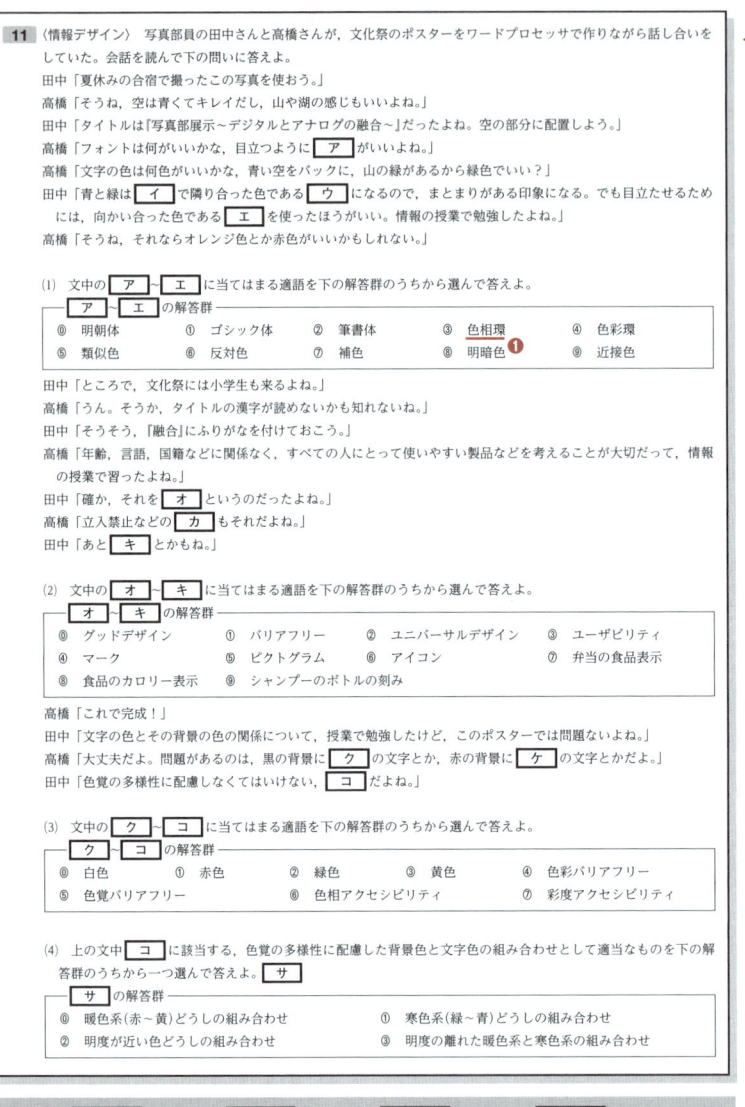

11 〈情報デザイン〉 写真部員の田中さんと高橋さんが，文化祭のポスターをワードプロセッサで作りながら話し合いをしていた。会話を読んで下の問いに答えよ。

田中「夏休みの合宿で撮ったこの写真を使おう。」
高橋「そうね，空は青くてキレイだし，山や湖の感じもいいよね。」
田中「タイトルは「写真部展示～デジタルとアナログの融合～」だったよね。空の部分に配置しよう。」
高橋「フォントは何がいいかな，目立つようには ア がいいかな。」
高橋「文字の色は何色がいいかな，青い空をバックに，山の緑があるから緑色でいい？」
田中「青と緑は イ で隣り合った色である ウ になるので，まとまりがある印象になる。でも目立たせるためには，向かい合った色である エ を使ったほうがいい。情報の授業で勉強したよね。」
高橋「そうね，それならオレンジ色とか赤色がいいかもしれない。」

(1) 文中の ア ～ エ に当てはまる適語を下の解答群のうちから選んで答えよ。
　ア ～ エ の解答群
　⓪ 明朝体　① ゴシック体　② 筆書体　③ 色相環　④ 色彩環
　⑤ 類似色　⑥ 反対色　⑦ 補色　⑧ 明暗色❶　⑨ 近接色

田中「ところで，文化祭には小学生も来るよね。」
高橋「うん。そうか，タイトルの漢字が読めないかも知れないね。」
田中「そうそう，「融合」にふりがなを付けておこう。」
高橋「年齢，言語，国籍などに関係なく，すべての人にとって使いやすい製品などを考えることが大切だって，情報の授業で習ったよね。」
田中「確か，それを オ というのだったよね。」
高橋「立入禁止などの カ もそれだよね。」
田中「あと キ とかもね。」

(2) 文中の オ ～ キ に当てはまる適語を下の解答群のうちから選んで答えよ。
　オ ～ キ の解答群
　⓪ グッドデザイン　① バリアフリー　② ユニバーサルデザイン　③ ユーザビリティ
　④ マーク　⑤ ピクトグラム　⑥ アイコン　⑦ 弁当の食品表示
　⑧ 食品のカロリー表示　⑨ シャンプーのボトルの刻み

高橋「これで完成！」
田中「文字の色とその背景の色の関係について，授業で勉強したけど，このポスターでは問題ないよね。」
高橋「大丈夫だよ。問題があるのは，黒の背景に ク の文字とか，赤の背景に ケ の文字とかだよ。」
田中「色覚の多様性に配慮しなくてはいけない， コ だよね。」

(3) 文中の ク ～ コ に当てはまる適語を下の解答群のうちから選んで答えよ。
　ク ～ コ の解答群
　⓪ 白色　① 赤色　② 緑色　③ 黄色　④ 色彩バリアフリー
　⑤ 色覚バリアフリー　⑥ 色相アクセシビリティ　⑦ 彩度アクセシビリティ

(4) 上の文中 コ に該当する，色覚の多様性に配慮した背景色と文字色の組み合わせとして適当なものを下の解答群のうちから一つ選んで答えよ。 サ
　サ の解答群
　⓪ 暖色系(赤～黄)どうしの組み合わせ　① 寒色系(緑～青)どうしの組み合わせ
　② 明度が近い色どうしの組み合わせ　③ 明度の離れた暖色系と寒色系の組み合わせ

問題文 Check

❶色相環の R, G, B, C, M, Y の位置とその関係について整理しておくとよい。

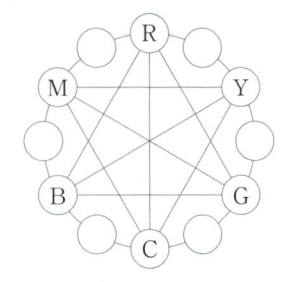

◎光の三原色
　R：赤
　G：緑　△の頂点
　B：青
◎色の三原色
　C：シアン
　M：マゼンタ　▽の頂点
　Y：イエロー
◎混色について
　RとGの光を混色するとY
　（二色の中間の色となる）

解答
ア	①	イ	⑤	ウ	⑤	エ	⑦
オ	②	カ	⑤	キ	⑨		
ク	①	ケ	②	コ	⑤		
サ	③						

関連問題
p.16 例題3，p.18 例題8，
p.19 3，p.20 8

解説
ウ 色相環で隣り合った色を類似色という。
エ 色相環で向かい合った色を補色という。
オ 「バリアフリー」は，バリア(障壁)を取り除くこと，一方「ユニバーサルデザイン」は，年齢，言語，国籍，身体能力などに関係なく，すべての人にとって使いやすい製品や生活しやすい環境を設計することである。
カ 「マーク」は，記号・符号・しるし・標章・図案などのことで，ある意味や概念を示すために用いられる。「アイコン」は，対象の「もの」の外観や「こと」の概念を記号化した類似記号のことで，言葉の補足や事前知識が必要なものもある。よってこれらは「ピクトグラム」とは異なり，ユニバーサルデザインではない。
ク・ケ 暖色系どうし，寒色系どうし，明度が近い色どうしなど，差の小さなものは見分けにくい。

12 〈情報の構造化〉 ある高校では，学校紹介のWebサイトの内容について，一部を生徒会が企画して作成することになった。生徒会の青木さんと山田さんは生徒会の担当としてWebサイトの内容について話し合いをしていた。会話を読んで下の問いに答えよ。

青木「中学生に生徒の活動を伝えるような内容にしよう。」
山田「それなら，やっぱり部活動を紹介するのがいいと思う。」
青木「じゃあ，まずメニューで運動部と文化部を選んでもらって，それから各部の紹介のWebページに進むようにしよう。」
山田「それは部活動を ア で整理するということだね。」
青木「でも，大会などの実績はすぐに紹介したいから，専用のWebページを作って，結果が出た順に掲載するようにしよう。」
山田「その部分は情報を イ で整理していることになるね。」
青木「あと，うちの学校にどんな部活動があるのかを探せるようにしたいと思う。」
山田「それなら，部活動の名前順に一覧できるWebページを作ったらいいと思うよ。」
青木「そこは情報を ウ で整理しているんだね。」

(1) 文中の ア ～ ウ に当てはまる適語を下の解答群のうちから選んで答えよ。
― ア ～ ウ の解答群 ―
⓪ 位置　① 五十音　② 時間　③ 分野　④ 階層

山田「次はWebサイトの構造を考えよう。」
青木「運動部と文化部を選んでから，各部の紹介のWebページに進むのは エ だね。」
山田「部活動の実績を紹介するWebページは，一つのWebページにたくさん情報を掲載すると見づらくなるから，10件ずつ表示させてページを切り替えるようにしよう。」
青木「その部分は オ で作るということだね。」

(2) 文中の エ ・ オ に当てはまる適語を下の解答群のうちから選んで答えよ。
― エ ・ オ の解答群 ―
⓪ 直線的構造　① 階層構造　② 網状構造

山田「企画の案がだいたいまとまったから，先生に相談しに行こう。」
青木「先生に説明するときにWebサイトの構造を図解するとわかりやすいよね。」
山田「運動部と文化部を選んでから，各部の紹介のWebページに進む部分は カ の図を使うといいね。」
青木「部活動の実績を紹介するWebページは キ の図だね。」

(3) 文中の カ ・ キ に当てはまる図を下の解答群のうちから選んで答えよ。

問題文 Check

❶ 部活動の「運動部」「文化部」は，情報の整理の五つの基準のどれに当てはまるかを考える。

❷ 結果が出た順に掲載すると，情報はどのような順序で並ぶことになるのか考える。

❸ 掲載する情報の量が多い，記事が長文になるなどの場合，情報を複数のWebページに分割して表示することがよくある。

関連問題

p.17 例題6, p.19 **6**,
p.20 **7**, p.21 **10**, **11**,
p.25 例題12, p.26 **16**,
p.27 **19**

解答

| ア | ③ | イ | ② | ウ | ① | エ | ① |
| オ | ⓪ | カ | ② | キ | ① |

解説

ア 「運動部」「文化部」は部活動の分野であるため，まずメニューで運動部と文化部を選ばせるようにしているのは，部活動を分野で整理してWebサイトを作っていることになる。

イ 大会などの実績を，結果が出た順に掲載するということは，日付順に記事が並ぶということなので，情報を時間で整理していることになる。

ウ 部活動の名前順の一覧は，五十音順に部活動が並んでいる。

エ ここで作ろうとしているWebサイトの構造は，右の図のようなものであるから，階層構造である。

オ 大量の情報を複数のWebページに分割して表示するときは，次の順序の情報を表示させるか，前の順序の情報を表示させるかのいずれかのWebページに移動するように作られるので，直線的構造ということになる。

カ・**キ** 前の設問で，Webサイトの構造が階層構造と直線的構造となっているため，それぞれの表現に適した図を選択する。

13 〈デジタル〉次の記述 b の空欄 ウ ，記述 f の空欄 ス ，記述 g の空欄 セ ，記述 i の空欄 チ に入れるのに最も適当なものを，下の解答群のうちから一つずつ選べ。また，記述 a の アイ ，記述 b の エオ ，記述 c の カキク ，記述 d の ケ ，記述 e の コサシ ，記述 h の ソ ， タ に入る数字を答えよ。

a 複数の文字を別の 1 文字に置き換えて，文をより少ない文字数で表現する。いま，三つの置き換えのルール[さき→S]，[さく→K]，[くらさ→R]が利用できるとする。このとき，5 文字の文の「さくらさき」は，「さくらS」や「Kらさき」のように 4 文字や，「さR」❶のように 3 文字で表現できる。これら三つのルールを利用し，
「さくらさきくらののきさきえださきにふれさきのさくらさきにちる」(※)
という 30 文字の文を最小の文字数で表現すると， アイ 文字になる。
(※「桜咲き 蔵の軒先 枝先に触れ 先の桜 先に散る」の意味)

b 表 1 は，文字 A～E を符号化したときのビット表記を表したものである。このとき，「CAB」と「DEC」のビット表記を比較すると， ウ となる。次に，表 1 のビット表記を組み替えてよいとするとき，「ADEBCCADEEDCCBDD」を符号化したときに最小になるビット数は エオ である。

表 1

文字	ビット表記
A	01
B	10
C	110
D	1110
E	1111

> **問題文 Check**
> ❶文の中に置き換えの部分がどのように存在しているのかを確認すること。

> **関連問題**
> p. 30 例題 1・2, p. 32 例題 6,
> p. 32~33 **1**・**2**・**6**,
> p. 42 例題 16

解答 アイ 23　ウ ⓪　エオ 43

解説 アイ 問題文の中に，三つの置き換えできる部分がどこにあるのかを確認する。
　　[さき→S]　　さくらさきくらののきさきえださきにふれさきのさくらさきにちる
　　[さく→K]　　さくらさきくらののきさきえださきにふれさきのさくらさきにちる
　　[くらさ→R]　さくらさきくらののきさきえださきにふれさきのさくらさきにちる

三つの置き換えは，[さき→S]と[さく→K]は重複がなく，[さく→K]と[くらさ→R]および[さき→S]と[くらさ→R]は重複がある。重複のないものは，それら二つを適用する順番が前後しても同じであるが，重複しているものは，それら二つを適用する順番が前後すると結果が変わってしまう。そこで重複する組み合わせでは，前後を変えて考えてみることにする。

○[さく→K]→[くらさ→R]のとき（置き換え部分がすべて重なっているので一方のみの適用）
　　さくらさきくらののきさきえださきにふれさきのさくらさきにちる
　　　↓　［さく→K］の適用
　　KらさきくらののきさきえださきにふれさきのKらさきにちる（28 文字）

○[くらさ→R]→[さく→K]のとき（置き換え部分がすべて重なっているので一方のみの適用）
　　さくらさきくらののきさきえださきにふれさきのさくらさきにちる
　　　↓　［くらさ→R］の適用
　　さRきくらののきさきえださきにふれさきのさRきにちる（26 文字）

○[さき→S]→[くらさ→R]のとき（置き換え部分がすべて重なっているので一方のみの適用）
　　さくらさきくらののきさきえださきにふれさきのさくらさきにちる
　　　↓　［さき→S］の適用
　　さくらSくらののきSえだSにふれSのさくらSにちる（25 文字）

○[くらさ→R]→[さき→S]のとき
　　さくらさきくらののきさきえださきにふれさきのさくらさきにちる
　　　↓　［くらさ→R］の適用
　　さRきくらののきさきえださきにふれさきのさRきにちる
　　　↓　［さき→S］の適用
　　さRきくらののきSえだSにふれSのさRきにちる（23 文字）

○重複のない[さき→S]と[さく→K]のとき
　　さくらさきくらののきさきえださきにふれさきのさくらさきにちる
　　　↓　［さき→S］の適用
　　さくらSくらののきSえだSにふれSのさくらSにちる
　　　↓　［さく→K］の適用
　　KらSくらののきSえだSにふれSのKらSにちる（23 文字）

エオ ビット表記を組み替えてよいので，文字の出現回数のより多いものに，より短いビット列を割り当てれば，符号化したときに最小となる。
　　よって出現回数は，A 2 回，B 2 回，C 4 回，D 5 回，E 3 回なので，A と B へ 4 ビット，E へ 3 ビット，C と D へ 2 ビットのビット列を割り当てればよいので，符号化したときに最小になるビット数は，
　　4×(2+2)+3×3+2×(4+5)=43　よって，43 ビットである。

c　符号なしの2進数整数の1バイトのデータで、0のビット数と1のビット数が等しいもののうち、最大になるものと最小になるものの差を10進数で表すと、カキク となる。

d　顧客に、A～Eの英大文字5種類を用いた顧客コードを割り当てたい。現在の顧客の総数は5,000人であり、毎年15%ずつ顧客が増えていくものとする。このとき、3年後まで全顧客にコードを割り当てられるようにするためには、顧客コードは少なくとも ケ 桁必要である。

e　A～Hの8種類の文字を用いて、長さ1以上3以下の文字列を作る。文字列には同じ文字を使用することができるが、先頭はAであってはならない。このとき全部で コサシ 通りの文字列を作ることができる。

f　10進数の計算式5÷32の結果を2進数で表すと、 ス となる。

g　2進数の浮動小数点表示で、誤差を含まずに表現できる10進数は セ である。

h　2進数の1.1101と1.1011を加算した結果を10進数で表すと ソ . タ となる。

i　計算式231×3=1023は、 チ 進法の数での計算のときに成立する。

問題文 Check

❷10進数の小数部分を2進数にするには2を掛けて求める。

ウ の解答群
⓪ CABのビット数＜DECのビット数　　① CABのビット数＝DECのビット数
② CABのビット数＞DECのビット数

ス の解答群
⓪ 0.0111　① 0.001101　② 0.00101　③ 0.00111　④ 0.1011　⑤ 0.01001

セ の解答群
⓪ 0.1　① 0.2　② 0.3　③ 0.4　④ 0.5　⑤ 0.6

チ の解答群
⓪ 4　① 5　② 6　③ 7　④ 8　⑤ 9

解答　カキク 225　ケ 6　コサシ 511
ス ②　セ ④　ソ.タ 3.5
チ ③

解説　カキク　1バイトのデータで、0のビット数と1のビット数が等しいものとは、0が4つ、1が4つあるものである。その中で最大になるものは、1がなるべく上位桁にあるもの、つまり11110000である。また最小になるものは、1がなるべく下位桁にあるもの、つまり00001111である。
　　$11110000_{(2)}=240_{(10)}$, $00001111_{(2)}=15_{(10)}$　よって、$240_{(10)}-15_{(10)}=225_{(10)}$

ケ　3年後の顧客数は、5000×1.15×1.15×1.15≒7604人
　　よって、$5^5=3125$, $5^6=15625$から、少なくとも6桁必要である。

コサシ　長さ1のときAを除くB～Hの7通り、長さ2のとき7×8=56通り、長さ3のとき7×8×8=448通り
　　よって、7+56+448=511通りである。

ス　5÷32=0.15625
ここで、$0.1_{(2)}=0.5_{(10)}$, $0.01_{(2)}=0.25_{(10)}$, $0.001_{(2)}=0.125_{(10)}$, $0.0001_{(2)}=0.0625_{(10)}$, $0.00001_{(2)}=0.03125_{(10)}$
より、0.15625=0.125+0.03125と表すことができるから、「5÷32」は$0.001_{(2)}+0.00001_{(2)}=0.00101_{(2)}$

セ　
0.1は、	0.2は、	0.3は、	0.4は、	0.6は、
0.1×2=0.2	0.2×2=0.4	0.3×2=0.6	0.4×2=0.8	0.6×2=1.2
0.2×2=0.4	0.4×2=0.8	0.6×2=1.2	0.8×2=1.6	0.2×2=0.4
0.4×2=0.8	0.8×2=1.6	0.2×2=0.4	0.6×2=1.2	0.4×2=0.8
0.8×2=1.6	0.6×2=1.2	0.4×2=0.8	0.2×2=0.4	0.8×2=1.6
0.6×2=1.2	よって	0.8×2=1.6	よって	よって
よって	0.0011 0011…	よって	0.0110 0110…	0.1001 1001…
0.000110011…		0.10011001…		

以上のように循環小数になるので、これらは誤差を含んだ表現になる。

ソ.タ　1.1101と1.1011を加算は、1.1101+1.1011=11.1000　よって、
$11.1000_{(2)}=2+1+0.5=3.5_{(10)}$

チ　計算式がn進数であるとすると、231×3=1023は、
$(2×n^2+3×n^1+1×n^0)×3×n^0=1×n^3+0×n^2+2×n^1+3×n^0$　と表せて、この方程式を解くと
$$(2n^2+3n+1)×3=n^3+2n+3$$
$$-n^3+6n^2+7n=0$$
$$-n(n-7)(n+1)=0$$
$$n=0, 7, -1$$　よって、$n>0$であるため7進数である。

p.136 (3)コンピュータとプログラミング

14 〈コンピュータの構成と動作1〉 次の記述a～dの空欄 ア ～ ウ ， カ ～ サ に入れるのに最も適当なものを，それぞれの解答群のうちから一つずつ選べ。また，空欄 エオ に当てはまる数字を答えよ。

a コンピュータカタログのハードウェアの仕様欄には，各機種のCPU，主記憶装置，補助記憶装置などに関連する情報がまとめられている。例えば，CPUの欄には ア が記載され，その単位はHz(ヘルツ)である。

b 主記憶装置や補助記憶装置の欄には，記憶容量が記載されている。記憶容量の単位は イ である。最近の補助記憶装置の記憶容量は，数百G イ ，数T イ のものが多い。ここでGはギガ，Tは ウ と読む接頭辞である。Gは10の9乗，Tは10の エオ 乗を意味するが，慣習的に1024G イ ＝1T イ のように用いられることがある。

c 日記などのファイルが保存されたハードディスクの故障に備えて，自分でファイルのバックアップを取ることにした。このときのバックアップの取り方としてより安全なものは， カ バックアップを取ることである。

d 記憶媒体について考える。記憶用の光ディスクには キ や ク がある。半導体を使ったメモリであれば，データの読み書きができる ケ メモリを使用したSDカードや コ メモリがある。最近ではインターネット上のどこかにファイルを預け，その場所を相手に知らせることでファイルを渡す方法があり， サ サービスの一つとして利用可能である。

ア ～ ウ の解答群
⓪ 集積度　① ビット数　② クロック周波数　③ キャッシュ容量　④ コア数
⑤ B(バイト)　⑥ M(メガ)　⑦ fps　⑧ dpi　⑨ bps
ⓐ ピコ　ⓑ テラ　ⓒ トランスポート　ⓓ テスラ

カ の解答群
⓪ ファイルが保存されているフォルダと同じフォルダに　① ファイルの拡張子を削除してから
② このハードディスクとは別の記憶媒体に　③ 主記憶装置に
④ このハードディスクに作った新しいフォルダに　⑤ 著作権が消滅してから

キ ～ サ の解答群
⓪ CAD　① CAM　② CD　③ DVD　④ HDD
⑤ USB　⑥ 揮発性　⑦ フラッシュ　⑧ スロット　⑨ コネクタ
ⓐ クラウド　ⓑ クライアント　ⓒ ディレクトリ

(2020年センター試験本試験/2021年大学入学共通テスト本試験 情報関係基礎 改題)

問題文 Check

❶ Hzは周波数の単位であることを思い出す。

❷ K(キロ)M(メガ)G(ギガ)T(テラ)の順に10の3乗倍になっていくことを思い出す。

❸ 「このハードディスクには保存できない」と読み取れる。

❹ 「半導体を使ったメモリ」，「読み書きができるメモリ」である記憶媒体には，SDカード以外に何があるか思い出す。

解答

ア	②	イ	⑤	ウ	ⓑ	エオ	12
カ	②	キ・ク	②・③	(順不同)			
ケ	⑦	コ	⑤	サ	ⓐ		

関連問題
p.45 例題17, p.47 **26**

解説

ア 単位がHz(ヘルツ)ということから，クロック周波数が当てはまる。クロック周波数は，1秒間にCPUが動作する回数で，その値が大きいほど一般的に処理速度は速くなる。

イ 0と1で表される二進数の1桁である1 bitを八つ並べた8 bitが，記憶容量の最小単位1 B(バイト)である。1 Byteとも書く。

ウ・エ・オ 右の表のように，B，KB，MB，GB，TBの順に，10の3乗倍になっていく。KからTまですべて覚えていなくても，文中に1 GB＝10^9 Bとあることと，Gの次がTであると推察される記述もあるので解答できる。

1 B(バイト)		
1 KB(キロバイト)	10^3 B	
1 MB(メガバイト)	10^3 KB	10^6 B
1 GB(ギガバイト)	10^3 MB	10^9 B
1 TB(テラバイト)	10^3 GB	10^{12} B

(各行 $\times 10^3$)

カ 解答群の⓪と④は，同じハードディスク内に保存することから，「ハードディスクの故障に備える」目的にそぐわないので除外される。①「ファイルの拡張子」は，そのファイルの保存形式や作成したアプリケーションとの関連付けを表すものであり，バックアップとは無関係である。③「主記憶装置」は，メインメモリとも呼ばれるもので，ファイルを保存するための装置ではない。⑤「著作権の消滅」はハードディスクの故障に備えるという目的とは無関係である。正解は②である。

キ・ク 光ディスクは情報を記録するための円盤状の媒体で，CD，DVD，BD(Blu-ray Disc)などがある。

ケ・コ 半導体を使ったフラッシュメモリには，SDカードやUSBメモリ以外に，SSDなどがある。SSDは，従来のHDD(ハードディスクドライブ)の代わりに補助記憶装置としてコンピュータに搭載されたり，外付けの記憶媒体として利用されたりしている。

サ インターネットの高速化と利用者人口の増加に伴い，さまざまなオンラインサービスが出現した。その多くはデータをインターネット上に保存するもので，インターネットに接続した端末があれば，いつでもどこでも情報にアクセスでき，また，他者との情報共有が容易となっている。これらのサービスでは，インターネットを雲に見立ててクラウドと呼ぶことが多い。なかでも，データの保存に特化したサービスを，クラウドストレージサービスと呼ぶ。

15 〈コンピュータの構成と動作2〉 次の会話文を読み，空欄 ア ～ エ に入れるのに最も適当なものを，下の解答群のうちから一つずつ選べ。

先生：机で勉強をしている人をたとえとして，コンピュータの構成要素を説明してみましょう。
A君：勉強している人の頭脳がコンピュータの ア に相当すると思います。頭の回転が早いほど宿題も早く完了するわけだし。でも，最近は，一つの ア に複数の頭脳があるようなマルチ イ というものもあると聞きます。
先生：そうね，クアッド イ やオクタ イ などがあるわね。では，勉強机の引き出しは何に相当すると思う？
A君：う～ん…引き出しには，教科書やノートが入っているから… ウ ですか？
先生：正解。長期間保存する場所だからね。じゃあ，机の上はコンピュータの何かな？ 勉強中に参考書や辞書を同時に開くことができる広い机と，一度に1冊ずつしか本が開けないような狭い机。勉強がはかどるかどうかに関係するわ。ヒントをあげましょうか。机の上は勉強が終わったら片付けて，何もなくなります。
A君：わかった！ データを作業の間，一時的に保存する エ ですね！ 僕の机は本が開きっぱなしだからわかりませんでした。

ア ～ エ の解答群
⓪ 中央処理装置　① 通信装置　② 表示装置　③ 集線装置
④ 補助記憶装置　⑤ 主記憶装置　⑥ プロ　⑦ コア

問題文Check
❶「コンピュータの性能・処理速度に大きく関係する装置」と読み取れる。
❷「電源を切ってもデータが消えることのない装置」と推測できる。
❸「電源を切るとデータが消える装置」と推測できる。

解答 ア ⓪　イ ⑦　ウ ④　エ ⑤

関連問題 p.45 例題17, p.47 26

解説 ア・イ 中央処理装置（CPU: Central Processing Unit）は，制御と演算を行うコンピュータの主要な構成要素である。演算処理回路（コア）を1個だけもつ従来のシングルコアに対し，複数もつものをマルチコアという。コアの数によって，デュアルコア（2個）やクアッドコア（4個），オクタコア（8個）などがある。

ウ データを保存するための装置で，電源を切ってもデータが消えることはない。磁気ディスクのHDD（ハードディスクドライブ）や，フラッシュメモリのSSD（ソリッドステートドライブ）などがある。

エ 主記憶装置は，中央処理装置で処理するために必要な作業中のプログラムやデータを，一時的に記憶しておく装置である。メインメモリとも呼ばれる。

---

16 〈コンピュータの性能〉 次の表は2種類のパソコンA，パソコンB（以下A，Bと表す）のカタログからの抜粋である。この表にない項目については，オペレーティングシステム（OS）を含めて，すべて同等とする。表1の解釈として，下の解答群のうちから適当なものを二つ選べ。ただし，解答の順序は問わない。 ア・イ

表 カタログからの抜粋

項目	パソコンA	パソコンB
CPU	○○プロセッサI	○○プロセッサI
クロック周波数※1	3.2 GHz	3.6 GHz
メインメモリ	16 GB	32 GB
SSD	512 GB	256 GB
DVDドライブ	DVD-R書き込み速度最大24倍速	DVD-R書き込み速度最大16倍速
ディスプレイ	14インチ	14インチ
表示解像度	1024 × 768ドット	1280 × 1024ドット
そのほかの周辺装置	外付HDD（容量1 TB）	USBハブ

※1：CPUの1サイクルの処理時間の逆数

ア・イ の解答群
⓪ AのほうがBより大量のプログラムやデータを，補助記憶装置内部に保持することができる。
① 同じ計算を行った場合，AのほうがBより短い時間で終了する。
② AとBで同じサイズ指定で同じ書体の文字を表示させると，おおむねAで表示される文字のほうが小さい。
③ AでSSD中の2Gバイト程度の動画データをバックアップするときは，周辺装置を追加する必要がない。
④ Aで動作するアプリケーションソフトウェア（応用ソフトウェア）のほとんどは，Bでは動作しない。
⑤ 同じ動画データをDVDに書き込んだ場合，BのほうがAより短い時間で終了する。

（1999年センター試験本試験　情報関係基礎　改題）

問題文Check
❶ CPUの「クロック周波数以外の性能は同じである」と読み取れる。
❷ 補助記憶装置としてSSDと外付けHDDの容量が読み取れる。
❸「ディスプレイのサイズが同じで表示解像度が異なる」と読み取れる。

解答 ア・イ ⓪・③ （順不同）

関連問題 p.43 21, p.49 例題21

解説 ア・イ
⓪ 正しい。補助記憶装置の容量が，パソコンAはSSD512GBと外付けHDD（1 TB），パソコンBはSSD256GBであり，Aのほうが大きい。
① 誤り。クロック周波数が，パソコンAよりもパソコンBのほうが大きい。CPUのコア数やソフトウェアにもよるが，一般的に，クロック周波数が大きいほど処理速度が速いので，短い時間で終了するのはBである。
② 誤り。ディスプレイのサイズは同じで，表示解像度がパソコンBのほうが高い。同じサイズのディスプレイでは，解像度が高いほうがおおむね小さく表示される。
③ 正しい。Aには1 TB（>2ギガバイト）の外付けHDDが周辺装置として付いているので追加する必要はない。
④ 誤り。表の中の項目だけでは判断できない。
⑤ 誤り。DVDドライブの書き込み速度がAのほうが速いため，Aのほうが短い時間で終了する。

17 〈モデル化とシミュレーション〉 次の文章を読み，後の問い（問1～3）に答えよ。

旅行代理店B社では，顧客の依頼により旅行に必要な交通機関やホテルの予約を代行している。B社は業務の作業手順をこれまでより明確に定めることにより，社員の仕事がスムーズに進むようにしようと考えた。B社の一つの「業務」は，表1に示す「作業」から構成されている。

表1　B社の作業一覧表

作業名	作業内容
受付	顧客から依頼を受け付け，その業務の担当者を決定する。
提案	旅行プランを作成し，顧客に提案する。
提案取消し	顧客からの要求により，提案した旅行プランを取り消す。
予約	提案した旅行プランに従って，交通機関やホテルを予約する。
予約取消し	交通機関やホテルの予約を取り消す。旅行プランも変更する場合には，提案取消し作業を別途行う必要がある。
入金確認	顧客から代金が入金されたことを確認する。この作業が済むと，業務はその時点で終了する。

また社内の取り決めにより，次の各項目が定められている。
・顧客と担当者は直接店舗において，あるいは電話や電子メールなどで随時連絡を取り合うものとする。
・一つの業務において，同時に二つ以上の旅行プランを提案することはできない。
・顧客は，いつでも依頼を取り下げることができる。依頼が取り下げられた場合，業務はその時点で終了する。

問1　次の文章を読み，空欄　ア　～　ウ　に入れるのに最も適当なものを，下の解答群のうちから一つずつ選べ。

業務における作業の正しい手順を「業務フロー」と呼ぶ。業務フローを正確に記述するために，次の表記法を使う。
・業務の進行状況を丸で表現して，これを「状態」と呼ぶ。各状態には0から順に番号を振り，それを丸の中に記入する。
・作業が済んだことにより次の状態へと変化することを矢印で表現し，その変化を引き起こした作業名を矢印の上に書く。

B社は，図1の業務フローを完成させた。状態1は「旅行プランを考えている」状況を表し，状態4は「業務が終了した」状況を表す。ただし，図1では顧客が依頼を取り下げる場合を省略している。

状態2から状態3への矢印の上には　ア　が，状態3から状態4への矢印の上には　イ　が，状態2から状態1への矢印の上には　ウ　がそれぞれ書かれる。

```
         ┌── ウ ──┐   予約取消し
         ↓        │   ┌────┐
  (0)─受付→(1)─提案→(2)── ア ──→(3)── イ ──→(4)
```

図1　B社の業務フロー

──　ア　～　ウ　の解答群 ──
⓪ 受付　① 提案　② 提案取消し　③ 予約　④ 予約取消し　⑤ 入金確認

▶ 問題文 *Check*

❶「予約取消し」に続いて「提案取消し」を行うケースがあると読み取れる。
❷「業務終了」の直前が「入金確認」であると読み取れる。
❸「各状態の変化を引き起こした作業を考える設問である」と読み取れる。

解答　ア ③　イ ⑤　ウ ②

解説　表1に書かれている作業は六つあり，その三つがすでに図1に記入されている。残り三つが　ア　・　イ　・　ウ　に入る。左向きの矢印は取消しを表すので，　ウ　が「提案取消し」であることがわかる。表1には，「入金確認作業が済むと，業務はその時点で終了する」と書かれており，問1文中に「状態4は「業務が終了した」状況を表す」と書かれていることから，　イ　は「入金確認」が入る。残る「予約」が　ア　に入ることは，「予約取消し」の矢印がその上にあることからも判断できる。

▶ 関連問題
p.89 例題1, p.91 **3**

問2　次の文章を読み，空欄　エ　に入れるのに最も適当なものを，下の解答群のうちから一つ選べ。また，空欄　オ　～　ケ　に当てはまる数字を答えよ。ただし，　カ　・　キ　の解答の順序は問わない。

B社は，業務の進行状況を電子的に記録することにした。このシステムを「業務記録システム」と呼ぶ。業務記録システムには，各業務の進行状況が作業の列として記録される。

業務フローに従い，入金確認で終了している作業の列を「終了作業列」と呼ぶ。　エ　は終了作業列の例である。終了作業列には次のような性質がある。
・予約の個数は，予約取消しの個数よりちょうど　オ　個だけ多い。
・8個の作業が記録されている終了作業列で，提案が2個含まれている場合，それらの提案の間には　カ　個か　キ　個の作業が含まれる。
・提案取消しと予約取消しの個数の合計をnとしたとき，終了作業列に含まれる全作業の個数は　ク　×n+　ケ　個である。

──　エ　の解答群 ──
⓪ 受付　提案　提案取消し　入金確認
① 受付　提案　予約　提案取消し　入金確認
② 受付　提案　提案取消し　提案　予約取消し　入金確認
③ 受付　提案　予約　予約取消し　予約　入金確認
④ 受付　提案　入金確認　予約取消し　予約　入金確認
⑤ 受付　提案　予約　提案　提案取消し　入金確認

▶ 問題文 *Check*

❶「予約」は必ず1個あり，「予約取消し」1個につき「予約」が1個増えることを考える。
❷8個の作業が記録されている終了作業列を具体的に書き出すことを考える。
❸「nによって変化する部分　ク　と固定の部分　ケ　で個数が表される」と読み取れる。

解答 エ ③　　オ 1
　　　カ・キ 1・3（順不同）　　ク 2
　　　ケ 4

解説　**エ**　「入金確認」の直前に「予約」が必要なので，⓪，①，②，⑤は誤り。④は「提案」直後に「入金確認」があるので誤り。また，「予約」していない状態で「予約取消し」があることからも誤りであることがわかる。正しい例となっているのは③。

オ　「業務終了」となるためには「予約」が必須なので，1回目の「予約」を行った後，「予約取消し」を行うたびに再度の「予約」が必要となるので，最初の1回分だけ「予約」が多くなる。

カ・キ　「受付　提案　提案取消し　提案　予約　予約取消し　予約　入金確認」または「受付　提案　予約　予約取消し　提案取消し　提案　予約　入金確認」となることから，1個または3個となる。

ク・ケ　終了作業列には必ず「受付」「提案」「予約」「入金確認」が一つずつ入るので，作業数は最低4個となる。加えて，「提案取消し」には「提案」が，「予約取消し」には「予約」が必ず入るので，「提案取消し」と「予約取消し」の個数の2倍の作業数が追加される。よって，作業数は，$2 \times n + 4$ 個となる。

問3　次の文章を読み，空欄 コ ～ スセ に当てはまる数字を答えよ。

B社は，業務記録システムにどのような終了作業列がそれぞれ何回ずつ記録されているかを調べようと思った。業務記録システムの記録を調べてみると，一つの終了作業列に含まれる提案取消しと予約取消しの個数は，合わせて最大5個であることがわかった。そこで，提案取消しと予約取消しの合計が5個以下のとき，終了作業列が何通りあり得るかを調べて，各終了作業列が何回ずつ記録されているかという表を作ることを考えた。

表の大きさを見積もるためには，提案取消しと予約取消しが合計0個から5個までの場合について，それぞれ終了作業列が何通りあるかを計算する必要がある。合計0個の場合の終了作業列は コ 通りある。

合計5個の場合には，提案取消しと予約取消しがそれぞれ何個ずつあるかによって場合分けをして考える。場合分けの数は サ 通りになる。このそれぞれの場合につき，何通りの終了作業列があり得るかを考えて総和を求めれば答えが得られる。例えば，提案取消しが4個で予約取消しが1個の場合には シ 通りになり，提案取消しが3個で予約取消しが2個の場合には10通りになる。提案取消しが2個で予約取消しが3個の場合にも10通りになる。よって，合計5個の場合の終了作業列は スセ 通りになる。

同様に，提案取消しと予約取消しが合計1個から4個までの場合についても計算できる。このようにして，作成する表は63通り分のデータを格納できる大きさが必要となることがわかった。

(2013年センター試験本試験　情報関係基礎　改題)

問題文 Check
❶「「提案取消し」も「予約取消し」も一切ない」と読み取れる。
❷「合計5個となる「提案取消し」と「予約取消し」の組み合わせの数」と読み取れる。
❸「提案取消し」4個，「予約取消し」1個の場合を求めるが，「提案取消し」1個，「予約取消し」4個の場合も同じ場合の数となることを考えておく。

解答 コ 1　　サ 6　　シ 5　　スセ 32

解説　**コ**　「提案取消し」，「予約取消し」が一切ない場合は，「受付　提案　予約　入金確認」の1通りである。

サ　「提案取消し」，「予約取消し」が，それぞれ，5個と0個，4個と1個，3個と2個，2個と3個，1個と4個，0個と5個の6通りである。

シ　「提案取消し」が4個ということから，「提案」は5個ある。「予約取り消し」がない場合は下の終了作業列となり，「予約」「予約取消し」は，必ずいずれかの「提案」の直後(矢印で示した箇所)にセットで入る。

受付　提案　提案取消し　提案　提案取消し　提案　提案取消し　提案　提案取消し　提案　予約　入金確認
　　　　　↑　　　　　　　　↑　　　　　　　　↑　　　　　　　　↑　　　　　　　　↑

スセ　「提案取消し」5個，「予約取消し」0個の場合は1通りとなる(「提案取消し」5個の例：受付　提案　提案取消し　提案　提案取消し　提案　提案取消し　提案　提案取消し　提案　提案取消し　提案　予約　入金確認)。また，「提案取消し」0個，「予約取消し」5個の場合も同様に1通りとなる。

「提案取消し」4個，「予約取消し」1個の場合は， シ で求めており5通りとなる。また，「提案取消し」1個，「予約取消し」4個の場合も同様に5通りとなる。

「提案取消し」3個，「予約取消し」2個の場合，および，「提案取消し」2個，「予約取消し」3個の場合はともに10通りとなることが問題文に書かれている。

よって，$1+1+5+5+10+10=32$ 通りとなる。

18 〈プログラミング1〉 次の文章を読み，空欄 ア ～ チ に入れるのに最も適当なものを，下のそれぞれの解答群のうちから一つずつ選べ。なお，同じ記号を複数回選んでもよい。

30日間のウイルス感染者数が配列 Kansen に入っている。Aさんは，毎日の感染者数の推移を表すグラフの表示に続いて，3日間の平均感染者数の推移のグラフを表示するプログラムを作成した。なお，「四捨五入()」は小数点以下を四捨五入して整数にする関数，「棒表示(a,b)」は a を b 個分並べて表示する関数，「要素数(配列)」は配列の要素数を返す関数である。

```
(1) Kansen = [22, 30, 23, ・・・(略)・・・, 29, 35, 42]
(2) iを0から ア まで1ずつ増やしながら繰り返す:
(3)     棒表示("@", イ )
(4) iを0から ウ まで1ずつ増やしながら繰り返す:
(5)     棒表示("@", 四捨五入( エ ))
```
図1 毎日の感染者数の推移と3日間の感染者数の推移を表すグラフを表示する手続き

ア ～ エ の解答群
⓪ 要素数(Kansen) − 3　① 要素数(Kansen) − 2　② 要素数(Kansen) − 1　③ 要素数(Kansen)
④ 要素数(Kansen) + 1　⑤ i　⑥ Kansen[i]　⑦ Kansen[i * 3]
⑧ (Kansen[i] + Kansen[i + 1] + Kansen[i + 2]) / 3
⑨ (Kansen[i − 1] + Kansen[i] + Kansen[i + 1]) / 3
```

**問題文 Check**
❶「毎日の感染者数のグラフと，3日間の平均感染者数のグラフの2種類のグラフを表示する」と読み取れる。
❷ 棒表示(a，b)のbの部分が空欄 イ・エ となっていることから，「 イ・エ には並べる個数が入る」と読み取れる。

**解答** ア ②　イ ⑥　ウ ⓪　エ ⑧

**関連問題**
p.97 例題4・5, p.98 **12**,
p.100 **16**

**解説** ア・イ （2）行目でiを0から増加させているので，配列の添字は0から始まると考えられる。その場合，最終要素の添字は，(要素数−1)となる。よって， ア は(要素数(Kansen)−1)， イ は Kansen[i] となる。

ウ 平均値を求める最後の三つの要素の添字は，(要素数(Kansen)−3)，(要素数(Kansen)−2)，(要素数(Kansen)−1)である。よって， ウ は⓪となる。

エ 3日間の平均感染者数の算出式は，⑧または⑨のどちらかであると推測される。（4）行目で，添字として使われているiが0から始まっていることから，i=0のときに(Kansen[0]+Kansen[1] Kansen[2])/3となる⑧が答えとなることがわかる。

次に，Aさんは，7日間の平均感染者数の推移もグラフにしようと考え，まず，七つの数値の平均値を求める関数「平均7」を作成した。関数の引数は複数の数値が入った配列 Hairetsu と，平均を求める七つの要素の開始位置の添字 start，戻り値は平均値を整数にした値とした。start は，配列の先頭要素を指定する場合は0を指定する。

```
(6) 関数平均7(Hairetsu, start)の定義:
(7)   syoukei = オ
(8)   iを0から カ まで1ずつ増やしながら繰り返す:
(9)   syoukei = syoukei + Hairetsu[start + キ]
(10)   戻り値(四捨五入(syoukei/ ク))
(11) iを0から要素数(ケ) − 7 まで1ずつ増やしながら繰り返す:
(12)   棒表示("@", 平均7(コ , サ))
```
図2 7日間の感染者数の推移を表すグラフを表示する手続き

オ ～ サ の解答群
⓪ 0　① 1　② 6　③ 7　④ start
⑤ i　⑥ Hairetsu　⑦ Kansen　⑧ syoukei

**問題文 Check**
❶「7日間の平均感染者数を求める必要がある」と読み取れる。
❷「添字 start から キ だけ位置をずらしながら syoukei に Hairetsu の要素の値を加算している」と読み取れる。
❸「平均7( コ , サ )の戻り値の値(個数)分 "@" を表示する」と読み取れる。

**解答** オ ⓪　カ ②　キ ⑤　ク ③
ケ ⑦　コ ⑦　サ ⑤

**解説** オ ～ ク （6）～（10）行は，関数「平均7()」の定義部分である。引数として渡された配列について，同じく引数として渡された添字の位置から7個分の要素を繰り返し処理の中で順番に加算しながら合計を求めている。（10）行目で，合計を7で割って平均を求め，四捨五入した値を戻り値として呼び出し元に返している。

ケ ～ サ （11）～（12）行は，範囲をずらしながら7日間平均を求めてグラフ表示を行う処理で，関数「平均7()」を繰り返し呼び出している。平均を求める対象範囲の開始位置は，添字0から始まり，(要素数(Kansen)−7)までとなる。範囲をそれ以上後ろにずらすと，存在しない要素にアクセスすることとなり，参照エラーが発生する。

なお，Kansen は，（1）行目で値を実際に代入した配列である。一方，関数「平均7()」で使われている Hairetsu は，引数として渡された配列を指し示すもので，常に Kansen を指すとは限らない。
```

最後に，Aさんは，30日間の感染者数について，最大値と平均値を表示するよう，図1の手続きを修正した。まず，(1)行目の直後に，最大値を表す変数 saidai と，合計値を表す変数 goukei に，ともに ｜シ｜ を代入する行を追加した。値の算出に必要な手続きは，(2)行目と(3)行目の間に図3(A)～(C)のように記述した。最後に(5)行目の直後に，最大値として saidai，平均値として goukei/｜ス｜ を表示する手続きを追加した。さらに中央値を表示したい場合，Kansen の要素を昇順または降順に並べ替え，｜セ｜番目と ｜セ｜+1番目の要素の平均値を表示する手続きとなる。

```
(2) iを0から ｜ア｜ まで1ずつ増やしながら繰り返す：
(A)     もし Kansen[i] ｜ソ｜ saidai ならば：
(B)         saidai = Kansen[｜タ｜]
(C)     goukei = ｜チ｜ + Kansen[i]
(3) 棒表示("@", ｜イ｜ )
```
図3 代表値を表示するための手続き(図1に挿入)

―｜シ｜～｜チ｜の解答群――
⓪ 0 ① 15 ② 要素数(Kansen) ③ i ④ i + 1
⑤ saidai ⑥ goukei ⑦ == ⑧ > ⑨ <

問題文 Check
❶saidai の初期値と goukei の初期値をそれぞれ代入する必要があるが，「結果的に同じ値を代入することになる」と読み取れる。
❷中央値の定義を思い出す。
❸条件式なので，「解答群の中では「=」「>」「<」のいずれかが入る」と読み取れる。

解答 ｜シ｜ ⓪ ｜ス｜ ② ｜セ｜ ① ｜ソ｜ ⑧
｜タ｜ ③ ｜チ｜ ⑥

解説 ｜シ｜ 最大値 saidai を求めるには，繰り返し処理前に，saidai に小さな値を設定しておき，繰り返し処理の中で比較しながら最大値を更新していく。「小さな値」は，最大値になり得ない値であれば何でもよいが，解答群の中では0しかない。合計値 goukei を求めるには，繰り返し処理前に goukei を0で初期化しておき，繰り返し処理の中で加算処理を行う流れとなる。よって，ともに0を代入する処理となる。

｜ス｜ 30日間の平均値を求めるので，｜ス｜には30が入るが解答群にない。30は「要素数(Kansen)」を指していることから，②が解答となる。

｜セ｜ 中央値とは，複数の要素を小さい順(昇順)，または大きい順(降順)に並べ替えた並びの中央にくる要素を指す。中央に要素がない場合は，その前後の要素の平均となる。配列 Kansen は要素数が30なので，15番目と16番目の要素の平均をとればよい。

｜ソ｜・｜タ｜ Kansen の各要素と saidai とを比較し，Kansen の各要素のほうが大きい場合はその値で saidai を上書きする。

｜チ｜ 合計値 goukei を求める処理なので，繰り返し処理の中で，goukei に Kansen[i] を加算して再度 goukei に代入する。

---

19 〈プログラミング2〉 次の文章を読み，後の問い(問1～2)に答えよ。
正の整数値を漢数字で表示する手順を考えよう。例えば，表1の漢数字表示欄に示すように値を表示する。

表1 漢数字表示の例

値(算用数字で表記)	漢数字表示
123456789	一億二千三百四十五万六千七百八十九
11023	一万千二十三
5023	五千二十三
3105	三千百五
2345	二千三百四十五
2000	二千
1211	千二百十一
223	二百二十三

問1 次の文章の空欄 ｜ア｜～｜エ｜ に入れるのに最も適当なものを下の解答群のうちから一つずつ選べ。
まず，一万未満の数を漢数字表示することを考える。与えられた数の千の位，百の位，十の位，一の位の順に，一桁ずつ処理をする。
・5023の百の位のように，数字が0の桁では，｜ア｜。
・1211のように1が含まれる場合，数字が1の桁では，一の位ならば，「一」を表示する。それ以外の位ならば，｜イ｜。
・2345の各桁のように，数字が2以上の場合，一の位ならば，｜ウ｜。それ以外の位ならば，｜エ｜。

―｜ア｜～｜エ｜の解答群――
⓪ 何も表示しない ① 「一」を表示する ② 「千」を表示する
③ その桁の数字のみを漢字で表示する ④ その桁の数字と位を表す文字を漢字で表示する
⑤ その桁の位を表す文字のみを漢字で表示する❶ ⑥ 前の桁と同じ数字を漢字で表示する

問題文 Check
❶「「その桁の数字」と「その桁の位を表す文字」を組み合わせて漢字で表示する」と読み取れる。

解答 ｜ア｜ ⓪ ｜イ｜ ⑤ ｜ウ｜ ③ ｜エ｜ ④

関連問題
p.93 例題2, p.95 **10**

解説 **ア** 5023 は五千二十三となる。数字が 0 の桁，つまり百の桁は，⓪「何も表示しない」。

イ 1211 は千二百十一となる。数字が 1 となっている桁で一の位以外，つまり，千の桁と十の桁は，⑤「その桁の位を表す文字のみを漢字で表示する」。

ウ・エ 2345 は二千三百四十五となる。一の位は，③「その桁の数字のみを漢字で表示する」。それ以外の位は，④「その桁の数字と位を表す文字を漢字で表示する」。

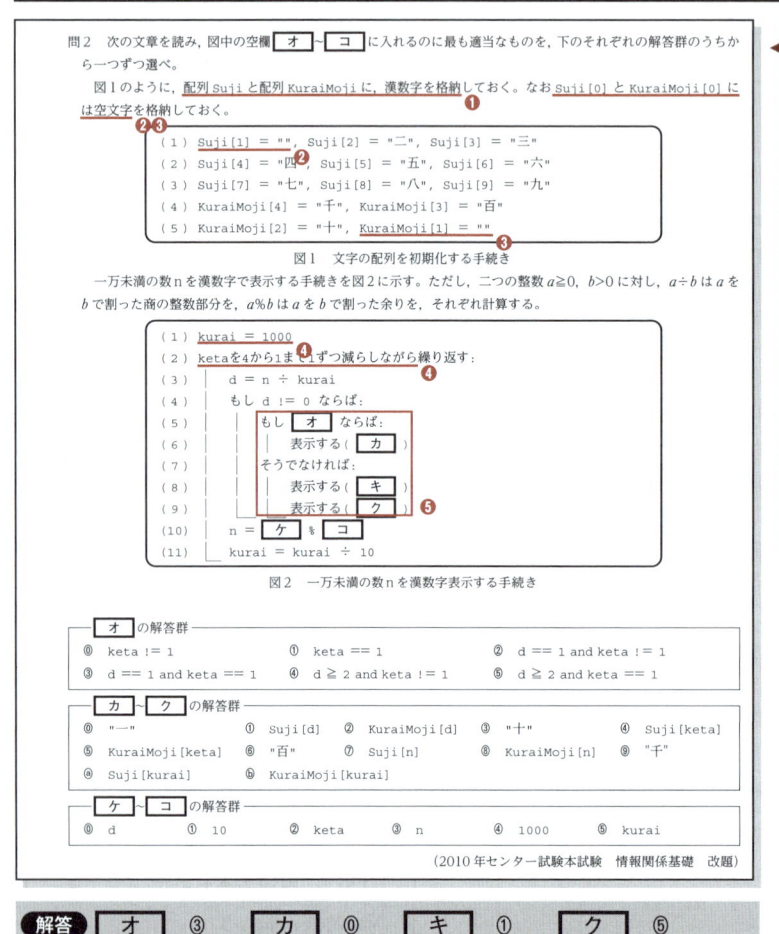

問2 次の文章を読み，図中の空欄 オ ～ コ に入れるのに最も適当なものを，下のそれぞれの解答群のうちから一つずつ選べ。

図1のように，配列 Suji と配列 KuraiMoji に，漢数字を格納しておく。なお Suji[0] と KuraiMoji[0] には空文字を格納しておく。❶❷❸

```
(1) Suji[1] = "", Suji[2] = "二", Suji[3] = "三"
(2) Suji[4] = "四", Suji[5] = "五", Suji[6] = "六"
(3) Suji[7] = "七", Suji[8] = "八", Suji[9] = "九"
(4) KuraiMoji[4] = "千", KuraiMoji[3] = "百"
(5) KuraiMoji[2] = "十", KuraiMoji[1] = ""
```
図1 文字の配列を初期化する手続き

一万未満の数nを漢数字で表示する手続きを図2に示す。ただし，二つの整数 $a≧0$，$b>0$ に対し，$a÷b$ は a を b で割った商の整数部分を，$a\%b$ は a を b で割った余りを，それぞれ計算する。

```
(1)  kurai = 1000
(2)  ketaを4から1まで1ずつ減らしながら繰り返す: ❹
(3)  │ d = n ÷ kurai
(4)  │ もし d != 0 ならば:
(5)  │ │ もし オ ならば:
(6)  │ │ │ 表示する( カ )
(7)  │ │ そうでなければ:
(8)  │ │ │ 表示する( キ )
(9)  │ │ │ 表示する( ク ) ❺
(10) │ n = ケ % コ
(11) │ kurai = kurai ÷ 10
```
図2 一万未満の数nを漢数字表示する手続き

オ の解答群
⓪ keta != 1　　① keta == 1　　② d == 1 and keta != 1
③ d == 1 and keta == 1　　④ d ≧ 2 and keta != 1　　⑤ d ≧ 2 and keta == 1

カ ～ ク の解答群
⓪ "一"　　① Suji[d]　　② KuraiMoji[d]　　③ "十"　　④ Suji[keta]
⑤ KuraiMoji[keta]　　⑥ "百"　　⑦ Suji[n]　　⑧ KuraiMoji[n]　　⑨ "千"
ⓐ Suji[kurai]　　ⓑ KuraiMoji[kurai]

ケ ～ コ の解答群
⓪ d　　① 10　　② keta　　③ n　　④ 1000　　⑤ kurai

(2010 年センター試験本試験　情報関係基礎　改題)

問題文 Check

❶「問1で考えた「その桁の数字」が配列 Suji に，「その桁の位を表す文字」が配列 KuraiMoji に格納されている」と読み取れる。

❷「Suji[1] に "一" を格納せず，空文字とすることで，"一" の表示処理を工夫している」と推測できる。

❸「KuraiMoji[1] に "一" を格納せず，空文字とすることで，一の位の表示処理を工夫している」と推測できる。

❹「千の位，つまり 4 桁から順に桁を小さくしている」と読み取れる。

❺「分岐は二つ」，つまり，「表示のパターンは二つに分類される」と読み取れる。

解答 オ ③　カ ⓪　キ ①　ク ⑤
ケ ③　コ ⑤

解説 まず，図2の手続きについて整理しておく。

・(2)～(11)行の繰り返し処理は4回行われ，keta は，4，3，2，1と変化する
・(1)行目の kurai は，初期値 1000，(11)行目で繰り返し割り算が行われ，100，10，1となる
・(3)行目の d は，(3)，(10)，(11)行により，繰り返し処理内で "その桁の数字" が代入される
・(5)～(9)行の分岐は二つ，つまり，表示処理を2パターンに分類している

オ・カ・キ・ク (5)～(9)行の分岐処理を考えるため，問1で解答した漢字表記の条件を整理したものが次の表である。

条件		表示
"その桁の数字" が 1	一の位	"その桁の数字" つまり "一" のみを表示
	一の位以外	"位を表す文字" のみを表示
"その桁の数字" が 1 以外	一の位	"その桁の数字" を表示
	一の位以外	"その桁の数字" と "位を表す文字" を表示

　ここで，問題となるのは，この表では，表示パターンが四つに分類されているのに対し，図 2 の表示処理は二分岐，つまり二つのパターンしかないことである。この表の四つのパターンを，二つにまとめる必要がある。この表を，図 2 の手続きと見比べやすいよう，手続きの変数や配列を使って書き直したものが下の表である。

条件		表示	
d=1	keta=1	"一" を表示	…(i)
	keta≠1	KuraiMoji[keta] のみを表示	…(ii)
d≠1	keta=1	Suji[d] を表示	…(iii)
	keta≠1	Suji[d] と KuraiMoji[keta] を表示	…(iv)

　表示内容の多い(iv)で，ほかのパターンを置き換えることができないか検討するため，4 パターンともに(iv)で置き換え，d＝1，keta＝1 を代入した状態で上の表を書き換えたものが下の表である。

　ここで，この四つの分岐処理を二つにまとめる鍵となるのは，Suji[1]＝""，KuraiMoji[1]＝"" の空文字である。網掛けで示した部分が空文字となるため，(ii)(iii)(iv)はすべて同じ(iv)の表示に統一することができる。(i)だけは，何も表示されない状態になるため，ほかのパターンとまとめることができない。

条件		表示	
d=1	keta=1	Suji[1] と KuraiMoji[1] を表示	→ 表示なし → ×
	keta≠1	Suji[1] と KuraiMoji[keta] を表示	→ KuraiMoji[keta] を表示
d≠1	keta=1	Suji[d] と KuraiMoji[1] を表示	→ Suji[d] を表示
	keta≠1	Suji[d] と KuraiMoji[keta] を表示	→ Suji[d] と KuraiMoji[keta] を表示

　以上のことから，(i)の d＝1 かつ keta＝1（→ オ ）と，それ以外の二分岐となることがわかる。また，(6)行目の カ は "一" そのものの表示，(8)(9)行目の キ ・ ク はそれぞれ，Suji[d] と KuraiMoji[keta] の表示となる。

ケ ・ コ 　千の位から順に，"その桁の数字" d を求めていく具体例を考えるとよい。例えば，3562 の場合，下に示すように，n，kurai，d，次回の n の値が更新されていくことがわかる。よって， ケ は n， コ は kurai となる。

【繰り返し処理1回目】　3562 ÷ 1000 = 3　　3562 % 1000 = 562
【繰り返し処理2回目】　 562 ÷ 100 = 5　　 562 % 100 = 62
【繰り返し処理3回目】　 62 ÷   10 = 6　　 62 %   10 =   2
【繰り返し処理4回目】　 2 ÷   1 = 2　　 2 %   1 =   0
　　　　　　　　　　　　 (n)　(kurai) (d)　　 (n)　(kurai) (次回のn)

p.142　(4)情報通信ネットワークとデータの活用

20 〈URLと暗号方式〉 次の記述a～bの空欄 ア ～ ス に入れるのに最も適当な語句を，それぞれの解答群から一つずつ選べ。ただし，同一の解答群からは重複して選択しても構わない。

a　Webページにアクセスするときの URL として次の例を考える。

（例）　http://www.example.ne.jp/foo/bar.html
　　　　　(1)　　　　(2)　　　　　　(3)

下線部(1)は http か https を指定する。https の場合は通信が ア される。下線部(2)は イ のドメイン名である。また，下線部(3)は表示したい ウ である。次の図1はドメイン名の階層を示しており，階層は右から，トップレベル，第2レベルというように呼ばれる。トップレベルのjpは エ を表しており，第2レベルとトップレベルの組み合わせが ac.jp や co.jp のとき，第2レベルは オ を表している。ドメイン名と IP アドレスの対応は カ で管理されている。

```
　www　.　example　.　ne　.　jp
第4レベル　第3レベル　第2レベル　トップレベル
```
図1　ドメイン名の階層

ア ～ ウ の解答群
⓪ Webサーバ　① Webブラウザ　② クライアント　③ フォルダ名　④ ファイル名
⑤ フィールド名　⑥ プロバイダ名　⑦ プロトコル　⑧ 暗号化　⑨ 匿名化

エ・オ の解答群
⓪ 部や課のような部署　① 国名　② 大学や企業のような組織種別　③ 個別のコンピュータ
④ 大学名や企業名のような具体的な組織名　⑤ 使用言語

カ の解答群
⓪ DNSサーバ　① FTPサーバ　② Webサーバ　③ SMTPサーバ　④ DHCPサーバ

問題文 Check

❶インターネット上のデータやサービスの場所を特定するものである。
❷DNS（Domain Name System）によってIPアドレスとドメイン名を相互に変換するサーバである。
❸FTP（File Transfer Protocol）を使用し，ファイルの送受信を行うサーバである。
❹クライアントに対し，Webページのデータを提供するサーバである。
❺SMTP（Simple Mail Transfer Protocol）を使用し，メールの中継を行うサーバである。
❻DHCP（Dynamic Host Configuration Protocol）を使用し，クライアントにIPアドレスなどの設定情報を送信するサーバである。

▶関連問題
p.53 例題1, p.56 **6**, p.59 例題5, p.61 **15**, p.71 **41**

解答
| ア | ⑧ | イ | ⓪ | ウ | ④ |
| エ | ① | オ | ② | カ | ⓪ |

解説

ア　URL の先頭の http は「Hyper Text Transfer Protocol」の略で，Webページを表示させるための通信手順（プロトコル）を表し，その通信の内容は暗号化されていない。一方，https は「HTTP Secure」の略で，http と同様に Web ページを表示させるための通信手順を表しているが，通信の内容が暗号化されている点で http とは異なる。

イ　下線部(2)はドメイン名と呼ばれるものであり，インターネット上の住所がこれに該当する。問題文にある「www.example.ne.jp」は，Webページのデータが格納されている Web サーバが，インターネット上のどこにあるかを表している。

ウ　下線部(2)のドメイン名以降は，Webサーバ内のどのフォルダのどのファイルが Web ページのデータに該当するかを表すものである。問題文にある URL の場合，「www.example.ne.jp」という名前の Web サーバにある「foo」というフォルダの「bar.html」というファイルが，Webページのデータを表している。

エ　トップレベルは TLD（Top Level Domain）とも呼ばれ，gTLD（generic TLD）と ccTLD（country code TLD）の2種類に分類される。前者の gTLD は，例えば「com」や「net」，「org」などの汎用的に使用できる TLD が該当する。一方，後者の ccTLD は，例えば「jp」（日本）や「cn」（中国），「uk」（イギリス）などの特定の国に依存する TLD が該当する。問題文の「jp」は ccTLD であり，日本（Japan）を表している。

オ　TLD の左にあるのは第2レベルドメインや SLD（Second Level Domain）と呼ばれ，組織種別を表している。例えば，「co」は企業，「or」は非営利法人，「ne」はネットワークサービス業者，「ac」は大学，「ed」は小・中・高等学校，「go」は政府機関，「lg」は地方自治体などを表している。

カ　インターネットやネットワーク上でパケットを送受信するためには，宛先と送信元に IP アドレスを使用する必要がある。しかし，IP アドレス（v4）は32桁の0と1の羅列であり，ドット付き10進表記に直しても，例えば「13.114.134.203」のように人間には覚えづらい。そのため，IP アドレスではなくドメイン名でアクセスを可能にし，それらを相互に変換する仕組みが DNS（Domain Name System）である。また，DNS によって IP アドレスとドメイン名の相互変換を行うコンピュータを DNS サーバという。

b 情報通信における暗号の方式には キ 暗号方式と ク 暗号方式の2種類がある。 キ 暗号方式では，暗号化と復号に ケ を使用し，鍵は送信者と受信者だけの秘密にする必要がある。一方， ク 暗号方式では，暗号化と復号に異なる鍵を用いて，送信者は コ の サ で暗号化し，受信者は シ の ス で復号する。

── キ ・ ケ ・ サ ・ ス の解答群 ──
⓪ 秘密鍵　　① 共通鍵　　② 公開鍵　　③ 暗号鍵　　④ 復号鍵

── コ ・ シ の解答群 ──
⓪ 送信者　　① 受信者　　② 第三者

(2019年　大学入試センター試験　本試験　情報関係基礎　改題)

問題文 Check

❶元のデータ(平文)を一定の規則(鍵)を使用して暗号文に置き換えることを暗号化という。

❷暗号文を一定の規則(鍵)を使用して元のデータ(平文)に戻すことを復号という。

解答 キ ① 　ク ② 　ケ ① 　コ ①
サ ② 　シ ① 　ス ⓪

関連問題
p.69 例題15, p.70 35

解説 キ ・ ケ 　共通鍵暗号方式では，送信者と受信者で同じ鍵である共通鍵を使用する。データを送受信する際には，送信者は送信者の共通鍵でデータを暗号化して送信し，受信者は受信者の共通鍵でデータを復号する。仕組みが単純であるため高速に暗号化と復号を処理することができるが，安全に共通鍵を相手に渡すことができないという問題を抱えている。

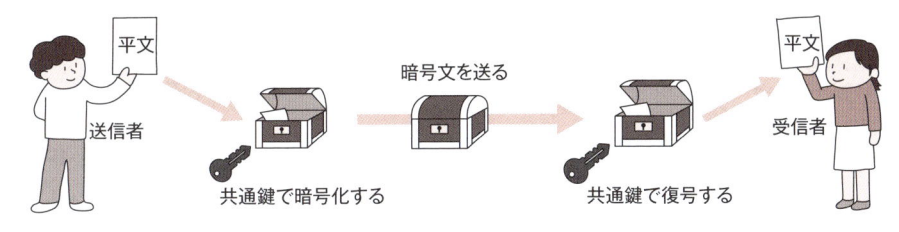

ク ・ コ ・ サ ・ シ ・ ス 　公開鍵暗号方式では，送信者と受信者で別の鍵である公開鍵と秘密鍵を使用する。データを送受信する際には，送信者は受信者の公開鍵でデータを暗号化して送信し，受信者は受信者の秘密鍵でデータを復号する。公開鍵暗号方式では，共通鍵暗号方式のように事前に鍵を交換する必要はないが，仕組みが複雑であるため，暗号化と復号の処理に時間がかかるというデメリットがある。

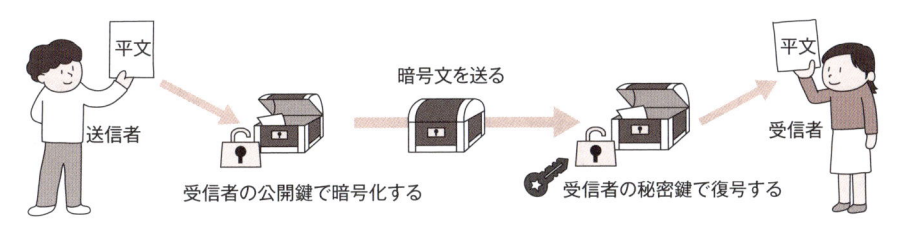

そこで，共通鍵の受け渡しには公開鍵暗号方式を使用し，その後は共通鍵暗号方式でデータの送受信を行うというハイブリッド暗号方式が実際の暗号化通信では使用されている。例えば，Webページではハイブリッド暗号方式である SSL/TLS (Secure Sockets Layer/Transport Layer Security) が用いられることが多い。WebページのURLが「https://」で始まっている場合，SSL/TLSによる暗号化通信が行われている。

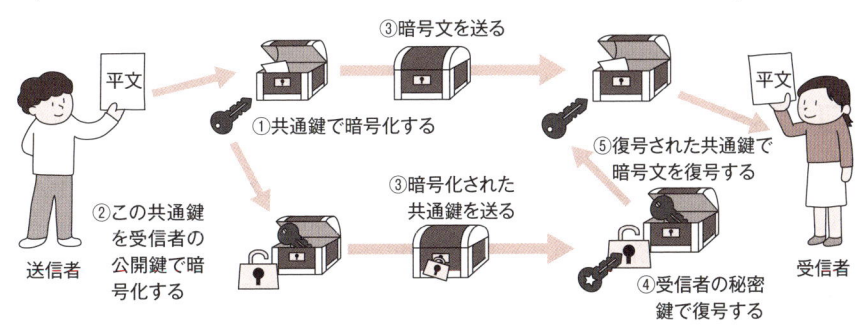

(4)情報通信ネットワークとデータの活用

21 〈IPアドレスとネットワークアドレス〉 次の先生と生徒(A君)の会話文を読み,空欄 アイ ～ ツテト に当てはまる数字を答えよ。

A君:先生,今読んでいるネットワークの本の中に 192.168.1.3/24 という記述があったのですが,IPアドレスの後ろに付いている「/24」は何を意味しているのですか?

先生:それは,ネットワーク部のビット数のことだね。

A君:ネットワーク部ってなんですか?

先生: アイ ビットで構成されるIPv4方式のIPアドレスでは,ネットワーク部によって所属するネットワークを判別することができるんだ。例えばIPアドレス 192.168.1.3/24 の場合,ネットワーク部のビット数は24で,IPアドレスを2進法で表したときの最上位ビットから24ビットまでがネットワーク部という意味だ。図で表すと次のようになり,ホスト部を0にしたものをネットワークアドレスと呼び,192.168.1.0/24 と表すんだ。

```
        IPアドレス 192.168.1.3/24
        11000000.10101000.00000001.00000011
        ╰─────────────────────────╯ ╰──────╯
              24ビット                ホスト部
             ネットワーク部

        11000000.10101000.00000001.00000000
        ネットワークアドレス→192.168.1.0/24    ╰──────╯
                                          すべて0
```

A君:上位24ビットがネットワーク部なんですね。じゃあ,ここに書いてあるホスト部ってなんですか?

先生:それは,このネットワークに接続するコンピュータなどに割り当てる固有の番号のことだよ。

A君:この場合は,ホスト部が00000011なので,10進数でいうと ウ が固有の番号ということですか?

先生:その通りだ。 エ ビットで表される数のうち,0にしたものはネットワークアドレスとして使用されるし,すべてのビットが1である オカキ は管理目的で使用するため,このネットワークにはホスト部として1〜254までの合計254台のネットワーク機器を割り当てることができるんだ。この考え方でいくと,ネットワーク部のビット数を変更することで,同じアドレスでもネットワークの規模を変えることができるんだよ。例えば,192.168.1.3/ クケ が割り当てられているコンピュータが接続するネットワークには,何台のネットワーク機器が接続できるかな?

A君:0とすべてのビットを1にしたものが利用できないから,256×256−2 で 65,534 台ですか。

先生:そうだね。一見同じようなアドレスでもネットワークの規模が異なることになるね。では,172.16.129.1 と 172.16.160.1 が同じネットワークに属していると考えると,ネットワーク部のビット数は最大何ビットにすることができるかな?

A君:2進法で表して最上位ビットから同じところまでだから,最大 コサ ビットということですね。あと,そのネットワークのネットワークアドレスは 172.16. シセ .0 ということですか?

先生:よく理解できたようだね。では,そのネットワークにおいて,ネットワーク機器に割り当てることができる最大のIPアドレスはわかるかな?

A君:えーと,ちょっと計算するので待ってくださいね…。できました,172.16. ソタチ . ツテト で合っていますか?

先生:素晴らしい,これでIPアドレスのネットワーク部とホスト部の考え方はばっちりだね。

(2021年 大学入学共通テスト「情報」サンプル問題 改題)

問題文 Check

❶ 32ビットで構成されるIPアドレスをIPv4と呼ぶ。IPv4でIPアドレスを付与できるコンピュータの台数は $2^{32} = 4,294,967,296$ で約43億台となっている。しかし近年,インターネットやIoT端末の急速な普及により,IPv4の43億のIPアドレスではアドレス数が足りなくなった。

そこで,新たに128ビットのアドレス空間をもつIPアドレスが誕生した。この128ビットのIPアドレスは,IPv4と区別するためにIPv6と呼ばれる。また,IPv6の128ビット (2^{128}) は約340澗(1澗は100京×100京)のIPアドレスを表現できるため,ほぼ無限に近い数のIPアドレスをコンピュータに付与することができる。

次に,IPv4とIPv6の表記の違いについて示す。

2進数で表記	11000000 10101000 00000000 01100101
10進数で表記	192.168.0.101

IPv4の表記

2進数で表記	00100000000001 0000110110111000〜0000000000000000
16進数で表記	2001:0db8:0000:3456:308c:0000:0000:0000
(省略後)	2001:db8:0:3456:308c::

IPv6の表記

解答

アイ	32	ウ	3	エ	8	オカキ	255
クケ	16	コサ	18	シセ	128		
ソタチ	191	ツテト	254				

関連問題

p.54 例題3, p.55 **3**, p.56 **7**

解説

アイ IPv4アドレスは32ビット,IPv6アドレスは128ビットで構成される。

ウ ホスト部の 00000011₍₂₎ は10進数で表すと3であるため,192.168.1.3 が固有の番号となる。

エ IPアドレス 192.168.1.3/24 のホスト部は,32−24=8ビットである。

オカキ ホスト部がすべて1のIPアドレス(この場合は192.168.1.255)がブロードキャストアドレスと呼ばれ,ネットワークに属するすべてのホスト(コンピュータ)にパケットを送信する場面で使用される。

クケ その後の文章でA君が「256×256−2で65,534台」といっていることから,ホスト部には16ビット(8ビット+8ビット)が割り当てられていることがわかる。なお,「−2台」としているのは,ホスト部がすべて0のネットワークアドレスと,ホスト部がすべて1のブロードキャストアドレスを除いているためである。

コサ・シセ 172.16.129.1 を2進数で表すと <u>10101100.00010000.10</u>000001.00000001,一方の 172.16.160.1 を2進数で表すと <u>10101100.00010000.10</u>100000.00000001 となる。両者の左側から一致している下線部18ビットがネットワーク部となる。また,下線部より右側(ホスト部)をすべて0にしたものがネットワークアドレスであるため,<u>10101100.00010000.10</u>000000.00000000,つまり 172.16.128.0 となる。

ソタチ・ツテト 172.16.128.0 のネットワーク内のコンピュータに割り当てることのできるIPアドレスの範囲は 172.16.128.1〜172.16.191.254 である(ホスト部がすべて0と1のIPアドレスは含まない)。

22 〈ネットワークの障害〉 次の先生と生徒(T君)の会話文を読み，空欄 ア ～ オ に当てはまる最も適当なものを，それぞれの解答群から一つずつ選べ。ただし， イ ・ ウ ・ エ は解答の順序は問わない。

T君：先生，さっき視聴覚室にあるパソコンからインターネットに接続しようとしたのですが，上手くいきませんでした。何が原因でしょうか？
先生：ネットワークやインターネットにつながらない場合，まずはケーブルやネットワーク機器などのハードウェアからチェックするんだ。これは，TCP/IPモデルでいうところの ア のチェックに該当するよ。
T君：まずは物理的な故障を疑うわけですね。具体的に，どのようにしてチェックを行うのですか？
先生：そうだね。じゃあ一緒にネットワークの障害箇所を調べてみよう。まず，どの範囲のパソコンやネットワーク機器から応答があるのか，疎通確認してみるよ。

この後，視聴覚室のパソコンから五つの宛先に対して疎通確認を行ったところ，下の表の結果になった。また，学校のネットワーク構成図は右の図の通りである。

表 視聴覚室のパソコンからの疎通結果

宛先	IPアドレス	疎通結果
ルータ	192.168.1.1	応答なし
サーバ	192.168.1.11	応答なし
アクセスポイント(1年1組教室)	192.168.1.31	応答なし
パソコン(視聴覚室)	192.168.1.61	応答あり
パソコン(コンピュータ室)	192.168.1.101	応答あり

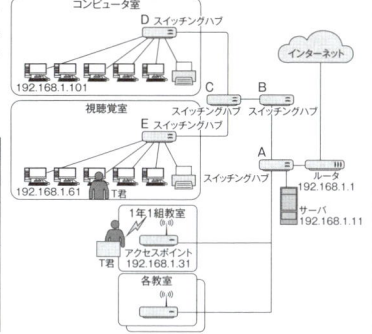

図 学校のネットワーク構成図

T君：同じ視聴覚室のパソコンと，コンピュータ室のパソコンから応答がありました。つまり，少なくとも イ ， ウ ， エ は故障していないということになりますね。
先生：その通りだね。ただし，この状態では残りのどの機器が故障しているかわからないから，1年1組の教室に移動して，タブレット端末からアクセスポイントを経由してルータとサーバに疎通確認してみよう。

この後，タブレット端末からアクセスポイントを経由してルータとサーバに疎通確認を行ったところ，ルータとサーバの両方から応答があった。そのため，T君と先生は オ がネットワーク障害の原因だと判断し，これを予備の機器に交換したところ，視聴覚室のパソコンから無事にインターネットに接続することができた。

─ ア の解答群 ─
⓪ ネットワークインタフェース層　① インターネット層　② トランスポート層
③ アプリケーション層

─ イ ～ オ の解答群 ─
⓪ ルータ　① スイッチングハブA　② スイッチングハブB　③ スイッチングハブC
④ スイッチングハブD　⑤ スイッチングハブE　⑥ アクセスポイント

解答 ア ⓪　　イ・ウ・エ ③・④・⑤（順不同）　オ ②

解説 ア TCP/IPモデルの4層のうち，ケーブルやコネクタ，電気信号など物理的な取り決めがされている層は，第1層のネットワークインターフェース層である。

イ・ウ・エ 同じ視聴覚室のパソコンと，コンピュータ室のパソコンから応答があったということは，その範囲のネットワーク（右の図の赤枠内）は問題なく通信ができている。また，コンピュータ室内はスイッチングハブD，視聴覚室内はスイッチングハブE，さらにコンピュータ室と視聴覚室はスイッチングハブCでつながっているため，これら三つのスイッチングハブは少なくとも故障していないことがわかる。

オ 1年1組の教室のアクセスポイントからサーバおよびルータにつながったということは，その範囲のネットワーク（右の図の黒枠内）は問題なく通信ができている。そのため，赤枠と黒枠のネットワークをつないでいるスイッチングハブBが故障している可能性が高いと考えられる。

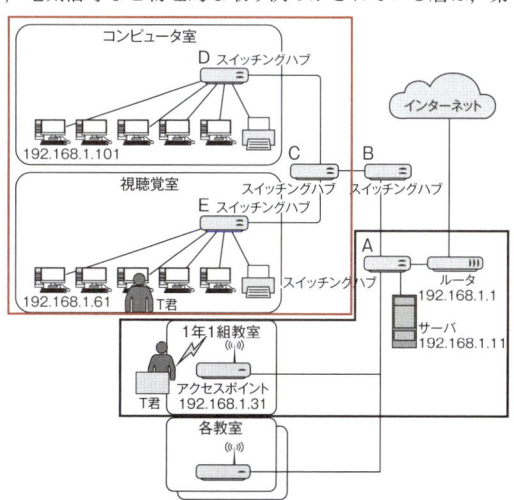

問題文 Check

❶ TCP/IPモデルは，ネットワーク上で通信を行うためのプロトコル群を，機能的な観点から次の四つの階層に分類したものである。
第4層：アプリケーション層
第3層：トランスポート層
第2層：インターネット層
第1層：ネットワーク
　　　　インターフェース層

❷ 疎通確認では，一般的にpingというコマンドを用いて相手の端末に対してパケットを送信し，そのパケットに対して相手から返答があるかどうかを確認する。
　次の図は，pingによる疎通確認が成功した例である。

```
C:\>ping 192.168.0.1
192.168.1.1 に ping を送信しています 32 バイトのデータ
192.168.1.1 からの応答: バイト数=32 時間=1ms TTL=64 ← 1ミリ秒で応答がある
192.168.1.1 からの応答: バイト数=32 時間=1ms TTL=64
```

一方，次の図は，pingによる疎通確認が失敗した例である。

```
192.168.0.1 からの応答: 宛先ホストに到達できません。
```

❸ アクセスポイントは，無線LAN端末の電波を送受信し，ネットワークにつなぐための機器である。商業施設などにある「フリーWi-Fiスポット」（無料で接続可能）と呼ばれるものもアクセスポイントに該当する。

▶ 関連問題
p.54 例題3，4, p.55 **3**，
4，**5**，p.56〜57 **7**，
10，**11**

(4)情報通信ネットワークとデータの活用　153

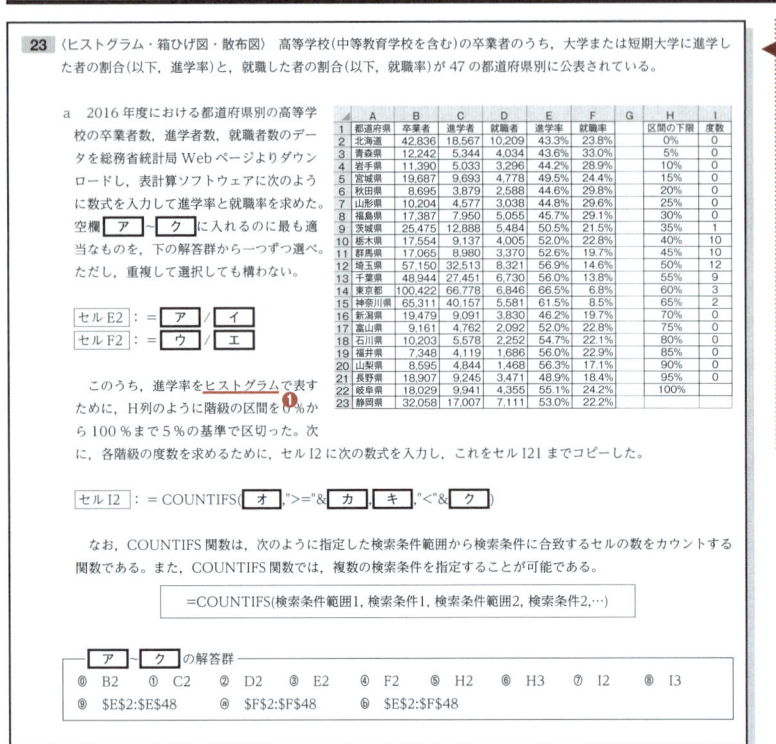

23 〈ヒストグラム・箱ひげ図・散布図〉 高等学校(中等教育学校を含む)の卒業者のうち，大学または短期大学に進学した者の割合(以下，進学率)と，就職した者の割合(以下，就職率)が 47 の都道府県別に公表されている。

a　2016 年度における都道府県別の高等学校の卒業者数，進学者数，就職者数のデータを総務省統計局 Web ページよりダウンロードし，表計算ソフトウェアに次のように数式を入力して進学率と就職率を求めた。空欄 ア ～ ク に入れるのに最も適当なものを，下の解答群から一つずつ選べ。ただし，重複して選択しても構わない。

セル E2：= ア ／ イ
セル F2：= ウ ／ エ

このうち，進学率をヒストグラムで表すために，H 列のように階級の区間を 0 %❶ から 100 %まで 5 %の基準で区切った。次に，各階級の度数を求めるために，セル I2 に次の数式を入力し，これをセル I21 までコピーした。

セル I2：= COUNTIFS(オ ,">="& カ , キ ,"<"& ク)

なお，COUNTIFS 関数は，次のように指定した検索条件範囲から検索条件に合致するセルの数をカウントする関数である。また，COUNTIFS 関数では，複数の検索条件を指定することが可能である。

=COUNTIFS(検索条件範囲1, 検索条件1, 検索条件範囲2, 検索条件2,…)

― ア ～ ク の解答群 ―
⓪ B2　① C2　② D2　③ E2　④ F2　⑤ H2　⑥ H3　⑦ I2　⑧ I3
⑨ $E$2:$E$48　ⓐ $F$2:$F$48　ⓑ $E$2:$F$48

問題文 Check

❶ヒストグラムは，データの値または階級ごとにデータ数(度数)を整理した度数分布表(下の図)を，棒グラフで表したものである。

	A	B
1	階級	度数
2	35%-40%	1
3	40%-45%	10
4	45%-50%	10
5	50%-55%	12
6	55%-60%	9
7	60%-65%	3
8	65%-70%	2

度数分布表の例

解答

ア	①	イ	⓪	ウ	②	エ	⓪
オ	⑨	カ	⑤	キ	⑨	ク	⑥

関連問題
p.77 例題 4，p.87 **21**

解説

ア・イ 進学率は「進学者数÷卒業者数」で表されるため，セル E2 には「=C2/B2」が入る。

ウ・エ 就職率は「就職者数÷卒業者数」で表されるため，セル F2 には「=D2/B2」が入る。

オ・カ・キ・ク ヒストグラムにおける各階級の区間は，一般的に区間の小さい側の数値を含み，大きい側の数値を含まない。例えば，表計算ソフトウェアの「区間の下限」が 40 %の「度数」欄に入る数値は，40 %以上 45 %未満の値となる。そのため，セル I2 には 0 %以上 5 %未満の検索条件を入れればよいため，入力する数式は「=COUNTIFS($E$2:$E$48,">="&H2, $E$2:$E$48,"<"&H3)」となる。

次に，1列に求めた各階級の度数を使用して，図1のようにヒストグラムを作成した。なお，ヒストグラムの各階級の区間は，左側の数値を含み，右側の数値を含まない。さらに，都道府県別の就職率のデータを使用して，図2のように箱ひげ図を作成した。❶

次の ケ に当てはまるものを，後の解答群のうちから一つ選べ。

2016年度における都道府県別の進学率（横軸）と就職率（縦軸）の散布図は ケ である。❷

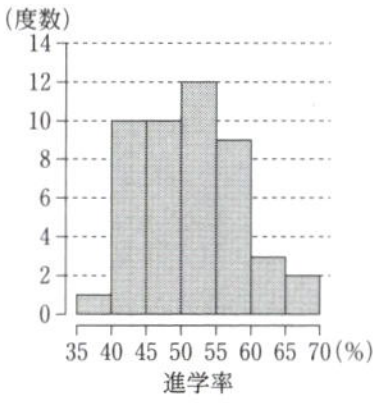

図1　2016年度における進学率のヒストグラム

図2　2016年度における就職率の箱ひげ図

ケ の解答群

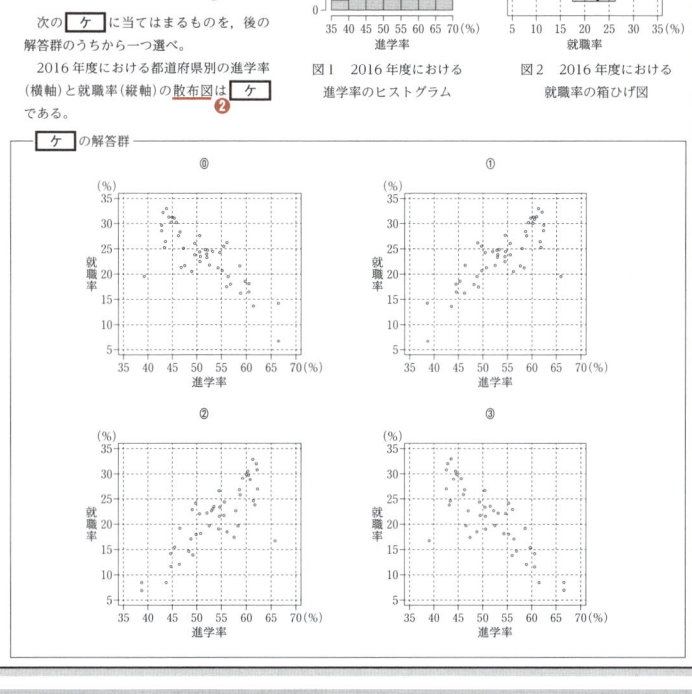

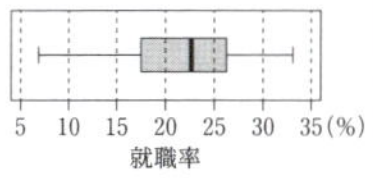

⓪　①　②　③

問題文 Check

❶ 箱ひげ図は，データの分布の様子を「箱」と「ひげ」で表したグラフであり，データの散らばりを把握しやすい。

❷ 散布図は，二つの変量の関係を座標平面上の点で表したグラフである。

関連問題

p.77 例題4, 5, p.78 **7**, **8**, p.79 **11**, **12**

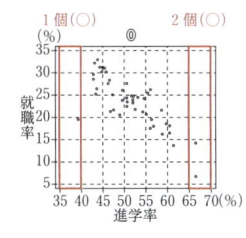

解答 ケ ③

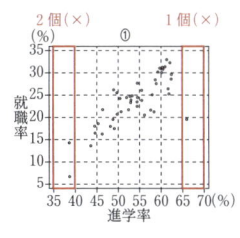

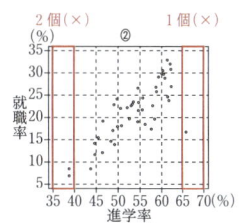

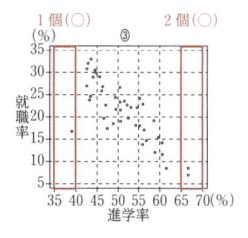

解説 ケ 進学率を表したヒストグラムと，就職率を表した箱ひげ図を基に適切な散布図を選択する。ヒストグラムからは，35－40％の区間に一つ，65－70％の区間には二つのデータが該当していることがわかる。これを踏まえると，散布図の選択肢は次のように⓪か③に絞ることができる。

| ⓪ 1個(○) 2個(○) | ① 2個(×) 1個(×) | ② 2個(×) 1個(×) | ③ 1個(○) 2個(○) |

選択肢⓪と③の散布図は，いずれも負の相関で似たような形状であるため，ヒストグラムからはどちらが正解か判断が付きにくい。そこで，次に箱ひげ図の最小値から第1四分位数までの範囲（左側のひげ）に着目する。この範囲には，全体(47個)の1/4のデータが含まれるため，約12個のデータが該当していると考えられる。そこで，次のように就職率（縦軸）の7％から17.5％あたりの範囲のデータの個数を数える。

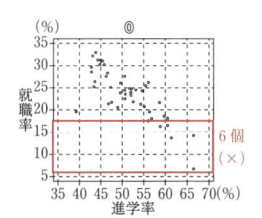

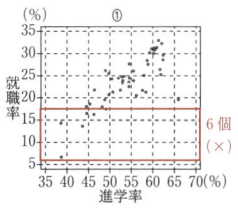

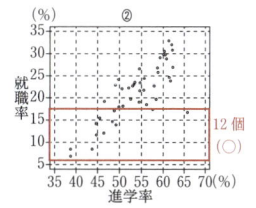

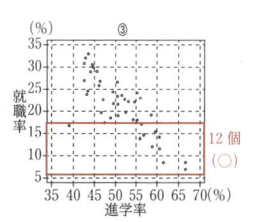

| ⓪ 6個(×) | ① 6個(×) | ② 12個(○) | ③ 12個(○) |

就職率（縦軸）の7％から17.5％あたりの範囲のデータの個数が12個であった散布図は，上の図から②と③であることがわかる。以上の結果を踏まえると，適切な散布図は③であると考えられる。

b 図3は，1973年度から2018年度まで，5年ごとの10個の年度（それぞれを時点という）における都道府県別の進学率（上側）と就職率（下側）を箱ひげ図で表したものである。ただし，設問の都合で1993年度における箱ひげ図は表示していない。

次の コ に当てはまるものを，下の解答群のうちから一つ選べ。

図3から読み取れることとして，正しい記述は コ である。

コ の解答群
⓪ 1993年度を除く9時点すべてにおいて，進学率と就職率の中央値を合計すると，おおむね100％となる。
① 2003年度，2008年度，2013年度，2018年度の4時点すべてにおいて，就職率の左側のひげの長さと右側のひげの長さを比較すると，左側のほうが長い。
② 2003年度，2008年度，2013年度，2018年度の4時点すべてにおいて，就職率の四分位範囲は，それぞれの直前の時点より減少している。
③ 1993年度を除く時点ごとに進学率と就職率の四分位範囲を比較すると，つねに就職率のほうが大きい。
④ 就職率について，1993年度を除くどの時点においても最大値は最小値の2倍以上である。

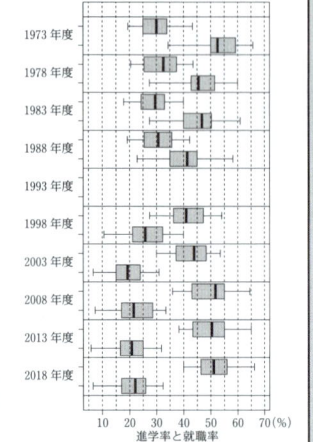

図3 進学率（上側）と就職率（下側）の箱ひげ図

▶問題文 Check
❶中央値は，データを小さい順に並べたとき，50％の位置にある値のことであり，第2四分位数ともいう。
❷四分位範囲は，第3四分位数から第1四分位数を引いた値のことであり，箱ひげ図における「箱」のデータがこれに該当する。

▶関連問題
p.77 例題4，p.78 **7**，p.79 **11**

解答 コ ①

解説 コ ⓪ 誤り。進学率と就職率の中央値（第2四分位数）を合計しても，いずれも70～80％程度にしかならない。
① 正しい。いずれも就職率においても左側のひげの長さは右側のひげの長さよりも長い。
② 誤り。例えば，2008年度の就職率の四分位範囲は直前（2003年度）の四分位範囲よりも増加している。
③ 誤り。例えば，1978年度の四分位範囲は就職率よりも進学率のほうが大きい。
④ 誤り。例えば，1973年度の就職率は最小値が約34％，最大値が約66％であり2倍以上とはなっていない。

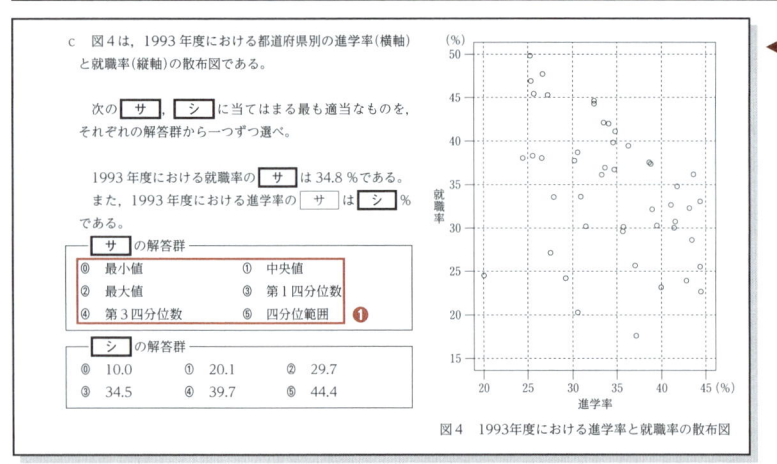

c 図4は，1993年度における都道府県別の進学率（横軸）と就職率（縦軸）の散布図である。

次の サ ， シ に当てはまる最も適当なものを，それぞれの解答群から一つずつ選べ。

1993年度における就職率の サ は 34.8 ％である。
また，1993年度における進学率の サ は シ ％である。

サ の解答群
⓪ 最小値　① 中央値
② 最大値　③ 第1四分位数
④ 第3四分位数　⑤ 四分位範囲

シ の解答群
⓪ 10.0　① 20.1　② 29.7
③ 34.5　④ 39.7　⑤ 44.4

図4 1993年度における進学率と就職率の散布図

▶問題文 Check
❶箱ひげ図における各値の意味は下の図を参照。

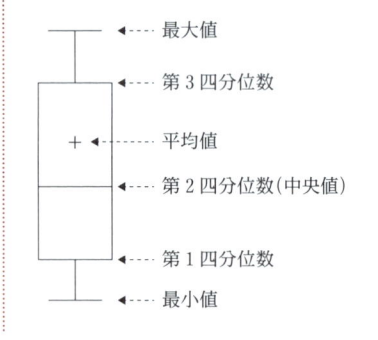

最大値
第3四分位数
平均値
第2四分位数（中央値）
第1四分位数
最小値

▶関連問題
p.77 例題4，5，p.78 **7**，**8**，p.79 **11**

解答 サ ① シ ③

解説 サ 散布図の就職率（縦軸）において，すべてのデータである47個のちょうど真ん中にあたる24個目のデータの位置を確認すると，おおむね34.8％の点が24個目のデータに該当していることがわかる。そのため，34.8％は①中央値（第2四分位数）であると考えられる。

シ 散布図の進学率（横軸）において，すべてのデータである47個のちょうど真ん中にあたる24個目のデータの位置を確認すると，おおむね34％付近の点が24個目のデータに該当していることがわかる。そのため選択肢のうち，これに最も近い③34.5％が中央値であると考えられる。

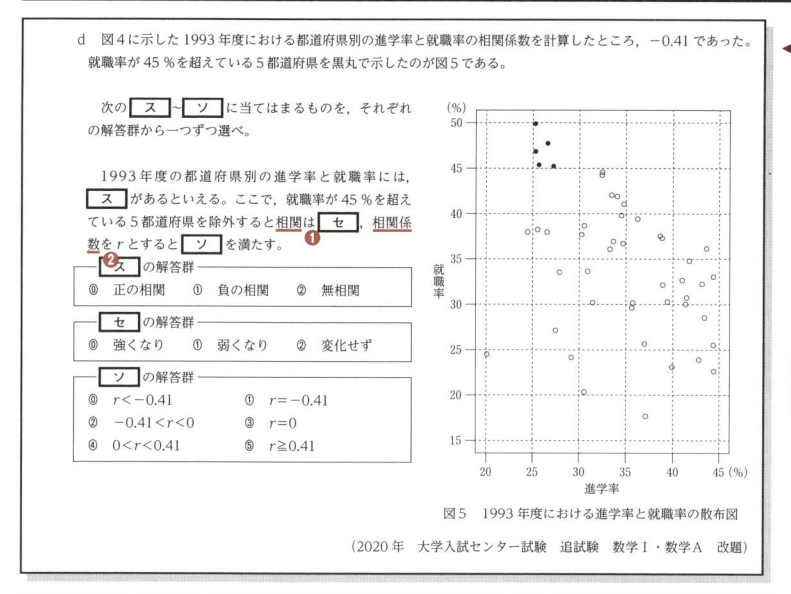

d 図4に示した1993年度における都道府県別の進学率と就職率の相関係数を計算したところ，-0.41であった。就職率が45％を超えている5都道府県を黒丸で示したのが図5である。

次の ス ～ ソ に当てはまるものを，それぞれの解答群から一つずつ選べ。

1993年度の都道府県別の進学率と就職率には，ス があるといえる。ここで，就職率が45％を超えている5都道府県を除外すると相関は セ ，相関係数をrとすると ソ を満たす。

ス の解答群
⓪ 正の相関　① 負の相関　② 無相関

セ の解答群
⓪ 強くなり　① 弱くなり　② 変化せず

ソ の解答群
⓪ $r < -0.41$　① $r = -0.41$
② $-0.41 < r < 0$　③ $r = 0$
④ $0 < r < 0.41$　⑤ $r \geq 0.41$

図5 1993年度における進学率と就職率の散布図

(2020年　大学入試センター試験　追試験　数学Ⅰ・数学A　改題)

問題文 Check

❶2種類のデータ間において，一方が増えると他方も増える関係を「正の相関」，一方が増えると他方は減る関係を「負の相関」，どちらの関係もない場合を「無相関」という。
また，「正の相関」の場合，散布図の点は右肩上がり，「負の相関」の場合，散布図の点は右肩下がりとなる。

❷相関係数は，二つの変量の直線的な関係性の強さを表す。一般的に相関係数は，-1以上1以下の値を取る。

▶関連問題

p.77 例題4, 5, p.78 **7**, **8**, p.79 **11**, **12**

解答　ス ①　セ ①　ソ ②

解説　ス　就職率あるいは進学率の一方が増加すると，もう一方が減少しているため，負の相関があるといえる。

セ・ソ　散布図の黒い五つの点は，負の相関を表す右下がりの直線上にほぼ位置していることから，これらの点を除外すると就職率と進学率の相関は弱くなると考えられる。ただし，負の相関であることには変わりがないため，相関係数rは-0.41から0の間にあると考えられる。

p.148 第1問

問1 定期演奏会の周知方法を考えるために，いくつかのグループに分かれてブレーンストーミングを行うことにした。ブレーンストーミングの特性および注意点として適当なものを下の解答群のうちから四つ選べ。ア～エ

ア～エの解答群
- ⓪ アイデアの質より量を重視する。
- ① アイデアの量より質を重視する。
- ② 堅実で現実的な考えより自由奔放なアイデアを歓迎する。
- ③ 自由奔放なアイデアより堅実で現実的な考えを歓迎する。
- ④ 人のアイデアを合わせたり，変化させたりして新たなアイデアを出す。
- ⑤ 自分のアイデアだけで考える。
- ⑥ できるだけ早く結論を出すようにする。
- ⑦ 急いで結論を出すことは避ける。

問題文 Check
❶ ここでは定期演奏会の周知方法を考えるためのアイデアを出す方法として行う。
❷ ブレーンストーミングという手法がもつ長所や欠点のこと。
❸ ブレーンストーミングを行う上で注意することや，出たアイデアを扱う上で注意すること。

ベストフィット
ブレーンストーミングでは，アイデアを出しにくくする要素を排除する。

解答 ア・イ・ウ・エ　⓪・②・④・⑦　（順不同）

解説 ア～エ
- ⓪ 正しい。質より量を重視することで，たくさんのアイデアが出る。
- ① 誤り。量より質を重視すると，アイデアを出しづらくなる。
- ② 正しい。「堅実で現実的」という枠を取り払うことでアイデアがたくさん出る。
- ③ 誤り。「堅実で現実的」な枠の中では，限られたアイデアしか出ない。
- ④ 正しい。人のアイデアを使うことで，アイデアがどんどんふくらむ。
- ⑤ 誤り。「自分」という枠の中でしか考えられない。
- ⑥ 誤り。ブレーンストーミングでは結論を出さない。
- ⑦ 正しい。時間に余裕があるとアイデアが出やすい。

ブレーンストーミングは多くのアイデアを出し，それを組み合わせることも可能な手法であるが，出てきたアイデアの質についての保証はない。状況に応じてほかの手法と使い分けることが必要であり，解決に結び付けるには，出てきたアイデアを整理したり選択したりするといった手順も必要である。そのための方法としてはKJ法などがある。

問2 ブレーンストーミングの結果，周知方法について複数のアイデアが出た。これを無料のものと有料のものに分類し，有料のものについてさらに検討した。検討内容として適当でないものを下の解答群のうちから三つ選べ。 オ ～ キ

有料：ポスター，チラシ，Webサイト
無料：口コミ，SNS，告知(フリーペーパー❶，雑誌，テレビ，ラジオなど)

	印刷料・維持費	対象
ポスター	1,000円／枚	ポスターを目にした人
チラシ	5円／枚	チラシを手にした人
Webサイト	6,000円／年	Webサイトを目にした人

── オ ～ キ の解答群 ──
⓪ ポスターは1枚あたりの印刷料は高いが，多くの人が目にする可能性がある。
① チラシは，場所やタイミングを限定して配布することができる。
② Webサイトは，広域に向けた広報より地元に密着した広報に優れている。
③ ポスターとチラシを用途に応じて組み合わせていくとよい。
④ ポスターやチラシに二次元コード❸を掲載し，Webサイトに案内するとよい。
⑤ 告知は無料でできるが，原稿の作成に手間がかかるのでやめたほうがよい。
⑥ 口コミは生徒だけに限定したほうが，素早く多くの人に伝わる。
⑦ SNSは，インフルエンサー❹と呼ばれる影響力の強い人に広報をお願いするとよい。

【解答】 オ・カ・キ ②・⑤・⑥ （順不同）

【解説】 オ～キ
⓪ 正しい。ポスターは，そこを通る人すべてが目にする可能性がある。
① 正しい。チラシは配布場所と時間帯を限定することができる。
② 誤り。Webサイトは基本的にワールドワイドである。
③ 正しい。ポスターは手元に残らないが，それを見た多くの人に情報を届けられる。チラシは手元に残り，受け取った人と家族や友人などに情報を届けられる。
④ 正しい。ポスターやチラシの補足情報，動画や音声などをWebサイトで伝えることができる。
⑤ 誤り。これは吹奏楽部の定期演奏会の広報なので分担して取り組むことができ，ある程度手間はかかっても効果が見込めるものであれば行う。
⑥ 誤り。口コミはあらゆるつながりを利用して広めるほうがよい。
⑦ 正しい。その地域にフォロワーが多い人，フォロワーが多くいる人が定期演奏会の情報を紹介すると，一度に多くの人に伝わる。一般にフォロワーは，伝えられた情報を好意的に受け取る。

同じ情報を複数のメディアで流すことによって，より多くの人に情報を伝えることができ，複数のメディアを組み合わせて使うことにより，詳しい情報や動画，音声などを伝えることが可能になる。

問題文 Check

❶ 複数のWebページが格納されているエリア。オンラインでページを編集したり，閲覧者の指示でページを自動生成したりする機能をもつものもある。
❷ 所定の用紙，あるいは登録ページに必要事項を書き込むと，イベントの内容などを無料で案内してくれる。
❸ スマートフォンのカメラなどで読み込むことにより，URLなどが得られる。
❹ 多くのフォロワーをもつ人のこと。フォロワーが多いほど影響力が強い。

ベストフィット

メディアの使用は，特性，コスト，影響力を考える必要がある。

問3 演奏曲についての著作権の許諾申請について最も適当なものを下の解答群のうちから一つ選べ。 ク

ク の解答群
⓪ 学校の部活動で行う定期演奏会であるから，授業の一部であり申請はいらない。
① 学校の部活動で行う定期演奏会は授業であり学校教育であるから支払う著作権料は正規の半額でよい。
② プログラムに記載された曲のみ申請が必要である。
③ アンコールを含めてすべての曲の申請が必要である。
④ 謝金を支払う演奏者を招いた曲のみ申請が必要である。

問題文 Check
❶著作権法第35条により，授業の過程における利用については，条件を満たせば許諾を取ることなく公開された著作物の利用が可能である。

ベストフィット
学校教育において著作権の例外が認められるのは授業の過程における使用だけである。

解答 ク ③

解説 ク
⓪ 誤り。吹奏楽部の定期演奏会は授業ではない。
① 誤り。学校教育であっても，授業以外では著作権料の例外は認められない。
② 誤り。プログラムに記載されていない曲であっても，演奏すれば著作権料の支払いは必要である。
③ 正しい。定期演奏会は有料で開催されるので，演奏する曲にはすべて著作権料の支払いが必要である。
④ 誤り。③と同様だが，定期演奏会が無料で開催される場合は，④は正しい。

問4 演奏会終了後にアンケートを実施したところ以下の結果を得た。これについて，来年度に向けての改善事項として適当でないものを下の解答群のうちから二つ選べ。 ケ ・ コ

チケット購入の決め手となったもの（単位：人）

ポスター	チラシ	Webサイト	口コミ	SNS	告知
300	200	600	500	300	100

・ポスターの印刷費用は6万円，チラシの印刷費用は2万円であった
・なお，Webサイトの年間維持費は6千円である
・Webページの作成は生徒が行うので費用はかからない

ケ ・ コ の解答群
⓪ ポスターよりチラシのほうが費用対効果比が高いので，チラシを強化するべきである。
① チラシよりポスターのほうが費用対効果比が高いので，ポスターを強化するべきである。
② Webサイトは特に費用対効果比が高いので，Webサイトの年間維持費を増額するべきである。
③ Webサイトは日常から情報発信し，吹奏楽部の活動周知をはかるとよい。
④ SNS，ポスター，チラシとWebサイトを連携させるとよい。

※ここでいう費用対効果比は，来場者1人あたりの広報費用とする。

問題文 Check
❶ポスターの掲示に関する費用などは，ここには書かれていないので考慮しない。
❷チラシの配布費などは，ここには書かれていないので考慮しない。
❸多少Webページが増えてもWebサイトの年間維持費は変わらない。

ベストフィット
改善のためには，それぞれの方法を費用対効果比といったような一本の評価軸で比較することが有効である。

解答 ケ ・ コ ① ・ ② （順不同）

解説 ケ ・ コ
⓪ 正しい。ポスターは60000÷300＝200円/人，チラシは20000÷200＝100円/人。費用対効果比はチラシのほうが大きい。
① 誤り。⓪の理由による。
② 誤り。6000÷600＝10円/人で費用対効果比は高い。Webサイトの年間維持費は通常変わらない。
③ 正しい。日常から活動周知を図ることによって，定期演奏会の来場者増が期待できる。
④ 正しい。同じ情報を複数のメディアで発信することにより，多くの人に伝えることができる。ポスターに二次元コードを掲載し，Webサイトで動画を提供するなど，メディアどうしの連携は有効である。

問5 この演奏会では，次回の演奏会の案内を送付するために，来場者に住所，氏名，年齢，電子メールアドレスなどを登録するサイトへのリンクをチケットの裏にお願いとともに印刷しておいた。これについて，適当であると考えられるものを下の解答群のうちから三つ選べ。 サ ～ ス 。

── サ ～ ス の解答群 ──
⓪ 主催者がアンケートサイトのデータをダウンロードできるパスワードは，忘れてはいけないので，できるだけシンプルなものにする必要がある。
① 主催者がアンケートサイトのデータをダウンロードできるパスワードは，大文字・小文字，数字，記号などを混ぜた複雑なものにしたほうがよい。
② チケットの裏には，収集する個人情報の使用目的を明記しておく必要がある。
③ チケットの裏には，個人情報を収集するお願いを丁寧に書かなければいけないが，使用目的まで明記する必要はない。
④ 収集した個人情報は，法律に従った取扱いが必要である。
⑤ 教育機関であるから，収集した個人情報については，法律に従った取扱いからは除外される。

問題文 Check
❶住所，氏名，生年月日，性別は個人情報の中でも特に重要で基本四情報と呼ばれる。
❷「個人情報の保護に関する法律」のこと。個人情報の取り扱いに関する国や公共団体の責務等と事業者の遵守すべき義務等を定めたもの。

ベストフィット
個人情報は目的を明示して収集し，法律に従った取扱いが必要である。

解答 サ ・ シ ・ ス　①・②・④（順不同）

解説 サ ～ ス
⓪ 誤り。個人情報の漏洩を防ぐには，複雑なパスワードの設定が必要である。
① 正しい。個人情報の漏洩を防ぐには，複雑なパスワードの設定が必要である。
② 正しい。個人情報を収集する際は，使用目的の明示が必要である。
③ 誤り。個人情報を収集する際は，使用目的の明示が必要である。
④ 正しい。個人情報の取り扱いについては「個人情報の保護に関する法律」に定められている。
⑤ 誤り。「個人情報の保護に関する法律」には教育機関を例外とする規定はない。

問6 演奏会終了後に何人かの来場者にアンケートを行うとともに，写真を撮影し，会場の様子とともに後日に吹奏楽部のWebサイトに掲載しようと計画している。その際，適当でないものを下の解答群のうちから三つ選べ。 セ ～ タ 。

── セ ～ タ の解答群 ──
⓪ 来場者の写真には肖像権がある。Webサイトに掲載する場合は，個人が特定できる写真については，肖像権の使用許可を取っておく必要がある。
① 高校生や中学生が来場者である場合でも，写真をWebサイトに掲載する際の許可は本人のものだけでよい。
② 吹奏楽部の部員の演奏の様子をWebサイトに掲載する場合は，肖像権の使用について特に必要な手続きはない。
③ 吹奏楽部顧問の写真をWebサイトに掲載する場合は，本人の肖像権の使用許可は必要ない。
④ 会場の様子を撮影したものをWebサイトに掲載する場合，個人が特定できないような写真であれば，来場者の肖像権の使用許可は必要ない。
⑤ 吹奏楽部員の日常の生活を収録する際，商店街を歩いているときの映像にお店のBGMが付随的に収録されてしまった。これを動画サイトで発信する際は，BGMの著作権処理は不要である。

問題文 Check
❶許可なく自己の容貌などを撮影され，これを公表されたり利用されたりすることがないよう主張できる権利。法律で明文化された権利ではない。
❷他人の作品を使うために許可を申請したり，補償金を支払ったりするなど，必要な手続きを行うこと。

ベストフィット
他人のものを使用する際は，許可が必要である。

解答 セ ・ ソ ・ タ　①・②・③（順不同）

解説 セ ～ タ
⓪ 正しい。個人が特定できる場合は，肖像権の使用許可が必要である。
① 誤り。対象者が未成年の場合は，親権者の許可も必要である。
② 誤り。部員であっても許可は必要である。部員が未成年の場合は親権者の許可も必要である。
③ 誤り。顧問であっても許可は必要である。
④ 正しい。個人が特定できない場合は，肖像権の使用許可は不要である。
⑤ 正しい。著作権法第30条の2に規定される要件を満たしていれば著作権処理は不要である。

＜著作権法第30条の2の規定＞
・写真，オーディオ，ビデオの作品への写り込みであること
・写り込む著作物が，本来の撮影などの対象とする事物または音ではないこと
・写り込む著作物が，撮影などの対象とする事物などから分離困難であること
・軽微な構成部分であること
・著作権者の利益を不当に害さないこと

p.150 第2問

問1 市街地には，観光客や一般人がインターネットを使うために用いる<u>アクセスポイント</u>が設置されている場合がある。これを使用する際の注意点として適当なものを，次の⓪～⑤のうちから二つ選べ。 ア ・ イ

ア ・ イ の解答群
⓪ 悪意のある第三者が偽のアクセスポイントを設置して，使用する人の大切な情報を盗もうとしている可能性があるので，接続の際は注意する必要がある。
① 通信会社の名前が付いているアクセスポイントは安全が保障されているので，できるだけそのようなアクセスポイントを使うようにする。
② 市街地に設置されたアクセスポイントは，どのような場合でも使わないほうがよい。
③ アクセスポイントへの通信が暗号化されていれば，情報が盗聴される心配はない。
④ 通信が暗号化されていないアクセスポイントでは，<u>大切な情報は送らないほうがよい</u>。
⑤ 常に<u>モバイルルータ</u>を携帯して，これを使うようにすれば安全である。

問題文 Check

❶無料と有料のものがある。情報端末から無線LANを経由してインターネットにアクセスする。
❷個人情報やクレジットカードの番号など外部に漏洩したら困る情報。
❸携帯できる無線LANのルータ。携帯電話と同じ方式でインターネットに接続し，情報端末に無線LAN環境を提供することができる。

ベストフィット

無線LANの接続は適切な方法で暗号化されていることが必要である。

解答 ア ・ イ ⓪・④ （順不同）

解説 ア ・ イ ⓪は実際にそのような行為が行われている可能性がある。例えば喫茶店で接続する場合は，アクセスポイントの名称が店内に表示されているものと一致しているかなど確かめる必要がある。
④で通信が暗号化されていないということは，大声で秘密を叫んでいるのと同じことであるという認識が必要である。暗号化されていない通信は誰でも傍受できる。
①でアクセスポイントに通信会社の名前が付いていても何の保証にもならない。悪意の第三者は，自分のアクセスポイントに通信会社の名前を付けて相手を安心させようとしているかもしれない。
②で使ってはいけないアクセスポイントは，通信が暗号化されていないもの，暗号化の方式が古く安全ではないもの，悪意の第三者によって設置されたものである。
③の暗号化方式が古いものであれば，安全ではない可能性がある。
⑤でモバイルルータと情報端末の間の通信が暗号化されていなければ，安全ではない。

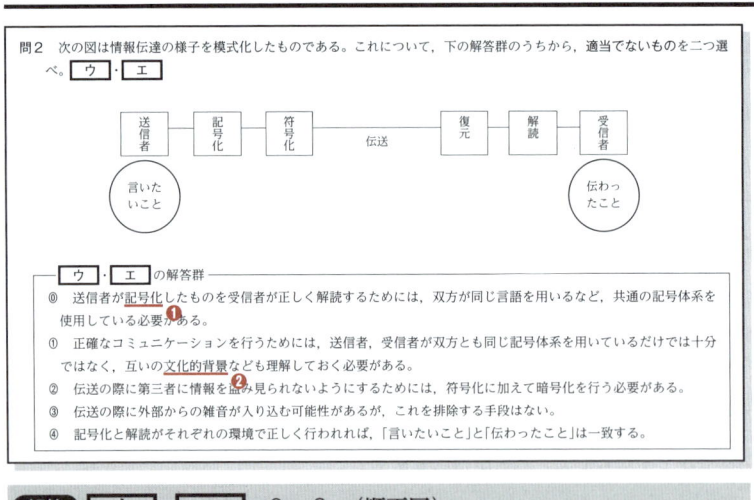

問2 次の図は情報伝達の様子を模式化したものである。これについて，下の解答群のうちから，適当でないものを二つ選べ。 ウ ・ エ

送信者 → 記号化 → 符号化 → 伝送 → 復元 → 解読 → 受信者
言いたいこと　　　　　　　　　　　　　　伝わったこと

ウ ・ エ の解答群
⓪ 送信者が<u>記号化</u>したものを受信者が正しく解読するためには，双方が同じ言語を用いるなど，共通の記号体系を使用している必要がある。
① 正確なコミュニケーションを行うためには，送信者，受信者が双方とも同じ記号体系を用いているだけでは十分ではなく，互いの<u>文化的背景</u>なども理解しておく必要がある。
② 伝送の際に第三者に情報を<u>盗み見られない</u>ようにするためには，符号化に加えて暗号化を行う必要がある。
③ 伝送の際に外部からの雑音が入り込む可能性があるが，これを排除する手段はない。
④ 記号化と解読がそれぞれの環境で正しく行われれば，「言いたいこと」と「伝わったこと」は一致する。

問題文 Check

❶言葉に表すなどである。
❷正確なコミュニケーションを取るためには，相手の言葉を理解するだけでなく，相手のもつ文化も考慮に入れて解釈する必要がある。

ベストフィット

同じ言語体系を用い，互いの文化的背景を理解することでコミュニケーションが成立する。

解答 ウ ・ エ ③・④ （順不同）

解説 ウ ・ エ ⓪ 正しい。正しく解読するための必要条件は同じ記号体系を使用していること。
① 正しい。正確なコミュニケーションのためには，⓪に加えて互いの文化的背景の理解が必要である。
② 正しい。暗号化を行うことで，伝送経路上で情報が漏洩しても解読することはできない。
③ 誤り。エラー訂正など，雑音による信号の変化を補正する手段はある。
④ 誤り。言葉が伝わっても，言いたいことが伝わるとは限らない。

問3 圧縮には，完全に元に戻せる可逆圧縮と，完全には元に戻せないが圧縮率を高くできる不可逆圧縮がある。適当なものを，次の⓪～⑤のうちから二つ選べ。 オ ・ カ 。

オ ・ カ の解答群
⓪ 文章は，大体の意味が伝わればよいので不可逆圧縮でよい。
① プログラムは，1文字違っても動かないので可逆圧縮でなければならない。
② ハイビジョンテレビの映像は，高精細な伝送が要求されるので不可逆圧縮を使うことはできない。
③ 音声であっても，極めて高い音質を要求される場合は可逆圧縮を使う場合がある。
④ 不可逆圧縮は，完全には元に戻さなくてもよいことが前提なので，無限に圧縮率を高めることができる。
⑤ 可逆圧縮は，完全に元に戻すことを優先するので，圧縮の方式によらず圧縮率は一定である。

問題文 Check

❶ 横1920×縦1080 または 横1440×縦1080 ピクセル，リフレッシュレート60 Hzの映像。

ベストフィット

可逆圧縮は内容が変わったら困るもの，不可逆圧縮はある程度内容が変わってもよいものに使う。

解答 オ ・ カ ① ・ ③ （順不同）

解説 オ ・ カ ①では，圧縮前のものと圧縮・解凍後のものが完全に一致する必要がある。③では，再現性を高めるために完全に元に戻せる圧縮方式を使う。⓪で，圧縮は文字単位で行うのではなく，0と1のみになったデータに対して行われる。それが完全に元に戻らないとなれば，0と1にする前の文字に戻すこともできない。②では，かなり高い不可逆圧縮が使われている。④において，不可逆圧縮といっても無限に圧縮率を高めることはできない。⑤で，可逆圧縮にもいくつかの方法があり，方法によって圧縮率は変わる。

問4 二次元コードはさまざまな用途で使われており，スマートフォンをかざすとURLが表示されてWebページにアクセスすることができる。また，多少汚れていても読み取ることができ，この性質を復元性という。URLなどの文字数が増えると，それにつれて二次元コードのサイズは大きくなり，同じ文字数であっても復元性を強くするためには冗長性が増すため，サイズが大きくなる。次の三種類の文字列について，それぞれ復元能力の異なる二次元コードを作成した。❶ 空欄に適する二次元コードを⓪～④からそれぞれ選べ。ただし，それぞれの二次元コードは1回のみ使用できるものとする。 キ ～ サ 。

表1 二次元コードを作成した文字列

I	https://www.mdjsuh.co.jp/
II	MDJSUH 株式会社　https://www.mdjsuh.co.jp/
III	MDJSUH 株式会社　京都府京都市仮想区夢桜町7-7　https://www.mdjsuh.co.jp/

表2 I～IIIの文字列から作成された二次元コード

二次元コード	I	II	III
復元能力 7%	キ	ク	33×33
復元能力 30%	ケ	コ	サ

キ ～ サ の解答群
⓪ 37×37　　① 33×33　　② 29×29　　③ 25×25　　④ 49×49

問題文 Check

❶ 二次元コードが汚れていても読み取ることができるようにするためには，汚れた部分のデータをほかの部分から再構成することができなければならない。このような誤り訂正機能を付けるためには，元のデータに誤り訂正のための余分なデータを付け加える必要がある。これを冗長性という。

ベストフィット

記録するデータ量（二次元コードの大きさ）は，元のデータが多いほど，また冗長性が増すほど大きくなる。

解答 キ ③　ク ②　ケ ①　コ ⓪　サ ④

解説 問題文には復元能力7%のIIIの二次元コードのみ表示されているので，すべてはこれとの比較で選ぶことになる。 キ ， ク の二次元コードはこれより小さく， キ ＜ ク となるので， キ は③， ク は②である。残りの二次元コードは⓪，①，④であり，その大きさは①＜⓪＜④である。 ケ ， コ ， サ は復元率が同じなので，その大きさは元データに比例する。
すなわち， ケ ＜ コ ＜ サ となるので ケ は①， コ は⓪， サ は④である。

問5 次の⓪〜④の説明は、Webサイトにおけるユーザビリティの向上またはアクセシビリティの向上について述べたものである。アクセシビリティの向上に関するものを三つ選べ。なお、アクセシビリティとは「ユーザが情報に問題なく到達し、利用可能かどうか」、ユーザビリティとは「ユーザにとって使いやすいかどうか」を意味するものとする。 シ 〜 セ

シ〜セの解答群
⓪ サイト内のコンテンツにリンク切れがあったので改善した。
① 入力フォームをより入力しやすいように改善した。
② サイト内のコンテンツに機種依存文字を使わないようにした。
③ 視覚障がいのある方が閲覧できるようにサイト内の画像に代替テキストを付けた。
④ Webサイトのナビゲーションを改善した。

問題文 Check
❶ リンク先のページがないなどの理由でページが表示されないこと。
❷ アンケートなどでユーザからの入力を受け付けるページ。
❸ ユーザがWebサイトのどこにいるのかがわかるようにしたもの。

ベストフィット
確保する順番はアクセシビリティ→ユーザビリティの順番である。

解答 シ・ス・セ ⓪・②・③ （順不同）

解説 シ〜セ
⓪ リンク切れは目的のページにたどり着けないので、アクセシビリティの向上に関するものである。
① この改善は使いやすさの向上に関係するので、ユーザビリティの向上に関するものである。
② 機種依存文字は、Webページを表示する情報端末やWebブラウザによっては文字化けを起こす可能性があり、情報がうまく伝わらないことがあるので、アクセシビリティの向上に関するものである。
③ 画像に代替テキストを付けることで、視覚障がいのある方にも音声読み上げソフトウェアによって情報を伝えることができるようにするための工夫なので、アクセシビリティの向上に関するものである。
④ ナビゲーションがあると使いやすいが、なくてもアクセスはできるので、ユーザビリティの向上に関するものである。

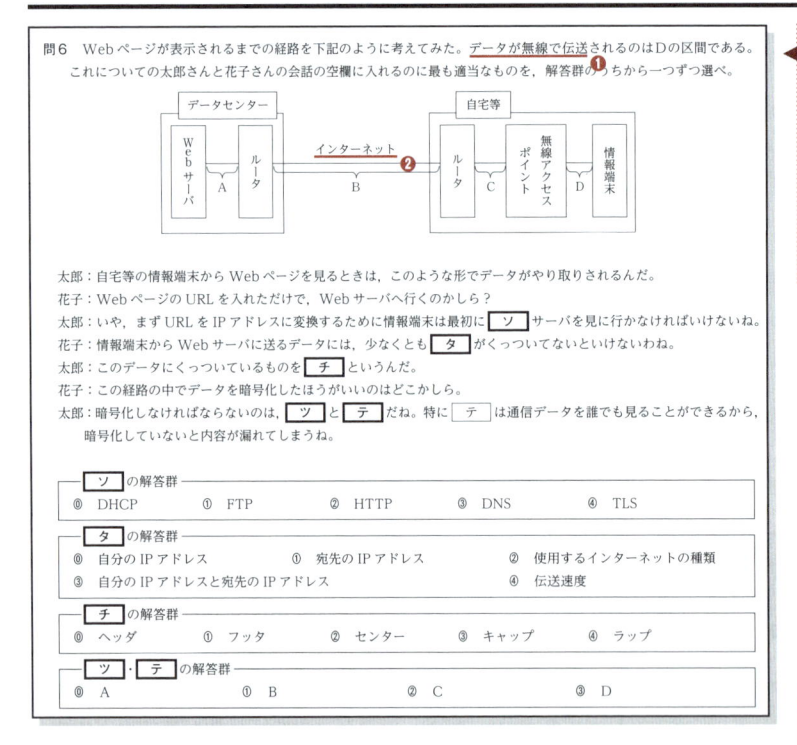

問6 Webページが表示されるまでの経路を下記のように考えてみた。データが無線で伝送されるのはDの区間である。これについての太郎さんと花子さんの会話の空欄に入れるのに最も適当なものを、解答群のうちから一つずつ選べ。

[図：データセンター（Webサーバ—A—ルータ）—B—インターネット—自宅等（ルータ—C—無線アクセスポイント—D—情報端末）]

太郎：自宅等の情報端末からWebページを見るときは、このような形でデータがやり取りされるんだ。
花子：WebページのURLを入れただけで、Webサーバへ行くのかしら？
太郎：いや、まずURLをIPアドレスに変換するために情報端末は最初に ソ サーバを見に行かなければいけないね。
花子：情報端末からWebサーバに送るデータには、少なくとも タ がくっついてないといけないわね。
太郎：このデータにくっついているものを チ というんだ。
花子：この経路の中でデータを暗号化したほうがいいのはどこかしら。
太郎：暗号化しなければならないのは、 ツ と テ だね。特に テ は通信データを誰でも見ることができるから、暗号化していないと内容が漏れてしまうね。

ソ の解答群
⓪ DHCP ① FTP ② HTTP ③ DNS ④ TLS

タ の解答群
⓪ 自分のIPアドレス ① 宛先のIPアドレス ② 使用するインターネットの種類
③ 自分のIPアドレスと宛先のIPアドレス ④ 伝送速度

チ の解答群
⓪ ヘッダ ① フッタ ② センター ③ キャップ ④ ラップ

ツ・テ の解答群
⓪ A ① B ② C ③ D

問題文 Check
❶ 無線通信は学校や家庭などで普通に使われているが、その電波は数十メートルは楽に届き、その範囲では通信データが誰にでも傍受できてしまう。
❷ 基本的にオープンなネットワークであり、通信が誰かに傍受される可能性は常にある。

解答 ソ ③ タ ③ チ ⓪
ツ ① テ ③

ベストフィット
通信データがほかの人から見られる可能性があるところでは、暗号化などのセキュリティが必要である。

解説 **ソ** インターネットではIPアドレスで宛先を特定する。URLが入力されると，それをIPアドレスに変換してくれるサーバ(DNSサーバ)に接続し，IPアドレスを入手する必要がある。

タ 宛先のIPアドレスがなければ宛先に届かない。自分のIPアドレスがなければ検索結果などが自分の情報端末に返ってこない。

チ チ の情報はそれぞれのパケット(小さな単位に分割されたデータ)に付加されている必要がある。この部分をヘッダという。

ツ インターネットは誰が見るかわからないので，データを暗号化する必要がある。

テ 無線通信は電波の届く範囲なら誰でも見ることができる。

```
[宛先] ←――――――― [自分の情報端末] ――URL――→ [DNSサーバ]
         パケット                    ←IPアドレス―
  ┌―――――――――――――――――┐
  │ 宛先と自分のIPアドレス等 │ データ │
  └―――――――――――――――――┘
         ヘッダ
```

問7 インターネット上を流れるデータは，パケットと呼ばれる小さな単位に分割されて送信されている。パケットごとに経由する経路が異なる可能性があるために相手方にパケットが順番に届くとは限らない。また，伝送途中でノイズが入るためにデータが破壊されたり，パケットが届かなかったりする場合もある。次の記述のうち，適当でないものを下の解答群のうちから二つ選べ。**ト**・**ナ**

ト・**ナ** の解答群
⓪ パケットには番号が付いており，受け取る側は，到着したパケットの順番が異なっても，これを正しい順番に並べ直して元のデータを復元することができる。
① パケットを送り出す側は，伝送途中でノイズなどがデータを書き変えたことが受け取る側にわかるような工夫を行っている。❶
② 受け取る側は，データが書き換えられていることがわかった場合は，前後のパケットからそれを訂正する。
③ 受け取る側は，パケットのデータが訂正できない場合，相手側に該当のパケットを再び送るよう指示する。
④ 伝送の際のエラーを考えなくてよい場合は，データをパケットに分けるより，パケットに分けずに連続して送ったほうがデータの伝送速度は速くなる。
⑤ デジタル式であっても，携帯電話の音声の伝送などは，パケットに分割されずに行われている。❷

問題文 Check
❶通信において伝送途中では，ノイズが入ることがある。
❷初期の携帯電話はアナログ式であり，割り当てられた周波数をいくつかに分割して接続していた。

ベストフィット
デジタル式では，基本的にパケット通信が用いられている。

解答 **ト**・**ナ** ②・⑤ (順不同)

解説 **ト**・**ナ** ⓪ 正しい。それぞれのパケットの伝送経路は異なるので，到着時間も一様ではない。元のデータにするにはこれを並べ替える必要がある。このためのプロトコルはTCPである。
① 正しい。パケットには，データが書き変わったことが検出できるパリティなどのデータが付加されている。ごく軽微なデータのエラーは，これで訂正することができる。
② 誤り。それぞれのパケットは独立しているので，前後のパケットからエラーを訂正することはない。
③ 正しい。データを受け取るときにエラー訂正ができない場合は，パケットの再送を指示する。これを行うためのプロトコルはTCPである。
④ 正しい。データをパケットに分けると，それぞれのパケットにヘッダという情報を付加する必要がある。パケットに分けなくてよければ，ヘッダの情報は，最初に1回送るだけなので効率がよい。
⑤ 誤り。携帯電話をデジタル式にすることで，パケット通信の採用が可能になり，従来に比べて飛躍的に多くのユーザが使えるようになった。

現在の携帯電話は，デジタル式になり，パケット通信方式が採用されたことによって回線の無駄を省くとともに，周波数の高い電波を複数使うことによって高速な通信を可能にしている。5Gなどは，データ通信の遅延も少なく，外科手術や建設用の機械の遠隔操作などにも用いられている。

p.153 第3問

問1 次の文章を読み、それに続く太郎くんと花子さんの会話の空欄に入れるのに最も適当なものを下の解答群のうちから一つずつ選べ。

色センサを一つ、出力の調整ができるモータを二つ内蔵したプログラム可能なロボットカーがある。このロボットカーのそれぞれの❶モータには車輪が接続され、その車輪とは別に、モータがつながっていない補助輪が付いている。図1のように進行方向に向かって右のモータを「モータA」、左のモータを「モータB」とする。

図1 ロボットカーの構成

太郎：先生から白いテーブルの上を黒いラインに沿って動くようなプログラムを作ろうといわれたんだけど、どうしたらよいだろう。最初は、色センサがライン上にくるようにロボットカーを置くということもいわれているよ。
花子：この色センサは検知範囲内の50％以上黒なら「黒」、50％に満たなければ「白」を検出結果として出力するよ。つまり、色センサが黒のときと、白のときの2通りの動作をさせることができるわね。
太郎：最初は、図2のように半円形のコースについて考えてみようか。
花子：色センサが黒を検知している間は前方に動いて、色センサが白を検知したら ア 動くようにすれば、何とかなりそうな気がするわね。

図2 半円形のコース

太郎：半円なら、これで何とかなりそうだね。でもこの方法だと、図3のようにS字になるとS字の後半はラインから外れてしまうね。
花子：黒のラインは結構太いから、発想を変えて色センサが黒を検知したら イ 動いて、色センサが白を検知したら ウ 動くようにすればいいんじゃないかしら。

図3 S字形のコース

── ア ～ ウ の解答群 ──
⓪ 前方に　　① 後方に　　② 左前方に　　③ 右前方に

問題文 Check
❶色を読み取ることができるセンサ。ここでは、白と黒の違いを判別する。

ベストフィット
計測・制御では実際にどう動くかをイメージすることが大切である。

解答 ア ③　　イ・ウ ②・③ （順不同）

解説 ア → 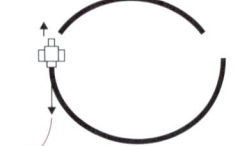
最初は黒のラインの上に色センサがのっている。
ロボットカーが前に動いていけば黒のラインから外れる。
黒のラインに戻すためには、右前方方向にロボットカーを向ければよい。

ところが、S字形のコースの後半に差し掛かり、
進行方向の右方向にロボットカーを向けると、
コースからさらに外れることになる。

イ・ウ 黒か白かの二つの状態の変化では、
2種類の動きしか作り出すことはできない。
2種類の動きでS字形のコースを走行させるには、黒のときはまっすぐではなく、常に左か右にコースをずれるようにして、
白になったら、黒のときの反対方向に動くようにする。
右の図は「黒」で左前方へ、「白」で右前方へ進むようにした場合で、このように常に首振りをすることになるが、これでS字形のコースをトレースできる。

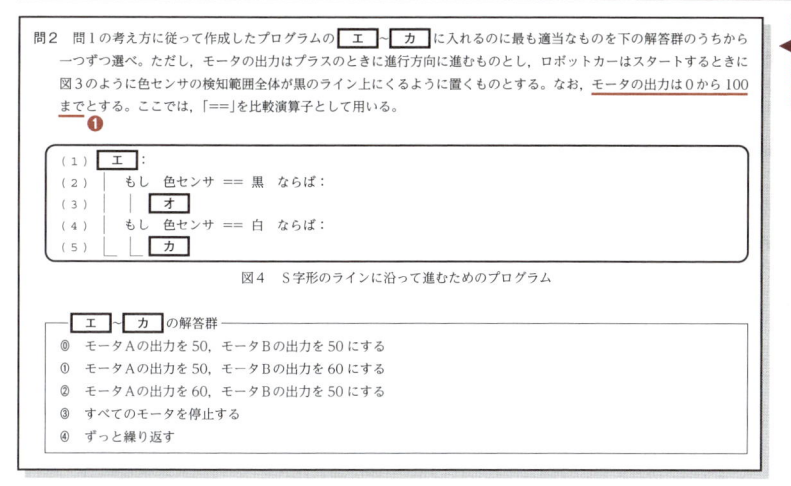

問2 問1の考え方に従って作成したプログラムの エ ～ カ に入れるのに最も適当なものを下の解答群のうちから一つずつ選べ。ただし、モータの出力はプラスのときに進行方向に進むものとし、ロボットカーはスタートするときに図3のように色センサの検知範囲全体が黒のライン上にくるように置くものとする。なお、モータの出力は0から100までとする。ここでは、「==」を比較演算子として用いる。❶

```
(1) エ
(2) 　もし 色センサ == 黒 ならば：
(3) 　　　オ
(4) 　もし 色センサ == 白 ならば：
(5) 　　　カ
```

図4　S字形のラインに沿って進むためのプログラム

── エ ～ カ の解答群 ──
⓪ モータAの出力を50，モータBの出力を50にする
① モータAの出力を50，モータBの出力を60にする
② モータAの出力を60，モータBの出力を50にする
③ すべてのモータを停止する
④ ずっと繰り返す

問題文 Check

❶ モータの出力は調整可能で、最小値が0，最大値が100ということである。

解答　エ ④　　オ・カ ① ・ ②
※ オ ・ カ の解答は問1の イ ・ ウ と対応
イ ・ ウ が②・③なら オ ・ カ は②・①，
イ ・ ウ が③・②なら オ ・ カ は①・②

ベストフィット

同じプログラムを実行し続けるときは、「ずっと繰り返す」が有効である。

解説　エ　黒のラインをずっとトレースするので、(1)行目「ずっと繰り返す」が入る。
　　　オ ・ カ　左のモータと右のモータの出力を等しくすると前に進む。また，一方のモータの出力だけを大きくすると、モータの出力の小さい側に曲がる。
　　　黒と白とで反対方向に曲がるようにするとよい。

問3　でき上がったプログラムでロボットカーを動かしてみた後の、太郎くんと花子さんの会話の空欄に入れるのに最も適当なものを下の解答群より選べ。

太郎：まあ、何とか動いてはいるけれど、こんなぎくしゃくした動きの車には誰も乗りたがらないね。
花子：なめらかに動くようにすればいいのよね。
太郎：モータAとモータBの出力を調整すればいいと思うよ。❶
花子：モータAとモータBの出力の差が キ なるようにすればどうかしら。
太郎：やってみよう。
花子：動きがなめらかになったわ。もっと調整すればさらになめらかになりそうね。

── キ の解答群 ──
⓪ 大きく　　　① 小さく　　　② なく

問題文 Check

❶ 動きが急激に変化しないこと。

ベストフィット

目標の動きに近付けるにはどうしたらよいかを考える。

解答　キ　①

解説　キ　動きが急激に変化しないようにするためには、モータの出力の差が大きくならないようにすればよい。
　　　ここでは、「小さく」という選択肢を選ぶ。

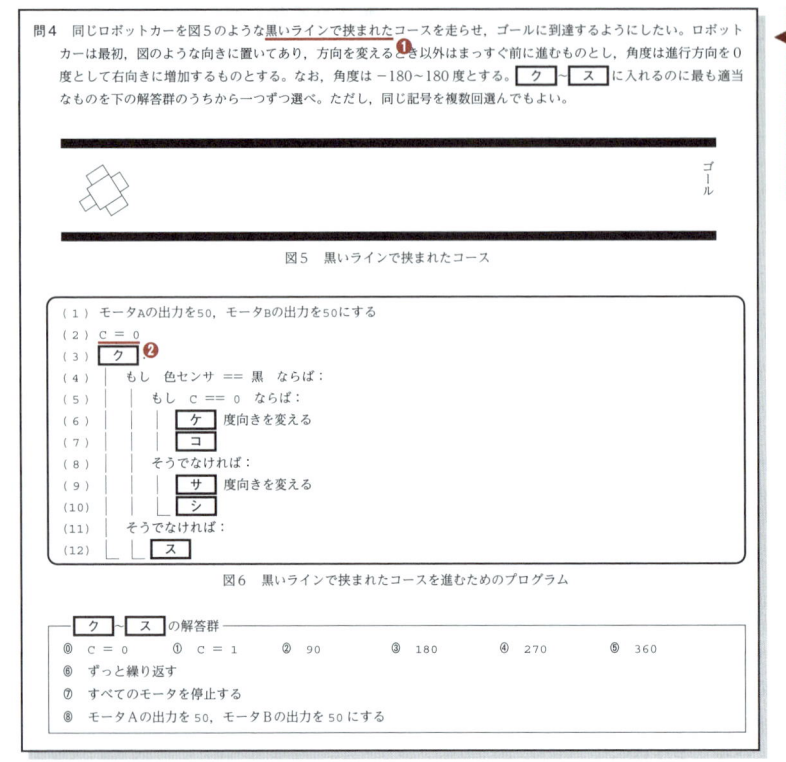

問4 同じロボットカーを図5のような黒いラインで挟まれたコースを走らせ，ゴールに到達するようにしたい。ロボットカーは最初，図のような向きに置いてあり，方向を変える❶とき以外はまっすぐ前に進むものとし，角度は進行方向を0度として右向きに増加するものとする。なお，角度は－180～180度とする。 ク ～ ス に入れるのに最も適当なものを下の解答群のうちから一つずつ選べ。ただし，同じ記号を複数回選んでもよい。

図5　黒いラインで挟まれたコース

```
(1)  モータAの出力を50，モータBの出力を50にする
(2)  C = 0
(3)  [ ク ] ❷
(4)  もし 色センサ == 黒 ならば：
(5)  │  もし C == 0 ならば：
(6)  │  │  [ ケ ] 度向きを変える
(7)  │  │  [ コ ]
(8)  │  そうでなければ：
(9)  │  │  [ サ ] 度向きを変える
(10) │  │  [ シ ]
(11) │  そうでなければ：
(12) │  │  [ ス ]
```

図6　黒いラインで挟まれたコースを進むためのプログラム

ク ～ ス の解答群
⓪ C = 0　　① C = 1　　② 90　　③ 180　　④ 270　　⑤ 360
⑥ ずっと繰り返す
⑦ すべてのモータを停止する
⑧ モータAの出力を50，モータBの出力を50にする

問題文 Check
❶黒のラインで跳ね返りながらゴールを目指すことになるが，上のラインと下のラインでは，跳ね返る角度を変える必要がある。
❷変数Cの値を0にする。

ベストフィット
複雑な動きを再現するには，変数を制御に使うとよい。

解答
| ク | ⑥ | ケ | ② | コ | ① | サ | ④ |
| シ | ⓪ | ス | ⑧ |

解説　ロボットカーの動きをイメージしてプログラムを考えるとよい。
（1）行はまっすぐ動き出す命令が必要なので，モータA，Bの出力を同じにする。
ク は，（4）行以下の命令を続けるから，「ずっと繰り返す」を入れる。
「もし 色センサ＝黒ならば：」は色センサが上か下の黒のラインに触れたときに行う動作を指定する。
最初は，C＝0の状態で上の黒ラインに達する。（5）行目でC＝＝0としておくことで，「もし」のブロックの動作をさせる。

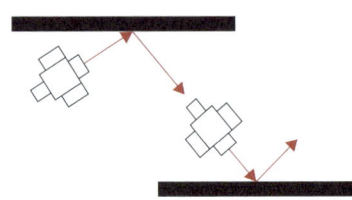

ケ を90とすれば，図のように黒のラインで跳ね返ったことになる。次は下の黒ラインで跳ね返ることになる。
コ でC＝1としておくことで，次に黒のラインにきたら，「そうでなければ」のブロックの動作をさせることができる。
このとき，跳ね返る角度は サ 270である。
シ でC＝0としておくことで次に黒のラインにきたら，「もし」のブロックの動作をさせることができる。
（11）行目の「そうでなければ」は色センサが黒でない場合で，
ス にはロボットカーが直進する命令を入れる。

p.156 第4問

問1 花子さんたちは，都道府県別の総人口と世帯人員との関係性について着目し，これらのデータから散布図を作成した（図1）。なお，世帯人員の平均は 2.95 人，総人口と世帯人員との相関係数を算出したところ −0.11 であった。これらのことから読み取ることができる最も適当なものを，次の⓪〜④のうちから一つ選べ。 ア

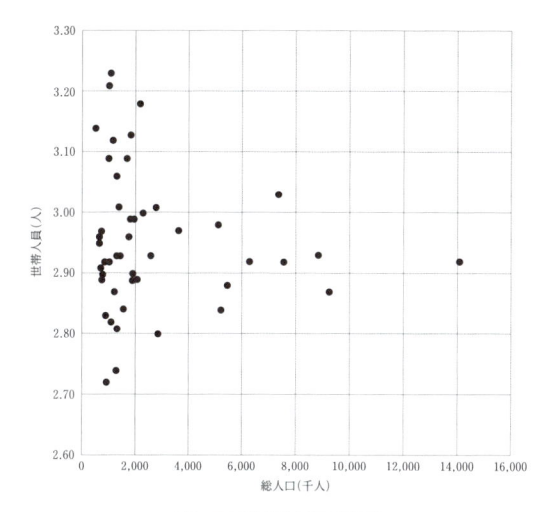

図1　総人口と世帯人員との関係性

ア の解答群
⓪ 都道府県別の総人口と世帯人員には弱い正の相関があり，人口が多い都道府県ほど，世帯人員は多くなる傾向にある。
① 都道府県別の総人口と世帯人員には弱い正の相関があり，人口が多い都道府県ほど，世帯人員は少なくなる傾向にある。
② 都道府県別の総人口と世帯人員には弱い負の相関があり，人口が多い都道府県ほど，世帯人員は多くなる傾向にある。
③ 都道府県別の総人口と世帯人員には弱い負の相関があり，人口が多い都道府県ほど，世帯人員は少なくなる傾向にある。
④ 都道府県別の総人口と世帯人員との間に相関はないといえる。

問題文 Check
❶ 二つの変量の関係を座標平面上の点で表したグラフのこと。
❷ 二つの変量の直線的な関係性の強さを表し，−1 以上 1 以下の値を取る。

ベストフィット
データ間の相関が強いほど，散布図の点の分布は直線に近くなる。

解答 ア ④

解説 ア　2種類の量的データ間の関係を調べる場合，平面上に各データを点で打った散布図を用いることが多い。2種類のデータ間において，一方が増えると他方も増える関係を正の相関，一方が増えると他方は減る関係を負の相関，どちらの関係でもない場合を相関なしまたは無相関という。相関の強さを表す指標を相関係数といい，−1 以上 1 以下の値を取る。データ間の相関が強いほど散布図の点の分布は直線に近くなり，相関係数は，正の相関の場合は 1，負の相関の場合は −1 に近付く。

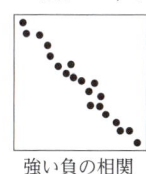

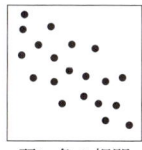

強い負の相関　負の相関　弱い負の相関　相関なし 無相関　弱い正の相関　正の相関　強い正の相関

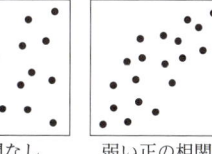

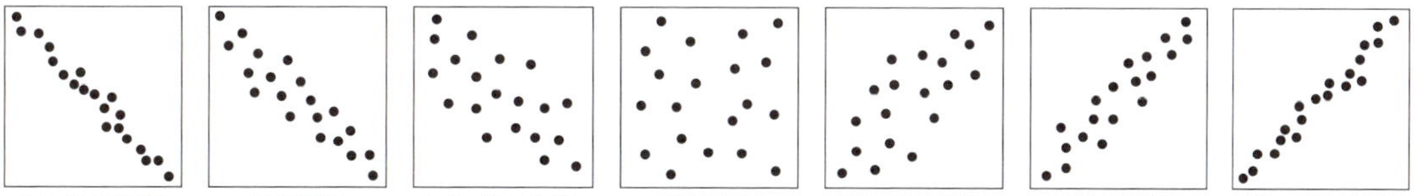

問1では，都道府県別の総人口と世帯人員という2種類の量的データを散布図を用いて表している。なお，総人口と世帯人員との相関係数を算出したところ，−0.11 であったとしている。一般的に，相関係数の絶対値が 0.0 から 0.2 の間である場合，ほとんど相関関係はないため，総人口と世帯人員に相関はないといえる。また，図1を見ても総人口と世帯人員には直線的な関係性がないことがわかる。そのため，正解は④となる。

問2 花子さんたちは，各項目間の関係性を見るため，すべての項目の組み合わせにおける相関係数の一覧を作成した(表2)。この表から読み取ることができないものを，次の⓪〜④のうちから一つ選べ。　イ

表2　すべての項目の組み合わせにおける相関係数の一覧

	総人口	世帯人員	穀類	魚介類	肉類	乳卵類	野菜・海藻	果物	油脂・調味料	菓子類	調理食品	飲料	酒類	外食
総人口	1.00	−0.11	0.40	0.26	0.20	0.46	0.47	0.28	0.28	0.32	0.44	0.35	0.26	0.60
世帯人員	−0.11	1.00	0.37	−0.01	0.10	0.39	0.10	0.07	0.34	0.51	0.21	0.12	0.17	0.22
穀類	0.40	0.37	1.00	0.43	0.34	0.60	0.56	0.28	0.34	0.53	0.48	0.19	0.12	0.45
魚介類	0.26	−0.01	0.43	1.00	0.08	0.45	0.71	0.59	0.40	0.51	0.22	0.23	0.62	0.10
肉類	0.20	0.10	0.34	0.08	1.00	0.22	0.00	−0.29	0.25	0.17	0.01	−0.35	−0.08	0.28
乳卵類	0.46	0.39	0.60	0.45	0.22	1.00	0.70	0.62	0.67	0.76	0.55	0.41	0.28	0.50
野菜・海藻	0.47	0.10	0.56	0.71	0.00	0.70	1.00	0.72	0.59	0.56	0.49	0.44	0.58	0.26
果物	0.28	0.07	0.28	0.59	−0.29	0.62	0.72	1.00	0.40	0.54	0.35	0.42	0.51	0.14
油脂・調味料	0.28	0.34	0.34	0.40	0.25	0.67	0.59	0.40	1.00	0.57	0.31	0.32	0.45	0.38
菓子類	0.32	0.51	0.53	0.51	0.17	0.76	0.56	0.54	0.57	1.00	0.43	0.47	0.34	0.59
調理食品	0.44	0.21	0.48	0.22	0.01	0.55	0.49	0.35	0.31	0.43	1.00	0.55	0.18	0.55
飲料	0.35	0.12	0.19	0.23	−0.35	0.41	0.44	0.42	0.32	0.47	0.55	1.00	0.26	0.30
酒類	0.26	0.17	0.12	0.62	−0.08	0.28	0.58	0.51	0.45	0.34	0.18	0.26	1.00	0.04
外食	0.60	0.22	0.45	0.10	0.28	0.50	0.26	0.14	0.38	0.59	0.55	0.30	0.04	1.00

イ の解答群

⓪ 総人口と最も相関の高い項目は外食であり，総人口が多いほど，外食での支出金額も大きいといえる。
① 世帯人員と最も相関の高い項目は菓子類であり，世帯人員が多いほど，菓子類の支出金額も大きいといえる。
② 魚介類と肉類は負の相関関係にあり，魚介類の支出金額が大きいほど(少ないほど)，肉類の支出金額も少ない(大きい)といえる。
③ すべての項目の組み合わせで最も強い負の相関を示したのは，肉類と飲料の組み合わせである。
④ 食料の全品目において，ほかの品目に対して相関のない項目が最も多いのは肉類である。

問題文 Check

❶同じ項目どうしの相関係数は1.00となり，組み合わせる項目の順序は相関係数に影響しない。

ベストフィット

相関係数の絶対値が1に近いほど強い相関がある。

解答　イ　②

解説　イ　14個のすべての組み合わせにおいて，相関係数を算出している(同じ項目の相関係数は1.00となる)。
一般的に，相関係数を r としたとき，次のような関係であるといえる。

$|r|<0.2$ …ほとんど相関がない
$0.2≦|r|<0.4$ …弱い相関がある
$0.4≦|r|<0.7$ …相関がある
$0.7≦|r|$　　…強い相関がある

⓪　正しい。総人口と最も相関の高い項目は外食であり，相関係数は0.60となっている(正の相関がある)。つまり，総人口が多いほど，外食での支出金額も大きいといえる。
①　正しい。世帯人員と最も相関の高い項目は菓子類であり，相関係数は0.51となっている(正の相関がある)。つまり，世帯人員が多いほど，菓子類の支出金額も大きいといえる。
②　誤り。魚介類と肉類の相関係数は0.08になっているため，ほとんど相関はないと考えられる。つまり，魚介類の支出金額が大きいほど(少ないほど)，肉類の支出金額も少ない(大きい)とはいえない。
③　正しい。すべての項目の組み合わせで最も強い負の相関を示したのは，肉類と飲料の組み合わせであり，相関係数は −0.35 となっている(弱い負の相関がある)。
④　正しい。肉類がほかの品目に対して相関のある項目が最も少ない。なお，正の相関では穀類の0.35(弱い正の相関)，負の相関では飲料の −0.35(弱い負の相関)が最も相関が強い項目になっている。

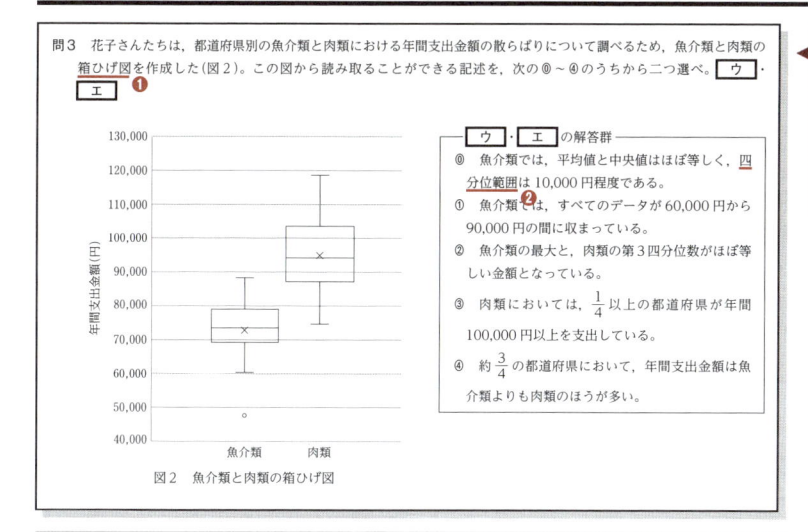

問3 花子さんたちは，都道府県別の魚介類と肉類における年間支出金額の散らばりについて調べるため，魚介類と肉類の箱ひげ図を作成した（図2）。この図から読み取ることができる記述を，次の⓪〜④のうちから二つ選べ。 ウ ・ エ ❶

図2 魚介類と肉類の箱ひげ図

ウ ・ エ の解答群
⓪ 魚介類では，平均値と中央値はほぼ等しく，四分位範囲は 10,000 円程度である。❷
① 魚介類では，すべてのデータが 60,000 円から 90,000 円の間に収まっている。
② 魚介類の最大と，肉類の第3四分位数がほぼ等しい金額となっている。
③ 肉類においては，$\frac{1}{4}$ 以上の都道府県が年間 100,000 円以上を支出している。
④ 約 $\frac{3}{4}$ の都道府県において，年間支出金額は魚介類よりも肉類のほうが多い。

問題文 Check

❶ データの分布の様子を「箱」と「ひげ」で表したグラフであり，データの散らばりを把握しやすい。
❷ 第3四分位数から第1四分位数を引いた値のこと。

ベストフィット

箱ひげ図では，最小値，第1四分位数，第2四分位数（中央値），第3四分位数，最大値の五つを5数要約という。

解答 ウ ・ エ ⓪・③

解説 ウ ・ エ ⓪ 正しい。魚介類では，平均値と中央値(第2四分位数)はほぼ等しい。また，四分位範囲とは第3四分位数から第1四分位数を引いた値のことであり，おおよそ 80,000 円から 70,000 円を引いた 10,000 円程度であることがわかる。

① 誤り。魚介類では，最大値と最小値の間のデータは 60,000 円から 90,000 円の間に収まっているが，外れ値が 48,000 円あたりのところにあるため，指定の範囲には収まっていない。

② 誤り。魚介類の最大値とほぼ等しいのは，肉類の第3四分位数ではなく第1四分位数の値である。

③ 正しい。肉類においては，上側のひげの部分が 100,000 円のラインを超えているため，$\frac{1}{4}$ 以上の都道府県が年間 100,000 円以上を支出しているといえる。

④ 誤り。魚介類と肉類において，都道府県によっては肉類よりも魚介類の年間支出金額のほうが多い場合もあり得るので，「約 $\frac{3}{4}$ の都道府県において，年間支出金額は魚介類よりも肉類のほうが多い」ことまではわからない。

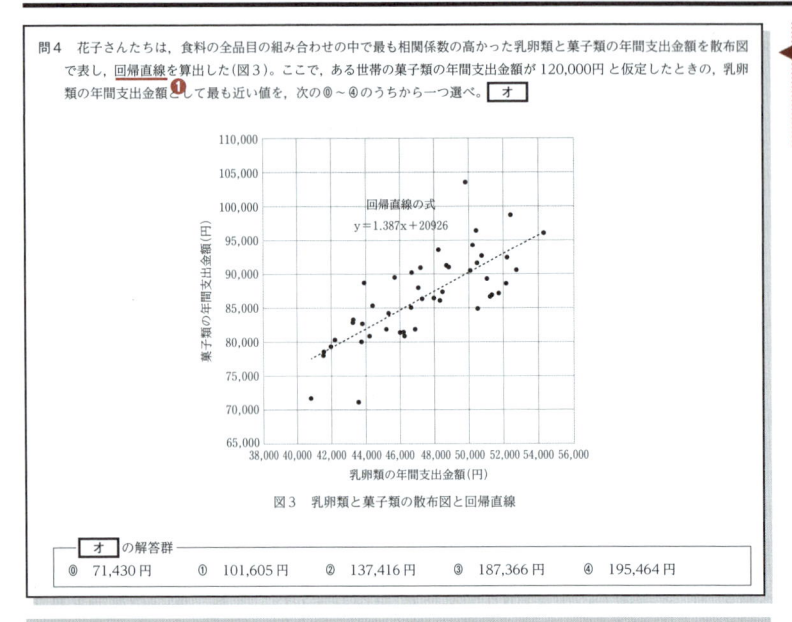

問4 花子さんたちは，食料の全品目の組み合わせの中で最も相関係数の高かった乳卵類と菓子類の年間支出金額を散布図で表し，回帰直線を算出した(図3)。ここで，ある世帯の菓子類の年間支出金額が 120,000 円と仮定したときの，乳卵類の年間支出金額❶として最も近い値を，次の⓪～④のうちから一つ選べ。 オ

回帰直線の式
$y = 1.387x + 20926$

図3 乳卵類と菓子類の散布図と回帰直線

オ の解答群
⓪ 71,430 円　① 101,605 円　② 137,416 円　③ 187,366 円　④ 195,464 円

▶ **問題文 Check**
❶複数の系列のデータがあるとき，その間になり立つ関係を，関数を使って表現する手法のこと。

▶ **ベストフィット**
回帰直線は，一般的に一次関数と同様に $y = ax + b$ の形で表し，a が傾き，b が切片を表す。

解答 オ ⓪

解説 オ 乳卵類と菓子類の年間支出金額の回帰直線が，$y = 1.387x + 20926$ と図3に示されている。なお，x は乳卵類の年間支出金額(円)，y が菓子類の年間支出金額(円)を表している。問いでは，「菓子類の年間支出金額が 120,000 円と仮定したとき」とあるので，$y = 120000$ を代入すれば x が求められる($x = 120000$ としないように注意する)。この式を解くと，$x = 71430$ となるため，⓪が正解となる。つまり，菓子類の年間支出金額が 120,000 円と仮定したとき，乳卵類の年間支出金額は約 71,430 円だと推測できる。

ドリル解答

問1
(1) $a^3 \times a^5 = a^{3+5} = \underline{a^8}$
(2) $a^{10} \div a^8 = a^{10-8} = \underline{a^2}$
(3) $2^{10} \div 2^8 = 2^{10-8} = 2^2 = \underline{4\text{倍}}$
(4) $2^{32} \div 2^{24} = 2^{32-24} = 2^8 = \underline{256\text{倍}}$
(5) $\dfrac{1}{2^5} = \dfrac{1}{\underline{32}}$

問2
(1) $2^{10} = \underline{1024\text{通り}}$
(2) $2^5 = 32$, $2^6 = 64$ より，$\underline{6\text{ビット}}$

問3
(1)
```
2 ) 10
2 )  5 …0
2 )  2 …1
     1 …0
```
$10_{(10)} = \underline{1010_{(2)}}$

(2)
```
2 ) 45
2 ) 22 …1
2 ) 11 …0
2 )  5 …1
2 )  2 …1
     1 …0
```
$45_{(10)} = \underline{101101_{(2)}}$

(3)
```
2 ) 112
2 )  56 …0
2 )  28 …0
2 )  14 …0
2 )   7 …0
2 )   3 …1
      1 …1
```
$112_{(10)} = \underline{1110000_{(2)}}$

(4)
```
2 ) 255
2 ) 127 …1
2 )  63 …1
2 )  31 …1
2 )  15 …1
2 )   7 …1
2 )   3 …1
      1 …1
```
$255_{(10)} = \underline{11111111_{(2)}}$

(5) $1 \times 2 + 1 \times 1 = \underline{3}_{(10)}$
(6) $1 \times 4 + 0 \times 2 + 1 \times 1 = \underline{5}_{(10)}$
(7) $1 \times 8 + 1 \times 4 + 0 \times 2 + 1 \times 1 = \underline{13}_{(10)}$
(8) $1 \times 128 + 1 \times 64 + 0 \times 32 + 1 \times 16 + 1 \times 8 + 1 \times 4 + 1 \times 2 + 1 \times 1 = \underline{223}_{(10)}$

問4
(1) $E_{(16)} = \underline{1110_{(2)}}$
(2) $B_{(16)} = 1011_{(2)}$, $E_{(16)} = 1110_{(2)}$ より $\underline{10111110_{(2)}}$
(3) $9_{(16)} = 1001_{(2)}$, $7_{(16)} = 0111_{(2)}$ より $\underline{10010111_{(2)}}$
(4) $A_{(16)} = 1010_{(2)}$, $2_{(16)} = 0010_{(2)}$, $D_{(16)} = 1101_{(2)}$, $7_{(16)} = 0111_{(2)}$ より $\underline{1010001011010111_{(2)}}$
(5) $1101_{(2)} = \underline{D}_{(16)}$
(6) $0111_{(2)} = 7_{(16)}$, $0101_{(2)} = 5_{(16)}$ より $\underline{75}_{(16)}$
(7) $1011_{(2)} = B_{(16)}$, $0101_{(2)} = 5_{(16)}$, $0111_{(2)} = 7_{(16)}$ より $\underline{B57}_{(16)}$

問5
(1)
```
   10(2)        10(2)
 +11(2)   →  +11(2)
   1(2)       101(2)
```

(2)
```
  1010(2)     1010(2)     1010(2)     1010(2)
 +0011(2) → +0011(2) → +0011(2) → +0011(2)
     1(2)      01(2)     101(2)    1101(2)
```

(3)
```
  1101(2)     1101(2)     1101(2)     1101(2)
 -0010(2) → -0010(2) → -0010(2) → -0010(2)
     1(2)      11(2)     011(2)    1011(2)
```

(4)
```
  1010(2)     1010(2)     1010(2)     1010(2)
 -0111(2) → -0111(2) → -0111(2) → -0111(2)
     1(2)      11(2)     011(2)    0011(2)
```

問6
(1) $0011_{(2)} \to$ 反転 $\to 1100_{(2)} \to 1$加える $\to \underline{1101_{(2)}}$
(2) $1111_{(2)} \to$ 反転 $\to 0000_{(2)} \to 1$加える $\to \underline{0001_{(2)}}$
(3) $10100101_{(2)} \to$ 反転 $\to 01011010_{(2)} \to 1$加える $\to \underline{01011011_{(2)}}$
(4) $01001101_{(2)} \to$ 反転 $\to 10110010_{(2)} \to 1$加える $\to \underline{10110011_{(2)}}$

問7
(1) $24 \times 480 \times 320 = 3686400\,[\text{bit}]$
$3686400\,[\text{bit}] \div 8 \div 1024 = \underline{450\text{ KB}}$
(2) $16 \times 1920 \times 1080 = 33177600\,[\text{bit}]$
$33177600\,[\text{bit}] \div 8 \div 1024 = \underline{4050\text{ KB}}$
(3) $1 \times 1920 \times 1080 = 2073600\,[\text{bit}]$
$2073600\,[\text{bit}] \div 8 \div 1024 = \underline{253.125\text{ KB}}$
(4) 画像1枚のデータ量 $786432 \times 3 = 2359296\,[\text{B}]$
記録できる画像の枚数
$1\text{ GB} = 1024^3\,[\text{B}] = 1073741824\,[\text{B}]$
$1073741824 \div 2359296 = 455.1\cdots$　よって，$\underline{455\text{枚}}$

問8
(1) $8 \times 20480 \times 3 = 491520\,[\text{bit}]$
$491520 \div 8 \div 1024 = \underline{60\text{ KB}}$
(2) $16 \times 20480 \times 2 \times 4 = 2621440\,[\text{bit}]$
$2621440 \div 8 \div 1024 = \underline{320\text{ KB}}$

問9
(1) $1024 \times 512 \times 24 \div 8 = 1572864\,[\text{B}]$
$1572864 \times 28 \times 5 \div 1024 \div 1024 = \underline{210\text{ MB}}$
(2) $(1.5 \times 1024) \div (2 \times 24) = \underline{32\text{秒}}$
(3) $1280 \times 720 \times 24 \div 8 = 2764800\,[\text{B}]$
$1\text{GB} = 1024^3\,[\text{B}] = 1073741824\,[\text{B}]$
$1073741824 \div 2764800 = 388.3\cdots[\text{秒}]$
よって，$\underline{388\text{秒}}$

問 10

(1) 0.5[Gbps]×1000＝<u>500 Mbps</u>
(2) 50000[kbps]÷1000÷1000＝<u>0.05 Gbps</u>
(3) 2[ms]×1000＝<u>2000</u> μs
(4) 500[ns]÷1000＝<u>0.5</u> μs

問 11

(1) 1.25 GHz＝$1.25×10^9$ Hz
$1÷(1.25×10^9)=0.8×10^{-9}$＝<u>0.8 ns</u>
(2) $1÷(2.5×10^9)×5=0.4×10^{-9}×5=2$ ns
$(1×10^9)÷2$＝<u>500000000 回 ($5×10^8$)</u>
(3) $1÷(0.8×10^{-9})=1.25×10^9$＝<u>1.25 GHz</u>

問 12

(1) 200[MB]×8＝1600[Mbit]
1600[Mbit]÷400[Mbps]＝<u>4 秒</u>
(2) 4[GB]×1000×8＝32000[Mbit]
32000[Mbit]÷500[Mbps]＝<u>64 秒</u>
(3) 160[Mbps]×10[秒]＝1600[Mbit]
1600[Mbit]÷8＝<u>200 MB</u>
(4) 40[MB]×8＝320[Mbit]
320[Mbit]÷5＝<u>64 Mbps</u>
(5) 2[GB]×1000×8＝16000[Mbit]
16000[Mbit]÷5＝<u>3200 Mbps</u>
(6) 2000×3000×24×10×0.5＝720000000[bit]
720000000[bit]÷15÷10^6＝<u>48 Mbps</u>